Ortwin Beisbart/Dieter Marenbach

Bausteine der Deutschdidaktik

Ein Studienbuch

Unter Mitarbeit von

Rupert Hochholzer, Claudia Kupfer-Schreiner,
Klaus Maiwald und Gisela Stückl

Auer Verlag GmbH

Gedruckt auf umweltbewusst gefertigtem, chlorfrei gebleichtem
und alterungsbeständigem Papier.

2. Auflage. 2006

Satz: Fotosatz H. Buck, Kumhausen
Druck und Bindung: Ludwig Auer GmbH, Donauwörth
ISBN 978-3-403-0**3752**-1

www.auer-verlag.de

Inhalt

Kapitel 2 Themen – Erfahrungsgegenstände – Sprache und Texte

Kapitel 3 Unterricht als Feld gemeinsamer und stellvertretender Entscheidungen

Kapitel 4 Deutschunterricht im Kontext von Gesellschaft und Wissenschaft

0 Einleitung

0.1 Erste Fragen – Erste Zugänge

Sie wollen Lehrer/in werden? Deutschlehrer/in?
Haben Sie schon einmal überlegt, wo überall Deutschunterricht stattfindet?

Einige Momentaufnahmen sollen die Bandbreite verdeutlichen:

In einer Grundschulklasse sind Schulanfänger mit dem Ausschneiden von Buchstaben beschäftigt, in einer 7. Klasse sitzen Jugendliche vor einer Schreibaufgabe, Gymnasiasten einer Oberstufe interpretieren gerade ein Gedicht, Berufsaufbauschüler fertigen ein Protokoll über eine Betriebsbesichtigung, Erwachsene lesen einen Text in einem Alphabetisierungskurs einer Volkshochschule, Angestellte besprechen bei einer innerbetrieblichen Fortbildung einen Fachtext ...

Organisiertes, „intentionales" Lernen, also Unterricht, kann an sehr **unterschiedlichen Einrichtungen** stattfinden.

Zielgerichtetes Lernen findet in unterschiedlichen Institutionen statt.

Man denkt vielfach zuerst an das öffentliche Schulsystem, ergänzt durch Privatschulen, mit vier- bzw. sechsjähriger Grundschule, fünf- oder sechsjähriger Hauptschule, vier- oder sechsjähriger Realschule, in manchen Bundesländern als Mittelschule zusammengefasst, und das Gymnasium. Hier wird die Schulpflicht abgeleistet, hier werden Berechtigungen erworben (z.B. Quali, mittlere Reife, Abi).
Darüber hinaus aber finden sich Lerngruppen an vielfältigen Lernorten, in verschiedenen Institutionen und mit unterschiedlichen Absichten und Qualifikationsmöglichkeiten.
Die Unterschiede in den vorgestellten Lerngruppen sind am auffälligsten sicher durch die Schüler und Schülerinnen (oder die „Lerner") bedingt, ihr Alter, ihre Vorkenntnisse, ihre Absichten und Wünsche. Aber auch auf Seiten der Lehrerinnen und Lehrer dürfte es erhebliche Unterschiede geben.
Haben Sie schon einmal darüber nachgedacht, was auf Sie als Lehrende an dem von Ihnen angestrebten Lernort zukommt?

Machen Sie sich (am besten im Gesprächskreis) Gedanken darüber, welche Aufgaben Sie als Deutschlehrer/in haben werden.

Haben Sie bei der Auflistung von Aufgaben entdeckt, dass manches Ihrer eigenen Verantwortung unterliegt, vieles aber vorgegeben ist? Der Staat (bzw. der jeweilige Schulträger) setzt Bedingungen, stellt Forderungen, kontrolliert Ergebnisse. Das reicht von der Anzahl der Deutschstunden bis zur Regelung, dass *muss* mit *ss* zu schreiben ist.

Machen Sie sich auch darüber Gedanken, welchen Rahmenbedingungen Unterricht unterliegt, die ***nicht*** *der einzelne Lehrer zu verantworten hat. Versuchen Sie, diese Vorgaben daraufhin zu prüfen, von wem oder wodurch sie gesetzt sind. Vergessen Sie nicht, dabei zu überlegen, ob alles so bleiben muss oder ob Änderungen wünschenswert und möglich wären.*

Die Antworten, die Sie gefunden haben, lassen sich unterschiedlichen **Bedingungsfeldern** zuordnen.

Zu den Bedingungsfeldern von Deutschunterricht lesen Sie bitte nach in Kapitel 4.

Dass der Deutschunterricht im Mittelpunkt so vieler Interessen steht, hat seinen Grund in der wichtigen Bedeutung dieses Faches. Deutschunterricht ist eines der unbestrittenen Zentralfächer aller Schulen und Fortbildungseinrichtungen.

Freilich wurden im Laufe der Geschichte die Aufgaben des Lehrens und Lernens – auch und gerade im Handlungsfeld Deutschunterricht – sehr unterschiedlich gesehen und gewichtet.

Zur ***Geschichte*** *des Deutschunterrichts und zu seiner Bedeutung, die ihm von Staat, Gesellschaft, Wissenschaft und Kultur zugewiesen wurde und wird, können Sie im zweiten Abschnitt dieses Kapitels mehr erfahren.*

Diese Veränderungen vollziehen sich in immer kürzeren Zeiträumen, so dass bereits zwischen dem Deutschunterricht, den Sie als Schüler/in erlebt haben, und dem Unterricht, den Sie als künftiger Lehrer oder künftige Lehrerin erteilen sollen, erhebliche Unterschiede liegen dürften. Sie dürfen sich also nicht darauf verlassen, einfach ihre eigenen Erfahrungen über Lehrtätigkeiten aus der Schulzeit nachahmen zu können. Zur Professionalisierung des Lehrberufs gehört das Studium der Didaktik, in unserem Fall der Deutschdidaktik, der Wissenschaft vom Lehren und Lernen im „Gegenstandsfeld" Sprache und Literatur.

Die Geschichte dieser Disziplin – vor allem als Universitätsfach – ist noch recht kurz, sie hat sich erst im letzten Drittel des 20. Jahrhunderts etabliert. Allerdings gibt es eine Reihe von Vorstufen, die eng mit der Entwicklung der Lehrerbildung zusammenhängen.

Über ***Deutschdidaktik****, die Wissenschaft vom Lehren und Lernen im Gegenstandsfeld Sprache und Literatur und im Handlungsfeld Deutschunterricht, erfahren Sie mehr im Kapitel 3.*

In der Zeit davor lag der Schwerpunkt bei der Ausbildung der Deutschlehrer zum einen auf der Fachwissenschaft Germanistik (vor allem beim Lehramt für das Gymnasium), zum anderen auf der Schulpraxis (beim Lehramt für Grund- und Hauptschulen oder Volksschulen, wie die frühere Bezeichnung lautete).

Zur Geschichte der (Deutsch-)Lehrerausbildung soll hier nur skizzenhaft so viel gesagt werden:

Erprobt wurde

- das Muster der Ausbildung in der Praxis selbst.
  Dieses Modell der handwerklichen Meisterlehre verhindert jedoch Innovationen, führt zu Routinen, nicht aber zu echter Professionalität, ist für Veränderungen nicht offen genug.

- das Modell der einphasigen Lehrerbildung mit enger Verzahnung von Theorie und Praxis.
  Es scheint, u.a. wegen der organisatorischen Schwierigkeiten (intensive Arbeit in Ausbildungsschulen), sich wenig durchgesetzt zu haben. Von Wissenschaftlern der Pädagogik werden Hoffnungen vorgetragen, so Veränderungen von Schule praktisch machen zu können. Gegner sind vor allem die Vertreter fächerorientierten Unterrichts.
- das Modell der zweiphasigen Lehrerbildung mit theoretischer Phase an der Universität und einem praxisnahen Referendariat.
  Die Zweiteilung ermöglicht sicher größere Freiheit in der fachlichen Ausbildung, auch größere Freiheit, Schule neu zu denken. Da in diesem Modell aber die Studien mit berufsbezogenen Anteilen in der 1. Phase der Ausbildung (Fachdidaktik, Schulpädagogik, Praktika ...) ein sehr unterschiedliches Gewicht (etwa von 0–20 %) haben, ist man gezwungen, das weithin in Deutschland verbreitete Modell in seinen einzelnen, auch schulartenbezogenen Ausgestaltungen zu betrachten. Nicht ohne Bedeutung ist dabei, ob Studienteile auch mit Studierenden anderer Berufsziele (z.B. Diplomanden, Magisterstudenten) absolviert werden oder ausschließlich in Kursen für angehende Lehrer (PH-Modell) (vgl. dazu Bronsema 1979).

Das Modell der zweiphasigen Lehrerbildung ist in Deutschland am weitesten verbreitet.

Solche bildungspolitischen und historischen Diskussionen mögen Sie am Anfang Ihres Deutschlehrerstudiums noch wenig interessieren, sind Sie doch meist in eine relativ feste Ausbildungsorganisation integriert. Die Auswirkungen werden Sie jedoch schnell spüren, spätestens beim Antritt Ihres ersten Praktikums und der damit verbundenen Begegnung mit anderen Lehrern.
Was Sie vorrangig wohl viel mehr beschäftigen sollte, ist, die folgende Herausforderung anzunehmen: Jeder Lehrende muss die Fähigkeiten, die Kompetenzen erwerben, sich immer neu und selbstständig Gedanken über das Aufgabenfeld zu machen, in dem er als Lehrer/in steht. Er muss seinen Handlungsspielraum kennen und nutzen lernen. Dass dies nicht nur eine Frage des Wissens ist, sondern auch der „Persönlichkeit", also der Einstellung, des Engagements, der Bereitschaft, Verantwortung zu übernehmen (für Lernende!), ist kaum zu bestreiten.
Nach dem Blick auf die eher übergeordneten Gesichtspunkte wollen wir uns nun anderen Fragen zuwenden, die Ihnen wahrscheinlich näher liegen und leichter lösbar erscheinen:

Wenn Sie hier schon systematische Antworten nach der Lehrerprofessionalität suchen, so können Sie nachsehen in Baustein 20 zum Fähigkeitsprofil des Lehrers oder in Baustein 25 zur Unterrichtskommunikation oder in Baustein 28 zu den Grundlagen konstruktivistischer Lehr-Lern-Organisation.

Stellen Sie sich vor, Sie bekommen die Aufgabe, eine Unterrichtsstunde zu planen.

Wählen Sie sich – am besten in einer Lerngruppe gemeinsam – eines der drei folgenden Themen aus und sammeln Sie Fragen, die Ihnen zu dem gewählten Thema einfallen. Einige mögliche Fragen haben wir bereits für Sie notiert.

Das Thema Rechtschreiben wird an verschiedenen Stellen des Buches aufgegriffen, s. das Stichwortverzeichnis.

Thema s- und ss-Schreibung
Grundschule/Alphabetisierungskurs

- Soll ich einfach einen Text mit vielen s- und ss-Lauten diktieren, um zu sehen, was die Lerner schon können?
- Welche Rolle spielt der Inhalt des Übungstextes?
- Muss ich die Schüler mit fremder Muttersprache in der Klasse anders belehren?
- Soll ich vielleicht erst einmal in der Grammatik *das* und *dass* besprechen?
- Soll ich vielleicht von einem Kindertext (mit Fehlern) ausgehen?
- Welche Übungsmaterialien stehen mir zur Verfügung?
- Sollen die Schüler eine Regel lernen?
- Kenne ich selbst die Regel?
- …?

Anregungen zu unterrichtlichen Möglichkeiten können Sie sich vorab in Kapitel 3 holen.

Beschreibung (Text)
7. Klasse Sek. I/Berufsaufbauschule

- Soll ich einen Mustertext besprechen?
- Soll ich einfach drauflosschreiben lassen?
- Wie soll ich die Überarbeitung organisieren?
- Was soll ich denn beschreiben lassen?
- Welchen Sinn oder Lernwert haben Beschreibungen?
- Gibt es für Beschreibungen eigentlich Stilregeln?
- Soll ich Gruppenarbeit einplanen und an welcher Stelle ist das sinnvoll?
- Könnte ich vielleicht gleich in den Computerraum gehen und einen gemeinsamen Text erarbeiten lassen?
- …?

Zum Literaturunterricht vgl. Baustein 10.

Gedicht
Sek. II (Gymnasium, Fachoberschule)

- Welches Gedicht nehme ich?
- Soll ich das Gedicht selber vorlesen?
- Eignet sich das Gedicht für eine Textanalyse oder als Beispiel für eine Epoche?
- Gibt es Materialien über Entstehung und Autor-Äußerungen?
- Welche Möglichkeiten der Lernübertragung auf andere Gedichte kann ich vorbereiten?
- Welches Verständnis für Metaphern haben die Schüler?
- Was sage ich einem Schüler, der „seine Zeit nicht mit den wirren Ansichten eines Schreiberlings verplempern“ will?
- …?

Sie könnten Ihre Fragen auch in Cluster-Form sammeln. Ordnen Sie ggf. die Fragen oben Ihrem Cluster zu.

Beispiel für ein Cluster zum Gedicht „Weltende" von J. van Hoddis:

Das Clustering-Verfahren dient der Sammlung von Ideen zu einem Thema. Ein Cluster wird einzeln oder in der Gruppe erstellt. Um das Themenwort werden weitere Stichwörter gruppiert und jeweils eingekreist.

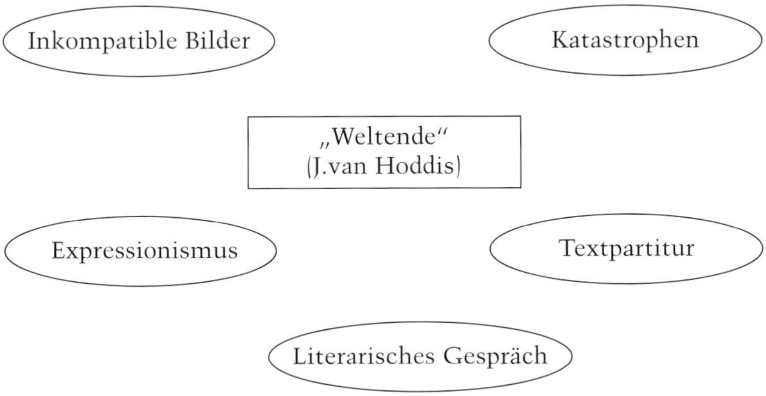

Diskutieren Sie, welchen Stellenwert die gefundenen (auch die in den drei Kästen notierten) Fragen für Sie haben, wenn Sie vor der Aufgabe einer Unterrichtsplanung stehen. Versuchen Sie eine „Hierarchie", also eine Wichtigkeitsanordung der Fragen zu erstellen.

Bei Ihren Ordnungsbemühungen haben Sie neben der unterschiedlichen Wichtigkeit der Fragen sicher auch eine bestimmte Reihenfolge für die Beantwortung mancher Fragen entdeckt. Welches Gedicht, welcher Text oder auch welcher Rechtschreibfall Thema der Stunde sein soll, ist vor den Fragen zu beantworten, ob Schüler oder Lehrer das Gedicht vortragen, ob die Schüler in Gruppen arbeiten sollen, welche Arbeitsmittel einzusetzen sind. Fragen, die darauf gerichtet sind, *wie* im Unterricht vorzugehen ist, nennt man methodische Fragen. *Methodik* kann als Teil der Didaktik betrachtet werden. Festlegungen in diesem Bereich sind erst möglich, wenn andere Fragen, nämlich nach dem Inhalt und der Begründung der Auswahl beantwortet sind. Die Fragen *Was? Warum?* und *Wie?* müssen sich also an eine vorgegebene Reihenfolge halten. Noch nicht eingeordnet haben wir die Fragen, die die Schüler betreffen. Auch die Antworten auf die Frage *Für wen?* müssen vor den methodischen Fragen behandelt werden.

Methoden-Fragen (Wie?) sind erst nach Inhalts-Fragen (Was? Warum?) zu beantworten.

Sehr schnell wird auch klar, dass die möglichen Antworten zu weiteren Fragen herausfordern, ja zunächst nicht gesehene Folgen haben. Mit anderen Worten, das Handlungsfeld, in dem der Lehrer steht, kann man sich als ein Geflecht von Fäden vorstellen: Wenn man einen Faden einfügt oder herauszieht, hat das für das ganze Muster oder gar für das Geflecht, den Zusammenhalt des Ganzen,

Nach dem Berliner Modell der Didaktik nennt man die gegenseitige Abhängigkeit der Handlungsbedingungen die Interdependenz der Entscheidungen.

Folgen. Wenn ich als Lehrer z.B. einen Film über einen Autor zeige, kann dies nur im Frontalunterricht geschehen. Wenn ich mir Kreativität im Umgang mit Sprache als Ziel gesetzt habe, hat der Mustertext keinen Platz in der Stunde.

Vgl. Baustein 29.

Einen Lehrer mit Professionalität zeichnet auf jeden Fall aus, wenn er sich auch über die Bedingungen und die Folgen seiner Antworten auf Fragen richtigen Handelns im Klaren ist. Dazu leistet eine Reihe von Wissenschaften ihren Beitrag. Hier – für Deutschunterricht – steht vor allem die Fachdidaktik Deutsch im Mittelpunkt.
Wir wollen Ihnen im Folgenden kein ganz bestimmtes Webmuster für didaktisches Vorgehen als verbindlich vorstellen, weil sich erwiesen hat, dass kein Modell oder Konzept von Unterricht/Unterrichtsaufbau die reale Praxis in der einzelnen Lerngruppe letztgültig bestimmen kann und zudem kein Modell – sei es auch vollständig in die Praxis übertragbar – Lernen optimal sichern könnte. Dafür dürfte es verschiedene Gründe geben.

Allgemeindidaktische Modelle sind dennoch nicht unwichtig.

Über verschiedene didaktische Modelle von Unterricht finden Sie mehr in Baustein 29.

- Sie geben einen Rahmen vor, innerhalb dessen Unterricht denkbar ist.
- Sie spiegeln auch die gesellschaftliche Situation wider, den Stellenwert von Schule, Unterricht, Bildung und Erziehung.

Solche Modelle werden aber fragwürdig, wenn sie glauben machen sollten, Fachunterricht, also auch Deutschunterricht, nur als Spezialfall von Unterricht definieren zu können, ohne zu sehen,

- dass die Gegenstände den Unterricht wesentlich mitprägen. Dies ist der Grund, warum es für einen Lehrer nicht genügt, die Fächer und zusätzlich Schulpädagogik zu studieren, sondern auch Fachdidaktik nötig ist;
- dass der Muttersprach- und der Zweitsprach-Unterricht zusätzlichen Sonderbedingungen unterliegen: Das Unterrichtsmittel Sprache der anderen Fächer ist hier auch „Gegenstand".

Begründungen für die eben genannte Behauptung, warum es nicht ein allein richtiges Modell von Unterricht geben kann, sollen von vier Einflussgrößen aus gesucht werden.

Begründungen für die Vielfalt unterrichtlicher Modelle

1. Begründungen können im **Lerner** liegen:
   Schreibt jeder Schüler seine Texte mit dem gleichen Schreib-„programm"? Nutzt jedem Schreiber in gleicher Weise, dass er sich zuerst eine Gliederung machen soll? Gibt es nicht dominant optisch und akustisch Lernende?
2. Begründungen können in unterschiedlichen **übergeordneten Zielsetzungen** liegen: *Verhindern nicht kleinschrittige Verfahren Selbstständigkeit der Lerner? Sichern nicht beharrliche und kontinuierliche Übung und Wiederholung begriffliches oder materialreiches Lernwissen – aber wie steht es mit der Fähigkeit, das Wissen auch anzuwenden, dass es nicht „träge", also ungenutzt bleibt?*

Vgl. Baustein 21.

3. Begründungen können in der unterschiedlichen Interpretation der **Rolle des Lehrers** liegen:
   Sichert eher der systematisch und klar vorgetragene Lernstoff den Lernfortschritt oder bleibt nicht eher das Wissen erhalten,

das sich die Schüler in komplexen Zusammenhängen und in Gruppen selbst erarbeitet haben? Ist es wichtiger an Voraussetzungen anzuknüpfen und neues Wissen anzuhängen oder geht es um Ausdifferenzierung von unbewussten Wissenskomplexen oder sollte es nicht um die Ausmerzung von Unklarheiten, von Fehlern gehen? Und wo hat jede Vermittlung angesichts von Entwicklungsstufen, Begabungshemmnissen, Einstellungsbarrieren ... ihre Grenze?

4. Begründungen können im **Gegenstand oder Stoff** liegen: *Kann z.B. Rechtschreibenlernen und Fähigkeit zur Interpretation von Texten mit dem gleichen Konzept von Unterricht vermittelt werden?*

In Baustein 20 steht mehr über die Rolle des Lehrers.

Sie sollten darüber an Hand von Beispielen aus Ihrer Schulerfahrung sprechen.

0.2 Vorstellungen von Deutschunterricht – gestern und heute

Sicher haben Sie in Ihre Gespräche auch die Gewichtung der vier Einflussgrößen einbezogen, wohl gar weitere wichtige Bedingungen von Deutschunterricht benannt. Die Frage ist: Wie kann man Deutschunterricht heute beschreiben und verantwortlich organisieren?
Eine Antwort gelingt wohl am besten mit einem Blick auf vergangene und vor allem in der Beschäftigung mit gegenwärtig konkurrierenden Vorstellungen.
Das Ziel der so angeregten Diskussionen ist der Aufbau einer eigenen Vorstellung von Unterricht. Da Sie an dieser Stelle auch nicht gezwungen sind, eine konkrete Unterrichtsstunde zu halten, können Sie sich solche „Verunsicherungen" wie die Diskussionen über die „Machbarkeit" und „Ausrichtung" von Unterricht durchaus leisten.

Schule und Leben als getrennte Welten

Schule und Unterricht waren im Mittelalter verbunden mit dem Kloster. In der Abgeschlossenheit von der Lebenswelt wurden die Zöglinge in ein geschlossenes kulturelles System, ein geschlossenes Weltbild eingeführt. Auch in der Folgezeit, ja bis in die Gegenwart, herrschte diese klösterliche Denkweise. Sie hatte – nach John Dewey (1859–1952), dem amerikanischen Pädagogen – in etwas unterschiedlicher Gewichtung folgende Kennzeichen (Dewey 1986):

- Dominanz kanonischer Inhalte und allgemeiner bzw. allgemein gültiger Wahrheiten
- Primat, ja Dominanz der Inhalte, ihrer Wissenschaften, vor Wegen und Methoden
- Vorstellung vom Nichtwissen der Schüler (z.B. im Bild der „black box" gefasst)
- Dominanz des (Auswendig-)Lernens und Reproduzierens von Wissensbeständen („Nürnberger Trichter")
- Lehre mit den Kennzeichen Zwang und Kontrolle
- Trennung von Wissen, Schule und Lebenswelt (z.B. Latein als Gelehrtensprache, Hochdeutsch statt Dialekt, formale Bildung als Prinzip des Gymnasiums)

- Überordnung der Reproduktion des kulturell Akzeptierten über jede Innovation.

Der Prozess der Auflösung und Ablehnung dieser Vorstellungen dauert nun schon zwei Jahrhunderte, freilich mit einigen retardierenden Phasen.

Allmähliche Öffnung der Schule für das Leben

Der Beginn der neuzeitlichen Schule im Zeitalter der Aufklärung im ausgehenden 18. Jh. bringt mit der Einführung der allgemeinen Schulpflicht (zunächst auf dem Papier z.B. im Allgemeinen Preußischen Landrecht von 1794 festgeschrieben) zudem verschiedene Stufen schulischer Belehrung (Dorf-, Stadt-, Bürger-, Realschule, Gymnasium und spätere Differenzierungen).

Aus der Sicht des Deutschunterrichts lassen sich verschiedene Einflüsse und Entwicklungen benennen, die als Stationen einer Veränderung anzusehen sind (siehe Tabelle S. 13).

Diskutieren Sie über die Tabelle. Versuchen Sie zu erkennen, von welchen „Einflussgrößen“ bzw. unter welchen Bedingungen sich Innovationen und Reaktionen entwickelt haben. Notieren Sie einige Ergebnisse. Sie brauchen sie im nächsten Abschnitt 0.3 erneut.

Genaueres über die Geschichte des Schulwesens und die Geschichte des Deutschunterrichts in verschiedenen Schularten erfahren Sie bei Frank (1973), Petrat (1979), Ludwig (1988), Beisbart (1989), Abraham (1996).

Der Pädagoge Kersten Reich (1997) stimmt der Kennzeichnung Deweys und dessen Einschätzung über die unzureichende Ausprägung der Schule und damit der Didaktik voll zu: Eine Schule nach dem Modell des geschlossenen Systems, des „Klosters“, sei weder mehr denkbar noch zeitgemäß. Aber dennoch bezeichnet er die gegenwärtige Situation als ziemlich unbefriedigend. Er spricht von „Wühltisch- oder Supermarktdidaktiken“.

„Wodurch zeichnen sie sich aus? Niemand weiß, welche zwischen all den vorhandenen Didaktiken nun die richtige sei. Es bleibt den Vorlieben überlassen, bestimmte Modelle zu wählen und sich gegen andere zu entscheiden. Es gibt nicht hinreichende überparteiliche Kriterien für diese Entscheidungen, es sei denn wir rechneten Gewohnheiten, Statusbedürfnisse bestimmter Kontrollgremien, Karriereanforderungen von Wissenschaftlern im gegenseitigen Streit hierzu. Bei diesen Modellen nun sieht man geschlossene und offene Systeme“ (Reich 1997, 256).

Sie können dazu mehr nachlesen in Baustein 29 und bei Hilbert Meyer 1987.

Zu den offenen Systemen zählt Reich die neueren allgemeindidaktischen Modelle mit je eigenem Schwerpunkt. Man kann sie freilich auch lesen als Schrittfolge zunehmender Öffnung: Von der Inhalts- oder Bildungs-Didaktik über die Informationsdidaktik zur Lehr-Lern-Didaktik und bis zur kommunikations- und schülerorientierten Didaktik.

Das Traditionssystem aufbrechende Impulse	**Retardierende Momente der Entwicklung des Deutschunterrichts**	**Gesellschaftliche Einflüsse und Anstöße**
2. Hälfte des 18. Jhs.: Lesen und Schreiben für alle Sokratische Methode entdeckenden Lernens (mit allen Sinnen) Sachtexte zur Aufklärung des Verstandes und zur praktischen Befähigung		Aufklärung als geistige, philosophische und pädagogische Bewegung
1. Hälfte des 19. Jhs.: Sprachdenklehre Aktuelle deutsche Literatur im Unterricht	Reduktion des Lernbegriffs auf Gedächtnis und Verstand	Beginnende Industrialisierung, Demokratische Bewegungen
Rudolf Hildebrand (1824–1894): Berücksichtigung der Eigensprache des Schülers, Beachtung des gesprochenen Wortes	**2. Hälfte des 19. Jhs.:** Reduzierung von Grammatikunterricht in den niederen Schulen Rückzug des Literaturunterrichts auf „Klassiker" Vermittlung von Sprachgeschichte, aber zugleich konsequente Vertreibung des Dialekts	Politische Reaktion: Angst vor Kritik Konservatives Bürgertum mit wirtschaftlich-pragmatischer Expansion ohne politische Mitsprache
Reformpädagogik/Arbeitsschulbewegung: Ansätze freien Lernens und Arbeitens und freien Schreibens	Entwicklung neuer „geschlossener Systeme" (z.B.Waldorf-Pädagogik)	Geistige Protestbewegungen nach 1900
	Weimar und NS-Zeit: Nationale und konservative Wertverordnungen	Geistige und politische Gleichschaltung
	Nachkriegszeit: Schule erneut als geschlossenes System zur Rekonstruktion vorhandenen Wissens und zur Formierung der Jugend verstanden Schulorganisatorische Konservierungstendenzen	Bildung zweier deutscher Staaten: Ludwig Erhard: „die formierte Gesellschaft", Walter Ulbricht/ErichHonecker: „die sozialistische Persönlichkeit"
nach 1968: Kommunikation als Zentralbegriff allen Lernens und des DU, „ständige Revision des Curriculums" (Saul B. Robinsohn), Entwicklung verschiedener didaktischer Modelle und Unterrichtsformen, Veränderung der Schullandschaft und der Schulwissenschaften	Aktualisierung und Optimierung inhaltlicher Wissensmengen (nach eher fachbezogenen Interessen), Erweiterungen des Fächerspektrums bis zur Konturlosigkeit	Wissensexplosion, Demokratisierung, Pluralisierung der Gesellschaft und der Berufswelt, Globalisierung, Interkulturalität, Medialisierung

Die Gründe für die Unzufriedenheit liegen aber sicher nicht nur in der pluralen Vielfalt konkurrierender Theorien und ihrem Drängen „praktisch" zu werden. Die Gründe liegen auch in der Schwerfälligkeit jedes Systems, in dem Menschen unterschiedlichen Alters arbeiten – auch bei „nur" dreißigjähriger Berufstätigkeit der Lehrer. Vor allem aber bestehen Spannungen: zwischen der Schule als dem Ort partnerschaftlicher, authentischer und lebensrelevanter Lernprozesse und dem Ort der Zuweisung von Lebenschancen über Auslese und Einsortierung.

0.3 Vom Instruktivismus zum Konstruktivismus. Unterricht als bewusste und eigenständige Erarbeitung sprachlich-literarischer Lernerfahrungen

Trotz der Verunsicherung, die die Ausführungen der letzten Seiten eventuell bei Ihnen hervorgerufen haben, können wir auf zentrale Orientierungspunkte didaktischer Reflexion zurückgreifen. Unser Ziel ist es nun, nicht nur einen markierten Weg durch das Vielerlei von Einzelüberlegungen, Fakten und Theorien zu finden, sondern gewissermaßen einen Kompass und eine Landkarte beizufügen. Aber es wird hoffentlich deutlich, dass nicht allein – um im Bild zu bleiben – Zahlen, Zeichen und Symbole auf solchen Orientierungsmitteln die Vorstellung von Deutschunterricht bestimmen, sondern jeder Benutzer das Wesentliche, nämlich Deutung der Situation und Entscheidung des Handelns hinzufügen muss.

Lerner, Ziele, Lehrer, Stoff – vier unterrichtsbestimmende Faktoren

Mit den vier Einflussgrößen oben Seite 10f. wurden Sie auf vier Faktoren unterrichtlicher Prozesse aufmerksam, die seit langem als Orientierungspunkte didaktischer Reflexion eingeführt sind. Sie werden jedoch schnell erkennen, dass es eben nur Grundgrößen sind: Über Reihenfolge, Gewichtung und Zusammenspiel haben die Benutzer zu entscheiden.

Traditionell spricht man vom „didaktischen Dreieck", also **drei** „Größen", in einem umfassenderen Rahmen, der vierten „Größe":

Stoff – Schüler – Lehrer, die in einem größeren institutionellen und gesellschaftlichen Rahmen eingefügt sind. Der Faktor Ziele scheint vernachlässigt.

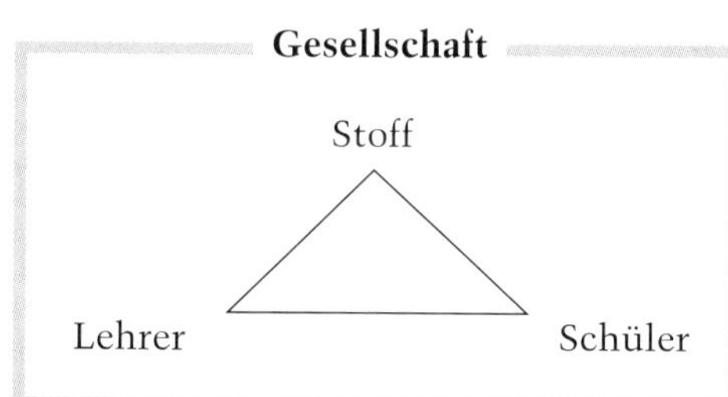

Dieses Dreieck ist in der Geschichte der Schule und des Deutschunterrichts vielfach missdeutet worden, wie wenn es möglich wäre, die

Größen je für sich zu bestimmen, z.B. den Stoff allein aus sachsystematischen Zusammenhängen, den Schüler in seinem aktuellen Lernstand, den Lehrer als Fachmann mit einem systematischen Methodenrepertoire oder die Abhängigkeit der Dreiecksgrößen aus anthropologischen, ideologischen oder politischen Rahmen-Vorgaben.

Versuchen Sie an verschiedenen Beispielen die Behauptung von der Fehldeutung der „Größen“ des didaktischen Dreiecks nachzuvollziehen. Beispiele könnten sein:

- *Durchführen einer Diskussion*
- *Schreiben eines Protokolls*
- *Wertevermittlung über eine Kalendergeschichte oder ein Märchen*
- *Vermittlung einer grammatischen Regel und ihrer Anwendung.*

Diskutieren Sie auch den Verzicht auf den Faktor „Ziele des Unterrichts“ im didaktischen Dreieck.

Die entscheidenden Veränderungen im Deutungsumgang mit den vier Orientierungsgrößen liegen in folgenden Einsichten:

Einsichten im Umgang mit den Größen des didaktischen Dreiecks

- Jede „Größe“ hat gleiche Bedeutung: Es gibt keine Unterordnung des lernenden Schülers unter den Lehrer, des Lehrers unter den Stoff, des Stoffs unter den Verstehenshorizont des Schülers („Didaktisierung“ als Reduktion aller Schwierigkeiten).
- Die Lern- und Vermittlungswege werden nicht von einer Größe („Sache“ oder „allgemeine Wahrheit“, „Lehrer“ oder Globalziel) vorgegeben. Der Lerner selbst ist für sein Lernen verantwortlich, er konstruiert sein Wissen selbst.
- Das entscheidende Geschehen findet **zwischen** den Größen statt.
- Schule ist vielfältig mit dem Rahmen, der Gesellschaft verknüpft, sie ist aber nicht Ausführungsort eindeutiger gesellschaftlicher Vorgaben.

„Lernen heißt […], dass sich die Lernenden im Inneren etwas erschaffen, was ihnen für ihr weiteres Wahrnehmen, Denken, Empfinden und Tun hilfreich ist. Darin besteht der Unterschied zur Arbeit: Bei ihr ist das äußere Resultat wichtig, beim Lernen der innere Prozess“ (Spinner 1997, 54).
Die Wurzeln dieser Einsichten alle zu nennen oder gar zu entfalten, übersteigt die Möglichkeiten einer Einführung.
Besonders wichtige Einflüsse sind:

- Die **Reformpädagogik** (etwa der Zeit von 1900–1925) mit dem Versuch, „vom Kinde“, vom Schüler aus pädagogisch und didaktisch zu denken.
- Die Beschäftigung mit Fragen der **Kommunikation**, wie sie in Psychologie, Gesellschafts- und Kommunikationstheorie sowie in der Sprachtheorie seit den ausgehenden 60er Jahren vorangetrieben wurde.

Vgl. dazu Baustein 2.

- Nicht zuletzt aber haben **konstruktivistische Einsichten** über den lernenden Aufbau einer je eigenen sinnhaften und ganzheitlich er-

Vgl. Baustein 29 zur konstruktivistischen Didaktik.

worbenen Vorstellungs- und Handlungs-Wirklichkeit einsichtige und folgenreiche Veränderungen gebracht.

Auf Grund solcher Einsichten ist es sicher nachvollziehbar, dass das „didaktische Dreieck und sein Rahmen" einer Neudefinition unterzogen wurde. In der so genannten kommunikations- oder schülerorientierten Didaktik hat man eine sinnvolle und nicht-isolierende Interpretation der genannten Größen vorgeschlagen.

Vgl. zur Neudefinition des didaktischen Dreiecks Baustein 29 und das Schema von Schulz auf S. 299.

Es ist zudem nicht verwunderlich, dass sich diese Uminterpretation der „Größen des didaktischen Dreiecks" zurückführen lässt auf ein Modell aus der Psychologie, genauer der Psychotherapie. Denn auch dort wurde – für uns hier einschlägig – eine ähnliche Abkehr von der Entmündigung des „psychisch Kranken" vollzogen, vergleichbar der Abkehr vom „unwissenden Schüler" in der Pädagogik und Didaktik hin zur Aktivierung und Stärkung der Eigenkräfte und Eigentätigkeiten.

In der Theorie der Psychotherapeutin Ruth Cohn (1997), der *„Themenzentrierten Interaktion"*, sieht das alte „didaktische Dreieck" folgendermaßen aus:

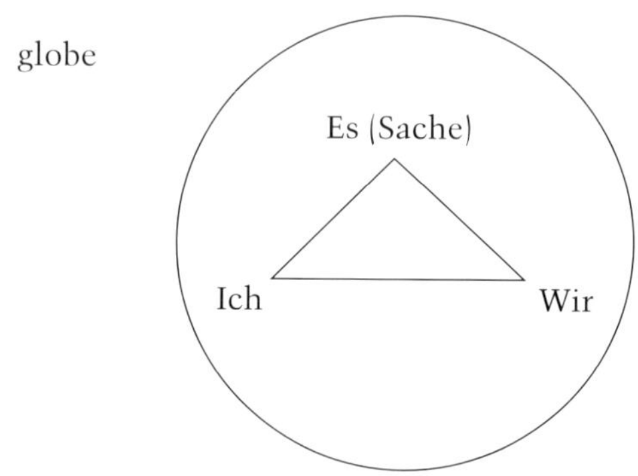

Ich – Wir – Es stehen in einer Beziehung zueinander, sind aber eingefügt in „Gegebenheiten der äußeren Situation", die Cohn globe („Kugel") nennt.

Schulz (1980, 1981) gilt als Initiator der kommunikations- oder schülerorientierten Didaktik.

Diskutieren Sie die Veränderungen der Bezeichnungen des „didaktischen Dreiecks" und seines Rahmens bei Schulz (Baustein 29, S. 299) und bei Ruth Cohn.
Versuchen Sie anschließend auch zu den drei Unterrichtsstunden (oben S. 8) neue Fragen zu stellen, die dieser Neuinterpretation gerecht werden.

Eine kurze Kommentierung soll Ihnen helfen, die relevantesten Unterschiede noch einmal festzuhalten.

1. **Es** anstatt **Stoff**

Gegen eine festgefügte Materialität, einen unveränderlichen „Stoff" und ggf. damit verbundene Ziele (des Lehrplans, des Lehrers) steht das Es, ein Thema, das erst in der gemeinsamen Erarbeitung so entsteht: sei es eine Einsicht in den Sinn eines Textes, über das Gewicht bestimmter Wörter oder Satzstrukturen in einem Text.

2. Ich/Wir anstatt **Lehrer/Schüler**
Gegenüber einem auf Über- und Unterordnung beruhenden Lernzusammenhang, der sich auf Lernstoff konzentriert (und Bedingungen ins Vorfeld verweist), geht es hier um eine Kommunikationsgemeinschaft, zu der der Lehrer gehört. Reich (1997) drückt es so aus: Dass aus dem Mehrwisser Lehrer kein Besserwisser wird, bedarf es der kommunikativen Rückbindung an die Lerngruppe. Der Lehrer ist also sowohl „Ich" wie Teil des „Wir" – aber er hat auch die Verantwortung für die Balance zwischen den drei Größen, als „Sachautorität" und als „Wir-Organisator".
Schulz weist mit den „Größen" P und S zudem auf die Spannung zwischen Individuum und Gruppe, die aber nicht nur die Schüler, sondern ebenso den Lehrer (als Individuum und als Gruppenmitglied) betrifft.

Die „Größen" bei Schulz (1981) lauten: T = Thematischer Aspekt, S = Soziierungsaspekt, P = Personaler Aspekt.

3. globe („Kugel" = Gegebenheiten der äußeren Situation) anstatt **gesellschaftlicher** und **institutioneller und werthafter Vorgaben**
Insbesondere für das Fach Deutsch spielen die mit dem globe, d.h. der Lebenswelt verbundenen Erfahrungen, impliziten und expliziten Wissenselemente, Einstellungen und Erwartungen, Motivationen usw. in jedem kommunikativen Lernprozess eine große Rolle. Sie können nicht durch verordnete oder erwartete Ziele einfach überdeckt werden.
In geschichtlichen Darstellungen über Schule können Sie nachlesen, welche Rolle die außerschulische Lebenswelt jeweils gespielt hat. Mit anderen Worten: Die Abschottung der „klösterlich organisierten" Schule war unterschiedlich intensiv.
Man kann dies beispielhaft an der Geschichte der Lektüre für junge Leser zeigen: Sie reicht von der gereinigten und vereinfachten Klassikerlektüre „ad usum Delphini" (für den Gebrauch des jugendlichen Prinzen), über pädagogisch kontrollierte häusliche Lektüre (seit 1800), über die intensive schulische Behandlung des so genannten Klassischen seit etwa 1830, über den „Kampf gegen Schmutz und Schund" zwischen 1890 und 1960, über die Öffnung für Triviales bis hin zum Lob für jede Lektüre, die nur von Fernsehen und Computerspiel abhält.

Sie können fragen: Wer bestimmt die gesellschaftliche Relevanz des Lesens und seiner Stoffe?
Wer stellt Sachansprüche (Verteidigung der Lesekultur und der Texte) und mit welchem Recht?
Welche Gruppen- oder Klasseninteressen werden sichtbar, z.B. wenn man weiß, wie die Arbeiterlesevereine im 19./20.Jh. sich an das bürgerliche Leseideal weithin angelehnt haben?
Welche Bedeutung haben neben der Schule die Eltern? usw.

Sie können die Bausteine 10, 11, 18 und 19 heranziehen.

Das skizzierte Beispiel über die Veränderungen im Umgang mit Lektüre für die Jugend zeigt: Es haben sich die Einstellungen über Schul-

und Freizeitlektüre geändert, es wurden auch die unterschiedlichsten Methoden der Vermittlung erprobt und eingesetzt. Der Vorwurf, der in der aktuellen Diskussion erhoben wird, heute ließen Eltern und Schule die Kinder und Jugendlichen allein, kann nicht zur Folge haben, zurück in die Muster der Tradition zu fallen, sondern den Weg zu gehen vom Instruktivismus zum Konstruktivismus, Unterricht als bewusst und aktiv erarbeitete Gestalt und Veranstaltung für sprachlich-literarische Lernerfahrungen zu verstehen.

0.4 Didaktik situierter und konstruktiver sprachlicher Lernprozesse

Sie als Leser dieses Buches sind vermutlich selbst ein Lernender: Sie wollen lernen, sich Grundlagen zu schaffen, um Lehrer, Deutschlehrer zu werden.

Wenn der Weg von der *Instruktion* **über** Wissen zur *Konstruktion* nicht nur **von** *Wissen*, sondern von verantworteter *Handlungsfähigkeit* richtig ist, dann gilt er auch für Sie.

Dazu möchte Sie das vorliegende Buch anleiten – soweit dies ein Buch überhaupt leisten kann, denn die Lerngemeinschaften mit anderen in Hochschule, Schule und Unterricht sind dazu unverzichtbar.

Neben dieser sozialen Interaktion bestimmen allerdings weitere Komponenten die Lernsituation. Sie gilt es zu ermitteln. Dies ist eine wichtige Aufgabe der Deutschdidaktik als Wissenschaft des situierten Lernens in der Domäne Sprache und Literatur.

Ziehen Sie auch die Bausteine 27–30 des 4. Kapitels heran.

Einige Grundbegriffe seien hierzu zusammengestellt. Dies geschieht tabellarisch in zwei Spalten. Die wichtigen Grundbegriffe werden Ansätzen bisheriger Deutschdidaktik – auf dem Weg „in die richtige Richtung" – gegenübergestellt (siehe Tabelle S. 19).

In diesen vier Grundbegriffen stecken viele Herausforderungen. Wir, die Verfasser, hoffen natürlich, dass Sie diese Herausforderungen nicht nur akzeptieren, sondern sich ihnen mehr und mehr gewachsen zeigen.

Eine der Herausforderungen, vor die ein solcher Ansatz jeden Lehrenden stellt – auch die Verfasser dieses Buches –, ist ein verhandelbares Maß zu finden zwischen Komplexitätserhaltung und Komplexitätsvereinfachung (Grundbegriff 3).

Balance zwischen Komplexitätsvereinfachung und Komplexitätserhaltung

Komplexitätsvereinfachung ist das *traditionelle* Verfahren didaktischen Handelns. Der Lehrstoff wird vereinfacht, um den Lerner nicht zu überfordern, nicht zu entmutigen. Hierbei wird der „Lernstoff" häufig als Verfügungsmasse angesehen, der seine Struktur „vom Einfachen zum Komplexen" in sich habe. Aus seinem natürlichen Kontext gelöst, seines Anwendungsbezugs beraubt, wird er zum „trägen Wissen", das bevorzugt als Prüfungswissen dient.

Komplexitätserhaltung gilt als *didaktisches Prinzip* gegenwärtiger didaktischer Konzepte. Nur so – so wird vermutet – bleibt der lebensweltliche Zusammenhang erkennbar und erhalten, Wissen also anwendbar. Komplexitätsvereinfachung sei dann als geistige Tätigkeit des Lerners zu sehen, die ihm nicht abgenommen werden kann, wenn er Wissensstrukturen aufbauen soll.

Grundbegriffe situierter und konstruktiver Deutschdidaktik	**Traditionelle Grundbegriffe didaktischer Diskussion**
1. *Sach- und Weltdeutung* als Aufgabe aller am Lernen Beteiligten, als „das soziale Aushandeln von Bedeutungen" (Gerstenmaier/Mandl 1995, 874)	Sach- und Weltdeutung als vor dem Unterricht „fertig" erforschte Vorgabe: 1. Stufe *Abbilddidaktik* 2. Stufe *Curriculare Didaktik*, ausgehend von gesellschaftlich und anthropologisch fundierten Zielen (vgl. Baustein 29)
2. Lernen als *Konstruktion von Wissen* in Abhängigkeit von Vorwissen und wahrgenommenen Erfahrungen	Lernen als Auf- und Übernahme von Wissen, Informationen und Wertungen: *Bildungs- bzw. Informationsdidaktik*
3. *Komplexitätserhaltung*, um den *Anwendungsbezug* des Wissens nicht aus den Augen zu verlieren	*Schülerorientierung* gegenwärtiger Didaktik geht zu häufig von Vereinfachungen aus – „Kindgemäßheit" als Prämisse – Stoffreduzierung „ad usum Delphini" – Vorerfahrungen und -kenntnisse als Herausforderung der Strukturierung
4. Eigenständige *Reflexion* des Lernens und des Gelernten, um den Aufbau von Wissensstrukturen zu erleichtern (schriftlich als Portfolio, vgl. Bräuer 2000)	Erwartung der Übernahme vorgegebener Normen und Regeln

Komplexitätsvereinfachung ist freilich auch Arbeitsprinzip vieler Fachwissenschaften. Einfachheit scheint der Weg zur Einsicht zu sein. In Wahrheit aber wird durch Ausblendung, durch Reduktion und Objektivierung gerade Einsicht verhindert.
Wer im Unterricht z.B. nur einen informierenden Text – gar vereinfacht als Informationsquelle – im Blick hat, wird über das komplexe Verstehen seiner Schüler ebenso wenig erfahren, ja es verfehlen, wie der sprachliches Handeln eben nicht vermitteln kann, der standardisierte Rollenspiele auf der Basis von Sprechmustern eintrainiert.
Sie sollten sich immer wieder die Komplexität vor Augen halten, die jedes Individuum zu jeder Zeit seines Lebens als Lerner bestimmt – vom Kindergarten bis zum Seniorenkurs:

- *Lassen Sie sich überraschen von dem Wissen, das in einer Lerngruppe schon vorhanden ist oder ans Licht kommt.*
- *Lassen Sie sich von den Ideen überraschen, die bei einem „brainstorming"(z.B. als Cluster) zusammenkommen.*
- *Sammeln Sie Erinnerungen zu Schule, zu Unterricht bei verschiedenen Lebensaltern: Was ist hängen geblieben? Was wird erinnert? Wie wird das eigene Lernen eingeschätzt?*
- *Tauschen Sie Ihre Erfahrungen z.B. über Lektüre-Erlebnisse aus. Welche Bedeutung hatte dabei Unterricht, welche Art von Unterricht? Welche anderen Einflüsse oder Anregungen waren bedeutsam?*

- *Wodurch, glauben Sie, haben Sie Rechtschreiben gelernt? Oder warum, glauben Sie, haben Sie noch immer Defizite?*

Grenzen der Komplexität

Komplexitätserhaltung freilich gelingt nur, wenn zweierlei gewährleistet ist:
Zum einen darf Komplexität nicht so groß sein, dass sie nur noch zu Verwirrung führt.
Zum anderen aber muss eine Lerngemeinschaft versuchen, ihre Deutungsmuster und ihre „Wirklichkeiten" gemeinsam zu erstellen.
Das eine kann dieses Buch hoffentlich leisten.
Für das zweite aber müssen sich Lerngruppen zusammenfinden.

Zum Abschluss der Einleitung finden Sie im Folgenden eine didaktische Tafel (S. 21). Sie orientiert sich an dem didaktischen Dreieck samt Rahmen (globe), bildet jedoch in der Mitte die Intentionalität von Unterricht aus. D.h. im Prozess der Verbindung und Wechselwirkung zwischen den vier Größen muss sich die Organisationsform Unterricht als zielgerichtet ausprägen, wobei die Ziele jedoch erst entstehen und nicht allein von einer Seite (z.B. Sache, Gesellschaft oder Lehrer) gesetzt sind. Die Komplexität unseres Themas wird hier jedoch zunächst nur in vereinfachter Form präsentiert. Eine höhere Stufe der Komplexität stellt das Inhaltsverzeichnis dar, das die Größen bereits entfaltet und in Bausteinform schrittweise erschließt. Es kann zugleich als Orientierungsrahmen und Wegweiser durch das Buch dienen. Inhaltsverzeichnis sowie didaktische Tafel können auch als Bauplan für die eigenständige Konstruktion des Didaktischen Hauses aus den einzelnen Bausteinen fungieren.
Ein Modell der Konstellation der Bausteine zu einem Ganzen – dem Didaktischen Haus – finden Sie am Ende des Buches (S. 319), als Hilfestellung, damit Sie das komplexe Gebiet didaktischen Handelns in seinen Bezügen und Abhängigkeiten, seinen Vernetzungen, überblicken können und sich aufmachen, Ihr eigenes Denkgebäude Deutschdidaktik zu erstellen.

Die Einleitung wollte Ihre Aufmerksamkeit auf den Gegenstand dieses Buches, den Deutschunterricht richten.
Dabei kam es auf folgende Aspekte an:

- *Jeder Unterricht (und genauso Deutschunterricht) ist eine komplexe Organisationsform.*
- *Je mehr es den daran Beteiligten gelingt, die vielfältigen Bedingungen und Einflussgrößen bewusst zu berücksichtigen, desto mehr gelingt es, Lehren und Lernen als einen aktiven Prozess zu gestalten.*
- *Dazu ist es wichtig, die Organisationsformen von Unterricht zu kennen, die Lehrerbildungsmodelle kritisch zu reflektieren sowie die Bedingungen von Unterricht in der Geschichte und in der aktuellen Diskussion zu prüfen.*
- *Zwar gibt es seit langem Übereinstimmung hinsichtlich der Grundstruktur von Unterricht (dargestellt als das „didaktische Dreieck und sein gesellschaftlicher Rahmen"), aber sie wurde sehr unterschiedlich interpretiert.*
- *Heute liest man das didaktische Dreieck mit dem Anspruch, den Lerner und seine eigenen Ziele zu stärken. Dies wird in den Ausdruck gefasst: „Von der Instruktion zur*

(Selbst-)Konstruktion". Eine solche Interpretation bestimmt nicht nur die Organisation des Unterrichts selbst, sondern auch Lehrerausbildung sowie Lehren und Lernen in Schule und Gesellschaft.

Auf dieser Grundlage aufbauend können die folgenden Kapitel zu Bausteinen werden, mit denen ein sinnvoller Deutschunterricht „gebaut" oder entwickelt werden kann.

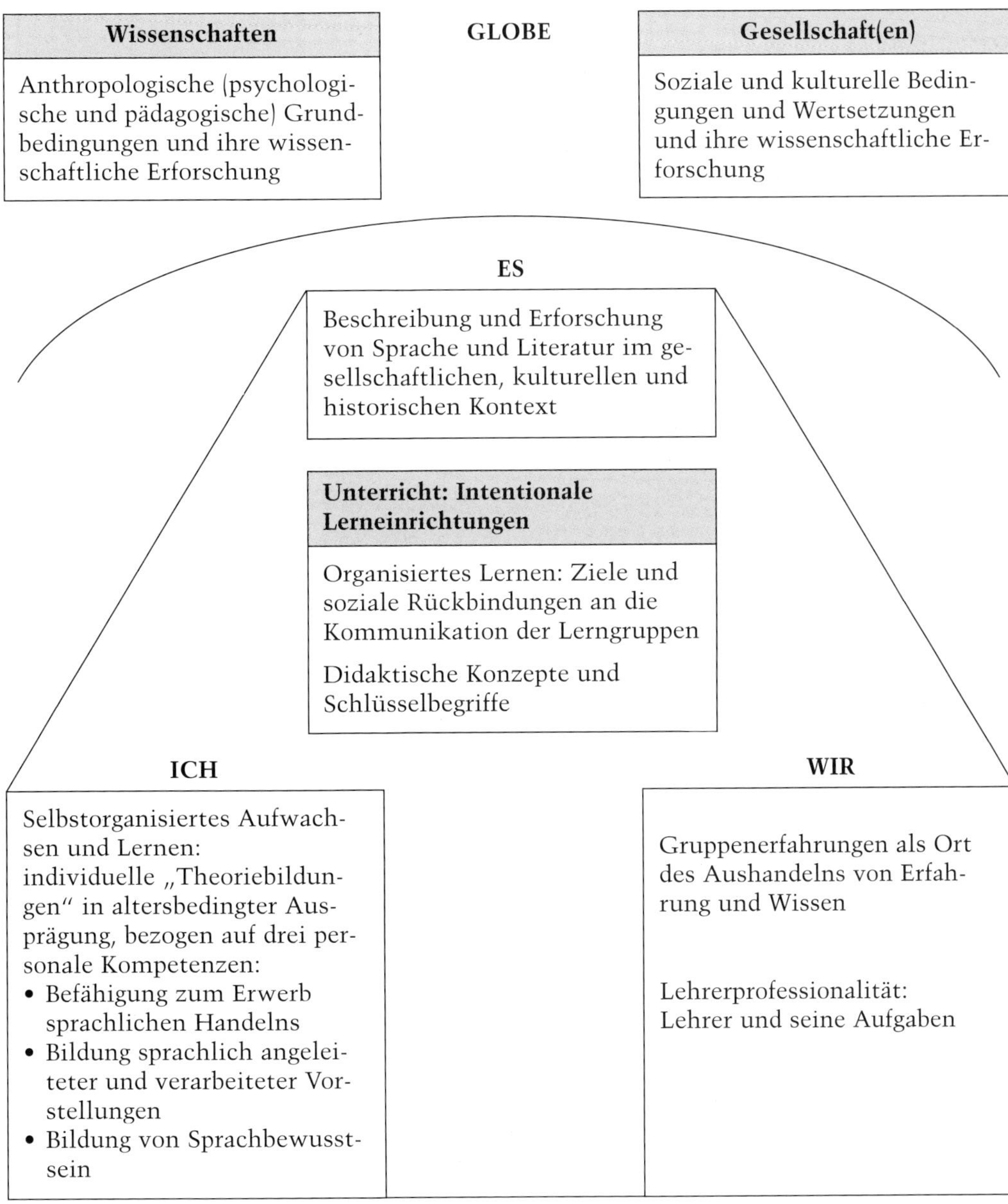

(O.B., D.M.)

Kapitel 1 Schüler – Personale und soziale Kompetenzen

1.1 Befähigung zum Erwerb sprachlichen Handelns – reden und schreiben lernen

Unter den drei Größen des didaktischen Dreiecks, dem Schüler („Ich"), der Gruppe – inklusive Lehrer – („Wir") und der Sache („Es") sind zunächst die Menschen wichtiger als die Sachen, sodann verdient das einzelne Ich den Vorrang vor der Gruppe. Daher gilt dem Schüler unser erstes didaktisches Interesse. Er ist Angelpunkt aller pädagogischen und didaktischen Überlegungen und Anstrengungen. Ohne Schüler würden weder Schule noch Didaktik benötigt.
Für die Deutschdidaktik bedeutet das im ersten Zugriff: Auseinandersetzung mit den Voraussetzungen und Bedingungen der Schüler im Hinblick auf sprachliche Kompetenzen.
Eine Dreiteilung scheint hier möglich und sinnvoll: Den Überlegungen im Blick auf sprachliches Handeln, auf zugrunde liegende Fähigkeiten, Sprache mündlich und schriftlich zu gebrauchen, sollen Gedanken folgen, wie Schüler mit objektivierter Sprache umzugehen lernen, mit Texten, sprachlichen Vorstellungen, Medien. Einen dritten Aspekt stellt die Auseinandersetzung des Schülers mit dem Objekt Sprache, dem Sprachsystem dar.
Anders gesagt: Im ersten – dreigeteilten – Kapitel geht es um Fragen, wie Schüler zur mündlichen und schriftlichen Verwendung der Sprache, zum Umgang mit Texten und anderen sprachlichen Produkten, zum Nachdenken über und bewussten Gebrauch der Sprache kommen. Bei der Auseinandersetzung mit dem ersten Aspekt, dem sprachlichen Handeln, rückt zunächst die Klärung der elementaren Bedeutung der Sprache für den Menschen ins Blickfeld. Sprache bestimmt das Wahrnehmen, das Denken, das Fühlen, das gesamte menschliche Handeln. Dies wird in **Baustein 1** dargelegt.
Sprache regelt darüber hinaus auch das Zusammenleben der Menschen, in der Kleingruppe wie in der gesamten menschlichen Gemeinschaft. Für die dabei wichtigen Zusammenhänge hat sich der Begriff Kommunikation eingebürgert. In Kommunikationsmodellen wird verdeutlicht, von welchen Faktoren Verständigung abhängt, wie das Misslingen von Verständigung zu erklären ist. Der Begriff Kommunikation muss heute auch in seiner Ambivalenz gesehen werden. Die Verständigungskomponente wird häufig überlagert oder gar verdrängt von der formalen Sicht auf Kommunikationstechniken, Kommunikationsmedien. Eine Perfektionierung der technischen Seite führt leider nicht zwingend zur Verbesserung der Kommunikation zwischen Menschen. Das Handy macht seinen Besitzer nicht kommunikationsfähiger. Kommunikative Kompetenz als Fähigkeit, sich mit oder ohne Hilfe technischer Medien mit anderen verständigen zu können, sollte wichtigstes Ziel schulischer Erziehung, besonders des Deutschunterrichts sein. Dies wird in **Baustein 2** erörtert.
Mit dem Hineinwachsen in die Sprache werden auch die sprachlich vermittelten Wertvor-

stellungen, Verhaltensweisen, Normen übernommen. Da nicht alle gesellschaftlichen Gruppen die gleichen Vorstellungen besitzen, trägt Sprache auch zur Verfestigung gesellschaftlicher Unterschiede bei. Damit befasst sich **Baustein 3**.

Spätestens mit dem Eintritt in die Schule begegnet dem Kind Sprache verstärkt in einer anderen Dimension, als verschriftete Sprache. Die mit der Erweiterung der Mündlichkeit durch die Schriftlichkeit verbundenen neuen Erkenntnisse, die Erweiterung des Blickfeldes und der Handlungsmöglichkeiten, aber auch die mit dem Erwerb der Schriftsprachkompetenz verbundenen Schwierigkeiten werden in den **Bausteinen 4 und 5** thematisiert.

Dass Kinder anderer Muttersprachen beim Erwerb des Deutschen zusätzliche Probleme lösen müssen, ist evident. Was künftige Lehrer und Lehrerinnen im Umgang mit betroffenen Schülern wissen müssen, das ist Anliegen in **Baustein 6**, dem letzten in dieser ersten Abteilung.

Die ersten sechs Bausteine stecken so das Feld ab, das in der Auseinandersetzung mit dem Erwerb sprachlichen Handelns von der Didaktik zu bestellen ist.

Baustein 1

Zur Sprachlichkeit des Menschen: Sprache und Person – Denken, Fühlen und Handeln

„Ich möchte mein Studienfach wechseln!"
Vielleicht haben Sie diese Äußerung selbst schon gemacht und erinnern sich an die Reaktionen Ihrer Kommunikationspartner: eines Freundes, Ihrer Eltern, der Universitätsverwaltung. Vermutlich kam es zu sprachlich und nichtsprachlich höchst unterschiedlichen Reaktionen. Überlegen Sie, wie diese Unterschiede zu erklären sind, und sprechen Sie in der Gruppe darüber.

In diesem Baustein erwarten Sie:

- *Einige einführende Gedanken darüber, was Sprache leistet – und was sie nicht leistet.*
- *Erste Ideen zur Frage, ob und ggf. wie Sprache unser Menschsein strukturiert.*
- *Hinweise darauf, inwiefern sprachliche Förderung immer Förderung der gesamten Persönlichkeit ist.*

1. Vielfalt sprachlicher Praxis

Sprache verlangt nach einer biologischen Ausstattung.

Da Sie Ihr Studienfach doch nicht gewechselt haben, werden Sie als Deutschlehrer Ihren Unterricht im Wesentlichen sprachlich gestalten. Zusätzlich aber, und das ist das Besondere am Fach Deutsch, ist auch Ihr *Unterrichtsgegenstand* Sprache. Sie wollen Ihre Schüler sprachlich fördern, die Strukturen der Sprache erhellen, sprachliche Kreativität initiieren und vieles mehr – und dies alles mit Hilfe von Sprache. Das scheint kein fundamentales Problem zu sein. Ist doch die biologische Fähigkeit zur Artikulation von Lauten per DNA bereits vorprogrammiert. Auch das grundlegende kognitive Bedürfnis, Muster und Regeln aus zunächst nur *gehörtem* Sprachmaterial entwickeln zu wollen, ist im genetischen Code angelegt und wird pränatal bereits ausgiebig ausgelebt. Die spezifischen Laute der Muttersprache erwerben wir im Laufe unserer Entwicklung in der *Interaktion* mit anderen Mitgliedern unserer Sprachgemeinschaft in einem recht langwierigen Prozess, der erst etwa mit dem 18. Lebensmonat abgeschlossen ist. Sie können also sprechen, und Sie verstehen sprachliche Äußerungen in der Regel ohne dabei weiter über das Medium Ihres Agierens, die Sprache, nachzudenken.

Vgl. die Bausteine 2 und 12.

Ins Staunen kommen Sie aber in Situationen wie der oben skizzierten: Was Sie doch mit einer scheinbar identischen Lautfolge, geäußert in unterschiedlichen Situationen und unterschiedlichen Gesprächspartnern gegenüber, alles anrichten können! Unterricht ist, gerade wenn er sich mit Sprache beschäftigt, von diesen oft unvorhergesehenen Wirkungen nicht verschont. Deshalb, und weil wir als Deutschlehrer verstehen müssen, wo wir bei „sprachlicher Förderung" überhaupt ansetzen können, wollen wir uns das Phänomen „Sprache" etwas genauer auffächern. Insgesamt sechs miteinander vernetzte Module sprachlicher Praxis sollten Sie bisher schon erkannt haben: Die unreflektierte Sprache Ihrer Schüler und eine Metaebene des bewussten Einsatzes sprachlicher Mittel; die sprachliche Ebene von mündlichen oder schriftlichen Sprachäußerungen als Unterrichtsgegenstände und die Metaebene ihrer linguistischen und literarischen Betrachtungsweise; Ihre eigene unreflektierte Sprachverwendung und die Notwendigkeit, eine reflektierte Lehrersprache zu entwickeln.

Sprachliches Verstehen verlangt nach vier gut ausgebildeten und vernetzten Ohren (Schulz von Thun 1981). Lesen Sie dazu Baustein 2, S. 35.

Lassen Sie sich nun zu einem Cluster zum Thema „Sprache" anregen.

2. Sprache und Menschsein

Hörmann begann seine „Psychologie der Sprache" (1970) mit dem Satz: „Der Besitz der Sprache unterscheidet den Menschen vom Tier". Thorndike nannte die Sprache „die größte Erfindung der Menschheit". Gleichzeitig ist aber von der „Sprache der Bienen" (Gardner 1977) die Rede, die sogar Dialekte ausbilden. Und die Schimpansin Washoe lernte in den 60er Jahren 200 Gesten der Gebärdensprache Ameslan und verfügte so über diese, dass man sagen könnte, sie habe sprechen gelernt (vgl. Maturana/Varela 1987, 230). Macht also die Sprache das Menschsein doch nicht aus?

Linguistik bzw. Sprachwissenschaft haben sich in ihrer klassischen Ausprägung immer nur mit der menschlichen Sprache befasst. Sie haben je nach Forschungsinteresse unterschiedliche Aspekte der menschlichen Sprache bearbeitet und waren dabei meist auf klare Grenzlinien zwischen ihren Forschungsgebieten bedacht. Einig waren sie sich darin, dass sie den *Gegenstand Sprache* erforschen. Es galt, Merkmale der Sprache unter verschiedenen Perspektiven zu analysieren und zu systematisieren. In Turbulenzen gerieten einige dieser Sprachtheorien, als Autoren der sogenannten Naturwissenschaften begannen, sich der Sprache zu bemächtigen, und zwar nicht von einem wie auch immer modellierten Sprachsystem aus, sondern vom Sprachproduzenten als denkender, handelnder und fühlender Einheit. Populär wurden vor allem die Aussagen von Psychologen wie Schulz von Thun und Paul Watzlawick, die beide auf naturwissenschaftlicher Grundlage arbeiten. Aber auch die Neurobiologie und die Künstliche-Intelligenz-Forschung, um nur zwei Beispiele zu nennen, entwickelten nun plötzlich Thesen über Gebiete, die vormals Domäne der klassischen Sprachwissenschaft waren. Mitte der 70er Jahre reagierten deshalb einige Vertreter der Linguistik mit Fusionsambitionen: Die kognitive Sprachwissenschaft entstand als Teilgebiet der Kognitionswissenschaften. Und seltsam – diese neue Geistes-Wissenschaft beginnt keineswegs beim Phänomen „Spra-

Sie werden einige dieser Disziplinen in den Bausteinen 13, 16 und 17 kennen lernen.

Naturwissenschaften beeinflussen die Sprachforschung. Die kognitive Sprachwissenschaft entsteht.

Vgl. Baustein 2.

che", wenn sie über das spricht, was den Menschen ausmache. Sie beginnt beim Handeln.

3. Kognition ist Aktion

Wenn wir von Handlungen, Aktionen sprechen, dann meinen wir gewöhnlich damit das geplante und zielgerichtete Handeln einer Person. Auf der einen Seite steht also die Person, auf der anderen das Handlungsziel (oder auch Objekt). Ein Wissenschaftler sagt zum Beispiel: Wenn ich meinen Versuch auf eine bestimmte, logische Weise aufbaue, erhalte ich Erkenntnis über mein Forschungsobjekt. Das scheint uns recht plausibel und alltagstauglich. Zoomen wir uns aber etwas näher, am besten in den Kopf des Forschers hinein: Wir befinden uns in einem Wirrwarr neurologischer Schaltungen. Elektrische Potentiale hämmern und erschüttern die ganze Struktur. Wie kommt hier nun ein „Forschungsobjekt" als geistiges Konstrukt zustande, wie kommt der Forscher eigentlich dazu, sich selbst als erkennendes Subjekt auf der einen und die Wirklichkeit der Objekte, die es zu erkennen gelte, auf der anderen Seite zu sehen?

Als Kleinkinder hatten wir diese Sicht von Wirklichkeit nicht. Wir waren eins mit allem, was uns umgab, wir erlebten Wirklichkeit in vielfachen Gefühlsqualitäten, indem wir ganz elementare Koordinationsleistungen sinnlicher und motorischer Aktivität in ganz konkreten Situationen ausführten: Wir berührten uns und anderes, aktivierten unsere Stimme und hörten Ähnliches, bewegten uns und verfolgten mit den Augen, dass sich auch anderes bewegt, ohne dass wir etwas dazutun. So bildeten wir Unterscheidungen, Differenzen zwischen etwas, was wir später „Ich" nannten und anderem, was wir später „Personen" oder „Dinge" nannten. Diese Selbst-Umwelt-Differenz stabilisierte sich durch vielfältige, oftmalige situative Erfahrungen, die immer auch auf unsere Aktionen rückwirkten (= rekursive Operationen). Alle Objekte, von denen wir meinen, wir nähmen sie eben in unserer Umwelt wahr, haben wir auf diese Weise in rekursiven Operationen selbst hergestellt, indem wir sinnliche und motorische Aktivitäten koordiniert haben. Die Koordinationen gestalten sich nun als komplexe unterscheidungsbildende sensomotorische Konzepte, und diese stellen die – immer noch recht flexiblen – Einheiten dar, die unser Denken bestimmen. Sie werden untereinander kombiniert, sie bilden aber auch „Filter" für neu eintreffende Sinnesdaten. Denn neue Perturbationen (so nennt die Kognitionswissenschaft neu eintreffende Sinnesreize) werden in die bereits bestehenden kognitiven Strukturen so integriert, dass wieder eine stimmige Struktur entsteht, eine, die zum Beispiel für unseren Forscher mit seinen spezifischen Vorerfahrungen sinnhaft erscheint. Das ist ein nur zum Teil bewusster Prozess, und unser Forscher kann sich über diese Konzeptualisierungen nur teilweise Rechenschaft ablegen. Ihr Zustandekommen bleibt ein blinder Fleck seines Denkens, aber er grübelt mit diesen kognitiven Voreinstellungen über sein Forschungsobjekt so, als läge ein von ihm unabhängiger, neutraler Gegenstand vor ihm. Ihm sollte klar werden, dass er in seiner objektiven Forschung durch zielgerichtetes Handeln eigentlich

Rekursive Operationen hinterlassen Spuren in der neurologischen Aktivität der Kognition.

nichts anderes tut, als aus bereits konzeptualisierten Ereignisfolgen bestimmte Erwartungen zu extrahieren, die dann für ihn handlungsleitend werden. Er steckt also selbst mit seiner ganzen Lebensgeschichte „in" seinem Forschungs-„Gegenstand".

4. Kognition ist Emotion

„Gut", könnten sie jetzt sagen, „Wirklichkeit passiert also in meinem Kopf und im Kopf meiner Schüler. Dann muss ich eben, wenn ich ein guter Lehrer sein möchte, die Wirklichkeitskonstruktionen meiner Schüler den meinen ähnlich machen, damit sie das Richtige lernen." Wenn das so einfach wäre! Es gibt da nämlich noch einen gewichtigen Faktor, der Ihnen ganz erheblich zwischen Ihre Lehrbemühungen fahren kann: Affekte, Emotionen, das eigene Fühlen und das Ihrer Schüler.

Kognition und Emotion lassen sich zwar analytisch trennen, doch praktisch handelt es sich nur um zwei Seiten einer Medaille: Keine Kognition ohne Emotion und keine Emotion ohne Kognition. Der Schweizer Luc Ciompi (1997) hat sich eingehend mit dem beschäftigt, was er „Affektlogik" nennt, die Art und Weise also, wie das Fühlen sich ins Denken einmischt.

Emotion ist ein – auch sprachbestimmendes – Faktum der Kognition.

Versuchen Sie sich, soweit das überhaupt möglich ist, während eines Referates im Seminar zu beobachten. Weshalb verlassen Sie die Veranstaltung zufrieden/verärgert? Diskutieren Sie Ihr Urteil darüber mit anderen Seminarteilnehmern.

Ciompis Aussagen finden Sie hier knapp zusammengefasst:

- Affekte (hier gleichbedeutend mit dem Fühlen oder Emotionen) sind die entscheidenden Energielieferanten und „Motoren" aller kognitiven Dynamik (die Lernpsychologie verhandelt sie unter dem Stichwort „Motivation"). Wir sind immer darauf angewiesen, günstige von ungünstigen Erfahrungen zu unterscheiden. Jede Konzeptualisierung enthält daher auch die emotionalen Tönungen, mit denen wir in die konkrete Handlungssituation involviert waren. Wenn uns eine Situation als persönlich bedeutsam und positiv erschien, ist die Art und die Komplexität der Konzeptualisierung bzw. des „Lernzuwachses" eine andere, als wenn wir die Situation als irrelevant oder gar ärgerlich empfinden. (Das heißt nicht, dass wir aus solchen Situationen nichts lernen – im Gegenteil! Aber die Art, wie hier unsere Kognition Objektivationen vornimmt, die dann auch in neuen Situationen wieder als Wahrnehmungsfilter wirken, ist hier eine andere.)

Affekte sind Energielieferanten.

- Affekte bestimmen andauernd den Fokus der Aufmerksamkeit. Denken Sie an sich selbst: Je nach Stimmung nehmen Sie Unterschiedliches wahr. Sind Sie im Seminar ohnehin untergründig schon ärgerlich oder gestresst, dann werden Sie an den Referaten viel mehr „Mängel" entdecken als in gehobener Stimmung. Vielleicht stört Sie auch nur die Stimmlage oder das Zwischenräus-

Affekte orientieren die Wahrnehmung.

pern des Referenten, und schon können Sie sich kaum noch auf anderes konzentrieren. Natürlich wird aber auch umgekehrt Ihre Stimmungslage beeinflusst, wenn es dem Referenten gelingt, genau an Ihre bereits gebildeten, für Sie persönlich bedeutsamen Konzepte anzuschließen. So wird Ihnen das positive Gefühl ermöglicht: Hier höre ich etwas, das für mich wichtig ist. Sie lassen sich dann in ihrer Aufmerksamkeit durch ihn orientieren und werden bereit, ihre Konzepte weiter zu differenzieren und zu modifizieren.

Affekte sorgen für Kontinuität.

- Affekte wirken wie Schleusen, die den Zugang zu unterschiedlichen Konzepten öffnen oder schließen, und: Affekte schaffen Kontinuität. Sie organisieren den Neuaufbau und Umbau von Konzepten. Wilhelm Mader hat dafür ein schönes Bild gefunden. Er meint, Affekte wirken in der Lernbiographie des Einzelnen „[...] als Katalysatoren und Organisatoren eines Curriculums so [...] wie der Faden einer kristallinen Lösung, an dem sich die Kristallformen bilden, verfestigen und eine Struktur entwickeln" (Mader 1994, 99). Auf diese Weise wird die auf uns einprasselnde Fülle von Perturbationen selektiert und mit dem Ziel der kognitiv-emotionalen Stimmigkeit auf das momentan Wesentliche hinorganisiert.

5. Kognition ist Sprache

Und was hat das alles nun mit Sprachlichkeit und Personhaftigkeit des Menschen zu tun? Zugegeben – bisher wurde Ihnen aus Darstellungsgründen etwas vorenthalten. Alles, was nämlich bisher zu Kognition, Aktion und Emotion gesagt wurde, ist ohne das soziale Phänomen Sprache nicht zu denken, genauso wie Sprache ohne diese zirkulär wirkende Dreiheit nicht zu denken ist. „Embodied mind" oder „verkörperte Kognition", so nennen Kognitionswissenschaftler dieses Modell des menschlichen Denkens.

Versuchen Sie nun zunächst, selbst einen Zusammenhang des bisher Gesagten mit Sprache zu „erfinden": Einige der folgenden Kernthesen, die Sprachphilosophen und Biologen zur Verflechtung von Sprache und Wirklichkeit geäußert haben, sollten Sie in Ihr Cluster (vgl. oben S. 25) integrieren.

- *L. Wittgenstein, Sprachphilosoph*
  Auf die Frage „Wie soll ich wissen, was er meint, ich sehe ja nur seine Zeichen!" antwortete Wittgenstein: „Wie soll ***er*** *wissen was er meint, er hat ja auch nur seine Zeichen."*
- *J.L. Austin und J. Searle, Begründer der Sprechakttheorie*
  „Worte sind immer auch Taten!"
- *P. Bourdieu, Soziologe*
  „Auf dem ‚sprachlichen Markt' wird das Verfügen über bestimmte sprachliche Register zum ‚Distinktionsgewinn'!"
- *H. Maturana und F. Varela*
  „Sprache ist ein System von Orientierungsorientierungen."
- *Und noch einmal L. Wittgenstein, Sprachphilosoph*
  „Sprache ist ein intrinsischer Teil der Wirklichkeit und steht nicht etwa Wirklichkeit gegenüber."

Wie war es doch einst so logisch, so stimmig. „Aliquid stat pro aliquo", das war die Grundformel, die die Überlegungen zu und über Sprache lange Zeit prägte. Mögen auch die Theorien komplex gewesen sein, man meinte doch immer wenigstens über einen festen Bezugspunkt zu verfügen: die außersprachliche, für alle gleichermaßen gegebene Wirklichkeit, die mit dem Instrument „Sprache" beschrieben werde. Nun: Die konstruktivistische Kognitionstheorie hat diesen Bezugspunkt respektlos aus den Angeln gehoben und in ein für uns unerreichbares Universum verbannt. Und jetzt?

Sprache bildet Wirklichkeit nicht ab.

Eigentlich kein Grund zur Aufregung: Schon lange vor der großen Konstruktivismus-Welle in den 90ern waren viele Autoren unterschiedlichster Disziplinen davon überzeugt, dass sprachliche Zeichen Wirklichkeit nicht darstellen oder gar abbilden, sondern dass wir unser Denken der Wirklichkeit durch Sprache erst machen! Die Kognitionsforschung begründet das nun genauer:

Unsere Konzeptualisierungen sind notwendige Strukturierungen unseres kognitiven Aufbaus von Wirklichkeit. Sie helfen uns, uns zu orientieren. Die Konzeptualisierungen nehmen wir nicht alleine vor, sondern in der Interaktion mit anderen. Wenn es uns gelingt, die Konzepte gegenseitig zu orientieren, bauen wir sogenannte konsensuelle Interaktionsbereiche auf. So organisieren auch Tiere ihre soziale Gemeinschaft, und das ist ein Prozess, der *nicht bewusst* abläuft. Er ist die *Basis* sprachlichen Verhaltens, ein unbewusster Common Sense (Feilke 1994). Der Mensch ist nun in der Lage, diesen Fluss von Orientierungshandlungen zu strukturieren, zu stabilisieren und ihm so eine neue Qualität zu geben. Als Kind lernt er in einem langen dialogischen Prozess, individuellen kognitiven Konzepten bestimmte, zunächst willkürlich scheinende Lautfolgen zuzuordnen und ihnen die Bedeutung zuzuschreiben, die nicht er, sondern die soziale Gemeinschaft, in der er lebt, für wichtig hält und konventionalisiert hat. In diesen sprachlichen Zeichen ist also immer kulturelles Wissen sedimentiert, das die Kognition des Einzelnen weiter orientiert. Indem wir als Menschen in der Sprache leben, verpflichten wir uns auch den Normen, die uns die Sprache vorgibt. Der Nachteil sprachlicher Zeichen ist, dass wir im alltäglichen Sprechen die Handlungsgrundlage nicht beachten (können), die sie erst möglich macht. Ihr Vorteil ist es, dass der Sprecher nun mit seinen eigenen kognitiven Zuständen so umgehen kann, als seien sie von ihm unabhängige Größen, Objekte, die er beobachten kann, und nicht mehr konkret-kontingente Gegebenheiten einer einmaligen faktischen Situation. Umgekehrt können nun auch seine weiteren Handlungen zur Konzeptbildung sprachlich orientiert werden. Der Sprachwissenschaftler und Deutschdidaktiker Helmuth Feilke konzipiert dementsprechend sprachliche Zeichen als Zeichen für sprachliche Koordination von Handlungen: „In dem Maße, in dem die eigene Spracherfahrung sozial kalkulierbar und in ihrer Wirkung auf den anderen berechenbar wird, wird sie ein intersubjektives Wissen der SprecherInnen und ein zur wechselseitigen Orientierung einsetzbares Steuerungsmittel im Meinen und Verstehen. Der gleichsinnige Gebrauch der entsprechenden Mittel setzt dabei notwendig ein allgemeines Wissen über deren aus dem Gebrauch erwachsene *Bedeutung für die Kommunikation* voraus" (Feilke 1994, 23).

Sprache strukturiert den kognitiven Aufbau der Wirklichkeit.

Auch unser Forscher (vgl. oben) hat es über Sprache gelernt, seine persönlichen kognitiven Konzepte durch die speziellen sozialen Konventionen seiner Wissenschaft orientieren zu lassen. Vielleicht ist er Biologe. Dann können wir aufgrund des oben Erarbeiteten sagen, seine Wissenschaft bestehe letztlich nicht aus Pflanzen, Tieren, dem Menschen, sie besteht aus einer speziellen Sprache über Pflanzen, Tiere und den Menschen, die ihm verschiedene Wahrnehmungsweisen erst ermöglicht. Zusätzlich aber verbindet er mit den von ihm verwendeten begrifflichen Strukturen aus seiner körperlich-aktionalen Erfahrung in seiner persönlichen Lerngeschichte heraus auch eine ganz individuelle emotionale Tönung und ganz bestimmte Assoziationen.

Differenzierung der sprachlichen Fähigkeiten ist zugleich Wahrnehmungsdifferenzierung. Sprache ist damit auch ein wesentlicher Faktor von Gewaltprävention.

So entwickelt nicht nur jede soziale Gemeinschaft, sondern auch jeder Einzelne aufgrund seiner persönlichen Erfahrungen eine „eigene" Sprache, die auch die Konzeptbildung und damit die Wahrnehmung wieder beeinflusst. In dem Moment also, in dem Sie im Unterricht sprechen, wird Ihnen auch schon die Autorenschaft ihrer Rede entrissen. Sinn und Bedeutung machen nämlich die Schüler daraus, jeder ein bisschen anders, jeder auf der Basis seiner eigenen emotionalen und aktionalen Lebensgeschichte. Und deshalb kann der Systemtheoretiker Luhmann (1996) auch behaupten: „Gelungene Kommunikation ist ein Missverständnis, das sich für alle Beteiligten in akzeptablen Grenzen hält."

Sie müssen auf Ihre Lehrersprache achten lernen.

Vgl. Baustein 20.

6. Personsein ist Sprache

Die Ausführungen oben sollten Ihnen zeigen, dass uns erst die Sprache ermöglicht, als so etwas wie ein „Beobachter" einer Wirklichkeit zu agieren, gar mit dem Anspruch, darüber verfügen zu können. Damit sind auch Phänomene wie Bewusstsein und Reflexion erst in der Sprache denkbar. Die Sprache erlaubt es zum Beispiel unserem Forscher, sich als Forscher zu inszenieren, also sich und die Umstände seiner Existenz für sich und andere zu beschreiben. Die narrative Psychologie sieht uns deshalb als ständige Geschichtenerzähler. Eigentlich setzen wir uns auf der aktionalen Ebene aus lauter einzelnen Erfahrungsmomenten zusammen. Identität entsteht erst, wenn wir versuchen, aus diesen Erfahrungsmomenten eine für uns und für andere sinnvolle Sequenz zu entwickeln mit unserer unverwechselbaren Stimme und unserem persönlichen Stil im Sprechen und Schreiben. Personsein entsteht damit, so die moderne Identitätsforschung, als erzählende Antwort auf die Frage „Wer bin ich?". Heiko Ernst hat diesen Grundgedanken so formuliert: „Erzählungen und Geschichten waren und bleiben die einzigartige menschliche Form, das eigene Erleben zu ordnen, zu bearbeiten und zu begreifen. Erst in einer Geschichte, in einer geordneten Sequenz von Ereignissen und deren Interpretation, gewinnt das Chaos von Eindrücken und Erfahrungen, dem jeder Mensch täglich unterworfen ist, eine gewisse Struktur, vielleicht sogar einen Sinn" (Ernst 1996, 202).
Doch wir sind nicht nur Autoren und Autorinnen unserer Erzählungen, sondern wir finden kulturelle Texte immer schon vor. In diese „Lebensskripte" integrieren wir unsere persönlichen Erzählungen.

Und damit sind wir nie nur individuelle Person, sondern immer zugleich auch von unserer kulturellen Gemeinschaft und ihrem in Sprache sedimentierten Kollektivwissen geprägte Wesen.
Ob Washoe, die Schimpansin, diesen Schritt bis zu einer „Identität" gegangen ist? Wir werden es nie erfahren. Selbst wenn wir sie fragen könnten: „Na, wie fühlt man sich denn so als Affe", hätte sie bereits eine für die Kommunikation notwendige konsensuelle Interaktionsgrundlage, also eine gleichsinnige Konzeptualisierung von Wirklichkeit mit uns Menschen aufgebaut, und könnte nicht mehr mit den Konzepten antworten, die für Affen charakteristisch sind.
Sprache verlockt! Mit jedem neuen Wort, das Kinder mit persönlicher und sozial vereinbarter Bedeutung belegen, wird ihre Wirklichkeit und ihre Erlebensmöglichkeit reicher. Sprache verlockt aber auch zu einer Abstraktheit scheinbarer Rationalität, die nicht mehr zur Handlungs- und Emotionsebene der „embodied mind" zurückfindet. Wenn wir aber achtsam mit unserer Sprache umgehen, Schüler ihre persönliche Sprache entwickeln lassen und sie nicht sofort in das Korsett der Fachsprachen drängen, wenn wir im Deutschunterricht die aktionalen und emotionalen Grundlagen, die Sprache erst ermöglichen, immer wieder aufzudecken versuchen, dann bekommt der Deutschunterricht eine Dimension, die weit in die Persönlichkeitsentwicklung unserer Schüler hineinreicht. Und vielleicht verstehen unsere Schüler dann die Indianer der weiten Prärie, die die Frage „Wer bin ich?" ohne zu zögern beantworten konnten: „Ich bin all die Kräfte und Dinge, die ich berühre. Ich bin der Wind, die Bäume und die Vögel und die Finsternis".

*In den Bausteinen 3, 4 und 5 werden zum Thema der **Authentizität** der sprachlichen Äußerung konkrete Folgerungen für den Unterricht gezogen.*

*Dem Literaturunterricht kommt eine entscheidende Funktion für die **Identität** und **Personhaftigkeit** der Schüler zu. Lesen Sie dazu in den Bausteinen 10 und 19 nach.*

Zusammenfassung

Sie haben nun erkannt, dass Sprachunterricht, der den ganzen Menschen ansprechen will, der Unterrichtsinhalte tatsächlich bildungswirksam, das heißt für die Schüler persönlich bedeutsam werden lassen will, nicht ohne die zirkuläre Struktur von Aktion, Emotion und Sprache gedacht werden kann.
Sie haben auch gesehen, dass unsere Sprachlichkeit ein soziales Phänomen ist, und demzufolge unsere Art der Sprachverwendung in erheblichem Maße auf unsere konkrete soziale Umgebung zurückwirkt. Sprachliche Bildung ist damit immer auch die Herausforderung, soziale Verantwortung zu übernehmen. Wie Ihnen dies im Unterricht gelingen kann, wird in den folgenden Bausteinen konkretisiert.

Weiterführende Literatur

Ciompi, Luc (1997): Die emotionale Grundlage des Denkens. Göttingen: Vandenhoeck & Ruprecht.

Ernst, Heiko (1996): Psychotrends. Das Ich im 21. Jahrhundert. München: Piper.

Feilke, Helmuth (1994): Common sense-Kompetenz. Überlegungen zu einer Theorie des „sympathischen" und des „natürlichen" Meinens und Verstehens. Frankfurt a.M.: Suhrkamp.

Maturana, Humberto (1994): Was ist erkennen? München: Piper.

(G.S.)

Baustein 2

Kommunikation

Schüler A:	„Massenkommunikation, Telekommunikation"
Lehrer:	„Richtig. Weiter!"
Schüler B:	„Kommunalwahl, Kommune"
Lehrer	„Wer kann das erklären? Meier 2!"
Schüler C:	„Studentische Wohngemeinschaft, ziemlich chaotisch."
Lehrer:	„Typisch Meier 2! Kommune ist auch ein anderes Wort für Gemeinde!"
Schüler D:	„Kommunismus, Kommunion"
Lehrer:	„Was hat das mit Kommunikation zu tun?"
Schüler E:	„Kommunismus ist eine Gesellschaftsform, die die Gemeinschaft über das Individuum stellt."
Lehrer:	„Und Kommunion?"
Schüler F:	„Bei den Katholiken Vereinigung mit Gott im Abendmahl."
Lehrer:	„Gut. Welche Wörter unserer Wortfamilie kennt ihr noch?"

Metakommunikation der Beobachter:

„Veralteter Kommunikationsstil"
„Die Schlüsselqualifikation ‚kommunikative Kompetenz' erwerben diese Schüler wohl kaum."
„Das stammt aus der Zeit vor der ‚kommunikativen Wende'".
„Treffende Metakommunikation!"

Was Sie in diesem Baustein erwartet:

- *eine Begriffsklärung des Wortes „Kommunikation",*
- *ein historischer Überblick über die Veränderungen und Erweiterungen, die der Begriff „Kommunikation" erfahren hat,*
- *Ausführungen zum Begriff des „sprachlichen Handelns",*
- *Hinweise auf Möglichkeiten, wie der Deutschunterricht in einzelnen Lernbereichen zur kommunikativen Kompetenz beitragen kann.*

1. Der Begriff „Kommunikation"

Zur Kritik an den Axiomen Watzlawicks s. Bremerich-Vos (1985): Warnung vor Watzlawick.

„Menschliche Kommunikation", „Mündliche", „Schriftliche", „Nonverbale", „Soziale Kommunikation" als Buchtitel signalisieren die weite Verbreitung des Begriffes Kommunikation. Es gibt Kommunikaktionsaxiome, deren bekanntestes lautet: „Man kann nicht nicht kommunizieren" (Watzlawick u.a. 1969, 53). Einen offensichtlich so grundlegenden Begriff musste auch die Schule entdecken und

zum Hochwertwort machen. Für den Deutschunterricht können wir das Datum dieser Entdeckung recht genau fixieren: 1971, als Schlotthaus einen Aufsatz mit dem Titel „Lehrziel: Kommunikation" veröffentlichte. Im gleichen Jahr brachte Habermas den Begriff „kommunikative Kompetenz" in die Diskussion ein (Habermas/Luhmann 1971).
Aber der Reihe nach. Vor dem historischen Blick auf die Entwicklung des Begriffs soll geklärt werden, was unter dem Begriff zu verstehen ist.

Sammeln Sie Belege in Zeitungen, wo das Wort Kommunikation verwendet wird. Klären Sie in der Gruppe die jeweilige Bedeutung und versuchen Sie eine Systematisierung.

Communicatio (lat.) = Mitteilung, Verständigung, Gemeinschaft

Das lateinische Verb communicare bedeutet zum einen *mitteilen*, communicatio ist die *Mitteilung*, zum anderen *gemeinsam machen*, communicatio heißt auch *Gemeinschaft*.
Die beiden Aspekte werden häufig isoliert betrachtet, ja sie scheinen manchmal sogar unvereinbar. Auf der einen Seite steht die technische Vorstellung von Kommunikation, die zunehmende Verfeinerung von Nachrichten- oder Kommunikationstechniken, auf der anderen Seite findet sich die soziale Komponente, die durch qualitative und quantitative Fortschritte der Kommunikationsmöglichkeiten nicht selbstverständlich eine Verbesserung erfährt. Ja vielfach wird sogar eine Beeinträchtigung der Verständigung, des sozialen Miteinanders beklagt. Als charakteristisches Bild taucht die Familie auf, deren Mitglieder durch die Segnungen technischer Kommunikationsmittel (einer sieht fern, einer surft im Internet, einer hört Musik aus den Kopfhörern, einer lässt seinen Gameboy monoton klicken) in ihrer sozialen Kommunikation gestört sind.

2. Die Wandlungen eines Schlüsselbegriffs

Seine Karriere begann der Begriff Kommunikation in der Nachrichtentechnik. Man ging von einem Modell der Übertragung von Informationen von einem Sender über einen Kanal zu einem Empfänger aus. Weitere wichtige Begriffe sind dabei der Kode als Zeichensystem sowie das Kodieren oder Enkodieren (Verschlüsseln) auf Seiten des Senders und das De- oder Entkodieren (Entschlüsseln) auf Seiten des Empfängers.

Von der technischen zur sprachlichen Kommunikation

Dieses technische Kommunikationsmodell, das auf Shannon und Weaver (1949) zurückgeht, wurde – vor allem bei der Anwendung auf **sprachliche** Kommunikation – in seiner Einseitigkeit erkannt und entsprechend erweitert.
An dieser Stelle soll auf die Funktion von Modellen aufmerksam gemacht werden: Sie machen Strukturen durchsichtig, lassen Zusammenhänge erkennen, engen aber den Blick auch ein, indem sie eben nur einzelne Komponenten hervorheben, die sehr viel komplexere Wirklichkeit unter dem Blickwinkel eines Modells verkürzt erscheinen lassen (vgl. Krippendorff 1994).

Überlegen Sie den Beitrag der Sprache zur Verfestigung von Modellvorstellungen, z.B. zum Bild des Kanals für den Weg von Informationen (kanalisieren, Kanalkapazität, mehrkanalig usw.).

– Zunächst musste die **Reversibilität** von Kommunikationsprozessen angenommen werden. Kommunikation darf keine Einbahnstraße sein, der Empfänger muss jederzeit Sender werden können. Das Miteinander-Sprechen rückt in den Mittelpunkt. Damit ist auch die Annahme der Gleichheit beider Kommunikationspartner angesprochen, eine politische Dimension, die Idee der demokratischen Gleichberechtigung scheint auf.

Die Unterscheidung von Mündlichkeit und Schriftlichkeit ist Thema von Baustein 4.

– Daneben galt es, die Art des Informationsaustauschs bzw. den **Kanal** zu differenzieren und mündliche und schriftliche Kommunikation in ihrer Spezifik zu verdeutlichen. Die Entdeckung des visuellen Kanals brachte die *nonverbale Kommunikation* ins Gespräch (vgl. Schober 1989, Rosenbusch/Schober 1995).

Über Probleme der Semantik können Sie auch in Baustein 16 nachlesen. Baustein 12 behandelt die Entwicklung der Semantik beim Kind.

– Auch der **Kode** durfte bei Kommunikationsprozessen zwischen Menschen nicht mehr als einheitliche Größe angenommen werden. Vielmehr zeigt sich, dass die Kommunikationspartner über sehr unterschiedliche Kodes verfügen, Verständigung aber nur aus der Schnittmenge der Partnerkodes möglich ist. Grund hierfür ist einmal – mit Begriffen des Sprachwissenschaftlers Noam Chomsky gesagt –, dass die *Performanz*, die Sprachverwendung der Sprecher, nur einen Teil der *Sprachkompetenz* eines idealen Sprechers ausmacht, zum anderen die sprachlichen Zeichen selbst keine einheitlichen Bedeutungen haben, sondern häufig neben der „amtlichen", der *denotativen* Bedeutung eine *konnotative*, emotional gefärbte Nebenbedeutung besitzen. Die denotativ eindeutigen Richtungsbezeichnungen links und rechts z.B., die im konnotativen, übertragenen (politischen) Sinn durch die Sitzordnung der Parteien im Parlament bestimmt sind, erfahren im individuellen Gebrauch weitere konnotative Bedeutungsschattierungen. (Für einen „Linken" in der SPD ist der Kreis der „Rechten" größer als für einen „Linken" in der CDU.) Hier war nur von der Semantik der Wörter die Rede. Auch Sätze können individuell unterschiedliche Bedeutungen haben. Unterschiede in der Verschlüsselung treten darüber hinaus auch im Bereich der Syntax auf.

– Weitere Beachtung müssen die **Intentionen** der Kommunikationspartner erfahren. Eine erste Systematisierung der sprachlich umsetzbaren Intentionen leistete K. Bühler (1934/1982), der in seinem Organon-Modell die folgenden Sprachfunktionen unterschied:

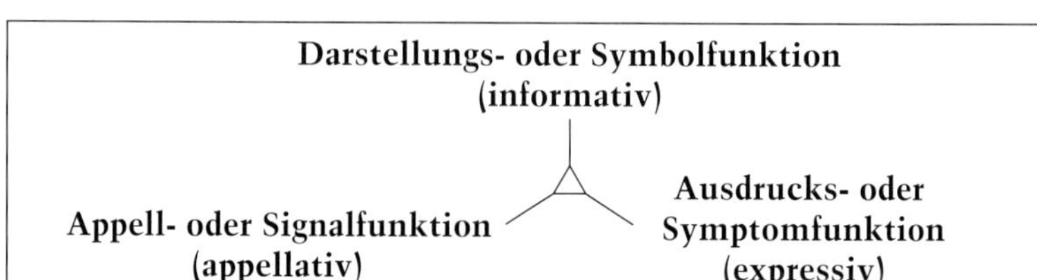

Ermitteln Sie in verschiedenen Texten die konstitutiven Sprachfunktionen, indem Sie nach informativen, appellativen, expressiven Elementen suchen, z.B. in Texten aus Geschichtsbüchern, Werbetexten, Gedichten.

Seither wurden von vielen anderen Autoren Gliederungsvorschläge für Sprachfunktionen vorgelegt (s. den Überblick bei Schober 1976). Damit war der informative Sprachgebrauch nur mehr einer unter anderen, die Vorstellung, Kommunikation sei Austausch von Informationen machte einer differenzierteren Sichtweise Platz.

Kainz (1956) nennt die informative, die imperative, die interjektive, die interrogative, die kommunikative Funktion, Loch (1970) unterscheidet zwischen operativer, instruktiver, kommunikativer und emanzipativer Sprachfuntion.

– Als notwendige Erweiterung eines Modells für sprachliche Kommunikation muss der **Kontext** genannt werden. Die Beziehungen zu außersprachlichen Elementen werden hier wichtig. Dabei kann zwischen *situativem und normativem* Kontext unterschieden werden. Ersterer ist bestimmt durch physische und psychische Bedingungen der Kommunikationspartner (Zahnschmerzen des Lehrers, Liebeskummer des Schülers) oder durch räumliche und zeitliche Faktoren (Blumen im Klassenzimmer, letzte Minuten der Unterrichtsstunde). Zum normativen Kontext gehören etwa die Schulpflicht, die stundenplanmäßige Anzahl der Deutschstunden oder die im Lehrplan vorgeschriebenen Aufgaben.

– Die wichtigste Erweiterung schließlich betrifft die **soziale Beziehung** zwischen den Kommunikationspartnern. Bereits Watzlawick (Watzlawick u.a. 1969) hatte in einem seiner Kommunikationsaxiome festgestellt, jede Kommunikation habe neben einem *Inhaltsaspekt* einen *Beziehungsaspekt*, der ersteren bestimme. In der Folgezeit wurde dieser Sachverhalt mehrfach aufgegriffen und veranschaulicht. So schuf der Psychologe Schulz von Thun (1981) das Bild des *vierohrigen Empfängers*, der für die vier Seiten einer Nachricht (Sachinhalt, Beziehung, Appell und Selbstoffenbarung) jeweils ein eigenes Ohr brauche. Besonders bekannt wurde das Beispiel der Frau am Steuer, deren beifahrender Ehemann plötzlich sagt: „Du, da vorne die Ampel ist grün." Die möglichen Antworten (z.B. „Hier ist grüne Welle." – „Glaubst du, ich bin blind?" – „Fahr ich oder fährst du?" – „Hast du es eilig?" – „Soll ich schneller fahren?" – „Musst du mich immer bevormunden?") verraten, mit welchem Ohr die Nachricht zunächst erfasst wurde. Mit großer Wahrscheinlichkeit wird das Beziehungsohr am hellhörigsten sein. Hier wird offenbar, welches hohe Maß an Subjektivität Kommunikationsprozesse aufweisen. Um Missverständnisse zu vermeiden, sollten die Partner zur *Metakommunikation*, zum Sprechen über die Kommunikation bereit sein.

„Ich-Botschaften" sind den „Du-Botschaften" vorzuziehen, um keine „Vorwurfs-Rechtfertigungs-Spirale" in Gang zu setzen (Bremerich-Vos 1999, 30). Also nicht: „Du siehst das falsch!", sondern eher: „Ich blicke da noch nicht ganz durch."

In einem weiteren Axiom sagt Watzlawick, dass die Beziehungen entweder **symmetrisch** (auf Gleichheit beruhend) oder **komplementär** (auf Unterschiedlichkeit basierend) seien, wobei letztere nicht nur in Erziehungssituationen überwiegen. Der Erzieher sollte sich um reversiblen Sprachgebrauch bemühen, auch wenn seine Rolle als überlegener Partner dies manchmal erschwert.
Komplexer wird die Beziehung zwischen den Kommunikationspartnern noch dadurch, dass sie nicht allein durch Sprache bestimmt

Näheres über die Rolle(n) des Lehrers erfahren Sie in Baustein 20.

wird. Die *parasprachlichen* (sprachbegleitenden) Elemente wie Lautstärke, Tonhöhe und die Möglichkeiten der Körpersprache beeinflussen die Situation sehr stark. So regelt der Lehrer den Unterrichtsverlauf und die Disziplin vorwiegend durch Gestik, Mimik und weitere nonverbale Mittel (vgl Rosenbusch/Schober 1995).
Fehlende Übereinstimmung zwischen sprachlichen Äußerungen und nichtsprachlichen Signalen (sog. Doppelbindung) führt besonders bei jüngeren Kindern zur Verunsicherung, denn sie halten sich lieber an das, was sie sehen, als an das, was sie hören.
Dass die Beziehungen zusätzlich von den Erwartungen der Partner sowie vom Vorwissen, den Erfahrungen auf beiden Seiten beeinflusst werden, soll nicht unerwähnt bleiben.
Die folgende Graphik will die Veränderung der Modelle der Kommunikation darstellen. Dabei soll deutlich werden, dass die jeweils in den Fokus tretenden Elemente eine Erweiterung und Bereicherung bedeuten, hinter die nicht zurückgegangen werden sollte.

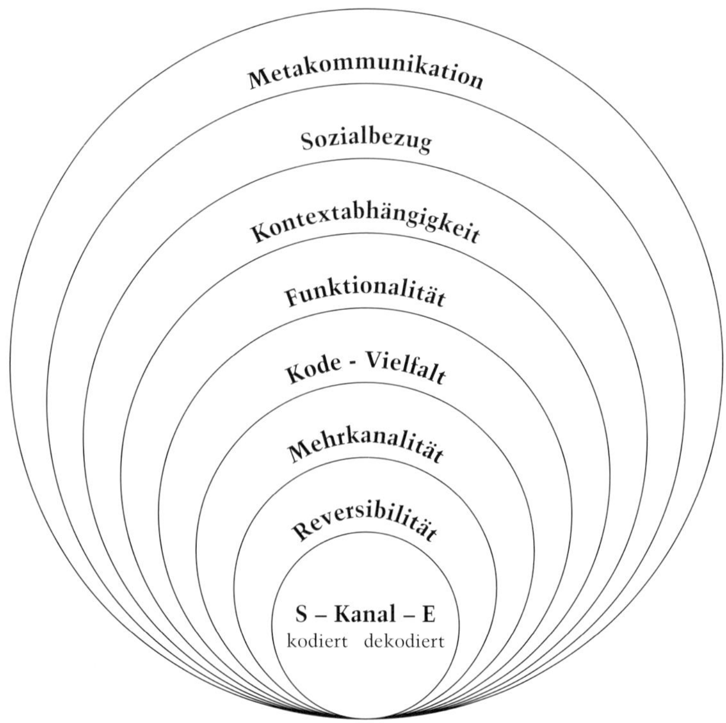

Entwicklung des Kommunikationsmodells

3. Sprachliches Handeln

Von der sprachlichen Kommunikation zum mitmenschlichen Handeln und Verhalten

In kurzer Zeit hatte also das Verständnis von Kommunikation eine erstaunliche Erweiterung erfahren, vom Austausch von Informationen bis zum Modell für mitmenschliches Verhalten. Großen Anteil daran hatte auch die verstärkte Beschäftigung mit der *Pragmatik* in der Sprachwissenschaft. D. Wunderlich unterschied in seinem Aufsatz „Die Rolle der Pragmatik in der Linguistik" (1970) drei Aspekte bei der Analyse sprachlicher Äußerungen:

- den syntaktischen Aspekt (die Gliederung),
- den semantischen (die Inhaltsseite) und
- den pragmatischen, worunter er die „Beziehungen von sprachlichen Konstruktions- und Ausdrucksmitteln zu den Prozessen der Kommunikation" verstand (Wunderlich 1970, 9).

Hier geht es um einen Handlungszusammenhang des Sprechens mit den anderen Komponenten des Situationskontextes.
Einen weiteren Beitrag zur umfassenden Sicht auf das Sprechen als Handeln brachte die *Sprechakttheorie*, die vor allem durch Austin (1972) und Searle (1971) ins Gespräch kam.
Demnach lässt sich das Sprechen in drei unterscheidbare Akte zerlegen: Von einem *lokutiven* Akt der Äußerung sei ein *illokutiver* Akt der Beziehungsaufnahme abzuheben (berichten, befehlen, versprechen, fragen). Den dritten *perlokutiven* Akt bildeten die Konsequenzen oder Wirkungen der Rede beim Partner (handeln, etwas unterlassen, erschrecken, mehr wissen).

Sprechakte

Suchen Sie für die Äußerung „Ich bin mit dem Auto da." mögliche illokutive und entsprechende perlokutive Akte.

Das Thema Sprache und Gesellschaft wird in Baustein 3 noch einmal aufgegriffen.

Nebenbei sei bemerkt, dass im juristischen Bereich Sprechen schon immer in erweiterter Sicht als Handeln gilt. Eine verbale Beleidigung etwa wird als strafbare Handlung verfolgt.
Die Sprachdidaktik setzte mit dem Begriff „Sprache als soziales Handeln" (Kochan 1974) bald einen starken Akzent auf die gesellschaftliche Bedingtheit des Sprechens. Sprachliches und soziales Handeln seien eng miteinander verbunden, die Einhaltung von Normen werde sprachlich reguliert. Somit wird klar, dass kommunikative Kompetenz als Fähigkeit, diese Zusammenhänge zu durchschauen und sie sich selbst zunutze zu machen, einen hohen Stellenwert auch in der Schule haben sollte.
In der aktuellen didaktischen Diskussion gilt zwar Kommunikation nicht mehr als Leitformel des Deutschunterrichts, wie dies nach der „kommunikativen Wende" in den siebziger Jahren der Fall war, als vor allem die kritische Perspektive einer gesellschaftstheoretischen Absicherung didaktischer Konzepte im Vordergrund stand. Von einer „ neuerlichen ‚Wende' mit einem neuen Hochwertwort als Etikett" könne aber auch nicht die Rede sein (Bremerich-Vos 1999, 28). So wird Kommunikationsfähigkeit heute eher pragmatisch als eine unter mehreren Schlüsselqualifikationen gesehen, neben personaler und fachlicher Sprachbildung. Der kommunikative Aspekt teilt sich das didaktische Feld mit expressiven und vor allem kreativen Aspekten.

Kommunikation gilt heute nicht mehr uneingeschränkt als Schlüsselbegriff des Deutschunterrichts.

Auf einen wichtigen Gesichtspunkt bei der Diskussion um die heutige Vorstellung von Kommunikation weist Krippendorf (1994) hin: Jedes Individuum konstruiere sich seine eigene Wirklichkeit, die Struktur der Kommunikationssituation, aber auch den Kommunikationspartner mitsamt dessen vermuteten Interessen. Mit dieser konstruktivistischen Sicht greift er auf, was bereits Watzlawick (Watzlawick u.a. 1969) in seinen Kommunikationsaxiomen festgehalten hatte, dass nämlich eine Beziehung durch die Vorstellung vom Ablauf der Kommunikationsprozesse seitens der Partner bedingt sei, was „die Wurzel vieler Beziehungskonflikte" darstelle (Watzlawick u.a. 1969, 58). Einen Ausweg böte nur die (meta)kommunikative Kompetenz, also die Fähigkeit, über die Kommunikationssituation zu sprechen. Dieses Sprechen schaffe wiederum soziale Wirklichkeit, ist sprachliches Handeln.

4. Kommunikative Kompetenz als Ziel des Deutschunterrichts

Über die Aufgaben der Lernbereiche erfahren Sie Grundlegendes in Baustein 23.

Fragen wir nun, wie das Ziel, Schüler „kommunikationskompetent" zu machen, verwirklicht werden kann. Alle Lernbereiche des Deutschunterrichts haben dabei ihre spezifischen Aufgaben.
Am stärksten ist hier der **mündliche** Sprachgebrauch gefragt.
Die noch bei Helmers (1972) als Sprachtraining und Sprecherziehung bezeichneten Aufgaben, die eindeutig normorientiert und monologisch ausgerichtet waren, wurden von dialogischen Formen und situationsorientierten Anliegen abgelöst.
Geißner (1981) sah im Miteinander-Sprechen das gemeinsame Band für alle Sprach- und Redeformen, nicht nur für das Gespräch. Auch die Rede sei Teil der Kommunikation mit einem Hörer, der seinerseits das „Hörverstehen" oder das aktive Zuhören beherrschen sollte. Mihm (1980) nannte die Fähigkeit zur Information, zum Sozialkontakt und zur Argumentation Hauptanliegen bei der Erziehung zum mündigen Bürger. In *sozialen Rollenspielen* sollten nicht nur „Sprache in Situationen" (Hebel u.a. 1976), sondern vor allem Handlungs- und Verhaltensmuster erprobt und gelernt werden. Jüngere Veröffentlichungen sprechen von Kommunikationstraining (Fiehler 1999), das auf den Erkenntnissen der Gesprächs- und Diskursforschung aufbauend auch im außerschulischen Bereich reges Interesse entstehen ließ. Hier geht es um Äußerungsabfolgen, Sprecherwechsel ebenso wie um zweckmäßigen Stimmgebrauch und angemessene Artikulation oder um Konzepttechniken bei der Vorbereitung, effektive Argumentation und eindrucksvolle Präsentation (vgl. Wagner 1999).
Im **schriftlichen** Sprachgebrauch löste die „kommunikative Wende" die Vormachtstellung der Aufsatzgattungen ab. Der Ruf nach „konkreten Schreibanlässen" und „realen Adressaten" ließ „Texte für Leser" (Boettcher u.a. 1978) entstehen, die nicht für den Lehrer geschrieben wurden und auch nicht von ihm beurteilt werden sollten. Vielmehr war die außerschulische Rückmeldung z.B. durch den Bürgermeister Kriterium für den Erfolg der als Gruppenarbeit entstandenen Anfrage, ob die Schulhofmauern schülerfreundlich gestaltet werden dürfen. Neben Briefen waren es vielfältige Schreibformen, vom Zettel für die Pinnwand bis zur Wandzeitung, die anstelle der klassischen Erzählungen, Berichte und Erörterungen im Deutschunterricht erprobt wurden.

Vgl. Baustein 5 zum Wandel der Konzeptionen im Aufsatzunterricht.

In Verbindung mit dem Verfassen von Texten wurde auch das **Rechtschreiben** unter kommunikativem Aspekt betrachtet. Sieht man die Orthographie als Service für den Leser, fallen Normverstöße, die weder Lesefluss noch Verständnis beeinträchtigen, kaum ins Gewicht (vgl. Menzel 1985).

Vgl. Baustein 14 zur Rolle sprachlicher Normen.

Einen Schwerpunkt fand die Orientierung an Kommunikation im Bereich des **Grammatik- oder Sprachbetrachtungsunterrichts.** Die „Erkenntnis von Verständigungsschwierigkeiten zum Zweck ihrer Beseitigung" (Nündel 1976) sollte vornehmste Aufgabe eines „anderen Grammatikunterrichts" (Boettcher/Sitta 1981) sein, der Situationen gestörter Kommunikation aufgreift, analysiert, reflektiert und so die Verständigungsfähigkeit und -bereitschaft der Schüler erhöht, aber auch über die Geltungsansprüche sprachlicher Normen nachdenken und diskutieren lässt.

Vgl. Baustein 13.

Selbst der **Literaturunterricht** kommt ohne die Orientierung an Kommunikationsmodellen nicht aus. Ob der Umgang mit Literatur als „Kommunikatives Handlungsspiel" (Schmidt 1971) bezeichnet wird oder von einem doppelten Kommunikationsprozess (zwischen Autor und Text einerseits, zwischen Text und Leser andererseits) gesprochen wird, ob die Fähigkeit zur Kommunikation als Voraussetzung für den Umgang mit Texten angenommen wird oder pragmatische und ästhetische Kommunikation als Ziele gesetzt werden (Abraham u.a. 2000), der Begriff Kommunikation ist aus der Diskussion um den Literaturunterricht nicht mehr wegzudenken.

Baustein 18 klärt die Unterscheidung von Sachtexten und literarischen Texten.

Für den gesamten Deutschunterricht dürfte die Orientierung an kommunikativen Aspekten eine Qualitätssteigerung bedeuten. Gehen wir davon aus, dass Lernen immer im sozialen Kontext stattfindet, dient die Verbesserung der unterrichtlichen Kommunikation stets zugleich der Verbesserung der Schülerleistung.

Zusammenfassung

In diesem Baustein haben Sie erfahren, dass der Begriff Kommunikation ab 1971 die Schule erobert hat und in vielfach sich entwickelnden Modellvorstellungen für viele sprachliche und nichtsprachliche Interaktionsprozesse zwischen Menschen Beschreibungs- und Erklärungsvorgaben bot. Vor allem das Bild des sprachlichen Handelns trug zur Reflexion sprachlicher Prozesse, aber auch zur Öffnung des Deutschunterrichts für Anliegen der Förderung einer die Sprache übergreifenden Sozialerziehung bei. Die einzelnen Bereiche des Deutschunterrichts können ihre spezifischen Beiträge dazu leisten.

Weiterführende Literatur

Bremerich-Vos, Albert (1999): Kommunikation – Zur Karriere eines (nicht nur) didaktischen Hochwertworts. In: ide 23/3, S. 22–35.

Nündel, Ernst (1976): Zur Grundlegung einer Didaktik des sprachlichen Handelns. Kronberg: Scriptor.

Wagner, Roland W. (1999): Grundlagen der mündlichen Kommunikation. Regensburg: bvs (8.A.).

(D.M.)

Baustein 3

Sprachfähigkeit und soziale Bedingungen

„Wegen der vielen Verstöße gegen sprachliche Normen kann die sonst ansprechende Arbeit leider nur mit ‚ausreichend' bewertet werden."
Auch wenn Sie noch nie eine solche Bemerkung unter einer Ihrer Arbeiten lesen mussten, werden Sie sicher die Authentizität dieses Beispiels aus dem wirklichen Schulleben nicht anzweifeln. Der Fall, dass eine Leistung aufgrund sprachlicher Mängel abgewertet wird, kommt in allen Bildungsinstitutionen vor, von der Grundschule bis zur Universität, bei Schulaufsätzen ebenso wie bei Geographiearbeiten oder Abschlussklausuren in Deutschdidaktik. Überlegen Sie als zukünftige Lehrerinnen und Lehrer, ob Sie diese Praxis in Ihrer eigenen Berufstätigkeit weiterführen wollen. Sammeln Sie Pro- und Kontra-Argumente.

In diesem Baustein wollen wir prüfen, ob wir zu Recht von allen Schülern gleichermaßen gute Sprachbeherrschung verlangen können. Weiter wird gezeigt,

- *wie Verhaltensweisen in der Familie die Sprachfähigkeit beeinflussen,*
- *welche Theorie Bernstein über die Sprachverwendung entwickelt hat,*
- *was heute von Sprachkodes und Bernsteins Theorie zu halten ist.*

1. Die besondere Rolle des Spracherwerbs

Einzelheiten individueller Sprachentwicklung enthält Baustein 12.

In Baustein 1 wurde diskutiert, ob Anlage oder Umweltbedingungen für den Spracherwerb konstitutiv sind. Dabei wurde klar, dass ohne sprachliche Umwelt keine Sprachkompetenz entstehen kann. Das Kaspar-Hauser-Phänomen oder die Wolfskinder-Erfahrungen (vgl. Malson u.a. 1999) belegen dies zur Genüge. Die Sprache des Einzelnen entwickelt sich nur in der sprachlichen Gemeinschaft. Die Sprachgemeinschaft ihrerseits reguliert die Sprachentwicklung des Einzelnen. Simpelster Beweis: In deutschsprachiger Umgebung lernen Kinder deutsch zu sprechen, in englischsprachiger englisch, und zwar unabhängig davon, ob es sich um deutsche, englische oder etwa vietnamesische Kinder handelt, unabhängig auch von der Muttersprache der Eltern. Ferner ist die Feststellung wichtig, dass der Beginn der Sprachentwicklung mit dem Beginn des Lebens zusammenfällt, vielleicht sogar im pränatalen Stadium anzusetzen ist.

Die Familie schafft die ersten Bedingungen für den Spracherwerb.

Von weiteren Annahmen ist auszugehen: Frühkindliche Sprachentwicklung vollzieht sich in der Regel in der Familie. Familien haben unterschiedliche Sprachgewohnheiten und Einstellungen zur Sprache, zeigen unterschiedlich intensive sprachliche Aktivitäten, etwa beim Lesen und Schreiben, pflegen unterschiedlich engen Kontakt

zur Schriftkultur, dokumentiert etwa durch Buchbesitz oder Bezug von Zeitungen und Zeitschriften (vgl. Gattermeier 2003, Stiftung Lesen 2001). Das heißt, die Bedingungen für sprachliches Lernen sind nicht für alle Kinder gleich. Das gilt zwar gleichermaßen für musische, sportliche, ja selbst für intellektuelle familiale Lernumwelten, aber seltsamerweise werden die meisten dieser Unterschiede ohne Diskussion akzeptiert, sie haben auch kaum Auswirkungen auf die Beurteilung anderer Fähigkeiten. Wir finden es selbstverständlich, dass sich ein Kind beim Malen geschickter anstellt, ein anderes beim Ballspielen, ein drittes beim Erlernen eines Musikinstruments. Wir sind gewillt, hier unterschiedliche Begabungen anzunehmen und motivieren die sportlich oder musisch Begabten zu weiteren entsprechenden Aktivitäten (im Sportverein oder in Kursen für musikalische Früherziehung).
Anders bei der Sprachkompetenz, die für viele weitere Lernleistungen Bedingung ist. Hier fallen Unterschiede nicht nur stärker ins Gewicht (siehe unser Eingangsbeispiel), hier scheint der Einzelne am wenigsten selbst zur Übung beitragen zu können, er wird auch nicht zusätzlich dazu ermuntert.

2. Positionale und personale Familien

Soziale Rollentheorien versuchen die Entstehung der aufgezeigten Unterschiede mit verschiedenen Typen von Familien zu erklären (vgl. Dreitzel 1987):
In der einen Familie gibt es festgelegte Rollenerwartungen, das Verhalten der einzelnen Positionsinhaber in der sozialen Gruppe Familie ist streng geregelt. Z.B. haben Kinder zu gehorchen, Entscheidungsgewalt hat der Vater, ist er abwesend, entscheidet die Mutter. Verhaltensvorschriften können natürlich noch differenzierter regeln, wer das Geschirr spült, wer abtrocknet, wer Getränke aus dem Keller holt, wer die Fernbedienung des Fernsehgeräts verwaltet usw. Diese Familie nennt Bernstein (1987) **positional**. Es wird Wert auf die Übernahme bestimmter Positionen gelegt.

Familien unterscheiden sich in der Art der Rollenerwartungen.

Der andere Familientyp heißt **personal**. Auch hier müssen Kinder Erwartungen erfüllen, die Rollen sind aber nicht von vornherein festgelegt, sie werden von Fall zu Fall ausgehandelt, viele personbezogene, kommunikative Interaktionen sind nötig. Hier wird darüber diskutiert, wer heute welche Aufgaben übernimmt, es wird begründet und verhandelt.
Hinzu kommt, dass auch die Formen der Kontrolle und der Sanktionierung unerwünschten Verhaltens in den unterschiedlichen Familientypen meist unterschiedlich sind: „machtorientierte Disziplinierungstechniken" (Arrest, körperliche Strafen, Entzug von Spielzeug) verstärkt in der positionalen, „psychologische Kontrollformen" (Argumente, Appelle, Rationalisierung) eher in der personalen Familie (Hradil 1999, 444).
Es ist evident, dass für die aufgezeigten Arten der Familiensozialisation, nämlich die „mechanische Solidarität" in der positionalen und die „organische Solidarität" in der personalen, auch die **Sprache** eine unterschiedliche Rolle spielt. Bei der personenbezogenen Erziehung

Familien unterscheiden sich in Intensität und Formen der Sprachverwendung.

wird zum einen mehr gesprochen, zum anderen wird die Vielfalt sprachlicher Möglichkeiten ausgeschöpft, besonders argumentative und begründende Formen des Sprachgebrauchs kommen zum Tragen. Entsprechend sind die „psychologischen Kontrollformen" auf verbales Argumentieren angewiesen. In der an Positionen orientierten Erziehung kann sich die Sprachverwendung auf Befehle, Lob, Tadel konzentrieren. Insgesamt muss weniger verbalisiert werden, wenn nicht sogar vollends sprachfrei erzogen wird, soweit man hier noch von Erziehung statt von Dressur reden kann. Vor allem werden die Heranwachsenden kaum zum eigenständigen Spracheinsatz motiviert. „Widerrede" wird als störend empfunden. In der sprachintensiveren Familie dagegen erleben Kinder sehr bald, welch wichtige Rolle die Sprache spielt, um Interessen durchzusetzen. Das Bemühen um einen differenzierteren Sprachgebrauch wird – verstärkt durch die sichtbaren Erfolge gelungener Sprachverwendung – zum eigenen Anliegen. Sprache wird als wichtiges Instrument in Gebrauch genommen. Es gelingt somit auch verstärkt sprachliche Metakommunikation.

In der Familie erfährt das Kind den Stellenwert der Sprache.

3. Die Theorie Bernsteins

Besondere Brisanz erlangten in den 60er Jahren Erkenntnisse der Soziolinguistik, vor allem des Professors für „Soziologie der Erziehung" Basil Bernstein. Seine Theorie sei kurz vorgestellt.
Bernstein war zwischen 1954 und 1960 Lehrer an einer Schule im Osten Londons, einer nicht gerade sozial bevorzugten Gegend. Hier entdeckte er die Diskrepanz zwischen den in der Schule geforderten und den unter den Schülern praktizierten Kommunikationsformen. Die Annahme, die Unterschiede seien der angeborenen Intelligenz zuzuschreiben, konnte er empirisch widerlegen. Zwischen verbalen und nonverbalen Intelligenztests zeigten sich bei Schülern der sozialen Unterschicht erhebliche Unterschiede, im Gegensatz zu Mittelschicht-Schülern, wo verbale und nonverbale Testergebnisse übereinstimmten. Er folgerte, dass die Unterschiede im Kommunikationsverhalten sozial bedingt seien.

Soziale Beziehungen regeln Rollenverhalten, Sprache und Kommunikation.

Bernstein behauptet nun weiter, dass in der sozialen Unterschicht ein eingeschränkter Sprachstil vorherrsche. Schüler aus dieser Schicht würden somit bevorzugt diesen Sprachgebrauch auch in die Schule mitbringen, während sich soziale Mittel- und Oberschicht einer differenzierteren Sprache bedienten, die auch in der Schule gefordert sei. Als wesentliche Bedingung für die unterschiedliche Ausprägung der Sprache sah er die Kommunikationsstrukturen im Beruf.

> *Sprechen Sie über die unterschiedliche Rolle der Sprache in verschiedenen Berufen, z.B. Lehrer, Verkäufer, Bauarbeiter.*

Wer am Arbeitsplatz mit Sachen statt mit Menschen oder Symbolen umginge, für den daher der Sprachgebrauch keine oder nur eine untergeordnete Rolle spiele, wer außerdem hoher Fremdkontrolle unterliege und wenig Eigenverantwortlichkeit benötige – zu denken ist hier etwa an den Fließbandarbeiter in den Fabrikhallen der fünfziger Jahre –, der würde sein Sprach- und Kommunikationsverhalten auch außerhalb der Arbeit im häuslichen Bereich beibehalten und somit zur Grundlage der Kindererziehung machen. Die so Erzogenen aber erlitten mit ihrem erlernten defizitären Sprachgebrauch in der Schule Benachteiligungen, weil hier die Mittelschicht-Sprache vorausgesetzt würde. Fast alle schulischen Lerninhalte werden sprachlich vermittelt, auch das schulische Verhalten wird sprachlich geregelt. Versuche, durch zusätzlichen Sprachunterricht für die Benachteiligten einen Ausgleich zu erreichen, führten nicht zum erwünschten Erfolg, da bestenfalls Sprachformeln (Pattern) andressiert werden könnten, aber keine grundlegende Veränderung des Sprachverhaltens. Bernstein selbst sprach vom „Unfug mit der kompensatorischen Erziehung" (1970) (vgl. auch Sauer/Gattringer 1985).

Kinder aus sprachlich vernachlässigtem Milieu stoßen in der Schule ständig an Sprachbarrieren.

4. Die Sprachkodes

Zur Beschreibung des von ihm entdeckten unterschiedlichen Sprachverhaltens, vor allem im Blick auf die Kommunikationsfunktion, verwandte Bernstein zunächst die Begriffe „öffentlicher Sprachgebrauch" und „formaler Sprachgebrauch", wobei der „formal language use" als Standardform der Sprache gelten konnte, der „public language use" als nicht-standardisierte Sprachverwendung, eine Sprachform, die allerdings nicht mit dem Dialekt verwechselt werden sollte. Später wählte Bernstein für die Kennzeichnung der beiden Sprachverwendungen die Bezeichnungen elaborated code (EC) für die formale Sprache und restricted code (RC) für den öffentlichen Sprachgebrauch. EC sei gekennzeichnet durch eine hohe Variabilität sprachlicher Möglichkeiten, RC dagegen durch geringere sprachliche Alternativen, was diesen Kode gut vorhersagbar mache. Zur Unterscheidung der beiden Kodes zog Bernstein weitere Merkmale heran: partikularistisch (RC) vs. universal (EC), lokal (RC) vs. weniger lokal (EC), kontextabhängig (RC) vs. kontextunabhängig (EC).

*Über den **Dialekt** als Sprachvarietät informiert Baustein 17.*

Bei Hradil (1999, 446) sind die Merkmale wie folgt gegenübergestellt:

„Elaborierter Code"	„Restringierter Code"
Vielfalt verfügbarer grammatischer Konstruktionspläne	Wenige eingeschliffene Konstruktionen
Geringe Vorhersagbarkeit des Satzaufbaus und der Wortwahl	Hohe Vorhersagbarkeit des Satzaufbaus und der Wortwahl (Formelhaftigkeit)
Kontextunabhängiger Sprachgebrauch (Rede ist auch für den verständlich, der die Umstände nicht kennt.)	Kontextabhängiger Sprachgebrauch (Rede impliziert die Kenntnis der Umstände, Vorgeschichte, Randbedingungen etc.)
Es bestehen zahlreiche Möglichkeiten, individuelle Absichten, Differenzierungen, Gefühle, unterschiedliche Beziehungen zu Objekten, Verallgemeinerungen ausdrücklich zu formulieren.	Es bestehen beschränkte Möglichkeiten zur Formulierung individueller Absichten; deren Vermittlung erfolgt oft durch implizite Wendungen oder nicht verbal (durch Gesten, Tonfall etc.)

Vergleichen Sie, was in Baustein 2 (Kommunikation) über Kodes gesagt wird.

Die Klärung dieser Merkmale gelingt vielleicht an Beispielen:

Ein Gesprächsbeitrag nach einer Sportveranstaltung: „Wie der den rein hat, das war schon Klasse, mit seinem linken Hammer, das hätte auch der Max nicht besser gekonnt. Hab ich nicht Recht?" Der eventuell so Angesprochene wird sich hüten nachzufragen, wer was wo hineingetan hat, wozu er einen Hammer brauchte und wer Max ist. Vielmehr wird er den Sprecher etwa so bestärken: „Echt stark, einfach Spitze, ich sag's immer, mit denen steigen wir auf."

Situationsadäquater Sprachgebrauch kann restringiert oder elaboriert sein.

In der vorliegenden Situation gibt es auch kaum die Notwendigkeit nachzufragen. Die Gesprächsteilnehmer können sicher sein, dass alle wissen, worüber gesprochen wird. Alle haben das Tor gesehen, das der Star der heimischen Mannschaft mit dem linken Fuß geschossen hat. Auch kennen alle Max, einen entweder diesmal verhinderten oder in früherer Zeit zu Ansehen gekommenen Lokalmatador. Es ist also völlig in Ordnung, dass hier restringiert gesprochen wird, nicht mit allgemein verständlichen Begriffen (universal), sondern mit nur teilweise bekannten Fachtermini (partikularistisch), dass der Kontext nicht sprachlich geklärt, sondern stillschweigend als bekannt vorausgesetzt wird, dass eine lokal eng begrenzte Verständlichkeit in Kauf genommen wird. Ein elaborierter Gesprächsbeitrag, etwa „Ich möchte noch einmal auf den Torschuss unseres Stürmerstars in der ersten Halbzeit des heutigen Fußballspiels zurückkommen ..." würde nur Unverständnis und wenig Beachtung erfahren.

Ein anderes Gesprächsbeispiel: *„Das lasse ich mir nicht gefallen, mit mir kann man das nicht machen, so lasse ich mich nicht übers Ohr hauen ...". „Langsam, liebe Frau, erklären Sie doch zunächst, was passiert ist. Wer will Sie denn übervorteilen?"*
Bei einer Beschwerde ist offensichtlich der restricted code weniger angemessen. Hier kann der Kontext nicht als bekannt vorausgesetzt werden. Vielmehr wäre EC angebracht, etwa: „Ich habe eine Beschwerde vorzubringen. Bei meinem gestrigen Einkauf in Ihrer Filiale am Stadtplatz ..."

Machen Sie sich Aufzeichnungen über Gesprächssituationen und analysieren Sie sie im Hinblick auf Merkmale restringierten oder elaborierten Sprechens.

Ein drittes Beispiel: *„Bernsteins Theorie ist keine generell soziale, hier irren Harker und May, sondern eher eine soziologische, eine Theorie der Pädagogisierung der Kommunikation, eine Theorie der symbolischen Kontrolle."*

Auch hier liegt in gewisser Weise ein restringierter Sprachgebrauch vor. Der Sprecher setzt voraus, dass seine Zuhörer den Kontext der

Kritik um Bernstein kennen, dass ihnen der Unterschied zwischen sozial und soziologisch geläufig ist, dass sie wissen, was Harker und May gesagt oder geschrieben haben, er wählt eine partikularistische Fachbegrifflichkeit. Wie bei der Sportveranstaltung finden es die Eingeweihten in Ordnung, wie hier gesprochen wird. Kaum jemand wird es wagen, EC etwa so einzufordern: „Könnten Sie bitte darlegen, worauf Sie sich beziehen, wenn Sie Harker und May erwähnen?" Die Angst, sich eine Blöße zu geben, lässt viele so tun, als ob sie auch das Nicht-Formulierte verstünden. Eine Situation, wie sie im Studium nicht unüblich ist. Beschränkungen im Bereich der Grammatik oder der Funktionalität sind bei unserem dritten Beispiel freilich nicht gegeben. Dieses dritte Beispiel sollte zeigen, dass RC keine Folge mangelnder Sprachfähigkeit sein muss, dass manchmal nicht der Person-, sondern der Situationsbezug ausschlaggebend ist. Wir alle sprechen häufig in eingeschränkter Form, können aber, wenn es die Situation erfordert, auch elaboriert sprechen.

Probleme ergeben sich, wenn Sprechern ausschließlich der restricted code zur Verfügung steht.

Damit sind wir bereits bei der kritischen Stellungnahme zu den Sprachkodes, die im Folgenden unter Einbeziehung der gesamten Theorie kurz zusammengefasst werden soll.

5. Kritik und heutige Sicht der Theorie Bernsteins

Die Thesen Bernsteins lösten eine heftige, zum Teil emotionalisierte Diskussion aus. Kritisiert wurden zunächst die sprachlichen Kodes als Mischung sprachlicher und sozialorientierter Merkmale. Allerdings ging es Bernstein in der Tat nicht nur um linguistische Komponenten, sondern um weiter zu fassende Kommunikationsstrukturen.

Kritik an Sprachkodes

Kritik an der Schichteinteilung

Die Kritik an der dichotomischen Einteilung der Gesellschaft in Ober- und Mittelschicht auf der einen und Unterschicht auf der anderen Seite ist sicher berechtigt. Hier handelt es sich um eine idealtypische Einteilung, die keinen Anspruch auf volle Übereinstimmung mit der Wirklichkeit erheben kann, allerdings auch nicht erheben will. Nicht nur wegen der Schwierigkeiten bei der Zuordnung von Schülern oder Familien zu den sozialen Schichten, bedingt etwa durch die fließenden Übergänge und die Unschärfe der Schichtbeschreibung, heute auch durch den erschwerten Zugang zu Sozialdaten, lassen sich zuhauf Beispiele finden, die der Theorie Bernsteins nicht entsprechen. Allerdings wird die Theorie dadurch nicht widerlegt, da sie ja keinen zwingenden Zusammenhang zwischen Schicht und Sprachverhalten postuliert. Darüber hinaus sind in England die Schichtunterschiede sicher größer als in Deutschland, wo man gerne von einer „nivellierten Mittelstands-Gesellschaft" spricht. Dies bedeutet jedoch nicht, dass es bei uns keine soziale Ungleichheit gäbe. Man spricht heute allerdings eher von Milieu- als von Schichtunterschieden. Die Sprachunterschiede dürften im Deutschen allerdings weniger groß sein als zwischen Oxford-Englisch und dem Pidgin-Englisch Londoner Hafenarbeiter.

Weitere Punke der Kritik seien hier nur am Rande erwähnt: Schichtbedingte Sprachunterschiede seien nur im mündlichen, weniger im schriftlichen Sprachgebrauch feststellbar, was durchaus für den positiven Einfluss der Schule sprechen, kann, denn sie ist weitgehend für den Erwerb schriftsprachlicher Kompetenz zuständig.

Die Mediennutzung ist schichtspezifisch unterschiedlich.

Durch den verbreiteten Fernsehkonsum erfolge eine Gleichschaltung des Sprachangebots für alle Schichten, was allerdings nicht zur Angleichung des aktiven Sprachgebrauchs führt. Vielmehr spricht vieles für die These, dass der in sozial schwächerem Milieu höhere Fernsehkonsum die Unterschiede noch verstärkt. So zeigen Längsschnittuntersuchungen, dass sich z.B. der Wissensabstand zwischen den Fernsehzuschauern in unterschiedlichen Statusgruppen zugunsten der sozial Höhergestellten verstärkte (Bonfadelli 1994, 223).

Wie stellt sich nun die Situation heute in unseren Schulen dar? Unstrittig ist, dass bei Schülern Sprach- und Kommunikationsunterschiede in der von Bernstein beschriebenen Art zu registrieren sind. Unstrittig ist weiterhin, dass Schüler, die den in der Schule üblichen Umgang mit Sprache bereits vom Elternhaus her gewohnt sind, bessere Ausgangsbedingungen für das Lernen und den Schulerfolg vorfinden als solche, die sich in der Schule nicht nur an eine ungewohnte Umgebung, sondern auch an eine neue Art der Kommunikation und des Sprachverhaltens gewöhnen müssen.

Die unterschiedlichen außerschulischen Erfahrungen der Schüler mit Sprache sind eine pädagogische Herausforderung an die Lehrer.

Geht man davon aus, dass sowohl die aufgezeigten Familientypen (positional und personal) wie die beiden Sprachkodes (restringiert und elaboriert) in den verschiedenen sozialen Schichten unterschiedlich stark vertreten sind, dann ist damit belegt, dass es sozialbedingte Benachteiligungen in der Schule gibt, die als pädagogische Herausforderung zu verstehen sind. Da, wie bereits angesprochen, eine kompensatorische Spracherziehung zum Ausgleich der als Defizit aufgefassten Unterschiede (Defizit-Hypothese) wenig erfolgversprechend ist, bietet sich die sog. Differenz-Hypothese als Alternative an: Die Unterschiede sollen wertfrei registriert, aber auch akzeptiert werden. Funktionalität und Eignung verschiedener Kommunikations- und Sprachformen können im Unterricht thematisiert und erprobt werden, die Erweiterung der Möglichkeiten sprachlicher und kommunikativer Bewältigung unterschiedlicher Situationen sollte wichtiges Ziel des Deutschunterrichts werden.

> *Stellen Sie eine Liste konkreter Aufgaben zum Nachspielen unterschiedlicher sprachgesteuerter Kommunikationsformen zusammen, z.B. Gespräch Gleichaltriger im Schulhof, Begrüßung am Elternabend durch den Rektor, Anpreisen von Waren auf dem Wochenmarkt, Fernsehansagerin, Schimpfen im Dialekt usw.*

Bildungspolitisches Defizit

Dass manchmal der Eindruck entsteht, Zusammenhänge zwischen Sprache und Schichtzugehörigkeit sollten wegdiskutiert werden, hängt sicher mit der Angst vor Konsequenzen für unser Bildungssystem zusammen, das offensichtlich noch nicht gleiche Chancen für alle gewährleistet. In der Tat erbrachten die Ende 2001 veröffentlichten Ergebnisse der internationalen Schulstudie PISA, dass in kaum einem anderen Land der Schulerfolg so stark von der sozialen

Herkunft bestimmt wird wie in Deutschland (vgl. Deutsches PISA-Konsortium 2001) – ein besorgniserregender Befund und ein deutlicher Auftrag an die deutsche Bildungspolitik!

Zusammenfassung

In diesem Baustein haben Sie differenziertere Hinweise auf soziale Bedingungen der Sprachfähigkeit erhalten. Sie haben erfahren,

- *dass es positionale und personale Familientypen gibt, die sich in der Art der Kommunikation unterscheiden,*
- *dass Bernstein eine Theorie über die Gesellschaftsabhängigkeit der Sprache aufgestellt hat,*
- *dass er zwischen restringiertem und elaboriertem Sprachgebrauch unterschied,*
- *dass trotz berechtigter Kritik an der Theorie Bernsteins auch heute sprachbedingte Benachteiligungen in der Schule feststellbar sind,*
- *dass ein wertfreies Nebeneinander verschiedener Sprachverwendungsformen eine Selbstverständlichkeit werden sollte,*
- *dass in Rollenspielen eine Erweiterung des Sprachkodes-Repertoires versucht werden könnte.*

Weiterführende Literatur

Ammon, Ulrich/Dittmar, Norbert/Mattheier, Klaus J. (Hrsg.) (1987–88): Sociolinguistics – An international handbook of the science of language and society (Soziolinguistik – Ein internationales Handbuch zur Wissenschaft von Sprache und Gesellschaft). I/II Berlin/New York: de Gruyter.

Bernstein, Basil (1981): Studien zur sprachlichen Sozialisation. Düsseldorf: Schwann.

Hradil, Stefan (1999): Soziale Ungleichheit in Deutschland. Opladen: Leske und Budrich (7.A.).

(D.M.)

Baustein 4

Mündlichkeit und Schriftlichkeit

Alicia, 3 Jahre, fühlt sich beim Spielen mit ihrem älteren Bruder Florian ungerecht behandelt und versucht ihre Sicht durchzusetzen. Sie holt den Deckel des Spiels, tut so, als ob sie lesen würde und fängt nach der Ankündigung „Hier steht" übertrieben deutlich und mit roboterhafter Stimme an: „Wenn A-li-ci-a-ei-ne-Kar-te-ge-nom-men-hat-dann-darf-sie-die-Karte-be-hal-ten." Und spricht in normalem Ton zu ihrem Bruder gewandt weiter: „Siehst du, ich hab Recht."
Am Abend will Florian der Oma einen Brief schreiben: „Wie soll ich denn anfangen?", fragt er seine Mama. Und später: „Kann ich das schreiben, was der Andreas zu mir gesagt hat?" – „Schreibt man ‚Beleidigung' mit großem oder mit kleinem Buchstaben?"

Kennen Sie andere Situationen, die verdeutlichen, dass Kinder „Auf dem Weg zur Schrift" (Brügelmann 1983) sehr bald erkennen, dass sie nicht so schreiben können, wie sie sprechen? Überlegen Sie, um welche Besonderheiten der geschriebenen Sprache es gehen kann, die ebenso auch noch für Erwachsene von Bedeutung sind.

Sie erfahren in diesem Baustein,

- *was Mündlichkeit und Schriftlichkeit bedeuten,*
- *dass Mündlichkeit und Schriftlichkeit je eigenen Regeln unterliegen und selbst Regeln ausbilden,*
- *welche Herausforderung Schrift für die sprachliche und kognitive Entwicklung bedeutet,*
- *welche didaktischen Folgerungen für den mündlichen und schriftlichen Sprachgebrauch – für Sprechen und Schreiben im Unterricht – gezogen werden müssen.*

1. Mündlichkeit

Ohne Zweifel sprechen Menschen auch in Gesellschaften mit ausgeprägter Schriftkultur in kommunikativen Situationen weit mehr als sie schreiben. Dies gilt für die Nahkommunikation („face-to-face") in Familie und Beruf, das gilt für die Fernkommunikation mit Hilfe des Telefons oder des Fernsehens (Videokonferenzen), auch wenn sich über das multifunktionale Handy (SMS) oder den PC (E-Mails) die Grenzen etwas verschieben.
Deswegen aber das Sprechen als ein „natürliches Verhalten" anzusehen und Schreiben als eine äußerliche und sekundäre Übertragung in ein anderes „Medium", hat sich als zu vordergründig erwiesen.

Sowohl synchrone interdisziplinäre Forschungen von Linguistik und Kognitionswissenschaft als auch diachrone Forschungen, die Anthropologie und Kulturwissenschaften einbeziehen, haben gezeigt, dass Mündlichkeit (Oralität) und Schriftlichkeit (Literalität) je eigene Regeln ausbilden, die auf Denken, Fühlen und Handeln der Menschen zurückwirken, ja dies in besonderer Weise prägen.

Mündlichkeit ist jedoch nicht einheitlich. Das Schaubild kann die Vielfalt verdeutlichen:

Mündlichkeit oder Oralität meint nicht einfach „mündlichen Sprachgebrauch", sondern die von spezifischen Regeln geprägte mündliche Kommunikation unter Menschen. Zur Mündlichkeit gehört in wechselseitiger Beziehung Sprechen und Hören.

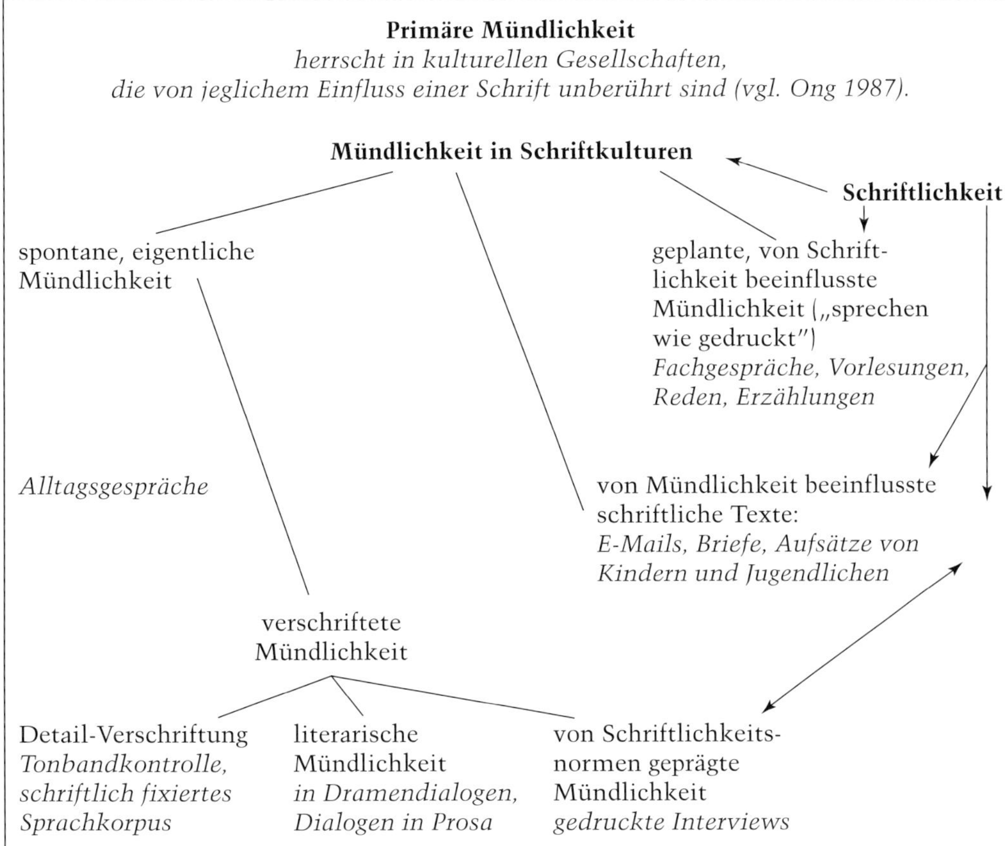

Vorschulkinder, aber auch so genannte „sekundäre Analphabeten" bewegen sich in einer eigenständigen Mündlichkeit, die aber auch nicht unbeeinflusst ist von der sie umgebenden Schriftlichkeit.

Sekundäre Analphabeten sind Menschen, die eine Lese-Schreib-Sozialisation durchlaufen haben, dennoch als Erwachsene nicht in der Lage sind, angemessen und eigenständig lesend und schreibend mit Texten umzugehen. Analphabeten haben es schwer, am kulturellen Fortschritt der Gesellschaft teilzuhaben.

Zur sozialen Differenzierung mündlicher Sprache vgl. Baustein 3.

In der Geschichte der Erziehung gab es immer wieder Versuche, Mündlichkeit als die echte, authentische Weise des Sprachverhaltens und zumindest dem Kind, ja dem wahren Menschen als angemessen zu bezeichnen:

Platon im Phaidros (Kap. 59)

„Wer die Schrift lernt, dem pflanzt sie durch Vernachlässigung des Gedächtnisses Vergeßlichkeit in die Seele, weil er im Vertrauen auf die Schrift von außen her durch fremde Zeichen, nicht von innen her aus sich selbst die Erinnerung schöpft. Von der Weisheit aber verleiht sie den Schülern den Schein, nicht die Wahrheit. Schrift entfremdet den Menschen von sich selbst."

Herder

„Die mündlich überlieferte Volksliteratur ist die gewachsene ‚Urpoesie' eines Volkes."

Rudolf Hildebrand (1867)

„Das ist das Leiden, an dem unsere Sprache krankt auch in der Schule: die schwarzen Striche sind unsrer Zeit das Wesentliche des Wortes." „Das Hauptgewicht sollte auf die gesprochene und gehörte Sprache gelegt werden, nicht auf die geschriebene und gesehene."

Vgl. Baustein 3.

Die Diskussion der 1970er Jahre um Sprachbarrieren und Dialekt mündete in der Forderung, die Leistungsfähigkeit solchen Sprachgebrauchs zu berücksichtigen, statt ihn als minderwertig oder defizitär abzuwerten.

2. Schriftlichkeit und Schrift

Schriftlichkeit oder Literalität meint, dass mindestens bestimmte Kommunikationsakte (vor allem das Recht betreffende, ja meist eine Kultur insgesamt) durch die Bedingungen der Schrift geprägt sind.

In der langen Tradition der abendländischen Bildung wurde zwischen handwerklichen Fertigkeiten, zu denen das Schreiben zählte (Skriptor als Beruf), und den artes liberales unterschieden, zu denen der kundige Umgang mit Schriftlichkeit durch verständiges Lesen und eigenständig konzipierendes Schreiben (Autor) zählte. Letzteres wurde nur den Gebildeten oder Gelehrten zugänglich gemacht. Diese Unterscheidung blieb bis ins 19. Jahrhundert erhalten: Schreibvermittlung in der Volksschule als Kulturtechnik und Textkonzeption als höhere Bildung im Gymnasium.

Sowohl um der Gleichheit aller willen als auch aus der Einsicht in die Bedeutung kognitiv-reflexiver Lernprozesse beim Lesen und Schreiben ist es eine der wichtigsten Aufgaben der Schule, eine umfassende Einführung in Schriftlichkeit zu vermitteln, die freilich angesichts der Hürde der Zeichen und ihrer (oft langsamen) Realisierung den Schreiber gegenüber dem Sprecher immer wieder zurückwirft und Motivationshemmungen in Anfangsklassen sowie Schreibhemmungen bei Älteren hervorrufen kann, wenn Autorschaft und Skriptorschaft in der gleichen Hand liegen.

Lesen	Wechselprozess	Schreiben
aus identifizierbaren Zeichen	Konzeption von Sinn	in identifizierbaren Zeichen
	durch Gestaltbildungskonstruktionen zunehmender Komplexität (vom Graphem über Sätze zu größeren Gestalten) durch zunehmende Nutzung verschiedener Sprachfunktionen gesteigert durch zunehmende Routinierungsprozesse durch zunehmende Reflexivität/Regelkonstruktion durch zunehmende Revisionsfähigkeit	

Schriftlichkeit bedarf der Schrift als eines graphischen Ausdrucks. Wir schreiben bekanntlich mit einer Buchstabenschrift und einigen weiteren Zeichen.

Zur Herkunft und Ausprägung der Schriften vgl. Günther/Ludwig 1994, Hasler 1991.

Die Zeichen korrespondieren mit bestimmten Elementen der Lautsprache. „Korrespondieren" bedeutet, dass ein Bezug zwischen den Graphemen und Phonemen der Sprache hergestellt ist, den jeder Leser erst für sich konstruierend erwerben muss.

Beispiel: Das Graphem <l> entspricht in der deutschen Sprache einem bedeutungsunterscheidenden Phonem /l/, etwa in den Wörtern „lose" gegen „Rose". Dass aber bereits diese Lautunterscheidung eine konstruktive Leistung darstellt, kann man sich klar machen, wenn man weiß, dass im Japanischen der phonologische Kontrast zwischen l/r fehlt.

Die Schrift und die Schrifttexte sind Objektivationen, die sich mit ihrem Entstehen auch verselbstständigen, d.h. eigene Bedingungen und Regeln aus sich entwickeln, die auf die Kognition des Menschen zurückwirken.

So kann man etwa Veränderungen feststellen, die Informationstexte in den letzten 100 Jahren durchlaufen haben, z.B. von der individuellen Briefform zum Serienbrief aus Textbausteinen. Diese (kommunikativen) Bedingungen moderner Schriftlichkeit haben aber Rückwirkungen auf das Denken der Menschen.

Es ist auch belegbar, dass die Fähigkeit, komplexe Texte zu schreiben, Menschen befähigen kann, auch in mündlichen Situationen – in sekundärer Mündlichkeit – ihre Sprechplanungsfähigkeit zu erhöhen: Sätze werden länger, auch gesprochen dargestellte Zusammenhänge durchgeplanter, Argumentationen logischer und stringenter.

Zum Schriftspracherwerb vgl. Baustein 12.

3. Kennzeichen von Mündlichkeit im Vergleich zu Schriftlichkeit

Der Satz: „Schreibe wie du sprichst!" ist völlig unzureichend, ja falsch (vgl. Müller 1990). Weder die Regeln der Rechtschreibung noch die Regeln für Satzmuster und Textaufbau sind so zu erfassen. Sprechen und Schreiben sind als je verschiedene Sprachstile zu sehen.

Angemessen ist es, die Unterschiede von Mündlichkeit und Schriftlichkeit als je verschieden prägende Einflüsse der Sprache auf den Menschen als Sprachwesen zu kennen und darauf zu reagieren:

Studieren Sie die Gegenüberstellung auf der folgenden Seite und suchen Sie Belege und Beispiele.
Ziehen Sie die Aussagen zur Sprachlichkeit des Menschen heran und differenzieren Sie an Hand der Tabelle.
Diskutieren Sie auch die folgenden Aussagen von Ong (1987, 102): „Das natürliche, orale Wort ist Teil einer wirklichen, existentiellen Gegenwart." „In einem [geschriebenen] Text jedoch stehen die Wörter alleine da."

Vgl. Baustein 1.

Mündlichkeit ist (eher)	**Schriftlichkeit ist (eher) (vgl. Müller 1990, Nussbaumer 1991)**
auf Lautrealisation und Elemente von Körpersprache (Mimik, Gestik) in gemeinsamem Raum bezogen: konkret	in eingeschränkter Motorik auf Hand und Graphie bezogen: abstrakt
• Einheit von sprachlichen, nebensprachlichen (Betonung, Pausen ...) und außersprachlichen Elementen	• Konzentration auf sprachliche Elemente, ergänzt um typographische
• Produkt wenig der Überprüfung zugänglich: personale (authentische) Autorität dominant	• der Reflexion, Überprüfung und Kontrolle mehrfach zugängliches Produkt: Gewinnung von Textautorität
• dialogisch, interaktiv, persongebunden	• monologisch, autonom, partnerdistanziert
• häufig durch Partner unterbrochen	• kontinuierlich vom Verfasser bestimmt
• situationsbezogen, von gemeinsamem Wissen der Partner bestimmt	• situationsenthoben, auf Herstellung gemeinsamer Wissensbasis angewiesen
• andeutend, „empraktisch"	• elaboriert, „synsemantisch" (Bühler 1934)
• eher privat	• eher öffentlich
• wenig geplant, spontan, flexibel	• weit mehr geplant, strukturiert, „willentlich"
• von spezifischer Grammatik geprägt	• von grammatischen Normen bestimmt
• direkt, situationsstimuliert	• indirekt, „zerdehnte Sprechsituation"
• narrativ	• weitere Sprechhaltungen entwickelnd: *ordnen, hierarchisieren, argumentieren*
• vom individuellen Gedächtnis abhängig	• wissensspeichernd, kapazitätserweiternd
• konservativ, formelhaft, redundant	• ausgebaut, variierend, redundanzvermeidend
• Elemente polyfunktional (gleichzeitig partner-, sach-, subjektbezogen u.a.)	• Elemente monofunktional (sach- oder adressatenbezogen) und „logisch"
• einfühlend	• emotional zurückgenommen oder neutral

Vgl. Baustein 1.

Sprachlichkeit formt und prägt den Menschen als Menschen, aber zugleich muss deutlich zwischen einer Prägung durch Mündlichkeit und einer Prägung durch Schriftlichkeit unterschieden werden. In einer Gesellschaft wie der gegenwärtigen, in der die Anforderungen an entwickelte Mündlichkeit **und** Schriftlichkeit zunehmen, ist es die Aufgabe der Schule, beide Ausdrucksformen und Weisen des kommunikativen Verkehrs angemessen zu fördern.

Schule muss:

- ein **Bewusstsein für die Unterschiedlichkeit von Mündlichkeit und Schriftlichkeit** in Reflexion und Gebrauch entwickeln,
- **spontanes Sprechen** in **Situationen** üben und fördern,
- die **Einsicht in die Planbarkeit** – und das heißt auch Verbesserungsnotwendigkeit – **von mündlichem und von schriftlichem Sprachgebrauch** leisten,

- **Beweglichkeit zwischen Routinen, spontaner Beweglichkeit und bewusstem Einsatz** von Sprech- und Schreibwirkungen ermöglichen.

Grundlegend für didaktisches Planen und Handeln ist folglich:

- den jeweiligen Sprachstil von gesprochener und geschriebener Sprache zu erforschen,
- den jeweiligen situativ und kulturell angemessenen Gebrauch gesprochener und geschriebener Sprache zu analysieren,
- Mündlichkeit und Schriftlichkeit als verschiedene Weisen des Denkens und des kommunikativen Verhaltens zu erkennen,
- die in Lehrplänen und didaktischen Abhandlungen tradierten Inhalte und Ziele des Deutschunterrichts in den Lernbereichen Mündlicher und Schriftlicher Sprachgebrauch anhand neuer Erkenntnisse angemessen zu definieren oder ggf. zu verändern.

4. Ziele in der Förderung von Mündlichkeit

Die heutige Gesellschaft ist in hohem Maße auf reflektierten Sprachgebrauch angewiesen, das heißt auf **rhetorische Kommunikationsfähigkeit** (Geißner 1982): Gesprächsfähigkeit, Erzählkompetenz, Dialog-, Rede-, Argumentationsfähigkeit sowie Fähigkeit, Information in gesprochener Sprache zu verarbeiten oder darzustellen – dies alles auf der Grundlage eines entwickelten Sprachbewusstseins. Hinzu kommt eine **ästhetische Kommunikationsfähigkeit**: Vorlesen und Rezitieren von Texten. Diese produktiven Kompetenzen sind zu ergänzen: Zur Mündlichkeit gehört notwendig die Fähigkeit zum Hören und Zuhören.

Zum Begriff ***Kommunikation*** *vgl. Baustein 2.*

Hören und Zuhören als notwendige Kompetenzen der Mündlichkeit

So lautet das Richtziel des Lernbereichs Mündlicher Sprachgebrauch, systematisch in eine bewusste, kontrollierte (sekundäre) Mündlichkeit einzuführen. Auch die der Mündlichkeit scheinbar näher stehende poetische Sprache (so schon Herder) kann und muss – im Literaturunterricht – eigener reflexiver und bewusster Verwendung (im Spielen und Textsprechen – Rezitieren, Vorlesen) zugänglich gemacht werden.
In der traditionellen Didaktik wurde Sprechen meist entweder als selbstverständliche Voraussetzung anderen Unterrichts oder als Vorstufe oder Vorbereitung auf das schwieriger zu vermittelnde Schreiben angesehen. Nach dem Verzicht einer Vermittlung der Rhetorik als entwickelte Form von Mündlichkeit im 19. Jh. und trotz der Bemühungen Hildebrands wurden eigene Ziele mündlichen Sprachgebrauchs erst um 1970 wieder in die Lehrpläne eingeführt.
Helmers (1966) verstand unter der Kategorie *Sprechen* Normanpassung mit den Teilaufgaben Sprachtraining (die Hochlautung, korrekte Grammatik und Wortschatz betreffende Sprachförderung im kompensatorischen Sinne) sowie gestaltende Sprecherziehung (Vorlese- und Vortragsfähigkeit). Die Kategorie *Hören* hat er nicht gesehen.

Vgl. Baustein 3 zur ***Kompensatorik****, Baustein 23 zu Helmers' Kategorien.*

Mit der Phase der kommunikativen Sprachdidaktik wurden Ziele gesellschaftlich relevanter kommunikativer und rollen- sowie situations- und problembezogener Beweglichkeit in den Vordergrund gestellt (vgl. Rollentheorie, Rhetorik, Diskurstheorie).

Suchen Sie in Sprachbüchern und Ratgebern dazu passende Übungen und entwickeln Sie Analysekriterien (vgl. Klippert 1995, van Ments 1992).

Didaktische Herausforderungen eines so konzipierten Unterrichts sind:

- das Verhältnis von Lernwissen (z.B. über Gesprächsregeln) und praktischem Handeln;
- das Verhältnis von Gesprächshandeln und Gesprächsanalyse (über linguistische und rhetorische Kennzeichen an Mitschnitten, anhand von literarischen Dialogen u.a.);
- die Diskrepanz von erwarteter Kreativität und Spontaneität einerseits und reflektiert-kontrolliertem Beitrag der Gesprächsteilnehmer, wie er in Unterrichtsgesprächen, in Diskussionen und Debatten erwartet wird, andererseits;
- die Bedeutung von (oft emotional-grundiertem) Dialekt bzw. der Umgangssprache und Orientierung an der Standardsprache;
- die Bedeutung des Zusammenspiels von Mündlichkeit und Schriftlichkeit für das Lernen, z.B. bei der Erstellung von Notizzetteln für Gespräche und Referate, bei der Erarbeitung von schriftlichen Texten: als Einstieg, in Phasen der Überarbeitung (z.B. in Schreibkonferenzen);
- die Bewertung mündlicher Leistungen.

5. Aufbau mündlicher Kompetenz für Sprechen und Hören

Wenn Mündlichkeit als bewusster und reflektierter, eigenständiger Sprachgebrauch gelehrt werden soll, so sind folgende Bedingungen zu beachten.

In jedem Sprechen konstruiert der Sprecher in Auseinandersetzung mit den anderen Beteiligten und im Rahmen gesetzter Bedingungen (Thema, Raum ...) aufgrund interner und gesellschaftlich gesetzter (erlernter) Regeln eine Gesprächssituation und versucht sie seinen Intentionen und seinen Regelkenntnissen entsprechend zu steuern.

Vgl. Baustein 2: Kommunikation.

So kommt es in Lernprozessen darauf an, dass die Lernenden die Möglichkeit erhalten, ihre eigenen Strategien und deren Wirkungen auf andere und auf sich selbst bewusst zu machen und einem bewussten Einsatz zugänglich zu machen.

*Inszenieren Sie ein **Konfliktrollenspiel** und ein **Bewerbungsrollenspiel** und kontrollieren Sie die genannten Bedingungen.*
*Führen Sie ein **literarisches Gespräch** über einen Text und vergleichen Sie die einzelnen Äußerungen in ihrem Charakter zwischen Textbezug und Mündlichkeit.*

Für die Ausbildung bewusster Mündlichkeit haben sich fünf Aufgabenrichtungen herausarbeiten lassen:

1. Sprechdenken 2. Sprechplanen 3. Dialoge entwickeln/Gespräche führen 4. Sprechen über etwas 5. Dramatisches Gestalten (Spielen). Daraus lassen sich dann für die verschiedenen Lebensalter und im Hinblick auf unterschiedliche Gesprächssituationen genauere Ziele entwickeln.
Hinzu kommen entsprechende Fähigkeiten des Hörens: 1. Partnerbezogenes Zuhören 2. Sachbezogenes Zuhören und Verarbeiten 3. Wertendes Zuhören 4. Literarisches Zuhören 5. Horchen und Lauschen als Formen individuellen Wahrnehmens (Wermke 1995).

Die Ziele für verschiedene Gesprächssituationen sind bei Beisbart (2005, 22f.) genauer entwickelt.

6. Ansätze schriftlichkeitsbezogener Kompetenzen

Schriftlichkeitsförderung ist ohne organisierte Vermittlung nicht erfolgreich. Dazu muss eine Reihe von Komponenten beachtet werden, die jedoch in der Geschichte des „Aufsatzunterrichts" sehr unterschiedlich gewichtet wurden. Die folgende schematische Darstellung der Komponenten kann dies veranschaulichen (vgl. auch Merz-Grötsch 2000):

Zu Einzelzielen der Schreibkompetenzentwicklung vgl. Baustein 5.

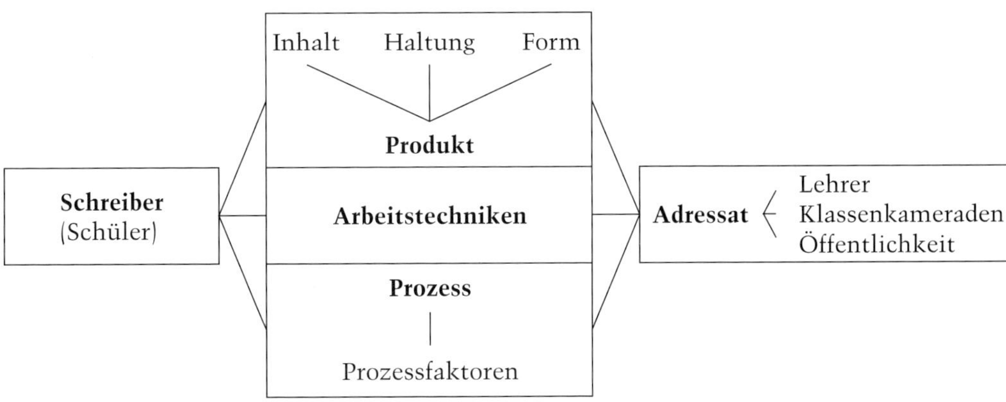

Traditionell vermittelte Unterricht die Kenntnis einer Reihe von Textsorten. Schulischer Aufsatzunterricht war produktorientiert. Bis ins beginnende 19. Jahrhundert wurden Texte größeren Umfangs nur in höheren Schulen als rhetorische Texte gelehrt. Im 19. Jahrhundert versuchte man zwar mit dem Begriff der „Ausdrucksschulung" den Schreiber stärker zu berücksichtigen, tatsächlich war aber der „Ausdruck" eindeutig an Vorgaben orientiert. Dies waren Inhalte, sittliche Normen und Werte und Stilmuster, in der Volksschule fast ausschließlich feste Formulierungen, die in der Gestalt des „gebundenen", d.h. vom Lehrer klasseneinheitlich und Satz für Satz gemeinsam vorbereiteten Aufsatzes gelehrt wurden. Im 20. Jahrhundert versuchte man – in Gegenbewegung zu reformpädagogischen Anstößen zum „freien Schreiben" der Schüler besonders in der Volksschule – seit den 20er Jahren eine überschaubare Zahl von Auf-

Zur Bezeichnung der Lernbereiche vgl. Baustein 23.

satzarten (Erzählung, Bericht, Beschreibung, Schilderung und Erörterung, ergänzt um sog. „Sachschreiben") als schulische Grundformen der Schriftlichkeitsvermittlung zu definieren.

Kommunikative Aufsatzdidaktik, vgl. Baustein 2.

In der Zeit der „kommunikativen Wende" seit den 70er Jahren fügte man zu den Aspekten *Aufsatzart/Textsorte und Thema/Inhalt* die Bedingungen *Situation, Intention/Haltung* und *Adressat* hinzu. Zudem versuchte man mit der erweiterten Förderung des sprachlichen Repertoires die engen Textstilregeln aufzubrechen. Der vermittelnde Versuch, alles Schreiben an den Sprachfunktionen zu orientieren, unterschiedliche Schreibhandlungen wie *erzählen, berichten, argumentieren* ... zu unterscheiden, und darauf aufbauend eine größere Anzahl von Textsorten als „konkrete", d.h. lebensweltliche „Schreibanlässe" in Schreib- und Analyseaufgaben zu lehren (vgl. den „Textsortenzirkel" von Lehmann 1981), stellte erst recht die nur scheinbare Verbindlichkeit der bisherigen „Schreibregeln" in Frage. Der Vorwurf der „ungerechten Aufsatzzensur" (Schröter 1971) brachte den Aufsatz als leistungsentscheidende Größe im Deutschunterricht in zusätzliche Rechtfertigungsschwierigkeiten.

Vgl. zu den Sprachfunktionen Baustein 2.

Zudem forderten die Vertreter eines „kritischen Deutschunterrichts" vor allem in ihrer Kritik an der traditionellen Erörterung, Schreiben als aktive Einübung einer nicht auf Anpassung, sondern auf kritisches Hinterfragen gerichteten Schreibhaltung zu verstehen. Doch fehlte solchen Veränderungen noch die Berücksichtigung der Schreibprozesse, wie sie sowohl im Schreiber und seiner kognitiven und emotionalen Aktivität als auch im organisierten Lernprozess ablaufen (vgl. Spitta 1998).
Als Grundlinien der weiteren Entwicklung der schreibdidaktischen Diskussion lassen sich herausarbeiten:

Es ist hilfreich, Aufsatz als Lerngegenstand, als Lernmedium und als Mittel zur Lernkontrolle zu unterscheiden.

- Die Unterscheidung von „Aufsätzen" als „Lerngegenstand, Lernmedium bzw. als Mittel der Lernkontrolle" (Fritzsche 1980) trug zu einer sinnvollen Differenzierung der Ziele des Schreibunterrichts bei, weil sowohl bestimmte Textsorten des Alltags als Lerngegenstände begründet gelehrt werden konnten (z.B. Bericht, Protokoll, Bewerbung), man sich zudem Texten als Lernmedien des Schreibens und Formulierens wie als Medien der Selbstorientierung zuwenden konnte und schließlich einzelne Texte (und nicht alle) als Lernkontrollen auf Bewertungsgrundlagen eingesetzt werden konnten.

Funktionen geschriebener Sprache (nach Ludwig 1980, 74ff., erweitert)

- Verschiedentlich wurden „Funktionen geschriebener Sprache" als Grundlage der Schreibdidaktik vorgeschlagen:
  - Aus sich heraus schreiben
  - Bewusstmachendes Schreiben
  - Operatives Schreiben
  - Selbstvermittelndes Schreiben
  - Schreiben als Formulierungshilfe
  - Konzipierendes Schreiben
  - Konservierendes Schreiben
  - Transferierendes Schreiben
  - Kommunikatives Schreiben
  - Ästhetisch-gestaltendes Schreiben

Solche Vorschläge waren Zeichen eines schreibdidaktischen Aufbruchs, der die Leistungen von Schriftlichkeit für jeden Menschen bestätigt.

- Daraufhin entwickelten sich vielfältige Schreibanregungen, die vor allem dem Schreiber selbst mehr experimentellen Erfahrungsraum eröffneten. Man kann zusammenfassend von „Kreativem Schreiben" sprechen, das sich vielfältig aufschlüsseln lässt. Es soll dem Schüler ein hohes Maß an freier Entfaltung und Annäherungen an Schriftlichkeit gewähren, seine Fähigkeit erweitern, mit Sprache Wahrnehmungen und Phantasie zu entfalten. Ich-Orientierung und Sprachorientierung haben Vorrang vor Sachorientierung und Leser-Orientierung (vgl. dazu Abraham u.a. 2005, 29). Die Ziele sprachlicher (selbst- sowie fremdwahrnehmender) Kreativitätsförderung, Entfaltung der kognitiven und emotionalen Fähigkeiten, die Förderung des Interesse an sprachlicher und literarischer Gestalt und sprachlich gefasster Empathie für literarische Gestalten stehen im Vordergrund.

Kreatives Schreiben, vgl. Baustein 8.

Solche Veränderungen der Schreibdidaktik fügen sich ein in die Beobachtungen, dass Individualisierung und Subjektivierung, Phantasieförderung und ästhetische Bildung ein hohes Ansehen gewonnen haben.

Vgl. zum Thema Schreibprozess Baustein 5.

Alle diese Veränderungen haben zu tiefgreifenden Konsequenzen auch des Unterrichtsgeschehens geführt. Sie lassen sich folgendermaßen fassen. Es werden

- die Stufen der Schreibarbeit, ein „Textbildungstraining", in den Blick gerückt;
- die Schüler im Konzept der Schreibkonferenzen als Leser und Berater von Texten in die Arbeit einbezogen;
- Möglichkeiten diskutiert, Gruppenschreiben zu lehren, entgegen der lange vorherrschenden Meinung, Schreiben sei ein grundsätzlich individueller Vorgang;
- die Möglichkeiten genutzt, Texte am **Computer** zu entwerfen, zu verbessern, zu publizieren, umgekehrt wird der Einfluss der neuen multimedialen Textformen (**Hypertexte, Text-Bildkombinationen**) auf Text, Schreiber und Verarbeitungssituation von Texten geprüft;
- traditionelle Textarbeit und freier Schreibunterricht in ihrem Verhältnis ersten Evaluationsanalysen unterzogen;
- die Grenzen zum Literaturunterricht geöffnet;
- die oft übergangenen Fragen einer Entwicklungslogik des Schreibens diskutiert;
- die Fragen der Beziehungen von Mündlichkeit und Schriftlichkeit auf der Basis der neuen Einsichten über Entwicklung und Veränderungen der Texte selbst erforscht.

Vgl. zum Stichwort Schreibkonferenz Spitta (Hrsg.) 1998, Abraham u.a. 2000, S. 210f.

Vgl. produktionsorientierter Unterricht Baustein 10.

Vgl. Baustein 5.

Dies haben Sie im vorliegenden Baustein gelernt:

- *Mündlichkeit und Schriftlichkeit konstituieren Gesellschaft und prägen Denken und Handeln des Einzelnen.*
- *Deutschunterricht muss in beide Formen sprachlicher Kommunikation gezielt einführen.*
- *Mündlichkeit kann als Sprachgebrauch mit eigener Regelhaftigkeit angesehen werden.*
- *Einführung in Schriftlichkeit bedeutet nicht einen einfachen „Wechsel der Zeichen", sondern einen grundsätzlich anderen Sprachgebrauch, bei dem Schreiben von Texten eingebettet ist in andere Formen von Kommunikation (durch Sprechen, Hören und Lesen).*
- *Aufgabe jeden Unterrichts sind zunächst Erhebungen über den sprachlichen, situativen, den ontogenetischen (entwicklungslogischen) Stand erworbenen Wissens der Schüler, der Lehrer und der Gesellschaft insgesamt. Erst darauf aufbauend kann ein Lernfortschritt auf den verschiedenen Ebenen des Unterrichts geplant werden.*

Weiterführende Literatur

Zum Verhältnis von Schriftlichkeit und Mündlichkeit:

Becker-Mrotzek, Michael (2003): Mündlichkeit – Schriftlichkeit – Neue Medien. In: Bredel u.a. Bd. 1, S. 69–89.

Bredel, Ursula/Günther, Hartmut/Klotz, Peter/Ossner, Jakob/Sieber-Ott, Gesa (Hrsg.) (2003): Didaktik der deutschen Sprache – ein Handbuch. Paderborn: Schöningh, Bd. 1, II. Kapitel.

Koch, Peter/Oesterreicher, Wulf (1994): Schriftlichkeit und Sprache. In: Günther, Hartmut/Ludwig, Otto (Hrsg.): Schrift und Schriftlichkeit. Berlin: de Gruyter, S. 587–604.

Müller, Karin (1990): „Schreibe, wie du sprichst!" eine Maxime im Spannungsfeld von Mündlichkeit und Schriftlichkeit. Eine historische und systematische Untersuchung. Frankfurt: Lang (Theorie und Vermittlung der Sprache Bd. 12).

Zum Lernbereich Mündlicher Sprachgebrauch in der Schule:

Beisbart, Ortwin (2005): Miteinander reden – Mündlicher Sprachgebrauch. In: Abraham, Ulf u.a.: Praxis des Deutschunterrichts. Donauwörth: Auer, S. 14–23.

Bredel, Ursula/Günther, Hartmut/Klotz, Peter/Ossner, Jakob/Sieber-Ott, Gesa (Hrsg.) (2003): Didaktik der deutschen Sprache – ein Handbuch. Paderborn: Schöningh, Bd. 1, III. Kapitel.

Schuster, Karl (1998): Mündlicher Sprachgebrauch im Deutschunterricht. Denken – Sprechen – Handeln. Theorie und Praxis. Baltmannsweiler: Schneider.

Zum Erwerb der Schrift:

Gross, Sabine (1994): Lese-Zeichen. Kognition, Medium und Materialität im Leseprozeß. Darmstadt: Wissenschaftliche Buchgesellschaft.

Hasler, Herbert (1991): Lehren und Lernen der geschriebenen Sprache. Darmstadt: Wissenschaftliche Buchgesellschaft.

(O.B.)

Baustein 5

Entwicklung von Schreibkompetenz

Eine Facharbeit oder eine Seminararbeit im Studium zu schreiben scheint manchem leichter zu sein, als sich eine mehr oder weniger kreative Schreibaufgabe „aus den Fingern zu saugen"; denn er kann sich ja auf schon Gedrucktes stützen. Und dann bekommt der Verfasser in der Korrektur den Vorwurf: „Sie haben nicht in Ihrer eigenen Sprache geschrieben. – Sie haben keinen eigenständigen Gedanken geäußert. – Sie haben nicht korrekt zwischen Darstellung und Bewertung unterschieden. – Sie haben willkürlich einzelne Sätze zitiert. – Sie haben die Begrifflichkeit weder geklärt noch durchgehalten. – Ihr eigentliches Anliegen wird nicht erkennbar."

Diskutieren Sie die Qualität und die Reihenfolge der folgenden Regeln, ergänzen oder ersetzen Sie diese:
Entwickeln Sie einen Schreibplan. – Sammeln Sie Zitate. – Machen Sie sich die Absicht Ihrer Vorlagen klar. – Verantwortlich für Ihren Text ist die Vorlage. – Verantwortlich für die Gliederung Ihres Textes sind Sie selbst. – Der erste Entwurf ist immer der beste.

Themen, die Sie in diesem Baustein erwarten:

- *Grundbedingungen der Schriftlichkeit,*
- *Elemente des Schreibprozesses,*
- *Fragen zur Entwicklung der Schreibfähigkeit von Kindern und Jugendlichen.*

1. Die kognitive Formung durch Schreiben

Schreiben von Texten ist kein Verfahren, nachträglich fertige Erfahrungs-, Phantasie- oder Denkergebnisse in Textsorten abzubilden.

Die Einübung in die Schriftlichkeit ist ein schwieriger und langwieriger Prozess. Es handelt sich keineswegs um eine mechanische Aufgabe des bloßen Aufschreibens von bereits Gedachtem, auswendig Gelerntem oder vielleicht innerlich in Sprache Vorformuliertem. Schreiben hat nicht zu übersehende Rückwirkungen auf den Menschen, sein Denken, Fühlen und Handeln. Es bedeutet eine besondere Weise kognitiver Formung des Menschen.

Lesen Sie dazu die grundlegenden Aussagen in Baustein 1.

Zur kognitiven Formung gehören verschiedene Komponenten, deren wir uns zunehmend bewusst werden müssen:

1.1 die Notwendigkeit, über den eigenen Schreibprozess zu verfügen und ihn organisieren zu können

1.2 die eigene Sprachfähigkeit (mit dem Wortschatz und mit Satzmustern u.a. variabel umzugehen)

Zum Sprachbewusstsein vgl. Baustein 13.

Vgl. Baustein 1.

Vgl. Baustein 4.

1.3 die Beziehung von Denken und Schreiben
1.4 die unterschiedliche Funktionalität von Schriftlichkeit und Mündlichkeit
1.5 die Auswirkungen von Schriftlichkeit auf Mündlichkeit
1.6 die Lernvoraussetzungen und Lernschritte für das Schreiben verschiedener Texte

Zu 1.1 Im Schreibprozess wirken expressive Bedürfnisse, Welterfassung, Gedankenklärung, Gedankenordnung, Sprachfindung und die Berücksichtigung kommunikativer Bezüge und Textformate – verstanden als Textsortenformate und als Bedingungen der „Schreibunterlage" – zusammen, ein Prozess, der dann im intertextuellen Dialog mit dem jeweils bereits Geschriebenen (z.B. eigene Notizen, Lektüre aller Art) und seinen tatsächlichen oder möglichen Lesern fortgesetzt werden kann.
Im Schreibprozess des Einzelnen – so die Erkenntnisse der umfangreichen Schreibforschung (Günther/Ludwig 1994) – lassen sich eine Reihe von notwendigen Handlungskomponenten unterscheiden. Zu nennen sind besonders folgende:

Weltwissen, Sprachwissen, Handlungswissen gelten als die drei Domänen sprachlicher Fähigkeit.

Schreibhandlungskomponenten sind Planung, Ausführung, Formulierung, Motorik, Evaluation.

Nötig ist eine **motivationale Basis**, etwas schreiben zu wollen. Sodann bedarf es grundlegender Gedächtnisleistungen im **Langzeit- und Kurzzeitgedächtnis**. Dort sind nicht nur Weltwissen, sondern auch Sprachwissen in Form von Wörtern, Propositionen, Satzmustern u.a., Orthographie- und Textsortenwissen, aber auch das Wissen um situative und kommunikative Bedingungen gespeichert. Die eigentliche Schreibhandlung ist bestimmt von Planungs-, Ausführungs- oder Formulierungs-, von motorischen und von Evaluationsprozessen. Je mehr es dem Schreiber gelingt, diese Teilprozesse je nach Notwendigkeit bewusst steuern und kontrollieren zu können, also zusätzlich **metakommunikatives Wissen** zu erwerben, desto kompetenter ist er ausgebildet.
Obwohl man dies auch früher schon grundsätzlich gewusst hat, führte dies jedoch nicht immer zu richtigen didaktischen Schlüssen: Beispielsweise muss die Teilkomponente, Rechtschreibkenntnisse einsetzen zu können, weder dazu führen, zuerst jahrelang eigenständigen Orthographieunterricht zu betreiben, ehe ein Text geschrieben werden darf, noch dazu, Rechtschreibleistungen grundsätzlich auszuklammern (Ortner 2000). Ebenso zeigt die Praxis, dass eine Phase der Stoff- oder Ideensammlung und der Gliederung für viele Schreiber nicht am Anfang eines Schreibvorgangs stehen kann, die Schüler vielmehr besser mit Korrektur- und Lesehandlungen auf einen ersten spontan aufgesetzten Textentwurf reagieren sollten. Didaktische Überlegungen müssen sich nach heutiger Einsicht daran orientieren, dass das Ziel allen Schreibens zwar grundsätzlich ein ganzer Text ist, aber dieses Ziel kaum durch einen geschlossenen Akt des Schreibens und grundsätzlich nicht nur durch die einfache Übernahme eines Musters erreichbar ist.
Es kann eine sich zum Teil erst beim Schreiben entwickelnde Vorstellung vom „Textprodukt" schreibprozesslenkend sein. So haben Forschungen zum kreativen Schreiben gezeigt, dass teilweise mit motorischen Kritzelnotaten oder „automatischem Schreiben" (Hornung 1995) begonnen wird und erst eine selbstkritische Lektüre eine

Textstruktur als Planungsziel nachholen kann. Dies ist kein Extrembeispiel. Es widerlegt die lange Schultradition, die das Schema „Ideensammlung-Ordnung-Gliederung-Ausführung" als einzig gültiges gelehrt hat. Neuere Forschungen (Ortner 2000, Merz-Grötsch 2000) haben eine Vielfalt von internalisierten Schreibprozessmustern aufgewiesen, die ein einheitliches Konzept einer „Aufsatzdidaktik" für alle in Frage stellen.

Didaktisch entscheidend ist, dass es weder eine bestimmte Reihenfolge noch eine eindeutige Abfolge der Schreibprozesse gibt, wohl aber, dass die Bedeutung der einzelnen Teilkomponenten und die Art und Weise, damit umzugehen, jedem Schreiber zunehmend reflexiv erkennbar und verfügbar gemacht werden müssen.

Zu 1.2 Sprachbewusstsein zu erwerben und darauf aufbauend, Verfügung über die eigene Sprachlichkeit zu bekommen, bedeutet im Aufgabenbereich Schreiben von Texten, dass die Schüler ein Gespür für Stil bekommen. „Stilbildung" wird in der traditionellen Aufsatzdidaktik seit dem späten 18. Jh. verwendet. Sie darf nicht durch isolierte Übungen entleert werden. Gemeint ist heute damit die Fähigkeit, drei Stilzugriffe (vgl. Abraham 1996, 276ff.) in Texten bewusst zu realisieren:

*Zum Begriff **Sprachbewusstsein** vgl. Baustein 13.*

Auswahl aus einem möglichst breiten sprachlichen Repertoire (Wortschatz, Wendungen, Satzmustern und Textaufbaustrukturen) bei gleichzeitiger Orientierung an der Norm,
Abweichung bei grundsätzlicher Berücksichtigung von (bekannten) Textmustern und
(An-)Zeichen, d.h. den Versuch, möglichst einen sprachlich „unikalisierten", d.h. individuellen Text zu schreiben.

Spielen Sie die drei Stilzugriffe am Beispiel eines eher förmlichen Antwortschreibens durch, z.B.:
Hinsichtlich Ihrer Mitteilung über ... ist zu bemerken ...
bezüglich, Bezug nehmend auf, betreffs ...
Ich wende mich nun Ihrer Mitteilung zu ..., oder: Sie haben mir mitgeteilt ...

Zu 1.3 Die Beziehung zwischen Denken und (schriftlicher) Sprache ist zwar nur unzureichend erforscht. Dennoch bedeutet Schreiben sicher eine Herausforderung für das Denkvermögen. Denken ist dabei weithin identisch mit inneren Vorstellungen und ihren Verknüpfungen.

Vgl. Baustein 7.

Denken hat mindestens drei Ausprägungsweisen, nämlich ***Erfinden oder Verknüpfen*** *von bislang (subjektiv) nicht Verbundenem,* ***Urteilen*** *und* ***Schließen***. Vielleicht darf man aber auch ***Erinnern*** (Aktivieren des Gedächtnisses und Assoziieren) dazurechnen. Aber auch für Partner verständliche *Äußerungen* sind eine Form des Denkens, bzw. das Ergebnis von Denkprozessen. Dass solche Denkvorgänge durch die Sprache und zudem durch die geschriebene Sprache besonders gefördert werden, bedeutet didaktische Herausforderung. Es wäre jedoch falsch anzunehmen, dass Schreiben ein Einkleiden von vorher Gedachtem wäre. Notieren, Texte erstellen und überarbeiten fördern die Klarheit des Denkens.

Zu 1.4 Die Einsicht in die unterschiedlichen Funktionen der Sprache ist ebenfalls weithin an die Schriftlichkeit gebunden, bzw. wird von ihr wesentlich befördert. Die Entwicklung der Schriftlichkeit hat

schließlich zur Entmischung von Textsorten beigetragen, wie sie sich in Gesprächsbeiträgen und den anschließenden Protokollen, der Auseinanderentwicklung von Reiseberichten, Forschungsberichten und Erlebnisberichten ebenso zeigt wie z.B. in mündlichen und schriftlichen rechtlich bindenden Vereinbarungen.
Schon Kinder haben sehr früh ein Gespür dafür, dass Sprache verschieden eingesetzt werden kann. Dennoch sind viele Kindertexte, ja selbst die Texte mancher Erwachsener zunächst nur „aufgeschriebene Mündlichkeit". Die Berücksichtigung spezifischer Regeln der Schriftlichkeit und ihrer unterschiedlichen Funktionalität bedarf einer längeren Unterweisung.

Vgl. die Tabelle in Baustein 4, S. 52.

Zu 1.5 Schriftlichkeit hat umgekehrt Auswirkungen auch auf die Fähigkeit zur Mündlichkeit. Die Herausforderungen, zu schreibende oder bereits spontan aufgesetzte Texte durchzuplanen, wirkt in einem langen Prozess der Aneignung (z.B. in kleinen Stegreifreden geübt) auf das „Sprechplanen" in der Mündlichkeit zurück. Man spricht von „sekundärer Mündlichkeit".

Vgl. Baustein 4.

Zu 1.6 Die jüngere Schreibdidaktik und -methodik hat die zunehmende Bewusstmachung der Bedingungen des eigenen Schreibprozesses zum Ziel.

Vergleichen Sie, was die Berliner Didaktik über entwicklungspsychologische und soziolinguistische Voraussetzungen sagt (vgl. Baustein 29).

Vgl. Baustein 3.

Soziolinguistisch begründbare spezifische Auffälligkeiten beim Schreiben lassen sich am leichtesten als Defizite der Bedingungen der Schreibkompetenz kenntlich machen. Diese Defizite geben grundsätzlich keine Auskunft über die Kompetenz zu mündlicher Kommunikation in bestimmten Situationen.

Schülern mit sozial bedingten Schreibdefiziten fehlen:

- der vorschulische regelmäßige Umgang mit geschriebener Sprache (Umgang mit Schriftkultur, Vorlesen und Lektüregespräche),
- Erfahrungen für soziales Handeln in unterschiedlichen Situationen, vor allem Erfahrungen mit deutlich sprachgeleitetem oder sprachbegleitendem Handeln,
- die Entwicklung eines Sprachbewusstseins für unterschiedliche Nutzung von Sprache, auch in sprachspielerischer Absicht (Differenzierung von Normen),
- Motivation und Interesse, sich selbst schreibend und kommunikativ zu äußern,
- eine grundsätzliche Einsicht in die symbolische und nicht handlungsbegleitende Funktion von schriftlichen Texten.

Weitere Mängel, die sich auf die Schreibplanung und sprachliche Entfaltung beziehen, sind Folgen dieser Defizite.

2. Die Entwicklung der Schreibfähigkeit

Die **entwicklungspsychologische Fragestellung** lautet: Lassen sich Aussagen darüber machen, ob und in welcher Reihenfolge Teilkompetenzen einer umfassenden Schreibkompetenz angeboren – also ontogenetisch begründbar – sind? Gibt es also Anforderungen, die erst ab einer bestimmten Entwicklungsstufe sinnvoll gestellt werden können?

Vgl. dazu Baustein 12 zur Sprachentwicklung allgemein.

Die traditionelle Aufsatzdidaktik bezog sich auf ein inzwischen als überholt erkanntes Entwicklungsmodell, das man etwa kennzeichnen kann mit: „vom subjektiven Erzählen zum objektiven Berichten/Beschreiben, von der mündlichen Reihung zur ‚Form Geschichte' und weiteren Textmustern, von der Orientierung an der Zeitlinie zur begrifflichen Systematik".

Das Denkmodell Piagets (vgl. 1971), das leider zu starre Stufen enthält und wenig Rücksicht auf die Sprachlichkeit des Menschen nimmt, schimmert hier deutlich durch.

Aufgrund solcher Kritik ist es wenig verwunderlich, dass die Schreibdidaktik seit etwa 1985 versucht hat, die traditionelle „Entwicklungslogik" zu unterlaufen. Kreatives und subjektbezogenes Schreiben sowie literarisch-poetische Schreibversuche auf allen Stufen der Schule konnten jedoch die klassische (Lehrplan-)Abfolge der oftmals allein prüfungsrelevanten „Aufsätze" bislang nicht grundsätzlich in Frage stellen. Traditionen und kulturelle Erwartungen sind zu dominant.

Erst in den 90er Jahren des 20.Jh.s wurden die Untersuchungen verstärkt, Entwicklungslinien der Schreibfähigkeit(en) zu finden. Das Ergebnis lässt sich so zusammenfassen: Weder sei das biologische noch ein a-sozial beschreibbares mentales („Denk-")Alter entscheidend für die Schreibentwicklung, aber es lasse sich dennoch von einem **Schreibalter** sprechen. Schreibentwicklung erweist sich als ein komplexes Feld, an dem beteiligt sind:

2.1 Sprachentwicklung,
2.2 Schreibinteresse und Schreibhaltung,
2.3 Schreibroutinen,
2.4 kognitiver und kommunikativer Textkompetenzerwerb.

Zu 2.1 Sprachentwicklung
Lange Zeit hat man allein die Entwicklung der Syntax erforscht. Die Ergebnisse:
Einbettung von inhaltlichen Aussagen in ganzen Sätzen, zunehmende Satzlänge, Steigerung der syntaktischen Verknüpfung, der hypotaktischen Differenzierung (Subordination), der dazu zur Verfügung stehenden Mittel (vor allem Konjunktionen), Anpassung der syntaktischen Strukturen an die Aussageabsichten auf der pragmatischen Ebene, die zu einer insgesamt komplexeren Textstruktur führen (im Einzelnen vgl. Augst/Faigel 1986). Als auffällige „gegenläufige" Erscheinung wird in diesem Zusammenhang bei Schülern ab dem 14. Lebensjahr der Rückgang von argumentativen Konjunktionen und Adverbialsätzen festgestellt: Die Textkompetenz verlagert sich von der syntaktischen auf die Ebene des Textes, und zwar zunehmend weg von der Logik einer Handlung (Erzählung z.B.) auf Text-Absichten und Logik der Darstellung (vgl. Aebli 1981).
Allerdings hängen nach heutiger Einsicht solche Sprachentwicklungen wesentlich von den Aufgabenstellungen ab. Sie sind nicht in je-

Zu den Untersuchungen von Pregel über Stilalter im Grundschulalter vgl. Baustein 12.

dem Fall als Belege der Schriftlichkeitsentwicklung zu werten: Wird nur eine Aufsatzart gelehrt, so werden die dazu nötigen Satzstrukturen erworben, weniger andere. Während die älteren Untersuchungen sich vor allem auf jüngere Schüler und die sogenannte Erlebniserzählung beschränkten, untersuchen neuere Forschungen auch argumentative und beschreibende Texte.

Zu 2.2 Schreibinteresse und Schreibhaltung

Schreibinteresse ist abhängig von den sozialen Erfahrungen, der Weite des Horizontes der verschiedenen Lebensalter und bedarf der kommunikativen Stärkung durch Rückmeldungen der Leser, wie sie in der Schule in Projekten, in Brief- und E-Mail-Partnerschaften, in Schreibwerkstätten und -wettbewerben aufgebaut und – für einen Teil der Schüler – erhalten werden können. Dass sich hier alle Formen kreativen und literaturproduktiven Schreibens anbieten, zeigt die vielfältige Praxis.

Zu 2.3 Schreibroutinen

Es ist unbestritten, dass Schreibroutinen den Fortgang der Schreibkompetenzen erheblich beeinflussen. Man geht heute davon aus, dass bis zum 8. Lebensjahr im Allgemeinen eine motorische und orthographische Schreibroutine ausgebildet sein kann, so dass eine weitere Entwicklung eher die unbewusster, aber der Bewusstheit zugänglicher Textmusterroutinen ist.

Aber man muss auch andere Elemente von Schreibroutinen berücksichtigen: Dabei bieten sich durchaus alle schon lange praktizierten Einzelübungen an wie Aufschreiben von kleineren Texteinheiten, assoziative Notate, Cluster und Mind Maps, Gliederungen, Einleitungen, Hinführungen, Zusammenfassungen, Notate über das Textziel, Zusammenbau von Textbausteinen am Computer usw.

Wichtig aber sind zusätzlich soziale Kontakte von Schreibern und Lesern, in Schreibkonferenzen (Spitta 1997; Reuschling 2000; Hattendorf 2000), durch Gesprächsarrangements (Neuland 1995) und Veröffentlichungsrunden (Bambach 1989).

Zu 2.4 Kognitiver und kommunikativer Textkompetenzerwerb

Kognitiv meint hier Leistungen der Gesamtperson; in sie gehen demnach auf der Basis von Wahrnehmungen und Gefühlen beruhende konstruktiv-sprachliche Leistungen ein. Kommunikativ bedeutet hingegen die Fähigkeit, für das Schreiben sich auf (bestimmte) Leser einzustellen.

Betrachtet man Texte als Produkte, die auf Leistungen ihrer Verfasser beruhen, so werden in der sprachlichen Ausarbeitung gewisse kognitive und kommunikative Fähigkeiten zugleich sichtbar.

Didaktisch stellt sich die Frage: Gibt es in diesem Fähigkeitsfeld erkennbare Entwicklungen?

Mit zwei Fragestellungen wurden Antworten versucht:

In der sogenannten **Diskurstheorie** (vgl. Glück 2000, 145) versucht man Diskurstypen zu unterscheiden. Die Schreibdidaktik ging und geht von dreien aus:

einem *narrativen* (erzählenden), einem *deklarativen* oder *explanativen* (entfaltend-beschreibenden) und einem *argumentativen* (erörternden) Typ. Alle drei Typen zeichnen sich durch je verschiedene Strukturmuster aus, die kognitiv – aber nicht unbedingt bewusst – erworben, eingesetzt und allmählich aus- und umgebaut werden.

Allerdings hat eine solche theoretische Grundlage didaktisch zwei Schwachstellen. Zum einen darf die Vermittlung nicht vorschnell auf drei diesen Diskurstypen entsprechende Aufsatzarten bezogen werden: Erzählung, Beschreibung/Inhaltsangabe und Erörterung.

Und zum anderen wird der Unterschied zwischen Schriftlichkeit und Mündlichkeit nicht genügend berücksichtigt: Schüler schreiben auf allen Stufen gerne im Mündlichkeitsstil.

Vgl. Baustein 4.

Zudem wurde ein **Entwicklungsdenken** tradiert, das die drei Diskurstypen als nacheinander lehr- und lernbar bezeichnete.

In dem sehr bekannten Modell von Bereiter (abgedruckt bei Merz-Grötsch 2000, S. 130) werden fünf **Schreibhaltungen** benannt: assoziatives, formbezogenes („performative"), kommunikatives, (Text und Leser) verbindendes, Wissen gewinnendes („epistemic") Schreiben. Es vermeidet zwar die Behauptung einer Entwicklungslogik der Diskurstypen, aber es ist bezeichnend, dass man auch dieses Modell entwicklungslogisch interpretiert hat, anstatt es didaktisch als Hilfe beim parallelen Einsatz von Teilaufgaben zu „benutzen".

Bereiters Schreibhaltungen kann man entwicklungslogisch und situationsspezifisch verstehen.

So lautet die Forderung heute, didaktisches und methodisches Handeln am konkreten einzelnen Schüler zu orientieren und grundsätzlich davon auszugehen, dass auch jüngeren Schülern mehrere Schreibhaltungen – wenigstens in Ansätzen – zur Verfügung stehen bzw. von ihnen schreibend erworben werden können, wenn sie gefördert werden.

3. Entwicklungsmodelle einzelner Komponenten der Schreibfähigkeit

Die Behauptung, dass alle Diskurstypen oder Schreibhaltungen in Ansätzen schon beim Grundschulkind vorhanden sind, führte in den letzten Jahren erneut zum Interesse an Aussagen zur **ontogenetischen Schreibentwicklung,** nur muss man eben versuchen, für die verschiedenen Diskurstypen unterschiedliche Antworten zu finden. Grundlegend scheint die Entwicklung der Fähigkeit zum Gespräch.

- Für die **Erzählentwicklung** – ursprünglich am mündlichen Sprachgebrauch erforscht – liegen zwei methodisch unterschiedlich arbeitende Ansätze vor, die sich aber im Ergebnis treffen (vgl. Boueke u.a. 1995, Hausendorf/Quasthoff 1996). Systematisiert kann man festhalten:

isolierte Erzähldarstellung	lineare Erzähldarstellung	episodisch strukturierte Erzähldarstellung	narrative Erzähldarstellung
Einzelnes	und-dann-Reihen	auf innere Artikulation (z.B. Opposition) aus	auf Form gerichtet
bei 5-Jährigen	bei 7-Jährigen	bei 9-Jährigen	bei 12–14-Jährigen

Um das Fortschreiten von Stufe zu Stufe zu beschleunigen, bieten sich Rückfragen in Dialogen an das erzählende Kind an. Dabei sollten Unzulänglichkeiten und ausbleibender Erfolg des Sprachhandelns Anstoß zur kognitiven Verarbeitung geben.

Ein thematischer oder ein emotionaler Zugang über „Erlebnisse" reicht nicht aus. Freie Assoziationen und außersprachliche kreative

Ansätze sind geeignet, mündliches und schriftliches Erzählen weiter zu fördern.

- Für die **Entwicklung der Darstellungsfähigkeit** hat Becker-Mrozeck (1997) in einer Untersuchung zum Schreiben der Bedienungsanleitung einer Mehrzweckuhr folgende Reihung aufgezeigt:

bloßes Beschreiben von Wahrnehmbarem	Erklären von Zusammenhängen und Resultaten	rudimentäre Anleitung am „Werkzeug Uhr“
Sprachlichkeit als Ersatz für eigenes Tun 4. Schj.	aus der eigenen Perspektive, orientiert an eigenen Zielen 6. Schj.	Interesse an Form „Bedienungsanleitung“ 7. Schj.

- Für die **Entwicklung der argumentativen Fähigkeiten** hat Feilke (1988) aufgrund von argumentativen Briefen von Schülern zwischen dem 12. und 20. Lebensjahr eine Stufung vorgeschlagen:

Perspektive der subjektiven Erlebniswelt (Ich)	Perspektive auf die objektive Welt (die Sache)	Perspektive auf die Sprache/den Text als Medium (der Text)	Perspektive auf den anderen und Wechselseitigkeit der Perspektiven (der andere)
linear-entwickelndes Muster	material-systematisches Muster	formal-systematisches Muster	linear-dialogisches Muster
bei 12-Jährigen	bei 14-Jährigen	bei 16-Jährigen	bei 18-/19-Jährigen

- Entwicklung der **kognitiven Einstellung** zum Text

Wir kehren damit zurück zu unserem Lernanker zu Beginn dieses Bausteins, zur Frage nämlich, wann und wie ein Schreiber die nötige Distanz zu fremden und eigenen Texten erlangt, um so an seinem Text arbeiten, verbessern oder optimieren zu können.
Exemplarisch sei ein Modell von Ortner (1993) vorgestellt. Er nennt drei Dimensionen, an denen sich altersbedingte Veränderungen aufzeigen lassen:

Dimensionen kognitiver Einstellung zum Text

Dimension der Egozentrik vs. Perspektivenübernahme
Dimension der Spontaneität/Distanzlosigkeit vs. Reflexivität/Distanzierung
Dimension des Arbeitsbereichs Mikroebene vs. Arbeitsbereich Makroebene

Nach Ortner ist das Ausgangsstadium beim Schreiben gekennzeichnet durch hohe Egozentrik, starke Spontaneität und eine auf die Mikroebene beschränkte Sicht. Allmählich kann der Egozentrismus zugunsten zunehmender Perspektivenübernahme abgebaut werden, Reflexivität und Distanzierung nehmen zu, beim Überarbeiten des eigenen Textes (Baurmann 1985) gelingt erst allmählich eine Erwei-

terung des Blicks auf die Makroebene des Textes: Nicht mehr nur einzelne Wörter oder Formfehler werden „revidiert", sondern der „rote Faden" und die Absicht des Textganzen werden beim Überarbeiten handlungsleitend.
Ortner (1993) vergleicht die Schreibentwicklung mit Gehversuchen, die sich in den einzelnen Stufen durch Veränderung der Schrittweiten, der Gehtechnik, der Aufenthaltsräume und der Koordination der Dimensionen auszeichneten, was „unter Anleitung und Aufsicht" geschehen sollte.
Als Ergebnis solcher Forschungen zur Entwicklung der Schreibfähigkeit darf man festhalten: Es kann je nach Aufgabe oder „Diskurstyp" eine Reihung geben, indem die Schreiber, vom Mündlichen ausgehend, schrittweise zu einer schriftlichkeitsangemessenen, formbezogenen und kognitiven Durchdringung kommen. Dazu kann didaktische Schreibberatung erheblich beitragen. Dies gelingt jedoch – mit dem Ziel der **Ausbildung eines eigenen Schreibbewusstseins** – eher durch eine Variation der Aufgaben auf der Grundlage der fünf Schreibhaltungen Bereiters als durch eine angeblich jeweils altersgemäße Ausrichtung auf eine einzige Aufsatzart.

Dies haben Sie im vorliegenden Baustein gelernt:

Schreiben ist eine eigene Form der kognitiven Auseinandersetzung mit der Welt, keine nachträgliche Verschriftlichung von Gedachtem.
Weltwissen, Sprache und Kommunikation (Sprachhandlung) gelten als die drei Domänen sprachlicher Fähigkeit.
Schreibförderung kann nicht auf eine aufsteigende Reihe von Textsorten setzen, sondern muss die zunehmende Beherrschung aller Faktoren des Schreibprozesses zum Ziel haben.
Man kann davon ausgehen, dass die verschiedenen Diskurstypen der Kommunikation, erzählen, beschreiben, argumentieren, nebeneinander und sich allmählich entfaltend erworben und benutzt werden.
Daneben aber ist die spezifische Schriftlichkeitsbildung als Gedankenausbildung und reflexive Sprachausbildung durch direkte Schreibübungen zu fördern.
Die Einsichten in die ontogenetischen Bedingungen des Schreibenlernens führen zu der Erkenntnis, dass jeder Diskurstyp „seine eigene Entwicklung" besitzt, diese aber nicht unbeeinflusst ist von den didaktischen und methodischen Anregungen.
Schreibdidaktik muss demnach auf allen Stufen sehr unterschiedliche Schreibherausforderungen anbieten, deren Altersangemessenheit sich als diagnostische Aufgabe des Lehrers erweisen dürfte.

Weiterführende Literatur

Zur Entwicklung und zum Stand der Schreibdidaktik insgesamt:

Abraham, Ulf/Kupfer-Schreiner, Claudia/Maiwald, Klaus (Hrsg.) (2005): Schreibförderung und Schreiberziehung. Eine Einführung für Schule und Hochschule. Donauwörth: Auer.

Feilke, Helmuth/Portmann, Paul R. (Hrsg.) (1996): Schreiben im Umbruch. Schreibforschung und schulisches Schreiben. Stuttgart: Klett.

Merz-Grötsch, Jasmin (2000): Schreibforschung und Schreibdidaktik. Ein Überblick (Schreiben als System Bd. 1). Freiburg: Fillibach.

Zur Entwicklung des Schreibens:

Feilke, Helmuth (2002): Die Entwicklung literaler Textkompetenz. Ein Forschungsbericht. SPASS, Schriftenreihe der Universität GH Siegen. Heft 10.

Ortner, Hanspeter (1993): Die Entwicklung der Schreibfähigkeit. In: ide 17/3, S. 94–125.

Ossner, Jakob (1996): Gibt es Entwicklungsstufen beim Aufsatzschreiben? In: Feilke, Helmuth/Portmann, Paul R. (Hrsg.), S. 74–85.

Zur Integration pragmatischer und kreativer Schreibaufgaben:

Bräuer, Gerd (1998): Schreibend lernen. Grundlagen einer theoretischen und praktischen Schreibpädagogik. Innsbruck: Studienverlag (ide-extra Bd. 6).

Zu den Grundlagen des Schreibunterrichts in der Grundschule:

Payrhuber, Franz-Josef (2000): Schreiben lernen. Aufsatzunterricht in der Grundschule. (Deutschdidaktik aktuell Bd. 3). Baltmannsweiler: Schneider.

Spitta, Gudrun (Hrsg.) (1998): Freies Schreiben – eigene Wege gehen. Lengwil: Libelle.

(O.B.)

Baustein 6

Didaktik des Deutschen als Zweitsprache – interkulturelle Sprachdidaktik

Seit 1955 die ersten italienischen Gastarbeiter in Wolfsburg ankamen, ist etwa ein halbes Jahrhundert vergangen. Aus diesen „Gästen", zu denen sich im Laufe der Zeit Aussiedler, Bürgerkriegsflüchtlinge und Asylbewerber gesellten, sind Einwanderer geworden, die sich mehrheitlich auf eine dauerhafte Lebensperspektive in Deutschland eingerichtet haben. Mittlerweile leben etwa 7,3 Millionen Ausländer in Deutschland; hinzukommen noch etwa 3,2 Millionen Menschen, die als Aussiedler oder Spätaussiedler zugewandert sind. Mehr als eine Million der jungen Migrantengeneration besucht die allgemeinbildenden und beruflichen Schulen; die größte Gruppe sind die Türken mit mehr als 400.000 Schülern, gefolgt von den Italienern mit gut 70.000. Trotz verbesserter Sprachkenntnisse, trotz des unbestrittenen Engagements vieler Lehrkräfte, trotz stärkerer Sensibilisierung der Bildungspolitiker für die besondere Situation der jungen Migranten – und trotz intensiver Zweitspracherwerbsforschung gilt noch immer, dass Migranten am Ende der Bildungshierarchie angesiedelt sind – überrepräsentiert an Sonderschulen, unterrepräsentiert an Gymnasien und Hochschulen.

In diesem Baustein geht es um Deutschunterricht mit Schülern, die Deutsch als Zweitsprache lernen. Nach einem kurzen Überblick über sprachdidaktische und pädagogische Konzepte der schulischen Erziehung von Schülern nicht-deutscher Muttersprache und Herkunft setzen wir uns mit den wichtigsten Ergebnissen der Zweitspracherwerbsforschung auseinander, um dann zu überlegen, ob und wie wir sie für den Deutschunterricht fruchtbar machen können.

1. Zwischen Assimilierung und Segregation: Migrantenkinder an unseren Schulen

Gastarbeiter- und Ausländerpädagogik

Aufgaben und Zielsetzungen der pädagogischen und sprachdidaktischen Konzepte waren in den vergangenen Jahrzehnten einem stetigen Wechsel unterworfen: In den sechziger und siebziger Jahren, der Zeit der sogenannten „Gastarbeiter- und Ausländerpädagogik", standen Assimilierungsabsichten (Integration als Anpassung) im Vordergrund. Kompensatorische Maßnahmen wie Förderunterricht und Hausaufgabenhilfe sollten die vorhandenen Defizite abbauen, stigmatisierten die ausländischen Schüler aber zur Problem- und Randgruppe – und brachten nicht den erwarteten Erfolg. Daraufhin, Ende der siebziger Jahre, schlug das Pendel um; es ging nun um die „Bewahrung der kulturellen Identität" und um den „Erhalt der Rückkehrfähigkeit". Bikulturelle und zweisprachige Schulmodelle wurden ins Leben gerufen, Muttersprache und Landeskunde der Her-

Bewahrung der kulturellen Identität, Erhalt der Rückkehrfähigkeit

kunftsländer bekamen einen hohen Stellenwert. Doch die herrschende Organisationsform, der nationalhomogene (rein türkische, griechische, italienische usw.) Klassenverband segregierte die Migranten und führte schließlich auch in die bildungspolitische Sackgasse: Zu schlecht waren die deutschen Sprachkenntnisse der Schüler in diesen Klassen (vor allem im schriftsprachlichen Bereich), und die einseitige muttersprachliche Ausrichtung half wenig bei der Lehrstellensuche und in den weiterführenden Schulen mit ihrem festen Fremdsprachenkanon und dem Englischen als Dreh- und Angelpunkt.

Interkulturelle Erziehung

These der gegenseitigen Lernchance

Ende der achtziger Jahre trat die interkulturelle Erziehung auf den Plan und bezog klar Stellung gegen die bisher einseitig ausgerichteten Assimilierungs- und Segregationskonzepte. Ausgehend von der These der gegenseitigen Lernchance forderte sie den gemeinsamen (Deutsch)-Unterricht aller Schüler (Hegele/Pommerin 1983, Essinger/Uçar 1984). Sie öffnete den Blick hin zur deutschen Mehrheitsgesellschaft und machte Schluss mit dem Unsinn, ausländische Schülerinnen und Schüler allein für ihre Probleme und für ihr Scheitern in der Schule verantwortlich zu machen. Dieser Versuch, eine Art Balance zu schaffen zwischen den Ansprüchen der Mehrheits- und der Minderheitsgesellschaft, ist heute weiterhin Aufgabe und Verpflichtung für unser gesamtes Schul- und Bildungssystem. Interkulturelle Erziehung versteht sich dabei nicht als Harmonisierungskonzept, sondern fordert zum kritischen Dialog auf. Werte wie Solidarität, Verantwortung, Gerechtigkeit und Toleranz sollen nicht als Worthülsen stehen bleiben, sondern mit Leben gefüllt werden.

Diskutieren Sie Vor- und Nachteile der skizzierten bildungspolitischen- und sprachdidaktischen Vorstellungen. Entwickeln Sie ein Konzept, das Ihnen am ehesten geeignet erscheint, Chancengleichheit für alle Schüler zu realisieren.

2. Thesen und Theorien zum Zweitspracherwerb und zur zweisprachigen Erziehung

Begrifflichkeiten: Muttersprache – Zweitsprache – Fremdsprache

Wichtige Begrifflichkeiten:

Muttersprache = die erste Sprache, die ein Mensch erwirbt.
Zweitsprache = Sprache, die man nach der Erstsprache erwirbt und/oder lernt und die als Kommunikationsmittel verwendet wird, und zwar in dem Land, in dem sie gesprochen wird.
Fremdsprache = Sprache, die man primär unterrichtlich lernt, und zwar nicht im Land, in dem sie gesprochen und zur alltäglichen Kommunikation verwendet wird, sondern im Land des Lerners.

Also: Für türkische Migantenkinder in Deutschland ist das **Türkische** in aller Regel die **Erst-** oder **Muttersprache; Deutsch** sprechen sie als **Zweitsprache**, **Englisch** lernen sie in der Schule – wie die deutschsprachigen Kinder auch – als **Fremdsprache**.

Zweitspracherwerbforschung

Vgl Baustein 12.

Die Zweitspracherwerbforschung entwickelte sich aus der Forschung zum frühkindlichen Spracherwerb heraus. Anfangs beschäftigte man sich mit dem ungesteuerten (außerschulischen, natürlichen) und seit Mitte der 80er Jahre zunehmend mit dem gesteuerten (unterrichtlichen) Zweitspracherwerb. Die Ergebnisse der Forschung gaben zunächst dem Fremdsprachenlernen neue Impulse; erst später versuchte man, sie im Hinblick auf den Zweitsprachenunterricht zu reflektieren. Von einer gesicherten Theorie des Zweitspracherwerbs sind wir noch weit entfernt, und eine nahezu unüberschaubare Zahl von Einzeluntersuchungen macht es schwer, einen Überblick über die Forschungslage zu geben. Wir versuchen daher, die zentralen Thesen und Theorien, die den meisten vorgelegten Arbeiten als Bezugsrahmen gedient haben, zu skizzieren, um so die bestimmenden Positionen der Forschung herauszuarbeiten.

Kontrastivhypothese – kontrastive Linguistik

Eine der wichtigen Thesen der Zweitspracherwerbforschung, die Kontrastivhypothese (Fries 1945, Lado 1957), geht davon aus, dass der Lerner ständig seine erstsprachlichen Gewohnheiten auf die Zweitsprache überträgt. Gelingt die Übertragung, der Transfer (wenn gleiche oder ähnliche Merkmale bei beiden Sprachen vorliegen), spricht man von „positivem Transfer", bei Unterschieden zwischen den Sprachen kommt es zu „negativem Transfer" – zu Interferenzen, muttersprachlich bedingten Fehlern. Man hoffte, aus dem Vergleich zweier Sprachen Lernschwierigkeiten verbindlich ableiten und Fehler prognostizieren zu können.

Positiver und negativer Transfer – Interferenzen

Trotz der nachgewiesenen Existenz muttersprachlich bedingter Fehler in der Zweitsprache gibt es aber auch Lerner, die solche Fehler eben nicht machen oder die Fehler machen, bei denen die Muttersprache nicht als alleinige Ursache herangezogen werden kann (zum Beispiel bei entwicklungsbedingten Fehlern). So hat sich die Kontrastivhypothese nur in einer abgeschwächten Form durchsetzen können (Dulay/Burt 1974), und zwar dergestalt, dass Interferenzen schon eine Rolle spielen, diese aber nicht zwingend für jeden Schüler einer bestimmten Muttersprache voraussagbar sind, sondern vielmehr dann, wenn sie festgestellt werden, im Nachhinein helfen können, Fehler zu erklären und Ursachen für abweichendes sprachliches Verhalten zu finden.

Der Fehler als kognitive Leistung

Vgl. Baustein 8.

Die kontrastive Linguistik (Cherubim 1980, Rein 1983) und später auch die Kreativitätsforschung sind maßgeblich daran beteiligt, dass sich die Einstellung zu sprachlichen Fehlern bzw. Abweichungen grundsätzlich zum Positiven verändert hat: Fehler werden nun als wichtige Daten betrachtet, als aktive und kreative Leistungen, die Aufschluss geben über den Verlauf des Spracherwerbprozesses. Sie sind notwendige und wichtige Bestandteile der Lernersprache auf dem Weg zur normrichtigen Zielsprache. Die folgenden Interferenzfehler türkischer Schüler aus dem Bereich der Rechtschreibung zeigen deutlich, dass die Schüler nicht „einfach Fehler machen", sondern sich durchaus etwas gedacht haben:

Vgl. Baustein 15.

abweichende Schreibung	normrichtige Schreibung	Ursache für den Interferenzfehler
Sule	(Schule)	„s" wird im Türkischen wie das deutsche „sch" ausgesprochen.
ayne	(eine)	Das Türkische kennt keine Diphtonge.
Hers	(Herz)	„z" hat im Türkischen den Lautwert des stimmhaften „s".
Waserfal, hate	(Wasserfall, hatte)	Doppelkonsonaten sind im Türkischen nicht bekannt.
Sipigel, sutul	(Spiegel, Stuhl)	Konsonantengruppen sind im Türkischen sehr selten. Türkische Deutschlerner fügen daher gerne sog. „Sprossvokale" ein.

Deutschlehrkräfte sollten über grundlegende Kenntnisse der Kontraste zwischen den wichtigsten Migrantensprachen (allen voran das Türkische) und der deutschen Sprache verfügen, um abweichendes sprachliches Verhalten und typische Fehler der Zweitsprachlerner zu analysieren und zu verstehen.

Identitätshypothese

Auch die zweite wichtige These des Zweitspracherwerbs, die Identitätshypothese (Wode 1974, Ervin-Tripp 1974), gilt in ihrer absoluten Version als widerlegt. Sie besagt, dass die Erstsprache beim Zweitspracherwerb keine Rolle spielt, weil der Zweitspracherwerb analog zum frühkindlichen Spracherwerb abläuft, daher auch Interferenzen im Zweitspracherwerbsprozess im Grunde gar nicht vorkommen *können*. Gerade diese Behauptung, den erstsprachlichen Transfer auszuschließen, konnte in keiner Forschungsarbeit verifiziert werden, und auch die konkreten Erfahrungen mit ausländischen Schülerinnen und Schülern und das relativ häufige Vorkommen von Interferenzen beweisen das Gegenteil. Auch wenn ähnliche Sequenzen in der Entwicklung beim Erst- und Zweitspracherwerb zu beobachten sind, gilt die völlige Identität der Erwerbsverläufe mittlerweile als ausgeschlossen. Vielmehr ist man zu der Überzeugung gelangt, dass Zweitspracherwerb vor allem das Ergebnis eines aktiven, kognitiven und kreativen Prozesses ist. Es herrscht weiterhin Konsens darüber, dass der Einfluss der Erstsprache unter natürlichen Erwerbsbedingungen keine wesentliche Rolle spielt, während er eng an schulische Lernsituationen geknüpft ist, da dort der Lerner aktiven Gebrauch von seinen gesamten sprachlichen und kommunikativen Vorerfahrungen macht (Felix 1982).

Vgl. Baustein 12.

Vgl. Baustein 8.

Interlanguage-Forschung

Lernersprache – Interimsprache – Lernervarietät

Dieser Auffassung von der aktiven und kreativen Rolle des Lerners entspricht die Kernthese der Interlanguage-Forschung, nach der der Lerner beim Zweitspracherwerb ein Sprachsystem herausbildet, die Lernersprache, Interimsprache oder Lernervarietät, die aus sprachlichen „Zwischenprodukten" oder Erwerbsstadien besteht, die der Lerner auf dem Weg zum fehlerfreien, optimalen Gebrauch der Zielsprache durchläuft und mitgestaltet. Das herausragendste Merkmal dieser Lernersprache ist ihre Variation, ihre ständige Veränderung, ihre Instabilität (Knapp-Potthoff/Knapp 1982). Wenngleich alle Lerner ähnliche Stadien durchlaufen, so bestehen hinsichtlich Lerngeschwindigkeit, Motivation oder Lernerfolg von einem Lerner zum anderen Unterschiede. Unter besonders ungünstigen Sprachlernbedingungen kommt es bisweilen sogar zur Verfestigung oder zum Einschleifen von unvollständigen oder falschen Übergangsformen, (denken Sie an das sogenannte „Gastarbeiterdeutsch"), die Lernersprache „versteinert" auf einem niedrigen Niveau, bleibt gewissermaßen frühzeitig stehen: Man spricht dann von Fossilierungen (Schumann 1978), die schwer wieder aufzubrechen sind.

Fossilierungen

Für die unterschiedlichen Verläufe innerhalb der einzelnen Erwerbsprozesse sind vor allem soziale und psychologische Faktoren verantwortlich. Schumann (1978) spricht von sozialer und psychologischer Distanz, die die Entwicklung der Zweitsprache hemmt. Soziale und psychologische Distanz entsteht in einer Situation, die geprägt ist von Diskriminierung, Vorurteilen, Ghettoisierung, fehlender Zukunftperspektive, Angst oder auch von einem schwach ausgeprägten Selbstbewusstsein. Weitere Faktoren, die den Zweitspracherwerbsprozess in positiver oder negativer Weise beeinflussen können, sind zum Beispiel das Einreisealter, die Aufenthaltsdauer, die Wohnsituation, die Einstellung zur Mehrheitsgesellschaft, weiterhin Kommunikations- und Sprachlernstrategien, Wahrnehmungs- und Lerngewohnheiten, Motivation, Kreativität und Phantasie oder das Ausmaß der Akkulturationsbereitschaft. Die Vielzahl der Faktoren und ihre Klassifizierung zu diskutieren, würde den Rahmen dieses Buches sprengen. Sehr gute Darstellungen und Diskussionen dazu finden sich bei Apeltauer (2001) und Knapp-Potthoff/Knapp (1982).

Soziale und psychologische Faktoren

Vgl. Baustein 3.

Stellen Sie eine Liste von sozialen und psychologischen Faktoren zusammen. Welche sind gesteuertem Lernen zugänglich, welche nicht? Begründen Sie Ihre Auffassung.

3. Die Bedeutung der Erstsprache für Schüler nicht-deutscher Muttersprache

Allerdings spielt innerhalb des skizzierten Faktorenbündels die Erstsprache eine ganz besondere Rolle: Cummins (1982) ist der Frage nachgegangen, unter welchen Bedingungen zweisprachige Erziehung erfolgreich verläuft oder dazu führt, dass weder in der einen noch in der anderen Sprache eine ausreichende Kompetenz erworben wird. Man spricht in solchen Fällen von „doppelter Halbsprachigkeit" oder vom „Semilingualismus", ein Phänomen, das besonders Lehrkräften der Hauptschulen und der Beruflichen Schulen wohlbekannt ist. Cummins berühmte Thesen, die Schwellenniveau-Hypothese und die Interdependenz-Hypothese, besagen, dass ein gewisses Niveau in der Muttersprache erreicht werden muss, damit der Erwerb einer weiteren Sprache erfolgreich verlaufen kann. Erreicht der Lerner diese Schwelle nicht, so besteht die Gefahr von negativen Auswirkungen für die gesamte kognitive Entwicklung des Lerners und für den Erwerb der Zweitsprache. Diese Thesen waren für das schulische Sprachlernen von immenser Bedeutung, denn sie lieferten die Argumente für die Förderung der Muttersprachen der Migrantenkin-

Bedeutung der Erstsprache beim Zweitspracherwerb

Doppelte Halbsprachigkeit – Semilingualismus

Schwellenniveau-Hypothese und Interdependenz-Hypothese

der, mit dem Ziel, die Kontinuität der sprachlichen Entwicklung in der Erstsprache zu gewährleisten.

Muttersprache als Verständnishilfe

Vgl. Baustein 9.

Ein weiterer Aspekt, der beim schulischen Zweitspracherwerb berücksichtigt werden sollte, ist die Rolle der Muttersprache beim Verstehensprozess. Rehbein (1987) hat nachgewiesen, dass Verstehen immer über die Muttersprache erfolgt und dass die Muttersprache latente Fähigkeiten in der Zweitsprache aktivieren kann. So konnten türkische Schüler eine zunächst auf Deutsch vorgelesene Geschichte nur lückenhaft wiedergeben, während sie nach dem erneuten Vorlesen auf Türkisch in der Lage waren, die Geschichte fast vollständig auf Deutsch nachzuerzählen. Für den gesamten Unterricht leitet sich daraus die Forderung ab, dass die Verwendung der Muttersprache der Migrantenkinder nicht unterbunden werden darf. Im Gegenteil: Man sollte es geradezu fördern, dass Schüler, die gemeinsam eine andere Muttersprache als das Deutsche besitzen, diese zu Hilfe nehmen, um sich gegenseitig bei Verständnisfragen zu unterstützen.

Welchen Beitrag muss schulische Spracherziehung zur Ausbildung einer stabilen Bilingualität leisten?

4. Konsequenzen für den Unterricht

Die mehrsprachige Klasse – miteinander und voneinander lernen

Heterogenität als Lernchance

Bereicherungsthese

Sprachunterricht in mehrsprachigen und interkulturellen Lerngruppen trennt nicht, sondern führt zusammen. Daher ist der gemeinsame (Sprach-)Unterricht aller Lerner in multilingual zusammengesetzten Lerngruppen das zentrale Prinzip der interkulturellen Sprachdidaktik. Differenzierende Maßnahmen (zu denen auch der muttersprachliche Unterricht der zweisprachig aufwachsenden Lerner gehört) sind allerdings ergänzend notwendig. Die Heterogenität der Klasse wird als Chance gesehen, miteinander und voneinander zu lernen (Hegele/Pommerin 1983). Kulturelle Unterschiede und divergierende Sprachlernvoraussetzungen stellen zwar eine Herausforderung (und manchmal auch Belastung) für Lehrende und Lernende dar, aber in erster Linie bereichern sie den Unterricht und dienen der Förderung aller Schüler, ohne dass ein Nachteil für den Einzelnen entsteht.

Öffnung des Unterrichts – natürliches und schulisches Sprachlernen verbinden

Vgl. Baustein 8.

Vgl. Baustein 13.

Interkulturelle Sprachdidaktik berücksichtigt die enge Beziehung zwischen natürlichem und schulischem Spracherwerb und öffnet sich so dem außerschulischen Umfeld (und damit den sozialpsychologischen Faktoren) der Lerner (Kupfer-Schreiner 1994). Das bewusste, aktive und kreative Moment des Spracherwerbsprozesses, das in neueren Forschungen zum Zweitspracherwerb deutlich hervorgehoben wird, wird im Deutschunterricht u.a. durch kreative und biographische Schreibverfahren, durch intensive Förderung des Sprachbewusstseins (Neuland 1993) oder in Phasen sprach- und kulturvergleichender Aspekte besonders gefördert.
Der gemeinsame Unterricht bietet für das interkulturelle Lernen schier unerschöpfliche Möglichkeiten, wechselseitige Lernprozesse,

Interkulturelles Lernen als Unterrichtsprinzip

Vgl. Baustein 12.

von denen alle profitieren, zu initiieren, denn die mehrsprachige und multikulturelle Klassenzusammensetzung schafft einen natürlichen Zugang zum Anbahnen von Perspektivenwechsel oder Fremdverstehen, zum Aufbau von Toleranz und Abbau von Vorurteilen, weil man auf die unterschiedlich geprägten kulturellen und sprachlichen Erfahrungen der Lerner zurückgreifen und von ihnen profitieren kann. Auch können Lerner, die über eine hohe deutsche Sprachkompetenz verfügen, Tutorentätigkeit für andere Lerner, die Lücken oder Defizite aufweisen, übernehmen. Davon profitieren, wie üblicherweise angenommen, nicht nur die Leistungsschwächeren, sondern auch die Tutoren, die den Lerninhalt noch einmal durchdenken, ihn für den anderen – und damit auch für sich – aktiv und neu strukturieren und aufbereiten.

Leistungsstärkere Schüler als Tutoren einsetzen

Sprachreflektorisches Potential mehrsprachig Aufwachsender nutzen

Vgl. Baustein 14.

Mehrsprachig aufwachsende Kinder verfügen in weitaus ausgeprägterem Maß als einsprachig aufwachsende über die Fähigkeit, über Sprache zu reflektieren. Zweisprachige Schüler lernen aktiver und bewusster als Muttersprachler; sie können Sprachen besser vergleichen sowie sprachliche Widersprüche und Mehrdeutigkeiten leichter erkennen und auflösen als monolinguale Kinder (vgl. Apeltauer 1987) – allerdings nur dann, wenn sie über eine ausreichende Sprachkompetenz in der Zweitsprache verfügen, also nicht vom Semiligualismus bedroht sind. Diese metasprachliche Kompetenz kommt zum Beispiel bei sprachkontrastierenden Verfahren wie Übersetzungen aus einer Fremdsprache ins Deutsche, weiterhin beim begrifflichen Lernen, bei der Fachsprache oder auch bei formalsprachlichen Analysen (Satzgliedbestimmung, Wortzusammensetzungen, Tempussystem) zum Tragen.

Language Awareness

In Großbritannien hat man ein vielversprechendes Konzept mit dem Namen Language Awareness – Sprachbewusstsein – (Hawkins 1984, Luchtenberg 1995, Gogolin 1992) entwickelt, das gerade die Fähigkeit zur Sprachreflexion in mehrsprachigen Lernkontexten fördern möchte. Der Ansatz führt heraus aus der engen Anbindung des Sprachunterrichts an der Muttersprache und hat zum Ziel, sprachliches Lernen fächerübergreifend als Unterrichtsprinzip im Schulalltag zu verankern. Dies hat eine veränderte Perspektive und Grundlegung von Sprachenlernen zur Folge; sprachliche Aspekte sollen in allen Fächern mehr als bisher berücksichtigt werden und damit im gesamten Unterricht grundsätzlich einen bedeutend höheren Stellenwert erhalten.

Sprachlernen als integratives Moment schulischen Lernens

Vgl. Baustein 9.

Denn: In (fast) allen Schulfächern werden an die Schüler hohe sprachliche Anforderungen gestellt: Es dominieren im gesamten Unterricht Texte, die es zunächst zu entschlüsseln und zu verstehen gilt. Was sich der Textrezeption in der Regel anschließt, sind Arbeitsaufträge, die überwiegend schriftlich zu bearbeiten sind. Hinzu kommen mündliche Sprachleistungen; es muss geplant, berichtet, beobachtet, nachgefragt, diskutiert oder zusammengefasst werden, um nur einige wenige zu nennen. Alle Verstehensprozesse (die im Rahmen mehrsprachiger Lernkontexte um eine Dimension erweitert werden) sind also an sprachliche Leistungen gekoppelt. Deshalb dient eine fächerübergreifende stärkere Gewichtung des sprachlichen Lernens nicht nur der Förderung der Sprachkompetenz, sondern auch der Verbesserung des fachspezifischen Lernens und Ver-

Vgl. auch Baustein 23.

stehens. Intensive Spracharbeit muss also künftig integrativer Bestandteil des gesamten Unterrichts werden.

Denken Sie über Themen oder Lerninhalte nach, die sowohl sprachreflexive als auch interkulturelle Lernprozesse initiieren können. Beziehen Sie in Ihre Überlegungen auch den Fremdsprachenunterricht und die Sachfächer ein.

Kein erfolgreicher Zweitspracherwerb ohne parallele Förderung der Muttersprache

Wie unter 3. ausführlich dargelegt wurde, kann Zweitspracherwerb nur dann erfolgreich verlaufen, wenn gleichzeitig die Entwicklung der Muttersprache nicht unterbrochen wird. Die Förderung der Migrantensprachen, unter optimalen Bedingungen abgestimmt und koordiniert mit dem Deutschunterricht, legt die Basis für eine stabile Zweisprachigkeit und kann die Ausbildung der sogenannten Halbsprachigkeit verhindern. Der muttersprachliche Unterricht soll schullaufbahnbegleitend angeboten werden, über die Förderung mündlich-kommunikativer Sprachfähigkeiten hinausgehen und auch literarische Bildung umfassen.

Der Schuleintritt

In der Regel kann man davon ausgehen, dass Erstklässer nicht-deutscher Muttersprache im Deutschen eine geringere Sprachkompetenz als deutsche Kinder aufweisen. So verfügt das Kind mit deutscher Muttersprache bei der Einschulung durchschnittlich über etwa 20.000 Stunden passiver und aktiver Spracherfahrung und über einen Wortschatz von etwas 10.000 Wörtern (Kegel 1987). Wenngleich mit pauschalen Aussagen sehr vorsichtig agiert werden muss, so gehen vorsichtige Schätzungen bei Kindern nicht-deutscher Muttersprache nur von etwa 5.500 Stunden passiver und aktiver Erfahrungen mit der deutschen Sprache aus – wobei der wirklich verfügbare aktive Wortschatz noch deutlich geringer ausfällt. Migrantenkinder machen bei Schuleintritt zusätzlich die Erfahrung, dass ihnen die muttersprachlichen Kenntnisse im von der deutschen Sprache dominierten schulischen Umfeld nichts oder wenig nützen. Wenn zudem Lesen und Schreiben nur in der Zweitsprache Deutsch gelernt wird, kann es zu nachhaltigen Störungen der gesamten Sprachentwicklung kommen. In mehreren Bundesländern (Nehr 1988) wurden sehr erfolgreiche Schulversuche mit zweisprachiger Alphabetisierung durchgeführt.

Zweisprachige Alphabetisierung

Die türkischen Schüler lernen dabei Lesen und Schreiben in ihrer Muttersprache Türkisch und in der Zweitsprache Deutsch, wobei die Lerninhalte koordiniert und aufeinander abgestimmt werden.

Welche bildungspolitischen Konsequenzen ergeben sich für die weiterführenden Schulen aus der Forderung nach schullaufbahnbegleitendem muttersprachlichen Unterricht in den Migrantensprachen?

In diesem Baustein haben Sie gelernt:

- *Interkulturelle Erziehung erteilt eine Absage an Assimilierungs- und Segregationskonzepte, fordert den gemeinsamen Unterricht aller Schüler und sieht in der multikulturellen und mehrsprachigen Lernsituation die gegenseitige Lernchance aller Schüler.*
- *Zweitspracherwerb erfolgt bewusst, eigenaktiv und kreativ. Es bildet sich ein sich stets veränderndes Sprachsystem heraus, die Lernersprache.*
- *Zweitspracherwerb ist ein Prozess, bei dem außersprachliche und sozial-psychologische Faktoren von großer Bedeutung sind.*
- *Eine wichtige Rolle spielt der Erwerbskontext, ob Zweitsprachlernen natürlich (ungesteuert) oder unterrichtlich (gesteuert) stattfindet. Die Bedeutung der Muttersprache scheint beim gesteuerten Sprachlernen eine größere Rolle zu spielen als beim ungesteuerten Lernen.*
- *Zweitspracherwerb und Muttersprachenerwerb hängen eng zusammen. Störungen in der muttersprachlichen Entwicklung führen oft auch zu Störungen beim Zweitspracherwerb und bei der gesamten kognitiven Entwicklung. Die Förderung der Muttersprache der Migrantenkinder ist daher eine wichtige Voraussetzung zur Ausbildung einer stabilen Bilingualität.*
- *Sprachunterricht in mehrsprachigen Lerngruppen öffnet sich dem außerschulischen Umfeld und versucht, die Förderung von Sprache, insbesondere von Sprachbewusstsein, fächerübergreifend im Unterricht zu verankern.*

Weiterführende Literatur

Apeltauer, Ernst (2001): Grundlagen des Erst- und Fremdspracherwerbs. Eine Einführung. Berlin u.a.: Langenscheidt (5. A.).

Gogolin, Ingrid (1992): Interkulturelles sprachliches Lernen. Überlegungen zu einer Neuorientierung der allgemeinen sprachlichen Bildung. In: Deutsch lernen 2, S. 183–197.

Hegele, Irmintraut/Pommerin, Gabriele (1983): Gemeinsam Deutsch lernen. Interkulturelle Spracharbeit mit ausländischen und deutschen Schülern. Heidelberg: Quelle & Meyer.

Hummelsberger, Siegfried (Hrsg.) (2001): Didaktik des Deutschen als Zweitsprache und interkulturelle Erziehung in Theorie, Praxis und Lehrerbildung. Baltmannsweiler: Schneider Hohengehren.

Klein, Wolfgang (1987): Zweitspracherwerb. Eine Einführung. Frankfurt a. M.: Athenäum (2. A.).

Kupfer-Schreiner, Claudia (1994): Sprachdidaktik und Sprachentwicklung im Rahmen interkultureller Erziehung. Das Nürnberger Modell. Ein Beitrag gegen Rassismus und Ausländerfeindlichkeit. Weinheim: Deutscher Studien Verlag.

Luchtenberg, Sigrid (1995): Interkulturelle sprachliche Bildung. Zur Bedeutung von Zwei- und Mehrsprachigkeit für Schule und Unterricht. Münster, New York: Waxmann.

(C.K.)

1.2 Bildung sprachlich angeleiteter und verarbeiteter Vorstellungen – mit Sprach- und Bildtexten umgehen lernen

In allen Bildungstheorien und in der Präambel bzw. im Rahmen übergeordneter Leitgedanken vieler Lehrpläne ist von der Aufgabe des Deutschunterrichts die Rede, sowohl Persönlichkeitsbildung als auch kulturelle Bildung zu leisten. Grundlage dessen ist die anthropologische Einsicht, dass jeder Mensch eine „innere Welt", eine Welt der Vorstellungen aufbauen muss, sich dazu zwar in seiner Erfahrungswelt bewegt, aber sich zu deren Deutung und konstruktiver Erweiterung überlieferter Informationen und kultureller Gegenstände und Tätigkeiten bedient und bedienen muss. Die Sprache sowie andere Medien und kulturelle Träger der Überlieferung – Literatur, Kunst, Musik, Religion, Traditionen des Umgangs – sind unverzichtbare Hilfen, die die Persönlichkeit und die „innere Welt" eines Menschen entwickeln und prägen, wenn sie im sozialen Kontakt wahrgenommen, verarbeitet, erprobt und kreativ weiterentwickelt werden.

Baustein 7 zeigt, was der vielleicht als Wort, nicht aber in der Zielsetzung neue Begriff Vorstellungsbildung in verschiedenen Wissenschaften heißt, welche Bedeutung Vorstellungsbildung für den Menschen hat und wie sie durch Sprach- und Literaturunterricht gefördert werden kann.

Baustein 8 nimmt den Faden auf und entwickelt die Bedeutung der Kreativitätsförderung für den Deutschunterricht. Zwar ist der Begriff in den letzten Jahrzehnten recht inflationär gebraucht worden, konstruktivistisch gesehen aber kann er als Leitbegriff für die Notwendigkeit gesehen werden, aufgrund der menschlichen Disposition als eines „offenen Systems", eigenständige Verarbeitungsprozesse für Wahrnehmungen, Gefühle, Gedanken, Gegenstände und Bewegungen zu leisten.

Die folgenden Bausteine beschäftigen sich mit den wichtigsten kulturellen Objekten, die Überlieferung weitertragen und persönlichkeitsbildend wirken: den Texten. Geht es in **Baustein 9** um die Entwicklung des Verstehens von Texten allgemein, so dass hier die Sach- und Gebrauchstexte ihren angemessenen Stellenwert haben, so in **Baustein 10** um den spezifischen Erwerb literarischer Verstehenskompetenzen – eine wesentliche Brücke zu einer entwickelten Vorstellungsfähigkeit. Deshalb wird als Grundlage einer tragfähigen Literaturdidaktik auch eine literarische Anthropologie vorgestellt, von der aus konkreter Unterricht entwickelt werden kann.

Baustein 11 nimmt den Vorstellungsbegriff im Zusammenhang mit der Diskussion um den Erwerb einer umfassenden Medienkompetenz auf, die über die Rezeption von Texten hinaus die moderne vielgestaltige Medienwelt berücksichtigt. Medienkompetenz kann dabei nicht nur als die Fähigkeit zum technischen Umgang verstanden werden, sondern als die emotionale und kognitive, handlungsgeleitete und sprachlich kontrollierte Weise der Wahrnehmungsorganisation.

Alle Weisen der Vorstellungsbildung werden aber nur wirksam im Kontext von Gesellschaft und kultureller Tradition, einer Spannung, die Lehrenden und Lernenden im gemeinsamen Umgang mit Sprache und Literatur, sowohl im Unterricht wie darüber hinaus an anderen Orten des Lernens immer wieder vergegenwärtigt werden muss.

Baustein 7

Vorstellungsbildung

Der Schriftsteller Thornton Wilder wird einmal von einem kleinen Mädchen gefragt, was Krieg ist. „Wilder antwortete: ‚Eine Million Männer mit Gewehren und eine andere Million Männer mit Gewehren treffen sich und alle schießen und versuchen sich zu töten'. Das Mädchen dachte einen Moment nach und sagte dann: ‚Und wenn keiner kommt?'" (nach Röhrich 1992, 1684). – Dies ist der Überlieferung nach die Wurzel des bekannten Graffito-Spruches: „Stell dir vor, es ist Krieg und keiner geht hin."
Sich etwas vorstellen-können gehört zu den Grundfähigkeiten des Menschen – und bedeutet häufig eine Konkretisierung. „Ein Wort an die Spitze stellen", „eine Rede hat einen Inhalt", „Argumente werden gewichtet".

Erklären Sie diese Vorstellungen und suchen Sie weitere Redensarten, in denen sprachliche Bilder Vorstellungen konkret machen.

Worum es in diesem Baustein geht: Es soll gezeigt werden,

- *was Vorstellung bedeuten kann,*
- *wie Vorstellungen vor allem im Deutschunterricht angeregt und vermittelt werden,*
- *wie Vorstellungsbildung begründet wird,*
- *wie Vorstellungsbildung im Deutschunterricht organisiert werden kann.*

1. Was Vorstellung bedeuten kann

Mit Vorstellungen bauen, „konstruieren" wir nicht nur unser Verständnis von Welt, sondern auch von uns selbst. Innere „Bilder", wie sie schon die Mystik des 12. Jahrhunderts gesucht hat, Schemata, Denkmuster, Metaphern der Wirklichkeitskonstruktion (z.B. Gefäß, Waage, Reihenfolge ...), leisten keine Abbildung der Wirklichkeit – die, wie wir wissen, gar nicht möglich ist – sondern Orientierung, mag der Ausgangspunkt noch so deutlich das Vor-Augen-Liegende sein. Gerade deshalb ist es wichtig zu sehen, dass Vorstellung etwas anderes ist als Anschaulichkeit (vgl. Abraham 1999b). Gerade im didaktischen Zusammenhang ist es wichtig, sich dies klar zu machen. ***Vorstellungen*** sind Ergebnisse individueller und kognitiver Tätigkeit. Sie können von außen angestoßen werden, haben deshalb auch soziale Bezüge, bedürfen aber zu ihrer Ausbildung der Eigenaktivität des Einzelnen und werden geformt von sozialen und kulturellen Mustern.

Vgl. Einleitung, Abs. 0.4.

Vorstellung und Anschaulichkeit sind nicht identisch (vgl. Abraham 1999a).

Man kann momentane, d.h. kurzfristige und flüchtige Vorstellungen beobachten, Vorstellungsbildung führt aber mit zunehmender Erfahrung und angestoßen von intentionalen Lernprozessen zu festeren „mentalen Modellen". So notwendig diese sind, so sehr können sie auch zur Starrheit des Denkens, Fühlens und Handelns, zu Vorurteilen und Wahrnehmungsausfällen beitragen.

Vorstellungsfähigkeit ist eine notwendige Bedingung des Subjekts, sich Bilder und Strukturmuster/Schemata/Begriffe innerlich zu entwerfen, mit deren Hilfe Emotionen bearbeitet, Wahrnehmungen erarbeitet und gemerkt, Sprache und Texte aufgenommen und Begriffe gefunden oder verstanden, Handlungen geplant, durchgeführt sowie bewertet werden können.

Anschaulichkeit und ***Verständlichkeit*** hingegen sind Qualitäten von Gegenständen (z.B. Bilder, Skizzen, Schemata, Texte), deren Wert für die Vorstellungsbildung jeweils erst geprüft werden muss. So muss man auch die visuelle Präsentation eines Stadtgrundrisses erst lesen lernen, eine schematische Darstellung einer Maschine ist nicht grundsätzlich leichter verständlich als eine sprachlich-begrifflich und motivational auf den Leser Rücksicht nehmende Funktionsbeschreibung usw.

Der Begriff Vorstellung wird in verschiedenen Wissenschaften verwendet und je nach deren Fragestellung und Methode etwas unterschiedlich gefasst und beschrieben. Daran kann man sehen: Vorstellungsbildung selbst beruht auf – unterschiedlichen – Vorstellungen über innere kognitive Tätigkeit des Menschen (vgl. Fauser/Madelung (Hrsg.) 1996).

Der Vorstellungsbegriff in verschiedenen Wissenschaften

Grundlegend ist die *Neurobiologie*, für die Vorstellung ein anderer Begriff für Wahrnehmen ist, wenn man darunter die ständig notwendige Verarbeitung von Sinneseindrücken zu „Deutungseinheiten" versteht. Da aber im Begriff „Vorstellen" auch die Fähigkeit ausgedrückt ist, sich solches Wahrnehmen bewusst zu machen (und zu versprachlichen), haben weitere Wissenschaften Erklärungen angeschlossen:

Die *Gestaltpsychologie* geht davon aus, dass Vorstellen ganzheitlich, genauer gestalthaft ist – die Bezeichnung „anschaulich" sollte man jedoch vermeiden (s.o.). Vorstellungen wird eine anmutende, man kann auch sagen „irgendwie sinnhafte" Qualität zugeschrieben, die positiv, negativ oder ambivalent erfahren wird. Wichtig ist der Gedanke, dass „das Ganze", die „Gestalt" etwas anderes ist als die Summe seiner Teile. Nach dieser Theorie können demnach Analysetätigkeiten allein, z.B. im Umgang mit einem Bild, das man genau auf Details untersucht, nicht zu einer ganzheitlichen Vorstellung des Gegenstandes führen.

Die *Kognitionspsychologie* sieht Vorstellen als eigenständige Leistung mentaler Konstruktion. Während man früher einfach von „mentalen Modellen" gesprochen hat, die dabei entstehen, unterscheidet Schnotz (1998) bildhafte „mentale" Modelle von sprachlich geleiteten, abstrakteren. Die bildhaften sind eher statisch und komplex, sensorisch und emotional, aber oft emotional intensiv, die sprachlich geleiteten sind linear, stärker rational kontrollierbar.

Schon seit den Anfängen der *Tiefenpsychologie* haben Wissenschaftler versucht, dem Unbewussten auf die Spur zu kommen: seien es

Phantasien aus der Erfahrung unbefriedigter Realität (Freud) oder kollektive symbolische Urerfahrungen (C.G. Jung), sei es die anthropologisch benennbare Suche des Menschen, sich in einer Zwischenwelt der Phantasie aufzuhalten (Winnicott) – Vorstellungen in der Gestalt von Träumen haben hier eine grundlegende Bedeutung.
In der *Semantik* wird von der Sprache her argumentiert: **Wörter** haben eine zwar „definierte", aber dennoch nur allgemeine (lexikalische) Bedeutung, die erst durch vorstellungsbildende Aktivitäten konkretisiert wird. Dies geschieht sicher in der Kommunikation: „Die Bedeutung eines Wortes ist sein Gebrauch in der Sprache" (Wittgenstein 2001), aber sowohl die grundsätzliche Metaphorik, also Bildhaftigkeit aller Sprache (Lakoff/Johnson 2000) als auch die notwendige aktive Mitwirkung des Benutzers beim Verstehen als „eigene Vorstellung" sind leicht einsichtig.

Erklären Sie Ihre Vorstellungen in den Beispielen: Der Apfel ist faul. Der Schüler ist faul. Der Krautkopf ist schwer. Das Argument wiegt schwer.

Die *Rezeptionsästhetik* spricht in **Texten** von „Unbestimmtheits-" oder „Leerstellen", die erst von den Rezipienten durch eigene Vorstellungen „gefüllt" werden, eine Theorie, die seit Ingarden (1968) und ausgebaut in modernen Rezeptionstheorien (Iser 1994, Köppert 1997) zur Grundlage des Umgangs mit Literatur gemacht wird.
Vorstellungsbildung ist folglich eine Aufgabe der Schule. Vorstellungen können entwickelt und erweitert, aufgelöst und neu gebildet werden: In diesem Sinne ist intentionaler Unterricht immer Wahrnehmungs- und Vorstellungsschulung. Vorstellungsbildung ist auch kein Privileg von Deutschunterricht: Raumvorstellungen in Geographie und Kunst, Zeitvorstellungen in Physik und Geschichte, Vorstellungen über Reihenfolgen und Abhängigkeiten (z.B. Ursache-Wirkung, Dominanzen) in der Logik, Planungsvorgänge für Projekte in Schule und Alltag sind nur einige Beispiele.

Zur Entwicklung des Verstehens von Texten vgl. Baustein 9.

In sozialen Kontexten, in Gesprächen aller Art, geht es darum, eigene Vorstellungen anderen mitzuteilen, zu vermitteln. Dazu stehen verschiedene „Sprachen", letztlich mediale Mittel zur Verfügung, also die Sprache(n) der Wörter und Sätze, mathematische Sprachen, Körpersprache, Ausdrucksmittel von Tanz und Spiel, Sprache von Gegenständen (von Dingsymbolen wie einer Blume bis zur Sprache der Architektur), Musik, Visualisierungen aller Art, von der Skizze bis zu künstlerischen Objekten usw. Alle diese „Sprachen", die ja kulturell und sozial gebunden sind, prägen hinwiederum die individuellen Vorstellungen mit.

In der Einleitung Abs. 0.2 ging es um Ihre konkreten „Vorstellungen von Unterricht".

2. Vorstellungsbildung im Deutschunterricht

- Eine der grundlegenden Bedingungen für Vorstellungen und einer der wichtigsten Zugänge zu eigenen vorhandenen Vorstellungen ist die Sprache.

Ein Beispiel aus der Semantik: „,Regional' ist auch im Deutschen auf der ,word-frequency'-Liste sehr merklich nach vorne gerückt" (Hoffmann 1992, S. 94).

Was eine „word-frequency-Liste" ist, abgesehen von der Frage, warum dafür nicht eine deutsche Bezeichnung (Vorschlag „Häufigkeitsliste") verwendet wird, kann erst weiter geklärt werden, wenn wir wissen, welche Kriterien zu ihrer Erstellung angelegt sind: Etwa zur Erstellung eines Grundwortschatzes zum Rechtschreiblernen, zur Aufstellung von Häufigkeitslisten für den Fremdsprachunterricht (Basiswortschatz für die Alltagskommunikation oder für eine Fachsprachkommunikation), zur Erforschung von Sprachwandel.

Traditionell unterscheidet man schon seit der Antike konkrete und bildhafte Sprachverwendung, wörtliche und übertragene Bedeutung eines einzelnen Wortes. Der oben zitierte Satz könnte auch formuliert sein: „Das Wort ,regional' wird auch im Deutschen heute viel häufiger verwendet als früher." „Nach vorne rücken" gilt als bildhaft, denn selbst wenn man sich zwei Listen vorstellt, in denen das Wort „regional" einmal weiter oben/vorne steht, so ist das „rücken" „nur vorgestellt". „Verwenden" hingegen gilt als realitätsnah.

Neuere Theorien (Lakoff/Johnson 2000, Baldauf 1997) sprechen jedoch wohl zu Recht von einer grundsätzlichen Metaphorik jeder Sprache, wenn man davon ausgeht, dass Sprache nie Realität abbildet, sondern immer erst fasst. Dann erweist sich auch „verwenden" als metaphorisch/bildhaft, weil es die Vorstellung von „bewusst benutzen" oder „im Munde führen" oder „wie ein Werkzeug einsetzen" erfasst.

Ein Beispiel aus der Syntax: Das Deutsche hat die Möglichkeit, in einem Satz den Täter einer Handlung zu „verschweigen". Dazu gibt es bekanntlich verschiedene Möglichkeiten: eine Konstruktion mit „man", verschiedene Passivverwendungen. Betrachtet man diese Sprachphänomene nicht nur aus der Sicht des Stils oder aus der der Sprechertaktik („*Ich wurde betrogen.*" – im Wissen, wer der Betrüger war, ohne ihn beim Namen nennen zu wollen), sondern aus der Sicht der Vorstellungsbildung, so wird der Hörer/Leser dieses Satzes veranlasst, entweder sich den armen Geschädigten besonders mitleidig vorzustellen oder angeregt, eigene „Vorstellungen" über mögliche Täter zu entwickeln.

Sprache leistet Vorstellungsentwicklung.

Sprache leistet also einen wichtigen Zugang zu eigenen Vorstellungen und kann Vorstellungen festhalten und entwickeln.

Dabei muss grundsätzlich nicht unterschieden werden zwischen sogenannter Sach- und Fachsprache und literarischer Sprache. Denn Vorstellungen sind zuerst der notwendige Besitz jedes Einzelnen.

Aber individuelle Vorstellungen sind oft nur flüchtig und vorübergehend, sie sind wie Träume, bloße „Eindrücke". Festgehalten, eigentlich erst verfügbar werden sie durch verschiedene Weisen der Äußerung, des Sich-Entäußerns. Dazu gehören sicher verschiedene Weisen in den genannten verschiedenen „Sprachen".

Ein unvermutetes Ereignis wie zum Beispiel eine überraschende Begegnung wird nachträglich in Sprache gefasst.

Gestern ging ich durch die Lange Straße. Wer läuft mir da über den Weg?

oder

Schon lange hatte er seinen Schulfreund nicht mehr gesehen. Gelegentlich hatte er sich schon gefragt, ob er wohl weggezogen sei. Und er dachte darüber nach, welchen Beruf er wohl ergriffen habe.

oder

Das Ereignis fand am letzten Dienstag, genau um 11.43 statt. Ich kam von der Oberen Brücke und traf auf die Lange Straße.

oder

Am Himmelfahrtstage, nachmittags um drei Uhr, rannte ein junger Mensch in Dresden durchs Schwarze Tor, und gerade in einen Korb mit Äpfeln und Kuchen hinein, die ein altes häßliches Weib feilbot, so, daß alles, was der Quetschung glücklich entgangen, hinausgeschleudert wurde, und die Straßenjungen sich lustig die Beute teilten … (E.T.A. Hoffmann: Der Goldne Topf)

Im Grunde kann es sich immer um die gleiche, nachträglich erinnerte, also festgehaltene Vorstellung handeln: Mit Hilfe von Sprache wird sie aber geformt, es werden Daten und Kennzeichnungen, Blickrichtungen (Perspektiven) und Wertungen erst so geschaffen.

> *Sie sollten selbst zu den kleinen Textanfängen jeweils eigene Vorstellungen entwickeln, aufschreiben oder visualisieren und miteinander vergleichen.*

- Literatur, nicht nur, aber vorrangig *poetische* „fiktionale Literatur" ist ein bedeutsamer Anreger und Auslöser für Vorstellungen, so wie dies die vorstehend abgedruckten Sätze gezeigt haben.

Nun gehört Literatur schon seit rund 200 Jahren zu den Gegenständen von Deutschunterricht. Allerdings wurde sie z.B. für die Vermittlung von Moral, für die richtige Gesinnung und Wertschätzung, als Basis für Begriffs- und Strukturwissen, als Spiel- und Diskussionsanregung genutzt.
Immer war mit dem Begriff des Textverstehens und der literarischen und ästhetischen Bildung die Einwirkung auf die, ja Vermittlung der „richtigen" Vorstellungen verbunden. Man kann sogar sagen: Die eigenen Vorstellungen der Schüler wurden oft nicht berücksichtigt oder gar zurückgewiesen. Das Interesse an einer möglichst „wissenschaftlichen", „objektiven" Haltung den Texten gegenüber führte gewissermaßen zu einer Verhinderung von Vorstellungen im Umgang mit Texten.

„Richtige" Vorstellungen vs. eigene Vorstellungen der Schüler

Der Vergleich zweier Aufgaben zu einem Text kann zeigen, welche Aufgabe geeignet ist, Vorstellungen zu ermöglichen und welche in der Vermittlung definierter Begriffe (oft ohne individuelle Vorstellung) stehen bleibt:

(1) Prüfen Sie, ob der vorliegende Text von Wolfgang Borchert *Der Mann mit dem weißen Kittel* eine Kurzgeschichte ist und belegen Sie ihre Meinung an Beispielen.
(2) Einer zieht einen weißen Kittel an, setzt sich in die Mitte eines Kreises von Schülern. Er „ist" der Kittel. Die anderen befragen ihn nach seiner „Biografie".

3. Begründungen für das Ziel „Vorstellungsvermittlung“

In der Geschichte der Bildung begegnen unterschiedliche Konzepte von Vorstellungsbildung:

Vorstellungsbildung wird im Zusammenhang mit verschiedenen geistigen Strömungen der Gegenwart unterschiedlich gefasst.

- eine **meditative** (religiös in verschiedenen Traditionen unterschiedlich ausgeprägt),
- eine **aufklärerisch-kritische** (bezieht sich auf eine Tradition der Aufklärung und der Technik des Hinterfragens und Nachfragens nach Bedingungen und Folgen von Handlungen),
- eine **rationale**, vor allem **objektivierende** (zielt vor allem auf eine gegenstandsbeherrschende),
- eine **kulturorientierte** (bezieht sich auf die Deutungsmuster einer Gesellschaft),
- eine **phantasiebildende** und **imaginative** (vgl. Spinner (Hrsg.) 1999, Abraham 1999 a/b).

Die gegenwärtige Diskussion, die vor allem auch Einfluss auf den Literaturunterricht gewonnen hat, bestimmt mit folgenden Forderungen die Vorstellungsbildung:

Zu Konzepten des Literaturunterrichts vgl. Baustein 10.

- Kehrtwendung gegen die Tendenz zur Verobjektivierung der Welt und der Entsubjektivierung der Menschen,
- Betonung der Notwendigkeit, sich des eigenen Wahrnehmens und Verhaltens bewusster zu werden, um weniger abhängig zu sein,
- Einsicht in die Notwendigkeit, „Sinn von etwas“ gemeinsam, also sozial auszuhandeln, nicht allein auf der Basis von Mehrheitsentscheidungen oder abstrakter logischer Ordnungen, sondern auf der Basis des Abgleichs von Vorstellungen.

Trotzdem muss man natürlich die Frage stellen, inwieweit mit dem Ziel der Vorstellungsbildung

- eine nur modische Strömung der Didaktik und Pädagogik erkennbar ist, die sich zwar in Form des Konzepts des sogenannten „handlungs- und produktionsorientierten Unterrichts“ und dessen Methoden großer Beliebtheit erfreut, aber einer kritischen Überprüfung bedarf,
- Texte Auslöser und Anreger für eigene Vorstellungen sein können, ohne dass man ihren „Sinn“ verfehlt,
- eine nach Beliebigkeit und Zufälligkeit aussehende individualisierende Zugangsweise mit der sozialen Verpflichtung von Kultur vereinbar ist,
- eine Subjektivierung von Vorstellungen gemeinsamen Literaturunterricht noch möglich macht.

4. Vorstellungsbildung und praktisches Handeln im Deutschunterricht

Bei der Vorstellungsbildung handelt es sich um einen Wechselprozess zwischen inneren Zuständen und äußeren, also auch unterrichtlichen Anregungen. Das gemeinsame Ziel ist die bewusstmachende und vermittelbare Realisierung.

Das lernende **Individuum** ist bestimmten **Determinanten** unterworfen. Deshalb sind Vorstellungen nicht ohne deren Berücksichtigung zu entwickeln.

Zu nennen sind vorrangig:

Körper	Raum	Fremdwahrnehmungen
Alter	Geschlecht	Selbstwahrnehmungen
Gefühle	Beziehungen/ Wertungen	Erfahrungen/Gedanken („themenzentriert“)

Vorstellungen werden **aus Sinneseindrücken** aus- und umgebaut, eine Vielfalt von Anregungen ist demnach wichtig: Bilder – Musik – Raumerfahrungen – Verhaltensweisen – Texte.
Vorstellungen entstehen im **sozialen Kontakt**: Die Bedeutung des offenen Aushandelns von Sinn oder Bedeutung von Wahrnehmungen, von Texten usw. ist nicht hoch genug einzuschätzen. Folgendes kann man als Bedingungen für die **Gruppe** bezeichnen:

Aktivitäten in der Gruppe helfen Vorstellungen zu entwickeln.

- Spielerprobungen (Literarische Rollenspiele im „Szenischen Spiel“ und über Raum- und Körpererfahrungen),
- Literarische Gespräche,
- Schreibende Annäherungen im „produktiven Literaturunterricht“,
- Zeichnen und Malen von Bildern,
- Vertonen von Texten,
- Einführung in die vorstellungsleitenden Strategien der Sprache vom Wort zur Metapher,
- Erkennen der vorstellungsleitenden Strategien vorliegender Texte, hinter denen Textsorten, Autoren und zeittypische Verfahren stehen können,
- Einführung in historische Kontexte bei älteren Texten oder solchen aus fremden kulturellen Kontexten,
- Kenntnisnahme der Vorstellungsbildungen anderer über Interpretationen, Verfilmungen usw.

Dies bedeutet für die **Rolle des Lehrers**:

Zur Diagnostik vgl. Baustein 20.

Er benötigt diagnostische Fähigkeiten, um fehlende Vorstellungen bei Schülern überwinden zu helfen.
Er muss Anregungen geben und konkrete Maßnahmen zur Differenzierung oder Veränderung unzureichender Vorstellungen der Schüler ergreifen.

Dies haben Sie im vorliegenden Baustein gelernt:

- *Vorstellungen sind die notwendige Voraussetzung für entwickeltes Denken, Sprachverstehen, Fühlen und bewusstes Handeln.*
- *Vorstellungsbildung gehört demnach zu den wichtigsten Aufgaben der Schule, des Deutschunterrichts insbesondere, weil hier die Sprachbildung ihr Zentrum hat.*
- *Vorstellungsbildung bedarf jedoch auch anderer „Sprachen". Der umfassendste Gebrauch von ihnen kann im Literaturunterricht gemacht werden, wenn er sich den modernen Konzepten öffnet und medial erweitert.*
- *Vorstellungen bilden darf nicht mit Anschaulichkeit verwechselt werden: Der Unterschied liegt darin, dass „anschauen" nur der Ausgangspunkt, „sich vorstellen" aber ein individueller, sich anschließender kognitiver Akt ist.*

Weiterführende Literatur

Abraham, Ulf (1999): Vorstellungs-Bildung im Deutschunterricht. In: Praxis Deutsch 26/154, S. 14–22.

Fauser, Peter/Madelung, Eva (Hrsg.) (1996): Vorstellungen bilden. Beiträge zum imaginativen Lernen. Velber: Friedrich.

Spinner, Kaspar H. (Hrsg.) (1999): Neue Wege im Literaturunterricht. Informationen. Hintergründe. Arbeitsanregungen. Hannover: Schroedel.

(O.B.)

Baustein 8

Kreativitätsförderung

In diesem Baustein geht es um Kreativität – um die der Schüler und um Ihre eigene. Sie sollen erfahren, was Kreativität ist, warum und wozu man sie braucht, und vor allem: wie man sie trainieren kann.

Mit diesem Kreativitätstraining sollten Sie gleich einmal beginnen:

Bilden Sie Kleingruppen von jeweils sechs Teilnehmern. Besorgen Sie sich je Gruppe sechs Hüte in den Farben weiß, rot, schwarz, gelb, grün und blau. Falls diese Aufgabe Ihre Kreativität überfordert (oder Sie sich für solchen Unsinn zu vernünftig fühlen), besorgen Sie sechs Armbinden oder (für ganz Vernünftige) sechs Kärtchen in den angegebenen Farben. Diskutieren Sie dann mit Hilfe der sechs „Denkhüte" in den Gruppen die Frage: „Wozu Kreativitätsförderung im Deutschunterricht?"
Spielregel: Jeder Teilnehmer bekommt einen Hut (Armbinde o.Ä.) und bietet einen Diskussionsbeitrag entsprechend seiner Hutfarbe an: Weiß steht für weißes Blatt, das Informationen braucht. → Sammeln Sie Daten, sachlich, neutral.
Rot steht für Feuer, Gefühl, Wärme. → Äußern Sie Gefühle, Stimmungen.
Schwarz steht für Kritik. → Bremsen Sie den Höhenflug der anderen.
Gelb steht für Sonne, Optimismus. → Denken Sie positiv.
Grün steht für Wachstum. → Seien Sie schöpferisch, originell.
Blau steht für Himmel, die Sicht von oben. → Behalten Sie den Überblick, ordnen Sie ein.
Wechseln Sie die Hüte so oft, bis jedes Gruppenmitglied zu allen Farben mindestens einen Beitrag vorgetragen hat, also unterschiedliche Denkstile versucht hat. (Die Imaginationstechnik der „sechs Denkhüte" stammt von Edward de Bono (1996)).
Wissen Sie jetzt, wozu Kreativitätsförderung nötig ist?
Wir hätten auch mit einer anderen der fast unzähligen Kreativitätstechniken beginnen können, z.B. mit einem Brainstorming, einem Clustering, einem Mindmapping (Näheres in Abschnitt 6). Nicht zufällig handelt es sich hier um englische Begriffe. Creativity ist (zum Teil) eine amerikanische Erfindung, zum anderen geht sie auf das Lateinische zurück: creator/creatrix der Schöpfer/die Schöpferin, creatura die Schöpfung, das Geschöpf.

1. Zum Verständnis von Kreativität

Divergentes vs. konvergentes Denken

Der amerikanische Psychologe Joy Paul Guilford führte ab 1950 den Begriff des „divergenten Denkens" ein, das im Gegensatz zum „konvergenten Denken", der üblichen Methoden des planvollen logischen Lösens von Problemen, in einem unsystematischen Querdenken, frei von Denkblockaden, zu originellen Lösungen führen sollte. Mit der so verstandenen Kreativität versuchte man in der Situation des „Sputnik-Schocks", als man den technischen Vorsprung der westlichen Welt durch die russischen Weltraumerfolge gefährdet sah, die wirtschaftliche Leistungsfähigkeit des Westens durch Innovationen zu steigern.

Laterales vs. vertikales Denken

Ein ähnlicher Vorschlag zum Verständnis von Kreativität stammt von Edward de Bono, der dem üblichen „vertikalen" Denken, das „laterale" Denken gegenüberstellte. Statt in die Tiefe zu gehen, soll in eine andere Richtung, also quer gedacht werden.

Nöllke (1998, 17) vergleicht die beiden Arten des Denkens wie folgt:

Konvergentes, vertikales Denken	Divergentes, laterales Denken
Logisch rational	Spielerisch, assoziativ
In eine Richtung	In viele Richtungen
Beim Thema bleiben	Vom Thema abweichen
Homogen, widerspruchsfrei	Heterogen, akzeptiert Widersprüche
Bewährte Lösungsverfahren	Erfindet neue Verfahren
Kritische Einwände verbessern konvergentes Denken	Kritische Einwände behindern divergentes Denken
Eine richtige Lösung	Viele originelle Lösungen

Hemisphärenmodell

Häufig wird bei der Diskussion um Kreativität auf angebliche Ergebnisse der Hirnforschung verwiesen und das sog. Hemisphärenmodell herangezogen. Die beiden Hälften unseres Gehirns seien unterschiedlich spezialisiert: die linke Hirnhälfte für Rationalität, Logik, analytisches, begriffliches Denken, die rechte Hirnhälfte für Emotionalität, Intuition, ganzheitliches, bildhaftes Denken. Entsprechend sollte Kreativität durch Aktivierung der rechten Hirnhälfte, durch Rücknahme der Aktivität der linken oder wenigstens durch das Zusammenspiel der beiden Hemisphären gefördert werden.

2. Merkmale von Kreativität

Was eine kreative Persönlichkeit auszeichnet, lässt sich in einigen Merkmalen zusammenfassen (nach Menzel (1977) und Pommerin u.a. (1996, 50)):

- Fähigkeit, sich auf Neues einzulassen, also Offenheit für neue Eindrücke,
- Fähigkeit, etwas Neues zu schaffen, also schöpferische Produktivität, unterscheidbar nach Erfindungsgabe (inventiveness) und Entdeckungsgabe (discovery),
- Fähigkeit, vom Herkömmlichen abzuweichen, eingefahrene Wege zu verlassen, also Originalität,
- Fähigkeit, neue Beziehungen herzustellen, also Flexibilität des Verhaltens,
- Fähigkeit, erworbenes Wissen und Erfahrungen gedanklich umzustrukturieren, also kognitive Flexibilität.

Suchen Sie Beispiele kreativer Leistungen und ordnen Sie diese den fünf Merkmalen zu, z.B. Entdeckung Amerikas, Wortneuschöpfung, …

3. Der Wandel des Kreativitätsverständnisses

Von einem Wandel des Kreativitätsbegriffs geht Spinner (1993 b) aus. In den 70er Jahren des 20. Jahrhunderts sei das Creativity-Konzept Guilfords wirksam gewesen. Für den Deutschunterricht bedeutete dies, die vorgegebenen Normen der Sprache zu durchbrechen, mit Sprache zu spielen, Unsinntexte zu verfassen, Texte zu verfremden. Im Außer-Kraft-Setzen sprachlicher Normen konnten und sollten sprachliche Möglichkeiten erkundet, in ihrer Wirksamkeit erprobt werden. Distanz, Selbstbewusstsein, Eigenständigkeit im Umgang mit Sprache sollten so gewonnen werden.

Normendistanz

In den 80er Jahren trat nach Spinner an die Stelle der Auseinandersetzung mit den sprachlichen Normen eine Subjektivierungstendenz. „Unter Kreativität wird nun in erster Linie Selbstausdruck, Entäußerung der verborgenen inneren Welt, Entwurf einer neuen, subjektbestimmten Wirklichkeit verstanden" (Spinner 1993 b, 17). Als Ausgangspunkt wird auf die außerschulische Schreibbewegung verwiesen, Schreiben zur Selbsterfahrung, als Selbstanalyse wurde ab den 80er Jahren verstärkt für Erwachsene angeboten. In der Schule wird diese Orientierung unter dem Stichwort des „personalen Schreibens" zusammengefasst (vgl. Schuster 1997).

Subjektivierung

Vgl. Baustein 4.

Eine Weiterentwicklung deutet sich heute in der Richtung an, dass der Kreativitätsbegriff von Einseitigkeiten befreit werden soll. So sieht Ortner (1998, 42) in der „Forcierung des lateralen Denkens auf Kosten des (um-)strukturierenden Denkens" eine Schwachstelle des kreativen Schreibens. Ebenso wendet er sich gegen die „Heiligsprechung der Subjektivität" (1998, 45). Vielmehr wird ein Ausgleich, eine harmonische Vielfalt von Fähigkeiten angestrebt. Der Kreativitätsbegriff erfährt damit eine Ausweitung, er wird in Verbindung gebracht mit eigenaktivem und ganzheitlichem Lernen, den in konstruktivistischer Sicht effektivsten Formen des Lernens. Kreativität gilt als Inbegriff jeder persönlichen Entwicklung, als Ziel der individuellen Erziehung, als Schlüsselqualifikation. Damit erhält Kreativitätsförderung im Rahmen der allgemeinen Unterrichtsprinzipien eine herausragende Position.

Ganzheitlichkeit

4. Kreativität und Deutschunterricht

Zwar wurde bereits von kreativem Schreiben und damit von einem zentralen Anliegen des Deutschunterrichts gesprochen, doch gelten die bisherigen Ausführungen über Kreativität für den gesamten Bereich von Bildung und Schule. Eine Fokussierung auf den Deutschunterricht ist nötig.

Das Fach Deutsch scheint für Kreativitätsförderung besonders geeignet zu sein. Es zählt zum einen zu den Hauptfächern der Schule, seine Angebote werden von Schülern und Eltern ernstgenommen. Es hat zum anderen enge Beziehungen zu den musischen Nebenfächern, zu Kunsterziehung, Musik, Theaterspiel. Zur Überwindung der Fachgrenzen kommt innerhalb des Faches die Integration einzelner Lernbereiche, besonders von Schreiben und Lesen als kreativitätsförderliches Moment. Die Konfrontation von Normorientierung (Grammatik, Rechtschreiben) und Freiheit, Subjektivität (Textinterpretation, Textproduktion) gehört zum Alltag des Faches Deutsch.

Über die Lernbereiche des Deutschunterrichts informiert Baustein 23.

Der Umgang mit der Sprache, zentrales Anliegen des Deutschunterrichts, bietet kontinuierlich die Möglichkeit der Kreativitätsförderung.

Nach Chomsky ist die Fähigkeit, neue, nie gehörte Sätze zu generieren, Ausdruck der Kompetenz des Menschen als sprachbegabtes Wesen. Bereits bei der individuellen Sprachentwicklung spielt Kreativität eine bestimmende Rolle. Viele Neuschöpfungen, Analogiebildungen in der Kindersprache zeugen von beachtlicher Originalität und schöpferischer Produktivität der Sprachlerner: *gehte, gegeht, übergestern, Ann und Pfirsich,* um nur einige Beispiele zu nennen.

Zur Kindersprache vgl. Baustein 12.

Anlass zur Analyse und Reflexion solcher Sprachschöpfungen im Rahmen des Lernbereichs Sprachbetrachtung könnte die Sprache der Werbung sein. Sie macht sich die Möglichkeiten der sprachlichen Innovationen (aprilfrisch), der Doppeldeutigkeit („We kehr for you" – die Straßenreinigung, „BILD Dir Deine Meinung"), des Wörtlich-Nehmens („Für Leute, die gerne viel um die Ohren haben" – Verstärker) zu Nutze, um Aufmerksamkeit zu erreichen, Assoziationen herzustellen, suggestive Wirkung zu erzielen, auch Aufgeschlossenheit für Neues zu bewirken (vgl. Janich 1999).

Sammeln Sie in Werbetexten Belege für kreativen Umgang mit Sprache, versuchen Sie die gefundenen Beispiele nach Formen oder Strategien des Umgangs mit Sprache zu ordnen.

Der spielerische Umgang mit Sprache wird nicht nur in der Werbung praktiziert, er hat in der Literatur lange Tradition, etwa im Bereich der Lyrik (Konkrete Poesie, Permutations-, Figurengedichte), aber auch in epischer Dichtung, von epischen Kleinformen (Witz) bis zur Großform des Romans (z.B. James Joyce). Aus neuerer Zeit sind die zahlreichen Belege aus dem Bereich der Kinderliteratur zu erwähnen (H. Manz, B.H. Bull, K.W. Peukert). Somit ist der schulische Literaturunterricht ebenfalls in hohem Maße mit der Verbindung von Kreativität und Sprache befasst.

Sprachspiel

Im schulischen Deutschunterricht darf das Thema Sprachspiel nicht fehlen. „Spielerisches Hantieren mit den Elementen der Sprache und den Beziehungen zwischen diesen Elementen" (Marenbach 1980, 65), also der Umgang mit Sprachmaterial auf allen Ebenen der Sprache, vom Laut bzw. Buchstaben über die Silben, die Wortteile, die Wörter, die Sätze bis zur Ebene der Texte bietet den Schülern Einblick in den Aufbau der Sprache, Erkenntnisse über Zusammenhänge, schärft das Bewusstsein für Möglichkeiten und Grenzen der Sprache. Sprachliche Normen werden erfahrbar gemacht, Distanz gegenüber der Sprache kann genauso gewonnen werden wie eine Sensibilisierung für sprachliche Möglichkeiten, Anliegen des Literaturunterrichts sind harmonisch mit Zielen des Grammatikunterrichts verbunden. Da die Freude am Umgang mit Sprache selbstverständliche Begleiterscheinung solcher Aktivitäten sein dürfte, erweisen sich Sprachspiele als ideale Form der Kreativitätsförderung.

5. Kreatives Schreiben

Besonderes Augenmerk soll hier noch auf eine Form der Kreativitätsförderung im Deutschunterricht geworfen werden, die seit wenigstens zwanzig Jahren die Diskussion um den Aufsatzunterricht bestimmt: das kreative Schreiben. Erfuhr zu Beginn der 70er Jahre des letzten Jahrhunderts der sogenannte sprachgestaltende Aufsatz mit seiner Konzentration auf verschiedene Aufsatzformen wie Erzählung, Bericht, Erörterung durch die „kommunikative Wende" (vgl. Baustein 2) eine grundlegende Umorientierung, so wurde nicht viel später auch die kommunikative Ausrichtung als einseitige Verzwecklichung des Aufsatzunterrichts kritisiert. Der Ruf nach kreativem Schreiben wurde laut.

Vgl. Baustein 5 zum Aufsatzunterricht.

In welchen Spielarten das kreative Schreiben in der Deutschdidaktik vorkommt, führt Abraham (1998 c) aus, indem er drei Formen unterscheidet:

Der „kommunikativen Wende" folgt der Ruf nach Kreativität.

- Das personal-kreative Schreiben

Im Sinne der bereits erwähnten Hinwendung zum Subjektiven in den 70er Jahren wird hier angenommen, Schreiben könne einen Beitrag zur Selbstreflexion, zur Identitätsgewinnung leisten. Ähnlich wie zu Beginn des 20. Jahrhunderts in der Reformpädagogik das „freie Schreiben" sollte nun das autobiographische oder das personale Schreiben dem Schüler die Möglichkeit geben, sich schreibend mit sich selbst auseinanderzusetzen, wobei das Produkt weniger wichtig ist als der Schreibprozess. Damit erhält Schreiben auch eine therapeutische Funktion, z.B. sich etwas von der Seele zu schreiben. Ein wichtiger Unterschied zum freien Schreiben liegt darin, dass für das kreative Schreiben durchaus Anregungen gegeben werden sollen. Solche Anregungen oder Schreibanlässe können sein:

Prozessorientierung

- Gegenstände, die Körpergefühle aktivieren könnten (vgl. Schuster 1997)
- Sprache, von (Reiz-)Wörtern über Schreibanfänge („Wenn ich ...wäre, ...") zu ganzen Texten
- Bilder oder andere visuelle Anregungen wie Collagen, Skulpturen (vgl. Pommerin 1995)
- Musik in der Form der Programmmusik (z.B. „Bilder einer Ausstellung" von Mussorgsky) oder als musikalischer Impuls für beliebige Assoziationen (vgl. Holoubek 1995)
- Situationen, real, in und außerhalb der Schule (Schreiben vor Ort) oder vorgestellt (Phantasieerzählung)

Schreibanlässe

- Das poetische oder literarische Schreiben

Die vorhin unter der Rubrik Sprache als Schreibanregung aufgeführten Möglichkeiten sind hier als eigenständige Spielart herausgegriffen, denn diese Gruppe fällt nicht nur wegen der Fülle an Möglichkeiten besonders ins Gewicht. Texte als Schreibanlässe können in ihrer Form nachgeahmt werden (Gedichtformen, „Elfchen", aber auch Fabeln, Märchen) oder durch ihren Inhalt zum Schreiben motivieren. Die Verbindung von Textproduktion und Literaturunterricht führt zu einer veränderten Zielsetzung kreativen Schreibens, eine handlungsorientierte Form des Textverständnisses steht im Mittelpunkt. „Handlungs- und produktionsorientierter Literaturunterricht" (Haas 1997) ließ eine fast nicht mehr überblickbare Anzahl „produktiver Verfahren" entstehen. Aus einer Liste von 20 Vorschlägen zu erzählenden und dramatischen Texten (Spinner 1999) seien hier fünf beispielhaft herausgegriffen: Figuren in Ich-Form vorstellen/Interviews mit Figuren erfinden/Briefe von und an Figuren schreiben/Tagebucheinträge von Figuren schreiben/Einen Text(ausschnitt) in eine andere Textsorte umsetzen. 20 weitere Verfahren werden im genannten Text zu Gedichten vorgeschlagen. Ordnung in die Fülle der Verfahren zu bringen wird auf verschiedenen Wegen versucht. So schlägt Abraham (2000, 38) etwa folgende Gruppen von Schreibhandlungen vor: Vorwegnahme eines Themas/Motivs, Identifikation mit dem Text, Ablösung vom Text, Imitation, produktive Auseinandersetzung, die in der Abfolge vor, während oder nach der Textrezeption zum Tragen kommen könnten.

Handlungsorientierung

- Das heuristische oder assoziative Schreiben

Schreiben als Denken

Diese dritte Art kreativen Schreibens „soll Ideen zu Tage fördern, Vorstellungen ausgestalten und Begriffe klären" (Abraham 1998 c, 26). Hier wird „Schreiben als Denken" verstanden und somit über den Aufsatzunterricht hinaus zur Grundlage des gesamten Unterrichts gemacht. Als wichtige Verfahren gelten hier Clustern, Mindmapping, Brainwriting (eine schriftliche Form des Brainstormings), Phantasiereisen.
In Kurzfassung seien die Formen hier erklärt, weil sie (mit Ausnahme der letztgenannten) über den Deutschunterricht hinausreichende Kreativitätstechniken darstellen.

Fertigen Sie zum Begriff Kreativität ein Cluster an.

Clustern: Um ein vorgegebenes Kernwort werden assoziativ Gedanken angeordnet, die in einer zweiten Phase mit Strichen zugeordnet, zu verschiedenen Ideenketten gebündelt werden. Dabei ergibt sich in einem „fruchtbaren Moment" der Drang, mit einem der aufgezeichneten Stränge einen Text zu beginnen.
Mindmapping: In die Mitte eines großen Bogens wird das Problem (das Thema) geschrieben oder gezeichnet, wie beim Clustern werden assoziativ Gedanken rund herum angeordnet, allerdings bei verstärktem Einsatz von Pfeilen, Farben, Symbolen, Figuren, verbindenden Worten (folgt aus, führt zu, wenn – dann ...) und vor allem

graphischen und zeichnerischen Elementen. Hier geht es stärker (und früher) um logische Zusammenhänge als beim Clustern.

Bearbeiten Sie in Brainwriting das Problem: Wie kann man kreatives Schreiben in der Schule fördern?

Brainwriting: Jeder erhält ein Blatt mit einer Frage (einem Problem) und schreibt drei Vorschläge dazu, gibt sein Blatt weiter und schreibt auf das Blatt, das er vom Nachbarn erhält, wiederum drei Vorschläge (wenn möglich, mit Bezug auf die Vorlage), bis jeder jedes Blatt vorliegen hatte.
Phantasiereise: Zu einem vereinbarten Thema wird eine Geschichte erzählt, mit geschlossenen Augen versetzt sich jeder in die Situation des Mitreisenden. Wenn die Reise zu Ende ist, schreibt jeder auf, was er unterwegs erlebt, empfunden, gesehen hat.
Diese dritte Art des kreativen Schreibens, das heuristische oder assoziative Schreiben, ist in seinem Stellenwert zum Anliegen des Aufsatzunterrichts zu klären. Es hat die wichtige Aufgabe, die Angst vor dem weißen Blatt zu nehmen, Schreibblockaden zu überwinden. Es kann allerdings nicht den gesamten Textproduktionsprozess ersetzen. Hier geht es nur um den Beginn des Schreibens. Eine Weiterarbeit am Text muss sich anschließen, soll nicht der Vorwurf Berechtigung erhalten, hier würde nur um des Schreibens willen geschrieben.

Überwinden von Schreibblockaden

6. Beurteilung kreativer Leistungen

Kreativitätsförderung wird mancherorts deswegen vernachlässigt, weil die Beurteilung kreativer Leistungen als problematisch gilt. Leider scheint für die schulische Textproduktion die Beurteilung aber unausweichlich.
Verschiedene Positionen werden diskutiert. Zum einen: Beurteilung schränke Kreativität ein, also sollte sie gänzlich unterbleiben. Kreative Aktivitäten hätten ihren Wert als Ausgleich zum Pflichtpensum, das mit dem Schwerpunkt auf Kognition überprüft und beurteilt wird und zur Grundlage der Benotung gemacht wird. Mit dem Verzicht auf Beurteilung sei die Abwertung der kreativen Leistungen verbunden, sie rückten in eine Nische, würden zum Pausenfüller, zum Inhalt der Stunden am Schuljahresende.

Kreativität als Pausenfüller?

Zum anderen: Da kreative Aktivitäten manchen Schülern die Chancen eröffneten, besser abzuschneiden als bei kognitiven Leistungen, sollten sie auch zahlenmäßig ins Gewicht fallen, müssten im Notenbild berücksichtig werden. Daher sollten kreative und kognitive Leistungen gleichermaßen beurteilt werden. Eine Beurteilung der Kreativität sei auch durchaus möglich, denn im Kunstunterricht etwa würde dies auch gelingen. Besondere Kriterien hierfür empfiehlt Spinner z.B. (1999, 40f.): Innere Kohärenz zwischen den Teilen des Textes, Problemtiefe und Differenziertheit, Einfallsreichtum, unter Hinblick auf die Funktionalität der Einfälle, stilistische Gestaltungskraft.

Vgl. die Diskussion um Leistungsbewertung in Baustein 26.

Eine eindeutige Erleichterung brächte ein Verzicht auf die Benotung, die verbale Beurteilung könnte als genügend angesehen werden. In vielen Fällen wäre dieses Vorgehen durchaus realisierbar.
Für diesen Fall sind auch die schülerorientierten Verfahren zu beachten, etwa die Möglichkeit der Schreibkonferenz, in der selbst gewählte Mitschüler mit dem Autor des Textes die Beurteilung und Überarbeitung des Erstentwurfs vornehmen (vgl. Spitta 1992).

In diesem Baustein haben Sie gelernt:

- *Kreativität galt ursprünglich als besondere Art des Denkens.*
- *Kreative Persönlichkeiten sind durch bestimmte Fähigkeiten gekennzeichnet.*
- *Die Vorstellungen von Kreativität haben sich einige Male gewandelt.*
- *Der Deutschunterricht ist ein zentrales Fach für die Förderung der Kreativität.*
- *Kreativität und Sprache stehen in vielfältiger Beziehung.*
- *Kreatives Schreiben lässt sich nach unterschiedlichen Formen differenzieren.*
- *Die Beurteilung kreativer Leistungen benötigt eigenständige Kriterien.*

Weiterführende Literatur

Haas, Gerhard (1997): Handlungs- und produktionsorientierter Literaturunterricht. Theorie und Praxis eines „anderen" Literaturunterrichts für die Primar- und Sekundarstufe. Seelze: Kallmeyer.

„Kreatives Schreiben" (1998): Themenheft der Informationen zur Deutschdidaktik (ide) 22/4.

Nöllke, Matthias (1998): Kreativitätstechniken. Planegg: STS-Verlag.

Spitta, Gudrun (1997): Schreibkonferenzen in Klasse 3 und 4. Ein Weg vom spontanen Schreiben zum bewussten Verfassen von Texten. Frankfurt: Cornelsen-Scriptor (4.A.).

(D.M.)

Baustein 9

Entwicklung des Verstehens von Texten

Wenn jemand zu Ihnen sagt: „Lies einmal diesen Text", so meint er sicher nicht allein den rein mechanischen Vorgang des Entzifferns der Zeichen. Vielleicht meint er: „Lies ihn, wir sollten uns über seine Aussagen unterhalten." Es könnte aber zum Beispiel auch die Bitte bedeuten, ihn auf Fehler hin durchzulesen, „Korrektur zu lesen".

Versuchen Sie diese drei bisher genannten Weisen zu „lesen" im Hinblick darauf zu unterscheiden, welche Leistungen ein Leser zu vollbringen hat.
Sprechen Sie in diesem Zusammenhang auch die oft genannten Tätigkeiten des Herauslesens und Hineinlesens an. Welche Vorstellungen über Texte und über Leser sind Ihrer Ansicht nach damit verbunden?

Was Sie in diesem Baustein erwartet:

- *Was heißt Lesen und Verstehen von Texten?*
- *Wie kann man Lese- und Verstehensprozesse differenzieren?*
- *Wovon werden sie bestimmt und beeinflusst?*
- *Was weiß man über die Entwicklung von Verstehensfähigkeiten?*
- *Wie können sie didaktisch gefördert und methodisch organisiert werden?*

1. Was heißt Lesen und Verstehen von Texten?

Lesen und Verstehen gehören untrennbar zusammen.
Man könnte meinen, es gäbe eine materielle Grundlage: die Zeichen auf dem Papier oder anderem Schreibmaterial, ihre Dekodierung (Entzifferung) durch Lesen und die verstehende Tätigkeit, sie in den Sinn oder die Vorstellung zu „übersetzen", die der Verfasser gemeint hat. In dieser Sichtweise ist es nicht verwunderlich, wenn man vom Lesen als einem „rezeptiven", d.h. aufnehmenden Akt gesprochen hat. Der Deutschdidaktiker Helmers (1966) konnte in der Linie antiker Tradition zwischen normorientiertem Lesen und interpretierendem Verstehen unterscheiden.
Wenn wir aber den Vorgang des Lesens und Verstehens genauer betrachten, so wird sicher schnell deutlich: Das Lesen und Verstehen eines Textes ist eine einheitliche, höchst aktive und zudem sehr komplexe produktive Tätigkeit.
Mit den Worten konstruktivistischer Lerntheorie: Jeder Lesevorgang ist die aktive Konstruktion von Sinn anhand einer Textvorlage. Man

Für das Lesen notwendiges Wissen bedeutet immer Sprach- und Textwissen, Handlungswissen und Weltwissen.

Zur Entwicklung vgl. Abs. 3, S. 103.

spricht daher von interaktiven Lesemodellen, die sich grundsätzlich nicht quantitativ, sondern als Prozess qualitativ entwickeln. Die Konstruktion gelingt einem Leser aber nur durch die Aktivierung und bis zu einer jeweils erreichten Differenzierung aller Komponenten des Verstehens, die der Leser aufgrund seines bisherigen Kompetenzerwerbs erreicht hat (Grzesik 1990). Bedeutsam ist die kognitiv und emotional gesteuerte Bereitschaft und Fähigkeit, bisher erworbenes Wissen für den Akt des Verstehens zu aktivieren (Gross 1994, 22).

Allerdings hängt die Verstehensqualität auch von der Komplexität des Textes oder Textexemplars ab, wobei diese Komplexität gewissermaßen in zwei Richtungen beschreibbar ist, als Komplexität der Sätze und Texte – die Dimension der Ausdehnung (Länge) und einer (kontinuierlichen) Struktur – und als Komplexität der Sinnschichten – die Dimension möglicher Bedeutungsebenen. Doch wieder ist die entscheidende aktive Größe der Leser, der diese Komplexitäten aufschlüsseln kann, der eben „interaktiv", gewissermaßen je nach Notwendigkeit von unten („bottom-up") und von seiner Sinnsuche her von oben („top-down") zu einem Verstehensfortschritt zu gelangen sucht (vgl. Beisbart 2000).

Vgl. Baustein 18.

Nun kommt den meisten Lesern angesichts solcher Aussagen sicher die Unterscheidung von Gebrauchs- oder Sachtexten und literarischen Texten in den Sinn, als wären literarische Texte selbstverständlich auf den interpretierenden, aktiven Leser angewiesen, Sachtexte aber weit weniger oder gar nicht. Die Feststellung von Groeben/Christmann ist jedoch heute unbestritten: „Auch das Verständnis von Informationstexten ist als Text-Leser-Interaktion zu modellieren, in der die Leser/innen nicht nur passiv Informationen aufnehmen, sondern beim Verstehen von Texten in der Verbindung mit dem eigenen Vor- und Weltwisssen auch Informationen schaffen" (Groeben/Christmann 1995, 167).

Vergleichen Sie die drei Sätze:

(1) Klaus hebt seinen Moggelpoggel über dem Zaun.
(2) Klaus hebt seinen roller über den Zaun.
(3) Klaus hebt sodann auch noch seinen Roller über den Zaun.

In Satz (1) stolpern wir vermutlich zuerst über das unbekannte Wort Moggelpoggel und über die nicht regelrichtige Verwendung der Präposition „über", die hier – im Kontext mit „heben" – mit dem Akkusativ zu verwenden ist. Erst danach können wir uns der Frage nach dem Sinn des Satzes zuwenden – oder für Moggelpoggel phantasievoll alle möglichen Dinge einsetzen.

In Satz (2) werden wir sofort einen Satzsinn erkennen, uns einen Kontext dazu vorstellen, vielleicht aus einem Krimi oder einem Bilderbuch erschließen usw. Die Verstehensebenen grammatischer Norm bleiben unterhalb der Wahrnehmung – höchstens dass die fehlerhafte Rechtschreibung von „roller" auffällt.

In Satz (3) kommt gegenüber Satz (2) mit den drei Partikeln „sodann auch noch" eine zusätzliche Information ins Spiel, die den Satz als sprachlich zusammenhängenden und wahrscheinlich auch inhaltlich kohärenten Teil eines größeren Ganzen sichtbar macht.

Zu den somit hier angesprochenen Informationen der Perzeption, der Semantik, der Syntax kommt noch die der Pragmatik hinzu, Überlegungen des in einem kulturellen Kontext handelnden Lesers über die Absicht des Autors dieser Sätze.
Wir können bei der komplexen Verstehensleistung von Texten also Aufmerksamkeitsrichtungen unterscheiden. Nicht alle Komponenten können (und müssen) gleichzeitig ins Bewusstsein gehoben werden, obwohl sie am Verstehensprozess beteiligt sind. Es wird demnach in Lernprozessen auch darauf ankommen, Teilleistungen des Lesens und Verstehens zu automatisieren, damit andere aktiviert werden können oder auch – wie beim Korrekturlesen – manche (weithin) auszuschalten, um uns andere bewusster zu machen.

Ein Text gibt perzeptuelle, semantische, syntaktische und pragmatische Informationen.

Lesen und Verstehen ist ein komplexer und interaktiver Prozess automatisierter und bewusster oder bewusst zu machender Komponenten von Konstruktionen des Lesers.

2. Wie kann man Lese- und Verstehensprozesse differenzieren?

Vor allem in der Lesedidaktik hat man lange von „sinnverstehendem oder sinnerfassendem Lesen" (Kainz 1956) gesprochen, das dann durch Beschleunigungsprozesse in den unteren Bereichen (worterfassend, strukturerfassend) optimiert werden könnte, um insgesamt das Niveau des Textverständnisses zu steigern. Auf der Textseite hat man häufig die Lesetexte so aufbereitet, dass sie mögliche Lesehindernisse verringerten (Flattersatzanordnung, Vereinfachung im Wortschatz und im Satzbau, explizite Satzverknüpfungen u.a.).
Diese Weisen traditionellen didaktischen Handelns müssen aber einer genaueren Überprüfung unterzogen werden.

Versuchen Sie zunächst selbst, aufgrund des bisher Dargestellten, diesen Ansatz zu beurteilen.

Vor allem Lesepsychologen haben ein Interesse daran, Teillernprozesse auszugliedern. Das Interesse an den kognitiven Abläufen beim Lesen, das Interesse, mit Hilfe von Tests Stärken und Defizite bei Lesern ausfindig zu machen, sowie das Interesse an geeigneten Übungen zur Förderung des Lesens in Lernprozessen spielen dabei zusammen.
Ehe jedoch ein Blick auf Ergebnisse dieser Diskussion geworfen werden kann, müssen die wichtigsten einschränkenden Bedingungen benannt werden. Man kann auch sagen: Es gibt Fehlannahmen (linke Spalte der folgenden Tabelle), die zunächst richtig gestellt werden müssen (rechte Spalte):

„Erstlesen“ darf nicht als bloßes mechanisches oder assoziatives Tun vom „weiterführenden Lesen“ unterschieden werden. Oder: Vorlesen (für Hörer) darf nicht in mechanisches Ablesen und (späteres) gestaltendes Lesen aufgespalten werden.	Lesen ist grundsätzlich die Deutung von symbolischen Zeichen. Die Fähigkeit dazu erwirbt sich in unserer Kultur ein Kind lange vor jedem Leselehrgang. Lesen ist von Anfang an auf Einbettung des Gelesenen in konstruierte und imaginierte Sinnzusammenhänge gerichtet. Vorlesen ist ein ganzheitlicher Akt der Interpretation.
Lesen darf nicht auf einer „ersten Stufe“ verstanden werden als objektive Informationsentnahme von real Vorhandenem („was dasteht“, gemeint als abbildhaft verstandene „Wirklichkeit“) und auf einer „zweiten Stufe“ als „Interpretation“.	Texte sind immer sprachliche Konstruktionen von Wahrnehmungen seiner Verfasser und sind folglich immer interpretationsbedürftig, Lesen ist immer ein komplexer Vorgang, in dem Sprachwissen, Weltwissen und kulturspezifisches Handlungswissen des Lesers mit dem Sprachgebilde abgeglichen werden.
Lesen kann nicht gedeutet werden als vorrangig auf das Verstehen des Autors und seiner Absicht gerichtete Tätigkeit (Intention, die sich z.B. in der Wahl einer bestimmten Textsorte zeige).	Texte sind Gebilde eigener, aus Sprache gemachter Art. Sie ermöglichen dem Leser eine unterschiedliche Bedeutungszuweisung, weil sie komplexe Informationen unterschiedlicher Art enthalten.

Diskutieren Sie über diese Richtigstellungen anhand von Textbeispielen.
Nehmen Sie auch folgende Definition hinzu: Informationen eines Textes sind nicht etwa nur solche der Referenz (d.h. Verweis auf die sogenannte Realität), sondern alle Eigenschaften von Zeichen, also etwa die optische oder ästhetische Gestaltung, die Wortwahl, die Buchstabengröße, die eingearbeiteten Zitate, die Satzlänge usw. sind Informationen zur interpretierenden Bearbeitung durch den Leser.

2.1 Prozessfaktoren des Lesens

Lesen lässt sich folglich als eine komplexe Informationsgewinnung beschreiben.
Dennoch ist es wissenschaftlich sinnvoll und hilfreich, Teiloperationen des Lesens zu unterscheiden. Allerdings haben die neueren Forschungen dazu gezeigt, dass es wenig einbringt, zu deren Bestimmung zuerst den Text zu befragen. So kommen uns die Teilfähigkeiten: Wortschatz kennen, der Textstruktur folgen, die Textintention identifizieren und Schlußfolgerungen ziehen (vgl. Groeben 1982, 22), zwar sicher zunächst plausibel vor.

Vergleichen Sie diese vier Teilfähigkeiten mit den in Abs. 1 (S. 97 oben) genannten Informationen eines Textes und diskutieren Sie den Unterschied.

Damit wird aber nur ein traditionelles Konstruktionsprinzip weitergeführt, das Sie sicher in folgender unterrichtsmethodischer Abfolge kennen:
(unbekannte) Wörter erklären, den Handlungs- oder Argumentationsverlauf beschreiben bzw. begrifflich zusammenfassen, den Sinn des Textes (oder gar die Absicht des Autors) erschließen (in einem Satz zusammenfassen) und Konsequenzen ziehen (danach handeln, den „Inhalt" lernen, kritisieren ...).

Es gilt als sehr fraglich, ob über solche Teiloperationen aus der Textperspektive tragfähige Aussagen über das Verstehen gemacht werden können. Im Sinne der Theorie der komplexen Konstruktionsleistung des Lesers ist es tragfähiger, von Fähigkeiten auszugehen, die ganz allgemein für Wahrnehmungsoperationen gelten:

Wahrnehmung ist kein passiver oder „rezeptiver" Akt der Sinnesorgane, sondern ein aktiver Prozess der Konstruktion von subjektiver Bedeutung.

nämlich die Operationen der Unterscheidung, der Klassifizierung und der Zuordnung – in diesem Falle im Umgang mit Schriftzeichen (vgl. Grzesik 1990).
Solche Operationen sind ebenso nötig beim Verarbeiten von akustischen und visuellen Zeichen, beim Hören von Musik oder Sprache, beim Sehen von bewegten oder unbewegten Bildern, natürlich auch bei anderen Sinneswahrnehmungen (etwa des Tastens). Die Wahrnehmungsverarbeitung läuft weithin unbewusst ab, ist zudem abhängig von vorausgehenden Lernprozessen, sie lässt sich aber durch Lernprozesse auch bewusstmachen und versprachlichen.

In Bezug auf das Lesen von Texten werden diese Operationen nun wirksam als miteinander ablaufende Prozesse der Dekodierung und Verstehensleistung auf verschiedenen Ebenen:

Vgl. Baustein 7 Vorstellungsbildung.

semiotisch als Unterscheidung und Zuordnung der Zeichen (Buchstaben, Buchstabengruppen, Wiederholung gleicher Symbole usw.),
semantisch als Zuordnung zu einzelnen Vorstellungen und Vorstellungskomplexen (z.B. Raum, Richtung, Gestalt und Bestandteile, Erfahrungs-Zuordnungen),
kritisch als Zuordnung zu textexternen Wissensbeständen (vgl. Grzesik 1990, 59).

Kritisches Verstehen bedeutet nicht etwa eine Aussage „zurückweisen", sondern es bedeutet „einordnen" in weitere Zusammenhänge und Denkmodelle. Diese können aus allen Wissenschaften stammen, innerliterarisch sind dies etwa die Literarhistorie, die Poetik, die Literatursoziologie und -psychologie.

2.2 Operative Teilfähigkeiten beim Lesen

Vgl. dazu Kapitel 4 dieses Buches.

Grzesik (1990) hat die Teilprozesse beim Lesen weiter ausdifferenziert und ausführlich beschrieben. Sie seien hier in einer kommentierten Übersicht zusammengestellt. Die Übersicht darf allerdings nicht vergessen lassen, dass Lesen grundsätzlich an verschiedenen Stellen einsetzen kann, sich – auch beim Erstleser – etwa sofort auf den Sinn eines Wortes oder vorsichtig auf eine unbekannte Phonemstruktur richten kann.

Teilprozesse des Lesens	Aspekte und Beispiele
Decodierung subsemantischer semiotischer Informationen	Identifizierung von Zeichen und Zeichengruppen und Zuordnung zu Sprachlauten
Konstruktive Recodierung der Wort- und Satzsemantik (d.h. Textteile in die eigene Sprache übersetzen)	Konstruktionen und Umkonstruktionen von Vorstellungen (inneren Bildern), Emotionen aufgrund von Wörtern und Sätzen
Repräsentation von Informationen in Vorstellungen und Begriffen	Erproben von „Leerstellen" im Text durch eigene mentale Modelle und innere Bilder, Konstruktion größerer Vorstellungseinheiten
Gewinnung impliziter Informationen	Einführung von eigenen Begriffen und ihre logische Zuordnung zum Text
Erschließen zusätzlicher sachspezifischer Zusammenhänge	Erschließen von Ursachen, Wirkungen, Folgerungen und anderen logischen Zusammenhängen
Generierung ästhetischer Information	Gewinnung zusätzlicher Information aus dem Sprachmaterial, aus einer mehrfach verschlüsselten Sprachhaltung (z.B. metaphorisch, ironisch, parabolisch)
Bezüge zu außertextlichen Sachverhalten	Herstellung von Beziehungen zu anderen Texten und Theorien
Kritik der Textinformation	Überprüfung innertextueller Logik, außertextueller „Wahrheit" und Kritik der zugrunde liegenden Voraussetzungen und Normen
Bildung komplexer Zusammenhänge von textverstehenden Urteilen	Verknüpfung der bisherigen Teiloperationen zu größeren Einheiten mit dem Ziel umfassenderer Interpretation
Selbststeuerung des eigenen Textverstehens	Reflexion (und Kritik) der eigenen Mittel und Strategien zum Textverstehen

Auch wenn andere Forschungsdarstellungen eine andere Anzahl von Teiloperationen annehmen (vgl. Groeben 1982), so sind – noch einmal das bisher Gesagte wiederholend – folgende Einsichten unverzichtbar, damit nicht der Eindruck entsteht, als würde schon die additive Aneinanderreihung der Teiloperationen zum Textverstehen führen:

- Alle Zeichen(systeme) haben inhaltliche und strukturelle (ästhetische, d.h. die Wahrnehmungen beeinflussende) Komponenten.
- Ein Text muss sowohl als beziehungsreiches Ganzes als auch in Details erfasst werden.

- Textinterne und textexterne Informationen wirken zusammen.
- Auch textexterne Wissenselemente sind inhaltlich und strukturell (ästhetisch) verfasst.

2.3 Texte verstehen zwischen Textansprüchen und Lesererwartungen

Deutlich ist, dass „Sinn erfassen" als Ziel des Lesens allein nicht zureicht.
Man kann nun versuchen, Textarten nach ihren Ansprüchen oder Intentionen zu unterscheiden oder nach den Erwartungen der Leser zu fragen und schließlich beides miteinander zu kombinieren.

2.3.1 Es werden in der Textlinguistik (vgl. Brinker 1992) vier Textarten unterschieden: deskriptive (beschreibende), narrative (erzählende), expositionale (erklärende), argumentative Texte. Mindestens zwei weitere sind hinzuzusetzen: lyrisch-poetische Texte und – im Unterschied zu allen genannten kontinuierlichen (fortlaufenden) – ausdrücklich nicht-kontinuierliche (Schemata, Tabellen usw.).

Als Textarten gelten: deskriptive, narrative, expositionale, argumentative, poetisch-lyrische und nicht-kontinuierliche.

2.3.2 Fragt man nach den Erwartungen der Leser, so kann man gewissermaßen nach dem Modell kognitiver, emotionaler, handlungsorientierter und sozialer Interessen unterscheiden:

Texte kann man nutzen für

- Wissenserwerb,
- Bedürfnisbefriedigung,
- Handlungsanleitung,
- Teilhabe am gesellschaftlichen und kulturellen Leben.

Doch bleibt es wenig zufriedenstellend, diesen Interessen die oben genannten Textsorten einfach zuzuordnen.

Diskutieren Sie über den Sinn solcher Zuordnungen: Wissenserwerb und Lehrbuch usw.

2.3.3 Sinnvoller scheint eine Differenzierung nach Leseweisen, weil damit die flexible und prozesshafte Umgangsweise mit Texten erkennbar bleibt.
Die beiden bekanntesten Systematiken von Leseweisen zeigen jedoch in ihrer unterschiedlichen theoretischen Perspektive, dass sie keinesfalls isoliert zu verstehen sind oder gar Grundlage für den Leseunterricht in der Schule sein können.

Lesearten nach Giehrl 1977 (leserorientiert: von psychologischen Bedingungen ausgehend)	**Leseweisen nach Härter 1991 (an den Lesevorgängen orientiert)**
informatorisches Lesen	dekodierendes Lesen: „Lesen als Textverlassen“ als Überprüfen, was mit der Information anzufangen ist
kognitives Lesen	
evasorisches Lesen (Lesen zur Entspannung)	identifizierendes Lesen spielendes Lesen
literarisches Lesen	interpretierendes Lesen

Geht es – wie bei vielen Gebrauchstexten – um ein sogenanntes „informierendes oder informatorisches Lesen“, so spielt auch die Frage der Behaltensmöglichkeit eine Rolle. Mit anderen Worten: Bei vieler Lesetätigkeit wird erwartet, dass der Leser aus dem Text lernt. Dieses Lernen kann aber – vom Auswendiglernen abgesehen – nur über eine aktive Verarbeitung des Gelesenen geleistet werden, für die die Teiloperation „Gewinnung impliziter Information“ besonders wichtig zu sein scheint.
Van Dijk und Kintsch (1983) unterscheiden verschiedene Niveaus des Textverständnisses und verknüpfen damit die Verarbeitungsqualität mit den oben genannten Textoperationen.

Dreifache Repräsentation des Textes in der Kognition des Lesers (nach van Dijk und Kintsch, 1983)	
wörtliche Repräsentation	Auf der Grundlage der semiotischen und semantischen Operationen wird der Wortlaut (eines Satzes oder eines Abschnitts) wiedergegeben. Dies ist folglich eng an das Sprachgedächtnis gebunden. Die engste Form ist die auswendige Wiederholung.
propositionale Repräsentation	Auf der Grundlage der semiotisch-semantisch-verknüpften Operation wird die Bedeutung des Textes verarbeitet. Hierzu werden auch andere, dem Leser ggf. zugänglichere Wörter verwendet, es finden Verknappungen statt.
situative Repräsentation	Auf der Grundlage von Vorwissen werden die Textinformationen unabhängig von Wortlauf und Struktur repräsentiert.

Diese Struktur ist hilfreich, wenn es darum geht, Texte sprachlich-kognitiv zu verarbeiten und diese Verarbeitung z.B. in Tests wieder zu prüfen, wie dies etwa PISA leistet. Sie ist aber zu erweitern, wenn es darum geht, das Verständnis literarischer Texte zu fördern. Andere Formen produktiver Verarbeitung – durch ein Sich-Einschreiben, Inszenieren, in Standbildern Darstellen oder Malen – sind hier zu empfehlen.

Vgl. dazu Baustein 10 Literaturdidaktik.

3. Entwicklung der Verstehensfähigkeiten

Wenn Lesen als ein so umfassender und komplexer Vorgang zu verstehen ist, in dem qualitativ und prozesshaft die gesamte Persönlichkeit betreffende Differenzierungen beschreibbar sind, so muss auch bei der Frage nach der Entwicklung von Verstehensfähigkeiten ein weiter Rahmen gesetzt werden.
Es soll hier auf wichtige Entwicklungsstränge hingewiesen werden, die in enger Verknüpfung zueinander auch die Lesefähigkeit beeinflussen:

Suchen Sie weitere Beispiele in der folgenden Übersicht, vor allem für die Leerstellen und diskutieren Sie diese anhand von Lesetexten für bestimmte Klassenstufen.

Aspekte	**Beispiele**	**Quellen**
Ausbildung von Gesprächsfähigkeit und Mündlichkeit	Vorlesen braucht Zuhörer	vgl. Baustein 2 und 3
Entwicklung von Sprachverstehen der Schriftsprache	Leser stolpern über unbekannte Wörter	vgl. Baustein 5
phonologische Bewusstheit	Teileinheiten von Wörtern als zusammengehörig erkennen	vgl. Downing/Valtin (1984)
Wachsen von Welt-, Erfahrungs- und Handlungswissen sowie einer angemessenen Begrifflichkeit (Sprachwissen)		vgl. Grzesik (1992), Baustein 13 und Kap. 2
Entwicklung von Sprachbewusstheit und Sprachwahrnehmung	idiomatische Wendungen (patterns) in Texten	vgl. dazu Baustein 6
Unterscheiden von Wirklichkeit und Fiktion		vgl. Spinner (1983)
Erprobung von Sprachspiel		vgl. Ulrich (1999)
Entwicklung des Denkens und der Abstraktionsfähigkeit		vgl. Piaget (1971), Aebli (1980 f.), Baustein 5
Komikverständnis		vgl. Spinner (1993 a)
Ausbildung von Emotionen (Gefühlen)/Empathiefähigkeit	Identifikation mit Harry Potter	vgl. Spinner (1993 a), Damasio (2000)
Moralentwicklung	Verhalten von Figuren in Konfliktsituationen	vgl. Abraham (1998)

4. Lernen aus Texten

Hilfreiche Zwischenfragen beim Lesen: Was denkst du, wenn du Satz 1 gelesen hast? – Was könnte das wichtigste Wort, der Schlüsselbegriff des Satzes, des Abschnitts sein? – Welche weiteren Wörter lassen sich dazu gruppieren? – Versuche ein Begriffsnetz des Textes zu zeichnen! – Wie lassen sich die bisherigen Vorstellungen zusammenfassen? – Vergleiche, was du neu gelernt hast, mit deinen Vorerwartungen und deinem Vorwissen.

Sicher lässt sich aus Texten nur lernen, wenn sie auch verstanden sind.

Es ist aber grundsätzlich sinnvoll, hier zwei Arten des Lernens zu unterscheiden: ein Lernen **mit** dem Text und ein Lernen **aus** dem Text, **nach** der Lektüre und ohne erneuten Rückgriff auf den Text. Im ersten Fall können verschiedene Operationen mit Texten durchgeführt werden, vom Hervorheben und Unterstreichen von Wichtigem bis zum Zusammenfassen und kritischen Bewerten. Im zweiten Fall ist die Aufgabe, das Gelesene sich selbst neu zu konstruieren, durch verschiedene Stufen der Differenzierung und Verarbeitung, durch Nacherzählen und Zusammenfassen, durch das Entwickeln von Strukturskizzen und Anwenden in neuen Zusammenhängen.

Da aber alle diese Tätigkeiten erlernt werden müssen, kann kein Lehrer davon ausgehen, dass jeder Leser Lesestrategien oder -techniken ohne Hilfe lernt. So hat der Unterricht Hilfen zur Strukturierung und erneuten Darstellung von Gelesenem zu leisten. In Sinne der konstruktiven Lehr-/Lerntheorie aber sind folgende Bedingungen zu erfüllen:

Der Schüler verbindet seinen Versuch, einem Text einen Sinn zu entnehmen bzw. einen Sinn zu konstruieren mit bisher gelernten (Leseverarbeitungs-)Strategien. Daran muss auch für das Weiterlernen angeknüpft werden. Die Schüler brauchen sodann Gelegenheiten, Alternativen auszuprobieren, um die leistungsfähigste Art zum (umfassenden) Verstehen eines Textes zu erkennen. Auch Lernerfolgskontrollen und Tests können neue Schritte des erfolgreichen Lernens aus Texten ermöglichen.

5. Zur Schulung von Textverstehensfähigkeiten im Unterricht

5.1 Anfangsunterricht

In Abhebung zum Lesen des geübten Lesers muss beim Lesenlerner auf einige Besonderheiten hingewiesen werden. So benötigen Anfänger zum Verständnis der gelesenen Wörter häufig die Kontrolle durch lautes Lesen. Dieser eine, „indirekte, regelgeleitete Weg" wird zunehmend begleitet und ergänzt um einen „direkten Weg", auf dem ein „inneres Lexikon" bekannte Wörter nach ihren Merkmalen (visuell, phonologisch, semantisch, grammatikalisch, graphomotorisch, emotional, Häufigkeit des Vorkommens) erkennt (vgl. Scheerer-Neumann 1987).

Da unsere Buchstaben symbolische Zeichen sind, also keine logische (indexikalische) oder abbildhafte (ikonische) Beziehung zum Gemeinten haben, müssen Kinder sowohl diese grundlegende Qualität erkennen als auch entdecken, welche Elemente der einzelnen Buchstaben zu den unabdingbaren und welche zu den frei veränderbaren Details gehören.

Zu berücksichtigen ist beim Anfänger auch die noch wenig eingeübte Kontrolle der Augenbewegungen und das Zusammenspiel der verschiedenen Ebenen der Textverarbeitung. Dazu müssen die Kinder ein prozedurales Wissen um das Lesen erwerben, das zunehmend den größeren Kontext einzelheitlicher Sprachelemente einbezieht.

5.2 Optimierung des Lesens

In der älteren Leselehre ging man nun vielfach von der Vorstellung aus, dass erst eine Reihe von Einzelteilleistungen für sich optimiert werden müsse, ehe man den eigentlichen Sinn eines Textes erfassen könne, also zum Beispiel:

Teilleistungen sind im Verbund zu sehen.

- Beschleunigung des Lesens durch Blickspannübungen, die größere Einheiten mit einem Fixationspunkt erfassen;
- Auffinden von Buchstabengruppen in längeren Wörtern;
- Erklären von Einzelwörtern, ihrer Etymologie und ihrer Bedeutung mit Hilfe von Wörterbüchern o.Ä.;
- ausdrückliche Unterscheidung von wörtlicher und „übertragener" Bedeutung;
- isolierte Beschreibung von ästhetischen Auffälligkeiten (z.B. Vers, Reim);
- Gliedern eines Textes und Versehen mit begrifflichen Teilüberschriften usw.

Solche Übungen haben aber nur didaktischen Wert, wenn sie auf ein „operatives Lesen" (vgl. Kleinschmidt 1971) zielen, das die Teilleistungen miteinander verbindet oder gar von einem Gesamtsinn ausgeht, also das leistet, was der genannte „direkte Weg" meint.

5.3 Umgang mit Texten

Im Zuge der kritischen und kommunikativ orientierten Didaktik seit den 70er Jahren mit ihrer gesellschafts- und berufsbezogenen Ausbildungsintention betonte man die große Bedeutung von Sachtexten als Träger relevanter, öffentlichkeitsbestimmter Information und als Medium kritischen Hinterfragens. So wurde das Lesen von Sachtexten gegenüber den traditionell bevorzugten eher erzählenden und (in höheren Klassen) literarischen Texten gefordert.

Zur Beschreibung der Sachtexte vgl. Baustein 18.

Dies war – und ist – ein Ansatz für integratives und vor allem fachübergreifendes Lernen, auch in vielen thematisch orientierten Projekten.

Der Deutschunterricht könnte auf diese Weise die häufig lesedidaktisch unreflektierte Sachtextarbeit anderer Fächer verbessern, wie dies auch im PISA-Bericht gefordert wird. Doch muss dazu eine Reihe von Perspektiven und Ebenen des Umgangs mit Texten kontinuierlich geübt werden.

Perspektiven des Textes	Perspektiven des Lesers
Textlänge und -gestaltung Textverständlichkeit thematische Komplexität Textsortendifferenzierungen	Absuchen nach Detailinformationen Aufbau eines Begriffsnetzes Erkennen einer Textintention Festhalten des Schreibplanes Festhalten von Präsuppositionen (d.h. Vorannahmen des Verfassers über Sach- und Weltwissen beim Leser) Sprachkritik Erhebung von Strukturen und Gliederungen Untersuchen des einem Text zugrunde liegenden mentalen Modells Anstöße für individuelle Erweiterungen und Kritik

Ein didaktischer Ansatz allein auf der Grundlage der linken Spalte, Texte durch leserangemessene Formulierungen sowie formale und visuelle Hilfen zu automatischen Lehrern zu machen, ist zum Scheitern verurteilt.

Sachtextarbeit im Deutschunterricht wird sich – unter der Berücksichtigung, dass sich Sprach- und Sachkompetenz kaum trennen lassen – vor allem im Kontext produktiver und reflexiver Phasen vollziehen: Verbessern und Umschreiben von Texten für bestimmte Leser, Analysieren von textlinguistischen Phänomenen, Erproben von Fach- und Gebrauchswortschatz, Gegentexte schreiben, Informationen in andere Textsorten (auch glossierende, ironische ...) überführen.

Vgl. Baustein 7 Vorstellungsentwicklung.

5.4 Bedingungen einer konstruktivistisch verstandenen Leselehre

- Bei jedem Lesen ist von einer auf Ganzheitlichkeit des Verstehens ausgerichteten Tätigkeit des Lesers auszugehen oder darauf zu drängen. Von Überschriften, Textanfängen usw. herkommende Erwartungsaktivierung, überschauendes Lesen usw. sind zentral.
- Formen des handelnden Umgangs – vom Markieren über das Kommentieren bis zur Entwicklung von überschauenden Modellierungen (Schemata u.a.) sowie zum Umschreiben von Texten – sind ins Lesen zu integrieren.
- Die Aktivierung von Teiloperationen muss sich am Kenntnisstand der Schüler orientieren.
- Alle Teiloperationen sind immer wieder auf komplexes Verstehen auszurichten.
- Teiloperationsbündel können z.B. sein:
  vom Vorlesen zum interpretierenden Vorlesen,
  vom Lesen zur Transformation in eine andere Stil- oder Darstellungsform (in anderes Medium, in einen nichtkontinuierlichen Text),
  vom Textganzen zur „Fokussierung", also konkreteren Entwicklung von mentalen Bildern aufgrund von Elementen der sprachlich-ästhetischen Form und der Semantik,
  von der Analyse einzelner Textteile zur Überschau des Ganzen bis zu einer kritischen Beurteilung (vgl. dazu Beisbart 2004).

Erkennbar ist an solchen größeren Kontexten des Lesens, dass Lesen vor allem ein Prozess sozialer Verortung des Einzelnen ist. Dies erfährt der Lernende in Lernprozessen aber vor allem dann, wenn Texte gemeinsam gelesen werden – in umfassendem Sinne.

Zusammenfassung

Das Lesen, Verstehen und der Gebrauch von Texten in sozialen Zusammenhängen sind ein komplexer Vorgang. Wenn auch die Leseforschung Teilkompetenzen ausgliedert, so dürfen diese weit weniger von der Textseite, als vielmehr von der Leserseite her unterschieden werden. Sie haben gewissermaßen eher eine analytische Funktion und müssen in der Praxis lernenden Lesens konsequent zusammen gesehen und eingesetzt werden. Das wohl wichtigste Element im Prozess des Lesenlernens ist das Ziel, den Leser auch durch geeignete Lesetechniken zu einer flexiblen Nutzung unterschiedlicher Operationen des Lesens zu führen, durch Sprechen, Schreiben, Kommentieren, Inszenieren, Strukturieren, Umschreiben, Optimieren usw.

Weiterführende Literatur

Abraham, Ulf/Beisbart, Ortwin (1995): Sachkompetenz und Sprachkompetenz. Verstehen durch Umschreiben und Umschreiben durch Verstehen ‚fachexterner' pragmatischer Texte im Deutschunterricht. In: RAAbits Deutsch/Sprache März, Reihe 2, S. 1–14.

Christmann, Ursula/Groeben, Norbert (1999): Psychologie des Lesens. In: Franzmann, Bodo/Hasemann, Klaus/Löffler, Dietrich/Schön Erich (Hrsg.): Handbuch des Lesens. Baltmannsweiler: Schneider, S. 145–223.

Grezsik, Jürgen (1990): Textverstehen lernen und lehren. Geistige Operationen im Prozeß des Textverstehens und Typische Methoden für die Schulung zum kompetenten Leser. Stuttgart: Klett.

Willenberg, Heiner (1999): Lesen und Lernen. Eine Einführung in die Neuropsychologie des Textverstehens. Heidelberg: Spektrum.

(O.B.)

Baustein 10

Literarische Sozialisation – Literaturdidaktik

Literatur wird für Entwicklung, Bildung und Wissenserwerb als unverzichtbar bezeichnet – allein die letzten 40 Jahre zeigen eine Fülle unterschiedlicher Begründungen. Literatur als „Lebenshilfe“ war das Motto der Nachkriegszeit, die provozierende Frage „Wozu noch Literatur?“ wurde um 1970 zwar letztlich positiv beantwortet (Baumgärtner/Dahrendorf (Hrsg.) 1970, 1977), aber man versuchte, mit Literatur die Gesellschaft zu verändern. Seit den 1980er Jahren lautete die Frage: Wie kann der Literaturunterricht an das Leseinteresse der Schüler anknüpfen, es aufnehmen und intensivieren? Welche Texte sind geeignet, welche Interessen zu erkennen, welche Konzepte und Methoden sind im Unterricht erfolgreich? Und heute geht es oft um die Frage: Hat die Lesekultur angesichts der Medienrevolution eine Zukunft? Familie, Schule und Unterricht hätten ihr Ziel schon erreicht, wenn nur Kinder und Jugendliche überhaupt noch lesen würden, umstellt von Medien- und Freizeitangeboten von oft viel direkterer Faszination.
Auch wenn man dieser pessimistischen Ansicht nicht zustimmt, so bleibt das Ziel, interessierte und stabile Leser zu erziehen, eine Aufgabe, die den intentionalen Unterricht mit einzelnen Texten weit überschreitet.

Diskutieren Sie auch angesichts eigener Erfahrungen über Wert und Chancen von Literatur im Unterricht.

Was Sie erwartet:

- *Was heißt literarische Sozialisation?*
- *Welche Begründungen für Literatur in der Schule werden gegeben?*
- *Was kann Literaturdidaktik heute leisten?*
- *Welche Maßstäbe kann sie setzen?*

1. Was heißt literarische Sozialisation?

Mit dem Begriff Sozialisation ist die vor allem seit den 70er Jahren gewachsene Einsicht von Pädagogik und Sozialwissenschaften verbunden, dass Erziehung von einer Reihe von Einflussfaktoren bestimmt ist, die mit der Gesellschaft zu tun haben, in der Menschen aufwachsen und erzogen werden. Nicht Entwicklung und das pädagogische und didaktische Handeln der Schule allein, auch nicht allein die familiäre Umgebung bestimmen den Charakter der Sozialisation.

So bedeutet literarische Sozialisation negativ die Verabschiedung der Hoffnung, Literaturpädagogik könnte für alle Heranwachsenden eine gleichartige literarische Bildung bewirken, deren Inhalte, Normen und Werte fraglos vorgegeben wären, sei es von der Gesellschaft, der Literaturwissenschaft oder der Pädagogik.

Positiv bedeutet literarische Sozialisation die Einsicht in die Notwendigkeit, die wichtigsten Faktoren literarischer Bildung und Erziehung zu kennen, Normen und Werte zu diskutieren.

Grundlage literarischer Sozialisation ist die Vermittlung von Lesekompetenz. Lesen gehört zu den kulturellen Grundbedingungen, denn unsere Kultur ist eine Kultur der Schriftlichkeit, vorrangig der Wissen speichernden und Wissen erzeugenden Schriftlichkeit. Texte werden täglich in Lehr- und Lernprozesse eingebracht, weil an ihnen und mit ihnen relevante Fertigkeiten und Fähigkeiten geübt werden können. „An ihnen" heißt, dass Fertigkeiten der eigenständigen Erschließung und Benutzung von Texten für spezifische Aufgaben in Schule und Beruf geübt werden. „Mit ihnen" heißt, vorrangig mit den Textinhalten das gespeicherte Wissen über Zeiten und Räume hinweg weitergeben, neu formulieren, ergänzen und einordnen. Dabei erweist sich vor allem der große Schatz der Sach- und Gebrauchstexte als wichtig, er ist Grundlage für nahezu alle Schulfächer, vor allem die sogenannten Sachfächer, Grundlage für den Zugang zur überlieferten und gegenwärtigen Welt.

Lesefertigkeit bedeutet, Texte selbstständig für Bildung, Beruf und Freizeit zu nutzen.

Vgl. Baustein 9.

Lesekompetenz ist die Grundlage, um an kultureller Schriftlichkeit teilzuhaben, Lesesozialisation die umfassende Eingewöhnung und Einübung in die Schriftkultur.

Da sich aber Lesen im Sinne eines umfassenden Zeichengebrauchs auch auf Bildschirmtexte, ja auf Bilder und Bild-Wort-Kombinationen erstreckt, muss darüber in einem eigenen Baustein gesprochen werden.

Vgl. Baustein 11.

Literarische Sozialisation meint Bemühungen und Einflüsse, die zum Aufbau und der Entwicklung einer stabilen Einstellung zum Lesen und zu den literarischen Zeugnissen verschiedener Kulturen führen.

Die wichtigsten Einflussgrößen seien benannt:

- Entwicklungsfaktoren (Lesealtersforschung, Biographieforschung),
- Geschlechtsfaktoren,
- Familiale und andere soziale Einflussfaktoren in Kindheit und Jugendalter,
- Mediale Einflussfaktoren,
- Intentionale Bemühungen vor allem der Schule.

Vgl. dazu besonders Baustein 19.

Die Wechselbeziehungen zwischen den Faktoren sind so vielfältig, dass sie nur in Annäherung in Einzelprojekten erforscht werden können (Eggert/Garbe 1995).

Dass in den letzten Jahrzehnten die Einsichten der Textwissenschaft und die Erforschung der Kinder- und Jugendliteratur den Blick über einen engen literaturwissenschaftlichen Horizont mit einem zu engen Verständnis von „ästhetisch" hinaus erweitert haben, kann nicht oft genug betont werden.

Literatur – auch Sachliteratur – ist grundsätzlich Ergebnis sprachlich gefasster Wahrnehmung, also von „Ästhetik".

2. Ein Blick auf die Begründungen für Literatur in der Schule, historisch und aktuell

Was aber bedeutet das Lesen von **„Literatur im engeren Sinne"**, also von „poetischer, fiktionaler, schöner Literatur"? Solche und andere Bezeichnungen grenzen offenbar einen eigenen Gegenstands- oder

Handlungsbereich ab, so dass dafür auch eigene, genuine Bildungsvorstellungen entwickelt sind.
Auch wenn aus dem Korpus aller Texte die sogenannten literarischen nicht ganz problemlos oder gar „objektiv" herauslösbar sind, bedeutet der lesende Umgang mit Literatur im engeren Sinn ein anderes Verhalten des Lesers, natürlich auch beeinflusst von vielfältigen Bedingungen seiner Lesesozialisation (vgl. Abraham u.a. 2000, 33ff.).

Zum Verhältnis von Sachtexten und literarischen Texten vgl. Baustein 18.

- Die Suche nach Begründungen für Literatur im Unterricht – historisch

In langer Tradition seit der Antike kann man – etwas vereinfacht freilich – zwei wesentliche Perspektiven auf Literatur erkennen: Die **Texte** zeichneten sich durch eine besondere sprachliche Form aus, sie sind etwa in Versen oder in gehobener Sprache verfasst, es finden sich vermehrt Metaphern und sprachliche Bilder usw. Und die Wirkung auf die **Leser** sei unmittelbar(er), sie treffe Affekte und Gefühle zuerst, von „Furcht und Mitleid" wird etwa Lessing im Hinblick auf das Drama sprechen. Da zudem die Leser erst allmählich in ihrer Interessens- und Denkentwicklung vorankämen, könne Dichtung dies eher als sachliche und argumentative Texte leisten, sowohl Erfahrungen und Kenntnisse weitergeben als auch Gefühls- und Moralerziehung vermitteln. In dem Ausspruch des römischen Autors Horaz, die Dichter wollten „aut prodesse aut delectare aut simul", entweder nützen oder erfreuen oder (am besten) beides, steckt eine außerordentlich wirksame Auffassung und Begründung für die Verwendung von Dichtung in der Erziehung.
So ist es auch wenig erstaunlich, dass man den Umgang mit Literatur bis in die Gegenwart unter dem Etikett **„Literaturpädagogik"** diskutiert hat.

Literaturpädagogische Begründungen für Literatur in Erziehung und Unterricht waren und können bis heute sein:

Literatur-pädagogische Begründungen

(1) **individualpädagogisch steuernde Begründungen**
   - zur religiösen Erbauung, z.B. durch vorbildhafte Lebensschilderungen
   - zur moralischen Belehrung für rechtes Verhalten, z.B. durch Fabeln
   - zur Einschärfung von Verboten durch Drohungen und Ausmalung von Strafen, z.B. in Warngeschichten

(2) **ideologische Begründungen**
   - zur nationalen Bewusstseinsbildung, z.B. durch heroische oder rührselige Erzählungen oder Balladen
   - zum Transport von Ideologie aller Schattierungen, z.B. auf der Bühne durch „Lehrstücke"

(3) **persönlichkeits- und bewusstseinsbildende Begründungen**
   - zur „Lebenshilfe" in Fragen eigener Existenznot, z.B. durch biographische Erzählungen
   - zur Vermittlung und Diskussion philosophischer Fragen wie „der Einzelne und die Gemeinschaft", Freiheit und Pflicht, Verantwortung vor Gott, z.B. in Dramen

- zur Identitätsbildung durch Vermittlung von Vorstellungen und Alteritätserfahrungen, z.B. mit Märchen

(4) **gesellschaftliche und gesellschaftskritische Begründungen**
- zur Diskussion gesellschaftlicher Probleme wie Gewalt, Rechtsradikalismus, Krebs, Boulimie, sexuellem Missbrauch, Naturschutz und Umweltverschmutzung, Atomkrieg usw., z.B. in Jugendbüchern oder Unterhaltungsromanen
- zum Erwerb einer (gesellschafts-)kritischen Sicht auf historische oder aktuelle gesellschaftliche Aufgaben, z.B. „Die Wolke" von G. Pausewang

(5) **sprachlich-rhetorische Begründungen**
- zur Demonstration virtuoser linguistischer, rhetorischer und formaler Mittel, wie sie Sprache und Texte (z.B. Essays) zu bieten haben
- zur Erfahrung von Sprachspiel als Mittel der Distanz, der Entlarvung, der Formkunst usw.

Man kann an der Abfolge der Benutzung von Literatur für Zwecke der Katechese, der Erziehung, der Aufklärung, der Nationalformung, der Formung einer sozialistischen oder individuellen Persönlichkeit, der Problemorientierung usw. auch eine Geschichte des Literaturunterrichts und seiner Begründungen seit 1780 sehen. Dabei lösten sich in der Zeit zwischen 1965 und 2000 die Begründungen erneut als Schwerpunkte literaturdidaktischer Argumentation in schneller Folge ab (vgl. Frank 1973, Schober 1977a, Paefgen 1999), was sich auch an einer Geschichte der Kinder- und Jugendliteratur und ihrer Vermittlungsbegründungen ablesen lässt (Wild (Hrsg.)1990).

Vgl. dazu Baustein 19.

Seit Philipp Wackernagel 1843 sein Lesebuch als „schönen Garten" bezeichnete, gibt es immer wieder Bestrebungen, einem **Unterricht durch Literatur**, der Texte für „außerliterarische Zwecke" der Information und Belehrung rechtfertigt, einen **Unterricht zur Literatur** gegenüberzustellen. In der Nachfolge der Romantik mit ihrer Hochschätzung des Kindes und der „volkstümlichen" oder Volkspoesie – bis heute vor allem des Märchens (vgl. Bausinger 1980) – wurde ein im eigentlichen Sinne „literarischer" Unterricht nicht etwa nur für die Schüler der gymnasialen Oberstufe gefordert, so dass Unterricht zur Literatur immer wieder in die Nähe einer ästhetischen Erziehung in allen Künsten (auch Musik und Bildende Kunst) gerückt wurde, ja zur ästhetischen Gestaltung (und Eigenproduktion) anregen sollte. Allerdings forderte die komplexere und „schwierigere" „Hochliteratur" zugleich zur Stellungnahme heraus, welche Bedeutung sie für eine literarische und moralische Entwicklung der jungen Leser habe, welche literaturdidaktischen Stufungen angezeigt sein könnten. Literatur wurde also entwicklungspsychologisch und didaktisch funktionalisiert.

Vgl. Handlungs- und produktionsorientierter Unterricht unten S. 120.

Unterricht zur Literatur kann auch bedeuten, einfach Texte vorzulesen, sie zu rezitieren, zu inszenieren oder zu spielen, ohne sie anschließend pädagogischer Nutzanwendung oder analytischer Kleinarbeit zu unterziehen. An der hohen Anregungsqualität solcher Bemühungen ist nicht zu zweifeln, doch bleiben sie in der Definition der Schule als eines Ortes, an dem Sinn und Deutung gemeinsam erarbeitet und ausgehandelt, individuelle und gemeinsame Vorstellungen entwickelt und begründet werden, unzureichend (vgl. zur Diskussionsanregung vor allem Pennac 1994).

- Die Suche nach Begründungen für Literatur im Unterricht – aktuell

Unterricht, der zur Literatur und ihrer genuinen und nicht durch andere Gegenstände ersetzbaren Qualität hinführt, kann vom Begriff **Literaturdidaktik** her umrissen werden, der – in der Sache älter – sich als Fachbegriff erst seit den 70er Jahren des 20. Jahrhunderts durchgesetzt hat.

Literarisches Lehren und literarisches Lernen sind die beiden Perspektiven der Literaturdidaktik.

Literaturdidaktik begründet Literatur in der Schule von zwei Seiten her: als **literarisches Lehren** mit dem Verweis auf die Bedeutung von Literatur für Kulturentwicklung und (individuelle) Bildung; als **literarisches Lernen** mit dem Anspruch, dass durch den aktiven Umgang mit den Formen literarischer Sprache sich Selbst- und Fremdverstehen entwickelt.

Die Außenseite, die Vermittlung literarischen Wissens, ist aber in einen größeren Kontext literarischer Sozialisation eingebettet. Sie zielt auf alle Erfahrungen und Begegnungen der heranwachsenden Leser im Umgang mit Literatur in Familie, über Bibliotheken und Buchhandlungen, in Form literarischen Lebens (als Lesungen, Aufführungen) usw. Vielfältige Forschungen zur Kinder- und Jugendliteratur, zu Formen der Kommunikation, zum Lesen in Pädagogik, Psychologie und Soziologie, zur Mediengesellschaft und aus der Literaturwissenschaft tragen hier Einsichten bei (vgl. Eggert/Garbe 1995).

Die Innenseite, der literarisch angeleitete Umgang mit Selbst- und Fremdwahrnehmungen als Weg, um für sich und im sozialen Umgang mit anderen Sinndeutungen zu leisten, kann als **literarische Bildung** bezeichnet werden, als „Anstrengung des Sich-selbst-Formens" (Abraham 1998 a, 233). Verfehlt wäre es freilich, wenn die Schule nur auf die Vermittlung von (abfragbarem) Wissen setzen würde, und wenn sie literarische Bildung nur als das Endziel eines langen Sozialisationsprozesses verstünde. Literaturunterricht als Teil einer umfassenderen Aufgabe literarischer Sozialisation muss den Schülern auf jeder Stufe zeigen können, dass literarische Texte Teil ihrer Orientierungssuche sein können, wobei sich mindestens folgende Funktionen von Literatur unterscheiden lassen:

- informierende, welterhellende
- spielerische, gestalthafte
- spannungsbildende und spannungslösende
- reflexive und wertende („nachdenkerische" heißt es bei Erich Kästner)
- imaginative und fantastische.

Aus solchen Einsichten können Ziele entwickelt und ausdifferenziert werden.

Aus Sicht der Literaturwissenschaft könnte es so aussehen, als würde ein einziges Ziel genügen, nämlich Hinführung zur „Andersheit der literarischen Sprache", den poetischen Ausdrucksmitteln für eine „Welt im Text" (Paefgen 1999, 150). Praktisch aber ist ein sol-

cher Unterricht nicht gefeit davor, in den Formalismus analytischer Beschreibungen und bloßer Wissensvermittlung abzugleiten.
Auch wenn im Mittelpunkt des Literaturunterrichts selbstverständlich Texte stehen, „gestaltete Sprache" und „in Sprache gefasste Welt", die **Lerngegenstand** sein müssen, so legen alle Einsichten über die aktiven Tätigkeiten der Leser, die Wörter und Sätze zum Leben zu erwecken, zu konkretisieren und in Vorstellungen umzusetzen, nahe, didaktisch auch vom Leser her zu denken und zu planen, um ihm gerecht zu werden. Literarische Texte sind in diesem Sinne auch zugleich **Lernmedium**.

Vgl. Baustein 7 Vorstellungsbildung.

Texte als Lerngegenstände	**Texte als Lernmedien**	
	eher geeignet	eher problematisch
Textstrukturen und literarische Gattungen und Formen, Schreibweisen und Schreibabsichten, Autoren, Themen und Motive und ihre Geschichte, Literarisches Umfeld und Wechselbezüge, Epochen	Literatur als Erfahrungsfeld, als „Übergangsraum", als Vorstellungsanreger, als Raum der Verarbeitung von Affekten, Gefühlen und Gedanken	Literatur als Transportmittel für Information, Moral, Ideologie ...

Versuchen Sie an einem weit verbreiteten literarischen Text, z.B. einem Gedicht von Eichendorff, der „Ballade vom Nachahmungstrieb" (Erich Kästner) oder der Kurzgeschichte „Die Tochter" (Peter Bichsel) Zielsetzungen für einen Unterricht zu formulieren, der den Text als Lerngegenstand und als Lernmedium gleichermaßen berücksichtigt.

3. Literaturdidaktik und ihre Basis: Literarische Anthropologie

Wenn Literatur als Lernmedium verstanden und angemessen begründet werden soll, so bieten sich aus der aktuellen Diskussion Aspekte einer literarischen Anthropologie an. Sie sollen im Folgenden weiter entfaltet werden.
Schon die klassische Hermeneutik und in ihrem Gefolge die Bildungsdidaktik haben die Grundfrage nach dem Bildungswert von Literatur zu beantworten versucht. Der Begriff einer „literarischen Anthropologie" (vgl. Iser 1993) erweist sich als tragfähig, die verschiedentlich vorgeschlagenen einzelnen literaturdidaktischen Begründungbegriffe auf eine Basis hinzuführen.
Literarische Anthropologie meint nicht nur, dass Menschen **Interessen oder Bedürfnisse** haben, die Literatur – als Ersatz, als Ablenkung,

Vgl. dazu Baustein 29.

als Moratorium – befriedigen kann; der Begriff meint nicht nur, dass Literatur **menschliche Grunderfahrungen** thematisiert, z.B. das harmonische oder konfliktreiche Zusammenleben, das Zusammenwirken von Verstand und Gefühl, die Frage der Endlichkeit usw., wodurch sie damit in der Nähe von Psychologie, Philosophie und Religion angesiedelt wäre.
Literarische Anthropologie geht vielmehr davon aus, dass zum Menschsein notwendig die **Konstruktion von neuen Welten** gehört, die es ihm ermöglichen, je vorhandene Begrenzungen probehalber – lesend, spielend, erfahrend – außer Kraft zu setzen. Da die Leistungsfähigkeit der Sprache zur Konstruktion solcher Welten unverzichtbar ist, hat sich in der Geschichte der Menschheit ein System von Texten und intertextuellen Bezügen entwickelt, das als „Übergangsraum" (Winnicott 1979) und Reservoir von Wirklichkeitskonstruktionen angesehen werden kann.

Vgl. Baustein 1.

Anthropologie erkennt die Fiktionsbedürftigkeit des Menschen und erkennt als literarische Anthropologie in der Literatur ein unendliches Reservoir an Formen und Ausdrucksmöglichkeiten. „Literatur erlaubt uns, ein anderes Leben zu führen als jenes, in das wir als sozial handelnde Menschen eingespannt sind" (Iser 1991, 96).

Konkreter werden solche Begründungen literaturdidaktisch verhandelt unter den folgenden Begriffen:

- **Menschliche Elementarerfahrungen und Erfahrungsorientierung**
Literatur wird gelesen und verstanden als ein Reservoir an kollektiven Erfahrungsangeboten, die als Brücke zwischen Lesen und individuellem Erleben „genutzt" werden können (vgl. Krejci 1996).

- **Imagination und Vorstellungsbildung**
Einsichten in die Bedeutung innerer Bilder und mentaler Konstrukte haben jenseits der Opposition von Denken und Fühlen erkennen lassen, wie ertragreich der Umgang mit Literatur als Angebote für eigene Vorstellungen ist.

Vgl. Baustein 7.

- **Identitätsbildung**
Jeder Mensch erfährt die Herausforderung, sich seiner selbst zu vergewissern. Seine Erfahrungen, wechselnde Rollen „spielen" oder einnehmen zu müssen, und gleichzeitig das Bedürfnis, „er selbst" zu sein, eine Identität zu haben, lassen ihn auf die Suche nach „Vorbildern" gehen. Dabei spielen literarische Texte eine herausragende Rolle, nicht im Sinne einer unkritisch übernommenen Vorlage, also eines „Identifikationsangebots", sondern gerade als „Übergangsraum" mit „Übergangsfiguren", in die man probehalber schlüpfen kann. Sowohl menschliche Entwicklung als auch Erprobungslust des Menschen legen es nahe, Identität als ein offenes Geflecht von unterschiedlichen „Rollen" zu sehen (Neubaur 1987, Frederking 1998).

- **Fremdverstehen**
Fremdverstehen ist der notwendige Ergänzungsbegriff zur Suche nach einer eigenen Identität: In der Auseinandersetzung mit anderen Figuren und Gesprächspartnern, anderen Kulturen und Denktraditionen kommt es darauf an, weder sich an das Andere zu verlieren oder es kritiklos zu übernehmen, noch es als fremd zurückzuweisen oder gar zu verfolgen. Gerade das notwendige Ziel einer kulturellen Verständigung über unterschiedliche Sehweisen bis zum unauflösbaren Dissens lässt sich mit Literatur fördern: Empathie und Perspektivenübernahme, also Einfühlung und erprobendes „Wenn ich du wäre" spielen eine große Rolle (Beisbart 1999; Jolles 1999).

- **Didaktik der Denkbilder**

Literatur wird so verstanden als ein Reservoir von „Denkbildern", was die Frage nach dem Kanon anders aufwirft. Müller-Michaels (1993;1997) spricht, in Anlehnung an Herder, von „konstruktiver Anthropologie" und schlägt die Suche nach „fundamentalen Erfahrungsfeldern" vor, z.B.: „zwischen Liebe und Hass", „zwischen Leben und Tod", „zwischen Genuss und Streben", „zwischen Gespräch und Gewalt", wobei das durchgehende „Zwischen" zeigt, dass es nicht um anthropologische Grundkonstanten geht, sondern dass Gefühle und Verhalten, Erfahrung und Deutung historischen Veränderungen unterworfen sind, über die „nachzudenken" Literatur unverzichtbar ist.

Suche nach „fundamentalen Erfahrungsfeldern"

- **Ästhetische Bildung als Förderung von Wahrnehmungsfähigkeit und Achtsamkeit**

Wenn menschliches Erfahren und Lernen ein ständiger Prozess der Wahrnehmungskonstruktion ist, und Literatur sowie der imaginative, empathische und erprobende Umgang mit ihr dazu wesentlich beitragen, dann leistet Literatur einen wichtigen Beitrag zur Beweglichkeit und Differenzierung von Wahrnehmung. Damit aber wird Ästhetik wieder – wie schon vor ihrer klassischen Verengung – in ihre alte Bedeutung als Wahrnehmung eingesetzt (Welsch 1990). Wahrnehmung bezieht sich eben nicht einfach auf die sogenannte Realität, sondern auch auf die menschlichen Bezüge (die Verbindung zur Perspektivenübernahme und Empathie ist deutlich) und nicht zuletzt auf die Sprache und ihre Leistungen – als Achtsamkeit auf alle sensuellen Eindrücke (Beisbart 2002).

Ästhetik als Wahrnehmung

- **Erinnerungsarbeit und Förderung eines historischen Bewusstseins**

Sprache und Literatur sind gewissermaßen der Fundus, aus dem der Mensch aus der Beschränktheit der eigenen Perspektive heraus sich ein kulturelles und kollektives Gedächtnis aufbauen kann: Der Leser kann entdecken, wie sich Mentalitäten und Gefühle, Denkweisen und Deutungsmuster im Laufe der Geschichte verändert haben, wie angeblich unveränderliche anthropologische Grundstrukturen wie Liebe, Familie und ihre Beziehungen einem Wandel unterworfen waren und sind. Historisches Verstehen fördert die Fähigkeit, sowohl mit der eigenen, historisch gewordenen Identität (selbst-)kritisch umzugehen als auch Fremdes verstehen und anerkennen zu können (vgl. Nutz 1999): Die Verbindungen zu schon genannten Begründungen sind deutlich.

Historisches Verstehen

Abraham (1998a, 258) hat versucht, diese Aspekte didaktisch zusammenzuführen, und gewinnt daraus eine Reihe von „Kompetenzen im Literaturunterricht", die zu entwickeln seien: kognitive, sach-sprachliche, poetische, moralische, interaktive Kompetenz, denen eine kritische hinzuzufügen ist und deren Zusammenwirken „literarische Kompetenz" zu nennen wäre.

Gehen Sie den einzelnen Kompetenzbegriffen auf den Grund, indem Sie versuchen, genauere Beschreibungen dafür zu finden, z.B. moralische Kompetenz:

- *Fähigkeit, das Reden und Verhalten einer literarischen Figur moralisch zu bewerten;*
- *versteckte Gewalt im Sprachverhalten einer literarischen Figur entdecken;*
- *über eigene Prinzipien moralischen Verhaltens anhand literarischer Texte nachdenken.*

Suchen Sie literarische Beispiele, mit denen sich arbeiten lässt. Diskutieren Sie Erwartungen und praktische Konsequenzen dieses Ansatzes, beziehen Sie auch die früheren literaturpädagogischen Begründungen (s.o.) mit ein.

Fassen wir plausible Begründungen für Literaturunterricht noch einmal zusammen:

Literarisches Lesen ist als ein unabschließbarer, gemeinsamer Prozess von Sinndeutungen und Wirklichkeitserprobungen zu verstehen.

Literarische Texte sind
- Entwürfe eigenständiger und sozial verhandelbarer Wirklichkeitskonstruktionen,
- Angebote an Leser in emotionaler, kognitiver, poetischer, ästhetischer, moralischer Hinsicht (aber auch in informatorischer),
- Welten aus Sprache; Wörter und Sätze beziehen sich auf andere Wörter und Sätze und sie beziehen sich auf „Welt" durch ästhetisch-symbolisches Benennen.

4. Folgerungen für die Arbeit mit literarischen Texten

Was bedeutet eine solche Beschreibung aber für die Entwicklung der Literaturdidaktik? Sie steht in der Spannung, dass einerseits auch Literaturunterricht – wie viele andere Fächer und Schule insgesamt – Wissen, Methodenkenntnis und Wertsetzungen an Heranwachsende vermitteln soll, die noch nicht umfassend erzogen, sozialisiert, kulturalisiert, geübt sind, und andererseits gerade das Verstehen literarischer Texte weder vollständig planbar ist noch sein darf. Auch wenn der „Sinn" eines Textes gemeinsam erarbeitet, unter Zuhilfenahme vieler Perspektiven vertieft, geklärt und „gesichert" werden kann, so bedeutet sein „Mehrwert", bedeuten seine „Leerstellen" die Chance, dass sich jeder Leser mit einem literarischen Text länger beschäftigen kann – anders als bei einem Sachtext, dessen Wert sich (meist) in der Information erschöpft.
Man muss – wie dies handelnde Lehrer und Studierende vielfach zuerst erwarten – deshalb praktisch-konkrete Fragen der Unterrichtsplanung in den Blick nehmen und zu beantworten versuchen. Fünf Fragen stehen hier im Vordergrund:

Frage 1: Welche Texte sollen die Schüler kennen lernen? Hier spielt die Frage eines Kanons eine große Rolle.

Die Frage nach dem Was ruft viele Ratgeber auf den Plan. In der Geschichte des Literaturunterrichts wurde immer wieder über einen Kanon diskutiert.

Kanonprinzip bedeutet, dass literarische (auch kinderliterarische) Tradition und aktuelle Leser sich wechselseitig einem prüfenden Gespräch über die Bedeutsamkeit von Texten unterziehen.

Doch muss man gewissermaßen konkurrierende Kanons unterscheiden, einen literaturgeschichtlichen, einen kinder- und jugendliterarischen, einen Lehrplankanon – nach Schularten und Klassenstufen gegliedert –, einen „heimlichen Kanon" der Lehrer, die auf methodisch „erfolgreiche" Texte immer wieder zugreifen, vor allem, wenn – wie in der Gegenwart – Lehrpläne kaum noch konkrete Titel nennen.

An einem Beispiel sei zumindest kurz auf den Wandel schulischer Kanontexte hingewiesen. Die Verfolgung und Vernichtung der europäischen Juden wurde nach 1945 nur zögerlich über literarische Texte vermittelt, am häufigsten über *Das Tagebuch der Anne Frank*. Seit den 60er Jahren etablierte sich vorrangig Hans Peter Richters *Damals war es Friedrich* als Kanontext. Nachdem 1992 Gudrun Pausewangs *Reise im August* erschienen war, urteilte Dagmar Grenz: Mit dieser Erzählung hätte die Jugendliteratur den nun erreichten Bewusstseinsstand der Gesellschaft wiedergegeben und Richters Buch überholt.

Stellen Sie die drei genannten Texte nebeneinander und erkunden Sie deren Leistung in einem jugendliterarischen Kanon.

Nach längerer Zeit der Ablehnung nimmt zur Zeit das Interesse am Kanon erkennbar zu (Abraham 1998b, Schwanitz 2000, Gaschke 2002), vielleicht weil die „ständige Diskussion über die literarische, kinderliterarische Tradition und die Gegenwart der Leser" sehr mühsam ist und die erhoffte Einigung auf eine minimale Wissensbasis nicht zustande kommt. Doch müssen die Literaturdidaktik und die planenden Lehrer sich dieser Frage immer wieder neu unterziehen. Angeboten werden dazu drei Prinzipien: Exemplarität, Wirkungsmächtigkeit und Aktualität (Müller-Michaels 1997). Doch müssen trotzdem weitere Gesichtspunkte im Blick bleiben:

Exemplarität, Wirkungsmächtigkeit und Aktualität sind drei wesentliche Kanonprinzipien.

- Das Verhältnis von Texten der Tradition zu solchen der Gegenwart (Literaturgeschichte und literarische Gegenwart);
- die Berücksichtigung von Gattungen und Textarten;
- das Gewicht von Kinder- und Jugendliteratur und Texten für Erwachsene;
- in deutscher Sprache geschriebene Literatur und Übersetzungen;
- Literatur aus der europäischen Kulturtradition und solche aus anderen Kulturen.

Stellen sie für sich probeweise „Ihren" persönlichen Kanon zusammen und diskutieren sie Ihre Ergebnisse.

Frage 2: Ist Aufgabe des Literaturunterrichts allein das Lesen von Texten oder gehören auch Produkte in anderen Medien hinzu?
Damit ist nicht nur gemeint, ob andere Medien, wie Filme, Hörspiele und Internetprodukte den Literaturunterricht methodisch unterstützen sollen, also die Überlegung: An welcher Stelle einer Lektüreeinheit soll ein Filmausschnitt oder ein Hörbeispiel gezeigt werden? Es geht vielmehr darum, wie die geforderte Kompetenzbildung mit unterschiedlichen Medienangeboten verbunden werden sollte oder müsste.

Vgl. Baustein 11 zum Thema Medienkompetenz.

Frage 3: Was lässt sich über Verstehensentwicklungen und -bedingungen der Schüler sagen?
Es erweist sich als sehr schwierig, darauf tragfähige Antworten zu bekommen. Die Folge aber ist, dass es vielfach bei Meinungsäußerungen über „kind- oder jugendgemäß" bleibt.
Die Geschichte dieser Fragerichtung lässt sich so zusammenfassen: Lange versuchte man über einzelne Kriterien eine solche Entwicklung zu erfassen, z.B. über die Frage, welche **Gattungen** für welches Alter besonders geeignet seien (etwa Märchenalter, Alter der Abenteuergeschichten, Lyrikalter); über die Frage der Entwicklung **ästhetischen Verstehens** (etwa von einem äußeren zu einem inneren Verstehen literarischer Sprache oder als Eroberung einer seelischen Tiefendimension in der Pubertätszeit – „Balladenalter"); über die **kognitive Entwicklung** vom konkreten zum abstrakten Denken.
Spinner (1980; 1984, 367; 1987) hat gegen monokausale Deutungen parallel zu lesende Entwicklungslinien für verschiedene Aspekte des lesenden Umgangs zusammengestellt, die trotz ihres Verzichts auf Einbeziehung von unterschiedlichen sozialen Bedingungen der Leser und Mediennutzer eine Grundlage auch für didaktisch-methodisches Planen bieten, weil sie zusätzlich den einzelnen Weg eines Lesers mit einem mehrfach gelesenen Text (auch im Unterricht) darstellen können:

Entwicklungslinien des Lesens

- Von der offenen zur verdeckten Ich-Bezogenheit
- Von der Weltaneignung zur Weltdeutung
- Von der Vergegenwärtigung von Triebregungen, Wünschen und Träumen zum utopischen Denken
- Von der Handlungsbezogenheit zum Interesse für psychische Prozesse (Innenperspektive)
- Vom monoperspektivischen Verstehen zur Erschließung von Mehrperspektivität
- Vom anekdotischen zum historischen Geschichtsverständnis
- Von der Rollen- und Wunschbefangenheit zur autonomen Selbsteinschätzung
- Von der Autoritätsgebundenheit zur Selbstverantwortung
- Von der Rollen- und Normfixiertheit zur Auseinandersetzung mit Verhaltenserwartungen (Wertediskussion)
- Vom Lachen über Normverstöße zur Gesellschaftskritik

Frage 4: Wie lassen sich Leseinteressen der Schüler oder ihre Motivation zum Lesen erkennen und entwickeln?
Interesse an Literatur wird sicher angeregt von der Umwelt, von den Bedingungen in Familie, über die Medien und andere Erziehungsin-

stanzen. Es ist aber auch von psychischen und individualbiographischen Bedingungen bestimmt (Schön 1993; Schiefele/Stocker 1990; Franz 1993). Für Schule und Unterricht ist es immer von Bedeutung, Vorlieben und Moden, aktuelle literarische, aber auch thematische Interessen der Schüler zu kennen und zu berücksichtigen, auch auf geschlechtsspezifische Leseinteressen zu achten (Eggert/Garbe 1995). Aber nicht unwichtig sind gleichermaßen neue und unerwartete Anregungen für die Leser. Maiwald (1999, 2001) hat vor allem die Ausbildung von Alteritätserfahrungen in der Adoleszenz hervorgehoben und damit angeknüpft auch an anthropologische Fragestellungen (s.o.).
Alterität setzt ein Wahrnehmungsangebot voraus, das auf Diskrepanzen mit eigenen Ansichten und Einstellungen aufmerksam macht.

Alterität bezeichnet den Grad einer emotionalen und kognitiven Kompetenz und ist Teil einer gesicherten Identität.

Frage 5: Welche Methoden sollen oder können den Unterricht leiten? Dies ist hinsichtlich der **Texte** eine Frage der Literaturwissenschaft wie eine Frage der Literaturdidaktik, die zudem Interesse und Verstehensniveau der **Schüler** einbezieht und **Ziele** entwickelt sowie hinsichtlich der **Praxis** des Literaturunterrichts eine Frage an eine differenzierende Diskussion von Lehr-/Lerntätigkeiten.
Aus der Vielfalt der **Methoden** seien einige wichtige herausgegriffen, zwei, die zum Text und zwei, die zu den Schülern hinführen, aber jeweils einer tätigkeitsorientierten Handlungsvielfalt bedürfen (Belgrad/Melenk 1996, Bogdal/Korte 2002).

Zielgerichtetes Tätigwerden, zu dem sich Lehrer und Schüler zusammenfinden, ist kognitiv-emotional-pragmatisch und führt zu gemeinsamem Handeln (vgl. Abraham u.a. 2005, 9).

Hermeneutik
meint Auslegungskunst oder Interpretationswissenschaft; sie kann sich zwar nicht nur auf Texte, sondern auf alle Lebensäußerungen beziehen. Sie hat aber eine lange, bis in die Antike zurückreichende Tradition der Interpretation von Texten. Sie versteht sich als Vermittlerin zwischen dem Texthorizont und dem Horizont des Lesers. Trotzdem wird vielfach in solcher Denkweise der herrschende Anspruch der Texte und ihres „Sinnes" oder gar der kundigen Ausleger betont. Im Dreischritt Verstehen, Auslegen, Anwenden soll sich eine Einsicht in Gestalt und Stil eines Werkes und damit ein bildender und praktischer Gewinn manifestieren. Alle gesellschaftskritischen und konstruktivistischen Theorien kritisieren die Macht der hermeneutischen Tradition, sie wollen den „hermeneutischen Zirkel" überwinden, versuchen dies durch Erweiterung des Blicks über oft nur geistesgeschichtlich abgeleitete Epochenzugehörigkeiten hinaus etwa auf soziale und ökonomische Bedingungen zu leisten.
Unterrichtsmethoden können eher kognitive Verfahren des Erschließens, Vergleichens, Erklärens sein, aber ebenso auch solche der Interaktion im Gespräch, im interpretierenden Spiel oder durch Schreiben (literarische Interpretation).

Vgl. Baustein 30 zu den Methoden der Literaturwissenschaft.

Textanalyse
ist die genaue Arbeit am Text als einer sprachlichen Struktur. Die analytische Feinarbeit der Philologie (Textentstehung und Textüberlieferung) und der Textlinguistik, der Gattungstheorien und einer analytisch gestützten Hermeneutik eines mehrfachen Textsinns ist unverzichtbar, wenn man einem Text wirklich gerecht werden will.

Vgl. Baustein 18 zu den Grundbegriffen literarischer Textanalyse.

Dass Textanalyse verselbstständigt zu Formalismus erstarren kann, bedeutet nicht ihre Unbrauchbarkeit auch für die Schule. Unterrichtsmethoden sind vor allem „genaues Lesen", „textnahes Lesen" (Belgrad (Hrsg.) 1998); Erstellen von Begriffsnetzen, Schemata, Tabellen und Strukturskizzen; sprachliche Analysen der logischen Verknüpfung, der Verweise, der Konkretisation u.a.

Produktionsorientierung
sieht sich im Kontext der Anthropologie, die von der Suche des Menschen nach Wiederfindung und Aufarbeitung eigener Erfahrungen spricht, und der Kreativitätsforschung, die von der Fähigkeit des Menschen ausgeht, aus Vorhandenem Neues zu schaffen. So sind Elemente der Texte, Motive ebenso wie literarische Formen, Anstoß für Leser, sich ihrer produktiv und spielerisch-erprobend zu bedienen und zu neuen Texten und neuem Verstehen der Vorlagen zu gelangen. Unterrichtsmethoden sind vor allem eine große Fülle von Schreib- und Spielverfahren, bildlich-künstlerische Darstellungen unter Einbezug auch neuer Medien (vgl. Haas 1997; Waldmann 1999).

Vgl. Baustein 8 zum Thema Kreativität.

Handlungsorientierung
sieht sich im Kontext der Handlungsforschung (Rupp 1987), die darauf abzielt, das eigene Handeln in seinen Bedingungen und Folgen für sich und andere bewusst und reflexiv zu machen. Dies ist ein zunehmend vorstellungs- und sprachgeleiteter Vorgang, der dennoch nicht die Rückbindung ans (spielerische und körperhafte) Handeln verliert. Handelnder Umgang mit literarischen Texten im Unterricht bedeutet, die Möglichkeiten erprobenden Handelns zu nutzen, eigene Vorstellungen in Bild und Film, in Spiel und Tanz umzusetzen, sich damit als Lesender in das kulturelle Handeln der Gesellschaft einzumischen, in der auch gelesen und dargestellt, gezeigt und kritisch reflektiert wird.
Unterrichtsmethoden unterscheiden sich nicht grundsätzlich von den geläufigen Methoden des Handelns, sie haben allerdings die jeweiligen Fähigkeiten der Schüler im Hinblick auf motorische, künstlerische, sprecherische, darstellerische und technische Möglichkeiten zu prüfen und der oft zunehmenden „Verkopfung" angemessene Übungsformen entgegenzusetzen (vgl. Scheller 1989).

Sie haben in diesem Baustein erfahren:

Auf Literatur kann angemessener Deutschunterricht nicht verzichten. Dass er für ihre Behandlung jedoch sehr unterschiedliche Ziele gesetzt hat, sollte vorsichtig machen im Umgang mit einseitigen Konzepten, seien sie solche der Pädagogik, der Psychologie, verschiedener Theorien oder Ideologien über Literatur, Gesellschaft und Individuum. Da Literatur verschiedene Funktionen erfüllen kann, kann man Texte sowohl als Lernmedien wie als Lerngegenstände betrachten. Aktuell sind die Bemühungen, Literatur anthropologisch zu begründen. Aus den daraus entwickelten Einsichten lassen sich Kompetenzen ableiten, die Grundlage didaktischer Entscheidungen für die Textauswahl, die Ziele, die Berücksichtigung von Interessen der jungen Leser und die Entscheidung über Methoden sein können.

Weiterführende Literatur

Abraham, Ulf (1998): Übergänge. Literatur, Sozialisation und literarisches Lernen. Opladen: Westdeutscher Verlag.

Abraham, Ulf/Kepser, Matthis (2005): Literaturdidaktik Deutsch. Eine Einführung. Berlin: Schmidt.

Bogdal, Klaus-Michael/Korte, Hermann (Hrsg.) (2002): Grundzüge der Literaturdidaktik. München: dtv.

Eggert, Hartmut/Garbe, Christine (1995): Literarische Sozialisation. Stuttgart: Metzler.

Maiwald, Klaus (2001): Literatur lesen lernen. Begründung und Dokumentation eines literaturdidaktischen Experiments. Baltmannsweiler: Schneider.

Piper, Irene/Rosebrock, Cornelia/Wirthwein, Heike/Volz, Steffen (2004): Lesesozialisation in schriftfernen Lebenswelten. Lektüre und Mediengebrauch von HauptschülerInnen. Weinheim/München: Juventa.

(O.B.)

Baustein 11

Erwerb einer Medienkompetenz

Einen Videorekorder programmieren, die Mache eines Werbespots erkennen, beim Internet-Buchhändler „Effi Briest“ bestellen und den Roman dann lesen, die eigene Homepage entwerfen und ins Netz stellen, Unterschiede zwischen *Spiegel* und *Focus* sehen, eine E-Mail versenden – all dies hat mit Medien zu tun und zeigt die Weite des Feldes.

Es zeigt auch die Gefahr, Begriffe wie Medien und Medienkompetenz bis zur Unbrauchbarkeit zu entgrenzen.

Suchen Sie weitere Beispiele solch medienbezogener Tätigkeiten und versuchen Sie diese zu ordnen.

In diesem Baustein geht es daher um folgende Fragen:

- *Was bedeuten Informationsgesellschaft und Medienkultur?*
- *Was sind Medien? Wie lassen sie sich definieren?*
- *Was sind Medienkompetenzen? Wie verändern sie sich in der Informationsgesellschaft?*
- *Wie können solche Kompetenzen erworben werden?*

1. Informationsgesellschaft, Medienkultur, medialisierte Erfahrungswirklichkeiten

Wir erfragen Zugverbindungen im Internet; wir schießen Tore an einer Videokonsole; wir e-mailen jemandem, der eine Tür weiter leibhaftig sitzt. Informationsgesellschaft und Medienkultur heißt, Information ist ein wesentliches Wirtschaftsgut, der Informationssektor ein großer Arbeitsmarkt geworden (vgl. Löffelholz/Altmeppen 1994, 571f.). Das heißt auch, vorhandene Medien erzeugen wiederum neue Medien, zum Teil Meta-Medien: das Buch zum Film, die Zeitschrift über Computer, den Chat zur Talkshow, die Suchmaschine für Suchmaschinen. Noch nie war so viel von dem, was wir wissen, und dem, was wir tun, medial vermittelt. Und diese Medialisierung menschlicher Lebensvollzüge wird durchgreifender und vor allem rasanter. Wenn wir 1 Mio. Jahre Menschheitsentwicklung als einen Tag sehen, so entsteht die Sprache um 21:33 Uhr, das Fernsehen erst um 23:59:56 Uhr. Die gesamte Entwicklung nach dem Fernsehen (Video,

Computer, Internet usw.) vollzieht sich also in den letzten vier Sekunden dieses Tages (vgl. Merten 1994, 152)!

Die umfassende Medialisierung lässt hergebrachte Unterscheidungen problematisch werden. So ist die Grenze zwischen dem Öffentlichen und dem Privaten weitgehend gefallen. Nicht nur Prominente, auch Durchschnittsmenschen und ihre z.T. intimsten Alltäglichkeiten sind öffentlich: Heiratsanträge in Fernsehshows, Finanzstreitereien bis zu Handgreiflichkeiten in Nachmittagstalks, ja sogar Toilettenverrichtungen im Internet. Auch die Unterscheidung zwischen „der Wirklichkeit" und den sie abbildenden Medien muss konstruktivistisch besehen aufgegeben werden. Zu fragen ist nicht mehr, ob die Medien die Realität „objektiv" zeigen, sondern vielmehr: „Wie konstruieren Massenmedien Realität?" (Luhmann 1996, 20). Von einem Ereignis wie dem Golfkrieg etwa kann es kein objektives Gesamtbild, sondern nur subjektive, partikulare Erfahrungswirklichkeiten geben: die eines CNN-Zuschauers, die eines Kampfpiloten, die eines Kindes im Luftschutzkeller. CNN wiederum kann natürlich für alle Teil ihrer Erfahrungen sein. „Die [ganz eigene] Realität der Massenmedien" besteht für Niklas Luhmann (1996) einmal in den „in ihnen ablaufenden, sie durchlaufenden Kommunikationen" (13), zum anderen in dem, „was *für sie* oder *durch sie für andere* als Realität *erscheint*" (14; Hervorhebungen L.). Wenn dem aber so ist, verschwimmt auch der Unterschied zwischen authentischer Primärerfahrung und medialer Sekundärerfahrung. Einen Waldbrand zu löschen wäre eine primäre, wirkliche Erfahrung; darüber in der Zeitung zu lesen eine sekundäre, möglicherweise verfälschte, oberflächliche, unwahrhaftige. Freilich: Zu sehr sind Medienerlebnisse in die Erfahrungswirklichkeit des Menschen verwoben, als dass sich eine solche Trennung noch sauber vornehmen ließe. Wenn zwei Spieler konzentriert vor einem Computer sitzen und dabei eine Flasche Wein leeren, wenn ein Fensterchen auf dem Monitor plötzlich die E-Mail einer lieben Person annonciert, wenn ein Kind mit einer Tafel Schokolade unter der Bettdecke in einen *Harry Potter* hineinfiebert – was ist an solchen Ereignissen primär und sekundär, was authentisch und medial? Die Problematik der Unterscheidung primärer und sekundärer Erfahrungen stellt natürlich nicht das didaktische Prinzip von Konkretheit und Anschaulichkeit in Frage. Es ist ein Unterschied, ob man den Goldfisch im Biologiebuch oder vor sich im Wasserglas sieht oder ob der Jugendbuchautor auf einer Homepage oder aber im Klassenzimmer auftritt.

Fließende Grenzen

Doppelte Realität der Massenmedien

Angesichts dieser Gebietserweiterungen und Grenzverwischungen können sich Deutschlehrer nicht in der Festung Literatur und (Schrift-)Sprache verschanzen, können sich Erzieher keine naive Pädagogik der Bewahrung authentischer Primärerfahrung auf die Fahne schreiben. Nicht nur, weil sich sprachliche Grundtätigkeiten wie Lesen und Schreiben im Kontext neuerer Medien nachhaltig verändern, sondern auch, weil er erheblichen Teil hat an Bildungs- und Ausbildungsprozessen insgesamt, muss sich der Deutschunterricht der sich wandelnden Situation stellen.

Folgen für den Deutschunterricht

2. Was sind Medien?

Zu klassischen Unterrichtsmedien vgl. Sie Baustein 25.

Zunächst ist jedoch der unscharfe Begriff „Medium" ein wenig zu sortieren und zu klären, worum es hier nicht oder weniger gehen soll. Es geht nicht um Darstellungs- und Präsentationsmittel im Unterricht (z.B. Hefte, Videofilme, Overheadprojektoren). Und es geht auch nicht um hergebrachte mediale Formen wie Hörspiel, Comic, Zeitung und Film als durchaus legitime Gegenstände des Deutschunterrichts.
Was sind eigentlich Medien? Von der Luft, die Schallwellen trägt, über den Stein, der mit einem Zettel durch eine Fensterscheibe schlägt, bis hin zu einem interaktiven Hypertext auf einem Monitor lassen sich unterschiedlichste Dinge als Medien bezeichnen. Damit der Begriff für didaktische Zwecke brauchbar wird, unterscheiden wir in Anlehnung an S. J. Schmidt (1994, 613): Geräte, Medienangebote, Institutionen.

- Medien als Geräte zur Speicherung/Übertragung von Daten

Ein Buch enthält Gedichte, ein Videoband einen Spielfilm, eine CD Musik. Radiogeräte übertragen Sendungen, der Computer lädt eine Datei aus einem entfernten Rechner in den eigenen. Faxgeräte und Telefone übertragen schriftliche bzw. mündliche Äußerungen, moderne Mobiltelefone wiederum senden und speichern E-Mails. Zusehends vereinigen die Geräte verschiedene Funktionen und werden so zu „interaktiven Multimedia-Sets" (Baacke 1996, 114), etwa Mobiltelefone oder Computer.

- Medien als Medienangebote, also mit den Geräten erzeugte Texte

Der Begriff „Text" ist hier sehr weit zu sehen. Er umfasst neben traditionellen Schrifttexten (alles vom Beipackzettel bis zum Bildungsroman) neue Textsorten zwischen Schriftlichkeit und Mündlichkeit wie E-Mail, SMS, Chats (vgl. Weingarten 1997), reine Bildtexte (z.B. Cartoons, Fotostories) und Tontexte (z.B. Instrumentalmusik, Aufnahmen einer Meeresbrandung). Charakteristisch für neuere Medienangebote ist einmal die multimediale Bündelung von Codes, also mündlicher und schriftlicher Sprache, Tönen und Bildern.

Bündelung von Codes

Schon bei einer einfachen Nachrichtensendung können gesprochener Kommentar, Filmbilder und eingeblendeter Text simultan laufen. Eine Website präsentiert nicht selten Schrift, Bilder, Graphiken (statisch oder in Bewegung), dazu vielleicht alle möglichen Töne. Typisch ist zweitens eine Darstellungsästhetik, die immer mehr auf Intensität und Schnelligkeit vor allem der zunehmenden nonverbalen

Intensität und Schnelligkeit

Anteile setzt. Musikvideoclips, Werbespots, Websites, neueres *Mainstream*-Kino sind weithin gekennzeichnet durch schnellste Schnittfolgen, überwältigende audiovisuelle Effekte und die Montagen disparatester Inhalte.

- Medien als Institutionen, die Medienangebote produzieren

Verlage, Tageszeitungen, Fernsehsender, Plattenfirmen, Filmstudios, Softwaredesigner – sie alle sind Einrichtungen oder Organisationen,

die zu verschiedenen Zwecken Medienangebote herstellen und verbreiten. Auffällig ist, dass diese Ebene hinter den Geräten und Angeboten von Kindern und Jugendlichen wenig wahrgenommen wird, etwa die Existenzprobleme kleiner Zeitungen, der Milliardenpoker um Mobilfunklizenzen oder Übertragungsrechte, die Monopolisierungsbewegungen (z.B. Microsoft, Kirch-Gruppe). Sogar der folgenreiche Unterschied zwischen öffentlich-rechtlichen und privaten Sendern ist manchen nicht bewusst.
Obwohl diese drei Medienauffassungen nicht säuberlich auseinander zu halten sind, ist ihre Trennung doch sinnvoll. Ein „Medium" wie der Flugsimulator von Microsoft kann als technisches Gerät auf sein Funktionieren, als Medienangebot auf notwendige Lesefertigkeiten oder auf pädagogische Bekömmlichkeit oder als kommerzielles Produkt auf seinen Warencharakter untersucht werden. Dies erfordert und fördert ganz unterschiedliche Aktivitäten und Kompetenzen, die nicht umstandslos vermengt werden sollten.

3. Was sind Medienkompetenzen?

Sinnvolle Teilhabe als globales mediendidaktisches Ziel

Aus den neuen Gegebenheiten von Informationsgesellschaft, Medienkultur und Medialisierung leitet sich die Notwendigkeit neuer Kompetenzen ab. Hierfür kursieren Schlagwörter wie *computer literacy*, semiotische Alphabetisierung oder Wahrnehmungsbildung. Ziel muss sein, Kindern und Jugendlichen eine sinnvolle Teilhabe an Medien zu ermöglichen. Teilhabe bedeutet, dass nicht nur informationstechnokratische Eliten Zugang zu und Nutzung von Medien genießen, sondern möglichst große Teile der (Welt-)Bevölkerung. „Sinnvoll" heißt nicht, dass die Mediennutzung einer vorgeordneten (pädagogischen, ethischen, politischen usw.) Norm entspricht, sondern dass sie für das Individuum situations- und bedürfnisgerecht gelingt, dabei aber sozial verträglich bleibt.

> *Überlegen Sie, was sozial verträgliche und unverträgliche Mediennutzung sein kann.*

Beispiel E-Mail

Was dies für Kompetenzen erfordert, sei an einem einfachen Beispiel, Kommunikation per E-Mail, dargelegt: Ein E-Mailer muss einen Computer in Betrieb nehmen, eine Benutzeroberfläche „lesen", das Programm aktivieren und steuern. Er oder sie sollte wissen, warum viel unaufgeforderte *junk mail* anfallen kann. Beim Lesen und Schreiben muss die Lockerung schriftsprachlicher und textueller Normen richtig verstanden und angewendet werden (z.B. Akzeptanz kleiner Verstöße, Grußformeln, „Emoticons"). Dann – dies nichts Neues – ist ein Text so zu formulieren, dass er die angestrebte Wirkung hat, also informiert, erheitert, appelliert usw. Nötig ist zu wissen, dass der Empfänger möglicherweise binnen Sekunden die Mail wahrnimmt, öffnet, liest und beantwortet, dass dies aber auch Wochen dauern kann. Unser Schreiber sollte eine zumindest elementare Vorstellung davon haben, was da technisch und auch kommerzi-

ell vor sich geht. Er oder sie sollte weiter reflektieren können, wo E-Mail zu Gunsten des Papiermediums vielleicht besser unterbleibt, etwa beim Beileidsbrief oder bei einer Bewerbung. Und schließlich wäre es wünschenswert, wenn unser E-Mailer auch selbst Kettenbriefe oder virusverseuchte Mails unterlässt.
Was trivial erscheint, erfordert eine breite Palette von instrumentellen, kognitiven, emotiven, sozialen Kompetenzen. Was befindet sich auf dieser Palette?

- Handhabungs- und Bedienungskompetenzen für die *Hardware* und die Programme,
- sprachliche Fähigkeiten zum Lesen und vor allem zum Schreiben und zur Gestaltung, zum Teil E-Mail-spezifischer Natur,
- kulturelles Wissen über Wesen, Möglichkeiten und Grenzen des Kommunikationsformats, einschließlich kommunikationsethischen Bewusstseins.

Viel von dem eignen sich Menschen beiläufig in ungeplanten bzw. nicht institutionalisierten Lernprozessen an – aber nicht alles. Die Vertrautheit und Virtuosität von Kindern und Jugendlichen im Mediengebrauch kann nicht die Notwendigkeit von Medienerziehung verdecken. Wenn diese nicht punktuell und zusammenhanglos bleiben soll, ist es indes nötig, den Kompetenzbegriff von den Medien zu lösen und in den Zusammenhang übergreifender Bildungsaufgaben und Kompetenzen zu stellen. Wir fragen dann z.B. nach Sach-, Selbst- und Sozialkompetenz (vgl. Dewe/Sander 1996, 137) oder nach Bildungszielen wie Selbstständigkeit, Teamfähigkeit, interkulturelle Verständigung (vgl. Hamm 1996, 56f.). Solche Kompetenzdefinitionen sind allerdings sehr allgemein, vor allem aber lassen sie deutschdidaktische Fragen z.B. nach dem Lesen und Schreiben nicht sichtbar werden (vgl. Wermke 1997, 21).

Zum Thema ***interkulturelles Lernen*** *vgl. Baustein 6, zur Frage sprachlicher und literarischer Bildung in der Mediengesellschaft Baustein 27.*

Wir schlagen daher vor, Medienkompetenz nicht isoliert als solche, sondern von sprachlichen Grundtätigkeiten und dem übergreifenden Ziel von Selbst- und Fremdverständigung her zu definieren. Wir fragen also: Inwiefern prägen die Medien das Lesen, Sprechen, Schreiben, Hören neu? Welche Kompetenzen, also Kenntnisse, Fertigkeiten, Einstellungen, erfordert dies? Es liegt im Wesen neuer Kommunikationsformate, dass sich diese Grundtätigkeiten immer mehr verbinden. Beim Surfen im Netz müssen wir jede Menge lesen, aber auch schreiben, bei Videokonferenzen zusätzlich noch sprechen und hören.

Deutschdidaktik fragt nach der Prägung sprachlicher Grundtätigkeiten durch Medien.

Suchen Sie weitere Beispiele solcher Überlagerungen.

Hier drei Beispiele zum Schreiben und Lesen:

- **Schreiben im digitalen Medium**
- Eine schöne Handschrift und sichere Rechtschreibung verlieren an Wichtigkeit.
- Dafür muss mit einem Verarbeitungsprogramm hantiert werden können.

- Zur Schreibkompetenz gehört neu der sinnvolle Einsatz von Gestaltungsmitteln wie Schrifttyp und -größe, Farbe, graphischen Elementen.
- Der Schreibprozess ändert sich. Die schulmäßige Abfolge: Sammlung, Ordnung, Gliederung, Ausarbeitung etwa beim Argumentieren ist weniger sinnvoll denn je, da der Computer permanenten Entwurf und Überarbeitung gestattet.
- Internetforen, Chat, E-Mail und SMS sind neue, der Mündlichkeit nahestehende Textsorten (vgl. Haase et al. 1994) mit eigenen Schreibkonventionen.
- Manche Websites bieten die Möglichkeit, an verästelten Hypertexten mitzuschreiben (vgl. z.B. *http:/www.gvoon.de*).

• **Umgang mit Sachtexten**

Vgl. auch Baustein 18 zu Sachtexten.

- Sachtexte finden sich zunehmend auf elektronischen Trägermedien wie CD-ROM oder im Internet. Auf die Encarta von Microsoft oder die Homepage des BND zuzugreifen erfordert andere Kompetenzen als ein Lexikon oder den *Spiegel* aufzuschlagen.
- Die Informationen sind meist hypertextartig dargestellt. Man muss also wissen, dass ein Hypertext aus verschiedenen Modulen besteht, durch die man über die Aktivierung von Links navigiert. Die Multimedialität vieler Hypertexte stellt zudem neue Anforderungen.
- Weil es ein breit zugängliches Medium ist, ist das Informationsangebot des Internets zwar quantitativ immens, aber auch qualitativ durchwachsen. Die Medienangebote einer Schul- oder Universitätsbibliothek sind in der Regel seriös und zuverlässig, die im Internet keineswegs. Daher ist heute weniger die Beschaffung von Information das Hauptproblem als vielmehr ihre kritische Sichtung, Bewertung und Auswahl.

• **Umgang mit Literatur**

- In der Jugend- wie in der Erwachsenenliteratur kursieren mittlerweile zahlreiche Bücher zum Thema Computer, Medien, Cyberspace – darunter viel Seichtes, aber auch Lohnendes. Hinzu kommt der Computer als Präsentationsmedium von Literatur, z.B. im Gutenberg-Projekt (vgl. Kepser 1999).
- Davon zu unterscheiden ist genuine Computerliteratur. Sie wird entweder vom Computer generiert oder aber unter Nutzung seiner technischen Möglichkeiten realisiert: Zur Schrift treten Bilder; Schrift und Bild geraten in Bewegung; die Texte bieten Möglichkeiten zum Eingriff usw.
- Neue Medienangebote stellen neue Anforderungen. Videoclips und Actionfilme zu „lesen" erfordert Kompetenzen, die mit der Orientierung am Leitmedium Buch nicht zu fassen sind (vgl. Wermke 1997, 58; Maiwald 2005).
- Die multimediale Rasanz wiederum verändert die Basis für die Rezeption schriftlicher Texte. Viele „Geschichten" sind bereits in audiovisuellen Formen bekannt (Hörbücher, interaktive Bücher, Filme) und Wahrnehmungserwartungen und -muster sind entsprechend geprägt. Neue Wege der Leseförderung und der literarischen Erziehung müssen daher beschritten werden (vgl. Abraham 1998a; Maiwald 1999, 2001; Spinner [Hrsg.] 1999).

Vgl. hierzu Bausteine 9 und 27.

Medienkompetenz ist die Fähigkeit zu Selbst- und Fremdverständigung unter den oben beschriebenen Bedingungen medialisierter Erfahrungswirklichkeit.

Fähigkeit zu Selbst- und Fremdverständigung unter medialisierten Bedingungen.

Sie beinhaltet Wissen und Reflexion über neue Gegenstände und Gegebenheiten, also Mediengeräte, -angebote und -institutionen. Ein medienkompetenter Mensch weiß, was DVD, was eine *reality soap*, was ein Medienkartell ist. Medienkompetenz bedeutet aber v.a. die Fähigkeit zur Ausübung sprachlicher Grundtätigkeiten unter veränderten medialen Gegebenheiten. Quer zu diesen Grundtätigkeiten lassen sich dann medienbezogene Teilbereiche definieren. Dieter Baacke nennt (1) Medienkritik (analytisch, reflexiv, ethisch), (2) Medienkunde (informativ und instrumentell-qualifikatorisch), (3) Zielorientierung (rezeptiv anwenden und interaktiv anbieten), (4) Mediengestaltung (innovativ und kreativ) (1996, 120). Susanne Barth (1998) unterscheidet als Teilbereiche: Handhabungskompetenz, kritische Kompetenz, Gestaltungskompetenz, ästhetische Kompetenz. Die folgende Abbildung veranschaulicht die Verflechtung medialer Gegebenheiten mit sprachlichen Tätigkeiten:

Medienkompetenz und Sprachkompetenz

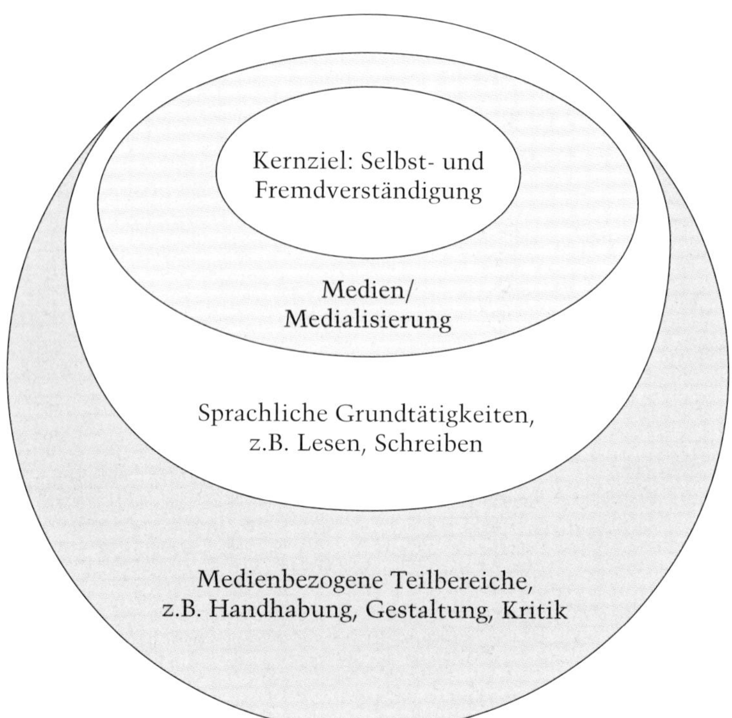

4. Wie können Medienkompetenzen erworben werden?

Das staatliche Schulwesen kann Medienkompetenzen nicht alleine vermitteln. Dies verhindern schon das rasante Fortschreiten der technischen Entwicklung, die sich stetig wandelnden Erfordernisse des Arbeitsmarktes und die begrenzten Mittel der Bildungsträger. Es verwundert daher nicht, dass sich ein großer Teil des Kompetenzerwerbs in informellen Prozessen (z.B. VHS, Selbstinstruktion) vollzieht (vgl. Tully 1994). Wenig strittig ist, dass Schule kein abgeschotteter Raum ist, in dem junge Menschen vor den gemutmaßten schädlichen Einflüssen der Medien bewahrt werden. In der Rezeptionsforschung besteht weitgehende Einigkeit, dass Menschen keine passiven Opfer, sondern aktive Gestalter ihrer Medienerfahrungen sind. Auch Kinder und Jugendliche nutzen Medienangebote quasi als „Steinbrüche" zum Aufbau ihrer Erfahrungswelt, im Sinne erlebter Anforderungen und Interessen. Auffälligkeiten wie Gewalt oder Abkapselung resultieren immer aus einem Ensemble psychosozialer Probleme, von denen Mediengebrauch nur eines ist (vgl. Charlton 1997, Fritz/Fehr [Hrsg.] 1997, Holly 1997, Hurrelmann 1994, Krebs 1994, Moser 1995). Wenig strittig ist aber auch, dass Schule kein bloßer Handlanger ökonomischer Erfordernisse und Erfüllungsgehilfe technischer Fortentwicklungen ist, da sie neben Ausbildungs- auch Bildungsaufgaben hat.

Wofür die Schule zuständig ist und wofür nicht, wird kontrovers diskutiert.

Vgl. Sie hierzu Baustein 27.

Gänzlich unstrittig ist die pauschale Notwendigkeit von Medienerziehung. Freilich hat dies bislang mehr bildungspolitischen Aktionismus (Einrichtung von Computerräumen; „Schulen ans Netz") als schlüssige Projekte oder curriculare Konzeptionen hervorgebracht.

Organisation der Medienerziehung

Schulische Medienerziehung lässt sich nach Jutta Wermke (1997, 160ff.) unterschiedlich institutionalisieren, nämlich (1) im Rahmen eines eigenen Faches, (2) als fächerübergreifendes Anliegen, (3) als eigener Lernbereich im Fach Deutsch und (4) integriert im Fach Deutsch. Von unserem Kompetenzbegriff aus sind die ersten drei Möglichkeiten kritisch zu sehen. Als eigene „Medienkunde" bleibt Medienerziehung unspezifisch, wenn nicht leer; als frei über allen Fächern schwebendes Anliegen bleibt sie womöglich unrealisiert; als eigener Lernbereich des Deutschunterrichts ist sie sinnvoll nicht parzellierbar.

Integration ins Fach

Wenn man Medienkompetenzen in Verbindung mit sprachlichen Grundtätigkeiten sieht, ist ihr Erwerb logischerweise eine lernbereichsübergreifende Angelegenheit des gesamten Deutschunterrichts, der sich möglichst mit anderen Fächern vernetzen sollte. Medienkompetenz wird bereits dann erworben, wenn Schule neue mediale Gegenstände und Gegebenheiten einbezieht. Dies ist ohne großen Aufwand möglich: Schüler müssen nicht immer ihr Lieblingsbuch, sie können auch ihr Lieblingscomputerspiel vorstellen; die begründete Stellungnahme muss nicht immer „mehr Taschengeld", sie kann auch einen Internetanschluss fordern; die Lektüre muss nicht immer ein bewährter Klassiker der Kinder- und Jugendliteratur, es kann auch ein Computerkrimi sein. Zahlreiche Möglichkeiten, die (neuen) Medien in die (hergebrachten) Aktivitäten des Deutschunterrichts zu integrieren, zeigt Jutta Wermke (1997).

Wichtiger aber ist, dass mit den neuen Gegenständen und Gegebenheiten auch adäquat umgegangen wird. Medienerziehung als mechanischer Erwerb isolierten Faktenwissens und vereinzelter instrumenteller Fertigkeiten – serviert als 45-Minuten-Häppchen in Computerräumen – bleibt wirkungslos und fördert zudem die gefährliche Illusion, Medienkompetenzen seien materiale Bildungsgüter, die man dauerhaft erwerben und besitzen könne. Da Medienkompetenzen lebenslang weiter und neu gelernt werden müssen, ist Medienerziehung dann produktiv, wenn sie im Sinne konstruktivistischen Lernens komplexe Situationen schafft, in denen authentische Probleme bearbeitet, Zusammenhänge gestiftet, Kontexte erschlossen werden.

Lernen in komplexen Situationen

Dies muss nicht immer, kann aber sehr gut im Rahmen fächerübergreifenden Projektunterrichts geschehen: Märchen werden in unterschiedlichen medialen Versionen rezipiert und produziert; eine Exkursion in ein KZ im Geschichtsunterricht wird als Hypertext dokumentiert; E-Commerce wird Gegenstand des Deutsch- und des Wirtschaftsunterrichts; in Zusammenarbeit mit dem Kunstunterricht entsteht visuelle Literatur. Der große Umfang des Kompetenzerwerbs außerhalb der Schule verschiebt die Lehrerrolle hierbei vielleicht zwangsläufig weg vom überlegenen, alles in der Hand habenden „Instrukteur" und hin zum Mit-Lerner und Organisator. Auf Grund der oft dramatischen Unterschiede an Vorwissen und -erfahrung seitens der Lerner müssen beim Erwerb von Medienkompetenzen vielleicht mehr als sonst Differenzierungen und offene Lernformen (auch Selbstinstruktion und *team learning*) walten. Entscheidend ist jedoch, sprachliche Lernprozesse immer wieder anzustoßen und zu reflektieren und keinem verkürzten Verständnis von Handlungsorientierung zu huldigen, das äußere Tätigkeit verabsolutiert und in Aktionismus umschlägt. Wenn Lerner mythische Motive in Werbespots oder in Hollywoodfilmen, die Verteilung kommunikativer Macht in Chaträumen oder kommerzielle Nutzungen des Internets erkennen sollen, dann braucht dies reflexive Kontemplation ebenso wie gezielte Instruktion, dann braucht dies differenzierte und differenzierende Sprachlichkeit.

Veränderte Rolle des Lehrers

Vgl. Baustein 20.

Offenes Lernen

Differenzierte Reflexion

Gerade weil neue Medien wie Pilze wuchern und die Medialisierung der Erfahrungswirklichkeit ebenso extensiv wie intensiv ist, kann Schule das Feld nicht alleine und vor allem nicht komplett bestellen. Notwendig sind in der Schule Lernprozesse, die nicht an schnelllebigen Technologien hängen, sondern grundlegende Kompetenzen stiften. (Kaum ein Mensch muss z.B. noch DOS-Befehle kennen.) Notwendig ist zweitens Exemplarität. Notwendig als Teil von Medienerziehung ist schließlich auch ein Lernen jenseits der Medien, ein Lernen, das auf die Bewältigung der medialisierten Erfahrungswelt zielt, dies aber abseits der neuen Medien tut: Hören von Geräuschen und Klängen, Betrachten ruhender Bilder – und die Versprachlichung solcher Erfahrungen.

Zusammenfassung

Die Medialisierung menschlicher Lebensvollzüge setzt neue Bedingungen für deutschdidaktisches Handeln. Medien sind Geräte, Medienangebote und Institutionen. Medienkompetenz wurde als Fähigkeit zur Ausübung sprachlicher Grundtätigkeiten unter veränderten medialen Gegebenheiten definiert. Exemplarisch wurde die mediale Beeinflussung sprachlicher Grundtätigkeiten aufgezeigt. Im Schlussteil ging es zunächst um Aufgaben der Schule. Favorisiert wurde Medienerziehung als lernbereichsübergreifende Angelegenheit des gesamten, auch fächerübergreifenden Deutschunterrichts. Medienkompetenz wird erworben, wenn neue mediale Gegenstände und Gegebenheiten einbezogen und wenn damit adäquat umgegangen wird. Konstruktivistisches Lernen fordert komplexe Situationen und authentische Probleme. Nötig sind zudem grundlegende, exemplarische Lernprozesse – auch abseits der neuen Medien.

Weiterführende Literatur

Barth, Susanne (1998): Medien im Deutschunterricht. In: Praxis Deutsch 26/153, S. 11–19.

Kepser, Matthis (1999): Massenmedium Computer. Ein Handbuch für Theorie und Praxis des Deutschunterrichts. Bad Krozingen: D-Punkt.

Maiwald, Klaus (2005): Wahrnehmung – Sprache – Beobachtung: Eine Deutschdidaktik bilddominanter Medienangebote. München: KoPäd Verlag.

Weingarten, Rüdiger (Hrsg.) (1997): Sprachwandel durch Computer. Opladen: Westdeutscher Verlag.

Wermke, Jutta (1997): Integrierte Medienerziehung im Fachunterricht. Schwerpunkt: Deutsch. München: KoPäd Verlag.

(K.M.)

1.3 Bildung von Sprachbewusstsein – über Sprache nachdenken lernen

Sprachlichkeit ist ein grundlegendes Merkmal des Menschen. Das Kind wächst in die Sprache hinein, weil es von Sprache umgeben ist, aber auch weil es danach drängt, an der sprachlichen Kommunikation der anderen teilzuhaben.

So kann die Schule auf eine schon jahrelang andauernde Vervollkommnung der Sprachfähigkeit des Kindes und des Jugendlichen aufbauen – und sie in doppelter Weise erweitern, durch Einübung und Erweiterung, Differenzierung und Kreativität im Gebrauch und in der bezeichnenden und benennenden Auseinandersetzung mit Phänomenen der Wirklichkeit.

Baustein 12 fasst zunächst den Aspekt der Sprachentwicklung in den Blick, behandelt also die Fragen nach den ontogenetischen Bedingungen, den möglichen Schritten der Entfaltung, aber auch die Frage nach den sozialen Bedingungen zum Erwerb der Sprech- und Sprachfertigkeit.

Baustein 13 thematisiert gewissermaßen die didaktische Frage nach Sinn und Nutzen von Grammatikunterricht. Entfaltet wird jedoch zunächst die unbestreitbare Voraussetzung menschlichen Sprachumgangs, das Sprachbewusstsein, das Wissen um eine eigene Sprachmächtigkeit und das Interesse, sich auch der eigenen Sprache als eines Gegenstandes zu bemächtigen, ihre Regularitäten zu erkunden, mit diesen Regeln zu spielen und sich auf diese Weise sowohl seiner eigenen Sprachlichkeit, darüber hinaus aber auch seiner Denkfähigkeit zu versichern. Erst auf dieser Basis baut dann sinnvollerweise eine schulische Reflexion über Sprache auf. Diese Aufgabe gilt noch immer als ein schwieriges und angesichts der Vielzahl von Konzepten auch sehr umstrittenes Gebiet didaktischen Arbeitens. Dazu soll der Baustein eine Basis legen.

Baustein 14 und 15 setzen sich im Anschluss daran von zwei Seiten her mit der Tatsache auseinander, dass Sprache als ein regelhaftes System nicht ohne Normen auskommt und diese Normen auch als Maßstab für richtig und falsch gelten sollen. Zeigt schon ein Blick auf die geschichtliche Entwicklung der Sprache ebenso wie die Differenzierung der Sprache in verschiedene Bereiche ihres Gebrauchs, dass Normen nie ganz fest sind, also im Gebrauch aktiver Mitarbeit aller Sprachteilnehmer ständiger Überprüfung unterzogen werden, so zeigt der Blick auf den lernenden Schüler, dass auch Fehler nicht nur als eine Verfehlung der Norm angesehen werden dürfen, sondern als „Fenster zum Sprachbenutzer" und den beim Einzelnen ablaufenden kognitiven Prozessen des Sprachgebrauchs und eines zumindest impliziten Sprachbewusstseins. Damit führt dieser Aspekt auf die Notwendigkeit, dass die Lehrenden selbst intensive Sprachkenntnisse besitzen müssen, um ihrer diagnostischen Aufgabe, den Lerner zu fördern, gerecht werden zu können.

Baustein 12

Sprachentwicklung

„Wo issele denn unser Bubi?“ tönt es dem Säugling im Kinderwagen entgegen.
„Du gehen diese Straße und kommen zu Bahnhof,“ hört der Fremde, der bei der Frage nach dem Weg seine eingeschränkten Deutschkenntnisse offenbarte.
Intuitiv oder bewusst stellen sich die meisten Gesprächspartner auf Unterschiede in der Sprachbeherrschung ihres Gegenübers ein – auch ohne zu überlegen, ob gebrochenes Deutsch besser verstanden werden kann.
Haben Sie selbst Beobachtungen zum Sprachverhalten von Erwachsenen gegenüber Kindern, von Lehrern gegenüber Schülern unterschiedlicher Klassenstufen gemacht? Auf welchen Sprachebenen (Prosodie, Phonetik, Semantik, Syntax) können Sie Veränderungen feststellen? Greifen Sie diese Diskussion nach Durcharbeit des Bausteins noch einmal auf.
Lehrer wissen um die Notwendigkeit einer (angemessenen) Anpassung an das Sprachniveau ihrer Schüler, um verstanden zu werden. Kenntnisse über die sprachlichen Voraussetzungen der Schüler sind dazu nötig, für die Klassenlehrerin der Schulanfänger genauso wie für den Sekundarstufenlehrer, der die Grundschüler übernimmt.

In diesem Baustein setzen wir uns mit folgenden Fragen auseinander:

- *Ist Sprache angeboren oder erworben? Entwickelt sich Sprache als Reifungsprozess auch ohne Zutun des Erziehers?*
- *Welche Entwicklung nimmt die Sprache in der Zeit vor der Einschulung?*
- *Mit welchen Veränderungen müssen wir im Laufe der Schulzeit rechnen?*
- *Welche Folgerungen können wir aus den Einsichten in die Sprachentwicklung für den Sprachunterricht ziehen?*
- *Mit welchen Sprach- oder Sprechstörungen ist bei Schülern zu rechnen und welches Lehrerverhalten ist dabei sinnvoll?*

1. Angeboren oder erworben?

Die Frage, ob Sprache angeboren oder erworben ist, beschäftigte nicht nur Wissenschaftler seit Jahrhunderten. So wird von Kaiser Friedrich II. berichtet, er habe 200 Neugeborene von Ammen betreuen lassen, bei Verbot jeden Sprachkontakts, um die Ursprache – seiner Erwartung nach das Hebräische – zu ermitteln. Das Experiment, das fehlschlug, weil alle Kinder starben, ist nicht im Blick auf die naive Annahme bedeutsam, Kinder würden von sich aus eine bestimmte Sprache entwickeln, sondern weil hier die generelle Bedeutung einer – offenbar lebensnotwendigen – Einbettung in eine soziale Umwelt aufscheint. Das Experiment ist vor dem Hintergrund der umfassenderen Alternative Anlage oder Umwelt oder mit anderer Begrifflichkeit: Begabung und Lernen zu sehen.

- **Begabung und Lernen – Grundbegriffe in der pädagogischer Diskussion**

Die beiden Extrempositionen:

- unser Verhalten, alle psychischen Eigenschaften, vor allem die Intelligenz seien durch Anlagen determiniert, verbreitete Ansicht im 19. Jahrhundert, mit einem weiteren Höhepunkt im Nationalsozialismus,
- alles, was wir sind und können, sei erlernt, Produkt unserer Umwelt, was der John Watson, dem Vater des Behaviorismus, in den Mund gelegte Ausspruch auf den Punkt bringt: „Gebt mir ein Dutzend Kinder und eine Welt, in der ich sie aufziehen kann, und ich garantiere, dass ich jedes von ihnen auf das hin zu trainieren im Stande bin, das ich möchte: Arzt, Rechtsanwalt, Künstler, Unternehmer oder auch Bettler und Dieb."

werden in solcher Ausschließlichkeit heute kaum mehr vertreten. Meist wird eine – allerdings wenig aussagekräftige – Kompromissformel des Sowohl-als-auch angenommen. In der kontrovers geführten und stark ideologiebefrachteten Diskussion schlägt das Pendel jedoch manchmal auf diese, manchmal auf jene Seite aus. So markiert das Erscheinen des Buches „Begabung und Lernen" von Heinrich Roth 1968 mit der Aufforderung, Kinder einem dynamischen Begabungsbegriff gemäß zu „begaben", einen Höhepunkt des Glaubens an die uneingeschränkte Machbarkeit, die Diskussion um die Hochbegabtenförderung lässt eher die Anlagetheoretiker in den Vordergrund treten. Die Frage nach den Anteilen von Anlage und Umwelt ist letztendlich nicht zu klären:

Die Frage nach Anteilen von Anlage und Umwelt ist nicht entscheidbar.

- Die der so genannten Jensen-Debatte zugrunde liegenden Zahlenwerte, die den Eindruck zuverlässiger Empirie erweckten (80 % der Intelligenzunterschiede seien genetisch, 20 % umweltbedingt) erwiesen sich als fragwürdig und anfechtbar.
- Die Zwillingsforschung erbrachte trotz der Möglichkeit, den Faktor Vererbung kontrolliert zu halten, sehr uneinheitliche Ergebnisse, die noch dazu unterschiedlich interpretiert wurden. Nicht ins Gewicht fallen Berichte auf Illustrierten-Niveau etwa über die gleichfarbige Gartenbank getrennt lebender eineiiger Zwillinge.
- Die Alternative Anlage – Umwelt ignoriert eine wichtige dritte Komponente: die mögliche Selbstbestimmung des Lernenden für oder gegen Begabungs- und Umwelteinflüsse.
- Erkenntnisse über die (umweltbedingten) Veränderungen im menschlichen Gehirn während der ersten Zeit nach der Geburt lassen die Grenzen zwischen genetischen Bedingungen und Umwelteinflüssen fließend erscheinen (vgl. Vester 1978). Die Annahme sogenannter sensibler Phasen (Zeitfenster) geht von unterschiedlicher Plastizität des menschlichen Gehirns (Offenheit für Umwelteinflüsse) während verschiedener Zeitphasen der Entwicklung aus.

„Es gibt Umweltfaktoren, die die Zahl der Nervenzellen im Gehirn auch im späteren Leben wachsen oder schrumpfen lassen" (Prof. Kuhn auf dem Europ. Forum f. Neurowissenschaften in Berlin 1998).

- Begabungs- oder Umwelteinflüsse zu belegen stößt an logische Grenzen: Wird die erfolgreiche Lernleistung als Beleg für die Existenz einer Begabung gewertet, bleibt offen, ob es Fälle gibt, wo Erfolg ohne Begabung (etwa durch Trainingsfleiß) möglich wurde. Geht man von Fällen erfolgloser Lernleistung aus, kann man genauso wenig behaupten, dass hier die Begabung gefehlt habe.

Die bildungspolitisch brisante Frage nach Anlage-Umwelt-Relationen (Auswirkungen auf Auslese und Förderung, auf die Entscheidung über Gesamtschule oder gegliedertes Schulsystem) sollte von Pädagogen gar nicht gestellt werden, denn sowohl Anlage- wie Umweltdeterminismus kann zu pädagogisch unverantwortlichen Lehrerhaltungen führen (Fatalismus, Passivität, Überforderung). Der Lehrer sollte sich immer um optimale Förderung aller seiner Schüler bemühen, unabhängig davon, ob er vorhandene Begabungen unterstützen oder Schüler neu „begaben" möchte.

Für Pädagogen ist die Frage nach Anteilen von Anlage und Umwelt falsch gestellt.

- **Sprachentwicklungstheorien**

Beim Spracherwerb scheint ein Konsens zunächst dahingehend gegeben, dass Anlagefaktoren für die generelle Sprachfähigkeit des Menschen angenommen werden. Die organische Bedingtheit des menschlichen Sprechens zeigt sich in der Evolution des Gehirns, besonders der Asymmetrie der beiden Hemisphären, der Entwicklung spezifischer Nervenverbindungen, der Struktur des menschlichen Kehlkopfs als verbesserter Stimmapparat. Daneben werden weitere wichtige Entwicklungen der Menschheitsgeschichte in Beziehung zur Sprachentwicklung gebracht: die Händigkeit, der Werkzeuggebrauch, die Symbolverwendung, die sozial-emotionale Kommunikation, vor allem die Mutter-Kind-Interaktion.
Bei der Diskussion um den Erwerb konkreter Einzelsprachen tritt die Kontroverse angeboren – erworben wieder zu Tage, sie zeigt sich in nativistischen Ansätzen einerseits, in behavioristischen oder empiristischen andererseits. Daneben nennt Wode (1993) noch interaktionistische und kognitive Sprachentwicklungstheorien.

Das Phänomen des Spracherwerbs führte zu teilweise widersprüchlichen Theorien.

– Der nativistische Ansatz

Lenneberg (1972) geht vom Spracherwerb als Reifungsprozess aus, der biologisch determiniert ist. Bickerton (1990) nimmt ein angeborenes biologisches Sprachprogramm des Menschen an, das sich allmählich entfaltet. Nach Chomsky (1969/1983) besitzen Kinder eine Universalgrammatik, die alle grammatikalischen Möglichkeiten enthält, ein Sprachlernsystem LAD (language acquisition device) sucht die für die Muttersprache benötigten sprachlichen Universalia aus, verstärkt sie, unterdrückt nicht benötigte Elemente und passt so das genetische Programm an die konkrete Zielsprache an.

– Der behavioristische Ansatz

Skinner, Osgood und andere Lerntheoretiker gehen davon aus, dass Sprache Teil des allgemeinen menschlichen Verhaltens ist und als solches durch Konditionierung gelernt wird. Dabei kann neben einfachem Reiz-Reaktions-Lernen das operante Konditionieren oder das Lernen am Modell zum Tragen kommen, wie es beim wechselseitigen Nachahmen sprachlicher Äußerungen zwischen Mutter und Kind praktiziert wird. Plausibles Beispiel für die Konditionierung:

Wird zum Schmerz beim Verbrennen der Finger am heißen Ofen das Wort „heiß" gesagt, reicht anschließend das Wort allein, um die Reaktion des Zurückzuckens auszulösen.

– Der interaktionistische Ansatz

Hier geht es nicht nur um einen Kompromiss zwischen Anlage und Umwelteinflüssen, wie dies von den Sprachpsychologen Clara und William Stern in ihrem Buch „Kindersprache" bereits 1907 postuliert wurde – „Konvergenztheorie" haben sie ihren Ansatz genannt –, vielmehr liegt der Schwerpunkt hier auf der Verbindung von sprachlichen Äußerungen mit nichtsprachlichen Elementen der Situation. Nach Bruner (1977) entwickelt sich Sprache in der Mutter-Kind-Dyade nach gemeinsamen Handlungsmustern. Für MacNamara (1972) erfolgt Verstehen der Sprache aus dem vorgängigen Verständnis der Gesamtsituation, die auch durch Gestik (Marcos 1991) und Mimik mitbestimmt wird. Sprachverständnis und Sprachwachstum gelingen am besten in vertrauter Situation, in Übereinstimmung mit dem Gesprächspartner. In der Interaktion wird Sprache nicht isoliert gelernt, sondern zusammen mit Rollenverhalten und Weltsicht.

Vgl. Baustein 3 zur sozialen Rolle der Sprache.

– Der kognitive Ansatz

Ein Hinweis auf kognitive Ansätze, die von einer weitgehenden Parallelität kognitiver und sprachlicher Entwicklung ausgehen, sei hier nur kurz erwähnt, denn die Zusammenhänge zwischen Denken und Sprechen werden ausführlicher in anderen Bausteinen erörtert (s. auch Piaget 1971; Donaldson 1982).

Vgl. Bausteine 1 und 13.

2. Die Anfänge des Sprechens

Unabhängig von Umwelteinflüssen scheint es eine invariante Folge von Stadien in der Sprachentwicklung des Kindes zu geben. Die Verweildauer auf den einzelnen Stufen ist allerdings individuell sehr unterschiedlich. Im Folgenden lehnen wir uns an die Gliederungsvorschläge der Psychologen Stern/Stern an:

– Phase des Schreiens

Schreien und Lallen sind wichtige Vorstufen des Sprechens.

Die Lautsprache beginnt mit dem Geburtsschrei, beim ersten Ausatmen nach der Umstellung der Plazenta-Atmung auf die Lungenatmung. Das Schreien übernimmt die erste mögliche Sprachfunktion, Expression oder Ausdruck: das Kind schreit, wenn es Hunger hat oder Schmerz empfindet. Schon bald erfolgt eine Erweiterung um die Appellfunktion: Wenn die Mutter beim Schreien des Kindes regelmäßig kommt, dann lernt das Kleinkind zu schreien, damit die Mutter kommt.

– Phase des Lallens

Vom Lallen spricht man dann, wenn die kindlichen Lautäußerungen, die beim Spiel mit Stimme und Artikulationswerkzeugen schon recht differenziert gelingen, sich in Richtung Sprachsilben, meist aus Konsonant (Verschlusslaut) und Vokal, entwickeln *(bababa, mamama, dädädä)*. Die Frage, ob alle Kinder unabhängig von der jeweiligen Muttersprache gleich lallen, scheint in der Weise geklärt, dass einer ersten Phase des sogenannten ungerichteten Lallens etwa ab dem 6. Lebensmonat eine Ausrichtung der Lautproduktion auf die gehörten Laute der Umgebung folgt. Hier verlernt das Kind allmählich die Lautkombinationen, die in der Muttersprache nicht benötigt werden. Das heißt nicht, dass erst jetzt die Sprachlaute aus der Umgebung gehört würden. Die Reaktion auf Laute der Muttersprache, der sogenannte Magneteffekt, lässt sich schon bei Neugeborenen feststellen, es liegen Untersuchungen vor, die das Hören der Muttersprache lange vor der Geburt belegen.

Nach Langenmayr (1997, 130) sind „die Anfänge der Sprachentwicklung in die vierte Woche nach der Zeugung zu verlegen."

– Phase des primitiven Sprachverständnisses

In der zweiten Hälfte des ersten Lebensjahres gelingen sprachliche Dressurakte (richtige Reaktion auf Fragen wie „Wo ist das Supperl gut?", „Wie groß ist der Bubi?"), die den Eindruck erwecken, Sprache würde richtig verstanden. Wahrscheinlich handelt es sich hier um Reiz-Reaktions-Lernen, Sprache ist nur Element einer Gesamtsituation. Die situative Einbettung der Sprache bleibt allerdings lange Zeit erhalten.

Interpretieren Sie folgende Situation: Susi bleibt beim Gedichtvortrag stecken und behauptet, zu Hause das Gedicht gut gekonnt zu haben. Suchen Sie vergleichbare Situationen aus dem Schulalltag.

Diesen von C. und W. Stern als Vorstufen des Sprechens zusammengefassten Phasen folgt das eigentliche Sprechen.

– Phase des eigentlichen Sprechens

Mit dem Erwerb der Nenn- oder Symbolfunktion, der dritten Sprachfunktion nach Ausdruck und Appell, wird der Beginn des eigentlichen Sprechens angenommen (etwa mit einem Jahr). Die ersten Lallwörter *(mama, papa, didi)*, aber auch einsilbige Äußerungen (da, bä, det) werden in ihrer Bezeichnungsfunktion für Dinge und Sachverhalte der außersprachlichen Welt verwendet, Sprache erhält Bedeutung, sie verleiht Gewalt über die Welt. Das sprachliche Wachstum nimmt nun rasch zu.

Mit zwei Jahren sollten mindestens 50 Bedeutungseinheiten erworben sein (Grimm 1995).

3. Die vorschulische Sprachentwicklung

Auf einige für die spätere Sprachverwendung wichtigen Ereignisse im Vorschulalter soll hier noch eingegangen werden.

Laute werden nach dem Prinzip des maximalen Kontrastes erworben (Theorie von Jakobson 1971).

– Zum Bereich der Phonologie

Der Erwerb der Sprachlaute scheint sich geregelt zu vollziehen. Der am weitesten offene Laut /a/ ergibt im Gegensatz zum geschlossenen /m/ oder /p/ die ersten Phonemdistinktionen. Die weiteren Phoneme unserer Sprache werden in der Reihenfolge der immer geringer werdenden Unterschiede gelernt, vom Gegensatz zwischen offenem /a/ zum geschlossenen /i/ bis zu den minimalen Unterschieden der an der gleichen Artikulationsstelle gebildeten stimmhaften und

Alternative Interpretation: Die in vielen Sprachen als erstes Wort auftretende Lautkombination „mama" entstünde durch Mundbewegungen beim Saugen.

stimmlosen s-Laute. Dieser Lautbildungsprozess kann sich bis zum Schulalter ausdehnen, so dass bei Einschulung gerade die s-Laute (s, z, sch) vielen Kindern Schwierigkeiten bereiten. Die Lautentwicklung vollzieht sich in engem Kontakt zur Muttersprache, so erlernen Kinder in Japan keinen phonologischen Kontrast zwischen l und r, was zweisprachig aufwachsenden Japanern problemlos gelingt.

– Zum Bereich der Semantik

Zur Entwicklung von Bedeutungen liegt eine Reihe zum Teil älterer interessanter Theorien vor, die auch für das Begriffslernen im Schulalter herangezogen werden können:
Merkmalstheorien (z.B. von Clark 1973) sehen die Bedeutung von Wörtern in der Ansammlung semantischer Merkmale, die zunächst auf der sinnlichen Wahrnehmung beruhen (Bewegung, Form, Größe), allmählich ausdifferenziert werden, wobei es zu „Überdehnungen" kommt („*moon*" wegen gleicher Form auch für runde Plätzchen), bis zur Annäherung an den Sprachgebrauch der Erwachsenen. Hiermit lässt sich auch die falsche Verwendung von Wörtern erklären. So gebrauchte mein Sohn kurzzeitig „*bitte, danke*" als Einheit, als das Merkmal Höflichkeitsform zwar bekannt war, die weitere Differenzierung noch ausstand. Ähnliche Fehler sind bei Zeitangaben (*gestern, morgen; bevor, nachdem*) zu registrieren.

Szagun (1991): Bedeutungswandel bestimmt das sprachliche Wachstum im Bereich der Semantik.

Didaktisch relevant ist die Annahme des kontinuierlichen Wechsels von Bedeutungserweiterung und Bedeutungsverengung (Lewis 1970). Durch Kennenlernen neuer Objekte wird die Bedeutung eines Wortes erweitert (*wauwau* für Hund, Katze, Pferd), durch Übernahme neuer Wörter wieder verengt (*wauwau* für kleine, *muh* für große Tiere). Die didaktische Relevanz dieser Vorstellung liegt in der Konsequenz für den Erzieher, sowohl für Objekterweiterung als auch für adäquates Sprachangebot zu sorgen, wobei der Zeitpunkt für die Übernahme neuer Wörter freilich vom Lerner bestimmt wird.

Didaktische Konsequenz: Schulische Wortschatz- und Begriffserweiterung muss im Wissen um die unterschiedlichen Voraussetzungen in möglichst vielfältiger, emotional stets positiver Atmosphäre geschehen.

Einen wichtigen zusätzlichen Aspekt brachte Osgood ein, der den Bedeutungserwerb als dynamischen Prozess sieht, indem ein Wort aus den verschiedenen Situationen seines Gebrauchs um jeweils einzelne Komponenten, vor allem die emotional besetzten, angereichert würde. So entstünden individuell recht unterschiedliche Konnotationen, die für die weitere Verwendung von Wörtern ausschlaggebend seien.
Schließlich sei hier die Feldtheorie von Gipper (1979) vorgestellt, die ebenfalls Modellcharakter für schulische Lernprozesse hat. Demnach baut das Kind sein sprachliches Weltbild gegliedert nach sprachlichen Feldern auf, die jeweils – von einer „semantischen Keimzelle" ausgehend – zu einem Inhaltsbereich (z.B. *mama* als Nucleus für das Feld Bezugspersonen) um weitere Wörter angereichert werden (*papa, omi* usw.). Nach dem Modell einer größer werdenden Kugel wird nicht nur der Platz für das einzelne Feld größer, es finden auch immer mehr Inhaltsfelder Raum: Auf der Einjahreskugel neben Bezugspersonen die Themen Nahrung und Tiere, auf der Zweijahreskugel etwa 20 Felder (z.B. Kleidung, Spiel, Geräusche).

Überprüfen Sie, welche Rolle die Arbeit mit Wortfeldern in schulischen Sprachbüchern spielt.

– Zum Bereich der Syntax

Syntaktisch geht man von sogenannten Einwortsätzen aus: Wörter übernehmen je nach Situation die Funktion unterschiedlicher Satzarten: Appell, Wunsch, Ausdruck, Darstellung. Dieses holophrastische Sprechen zeigt wiederum die Einheit von Situation, Gestik, Mimik und Sprachäußerung. Es folgen die Zweiwortäußerungen, deren Struktur als regelhaft gesehen werden kann (Pivot-Grammatik von Braine 1963). Diese Phase der Sprachentwicklung erlaubt dem Sprecher bereits reichhaltige Verständigungsmöglichkeiten. Gehäufte Missverständnisse, Protesthaltung, Entdeckung des eigenen Ichs führen im Alter von etwa zwei Jahren zu komplexeren syntaktischen Formen des Drei- und Mehrwortsatzes: *„suppe essen"* wird zu *„nicht suppe essen"*, *„balli spielen"* zu *„bubi balli spielen"*. Nun werden auch Flexionsendungen verwendet, wobei es offensichtlich zur Regeleinsicht kommt, wie Übergeneralisierungen zeigen, z.B. bei Pluralformen *Hünder, Räubers*. Mit vielen – von der Umwelt geduldeten – Fehlversuchen (*gesingt, gegeht, bringte*) tastet sich der Sprecher an die Grammatik der Muttersprache heran. Weitere Entwicklungsschritte stellen Satzreihen und Satzgefüge dar, wobei im aktiven Sprachgebrauch die Parataxe, also die Nebenordnung deutlich vor der Hypotaxe, der Über- und Unterordnung von Sätzen Verwendung findet.

Zu Normverstößen vgl. Baustein 15.

4. Die Sprache des Grundschulkindes

Zur Zeit der Einschulung kann die Sprachentwicklung im phonologischen und syntaktischen Bereich im Wesentlichen als abgeschlossen gelten. Trotzdem kommt es in der Folgezeit – nicht nur durch schulischen Einfluss – zu weiteren wichtigen Veränderungen. Die noch immer gründlichste Untersuchung der Sprache des Grundschulkindes hat Pregel (1970) vorgelegt. Er entdeckte zwei voneinander abgrenzbare Stilalter, die er mit sprechenden Begriffen Freskostil (etwa während des 1. und 2. Schuljahres) und Reliefstil (im 3. und 4. Schuljahr) nannte. Einige Charakteristika der beiden Stilalter seien nebeneinandergestellt:

	Freskostil	Reliefstil
Satzbau	Parataktisch-additiv („und da")	Darstellung verschiedener Beziehungen (bes. temporal)
Darstellungstempus	Perfekt	Präteritum
Adjektive	meist prädikativ	verstärkt attributiv
Struktur der dargestellten Welt	Raum als Rahmen von Geschehen ohne Tiefe, „freskohaft", punktuell, „deiktisch-demonstratives Heranholen" von Gegenständen	Raum gewinnt Selbstständigkeit, „Relief", durch den Einsatz sprachlicher Richtungsbezeichnungen
Zeitstruktur	Einfache Reihung, Typisierung („immer", „wieder")	Zeitliche Tiefe durch den Einsatz sprachl. Mittel für Gleich-, Vor-, Nachzeitigkeit (Zeitadverbien)
Perspektive	Dinge und Menschen werden in reiner Außenperspektive aus der Nahsicht vermittelt	Festigung der Erzählerpersönlichkeit: Positionsbestimmungen, Berücksichtigung des Hörers, wörtliche Reden anderer

5. Die Sprache im Sekundarstufenalter

Für den Sachverhalt, dass sich die Sprachentwicklung des Kindes im Sekundarstufenalter nur begrenzt systematisieren lässt, gibt es – neben dem Fehlen umfassender Erhebungen über die Sprache dieser Altersstufe – verschiedene Gründe:

Unterschiede im Sprachgebrauch sind auffälliger als Gemeinsamkeiten.

- Die individuellen Unterschiede scheinen hier stärker ins Gewicht zu fallen als alterstypische Gemeinsamkeiten.
- Die unterschiedlichen kognitiven Anforderungen in den verschiedenen Schularten führen mittelfristig auch zu unterschiedlichem Sprachgebrauch der Schüler.
- Die Annäherung an die Schriftsprache wird mit zunehmendem Alter enger, Konsequenz auch der gesteigerten schriftsprachorientierten Lernansprüche.
- Die Sprachentwicklung des Jugendlichen wird neben der Schule stark von der Gleichaltrigen-Gruppe geprägt. Hier sucht der Heranwachsende Anerkennung, hier formt er Moralvorstellungen und Selbstwertgefühl. Diese Peergroups können sozialschichtspezifisch recht unterschiedliche Einflüsse ausüben.

Neben solchen Faktoren, die innerhalb der Altersgruppe eher die Unterschiede erklärbar machen, gibt es durchaus Gemeinsamkeiten: Zu nennen ist hier die Orientierung des Jugendlichen an der Sprache der Erwachsenen, was zum einen zur verstärkten Übernahme solcher Bereiche führen kann, wo Jugendliche eine Tabuisierung ver-

muten (Fäkal-, Sexualsprache), was zum anderen Erklärung für den bewussten Einsatz komplizierten Satzbaus, die Verwendung von Fremdwörtern, Substantivierungen usw. sein könnte.
Daneben sind zunehmend die Fähigkeit zum indirekten Sprachgebrauch (Metaphorik, Ironie) und die Fähigkeit zur Versprachlichung von Gefühlen und Verhaltensmotiven (der eigenen Person sowie in Perspektivenübernahme bei anderen) festzustellen.
Hier wird erneut deutlich, dass die Sprachentwicklung nicht getrennt von der kognitiven, der emotionalen und der sozialen Entwicklung des Jugendlichen beschrieben werden kann. Sprechen (und Schreiben) über Gefühle geht Hand in Hand mit dem Interesse am Partnerbezug, mit der Vertiefung des Erlebens. Die Perspektivenübernahme ist auch Ausdruck erweiterter kommunikativer Kompetenz, der ironische Sprachgebrauch gelingt erst aus der Distanz des abstrakt-logischen Denkens und der Selbstdistanz.

Zur Entwicklung der geschriebenen Sprache s. Baustein 5.

6. Sprach- und Sprechstörungen

Bisher haben wir den Eindruck erweckt, (mündliche) Sprachentwicklung verliefe relativ einheitlich. Bei auffälligen Abweichungen ist freilich zu prüfen, inwieweit es sich um Störungen handelt, die spezifische Behandlungen (etwa durch Logopäden) nötig machen.
Neben einer insgesamt verzögerten Sprachentwicklung, wenn Kinder alle Entwicklungsstufen langsamer durchlaufen und somit im Einschulungsalter erst den durchschnittlichen Sprachstand von Kindergartenkindern erreicht haben (was sich vor allem im Bereich der Grammatik bemerkbar macht), sind es besonders Auffälligkeiten im Bereich der Lautbildung sowie das Stottern als Sprechstörung, mit denen sich Lehrer allgemeinbildender Schulen konfrontiert sehen.

- Störungen der Aussprache

Dyslalie

Die Unfähigkeit, Laute oder Lautverbindungen richtig zu bilden, wird als Stammeln bezeichnet, wobei die griechischen Buchstaben für die differenzierte Bezeichnung Verwendung finden: Sigmatismus für das S-Laut-Stammeln (Lispeln), Rhotazismus für Schwierigkeiten mit dem r-Laut. Neben der Fehlbildung sind Ersatz durch einen anderen Laut (z.B. s durch t) oder Auslassen des Lautes Erscheinungsformen des Stammelns.

Machen Sie als Lehrer bei Übernahme einer Klasse Bestandsaufnahme über sprachliche Auffälligkeiten, denn nach einiger Zeit der Gewöhnung werden diese kaum mehr registriert.

Physiologisches Stammeln

Bei den Ursachen sind organische (z.B. Anomalien im Mund-Rachenbereich) von psychogenen zu unterscheiden, ohne Möglichkeit der eindeutigen Abgrenzung. Das entwicklungsbedingte Stammeln des Kleinkindes bedarf genauso wenig der Therapie wie das durch Zahnlücken bedingte Lispeln des Schulanfängers. In den anderen Fällen haben sich bewährt:

Fördernde Maßnahmen beim Stammeln

- Förderung der auditiven Unterscheidungsfähigkeit – wer den Unterschied zwischen stimmhaften und stimmlosen Lauten (Mediä b,d,g und Tenues p,t,k) nicht hört, kann ihn auch nicht produzieren
- Förderung der Beweglichkeit der Artikulationsorgane (besonders der Zungenbeweglichkeit) durch spielerische Übungen (in Verbindung mit Sprechversen, Zungenbrechern usw.)
- Bewusstmachen der Vorgänge bei der richtigen Lautbildung (im Musikunterricht, im Sachunterricht zum Thema „Unser Körper")
- Schaffen einer gelösten, angstfreien Atmosphäre des Sprechens – unter Zeit-, Leistungsdruck oder in anderen Stresssituationen neigen selbst geübte Sprecher zu Aussprachestörungen.
- Ein interessanter Vorschlag (Seeman 1969) geht davon aus, nicht den betroffenen Laut zu üben, sondern von benachbarten Lauten aus die eingefahrene Fehlbildung abzubauen.

Darüber hinaus ist die Zusammenarbeit mit Logopäden – in vielen Schulen selbstverständlich – und das Gespräch mit den Eltern anzuraten, woraus gegebenenfalls eine logopädische Betreuung außerhalb der Schule resultieren sollte.

• Das Stottern

Wiederholungen von Lauten, Silben, Wörtern (klonisch) und Verkrampfungen bei Beginn und während des Sprechens (tonisch) sind häufig in Verbindung auftretende Erscheinungsformen des Stotterns, das bevorzugt Jungen betrifft. Auf die in der Regel psychisch bedingten Ursachen dieser Koordinationsstörung der beim Sprechen ablaufenden Prozesse kann hier nicht eingegangen werden. Interessant allerdings sind die Erkenntnisse über das Auftreten: Neben gelegentlichem Stottern im Vorschulalter sind Schuleintritt und Pubertät die bevorzugten Zeitpunkte. Wichtig für den Lehrer ist also zu wissen, wie er sich Stotterern gegenüber verhalten soll, um ihre Situation nicht zu verschlechtern.

Das schadet dem Stotterer	Das hilft dem Stotterer
Sprechen vor Autoritätspersonen Sprechen in Affektzuständen Vortragen vor Zuhörern Bloßstellung Üben „richtigen" Sprechens Zwang zum Sprechen Komplexe Syntax, seltene Wörter	Ablenkung vom Sprechvorgang Änderung der Sprechhaltung (Singen, Anfangsphase des Erlernens einer Fremdsprache) Mitsprechen im Chor Sprechen mit einer Handpuppe, hinter der Puppenbühne Rhythmisierung (Metronom) (Unter Vorbehalt: Bewusstes Stottern, um Steuerungsmöglichkeit zu erleben)

Dies haben Sie im vorliegenden Baustein gelernt:

- *Sprache entwickelt sich unter Umwelteinflüssen aus anlagebedingten Prädispositionen.*
- *Nach dem Erwerb grundlegender phonologischer und syntaktischer Fähigkeiten in der Vorschulzeit erfolgen die größten Veränderungen während der Schulzeit vor allem in den Bereichen der Semantik und Pragmatik.*
- *Die Modellvorstellungen für die Begriffsbildung können als Vorlagen für die unterrichtliche Sprachförderung dienen.*
- *Sprach- und Sprechstörungen sollten frühzeitig registriert, logopädische Betreuungsmaßnahmen evtl. veranlasst werden.*

Weiterführende Literatur

Arnold, Gottfried E. (1970): Die Sprache und ihre Störungen. Wien/New York: Springer.

Bindel, Rolf (1987): Stottern als dialogische Fehlentwicklung. Göttingen: Hogrefe.

Langenmayr, Arnold (1997): Sprachpsychologie. Göttingen u.a.: Hogrefe.

Wode, Henning (1993): Psycholinguistik. Ismaning: Max Hueber.

(D.M.)

Baustein 13

Über Sprache nachdenken – Achtsamkeit und Regelkonstruktion

Es ist schon merkwürdig mit einem didaktischen Arbeitsfeld, für das sich die Bezeichnungen Grammatikunterricht oder Sprachbetrachtung, Sprachlehre oder Sprachreflexion finden lassen.
Die einen halten es für unnötig, die anderen weisen auf die abendländische Lehr-Tradition der „septem artes" hin, die im Mittelalter sogar zur allegorischen Darstellung einer „Grammatica" geführt hat, die dritten suchen Kompromisse mit der Frage „Wieviel Grammatik braucht der Mensch?" (Gaiser 1950). Manche sind froh über einen Fachteil, der über seine präzisen Inhalte auch sinnvolle Leistungsmessungen ermögliche, andere klagen über die Unübersichtlichkeit linguistischer Beschreibungsmodelle, die verwirren – und zudem für die Schüler viel zu schwierig seien. Wieder andere zeigen, dass jeder seine Muttersprache nahezu perfekt beherrscht – und umgangssprachliche oder dialektale Abweichungen mit Regelunterricht kaum zu verändern sind. Und schließlich gilt Sprachlehreunterricht bei Schülern wie bei Lehrern als der unbeliebteste Fachteil.

Was verstehen Sie selbst unter „Grammatik"? Suchen Sie danach in verschiedenen Wörterbüchern und in folgenden Büchern, wie dort der Begriff „Grammatik" definiert wird, z.B. Duden, Bussmann 2002, Glück (Hrsg.) 2000, Eisenberg 1998/99.

Was Sie erwartet:

- *Was kann Grammatik bedeuten?*
- *Was hat Grammatik mit dem Sprachwesen Mensch zu tun?*
- *Gibt es eine Entwicklung des Sprachbewusstseins?*
- *Was soll Sprachunterricht leisten?*
- *Welche Konzepte von Grammatikunterricht werden diskutiert?*
- *Wie kann Sprachunterricht mit den anderen Lernbereichen und mit anderen Fächern zusammenhängen?*

1. Was kann Grammatik bedeuten und was hat Grammatik mit dem Sprachwesen Mensch zu tun?

Das Ausgangsphänomen ist die Tatsache, dass Menschen eine oder mehrere Sprachen, die ihnen über funktionale oder intentionale Lernprozesse vermittelt werden können, erlernen und grundsätzlich selbstständig benutzen, ja verändern und weiterentwickeln.

Naheliegend ist folglich der Blick auf eine Sprache als ein Arsenal oder „Schatzhaus". Der Sprachphilosoph Wilhelm von Humboldt sprach von „Ergon", also etwa „Werkstück", aus dem man sich „bedienen" kann. Den eher laienhaften Sprachbenutzer interessiert dann zuerst die Tatsache, dass Sprache als ein regelhaft geordnetes System aufzufassen ist, dessen Regeln eingehalten, folglich auch gelernt werden müssen. Gemeint sind Regeln des Sprachgebrauchs, zumindest vorrangig der Standardsprache. Schriftlichkeit bedarf zusätzlich noch der Regeln der Schrift, genauer der Orthographie.

Vgl. Baustein 16.

Vgl. Baustein 4.

Sprachwissenschaftler beschäftigen sich nun darüber hinaus mit der Frage, wie dieses Arsenal von Sprachmaterial und Regeln geordnet, in ein System gebracht werden kann. Dazu muss man nicht nur die Perspektive wählen, nicht nur den Umfang des Systems bestimmen, sondern auch die Methode – und je nachdem wird die Beschreibung des Systems verschieden aussehen.

Vgl. Baustein 16.

Da Sprache ein sehr komplexes Gebilde ist, werden folglich Differenzen und Widersprüche der verschiedenen Theorien nie völlig auszugleichen sein. Dies bedeutet aber für den Lehrer, er sollte Sprache nicht zuerst als Regelsystem, sondern als Funktionssystem kennen lernen und zu lehren versuchen. Nur so kann er auch bei Schülern Gespür und Interesse für das spannungsreiche Gebilde Sprache wecken.

Versuchen Sie – mit Hilfe von Grammatiken und Sprachbüchern – das Phänomen „Frage" auf der Ebene der Sprache, also etwa Frageabsicht, Fragesatz, Fragepronomen, Wortstellung, Intonation usw. zu klären.

Sprachwissenschaftler und Sprachlehrer haben bei ihrer Tätigkeit, das System Sprache zu beschreiben, immer wieder mit zwei Problemen zu tun gehabt, das eine Problem ist das der Beziehung der Sprache zu einer auch ohne Sprache existierenden „Wirklichkeit", das andere ihre Beziehung zu den Benutzern. Mit der Etablierung der Linguistik als der Theorie von den Zeichen seit de Saussure gelang es, unterschiedliche Klärungen vorzunehmen: Neben den Sprachzeichen als Struktur (Syntax) wurden die Beziehungen zu den Dingen als Semantik und zu den Handlungen der Benutzer als Pragmatik definiert. Aus der Sicht der Schule aber kann man so zunächst nur sehen, dass sich das Wissen um die Sprache klärt und sich die Lerngegenstände vermehren:

So lässt sich die Lehre von den Bedeutungen von Wörtern z.B. als Bedeutungsgeschichte, als Bedeutungsverwandtschaft (Wortfamilien) oder als Bedeutungsdifferenzierung (Wortfelder), als Semantik der Abgrenzung (Begriffsdefinitionen) oder als Prototypensemantik verstehen, in der auch die „semantischen Ränder" (z.B. auch in der Metaphorik) mitbedacht werden, die Bedeutung von Sätzen und Texten als Lehre von Kohärenz, Verweisformen sowie von Kohäsion und Intertextualität.

Vgl. Baustein 16 zu den sprachsystematischen Aspekten der verschiedenen Sprachebenen.

So lässt sich Pragmatik einbeziehen als die Lehre von den Sprach- und Textfunktionen, als Sprechakttheorie, als Sprachhandlungstheorie oder als (sprachlich geleitete) Kommunikationstheorie.

Vgl. Baustein 2 zur Kommunikationstheorie.

Die Art der Beziehung von Sprache zu den denkenden Sprachbenutzern ist das zweite Problem der Sprachwissenschaftler. Sprache ist eben nicht einfach ein Werkzeug wie eine Schreibmaschine, ist nicht einfach ein Werkstück, etwas Auswendiggelerntes, das automatisch abgerufen wird, sondern sie hängt mit dem handelnden, aber auch dem fühlenden und denkenden Menschen eng zusammen. Zwar kann man in der Pragmatik die Funktionsmechanismen der Sprache und in der Soziolinguistik die sozialen Wirkungen eigens erforschen. Aber da Sprache den Menschen prägt, an der (inneren) Wirklichkeit des Menschen, an seiner Persönlichkeit mitbaut, ist es sehr problematisch, Sprachunterricht nur als Unterricht über das Objekt Sprache zu betreiben. Humboldt spricht deshalb im Gegenüber zum Ergon Sprache von Sprache als „Energeia", als einer wirkenden Kraft.

Vgl. Baustein 3.

Vgl. Baustein 1.

Es geht demnach um das Zusammenwirken psycholinguistischer Aspekte, bei denen folgende Fragen von besonderem Interesse sind. Sie sind zwar noch keine didaktischen, doch sind Antworten darauf unverzichtbar auch für didaktische Entscheidungen.

- Wie sieht ein „inneres Regelsystem" aus?
- Wie entwickelt es sich bzw. wie wird es aufgebaut?
- Welche Beziehungen bestehen zwischen Sprachwissen, Weltwissen, Handlungswissen und Kognition (Denken)?

a) Wenn man davon ausgeht – wie dies der Linguist Naom Chomsky in seiner Theorie einer Generativen Transformationsgrammatik tut –, dass ein Sprachregelapparat genetisch angelegt ist und im individuellen Sprachlernen des Kindes auf die Einzelsprache konstruktiv angewendet wird, und dies lange vor Eintritt in die Schule weithin erfolgreich, dann könnte dies in der Meinung von Nichtlinguisten dazu führen, auf einen eigenen Sprachlehreunterricht in der Schule zu verzichten.

Vgl. Baustein 12 zur Sprachentwicklung.

b) Wenn – wie dies vor allem in der Sprachphilosophie und in der Didaktik des (lateinischen) Sprachunterrichts immer wieder behauptet wurde – das Sprachsystem auf logischen Prinzipien aufgebaut ist, die sogar zugleich ein Abbild einer logischen Ordnung der Welt seien, dann muss dies zu einer systematisch fundierten „Sprachdenklehre" führen: Das versuchte man so zu organisieren, dass man die „Logik der Sprache" zeigte oder dass man sie über das Vermitteln der Beschreibungsbegriffe lehrte. So hoffte man, dass die richtige Benutzung der Begriffe – z.B. in der Analyse wie im Lateinunterricht – auch als ein Ausweis des Denkens zu sehen sei.
Dass man damit aber immer wieder in Schwierigkeiten gerät, zeigt nur, dass es nicht sinnvoll ist, darauf ein didaktisches Konzept aufzubauen.
Das lässt sich gut an dem Begriff für eine Wortart zeigen: Hauptwort, Dingwort, Nomen, Namenwort, Substantiv – alles Begriffe für das angeblich „Gleiche". Dennoch, sie stammen aus verschiedenen Denkmodellen, wobei Substantiv heißt, was Bestand hat oder Substanz besitzt; Dingwort bedeutet, von einer konkreten Weltsicht auszugehen, in der die Unterscheidung und Benennbarkeit der Welt„-dinge" logisch sei. – Doch wie steht es mit Abstrakta wie *Frei-*

heit oder *Liebe*, wie mit *Seele* oder *Gott*? Namenwort lässt sich ebenfalls noch mit dieser Weltsicht in Verbindung bringen, unterläuft, d.h. verunklärt aber zudem die Beziehung zwischen Eigennamen und Begriffsnamen. Hauptwort geht von einer ebenfalls dinghaft geprägten Vorstellung von der Gewichtung der Wörter in Sätzen und Texten aus, die so nicht haltbar ist, z.B. auch der Satzgliedbezeichnung „Subjekt", d.h. „dem Prädikat unterworfen" widerspricht. Schreibt man etwa in einem Satz die „Haupt"-Wörter groß, so wäre eine Schreibung nach der Intonation angesagt.
Auch Chomskys These von der Tiefenstruktur eines Satzes und den grundsätzlich gleichen Transformationen der Oberflächenstruktur in Bezug auf Aktiv und Passiv, auf Stellung der Satzglieder, reicht didaktisch gesehen nicht weit genug: *Klaus löscht die Tafel mit dem Schwamm, Die Tafel wird von Klaus mit dem Schwamm gelöscht, Mit dem Schwamm löscht Klaus die Tafel, Die Tafel löscht Klaus mit dem Schwamm.* Zwar lassen sich so formale Varianten analysieren und auf ihren funktionalen Stellenwert hin erproben, aber ein didaktischer Einfluss auf das innere Regelsystem ist so nicht erkennbar.

c) Wenn man jedoch beobachtet, dass die Sprache als Medium für Selbstbewusstsein und Kommunikation selbst immer wieder auch schon Kinder – und in erhöhtem Maß ihrer Sprache bewusste Erwachsene – zum Nachdenken über ihre Regeln, Wirkungen und Leistungen herausfordert, so werden weitere Aufgaben erkennbar:

– *Man muss beobachten, welche bewussten Akte des Nachdenkens über Sprache vollzogen werden.*

Vgl. Baustein 9 zum Verstehen von Texten.

Dabei wird deutlich, dass diese Akte sich auf das Wechselverhältnis der verschiedenen Wissensarsenale beziehen, auf die man als Sprachnutzer zurückgreift. In einer auch im Umgang mit Texten, ja darüber hinaus als Grundlage von Bildungskonzepten verwendbaren Terminologie kann man unterscheiden: **Sprachwissen** (z.B. Kenntnis von Sprachnormen), das nicht nur Grammatikwissen ist, **Weltwissen** (z.B. Vorerfahrungen zum Inhalt), und dies in Sprachnähe als semantisches und als Textsorten-Wissen, und **Handlungswissen** (z.B. Wissen um Verwendbarkeit). Die Wissensformen stehen in einem Wechselbezug (vgl. Nussbaumer 1991, weiter aufgeschlüsselt in Beisbart 2005, 106f.).

Baustein 27, sprachliche und literarische Bildung.

Schon Kinder denken über Wörter nach, ihre Bauform, ihr Geschlecht (grammatisches versus natürliches), Menschen spielen mit Sprache, was nichts anderes ist als Spiel mit den Regeln der Sprache. Sie suchen nach Wörtern, verwenden sie probeweise und erkennen ihren sinnvollen oder reizvollen Gebrauch. Regelverstöße werden zu Anlässen zum Nachdenken, ebenso Sprachvergleiche und Missverständnisse in der Kommunikation.

– *Weil das menschliche Bewusstsein geschichtet ist, damit aber auch das „Wissen", nur ein kleiner Teil ist an der Oberfläche, läuft vieles „automatisch" ab. Man muss folglich die unbewusst eingesetzten kognitiven Schemata den Benutzern bewusst zu machen versuchen.*

Wie sich Lerner an die rechtschriftlichen Normen annähern, vgl. Baustein 15.

Bedeutung bewussten Sprachwissens

Bei anderen Teilen des traditionellen Sprachwissens scheint die didaktische Begründung weniger einsichtig. Wenn man aber erkennt, welche Bedeutung eine Regelbewusstmachung für die Stellung von Satzgliedern, den Einsatz von Modus, von Begriff und Metapher, von konjunktionalen Verknüpfungen, von Kohärenzsignalen usw. besitzt, so ist das Ziel der Bewusstmachung und Erweiterung von Sprachwissen vehement zu fordern.
Judith Macheiner beginnt das erste Kapitel ihres „Grammatischen Varietés" so (1991, 19f.):
„Eine der berühmtesten Erzählungen unseres Jahrhunderts beginnt mit den Worten:
Vor dem Gesetz steht ein Türhüter. Zu diesem Türhüter kommt ein Mann vom Lande und bittet um Eintritt in das Gesetz (Kafka, Vor dem Gesetz).
Grammatisch gesehen, hätte die Geschichte auch so beginnen können [...]" und nun bietet sie drei umgestellte Varianten, die Sie selber ausprobieren sollten. Macheiner resümiert:
„Doch keine der drei Varianten ist so gut wie das Original" und sie fragt: „Aber woher wissen wir, was die richtige Reihenfolge ist?" Dies führt zu einer Reihe verschiedener Zugriffe, die nur leisten kann, wer sich zuerst über die Möglichkeiten der Sprache Gedanken macht, wer sodann die verschiedenen Strukturen erfasst und schließlich die verschiedenen Bezüge des Satzes reflektiert.
Eine Abwehr vieler Lehrenden und Lernenden wird auch mit der Tradition des schulischen Grammatikunterrichts zusammenhängen, der sich lange Jahre zu wenig um seine Bedeutung für Lesen/Verstehen und Schreiben/Textplanen kümmerte.
Das heißt, jede Bewusstmachung sprachlicher Phänomene ist selbst wieder auf Sprache angewiesen. Eine solche Sprache der Benennung und Beschreibung muss mit systematischen Beschreibungsbegriffen arbeiten (vgl. Müller in Bredel u.a. 2003, Bd. 1, 464ff.). Dies gilt auch für das obige Beispiel von Macheiner, wo man nicht ohne Begriffe für Wortarten, für Satzkonstituenten oder Satzglieder, nicht ohne textlinguistische und pragmatische Begriffe auskommt.

- Was kann eine Betrachtung oder Analyse der Sprache innerhalb eines Sprachunterrichts leisten?
  Landläufig gibt es viele Antworten, die nicht alle gleich plausibel sind (vgl. ausführlicher bei Diegritz (Hrsg.) 1980; Steinig/Huneke 2002).

  Grammatisches Wissen

- soll helfen, Fehler zu vermeiden,
- soll das logische Denken schulen,
- soll Methoden- und analytisches Begriffsbewusstsein fördern,
- soll eine Verbesserung der Sprachrichtigkeit und -regelgerechtheit im Gebrauch leisten,
- soll beim Zweitsprach- und vor allem beim Fremdsprachlernen helfen,
- soll die Sprachbarrieren von Dialektsprechern überwinden helfen,
- soll die Metakommunikation, also das Nachdenken über die sprachliche Verständigung fördern, weil dazu Begriffe nötig sind,

- soll folglich vor allem im Feld der Schriftlichkeit, beim Formulieren und Verbessern eigener Texte hilfreich sein,
- soll für Rechtschreib- und Zeichensetzungslernen unverzichtbar sein,
- soll das Analysieren und Interpretieren von Texten fördern.

Diskutieren Sie über diese und weitere Begründungen. Prüfen Sie ihre Argumentation und ihre Reichweite, z.B. könnte nicht Mathematik oder Schachspiel weit mehr das Denken fördern? Leistet die Kenntnis der Grammatik der eigenen Sprache für alle Fremdsprachen gleich viel?

Trotz allem gilt, aus konstruktivistischer Sicht erneut, dass die Bewusstmachung der eigenen Sprache nicht vernachlässigt werden darf, wenn eine selbstständige Persönlichkeit gebildet werden soll. Und so wie alle möglichen Gegenstände auch als Lernmedien dienen, so muss auch die Sprache als solches „Lernmaterial" gesehen werden dürfen. Dass sie dann aber auch „Spielmaterial" sein darf, mit dem auch Neues, „Sinnloses" oder Kreatives erprobt werden kann (vgl. Seidel 1983), wird im Unterricht viel zu wenig genutzt, wie die meisten Sprachbücher dokumentieren.

Sprache soll „Lern- und Spielmaterial" sein.

2. Gibt es eine Entwicklung des Sprachbewusstseins?

Der Streit darüber, ab welchem Alter, in welcher Reihenfolge und in welchem Umfang die Sprachbetrachtung oder -reflexion zum Gegenstand von Unterricht gemacht werden soll, ist bekanntlich sehr alt.

Die lange Tradition des Grammatikunterrichts hat ihre Stoffe jedoch nahezu immer aus den jeweiligen Interessen oder dem Stand der Sprachwissenschaft abgeleitet. Wenn sich didaktische – oder besser: pädagogische – Stimmen zu Wort gemeldet haben, so plädierten sie in der Mehrzahl für eine entsprechende Reduzierung. Der „harte Kern" des Sprachunterrichts, Grammatik im engeren Sinne, waren und sind vielfach noch immer die Bereiche Wort- und Satzlehre, wie dies eben auch die üblichen Grammatiken vorführen. Dass dabei der Ausgang vom Satz anstatt vom Wort seit knapp 200 Jahren als Fortschritt gepriesen wird, konnte bislang weder von der Sprechakttheorie noch von der Textlinguistik umfassend außer Kraft gesetzt werden. Die Inhalte der Wort- und Satzlehre sind immer wieder im Blick, wenn es um die Frage einer sprachlichen und kognitiven Entwicklung der Schüler geht.

Vgl. Baustein 16.

In der historischen Forschung über die Bedeutung von Grammatikunterricht überwiegt folglich auch die Kritik: Ivo (1988) hat gezeigt, dass der Verzicht auf Grammatikunterricht häufig mit dem gesellschaftlichen Interesse der Mächtigen einherging, das Denken zu verbieten, demokratische oder kulturkritische Bewegungen sich hingegen vom Grammatikunterricht fortschrittliche Impulse erhofften.

Seit der Romantik finden sich – von Diesterweg (1790–1866) über das Kaiserreich bis hin zu sogenannten ganzheitlichen Unterrichtskonzepten für die Grundschule – Vorschläge, die Kinder vom Grammatikunterricht zu verschonen.
Dem stehen – von Becker/Wurst (1. Hälfte des 19. Jhdts.) über das altphilologisch dominierte Grammatikkonzept eines formalen Systemunterrichts bis zu der Übernahme linguistischer Theorien für die Schule (1970er Jahre) – die Gegenentwürfe gegenüber.
Allerdings sollte gerade aus aktueller Perspektive die Thematik differenzierter gesehen werden. So sind Zielsetzungen recht unbestritten, die Sprache in ihrem Gebrauch, Rechtschreibung, Förderung des Wortschatzes und der Text- und Stilbildung vermitteln wollen. Doch kann ein solcher Ansatz noch nicht als zureichend, vor allem nicht als sprachdidaktisch zureichend begründet angesehen werden.

- Welches ist der richtige Zeitpunkt für die Auseinandersetzung mit Grammatik?

Zur Sprachentwicklung vgl. Baustein 12.

Sprache als ein logisches System betrachtet, erfordert, dass die abstrakt-logische Entwicklung der Schüler im Blick bleibt. Dies würde – im Sinne von Piaget – für einen Beginn des Grammatikunterrichts um das 12./13. Lebensjahr sprechen, zumal dann auch angemessen über Sprachbeschreibungsbegriffe nachgedacht werden kann.
Spinner (1980) hat beobachtet, dass Schüler um das 13. Lebensjahr ein Interesse an Sprachformen, an einer bewussten sprachlichen Gestaltung entwickeln. Dass dies eine kognitive Leistung ist, die das Medium von Sprache und Text zum distanzierbaren Gegenstand machen kann, ist unbestritten. So wäre dieses Alter für einen Grammatikunterricht als „sensible Phase" anzusehen und es mag plausibel erscheinen, Phänomene wie Metaphorik, Modus (Indikativ und Konjunktiv), Aktiv und Passiv in diesem Alter ebenso zum Gegenstand zu machen wie das Erproben journalistischer Textformen wie Kommentar und Glosse.
Aber das naive und dennoch für Ausbildung aufnahmefähige Bewusstsein für Sprache als ein Phänomen im Wechsel von ergon und energeia, das nach Regeln funktioniert, mit denen man aber zugleich auch spielen kann, ist schon bei Kindern vorhanden und Spiel mit Sprache bereitet auch ihnen kognitives Vergnügen. Es sollte nicht nur als Hilfe für den Rechtschreibunterricht genutzt werden.

Vgl. Baustein 6 zum Thema der Sprachachtsamkeitskonzeption.

So geht es um die Aufgabe der Sprachbewusstseinsförderung (vgl. Beisbart 1999), anknüpfend an Sprachachtsamkeit, an „language awareness".
Die Einsicht in das Wachstum von begrifflichem Denken, vom komplexen Begriff zu einem differenzierten, ist schon für Kinder unumgänglich, folglich ist es notwendig, auch mit ihnen begrifflich zu arbeiten. Bedingungen sind jedoch, dass die Begriffe am Ende eines handlungsorientierten, erprobenden Unterrichts stehen müssen, dass sie einer späteren Differenzierung nicht im Wege stehen und dass sie auf das Abstraktionsvermögen der Schüler Rücksicht nehmen müssen. Dabei spielt auch die Wahl der Begriffswörter eine Rolle.
Die Schwierigkeiten für den Sprachunterricht – nicht nur, aber vor allem in der erweiterten Grundschule (1.–6. Schuljahr), wo die Lehr-

pläne vorrangig Sprachwissen auflisten – liegen in folgenden traditionellen Hindernissen:

- wenn Didaktik sich vorrangig oder allein auf das Prinzip der Reduktion verlässt, also die kleinen Einheiten wie Wortarten und „den einfachen Satz" ausschließlich an den Anfang stellt,
- wenn „grundlegender Unterricht" als Lehre von Begriffen (als „Grundlage für Späteres") missverstanden wird,
- wenn Sprachunterricht ausschließlich als Unterricht inhaltlicher Einheiten – in thematischem, funktionalem oder integrativem Unterricht, in Projektunterricht – die Sprache als Gegenstand und wirkmächtigen Teil aus den Augen verliert,
- wenn Grammatikunterricht isoliert wird von den anderen schulischen Aufgaben: Schreiben, Sprechen und Lesen,
- wenn Literaturunterricht ausdrücklich nichts mit Sprachreflexion zu tun haben darf,
- wenn auch der Unterricht im Schreiben sich höchstens um die Normvermittlungsbasis kümmert.

Nun liegt eine lange Reihe unterschiedlicher didaktischer Konzepte vor. Ulrich (2001) fasst die der zweiten Hälfte des 20. Jahrhunderts als Reihe zusammen: systematisch, situativ, funktional, integrativ, textorientiert, werkstattbezogen. Zeitweilig wurde auch gefordert, eine „Didaktische Grammatik" zu entwickeln.

Vgl. Baustein 16 zur Didaktischen Grammatik und zu einem Minimalbestand von Sprachwissen.

Konsens ist zwar heute, dass keines dieser Konzepte unverändert Lernerfolge gewährleistet und Lehrer zudem immer das Alter der Schüler berücksichtigen müssen. Steinig/Huneke (2002, 152) fassen sicher richtig zusammen: „Grammatikunterricht sollte so funktional wie möglich sein. Vor der Einführung einer formalen Kategorie steht ihre kommunikative Funktion. Und nicht mehr zu rechtfertigen ist das [...] deduktiv-benennende Vorgehen. [...] Die Entscheidung zwischen systematischem und situativem Vorgehen ist schwieriger zu treffen. [...] Ohne eine systematische Fundierung von Grammatik bereits in der Grundschule wird eine kritisch-analytische Haltung [die „wohl am besten zum Lernziel sprachlicher Bewusstheit" führt] wohl nicht zu erreichen sein."

Eine umfangreichere Aufgabe für Arbeitsgruppen ist die Auseinandersetzung mit den genannten grammatikdidaktischen Konzepten, etwa auch durch den Vergleich der Vorgehensweise an einem Beispiel. Ziehen Sie dazu etwa die folgende Literatur heran: Menzel (1984); Diegritz (Hrsg.) (1980); Eisenberg/Menzel (1995); Ulrich (2001).

Was als Grundstock sprachlichen Wissens formuliert wird, bleibt logischerweise auf einem Verständnis von Didaktik stehen, die ihre Aufgabe darin sieht, lernersinnvolle und sachlich verantwortliche Reduktionen vorzunehmen.
Der zweite Schritt didaktischen Tuns müsste sein, sinnvolle Handlungen zu formulieren, die nicht unbedingt zu einem Curriculum,

also einer geordneten Reihenfolge führen müssen. Man kann vielleicht von folgenden Tandems ausgehen, also an je einzelnen Phänomenen von der linken zur rechten Spalte voranschreitend:

Ansatzpunkte sind zuerst	**Daraus können folgen**
Sprechakte	Suche nach deren Strukturen
„Fehler" oder Auffälligkeiten	Wege zur Einordnung und Systematisierung
Zeiten und Zeitformen	Erproben von Zeitformen in verschiedenen Texten
Sachtexte	
Literarische Texte	Zugänge zu den „unteren Strukturebenen"
eingreifende und handelnde Erprobungen an fremden und eigenen Texten	Zugänge zu vorläufigen und tradierten Begriffen der Sprachbeschreibung
Spiele mit Sprache	Sprachebenen bestimmen; Regeldurchbrechungen und Regelübererfüllungen
	Nachdenken über und Besprechen von Missverständnissen

Versuchen Sie, die jeweiligen Zeilen weiter zu konkretisieren. Suchen Sie dazu auch Beispiele aus Sprach- oder Lesebüchern.

Zusammenfassung

In diesem Baustein wurde gezeigt, dass Sprachreflexion bedeutet, sich seiner eigenen Sprachlichkeit und sprachlichen Konstruktivität zunehmender bewusst zu werden.
Es wird betont, dass und wie Sprachwissen mit Weltwissen und Handlungswissen verbunden ist.
Es wurde benannt, welche Anstrengungen unternommen wurden, Ziele von Sprachkenntnis und Sprachunterricht zu verwirklichen, welche Irrwege dabei begangen wurden.
Es wurde gefragt, welche Entwicklungsstufen man kennt und welche Bedeutung solches Wissen für das didaktische Planen und Handeln hat. Benannt wurde das Ziel des Sprachunterrichts als ein doppeltes: aufbauend auf einem zunehmenden Sprachbewusstsein, einer Achtsamkeit auf Sprache, wird sowohl entwickeltes Sprachbewusstsein – als Sprachwissen und als Handlungswissen – als auch metasprachliches Wissen angestrebt.

Weiterführende Literatur

Beisbart, Ortwin (1999): Einige Überlegungen zum Thema Sprachbewusstseinsförderung und Sprachunterricht. In: Klotz/Peyer, S. 73–83.

Bredel, Ursula u.a. (2003) Bd. 1, S. 423ff.

Diegritz, Theodor (Hrsg.) (1980): Diskussion Grammatikunterricht. Reflexion über Sprache und Kommunikation im Deutschunterricht. München: Fink.

Eisenberg, Peter/Menzel, Wolfgang (1995): Grammatik-Werkstatt. Praxis Deutsch, 22/129.

Ivo, Hubert (1988): „Grammatik tut not!“ – Warum? In: Diskussion Deutsch 19/103, S. 484–506.

Klotz, Peter/Peyer, Ann (Hrsg.) (1999): Wege und Irrwege sprachlich-grammatischer Sozialisation. Bestandsaufnahme – Reflexionen – Impulse. Baltmannsweiler: Schneider.

Klotz, Peter (1996): Grammatische Wege zur Textgestaltungskompetenz. Theorie und Empirie. Tübingen: Niemeyer.

Menzel, Wolfgang (1984): Grammatikunterricht. In: Baurmann/Hoppe (Hrsg.): Handbuch für Deutschlehrer. Stuttgart: Kohlhammer, S. 339–361.

Müller, Christoph (2003): Schulgrammatik und schulgrammatische Terminologie. In: Bredel u.a. (Hrsg.), S. 464–475.

Scherner, Maximilian (2003): Grammatik und Textualität. In: Bredel u.a. (Hrsg.), Bd. 1, S. 476–486.

Seidel, Brigitte (1983): Schüler spielen mit Sprache. Sprachunterricht vom 1. bis zum 10. Schuljahr. Stuttgart: Kohlhammer.

(O.B.)

Baustein 14

Sprachliche Normen: Orientierungshilfen oder Machtinstrumente?

Die Geschichte ist nicht unbekannt, trotzdem sei sie hier wiedergegeben:
Im Mondenschein sitzt der Studienrat mit seiner Liebsten auf der Bank im Park. Er stellt die entscheidende Frage: „Liebst du mich?" „Ja" tönt es zärtlich zurück. Da kann er es nicht lassen: „Bitte antworte im ganzen Satz."
Die verheerende Wirkung sprachlicher Normen kann wohl kaum treffender karikiert werden, auch nicht die ausweglose Situation so manch eines ihrer Verfechter.
Ähnliche Beispiele liegen näher: Die Grundschullehrerin ist auf ihre Frage „Wie viele Monate hat das Jahr?" mit der Antwort „zwölf" unzufrieden. „Das Jahr hat zwölf Monate" soll die korrekte Antwort lauten.
Aus der eigenen Schulzeit fallen Ihnen vielleicht weitere Beispiele ein, wo Sie als Betroffene dem Beharren auf sprachlichen Normen nur wenig Verständnis entgegenbringen konnten. Die Frage drängt sich auf: Wozu brauchen wir Normen? Wem dienen sie?

In diesem Baustein erfahren Sie,

- *was man unter Normen versteht,*
- *welche Normen in der Sprache sowie im Deutschunterricht eine Rolle spielen,*
- *was wir über die Annäherung der Lerner an sprachliche Normen wissen,*
- *was Schüler und Lehrer beim Umgang mit Normen beachten sollen.*

1. Was sind Normen?

Das lateinische Wort *norma* bedeutet Richtschnur, Maßstab, Regel, Vorschrift, die griechische Übersetzung lautet *kanon*.

Bei Horaz gab es eine norma loquendi, im 20. Jahrhundert gibt es eine DIN-Norm (Deutsche Industrie-Norm oder volkstümlich: **D**as **I**st **N**orm), die mehr und mehr von EU-Normen abgelöst wird.
Normal, der Norm entsprechend, *abnormal* oder *anormal,* von der Norm abweichend, *enorm* (ex norma), die Norm übertreffend, sind zum Teil bis ins 18. Jahrhundert zurückgehende Wörter unserer Sprache. Allerdings verwenden wir *normal* in unterschiedlicher Bedeutung: präskriptiv (Richtschnur), deskriptiv (Durchschnitt) und in der Bedeutung *natürlich, gesund.* Dabei ergeben sich auch Unstimmigkeiten. So können modebedingte Normvorstellungen im Widerspruch teils zur Normalfigur, teils zu medizinischen Vorstellungen des normalen Körperbaus stehen.
Im Bereich der Sprache wird ebenfalls zwischen dem Idealzustand einerseits (*Sprachsystem* oder *langue* nach Saussure bzw. *Sprachkompetenz eines idealen Sprechers/Hörers* nach Chomsky) und der tatsächlichen Sprachverwendung (*parole* bzw. *Performanz*) unter-

schieden. Besonders Coseriu macht auf das auch didaktisch bedeutsame Problem aufmerksam, dass die Normen immer nur beim Realisieren der Sprache, also im engen Bezug zum Sprechen zu ermitteln sind, nie allein Sache des Sprachsystems sein können (vgl. Ezawa 1985).
Eine andere Unterscheidung ist wichtig: Auch bei der Konzentration auf die Sprachverwendung wird es sich nie um die Gesamtheit aller möglichen Realisierungen eines Sprachsystems handeln, die etwa als Standardnorm zusammenzufassen wären, sondern stets nur um einen von einer bestimmten Gesellschaftsformation innerhalb der Sprachgemeinschaft als vorbildlich und richtig erachteten Bereich. Da es sich bei den Repräsentanten der Normen in der Regel um die Trägergruppe des Systems handelt, hat sie auch die Macht, Normvorstellungen durchzusetzen, etwa durch staatliche Verordnungen. Möglichkeiten des Missbrauchs, der Einseitigkeit, aber auch des Protestes spielen somit bei Normfragen häufig eine Rolle.

Macht und Protest gehören zum Kontext systemstabilisierender Normen.

2. Die Vielfalt sprachlicher Normen

Im Einzelnen haben wir es mit Normen auf verschiedenen Ebenen zu tun:

- Auf der Lautebene

Im Bereich der **Aussprachenormen** ist die Diskrepanz zwischen Vorschrift und Einhaltung erheblich, Abweichungen werden innerhalb und außerhalb der Schule jedoch weitgehend toleriert, mitbedingt durch die geringe Ausprägung eines Regelbewusstseins in diesem Bereich. Manche Ausspracheregeln sind vielen Sprechern unbekannt – der korrekte Endlaut bei *König* wird oft nur beim Singen eingefordert, der Anlaut bei *Chemie* z.B. wird regional bedingt variiert. Allerdings müssen Sprecher beim Überschreiten gewisser Spielräume mit sozialen Sanktionen rechnen: Einordnung als Ausländer, als Dialektsprecher, als Angehöriger unterer sozialer Schichten. Der Gesichtspunkt der Wertung stand bei der Aussprache lange Zeit stark im Vordergrund. Das wird deutlich, wenn wir die Begriffe Hochdeutsch, Hochsprache, Hochlautung betrachten. Der Anstoß zur schriftlich fixierten Normierung erfolgte vom Theater, 1898 fasste Theodor Siebs die Ausspracheregeln für das Hochdeutsche unter dem Titel „Deutsche Bühnenaussprache" zusammen. Bis heute sind es vor allem Schauspieler und Sprecher bei Hörfunk und Fernsehen, für die das Erlernen der korrekten Aussprache verbindlich ist. Eine gewisse Liberalisierung macht sich in der Folgezeit bemerkbar, wie die Titeländerungen der Aussprachewörterbücher verraten: 1957: „Deutsche Hochsprache", 1969 (16. Auflage): „Deutsche Aussprache: Reine und gemäßigte Hochlautung mit Aussprachewörterbuch". Heute wird häufig der Begriff Standardsprache verwendet.
Die Orientierung der Aussprache an der Schriftsprache scheint jedoch nach wie vor selbstverständliches Ziel zu sein, anders als etwa in der Schweiz, wo die völlige Eigenständigkeit der gesprochenen Sprache (Schwyzerdütsch) gewährleistet ist. Die Annäherung der

„Ob und wie sehr man die Regeln der Hochlautung befolgt, hängt zum Teil von der Landschaft, der Sprechlage und dem Bildungsstand des Sprechenden ab. Der Gebildete hält sich mehr an die Hochlautung als der weniger Gebildete" (DUDEN-Grammatik 1959, S. 23). – „Sie (die Hochlautung) ist zugleich die ideale Aussprache für alle diejenigen, die sich bemühen, gehobene Sprache kunstgemäß auszusprechen" (DUDEN-Grammatik 1973, S. 34).

Vgl. Baustein 17.

Vgl. Baustein 4.

Vgl. Baustein 12.

Kinder an die Normen der Lautung erfolgt kontinuierlich bereits ab dem ersten Lebensjahr, wobei hier ein Mechanismus von Verstärkung der „richtigen" und Verzicht auf Bestärkung der „falschen" Laute ohne Sanktionen in der Regel zu akzeptablen Erfolgen führt.

- Auf der Ebene der Schreibung

Orthographische Normverstöße werden streng sanktioniert.

Die **Rechtschreibnormen** sind wohl die am besten akzeptierten sprachlichen Normen, obwohl ihre Beherrschung – wie böswillige Kritiker behaupten – von kaum einem Sprachbenutzer geleistet wird. Trotzdem ordnen wir uns – eine Großzahl der Schüler ausgenommen – freiwillig diesen Normen unter. Mit gutem Grund, erleichtern sie doch das Lesen und Verstehen von Texten ganz erheblich. Nicht normgerecht schreiben zu können gilt immer noch verbreitet als Zeichen mangelnder Intelligenz. („Wer nämlich mit h schreibt, ist dämlich.") Die Diskussion um die Rechtschreibreform ließ allerdings die Veränderbarkeit der Sprachnormen ins öffentliche Bewusstsein rücken.

Vorschläge zur Veränderung der Orthographie-Normen gibt es seit Beginn des 20. Jh.s

Die seit der Erfindung des Buchdrucks Mitte des 15. Jh.s vermehrt anfallenden Druckerzeugnisse erbrachten im 18. Jh. die ersten Vereinheitlichungsbemühungen zur Schreibung (Freyer 1722, Gottsched 1762, Adelung 1788). Das Aufblühen des Schulwesens und die damit verbundene Vermehrung der Schulbuchdruckereien im 19. Jh. führten 1876 zur I. Orthographischen Konferenz in Berlin, wo ein Kompromiss zwischen preußischen und bayerischen Rechtschreibregeln vereinbart wurde, festgehalten von Konrad Duden 1880 im „Vollständigen Orthographischen Wörterbuch der deutschen Sprache". Die Ergebnisse der II. Orthographischen Konferenz 1901 wurden ebenfalls von Duden zusammengefasst und 1902 im „Orthographischen Wörterbuch der deutschen Sprache" veröffentlicht. Diese erste Vereinheitlichung der Schreibung des Deutschen bildete mit einigen unwesentlichen Veränderungen von Auflage zu Auflage des Dudens fast ein Jahrhundert lang den Orientierungsrahmen für die Schreibung, obwohl erst 1955 ein Beschluss der Kultusministerkonferenz erfolgte, der die Duden-Schreibung für die Schulen als verbindlich festlegte. Allerdings gab es seit Beginn des 20. Jh.s etliche erneute Reformvorschläge, die vor allem auf die Veränderung der Großschreibung abzielten: 1931 in Erfurt Vertreterversammlung des Bildungsverbandes der deutschen Buchdrucker, 1958 Wiesbadener Empfehlungen, 1987 Auftrag von Bundesinnenministerium und Kultusministerkonferenz an das Institut für deutsche Sprache, Reformvorschläge zu erarbeiten. Die Vorschläge von 1992 (nach Verzicht auf wesentliche Veränderungen der Großschreibung) wurden nach heftigen Diskussionen und einigen Änderungen 1995 von der KMK beschlossen, 1996 nicht nur von Deutschland, auch von Österreich, der Schweiz und von Vertretern deutschsprachiger Gemeinschaften in Belgien, Italien, Liechtenstein, Rumänien und Ungarn unterschrieben. Demnach sollte die Regelung ab 1.8.1998 in allen Schulen wirksam werden, mit einer Übergangszeit bis 31.7.2005. Die ausschließliche Verbindlichkeit des Duden-Wörterbuchs wurde aufgehoben.

Seither ist es Sache der Sprachbenutzer, sich die veränderten Normen zu eigen zu machen, wobei erstaunlicherweise viele Proteste gegen Vereinfachung und Liberalisierung laut werden. Wie Kinder zur Beherrschung der Schreibnormen gelangen, wird weiter unten dargestellt.

- Auf der Wort- und Satzebene

Die **grammatischen Normen**, differenziert nach morphematischen, syntaktischen, semantischen Normen (Wortbildung, Satzbildung, Bedeutung) spielen in schulischen Institutionen eine bedeutende Rolle. Gleiches gilt für die Stilnormen, die den Schülern bei Aufsatzkorrekturen oft nur als Sprachgefühl der Korrigierenden erscheinen. Normen in diesen Bereichen sind in der Regel auf die Literatursprache gestützt.
Die Annäherung an diese Normen ist ein langwieriger Prozess, Schwierigkeiten bei der Formenbildung, bei der Wortwahl, beim Satzbau kennzeichnen den schulischen Umgang mit der Sprache und beeinträchtigen oft die Freude an der Sprache und die Kreativität bei Sprachproduktionen. Sprachliche Norm und Ausdrucksvielfalt stehen manchmal kontrovers gegenüber. Obwohl laut Jäger (1974) nur etwa 10 % der Gesamtbevölkerung die kodifizierten Regeln unserer Sprache einigermaßen beherrschen, werden Verstöße konsequent geahndet: innerhalb der Schule durch schlechte Noten (Sprachmängel wirken sich auf die Benotung in fast allen Fächern negativ aus), außerhalb der Schule durch soziale Sanktionen (man denke nur an die Häme, mit der falscher Gebrauch von Fremdwörtern von den Sprachmächtigen bedacht wird). In der Presse, im Hörfunk und im Fernsehen haben Rubriken bzw. Sendungen, die sich mit Versprechern oder misslungenen Aussagen befassen, einen festen Platz. Da hier in der Regel die Repräsentanten der Gesellschaft der Lächerlichkeit preisgegeben werden, könnte dies als Schritt zur Demokratisierung durchgehen: Die Normenkeule der Sprache trifft jeden, ohne Ansehen der Person.

In Baustein 13 wurden Probleme von Grammatik und Grammatikunterricht ausführlich diskutiert.

Vgl. Baustein 26.

Erstaunlich ist der hohe Stellenwert sprachlicher Richtigkeit auch angesichts der starken Veränderungen in diesem Bereich. Nicht nur bei der Orthographie, auch im syntaktischen Bereich, vor allem aber bei den Wortbedeutungen unterliegt unsere Sprache einem stetigen Wandel. Ohne ständige Verstöße gegen bestehende Normen wären solche Veränderungen nicht vorstellbar.

Vgl. Baustein 17.

> *Beachten Sie die Wortstellung in Kausalsätzen mit der Konjunktion* weil. *Sammeln Sie Beispiele veränderter Formenbildung, z.B. updaten, downloaden oder Wortneuschöpfungen, vor allem im Themenfeld der neuen Medien oder im sogenannten Denglisch.*

In einer lebenden Sprache ist der Sprachwandel ein wichtiges Phänomen.

- Auf der Ebene der Pragmatik

Bei den **kommunikativen Normen,** den Regelungen für situationsadäquate Äußerungen, geht es nicht wie bei grammatischen Nor-

Vgl. Baustein 2 zur Kommunikation.

men um richtig oder falsch, sondern um geeignet oder unpassend. Beim kommunikativen Verhalten stellt die Sprache nur einen Teilaspekt dar.

Stellen Sie eine Grammatik der Gebärdensprache für Finger, Hand, Arm zusammen, denken Sie an den Finger am Mund, an der Stirn, ruhig oder bewegt in die Luft gestreckt, an die Bedeutungen Geld, Sieg, an unterschiedliche Appelle.

Nonverbale Verhaltensnormen

Für das Erlernen nonverbaler Verhaltensnormen gibt es keine offiziellen Unterweisungen, obwohl die Kenntnis regional unterschiedlich bedeutsamer Gesten etwa im Ausland nicht unwichtig sein kann. Man lernt hier durch Nachahmung in der Gruppe, Verstöße werden in der Praxis geahndet.

Auch der sprachliche Teil kommunikativer Normen wird nicht lehrgangsorientiert vermittelt, allerdings wird der korrekte Gebrauch hier beständig sprachlich eingefordert. Das beginnt im Vorschulbereich mit dem Eindrillen von Höflichkeitsformeln („Wie sagt man!"), wird in der Schule in vielfältigen Formen fortgesetzt (Grußformeln, Rollenspiele zur Einübung von Sprachformeln, wie man sich bedankt, sich beschwert, sich einigt, tröstet usw.), findet im Erwachsenenleben beständige Erweiterungen (der Vereinsvorstand begrüßt – „Meine sehr verehrten Damen und Herren" –, er dankt „für das zahlreiche Erscheinen", er führt aus – „Ich hoffe und wünsche" –, er wünscht der Versammlung „einen angenehmen und erfolgreichen Verlauf".) Lebenslang lernen wir dazu, wie man sich in bestimmten Situationen sprachlich verhält. Dabei bedienen wir uns in der Regel vorgefertigter Versatzstücke, die dem Sprecher eine Entlastungsfunktion bieten, die flüssiges Sprechen wahrscheinlich erst ermöglichen. Man denke etwa an Sportreporter, die mit feststehenden Phraseologismen ihr Redetempo beschleunigen, oder an das Erlernen von Fremdsprachen, das mit übernommenen Einheiten (Patterns) nicht nur schnellere Erfolge verspricht, sondern auch vor blamablen Fehlern des wörtlichen Übersetzens bewahrt. Auch die Wissenschaftssprache ist hier zu erwähnen, deren Beherrschung in Prüfungen mit Hilfe festgefügter Spracheinheiten dokumentiert werden kann. Dabei werden nicht nur Schlüsselwörter, Wortpaare, Syntagmen, lexikalisierte Teilsätze, Redewendungen, Phraseologismen oder ganze Sätze verwendet, darüber hinaus geht es „um einen grundlegenden Mechanismus des Sprachgebrauchs", sagt Stubbs (1997, 156f.), der vom „idiomatischen Sprechen" einer Sprache redet und darunter die zentrale Verwendung der Wörter in ihren jeweiligen Kontexten und den damit verbundenen Wertvorstellungen und dem kulturellen Hintergrund meint. Solche Normen des Sprachgebrauchs sind häufig nicht einmal in Wörterbüchern erfasst, Muttersprachler aktivieren hier ihr Sprachgefühl, doch eine Systematisierung sei laut Stubbs (1997) nur statistisch durch die Auswertung großer Sprachkorpora möglich. Er zeigt dies für die deutsche Sprache u.a. am Beispiel des Gebrauchs des Lexems *pflegen* (warum „gepflegter Rasen", aber kein „gepflegter Kontakt"? – bevorzugte Textsorte für die Kombination *pflegen* und *Kontakt*: journalistische Tex-

Entlastung durch Sprachmuster

Normen des Sprachgebrauchs

te, neue Wortbedeutungen in politisch brisanten Bereichen: Pflegeversicherung, Pflegepersonal usw.).

Führen Sie die Überlegungen zur Norm des Sprachgebrauchs zum Lexem pflegen *weiter. Sammeln Sie Themenbereiche (Körper, Garten, Kultur, ...), Verbindungen mit anderen Lexemen, Wortformen, grammatischen Konstruktionen (Umgang pflegen mit, Kontakt pflegen zu), achten Sie auf Freiheiten und Einschränkungen (was „man" nicht sagt), also auf die Normen des Sprachgebrauchs.*

Wandel kommunikativer Normen

Die kommunikativen Normen unterliegen – wie die grammatischen Normen – einem ständigen Wandel. So beschwerte sich meine Mutter über die Unhöflichkeit der heutigen Jugend, die alte Leute nicht mehr grüße, sondern frech „hallo" sage. Augst (1977) zeigt zum Thema „Duzen – Ihrzen – Siezen" den Wandel der pronominalen Anrede vom Althochdeutschen *Du* sogar dem Kaiser gegenüber, über das mittelalterliche *Ir* etwa unter Rittern, bis ins 20. Jahrhundert mit der Verbreitung des *Sie*, das nun wieder stärker vom *Du* (z.B. auch gegenüber unbekannten Studierenden) abgelöst wird. Interessant sind die differenzierten Vorschriften, wie etwa Väter von Söhnen, Mütter von Töchtern oder auch Ehepartner anzusprechen waren. Unterweisungen darüber gehörten zur Etikette in gebildeten Kreisen, heute würden solche Instruktionen eher belächelt. Und doch halten wir uns in der Regel an die entsprechenden Normvorstellungen. Für die Heranwachsenden bedeutet dies, kommunikative Normen müssen durch Nachahmung in Ernstsituationen übernommen werden, begleitet von sporadischen Versuchen der Bewusstmachung. Gerade die aufgezeigten Sprachverwendungsformen können kaum anders als im häufigen Gebrauch angeeignet werden.

3. Die Annäherung der Lerner an die Schriftsprache

Es soll nun gezeigt werden, wie wir uns den Weg des Kindes zum Beherrschen schriftsprachlicher Normen vorstellen können. Mit dem Begriff Schriftsprache rückt hier die geschriebene Sprache in den Blick, die es zu schreiben, orthographisch richtig zu schreiben und zu lesen gilt. Alle Umgangsformen mit der Schriftsprache gehen auf einen gemeinsamen Beginn zurück, auf die frühkindliche Schreibentwicklung.

Das Hinterlassen sichtbarer Spuren auf glatter Oberfläche, am Fenster, im Sand scheint eine instinktbedingte Handlung zu sein, die bereits im ersten Lebensjahr praktiziert wird, wenn sich Gelegenheit dazu ergibt. Im zweiten Lebensjahr beginnt das Kind spontan zu kritzeln, hier zeigt sich das Interesse an visuellen Zeichen, Kritzelergebnisse stimulieren zu weiteren Aktivitäten, die in der Folgezeit eine Entwicklung durchlaufen, vom ungerichteten Kreis- oder Schwingkritzeln zum geordneten Kritzeln in Zeilen oder ganzen Kritzelbriefen. Brügelmann (1984) nennt vier Schritte für diese Entwicklung:

Kritzeln steht in enger Verbindung mit der parallel verlaufenden Entwicklung des Zeichnens und Malens (vgl. Gaber/Eberwein 1986).

- vom ziellosen zum gerichteten Kritzeln, mit den Aspekten Linearität und Wiederholung,
- von der Linie zur Form, mit der Entdeckung einzelner buchstabenähnlicher Formen,
- von der Buchstabenform zur Buchstabenfolge, mit variablen Buchstabenanordnungen,
- von der Folge einzelner Formen zur verbundenen Bewegung, mit individuellem Schreibrhythmus.

Nicht zu übersehen ist der Einfluss der Umwelt auf die skizzierte Entwicklung. Fehlen geeignete Materialien, Gelegenheiten, Anerkennung, Anregungen durch beobachtbare Schreibaktivitäten, erfolgen vielleicht sogar Sanktionen für unerwünschtes „Beschmieren" und „Bekritzeln", könnte für manchen Schulanfänger die Schule der Ort sein, wo die vorschulische Schreibentwicklung nachgeholt werden müsste, wo Erfahrungen gemacht werden müssen, dass Schrift mit Bewegung und mit Formen zu tun hat, vor allem dass Schreiben wichtige Funktionen übernehmen kann.

Die elementare Spracherfahrung, dass Schreiben befähigt, jemandem etwas mitzuteilen, schafft eine harmonische Verbindung mit dem Lesen. Das Lesen ergibt sich fast automatisch, wenn geschriebene Teilprodukte vor der Vollendung gelesen werden müssen. Am konsequentesten hat Reichen (1982) diesen Spracherfahrungsansatz (von Brügelmann in vielen Veröffentlichungen propagiert) in die Praxis der Leselern-Methodik umgesetzt. Mit Hilfe einer Anlauttabelle schreiben Kinder das, was sie schreiben wollen, unabhängig vom Lehrer, unabhängig von der Systematik einer Reihenfolge der zu erlernenden Buchstaben. Der Spracherfahrungsansatz, der die Integration von Schreiben- und Lesenlernen einerseits, das Anknüpfen an die vorschulischen Spracherfahrungen andererseits, vor allem aber die motivierte Eigenaktivität der Schüler beinhaltet, stellt auch den augenblicklichen Stand der Didaktik des Lesenlernens dar, nach jahrzehntelanger Diskussion um einzelheitliche und ganzheitliche Leselernmethoden.

Schulanfänger wollen mehrheitlich schreiben, nicht lesen lernen, wenn sie in die Schule kommen (vgl. Heuß 1993).

Ein kurzer Blick auf die Praxis des Lesens nach der Phase des Beginns sei noch nachgereicht. Interaktive Lesemodelle (Scheerer-Neumann 1987; 1990; Günther 1988; Rumelhardt 1981) gehen heute davon aus, dass zwischen den Ebenen der visuellen Merkmale, der Buchstaben und Wörter einerseits, also dem „Schriftbild", und der Sinnerwartung, orientiert an unserem Weltwissen, der Situationseinbettung, dem Sprachwissen (bezüglich der Wortbedeutungen, des üblichen Satzbaus, der im inneren Lexikon gespeicherten Einheiten) andererseits, ein ständiger Wechselprozess stattfindet, der das Textverstehen ermöglicht. Dabei wird das gesamte kognitive System aktiviert. Ein normgerechter Umgang mit Schrifttexten ist demnach nur möglich, wenn die Kenntnis von Buchstaben, wortspezifischen Graphemfolgen, lautlichen Kodierungen (auch beim stillen Lesen als Subvokalisierung eine Hilfe zum Textverstehen), Wort-, Satz- und Kontextbedeutung Hand in Hand gehen, wobei der Schwerpunkt freilich einmal auf die visuelle Ebene (Buchstabieren), einmal auf die Sinnerwartung (Erraten) gelegt werden darf.

Es findet ein interaktiver Prozess statt zwischen dem, „was der Leser weiß – d.h. in seinem Gedächtnis bzw. Lexikon gespeichert hat – und dem, was er im visuellen Reiz vorfindet" (Günther 1988, 152).

Nehmen Sie folgendes Beispiel von Morris (1992) für „interlexical priming" als Ausgangspunkt für weitere eigene Beispiele: Der Satz „Der Frisör stutzte den Bart." ist schneller zu lesen als der Satz „Die Person stutzte den Bart.", dieser schneller als der Satz „Die Person sah den Bart."

4. Der Erwerb orthographischer Normen

Wurde bei den Ausführungen zum Weg des Kindes zur Schriftsprache der Aspekt des orthographisch richtigen Schreibens ausgespart, so deswegen, um ihn hier gesondert differenzierter vorzustellen. In der Literatur liegen dazu vielfältige Modelle vor (zum Überblick vgl. Richter 1992; 1998). Wenigstens eines der gängigen Modelle, das von Brügelmann/Brinkmann (1994), sei hier skizziert.

Brügelmann/Brinkmann (1994) gehen bei ihrem Stufen-Modell von Einsichten aus, die das Kind in unvertauschbarer Reihenfolge auf dem Weg zur Orthographie gewinnen muss.

– Erkenntnis der Bedeutungshaltigkeit der Schrift
Kinder entdecken, dass Aufgeschriebenes mit Bedeutung zu tun hat, dass man Schrift in Rede (zurück)übersetzen kann, dass sich Inhalte schriftlich fixieren lassen. Die Symbolfunktion der Schrift ist erkannt.

– Erkenntnis der Buchstabenbindung der Schrift
Kinder entdecken, dass Schrift mit Buchstaben zu tun hat, dass es nicht reicht, ein graphisches Gebilde zu produzieren, um Bedeutungen festzuhalten, sondern dass eine (identische) Anzahl von Buchstaben (etwa für den eigenen Namen) nötig ist, deren Reihenfolge und Anordnung ebenfalls geregelt sind.

– Erkenntnis des Lautbezugs der Schrift
Kinder machen die wichtigste Entdeckung auf dem Weg zur Schrift (phylogenetisch vergleichbar der Ablösung der Begriffsschriften durch lautorientierte Schriften), sie erkennen, dass Buchstaben nicht unmittelbar mit der Bedeutung des Wortes zu tun haben, sondern dass der Weg über den Klang des Wortes führt. In dieser Phase gibt es die Entwicklung vom halbphonetischen Schreiben zur streng phonetischen Umschrift der eigenen Artikulation (z.B. HUNT, KHLAUS, TREUMPT).

– Erkenntnis der orthographischen Eigenständigkeit der Schrift
Kinder entdecken schließlich, dass nicht alle Wörter so geschrieben werden, wie man sie spricht, dass es vielmehr Besonderheiten bei der Umsetzung der Lautung in die Schreibung gibt (Buchstabenverdoppelung, Großschreibung). Erkannte Regelhaftigkeiten werden übergeneralisiert, d.h. konsequent auch dort angewendet, wo es die Orthographie nicht vorsieht (imm, Kieno, schtannt).
In der dritten und vierten Stufe der aufgezeigten Entwicklung muss es zu normabweichenden Schreibungen kommen, zu „Schreibirrtümern" (Eichler 1992) oder „klugen Fehlern", auf die in Baustein 15 eingegangen wird.

Vgl. Baustein 15.

Die weitere Entwicklung ist bestimmt durch die Entdeckung zusätzlicher orthographischer Besonderheiten (Morphemprinzip) und

durch die Automatisierung von Schreibungen. Wurde bei den aufgezeigten Entwicklungsmodellen bereits deutlich, dass Normvorstellungen nicht einfach als Lernwissen übermittelt werden können, sondern dass sie vom Lerner eigenaktiv konstruiert werden, wird dieser konstruktivistische Gesichtspunkt im Rahmen sogenannter Prozessmodelle des Rechtschreibens noch stärker betont.
Exemplarisch sei hier auf das Modell von Scheerer-Neumann (1986, 178) verwiesen, das die Komponenten im „inneren orthographischen Lexikon" zeigt, die beim orthographisch richtigen Schreiben zusammenwirken müssen.

Inneres orthographisches Lexikon (Scheerer-Neumann)

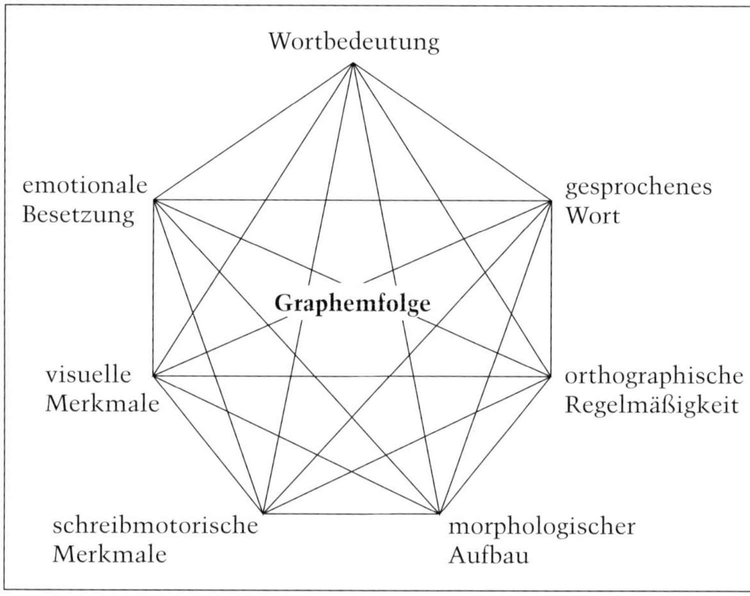

Je mehr der an den Eckpunkten eingetragenen Eigenschaften für ein zu schreibendes Wort dem Schreiber zur Verfügung stehen, umso wahrscheinlicher gelingt die korrekte Schreibung. Dem Faktor „emotionale Besetzung" kommt nach Richter (1998) dabei die stärkste Bedeutung zu, denn er entscheidet über die Aufnahme eines Wortes ins innere Lexikon. Richter belegt, dass emotional bedeutsame Wörter eher richtig geschrieben werden.

Konsequenzen für den Rechtschreibunterricht

Didaktische Konsequenzen seien angedeutet: Der Rechtschreibunterricht muss Rücksicht nehmen auf die Entwicklung der Lerner, er soll sie fördern, nicht hemmen. Beobachtung des individuellen Lernwegs ist wichtige Voraussetzung für Anregungen zum selbstständigen Umgang mit Sprache. Gelegenheiten zu sprachanalytischen Tätigkeiten sind zu schaffen. Der Interessenbezug muss beim Rechtschreiben eine stärkere Rolle einnehmen.

Zusammenfassung

Sie haben in diesem Baustein erfahren, dass Normen sowohl den Ideal- als auch den Normalzustand bezeichnen können, dass sprachliche Normen auf der Lautebene als Aussprachenormen von den Rechtschreibnormen auf der Ebene der Schreibung, diese von den grammatischen Normen auf Wort- und Satzebene zu unterscheiden sind und dass auf allen Ebenen kommunikative Normen eine Rolle spielen. Sie haben weiter gesehen, dass Lerner auf dem Weg zur Schriftsprache durch eine schriftorientierte Lernumwelt bereits im Vorschulalter so weit gefördert werden können, dass ein normgerechtes Schreiben und Lesen der Schriftsprache beim Anknüpfen an die vorschulischen Spracherfahrungen problemlos gelingen könnte, dass über den Erwerb orthographischer Normen differenzierte Modelle entwickelt wurden, die alle den eigenaktiven Lernprozess der Lerner in den Mittelpunkt stellen.

Weiterführende Literatur

Augst, Gerhard (1977): Sprachnorm und Sprachwandel. Wiesbaden: Athenaion.

Augst, Gerhard/Dehn, Mechthild (1998): Rechtschreibung und Rechtschreibunterricht. Stuttgart u.a.: Klett.

Bartsch, Renate (1985): Sprachnormen. Theorie und Praxis. Tübingen Niemeyer.

Richter, Sigrun (1998): Interessenbezogenes Rechtschreiben. Braunschweig: Westermann.

(D.M.)

Baustein 15

Fehler: Defekte oder Annäherung an die Norm?

Im Jahre 1823 schrieb Goethe auf der Heimfahrt aus Marienbad in Erinnerung an die jugendliche Ulrike von Levetzow folgende Strophe (Teil der „Marienbader Elegie"), die hier nach einem Faksimile in buchstabengetreuer Abschrift wiedergegeben ist (nach August 1977, 183):

In unsers Busens Reine wogt ein Streben
Sich einem höhern, reinern, unbekannten,
Aus Danckbarkeit freywillig hinzugeben
Enträthselnd sich den ewig ungenannten;
Wir heißen's: fromm seyn! – Solcher seligen Höhe
Fühl ich mich theilhaft wenn ich vor Ihr stehe.

Angenommen, ein Deutschlehrer kennt diesen Text nicht, welche „Fehler" könnte er, unsere heutige Rechtschreibung zu Grunde legend, entdecken? Denken Sie an Substantivierung, Zeichensetzung, Phonem-Graphem-Korrespondenzen.
Falls Sie dieses despektierliche Ansinnen, einen Goethe-Text zu verbessern, nicht sowieso entrüstet ablehnen, würden Sie doch zu der Überzeugung kommen: Goethe sind die Verstöße gegen unsere Duden-Rechtschreibung von 1902 nicht anzulasten (auch nicht gegen die von 1998), denn er konnte sie 1823 nicht kennen. Ohne Normen keine Fehler! Daher die Anführungszeichen bei „Fehler". Wer das Goethe-Gedicht heute veröffentlicht, wird es orthographisch stillschweigend unseren Normen anpassen. Das scheint so selbstverständlich, dass es kaum erwähnenswert wäre. Oder?
Angenommen, heute schreibt ein kleiner Johann Wolfgang von etwa sechs Jahren einen Text. Auch er kennt die Duden-Rechtschreibung noch nicht. Wird er genauso ungeschoren davonkommen? Wird sein Text ebenfalls stillschweigend bei der Veröffentlichung an die Normen angepasst? Oder bekommt er gar den Rat, doch lieber mit dem Schreiben zu warten, bis er die Normen beherrscht?
Nebenbei bemerkt: Die gesamte klassische Dichtung ist ohne Beachtung der orthographischen Regeln des 20. Jh.s entstanden.

In diesem Baustein wollen wir uns mit dem Problem der Fehler befassen. Zunächst sollen die unterschiedlichen Auffassungen des Begriffs Fehler geklärt werden, sodann werden wir uns mit dem Problem schulischer Normierung im Zusammenhang mit Spracherfahrungen der Kinder befassen, anschließend wird uns der Bereich Rechtschreiben beschäftigen, wobei auf das Spezialgebiet der Legasthenie und auf die Frage, ob sich Fehler einprägen, besonders einzugehen sein wird. Schließlich werden wir die „unerwarteten Reaktionen" beim Lesen diskutieren. Der Blick auf die angemessene Haltung der Lehrer und Lehrerinnen soll dabei stets eine wichtige Rolle spielen.

1. Fehler in landläufiger Auffassung

Fehler sind Abweichungen von der Norm, Verstöße gegen Vorschriften, auch gegen nicht kodifizierte Regeln kann verstoßen werden, etwa gegen die Logik. Irrenwitze zeigen Verstöße gegen unsere Vernunft, die Welt derer, die sich für vernünftig halten. Zwei plus zwei ist vier, weil das im Zahlensystem so geregelt ist. Fehler sind nur im Rahmen eines bestimmten Systems als Abweichungen zu sehen. Fehler und Normen gehören zusammen. Ohne Normen keine Fehler. Ohne Fehler keine Normen ist ebenso richtig. Wenn keine störenden Verhaltensweisen vorliegen, muss nichts geregelt, normiert werden. Ein Blick auf die entsprechenden Adjektive zeigt ebenfalls die Abhängigkeit vom jeweiligen Gegenbegriff. Die Antonyme richtig und falsch lassen sich variieren: wahr und falsch – auch mit dem Begriff Wahrheit wird die Einbettung in ein System sichtbar –, falsch und echt, falsch und natürlich.

Zum Thema „Norm" vgl. Baustein 14.

Suchen Sie weitere Antonyme und Wortpaare, um die Bedeutungsvielfalt des Wortes Fehler aufzuhellen. Stellen Sie den idiomatischen Gebrauch des Wortes Fehler zusammen. – Vgl. Sie die Aufgabe bei Baustein 14 zum Wort pflegen (S. 159).

Fehler können ihrem Schweregrad entsprechend unterschieden werden: leichte, leichtsinnige, schwere, kapitale, dumme Fehler. Hier wird deutlich, dass man es mit dem Gegensatz richtig – falsch nicht bewenden lässt. Die Bewertung von Fehlern ist in der Schule zu einem wichtigen Problemfeld geworden.

Vgl. Baustein 26.

Schule sollte allerdings nicht nur auf die Bewertung der Fehler blicken, sondern auf deren Entstehung. Hier ist der pädagogisch wichtige Unterschied zwischen Förderung und Selektion angesprochen. Bei Gericht geht es um die Bestrafung der Verstöße, Bestrafung sogar dann, wenn die Norm, das Gesetz, dem Täter unbekannt war. In der Schule sollte nicht das Endprodukt im Mittelpunkt stehen, sondern der Prozess. Die Fragen, wie ein Fehler entstanden ist, in Konsequenz anschließend: wie er zu vermeiden wäre, eröffnen die eigentlich pädagogische Perspektive, die zu einer anderen Auffassung des Begriffes *Fehler* führen sollte.

2. Fehler in pädagogischer Perspektive

Haben wir bisher Fehler vom Standpunkt der Norm, des Idealzustandes, des erwarteten Endverhaltens aus gesehen, müssen wir als Pädagogen von dieser Position abrücken, die Seiten wechseln, die Perspektive des Lerners einnehmen. Was aus der Sicht des Ziels als Mangel, als Abweichung erscheint, weil das Ziel noch nicht erreicht ist, wirkt aus der Sicht dessen, der auf dem Weg zum Ziel ist, ganz anders, häufig sogar als Fortschritt. Als Vorstellungshilfe für den Perspektivenwechsel sei hier an das Beispiel des halb gefüllten Glases erinnert: Je nach Sichtweise kann es als „noch halb voll" oder

„schon halb leer" bezeichnet werden. Der Sachverhalt bleibt davon unbenommen. Der andere Pol, der Ausgangspunkt des Weges muss also mit ins Blickfeld rücken, nicht nur das Ziel selbst – und das positive Denken. „Schon so weit (vom Ausgangspunkt) vorangekommen" oder „noch so weit vom Ziel entfernt" sind die beiden Perspektiven. Es geht also darum, den Weg zum Ziel zu betrachten, die einzelnen Stationen auf diesem Weg, den Zuwachs an Wissen und Können, die Entwicklung von Fähigkeiten. Dies alles zeigt aus der Blickrichtung des Anfangs stetige Fortschritte, die aus der Gegenperspektive vom Ziel her unsichtbar bleiben. Dieser Gedankengang soll an einigen Beispielen erhellt werden.

Fehler sind „entwicklungspsychologische Notwendigkeiten" (Wode), „Ausdruck individueller Lernfortschritte" (Brügelmann), „Fenster der Denkwelt – nach innen wie nach außen" (Brügelmann/ Richter).

Angefangen beim Erlernen des aufrechten Ganges, mit den Vorformen des Kriechens, Robbens, Krabbelns im frühesten Kindesalter, über die Bemühungen, das Radfahren zu erlernen, das Schwimmen oder das Schifahren, bis zu solchen Aktivitäten, die in der Regel im Erwachsenenalter erlernt werden, das Autofahren oder das Golfspielen z.B., immer durchlaufen Lerner Vorstufen, notwendige Zwischenformen, die durch die geduldige und kundige Hilfe von Fachleuten in der Regel bald überwunden sind, die nach Erreichen des Ziels vergessen werden, die freilich von böswilligen Zeitgenossen auch belächelt oder kritisiert werden können, was dem Vorwärtskommen wenig dienlich ist, wie es manche von uns am eigenen Leib verspürt haben.

Vgl. Baustein 12.

Enger an unserem Fach ist das Beispiel des Primärspracherwerbs. Er kann als schrittweise Annäherung des Kindes an die Sprache der Erwachsenen gesehen werden. Viele Zwischenstufen im phonetischen, im grammatischen, im semantischen Bereich markieren den Weg. Die Schritte, die sich etwa von der Aufforderung *„haben!"* über *„Keks haben!"* zu *„Elisabeth Keks haben!"* zeigen (Klotz 1995, 87), werden von Erziehern freudig akzeptiert. Kinder dürfen in der Zeit der vorschulischen Sprachentwicklung ungestört Fehlformen bilden *(„ich singte", „ich gehte")*, Erzieherängste, das Erlernen des richtigen Sprechens würde verzögert oder gar verhindert werden, sind zum Glück nicht bekannt. Im Gegenteil, Kinderetymologien wie *„übergestern„* (in Analogie zu „übermorgen") oder *„Schießtole"* (für Pistole) gelten als besonders kreative Leistungen. Dass Sprachentwicklung im Wechselspiel zwischen sprachlichen Anregungen aus der Umgebung und persönlichen Aktivitäten des Lerners erfolgreich funktioniert, liegt sicher auch daran, dass Kindern das Probierverhalten im Umgang mit der Sprache zugestanden wird, dass sie ermuntert werden, Entdeckungen zu machen, neue Formen zu bilden, dass Fortschritte auf diesem Weg anerkannt und gelobt werden, dass niemand diese Zwischenstufen auf dem Weg zur vollen Beherrschung der Sprache als Fehler abwertet oder etwa zu verhindern trachtet, nach dem Motto: Bevor du etwas Falsches sagst, sag lieber gar nichts!

Probierverhalten führt zu Fortschritten in der Sprachentwicklung.

3. Schulische Normierung der Spracherwerbsprozesse

Was im Vorschulalter bei der Entwicklung der mündlichen Sprache als selbstverständlich gilt, wird plötzlich problematisch, wenn es um den Schriftspracherwerb im Raum der Schule geht. Auch ohne Annahme der vollen Parallelisierung der beiden Lernprozesse verhilft die Vorstellung der Analogie von Laut- und Schriftspracherwerb zu einer kritischen Analyse des schulischen Sprachlernens.

Abfolge und zeitlicher Rahmen der bislang individuellen Lernfortschritte werden – zumindest im traditionellen Anfangsunterricht – in Lehrgängen geregelt, wobei die Orientierung am Durchschnitt ausgerichtet ist. Damit kommt unvermittelt ein Wertungsgesichtspunkt ins Spiel: Unterschreiten des Mittel„werts" gilt als Mangel, als fehlerhaft, Umwege, Abweichungen vom vorgegebenen Weg, von der Norm, werden nicht akzeptiert, mit pädagogischen Maßnahmen wird gegengesteuert.

Orientierung am Durchschnitt schafft gute (= überdurchschnittliche) und schlechte (= unterdurchschnittliche) Schüler.

Auf der anderen Seite scheint belegt, dass Kinder ihr Wissen über (Schrift-)Sprache aktiv konstruieren – so jedenfalls Erkenntnisse der Lehr-Lernforschung –, dass die Möglichkeit, schulische Lernangebote zu nutzen, von den vorschulischen Spracherfahrungen abhängt, dass solche Spracherfahrungen individuell sehr unterschiedlich sind, dass Sprachwahrnehmung als Teil der Spracherfahrungen beim Kind anders als bei sprachkompetenten Erwachsenen abläuft, deren Sprachwahrnehmung durch Kenntnis rechtschriftlicher Konventionen verfälscht ist. So glaubten Studierende in wiederholten Versuchen mehrheitlich, als Endlaut der Wörter „Hund" und „Rad" ein /d/ zu hören. Lehrerinnen und Lehrer stehen also stets in Gefahr, kindliche Sprachannäherungen misszuverstehen oder eben als falsch zu bewerten.

4. Fehler und der Erwerb orthographischer Normen

In Baustein 14 wurde der Erwerb orthographischer Normen als Entwicklungsprozess dargestellt, dessen wichtigste Stufen durch die Entdeckung der Buchstaben, der Laute und schließlich der orthographischen Besonderheiten bestimmt sind. Die Schreibstrategien der Kinder auf den verschiedenen Stufen sind unterschiedlich. Konzentrieren sich die Schreiber in der alphabetischen Phase auf Anzahl, Anordnung, Reihenfolge der Buchstaben, wird die Aufmerksamkeit in der phonetischen Phase auf die Lautung, in der orthographischen Phase auf die Anwendung entdeckter Regelmäßigkeiten gelenkt. Dabei muss es vor allem bei lautorientierten Schreibungen zu Fehlern kommen, denn unsere Schrift kennt eben keine durchgängige 1:1-Zuordnung von Lauten und Buchstaben. Wer *Hunt* schreibt, verhält sich entsprechend der als Fortschritt zu wertenden phonetischen Strategie korrekt. Auch in der als weiteren Lernfortschritt zu wertenden orthographischen Phase sind Falschschreibungen vorprogrammiert, ja die Fehler häufen sich sogar, weil viele vorher richtig geschriebene Wörter nun nach vermutlichen Regel verändert wer-

Vgl. Baustein 14.

Akzeptieren von Entwicklungsprozessen heißt Akzeptieren von Fehlern.

den. Wer *Ältern* schreibt, zeigt, dass er ein wichtiges (das morphologische) Prinzip unserer Orthographie entdeckt hat, dieses allerdings konsequenter (übergeneralisiert) anwendet als vorgesehen. Hier kann man also von einem „klugen Fehler" sprechen, für den der Schreiber eigentlich belobigt werden müsste. In der Tat ist hier das richtige Lehrerverhalten ausschlaggebend, soll der Lerner auf dem eingeschlagenen Weg weiterkommen, ohne verunsichert zu werden oder gar die eigenaktiven Lernerfahrungen einzustellen und sich hilflos dem besserwissenden Lehrer auszuliefern. Die Alternative, die zeitweilig versucht wurde, nämlich Lernern den Umweg über die Falschschreibungen zu ersparen, indem man sie anhält, ohne nachzudenken Wortbilder (Grundwortschätze) einzuprägen, hat sich als wenig erfolgreich erwiesen, außerdem unterläuft sie die eigenaktiven (teilweise vorschulischen) Spracherfahrungen.

Auf den Lehrer/die Lehrerin kommt es an, ob der Schüler seinen eigenen Weg zur Rechtschrift gehen darf.

Vielmehr sollte der Erzieher den Perspektivenwechsel ernstnehmen, sich um die Kenntnis des Entwicklungsgangs beim Erwerb der Orthographie bemühen, durch regelmäßige Analysen der Schreibungen den jeweiligen Entwicklungsstand des Schreibers ermitteln, die entsprechenden Rechtschreibstrategien unterstützen, aber durch Schaffen angemessener Lernarrangements die Weiterentwicklung initiieren.

5. Prägen sich Fehler ein?

Einprägen von Wortbildern oder rechtschriftliche Entwicklungsprozesse?

Ein Wort sei noch zu einer unter Praktikern verbreiteten Befürchtung gesagt. Dass orthographisch nicht korrekte Formen sich einprägen oder gar den Erwerb der richtigen Formen behindern könnten, ist eine noch immer häufig geäußerte, auf einer überholten Wortbildtheorie basierende, aber recht unprofessionelle Ansicht, die schon logischen Argumenten nicht standhält. Zum einen wäre zu klären, warum sich nur die falschen, und nicht die viel häufiger auftretenden richtigen Wortbilder einprägen sollten, zum anderen sind nach der entwickelten Theorie die Fehlformen gerade Ergebnisse einer aktiven Konstruktion schriftsprachlicher Vorstellungen, keine gedankenlose Übernahme visuell vorgegebener Wortbilder, zum Dritten lässt sich im Selbstversuch zeigen, wie wenig wir uns selbst durch vorgegebene orthographische Besonderheiten beeinflussen lassen. Balhorn (1989) entwarf einen „Seh-Test", der zum Notieren bekannter Firmen- und Produktnamen in ihrer Originalform auffordert. Es ist immer wieder verblüffend, dass selbst Lehrern (mit einem geschulten Blick für Fehler) der orthographisch auffällige Namenszug auf ihrem eigenen Auto sich nicht einprägt, der Großbuchstabe D in mazDa bleibt unentdeckt.

6. Sonderfall Legasthenie

„Die Schule macht ihre Legastheniker selbst", „Wie mache ich Legastheniker?", „Alle Kinder sind Legastheniker" sind Buch- und Aufsatz-Titel zum Thema.

Ausführungen zum Thema Rechtschreibfehler wären nicht vollständig, bliebe der Spezialfall der Legasthenie unerwähnt. Es fällt offenbar schwer, bei dieser emotional besetzten und äußerst kontrovers diskutierten Thematik sachlich zu bleiben. Der Begriff „Legasthenie" (in wörtlicher Übersetzung „Leseschwäche") wurde 1928 von Ranschburg geprägt und diente zunächst zur Bezeichnung „geistiger Rückständigkeit". Maria Linder brachte 1951 mit der Interpretation der Legasthenie als Teilleistungsstörung eine Wende, denn damit war die Diskriminierung der Legastheniker überwunden, ja sie wurden sogar zusätzlich gefördert und erfuhren die Bevorzugung, dass ihre Leistungen in Lesen und Rechtschreiben nicht benotet wurden. Ironisch könnte man sagen: Hier lohnte es sich, viele Fehler zu machen. Allerdings waren die Probleme nicht aus der Welt geschafft: Die Anerkennung als Legastheniker war von als nicht objektiv kritisierten Messverfahren abhängig, legastheniespezifische Fehler ließen sich nicht nachweisen, die unpädagogische Beschränkung der Förderung auf einen Teil der rechtschreibschwachen Schüler war nicht länger hinnehmbar. Also beschloss die KMK 1978, alle Kinder „mit besonderen Schwierigkeiten beim Erlernen des Lesens und Rechtschreibens" sollten gefördert werden. Damit entfiel allerdings die Befreiung von der Benotung. Der Begriff Legasthenie wurde durch den allgemeineren der **Lese-Rechtschreib-Schwäche** ersetzt. Die jüngste Entwicklung in Bayern (Erlass vom 16.11.1999) geht für Kritiker wieder einen Schritt zurück und schafft eine „Drei-Klassen-Gesellschaft bei Lernschwierigkeiten" (Brügelmann 2000), denn es wird differenziert nach – Legasthenie als „schwer therapierbare Krankheit" – vorübergehender Legasthenie – Schülern „mit sonderpädagogischem Förderbedarf". Kritikpunkte sind vor allem: Die Dreiteilung sei weder wissenschaftlich gesichert noch praktisch durchführbar, die Schule werde aus der Verantwortung genommen, für alle Schüler zu sorgen. Positiv werden die zusätzliche Förderung und die Notenentlastung hervorgehoben – allerdings wieder nur für eine schwer abgrenzbare Gruppe.

„Legasthenie ist eine spezielle, aus dem Rahmen der übrigen Leistungen fallende Schwäche im Erlernen des Lesens (und indirekt auch des selbständigen fehlerfreien Schreibens) bei sonst intakter oder – im Verhältnis zur Lesefähigkeit – relativ guten Intelligenz" (M. Linder 1951, 97)

Dem augenblicklichen Forschungsstand gemäß stellt sich die Situation so dar: Die größte Zahl der rechtschreibschwachen Schüler machen solche Kinder aus, deren Entwicklungsstand dem der Mehrzahl der anderen hinterherhinkt (bis zu vier Entwicklungsjahre sei der Unterschied zum Zeitpunkt der Einschulung, laut Brinkmann (1999)). Fehlende, zu geringe oder inadäquate Spracherfahrungen könnten die Ursachen sein. Daneben gibt es vermehrt Schwierigkeiten bei Kindern, die eine besondere Schwäche im Bereich der phonologischen Bewusstheit, der „Fähigkeit zur Reflexion über den Phonemaufbau der Sprache" (Brinkmann 1999, 4) aufweisen, wobei die Abgrenzung der beiden Gruppen kaum möglich ist. Für Erzieher ergibt sich damit einmal mehr die Verpflichtung, auf Schüler individuell einzugehen, Spracherfahrungen zu ermöglichen und – für Kinder mit verzögerter Lernentwicklung noch mehr Geduld aufzuwenden, noch intensiver sich um die Perspektive vom Kinde aus zu bemühen.

Die Zusammenhänge zwischen phonologischer Bewusstheit im Vorschulalter und dem späteren Schriftspracherwerb sowie die Effizienz eines frühen Trainings der phonologischen Bewusstheit konnten in vielen Studien nachgewiesen werden (Weinert 1998 b, Lundberg u.a.1988, Schneider 2001).

7. „Fehler" im Bereich Lesen?

Um das Thema Fehler nicht einseitig an das Rechtschreiben zu binden, soll hier ein Blick auf ein anderes Lernfeld des Deutschunterrichts gelenkt werden, auf das Lesen. Hier stellt sich die Situation

des Fehlers etwas anders dar. Sanktionen gegenüber Lesefehlern sind nicht vergleichbar mit denen, die sich im Rechtschreiben oder Aufsatz eingebürgert haben – die Benotung der Leseleistung ist weniger verbreitet, Verlesungen werden nicht wie Rechtschreibfehler addiert und zu Noten verrechnet. Zum anderen genügt es beim Lesen nicht, zum Verständnis von Normverstößen auf die Lernprozesse zu verweisen und Verlesungen als Zwischenstufen auf dem Weg zum kompetenten Leser zu erklären. Selbst geübte Leser sind nicht vor Verlesungen gefeit. Trotzdem ist auch in diesem Lernbereich ein Umdenken im Hinblick auf Fehlleistungen nötig.
Die Erforschung der Leseschwierigkeiten hat lange Tradition. In verschiedenen Ansätzen wurde seit Beginn des 20. Jhs. Leseproblemen nachgegangen, bis in die 70er Jahre vor allem als Legasthenie- und Leselernmethodenforschung. Brügelmann (1983) unterscheidet vier Ansätze:

Vier Ansätze zur Diagnose von Lesefehlern

- den quantitativen Ansatz, der sich auf das Auszählen der Fehler beschränkt, ohne Förderungsmöglichkeiten aufzuzeigen,
- den qualitativen Ansatz, der Fehler nach ihrer Form unterscheidet, wobei Substitution vor Auslassungen und Hinzufügungen als häufigste Fehler ermittelt wurden (vgl. Weber nach Gibson/Levin 1980),
- den Teilleistungsansatz, der zwar auf eine Reihe wichtiger psychischer Faktoren verweist, die beim Lesen zusammenspielen müssen (visuelle und auditive Wahrnehmung, Zuordnung von visuellem und phonetisch-artikulatorischem Kode, semantische Kodierung, Speicherfähigkeit im Kurz- und Langzeitgedächtnis), der aber zum erfolglosen Training von Einzelleistungen verleitet und die mangelnde Integration der Teilleistungen als Wirkgröße bei Leseschwäche vernachlässigt,
- den Ansatz der individuellen Problemlösung, der eine aktive Rolle des Lesers annimmt und das Verständnis des Lesers in den Mittelpunkt stellt. Hier können wir auch von einem pädagogischen Ansatz sprechen.

Nündel/Schlotthaus (1978) erklären ihre Wahl des Buchtitels „Angenommen: Agamemnon" so: Ein Altphilologe, in seinem Homer zu Hause, ersetzte beim Vorlesen das Wort „angenommen" jeweils durch das ihm näher stehende Wort „Agamemnon".

Dass Lesen ein aktiver Konstruktionsprozess ist, sehen wir auch an unseren eigenen Verlesungen, die ähnlich wie die „Freudschen Versprecher" tiefenpsychologisch gedeutet werden können. Die Substitution durch Begriffe, die uns beschäftigen, oder die Korrektur des zu lesenden Textes, um unangenehme Vorstellungen zu vermeiden erweisen sich als Alltagspraxis (vgl. Bettelheim/Zelan 1982). Erst wenn man sich um die Deutung solcher Verlesungen bemüht und sich nicht mit der Feststellung richtig oder falsch zufrieden gibt, wird der Weg frei für Verlesungsanalysen und daraus resultierende pädagogische Maßnahmen. Spätestens hier wird auch die Unangemessenheit des Begriffs „Fehler" wieder deutlich. Goodman (1976) spricht stattdessen von „unerwarteten Reaktionen" des Lesers. Forschungen über Verlesungen (Goodman 1976, Gibson/Levin 1980, Marx 1985) geben Auskunft über die Lesestrategien der Kinder in verschiedenen Alters- und Kompetenzstufen. So scheinen ungeübte Leser von den drei Orientierungsmöglichkeiten beim Lesen, der graphischen, der syntaktischen und der semantischen Information zunächst die graphische Ebene in den Mittelpunkt zu stellen, sie

„kleben am Buchstaben", mit Fehleranfälligkeit der Wortmitte und längerer Wörter. Die graphische Ähnlichkeit scheint für Buchstabensubstitutionen verantwortlich zu sein. Als nächste Strategie folgt die Suche nach syntaktischer Akzeptanz, der die semantische Orientierung des geübteren Lesers folgt. Auf die graphischen Hinweisreize, die grammatische Richtigkeit und auf die semantische Akzeptabilität gleichermaßen zu achten macht die größten Schwierigkeiten.

Leseleistung und Lehrerverhalten

Mit Blick auf das Lehrerverhalten ist hervorzuheben, dass Leseleistungen deutlichen Schwankungen unterliegen, die von Lesebedingungen abhängen, die wiederum vom Lehrer beeinflussbar sind. Die geringsten unerwarteten Reaktionen beim Lesen zeigen Leser, die gerne lesen, die interessante, d.h. vor allem sinnvolle Texte lesen, die eine der Lesesituation und dem Lesematerial angemessene Lesestrategie auswählen, die beim Vorlesen die Möglichkeit zur Selbstkontrolle erhalten und nicht durch verbessernde Mitschüler oder Lehrer fremdkontrolliert werden und die vor allem keine Angst haben müssen, sich zu verlesen.

Zusammenfassung

In diesem Baustein haben Sie erfahren, dass es in der Schule darauf ankommt, die landläufige Auffassung von Fehlern als Verstößen, die geahndet oder verhindert werden müssen, aufzugeben und mit einem Perspektivenwechsel Fehler in pädagogischer Sicht als notwendige Schritte von Entwicklungen zu betrachten. Die am Durchschnitt orientierten Vorgaben und Erwartungen in der Schule wurden als hinderlich für den individuellen Spracherwerbsprozess dargestellt, was beim Rechtschreiben – vor allem beim Spezialfall der Legasthenie – unübersehbar ist. Die Befürchtung, Fehler würden sich einprägen, konnte entkräftet werden. Die Verlesungen beim Vorlesen wurden als „unerwartete Reaktionen" vorgestellt, die wiederum aus der Perspektive des Lerners interpretiert werden sollten, damit dem Leser geholfen werden kann.

Weiterführende Literatur

Brinkmann, Erika (1999): Alle Kinder sind Legastheniker. In: Lernchancen 2/11, S. 2–5.

Brügelmann, Hans (1983): Kinder auf dem Weg zur Schrift – eine Fibel für Lehrer und Laien. Konstanz: Faude.

Brügelmann, Hans/Richter Sigrun (Hrsg.) (1994): Wie wir recht schreiben lernen. Lengwil: Libelle.

Marx, Harald (1985): Aufmerksamkeitsverhalten und Leseschwierigkeiten. Weinheim: edition psychologie VCH.

(D.M.)

Kapitel 2
Themen – Erfahrungsgegenstände – Sprache und Texte

Nachdem in Kapitel 1 in drei Abschnitten sehr ausführlich über den Schüler gehandelt wurde, seine Wege zu einer sprachlichen und literarischen Kompetenz verfolgt wurden, geht es in diesem Kapitel um die Gegenstände des Deutschunterrichts.
Die Überschrift benennt mit ihren Begriffen den alltagssprachlichen Weg, den jede didaktische Reflexion zu gehen hat:
Themen, darunter versteht man meist bestimmte Inhalte, Weltwissen also, die dem Einzelnen oder der Klasse begegnenden komplexen Zusammenhänge, denen sich das Interesse meist zuerst zuwendet. Sie bestimmen die Sachfächer, die Projekte, können Lese- und Sprachbüchern Gliederungen vorgeben. Sie sind zwar meist sprachgebunden, bis hinein in die Fächer Kunst und Musik, doch wird die Sprache häufig zu wenig zum eigentlichen Thema.
So kann der Begriff *Thema* schon den Weg zu *Sprache und Texten* aufzeigen. Der Begriff *Erfahrungsgegenstände* soll dabei als Brücke dienen, denn die Aneignung der Inhalte ist ein kognitiv-emotional-pragmatischer Prozess, der wesentlich konstruktiv zu sehen ist und erfahrungsgesättigt sein muss.
Mit diesem gedanklichen Hintergrund kann sich der Lehrer dann den Gegenständen selbst, *Sprache und Texten*, zuwenden. Dass dies nur ein Einstieg in das Arbeitsfeld von Sprach- und Literaturwissenschaften sein kann, wird sicher deutlich.
Die **Bausteine 16 und 17** skizzieren die Grundlagen des Gegenstandsfeldes Sprache in Geschichte und Aktualität, reflektieren ihre Elemente, ihre Struktur und gehen auf die Frage der Normentwicklung unter dem Begriff des Sprachwandels ein.
Der **Baustein 18** beschäftigt sich mit den Texten, stellt die Differenz von Sachtexten und literarischen Texten dar und relativiert diese Sicht. Dass **Baustein 19** eigens auf die Kinder- und Jugendliteratur eingeht, hängt mit deren besonderer Bedeutung über viele Jahre der Leseentwicklung ebenso zusammen wie mit der gestiegenen Forschungstätigkeit in diesem Sonderbereich der (meist literarischen) Texte und der aktuellen Bedeutung, die der Kinder- und Jugendliteratur für die Entwicklung einer lebenslangen Lesekompetenz zugesprochen wird.

Baustein 16

Sprache: Struktur und Funktion

Schüler: „Warum haben Sie in meinem Aufsatz *das abbe Bein* unterstrichen?"
Lehrer: „Weil man das nicht sagen kann, *ab* ist kein Adjektiv."
Schüler: „Warum nicht? Man kann doch fragen: Wie ist das Bein?"

Könnten Sie dem Schüler erklären, warum *ab* trotzdem kein Adjektiv ist? Zu welcher grammatischen Kategorie gehört das vermeintliche Adjektiv dann? Ist *vermeintlich* ein richtiges Adjektiv? *Ab* kann prädikativ, aber nicht attributiv, *vermeintlich* attributiv, aber nicht prädikativ stehen. Keines von beiden ist steigerbar – unserer (Ihrer?) Schulerinnerung nach ein weiteres Merkmal der Wortart Adjektiv. Allerdings fallen einem hierzu sofort viele weitere Ausnahmen ein: Auch *tot, grün, ledig* besitzen keine Komparationsformen und sind doch richtige Adjektive. Mit solchen Überlegungen sind wir mitten im grammatischen Denken, dem Versuch, das Inventar der Sprache zu systematisieren und zu strukturieren.
Eine neue Dimension erhält die Diskussion darüber, was „man" sagen kann, wenn der Schüler zu seiner Verteidigung anführt, er habe den Ausdruck vom *abben Bein* aus dem Kinderbuch „Da kräht kein Hahn nach dir" von Harald Grill übernommen.

Worum geht es in diesem Baustein? Es soll gezeigt werden,

- *wie man Zugänge zum komplexen* ***System Sprache*** *finden kann;*
- *wie man das System Sprache strukturieren kann;*
- *was man unter* ***Grammatik*** *versteht;*
- *welche elementaren Kenntnisse man sich als Deutschlehrer aneignen sollte.*

1. Zugänge zum System Sprache

Schon bei der Suche nach den grundlegenden Bausteinen der deutschen Sprache wird deutlich, dass die Struktur von Sprache komplex ist. Sieht man etwa die Wörter als Grundelemente an, wird bei genauerer Betrachtung schnell klar, dass auch sie nicht letzte Einheiten sind, sondern vielfach in kleinere Bestandteile aufteilbar sind, die z.T. etwas „Worthaftes" an sich haben, wenn sie Bedeutung tragen (*seh* in *Fernseher*), z.T. aber auch aus anscheinend bedeutungslosen Lautfolgen bestehen (*en* in *gesehen*) (Linke/Nussbaumer/Portmann 1996, S. 8). Auch die Ergänzung von Wörtern um weitere Bestandteile ist manchmal nötig, wie unser Ausgangsbeispiel zeigt (*abtrennen* oder *abschneiden*). Es ist daher nicht leicht möglich, sprachliche Äußerungen in ihrer Komplexität und Gesamtheit zu erfassen. Deshalb versucht die Sprachwissenschaft (Linguistik) je nach Untersuchungsinteresse unterschiedliche Aspekte von Sprache zu isolieren und zu beschreiben: Wir unterscheiden zuerst zwischen einer **gegenwartssprachlichen** oder synchronen Betrachtungsweise (z.B. regionale Unterschiede bei der Bezeichnung von Speisen: Kloß, Knödel) und einer **sprachgeschichtlichen** oder diachronen Betrachtungsweise (z.B. der Wandel von Wortbedeutungen: mhd. *wîb* - nhd. *Weib*).

Vgl. Baustein 17.

Gängige Untersuchungsgebiete der Sprachwissenschaft innerhalb des Sprachsystems sind:

- die **Sprachlaute** (Phonologie – Phonetik),
- der Bau von Wörtern – **Wortbildung** (Morphologie),
- die **Bedeutung** von Wörtern und Texten (Semantik),
- die Abfolge und Beziehung von Elementen im **Satz** (Syntax) und im **Text** (Textlinguistik),
- Sprache und ihr **Gebrauch** (Pragmatik),
- der **gesellschaftliche Aspekt** von Sprache (Soziolinguistik),
- der **individuelle Aspekt** von Sprache (Psycholinguistik).

Vgl. Bausteine 3 und 17.

Der Zusammenhang der unterschiedlichen Beschreibungssysteme kann in einem Strukturmodell von Sprache sichtbar gemacht werden, das die Verknüpfung von oben genannten sprachwissenschaftlichen Disziplinen andeutet. Wie bei allen graphischen Darstellungen ist auch das hier vorgestellte Modell nur eine Möglichkeit neben anderen, die aber bestimmte und ausgewählte Aspekte von Sprache verdeutlichen kann und bei allen Verzerrungen und Vereinfachungen die Komplexität von Sprache wenigstens in Ansätzen wiedergibt (Sommerfeldt/Starke 1998, S. 3). Hilfreich sind Modelle von Sprache für alle, die sich, wie der Deutschlehrer, beruflich mit sprachlichen Phänomenen beschäftigen. Der Aufbau und die Zusammenhänge von einzelnen Beschreibungsaspekten des Systems Sprache soll im folgenden Modell veranschaulicht werden.

Sprachwissenschaftliche Disziplinen sind unterstrichen. Die komplexen Beziehungen zwischen den einzelnen Teildisziplinen werden in der Graphik nur angedeutet, um nicht zu verwirren.

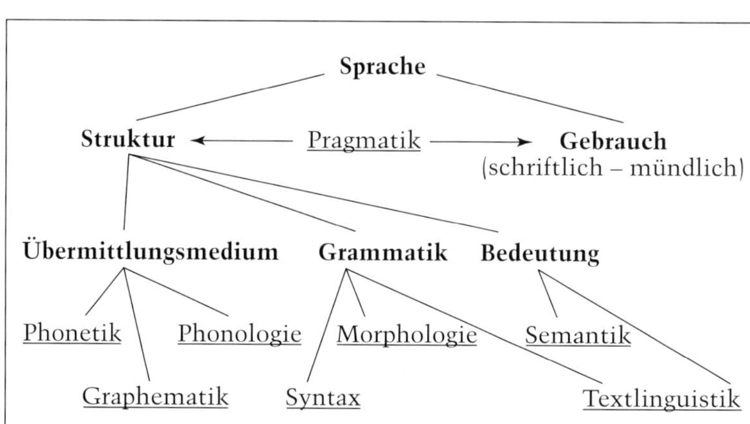

Strukturmodell der Sprache nach Crystal 1995, S. 83.

Die erste Ebene (von „Sprache" aus gesehen) zeigt die Unterscheidung zwischen der Tatsache, dass sprachliche Äußerungen bestimmte **Strukturen** aufweisen, und dem **Gebrauch** von Sprache, bei dem wir hier zwischen mündlich und schriftlich differenzieren.

Vgl. Baustein 4.

Die sprachwissenschaftliche Disziplin Pragmatik verbindet, wie im Schema angedeutet, Struktur und Gebrauch von Sprache, z.B. beeinflusst der Gebrauch die Struktur von sprachlichen Äußerungen (vgl. Fragesatz – Aussagesatz).
Auf der folgenden Ebene wird die Struktur von Sprache in drei Teilaspekte untergliedert:

- Sprache dient zuerst der Kommunikation und dazu sind **Übermittlungsmedien** notwendig:

Die **Phonetik** als wissenschaftliche Disziplin untersucht die physikalisch-physiologische Beschaffenheit der Laute als Schallproduktionen, z.B. die Artikulationsart und Artikulationsstellen der Lautproduktion. Die **Phonologie** widmet sich als funktionale Lautlehre den Phonemen als kleinsten bedeutungsunterscheidenden lautlichen Einheiten einer Sprache. In Analogie zur Phonologie beschreibt die **Graphematik** in Schriftsprachen die Grundeinheiten des Schriftsystems, die Grapheme (Schriftzeichen), ihre Kombination zu komplexen Einheiten (Wörtern) und Regeln, denen diese Kombinatorik folgt (Metzler Lexikon Sprache 2000, S. 259).

Laute/Phoneme und Schriftzeichen/Grapheme sind die kleinsten Einheiten des Sprachsystems.

- **Grammatik** kann sich (nach traditioneller Auffassung) auf die Beschreibung der Regularitäten der **Morphologie** und der **Syntax** beschränken, also den formalen Aspekt des Sprachsystems in den Blick nehmen.
- Die **Bedeutung**sseite der Sprache stellt den dritten Teilaspekt dar.

Der Bedeutung von sprachlichen Zeichen widmet sich die **Semantik.** Erst seit einigen Jahrzehnten untersuchen Sprachwissenschaftler in der **Textlinguistik** die syntaktischen, semantischen und pragmatischen Beziehungen über Satzgrenzen hinaus.
Die Bedeutung von sprachlichen Einheiten steht in engem Zusammenhang mit ihrem Gebrauch. Die Abgrenzung von der **Pragmatik**, die sich mit sprachlichen Ausdrücken und ihren Verwendungssituationen beschäftigt, ist daher schwer möglich.

2. Grammatik – Grammatiken

Das Wort ‚Grammatik' stammt aus dem Altgriechischen und bedeutete ursprünglich die ‚Lehre von den Buchstaben', aber schon sehr bald verstand man darunter die Lehre von den Regeln des Sprachbaus. Sie stand von jeher als *ars recte dicendi (die Kunst richtig zu sprechen)* neben der Rhetorik als *ars bene dicendi (die Kunst gut zu sprechen)* und bezeichnete im Mittelalter die erste Kunst des Triviums der *septem artes liberales* (neben Rhetorik und Stilistik). Darin steckt bereits die Bedeutungsverengung von Grammatik als Summe der Regeln bzw. Regelmäßigkeiten des richtigen Gebrauchs einer Sprache. Neben dieser Grundbedeutung von Grammatik als **Festschreibung der Regularitäten** einer natürlichen Sprache, wie wir

Grammatik – ein vielfältiger Begriff

sie z.B. in der Duden-Grammatik kennen (Eisenberg 1998, S. 23), hat das Wort **Grammatik weitere Bedeutungen** und kann als **Sprachwissen**, als **Sprachsystem**, als **Sprachtheorie** oder auch **metaphorisch** aufgefasst werden, etwa wenn die Regelhaftigkeit einer Erscheinung besonders betont werden soll (Linke/Nussbaumer/Portmann 1996, S. 44).

Formulieren Sie möglichst viele Sätze, in denen das Wort Grammtik unterschiedliche Bedeutung hat, z.B. Ich habe meine Grammatik vergesen. Die Grammatikfehler im Aufsatz sind zu verbessern.

Erweiterte Bedeutung des Begriffs Grammatik

Während ältere Grammatiken – wie sie sich auch im oben beschriebenen Strukturmodell von Sprache widerspiegeln – im Kern vor allem die Formenlehre (Morphologie) und Satzlehre (Syntax) darstellen, versucht man in neuerer Zeit in Grammatiken eine wissenschaftliche Beschreibung des gesamten Systems, der Regeln einer Sprache und des Sprachgebrauchs zu erreichen. In neueren wissenschaftlichen Grammatikansätzen wird Grammatik auch verstanden „als spezifisch menschliches Vermögen, Ausdrücke gemäß den Regeln einer Sprache zu bilden und zu verstehen" (Linke/Nussbaumer/Portmann 1996, S. 44).
Die Bandbreite unterschiedlicher Auffassungen spiegelt sich in der Vielfalt der gebräuchlichen Bezeichnungen wider:

Wissenschaftliche Grammatik: Versuche, das System einer Sprache möglichst umfassend zu beschreiben. Im besten Fall bieten sie nebeneinander verschiedene Perspektiven auf sprachliche Phänomene, z.B. Wortarten, Wortarten als Satzglieder, Wortarten im Text. Wissenschaftliche Grammatiken arbeiten mit unterschiedlichen Methoden und entwickeln häufig eigene Begrifflichkeiten, die bei der Lektüre bekannt sein müssen.

Vgl. Baustein 30.

Präskriptive (oder normative) Grammatik: Versuche, verbindliche Regeln für den Sprachgebrauch aufzustellen. Vielfach werden Änderungen im Sprachgebrauch zunächst als ‚falsch', dann als ‚häufig schon gebraucht' und schließlich als ‚alternativ möglich' angegeben. Solche normativ-präskriptiven Grammatiken waren über Jahrhunderte vorherrschend und wurden vor allem für den Schulgebrauch in den Fächern Griechisch und Latein oder für die Muttersprache erstellt, wo es galt, eine überregionale Standardform auszubilden und durchzusetzen. Erst im 19. Jahrhundert wurde die deskriptive Erfassung lebender Sprachen anerkannte wissenschaftliche Disziplin (Linke/Nussbaumer/Portmann 1996, S. 45).
Die Auffassung von Grammatik als Festlegung der „richtigen" Sprachverwendung hat sich im Bewusstsein vieler Laien festgesetzt und suggeriert – auch vielen Deutschlehrern –, dass es **eine** richtige und unveränderliche Form von Sprache gibt.

Zur Frage nach der Sprachnorm vgl. Baustein 14.

Didaktische Grammatik: Je weiter sich das Wissen über die Regularitäten einer Sprache verfeinert, desto unübersichtlicher wird für Lerner das Angebot. So muss die Sprachdidaktik versuchen, ein sogenanntes Grund- oder Basiswissen zu benennen. Zu seiner Entwicklung sind die wissenschaftlichen Grammatiken unverzichtbar, aber nicht zureichend (Menzel 1984). Problematisch, ja störend sind sowohl die lange Tradition der lateinischen Grammatik und ihrer Begrifflichkeit wie manche „kindgemäßen" Begriffe (Wiewort, Tunwort). Eine Analyse der Lehrpläne ergibt jedenfalls, dass dort weder die Aufgabe eines Basiswissens noch die einer konstruktivistisch und funktional arbeitenden didaktischen Grammatik gelöst ist. Ein Versuch ist in Punkt 3 dieses Bausteins „Elementare Grammatikbereiche" dargestellt. Vor allem das Verhältnis zwischen Wissenselementen einer formalen Grammatik und einer Reflexion über die Funktionen grammatischer Phänomene kann nur sinnvoll in der Praxis des Unterrichts gelöst werden.

Funktionale Grammatik: Etwa seit den 70er Jahren setzt sich die Überzeugung durch, Sprache sei durch ihre kommunikativen Zwecke zu bestimmen. Damit wird nicht nur die formale oder formalistische Erfassung sprachlicher Phänomene zurückgedrängt, auch die Vorstellung, sprachliche Gesetzmäßigkeiten seien in der Sprache fest vorgegeben, sie müssten nur entdeckt werden, weicht einer eher konstruktivistischen Sicht, die Sprache als Prozess im aktuellen Handlungszusammenhang zwischen Sprachbenutzern sieht. Am Beispiel des Imperativs lässt sich gut Spezifik und Auseinanderklaffen von formaler und funktionaler Sicht zeigen. Formale Kriterien sind hier etwa: Modus vor allem von Handlungsverben, Beschränkung auf 2. Person Singular und Plural, Bildung durch den Verbstamm, Spitzenstellung im Satz. Unter funktionalem Aspekt sind zu nennen: Aufforderung oder Verbot in syntaktisch nicht auf den Imperativsatz beschränkten Formen, etwa durch einen Aussagesatz, einen Fragesatz, den isolierten Infinitiv, den Einsatz von Modalverben, Partikeln usw.

Sprache ist durch ihre kommunikativen Zwecke bestimmt.

Stellen Sie eine Liste zusammen, wie sich die Aufforderung, das Fenster zu schließen, versprachlichen lässt.

Mit den genannten Begriffen Aufforderung und Verbot ist der Zusammenhang mit einem wichtigen funktionalen sprachwissenschaftlichen Ansatz hergestellt, der Sprechakttheorie. Austin (1972) machte wohl als erster auf die Handlungsqualität der Sprache aufmerksam, indem er aufzeigte, dass Äußerungen wie „ich taufe ...", „ich vermache ..." wichtige soziale Handlungen (nämlich die Taufe, ein Vermächtnis) in Gang setzen. Dieser Illokution genannte Teilakt, der den Bezug zum Hörer betrifft, muss ergänzt werden um die Teilakte Äußerung (lokutiver Akt) und Wirkung (perlokutiver Akt). Dass Sprechakte bestimmten Handlungsmustern unterliegen, ist etwa beim Eid gut zu sehen, für den die Einhaltung einer festen Form konstitutiv ist. Aber auch für andere illokutive Akte wie Verbote, Versprechungen, Entschuldigungen hat die Funktionale Pragmatik, wie die entsprechende Teildisziplin der Grammatik auch genannt wird, Ablaufpotentiale entdeckt, die einzuhalten sind, soll der Zweck oder die Funktion der Rede erreicht werden. In der Diskurs-

Vgl. hierzu Baustein 2.

Sprechakte

analyse werden schließlich Regelhaftigkeiten, Strategien, Taktiken über die Einheit des einzelnen Sprechakts hinaus erfasst.

Vgl. Baustein 18, S. 193.

Von den zahlreichen Vorschlägen, die Sprechakte nach verschiedenen Funktionen zu ordnen, sei die Taxonomie von Searle (nach Hoffmann 1996, 100) wiedergegeben. Searle unterscheidet: assertive Akte (behaupten, feststellen, sich auf die Wahrheit von Aussagen festlegen), direktive Akte (bitten, befehlen, andere zum Handeln bewegen), kommissive Akte (versprechen, sich festlegen, Vertrag schließen), expressive Akte (danken, klagen, Gefühle äußern), deklarative Akte (verurteilen, eröffnen, sagen, was offiziell gelten soll). Die ältere Einteilung der Sprachfunktionen von Bühler (Darstellung, Appell, Kundgabe) scheint hier wieder auf.

Vgl. Baustein 2.

Eine adäquate Methode, den funktionalen Blick auf Sprache bei der Vermittlung grammatischen Wissens im Unterricht beizubehalten, dürfte die Werkstatt-Methode (Eisenberg/Menzel 1995) sein. Hier werden Schüler angehalten, selbst wie Sprachwissenschaftler vorzugehen und mit Hilfe des richtigen Handwerkzeugs, nämlich bestimmten Operationen, grammatische Kategorien aufzustellen, um Einsichten in Aufbau und Funktionieren der Sprache zu gewinnen.

Vgl. Baustein 30.

3. Praxisprobleme grammatische Terminologie und Basiswissen

Lateinische oder deutsche Bezeichnungen?

Es ist sicher für den Deutschlehrer ein Problem, dass er in Sprachbüchern, Lehrplänen und Grammatiken mit unterschiedlichen Verwendungsweisen grammatischer Termini konfrontiert wird. Dabei sollte gerade er diese Begriffe sicher beherrschen und anwenden können. In Konkurrenz treten etwa die lateinischen und die deutschen Bezeichnungen für grammatische Kategorien (vgl. Tuwort, Tunwort, Zeitwort für Verb). Ein weiteres Problem ist, dass sich die terminologische Vielfalt von den zugrunde liegenden unterschiedlichen grammatischen Modellen (vgl. Valenzgrammatik, Konstituentengrammatik etc.) ableitet und ohne Kenntnis dieser Modelle oft unverständlich bleibt.

Als **Vorschlag** für Studierende könnte gelten: Beginnen Sie mit Grundwissen (vgl. unten: Elementare Grammatikbereiche), das laufend ergänzt und vertieft werden muss. Hier können durchaus zu Beginn die „traditionellen" Termini der Schulgrammatik verwendet werden. Ausgehend von diesem Grundwissen muss im Laufe des Studiums, aber auch während der Berufspraxis eine Vertiefung und eine didaktische Leistungsprüfung erreicht werden.

- **Elementare Grammatikbereiche**

Sprachliches Grundwissen

Die folgenden Begriffe aus der Grammatik sind größtenteils deckungsgleich mit dem Verzeichnis grundlegender grammatischer Fachausdrücke der Kultusministerkonferenz (KMK) und sollen hier als Diskussionsgrundlage verstanden werden. Sie werden zum Teil als sprachliches Grundwissen in den Lehrplänen genannt, zum Teil sind sie aber auch fachliche Grundlagen für den Deutschlehrer, wenn z.B. schriftliche Schülerarbeiten korrigiert werden müssen oder wenn Prinzipien der Rechtschreibung erklärt werden. Sie sollten von den Studierenden durch den Besuch von Lehrveranstaltungen oder im Eigenstudium eingehend erarbeitet werden. Die bloße Kenntnis der Begriffe ist für einen Deutschlehrer keinesfalls ausreichend, die funktionalen Aspekte und die Bezüge zum sprachlichen Handeln müssen einsichtig werden. Wenn hier gefordert wird, dass der Deutschlehrer über dieses Grundwissen verfügen soll, ist damit nicht gleichzeitig ein „Grammatik-Lehrplan" für die Schüler gemeint. Nicht alle hier angeführten Termini müssen allen Schülern aller Schularten vermittelt werden, da für den Schulgebrauch keine linguistische Vollständigkeit angestrebt werden kann.

- Morphem als kleinste selbstständig bedeutungstragende Einheit
- Wort (Flexion)
- Phonem, Laut – Silbe
- Graphem, Buchstabe, Prinzipien der Rechtschreibung
- Wortarten (Kriterien der Wortarteneinteilung: flektierbar – nicht flektierbar; morphologische und semantische Kriterien; Hauptwortarten; Deklination – Konjugation)
- Grundlegende Möglichkeiten der deutschen Wortbildung (Ableitung: Präfix, Suffix; Zusammensetzung: Komposition; Grundwort – Bestimmungswort)
- Satz als relativ selbstständige und unabhängige sprachliche Einheit
- Satzarten (Aussagesatz, Aufforderungssatz, Fragesatz, Wunschsatz)
- Satzformen (einfacher Satz, Satzreihe, Satzgefüge, Hauptsatz – Gliedsatz)
- Satzglieder (Bestimmung von Subjekt, Prädikat und Objekt durch operationale Verfahren: Weglassprobe, Umstellprobe, Ersatzprobe)
- Fälle (Kasus: Nominativ, Genitiv, Dativ, Akkusativ)
- Prädikat als verbales Satzglied
- Attribute als Satzgliedteile (z.B. vorangestellt, nachgestellt)
- Tempus (Zeitformen – Zeitstufen)
- Modus (Indikativ, Imperativ, Konjunktiv)
- Genus verbi: Aktiv – Passiv
- Genus (Femininum – Maskulinum – Neutrum)
- Bedeutungslehre – Semantik (Bedeutung – Bezeichnung, semantische Merkmale, Wortfelder)
- Textlinguistik (Mittel der Textkohärenz, Thema-Rhema)
- Pragmatik (Sprechakte, Konversationsmaximen, Sprachvarietäten)

Überprüfen Sie, welche der genannten Termini und der damit gemeinten Inhalte im Lehrplan Ihrer Schulart enthalten sind.

In diesem Baustein haben Sie erfahren,

- *dass es eine synchrone und eine diachrone Betrachtungsweise der Sprache gibt,*
- *dass die Teildisziplinen der Sprachwissenschaft unterschiedliche Elemente der Sprache ins Blickfeld rücken: Laute, Wörter, Bedeutungen, Sätze, Texte oder den Sprachgebrauch,*
- *dass der Begriff Grammatik in unterschiedlichen Bedeutungen verwendet wird, als Sprachwissen, Sprachsystem, Sprachtheorie,*
- *dass wir nach der Zielrichtung eine wissenschaftliche, eine präskriptive, eine didaktische und eine funktionale Grammatik unterscheiden können,*
- *dass die grammatische Terminologie im Unterricht zum Problem werden kann,*
- *dass vom Deutschlehrer ein Basiswissen erwartet wird, das ein Strukturmodell der Sprache ebenso umfasst wie die Beschreibung sprachlicher Phänomene von ihrer Funktion her.*

Weiterführende Literatur

Adamzik, Kirsten (2001): Sprache. Wege zum Verstehen. Tübingen: Francke (UTB).

Clement, Daniele (1996): Linguistisches Grundwissen. Eine Einführung für zukünftige Deutschlehrer. Opladen: Westdeutscher Verlag.

Duden Grammatik der deutschen Gegenwartssprache (1995): Hrsg. v. Drosdowski, Günther. Mannheim: Dudenverlag, 5., völlig neu bearb. u. erw. Auflage.

Eisenberg, Peter (1998/1999): Grundriß der deutschen Grammatik Band 1: Das Wort; Band 2: Der Satz. Stuttgart: Metzler.

Linke, Angelika/Nussbaumer, Markus/Portmann, Paul (1996): Studienbuch Linguistik. Tübingen: Niemeyer.

Metzler Lexikon Sprache (2000): Hrsg. v. Glück, Helmut. Berlin: Directmedia (Digitale Bibliothek Band 34), elektronische Ausgabe (CD-Rom) der 2., überarb. u. erw. Auflage.

Sommerfeldt, Karl-Ernst/Starke, Günter (1998): Einführung in die Grammatik der deutschen Gegenwartssprache. Tübingen: Niemeyer, 3., neu bearb. Auflage.

(R.H.)

Baustein 17

Sprachvielfalt und Sprachwandel

„Hallo" – „Guten Tag" – „Servus" – „Moin-moin". Die Grußformeln kann man in dieser Form, aber auch in verschiedenen Variationen im deutschen Sprachraum hören. Verwendet man – etwa als Reisender in Deutschland – eine „falsche" Form, kann man durchaus auffallen. Im Alltag wählt ein Sprecher je nach Tageszeit, Anlass oder Situation aus seinem sprachlichen Repertoire bewusst oder unbewusst aus. Dies gilt aber nicht nur für die Grußformeln, sondern für fast alle Subsysteme der Sprache.

Worum geht es in diesem Baustein? Es soll deutlich werden:

- *dass das Deutsche keine einheitliche Sprache war und ist. Gemeint sind hier die unterschiedlichen **Varietäten** (Varianten) des Deutschen, die besonders in ihrer **regionalen Unterschiedlichkeit** (z.B. Dialekte) zum Vorschein kommen, aber auch durch **soziale Faktoren** bedingt sind;*
- *was man unter Dialekt und Sprachvarietäten versteht. Ein kurzer Abriss führt zur **Begrifflichkeit**, die man benötigt, um über die Phänomene sprechen zu können;*
- *dass jede natürliche Sprache stets Veränderungen (**Sprachwandel**) unterworfen ist.*

*Was hat das mit **Deutschunterricht** zu tun?*

- *Dialekte und andere Sprachvarietäten sind sprachliche Realität des Deutschen, die der Deutschlehrer (wenigstens in Ansätzen) kennen muss, auch um den Sprachgebrauch der Schüler einschätzen zu können.*
- *Im Deutschunterricht sollen diese Sprachvarietäten behandelt werden, um zu einem erweiterten Sprachbewusstsein, zum Wissen über die Varietäten und zur Fähigkeit zu führen, die je angemessene Sprachform zu wählen.*

1. Die Varietäten des Deutschen als sprachliche Realität

Nicht immer ist uns bewusst, dass uns die deutsche Sprache im alltäglichen Leben in sehr unterschiedlicher Ausprägung begegnet. Sowohl im eigenen (vor allem mündlichen) Sprachgebrauch als auch bei der Sprachrezeption (z.B. in den Medien) erfährt jeder Sprecher die Vielschichtigkeit des Deutschen. Am Beispiel verschiedener Grußformeln und ihrer Zuordnung zu sprachwissenschaftlichen Kategorien sollen einige Varietäten des abstrakten Sprachsystems Deutsch gezeigt werden:

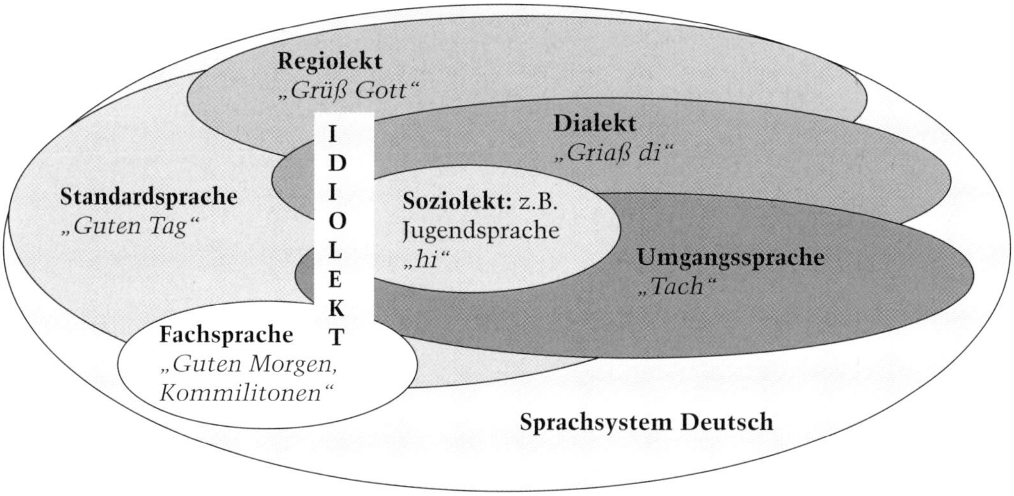

Vgl. Baustein 16.

Sprachsystem Deutsch: beinhaltet alle möglichen Verwendungsweisen des Deutschen. Eingeschlossen sind hier auch die diachrone (sprachhistorische) und synchrone (gegenwartssprachliche) Betrachtungsweise von Sprache.

Varietät: Sprache in der Sprache, Variante einer Sprache. Zur Kennzeichnung einer Varietät werden drei Kriterien herangezogen (Linke/Voigt 1991, S. 13.):

- Varietät zeichnet sich durch ganz bestimmte sprachliche Charakteristika aus, die sprachwissenschaftlich beschreibbar sind, z.B. Aussprache des Vokals *a* oder die Verwendung eines spezifischen Wortschatzes;
- Varietät lässt sich an einem außer-sprachlichen Faktor festmachen, z.B. der Bezug der Jugendsprache zu einem Lebensalter oder Bezug von Fachsprache zu einem Beruf;
- Jede Varietät wird von einer größeren Gruppe von Sprechern verwendet.

Idiolekt: die spezifische Sprechweise eines Individuums, das über spezifische Wortschatz- oder auch Fremdsprachenkenntnisse verfügt. Im weitesten Sinn können hierzu auch Aussprachebesonderheiten oder bevorzugte syntaktische Muster gezählt werden. Der Nachweis von Idiolekt ist allerdings schwierig zu führen, da zur Abgrenzung von anderen Subsystemen (etwa Soziolekt) streng genommen ein Vergleich mit allen anderen Individuen vorgenommen werden müsste (Metzler Lexikon Sprache 2000, S. 4037).

Vgl. Schriftlichkeit – Mündlichkeit, Baustein 4.

Vgl. Baustein 14: Sprachliche Normen.

Standardsprache: der Begriff wird oft synonym zu *Hochdeutsch, Hochsprache, Schriftsprache, Literatursprache, Einheitssprache* verwendet. Standardsprache bezeichnet in der Regel die schriftlich, aber auch (mit Einschränkungen) mündlich an Schulen erwartete und geforderte Form einer Sprache, die in den meisten Grammatiken und Wörterbüchern zu finden ist (Barbour/Stevenson 1998, S. 145). Durch Inanspruchnahme des Staates und überregionaler Medien erhält die Standardsprache allgemeine Verbindlichkeit, die sich z.B. in Regelungen für den Schulunterricht oder Behörden zeigt (Metzler Lexikon Sprache 2000, S. 9290). Vorteil einer normierten Standardsprache ist die größtmögliche Reichweite in einem Sprachgebiet.

Regiolekt: Normvarianten des Standard-Deutschen wurden etwa für das Bairische von Zehetner (1997) beschrieben. Man geht hier von verschiedenen Varianten des Deutschen aus und beschreibt sie etwa als „norddeutsch – süddeutsch – österreichisches Deutsch – Schweizerdeutsch". Greifbar werden diese Varietäten in zahlreichen regional unterschiedlichen Bezeichnungen, z.B. *Metzger – Fleischer – Fleischhacker – Schlachter* oder *Krapfen – Berliner* (vgl. König 1996, S. 196).

Umgangssprache (auch Alltagssprache): ist eine vor allem mündlich gesprochene Sprachform, die aber auch vermehrt in die Literatur- und Fachsprachen eindringt und im mittleren Bereich zwischen Dialekt und Standardsprache anzusetzen ist. Viele Bereiche der Alltagssprache, die früher dialektal besetzt waren, werden heute als Umgangssprache mit unterschiedlichen eher situativen Ausprägungen von standardnah bis dialektnah verwendet (vgl. Barbour/Stevenson 1998, S. 5; Metzler Lexikon Sprache 2000, S. 10276).

Dialekt (auch Mundart): die regionale Variante einer Sprache, die sich auf verschiedenen sprachlichen Ebenen, vor allem aber in der Aussprache und im Wortschatz von der Standardsprache unterscheidet. Vielfach wird Mundart als Synonym zu Dialekt verwendet und meint im Deutschen eine vor allem mündliche, regional verbreitete Sprechweise. Die komplizierte sprachliche Vielfalt des Deutschen macht aber eine allgemeingültige Definition von „Dialekt" fast unmöglich. Während im Süden Dialekte auch als Standardvarietäten in fast allen Kommunikationssituationen zulässig sind, wird Dialekt in anderen Gebieten Deutschlands mit bestimmten sozialen Schichten oder Gruppen verbunden (Barbour/Stevenson 1998, S. 61). Einem aufmerksamen Zuhörer werden die deutschen Dialekte vor allem durch lautliche Unterschiede (z. B. berlinisch *ick* – standardsprachlich *ich*) und durch den spezifischen dialektalen Wortschatz (z.B. berlinisch *Molle* – standardsprachlich *Bier* oder süddeutsch *Gaul* oder *Roß* – standardsprachlich *Pferd*) bewusst.

Überlappungen der einzelnen Sprachvarietäten sind in der Graphik S. 182 angedeutet. Die Grenzen etwa zwischen Umgangssprache und Dialekt oder zwischen Dialekt und Regiolekt sind fließend.

Fachsprache (auch Expertensprache): wird zum Teil auch mit Berufssprachen gleichgesetzt, dient vor allem der Sachorientierung durch spezifischen Fachwortschatz und ist dadurch nur für Eingeweihte verständlich. Typische Fachsprachen existieren in Bereichen wie Medizin, Recht, Technik, Sport etc. (Barbor/Stevenson 1998, S. 5), sind aber auch für Hobbies kennzeichnend (z.B. *Fully* als Bezeichnung für ein vollgefedertes Mountainbike).

Soziolekt oder Gruppensprache bezeichnet die Gesamtheit der sprachlichen Besonderheiten einer sozialen Gruppe, die aber nicht nur sprachliche Gemeinsamkeiten aufweist, sondern sich auch durch außersprachliche Faktoren (gemeinsames Hobby, gemeinsamer Arbeitsplatz, etc.) konstituiert. Wichtige Funktionen einer Gruppensprache, z.B. der Jugendsprache, sind etwa die Förderung der Integration in die Gruppe und ihre Abschließung, teilweise sogar Geheimhaltung nach außen. Besonders im Bereich des Wortschatzes wird der abweichende Gebrauch im Vergleich zur Standardsprache deutlich (vgl. weiter Löffler 1994, S. 123–140).

Zu schichtbedingten Gruppensprachen vgl. Baustein 3.

Die Graphik kann verschiedene Aspekte deutlich machen:

In ihrem Zentrum steht der Idiolekt, der je nach Situation und Bedarf an den unterschiedlichen Teilsystemen von Sprache teilhat. Hier wird der Idealfall vorgeführt, dass ein Sprecher mehrere Varietäten des Deutschen beherrscht, also über die „innere Mehrsprachigkeit" verfügt. Es ist aber im Einzelfall möglich, dass dem Sprecher nur ein Subsystem zur Verfügung steht, wenn es sich z.B. um einen reinen Dialektsprecher handelt.

Vgl. Sprachbewusstsein, Baustein 13.

Am Beispiel der Grußformen zeigt sich, dass der ideale Sprecher in der Lage ist, je nach Situation die jeweils angemessene Sprachform bewusst zu wählen (= Code switching). Durch die Darstellung der Überschneidung der einzelnen Varietäten in der Graphik soll klar werden, dass zwischen den Subsystemen z.T. sehr fließende Grenzen existieren. So unterscheidet sich die Fachsprache der Technik von der Standardsprache vor allem durch einen spezifischen Fachwortschatz, nicht aber durch eine spezielle Grußformel. Dagegen werden Unterschiede zwischen Dialekt und Standard über den Wortschatz hinaus besonders in der Lautung erkennbar (Diphthong *ia* für *ü* in *griaß*).

Welche der vielen Varianten des Deutschen vom Sprecher schließlich gewählt wird, hängt von pragmatischen Faktoren ab, z.B. von den Kommunikationspartnern, von der Sprechsituation, vom Thema, von der beabsichtigten Wirkung auf die Ansprechpartner, aber auch von der Tatsache, welche Varianten dem Sprecher überhaupt zur Verfügung stehen (dtv-Atlas Sprache S. 135).

Die Untersuchung von Sprachvarietäten, ihrer Verbreitung und Verwendung fällt in das Forschungsgebiet der Soziolinguistik. Deshalb wird für das Sprachverhalten einer sozialen, beruflichen oder kulturellen Schicht oder Gruppe auch der Begriff Soziolekt vorgeschlagen.

Vgl. Baustein 3.

Die von Bernstein angestoßene Sprachbarrierendiskussion konzentrierte sich auf die unterschiedlichen sprachlichen Leistungen verschiedener Codes und die sozialen Folgen für ihre Benutzer. Dialekt kann, muss aber nicht auf eine soziale Schicht eingeschränkt sein, wie das Honoratiorenschwäbisch oder die Verwendung des Bairischen quer durch die sozialen Schichten zeigen. Auf die äußerst vielschichtigen Begriffe Dialekt, Soziolekt und Umgangssprache und ihre gegenseitige Beeinflussung soll hier nicht weiter eingegangen werden, da sie je nach wissenschaftlichem Standpunkt auf unterschiedliche Aspekte der komplexen Sprachrealität abzielen. Wichtig ist aber die Feststellung, dass die genannten Begriffe nicht statisch zu verstehen sind. Sie stehen sich nicht als Gegensätze ausschließend gegenüber, sondern sind Hilfsmittel verschiedener Wissenschaftszweige (z.B. der Dialektologie) zur Beschreibung und Erklärung der unterschiedlichen Variablen im dynamischen System Sprache.

Versuchen Sie, die in der Skizze angedeuteten Beziehungen und Überschneidungen durch Beispiele aus ihrem eigenen Sprachgebrauch zu erklären.

2. Sprachwandel

Der Sprachwandel wird von der historischen Sprachwissenschaft beschrieben (vgl. diachron – synchron) und vollzieht sich auf allen Beschreibungsebenen des Systems Sprache. Als Beispiele können hier die hochdeutsche Lautverschiebung oder Veränderungen der Bedeutung von Wörtern angesehen werden.

Suchen Sie Hinweise zur Bedeutungsentwicklung von mhd. wîb zu nhd. Weib.

Als Gründe für den Wandel von Sprache werden neben internen Faktoren wie der sprachlichen Ökonomie (Tendenzen zur Vereinfachung des Sprachsystems) auch externe Faktoren gesehen. Dazu zählen Entlehnungen aus anderen Sprachen durch Sprachkontakte oder historisch bedingte Veränderungen der Kommunikation, wie sie zur Zeit durch moderne Medien zu beobachten sind. Eine Folge davon ist der zur Zeit starke Einfluss des Englischen auf das Deutsche, der wiederum Veränderungen des Sprachsystems bewirken wird. In früheren Zeiten waren es andere Sprachen wie Latein oder Französisch, die ebenfalls einen großen Einfluss auf das Deutsche hatten und ebenso zur Sprachkritik Anlass boten (vgl. den immer wieder geführten „Kampf gegen das Fremdwort").

Interne und externe Faktoren bewirken den Sprachwandel (z.B. „Denglich").

Im Deutschunterricht können Sprachwandelerscheinungen im Rahmen der Sprachreflexion behandelt werden. In der Sekundarstufe bietet sich z.B. die Varietät „Jugendsprache" als möglicher Auslöser für Sprachwandel als Thema an.

3. Die Entwicklung des Deutschen aus den Dialekten

Um die dialektale Vielfalt des Deutschen verstehen zu können, muss man einen Blick in die Geschichte der deutschen Sprache werfen. Für die ersten Jahrhunderte der schriftlichen Überlieferung des Deutschen (seit ca. 750 n.Chr.) ist die Bezeichnung **Deutsch** eher als eine Sammelbezeichnung für eine Gruppe von Dialekten zu sehen, die insgesamt zu den **germanischen Sprachen** zu rechnen ist. Die germanischen Sprachen bilden wiederum eine Untergruppe der **indogermanischen Sprachen**. Sprachliche Argumente für die Differenz zwischen Germanisch und Indogermanisch liefern die germanische **Anfangsbetonung** und die **1. Lautverschiebung** (z.B. lat. *pater* – engl. *father*). Auch die deutschen Dialekte können aufgrund sprachlicher Unterscheidungskriterien in bestimmte Dialektgruppen eingeteilt werden. Hauptargument für die Einteilung deutscher Dialekte ist die sogenannte **2. oder hochdeutsche Lautverschiebung**, die den deutschen Sprachraum mehr oder weniger bis heute in **hochdeutsche** und **niederdeutsche** Dialekte untergliedert (vgl. hd. *Apfel* – nd. *Appel*; hd. *das* – nd. *dat*). Zum Hochdeutschen zählen die oberdeutschen Dialekte (bairisch, alemannisch, ostfränkisch) und mitteldeutsche Dialekte (mittelfränkisch, rheinfränkisch, hessisch, thüringisch, obersächsisch). Das Niederdeutsche umfasst folgende Dialekte: nordniedersächsisch, west- und ostfälisch, mecklenburgisch und märkisch.

Das heutige Standarddeutsch ist aus den Dialekten entstanden.

Verschaffen Sie sich einen Überblick über die deutschen Dialekte. Lesetipp: dtv-Atlas zur deutschen Sprache.

Die Tatsache, dass sich die deutsche Standardsprache historisch aus den Dialekten entwickelt hat, sollte die oft vorzufindende unsinnige Bewertung verschiedener Sprachvarietäten verbieten. Standardsprache ist nicht besser oder schlechter als irgendein deutscher Dialekt, allein die kommunikative Reichweite der Standardform ist ausreichende Begründung für das Erlernen des Standarddeutschen in der Schule.

4. Varietäten im Deutschunterricht

Die historische Entwicklung der deutschen Sprache macht verständlich, dass die Varietät Dialekt als eines der wichtigsten Subsysteme des Deutschen gilt. Folglich spielen Dialekte auch für den Deutschunterricht in vielerlei Hinsicht seit Jahrhunderten eine wichtige Rolle. Hier können nur wenige Aspekte dazu angedeutet werden.

- **Dialekt im Deutschunterricht**

Vereinfacht dargestellt gab es und gibt es noch immer zwei Möglichkeiten, wie die Beziehung Dialekt – Schule beschrieben und bewertet wird. Während die einen Dialekte als wertvolles und erhaltenswertes kulturelles Erbe Deutschlands ansahen, versuchten die anderen alles, was mit Dialekt zu tun hat, als minderwertig zu brandmarken und aus dem Unterricht zu verbannen (vgl. z.B. Ludolf Wienbargs 1834 in Hamburg erschienene Schrift „Soll die plattdeutsche Sprache gepflegt oder ausgerottet werden? Gegen Ersteres und für Letzteres beantwortet"). Der Versuch, Dialekte zurückzudrängen, hängt auch mit der langen Tradition einer hohen Bewertung der normierten Standardsprache zusammen. Während in der Schweiz Diglossie auch im Unterricht als selbstverständlich erachtet wird, indem Fachlich-Thematisches im Standard, dagegen Nebensächliches, Wertungen und Anweisungen im Dialekt erfolgen, war eine solche Sichtweise von Sprache in Deutschland lange Zeit undenkbar.

Vgl. Baustein 14.

Diskussion um Sprachbarrieren

In Reaktion auf die Sprachbarrierendiskussion entstanden in den 70er und frühen 80er Jahren des 20. Jahrhunderts zahlreiche Arbeiten über die bildungshemmende Funktion des Dialekts für die Schule. Im Zentrum des Interesses stand dabei vor allem der Einfluss des Dialekts auf die Rechtschreibleistung von Schülern, aber auch für andere Bereiche des Deutschunterrichts wurden entsprechende Schwierigkeiten der Dialektsprecher festgestellt (z.B. beim Lesenlernen oder im mündlichen und schriftlichen Sprachgebrauch, vgl. Ammon 1989). Diese Erkenntnisse führten zum Ansatz der sogenannten kontrastiven Sprachhefte, die für die verschiedenen Dialektgebiete Deutschlands spezifische Lehrmaterialien zum Abbau der Schulschwierigkeiten bereitstellen sollten. Denn für den Deutschlehrer ist das Bewusstsein von der sprachlichen Vielfalt und die Kenntnis dialektaler „Fehler"-Quellen für die Unterrichtspraxis grundlegend. In der sprachdidaktischen Auseinandersetzung mit dem Thema Dialekt im Deutschunterricht hat sich zwar eine differenziertere Sichtweise der verschiedenen Varietäten des Deutschen durchgesetzt, die von einer unsinnigen Wertung von Sprache Abstand nimmt und mehr ein Nebeneinander von sprachlichen Formen ins Blickfeld rückt, im Bewusstsein der Deutschlehrer ist aber der Wertungsaspekt von Sprache immer noch stark verankert. Dies hängt sicherlich auch mit der Pflicht des Deutschlehrers zusammen, die Sprache seiner Schüler zu verbessern, zu erweitern, zu beurteilen und zu benoten. Der Sprachunterricht sollte nicht mehr allein auf die Behebung standardsprachlicher Mängel abzielen, denn das Zulassen verschiedener Normen könnte die Schüler und Schülerinnen dazu befähigen, ein möglichst großes Spektrum von Sprachgebrauchsweisen aktiv zu erlernen (Linke/Voigt 1991, S. 19).

Nebeneinander sprachlicher Varietäten statt Gegeneinander

- **Empfohlener Umgang heute: Aufbau einer inneren Mehrsprachigkeit**

Grundsätzlich ist festzuhalten, dass es bei einer „Dialektdidaktik" nicht darum geht, Schülern das Dialektsprechen beizubringen. Nach wie vor ist ein wichtiges Ziel des Deutschunterrichts das *Erlernen der Standardsprache* (Klotz/Sieber 1993, S. 5ff). Dies ist allgemeiner Konsens in der Deutschdidaktik und wird auch von den meisten Deutschlehrern als übergreifendes Lernziel verstanden, wie neue empirische Untersuchungen zur Einschätzung von Dialekt und Standard durch Deutschlehrer bestätigen (Hochholzer 2004). Allerdings darf das Ziel „Standardsprache" die Vielschichtigkeit von Sprache nicht überdecken und die Standardnorm überbewerten. Dabei spielt auch die Einstellung des Deutschlehrers zu den verschiedenen Varietäten eine entscheidende Rolle. Der Lehrer sollte die Verwendung der verschiedenen Varietäten nicht nur zulassen, sondern auch die allmähliche Entwicklung einer sogenannten inneren Mehrsprachigkeit fördern, die es dem Sprecher ermöglicht, sich je nach Situation angemessen sprachlich auszudrücken. Erfordert es der offizielle Charakter einer Situation – z.B. eine Rede bei einer Schulfeier – so sollte eine standardnahe Sprache gewählt werden, während im persönlichen Umgang mit Freunden oder Kollegen durchaus umgangssprachliche oder dialektale Färbungen angebracht sind.

Innere Mehrsprachigkeit bedeutet: Die Beherrschung nicht nur *eines* Sprachregisters, sondern mehrerer Sprachebenen innerhalb einer Sprache und die Fähigkeit, sich je nach Situation sprachlich adäquat äußern zu können.

Die Forderung nach innerer Mehrsprachigkeit beinhaltet eine notwendige Verknüpfung von sprachlichem Wissen, Sprachbewusstsein und sprachlichem Können im Sprachunterricht und fördert somit eine bewusste sprachliche Handlungsfähigkeit von Schülerinnen und Schülern und damit auch ein Bewusstsein für die je „eigene" Sprache (Neuland 1993, S. 174).

Vgl. Baustein 13.

- **Varietäten als Thema im Sprach- und Literaturunterricht**

Eine große Anzahl von literarischen Texten, aber auch von Sachtexten, die im Sprach- und Literaturunterricht behandelt werden, sind von unterschiedlichen Sprachvarietäten geprägt. Nicht immer steht dabei der Dialekt im Vordergrund, er ist aber ein wichtiger, oft vernachlässigter Aspekt. Ein häufig zitiertes Beispiel ist das Drama

Dialekt in der Literatur

„Die Weber" von Gerhard Hauptmann. Die dialektalen Elemente des dramatischen Textes sind nicht nur naturalistische Beigabe, sondern textkonstituierende Elemente und müssen als solche den Schülern deutlich gemacht werden. Auch bei dem zeitgenössischen Dramatiker Franz Xaver Kroetz gehört der Dialekt zu den wesentlichen Elementen seines poetischen Ausdrucks. Über den Dialekt können die Schüler literarische Programme entdecken (Naturalismus bei Hauptmann, Sozialkritik bei Kroetz) und wichtige Funktionen von Dialekt kennen lernen (Heimatverbundenheit, Identifikationsmöglichkeit, Sprachspiel, Humor etc.). Aber auch in weniger ausgeprägter Form finden sich in vielen Werken dialektale Einflüsse. Dies unterstützt die These, dass Dialekte als ein wesentlicher Baustein der deutschen Sprache und Literatur verstanden werden müssen. Neben Dialekttexten können natürlich auch fachsprachliche Texte, etwa aus dem Bereich des Sports oder (in höheren Schülerjahrgängen) aus der Politik den Anlass bilden, das Thema Sprachvarietäten im Deutschunterricht aufzugreifen.

Suchen Sie für die verschiedenen Jahrgangsstufen Sachtexte und literarische Texte, die die Vielschichtigkeit des Deutschen widerspiegeln.

In diesem Baustein haben Sie gelernt:

- *Die deutsche Sprache ist ein vielschichtiges System unterschiedlicher Varietäten.*
- *Verschiedene Begriffe sind zur Kennzeichnung der Varietäten wichtig.*
- *Sprache ist immer einem Wandel unterworfen.*
- *Die deutsche Sprache hat sich aus Dialekten entwickelt.*
- *Dialekte sind bedeutende Einflussgrößen auf den Deutschunterricht.*
- *Schüler sollen zur „inneren Mehrsprachigkeit" erzogen werden.*
- *Varietäten bieten sich zur Behandlung im Sprach- und Literaturunterricht an.*

Weiterführende Literatur

Klotz, Peter/Sieber, Peter (Hrsg.) (1993): Vielerlei Deutsch. Umgang mit Sprachvarietäten in der Schule. Deutsch im Gespräch. Stuttgart: Klett.

Linke, Angelika (1989): Sprachgebrauch und Sprachgeschichte. In: Praxis Deutsch 16/96, S. 9–18.

Löffler, Heinrich (1994): Germanistische Soziolinguistik. Grundlagen der Germanistik 28. Berlin: Schmidt, 2., überarb. Auflage.

Neuland, Eva (1999): Jugendsprache. (Studienbibliographien Sprachwissenschaft 29). Heidelberg: Groos.

Niebaum, Hermann/Macha, Jürgen (1999): Einführung in die Dialektologie des Deutschen. Germanistische Arbeitshefte 37. Tübingen: Niemeyer.

(R.H.)

Baustein 18

Was Texte sind: Sachtexte – literarische Texte

Geburtsanzeige, Gedicht, Plausch über den Gartenzaun, Glosse, Drama, Fernsehfilm, Adoleszenzroman, Gebrauchsanleitung, Flugblatt, Predigt, Ballade, Feature, Epos, Vortrag, Schulfunksendung, Plakatreklame, Zitat, Grabinschrift, Gedächtnistafel am Museum

Sind das alles Texte?

Womit soll sich der Deutschunterricht befassen?

Was Sie erwartet

- *Was ist ein Text? – und verschiedene Antworten*
- *Wie lassen sich Textsorten unterscheiden?*
- *Sachtexte – Literarische Texte*
- *Unterscheidungsmerkmale literarischer Texte*

1. Was ist ein Text? Eine Frage – verschiedene Antworten

Die Frage kann nicht zuerst von der Textdidaktik beantwortet werden. Wir müssen sie an einschlägige Wissenschaften weitergeben. Deren Antworten fallen jedoch verschieden aus.

a) Text als sprachliches Gewebe

Die engste Definition geht vom Wortsinn des Begriffs „Text" aus: *textum* heißt „Gefüge", „Gewebe", Text ist also verstehbar als ein aus Wörtern und Sätzen kohärent, d.h. zusammenhängend „gewebtes Werkstück", in sich **geschlossen**, mit **sprachlichen Kohärenzmitteln**, dazu mit Anfangs- und Schlusssignalen, z.B. Überschriften, Anreden usw., einer Zusammenfassung, einer Unterschrift wie beim Brief usw. und **inhaltlich einheitlich**, also auf eine Referenzeinheit, einen „Wirklichkeitsausschnitt" bezogen.

Über die innertextuellen Strukturen gibt Baustein 16 Auskunft.

Eine solche textlinguistische Definition (vgl. Brinker 1992) ist recht nahe auch am Alltagsverständnis, wo als Text gilt, was schriftlich vorliegt, relativ sorgfältig hinsichtlich Einheitlichkeit und Thema bearbeitet ist, spezifischen Regeln der Schriftlichkeit entspricht.

Zur Schriftlichkeit vgl. Baustein 4; zu einzelnen Textsorten vgl. in diesem Baustein unten Abs. 2.

b) Text in kommunikationstheoretischer Sicht

Die ersten einredenden Fragen beginnen an den „Rändern":
Ist auch ein Romanauszug, ein Zitat, ein Lesebuch zu einem gemeinsamen Thema ein Text? Sind Tabellen, Graphiken, Illustrationen Teiltexte oder nur Zutaten, z.B. zur Motivation?
Sind auch solche Einheiten als Texte zu bezeichnen, die nicht dem linearen, d.h. sprachlich-inhaltlich reihenden Prinzip folgen, sondern verschiedene Zugänge eröffnen? Inhaltsverzeichnisse, vor allem aber Hypertexte, vor allem im Computer, oder das vorliegende Buch, dessen „Bausteine" ständige Querverweise herstellen wollen?
Was tut ein Leser zu einem Text hinzu? Macht er manches Notat nicht erst zum Text, z.B. indem er einen Schüleraufsatz revidiert, eine Gedichtskizze zu einem Gedicht formt (wie bei Hölderlin geschehen)? Ja bedeutet nicht die Lektüre so etwas wie eine „Textkonstitution", was nichts anderes als „Textherstellung" heißt?
Kann man denn immer von **einem** schreibenden Autor ausgehen? Wenn es aber mehrere geben kann: Ist nicht ein mündlich geführtes Gespräch, eine dialogische Verhandlung, gar mit einem Ergebnis, auch ein Text?

In der Unterrichtsforschung werden Gespräche im Unterricht als Texte analysiert (vgl. Diegritz/Fürst 1999). Es ist didaktisch auch recht ergiebig, Mitschnitte von Diskussionen, von Talk-Shows, von Rollenspielen zu analysieren. Dabei können verschiedene Aspekte wie Rollenverhalten, Sprachgebrauch, Intentionalität, Logik, Dialogfähigkeit u.a. erkannt werden.

Die genannten Fragen stellen Text in einen größeren Zusammenhang, wie er – durchaus im Einverständnis auch mit der Textlinguistik – vor allem in der Diskussion um die Bedeutung von Kommunikation entwickelt worden ist.
Als brauchbar hat sich dabei ein Frageraster erwiesen, das als (über seine Erstformulierung 1948 hinaus erweiterte) „Lasswell-Formel" eine Reihe von Fragen benennt, die an einen Text zu stellen seien (vgl. Baacke 1973, 93):

> Die etwas erweiterte **Lasswell-Formel**:
>
> Wer sagt oder schreibt was, in welchem Medium und welchem Code, zu wem, in welcher Situation (Zeit), mit welcher Absicht, welchen Mitteln und welchem Ergebnis/Erfolg?

Beim Erproben erkennt man sicher, dass für informierende Texte ein solches Raster hilfreich sein kann, wenn auch der zerlegende Zugriff durch eine Textsynthese zu ergänzen ist.

Wichtig sind jedenfalls folgende Einsichten:

- **Jeder Text hat (mindestens) einen Autor, sei er bekannt oder unbekannt.**

Ein Autor bringt in einen Text seine Kenntnisse, seine Absichten, sein Wirklichkeitsmodell, seine Textvorstellungen, seine spezifischen Absichten ein.
Sind mehrere Autoren beteiligt, so können sie gleichzeitig oder – als Bearbeiter oder Korrektoren – zu verschiedenen Zeiten am Text gearbeitet haben. Aber es liegt auch nahe, mündlich und gemeinsam geführte Gespräche als Texte zu bezeichnen. Dies hat umso mehr Sinn, als heute solche Gespräche leicht technisch aufzuzeichnen

sind und dann eben verschriftet und wie „Texte als Gewebe" untersucht werden können.

- **Jeder Text zeigt Merkmale einer bestimmten Texttradition.**

Kein Autor kann den Traditionen seiner sprachlichen Umgebung entkommen, und wenn er sie missachten will, so sind sie doch oft als Gegenfolie, nicht nur in Form der Parodie oder Travestie vorhanden. So gelten für jede Textsorte Regeln der Tradition, aber auch ihres Wandels, es gibt bestimmte Stilvorschriften, Regularitäten des Kontextes, d.h. der sprachlichen (semantischen und syntaktischen) Verknüpfung: Nachrichtentexte oder Kommentare haben sich ebenso gewandelt wie der Essay oder die Novelle.

Tradition

- **Jeder Text entstammt einer mehr oder weniger genau bestimmten, gesellschaftlichen und historischen Situation, d.h. einem Kotext.**

Je genauer bekannt ist, aus welcher Situation heraus und an wen ein Text geschrieben ist, desto besser wird er vom Leser eingeordnet. Doch entwirft Sprache ja immer eine anders nicht vorhandene Textwirklichkeit: Aus diesem Grund sprengt ein Text auch die zuerst gesetzten Grenzen: Private Briefe werden für nicht gemeinte Leser veröffentlicht und rezipiert, ein Text erweist sich als „zeitlos" interessant, Dramen, wie etwa die griechischen, werden außerhalb ihres kultischen Kotextes gelesen oder aufgeführt, andere werden neu nacherzählt und in neue Situationen gestellt, wie dies etwa Erich Kästner mit den Schildbürger-Geschichten getan hat.

Kotext

- **Kein Text steht isoliert, er ist Teil eines weiten Kommunikationsgeschehens.**

Ein Brief ist häufig eine Antwort, ein Drama kann eine Art öffentlicher Rede oder Anklage sein, ein Gutachten antwortet auf ein Problem, ein literarischer Text ist als Neuerzählung einer früheren lesbar, wie dies z.B. beim Parzifal-Stoff Wolfram von Eschenbachs bei Richard Wagner, bei Adolf Muschg der Fall ist. Harry Potter ist lesbar auf der Folie von Internats- und Familiengeschichten, als Zauberroman usw. Man spricht dabei von Intertextualität. Und gerade Unterricht ist dann besonders ertragreich, wenn Schüler Bezüge dieser Art erkennen und herstellen, gewissermaßen verschiedene Texte als Hypertexte verstehen lernen.

Intertextualität

- **Texte können in verschiedener Zeichenhaftigkeit präsentiert sein.**

Aus der Geschichte der Textüberlieferung kann man von folgender Reihenfolge ausgehen: Mündliche Texte – Mythen, Märchen, Dramen, Reden – werden nachträglich aufgeschrieben. Später nimmt die Textüberlieferung von schriftfixierten Texten ihren Ausgang, die nachträglich illustriert und kommentiert, schließlich in Bühnen- und Hörspiele umgesetzt oder verfilmt wurden. In den letzten Jahrzehnten gibt es auch den Weg vom Film zum Buch oder in neue mediale Texte, die nicht in Schrift gefasst werden können, wie etwa Videoclips.

Zeichenhaftigkeit

- **Leser bestimmen, was ein Text bedeuten soll.**

Das meint nicht Willkür, soll aber darauf aufmerksam machen, dass jeder Text ein Anlass für eine kommunikative Verständigung sein sollte, und zwar sowohl darüber, wovon er zu sprechen beansprucht,

als auch darüber, was er gegebenenfalls verschweigt, sei es in der Annahme, dass es als selbstverständlich nicht gesagt werden muss, sei es, dass der Autor es absichtlich verschweigen will.
Die „Macht des Lesers" als des konstruktiven Sinngebers über den Text kann man weiter aufschlüsseln:
Jede Interpretation, jede Eigenaktivität der identifizierenden oder ausagierenden Vorstellungen und Imaginationen zu einem oder über einen Text, jede Textkritik wegen sprachlicher Schwächen, inhaltlicher Mängel oder verschwiegener Details verändert einen Text: Auch das unterrichtliche Handeln mit Texten macht aus Textformularen erst Texte – manchmal freilich zu ihrem Schaden.

Vgl. Baustein 7.

- **Texte gewinnen Texthaftigkeit erst dadurch, dass sie als solche gelesen werden.**

Am sichtbarsten ist diese Aussage bei den Hypertexten, also Textexemplaren, die es dem Leser freistellen, in welcher Reihenfolge und welcher Kombination er sich ihre Teiltexte aneignen will. Da man vor allem in der Kreativitätstheorie annimmt, dass Flexibilität der Gedanken erlernbar ist, wenn gedankliche Verknüpfungen erprobt werden, wenn jeder Leser je nach Interesse und Kenntnisstand verschiedene Wege gehen kann, spielen Hypertexte in Form von Schemata und „Links" im Computer, in Form von Clustern und Mindmaps als Vorstufe für Gliederungen beim Schreiben eine wichtige Rolle. Umgekehrt lassen sich anhand von linear angeordneten Texten Schemata oder mentale Landkarten auf dem Papier erstellen, die dazu dienen, sich die Gedankengänge und Informationen eines Textes besser zu vergegenwärtigen (vgl. Hussong u.a. 1981).

- **Texte gewähren den Zugang zu vergangenen Zeiten, unbekannten Denkweisen und fremden Kulturen.**

Texte sind Gesprächspartner, indem sie einen Dialog mit dem Leser anstoßen, ein „Thema" benennen, eine Personenkonstellation einführen, ein Wirklichkeitsbild entwerfen, das dem Leser fremd ist, weil er nicht der gleichen Epoche, Kultur oder Tradition angehört. Ob der fremde Horizont, wie die Hermeneutik sagt, seine Fremdheit bereichernd ausspielen kann, hängt auch von der Bereitschaft und der Fähigkeit des Lesers ab.

Vgl. Baustein 10.

c) Texte in sprachfunktionaler Sicht

Texte, so haben wir bislang gesehen, sind über ihren Gebildecharakter hinaus beschreibbar als Elemente in einem kommunikativen Geschehen. Da sie aber als sprachdominierte Medien zu verstehen sind, ist es möglich, ihre illokutiven bzw. perlokutiven Potenzen als konstitutiv zu verstehen und so zu einer Gliederung zu gelangen.
In der Textlinguistik werden nach der unterschiedlichen Themenbehandlung vier grundlegende Sprachfunktionen unterschieden, eine narrative (erzählende), argumentative, deskriptive (beschreibende) und eine explikative (erklärende). Daran ist allerdings auffällig, dass nur der Referenz- oder Wirklichkeitsbezug der Sprache berücksichtigt ist. Bezieht man Bühlers Organonmodell (Bühler 1982, 28) und Anregungen von Rolf (1993) ein und erweitert es um den Bezug auf die Sprache selbst, so ergibt sich folgendes funktionales Feld:

Vgl. Baustein 16 zur Sprechakttheorie.

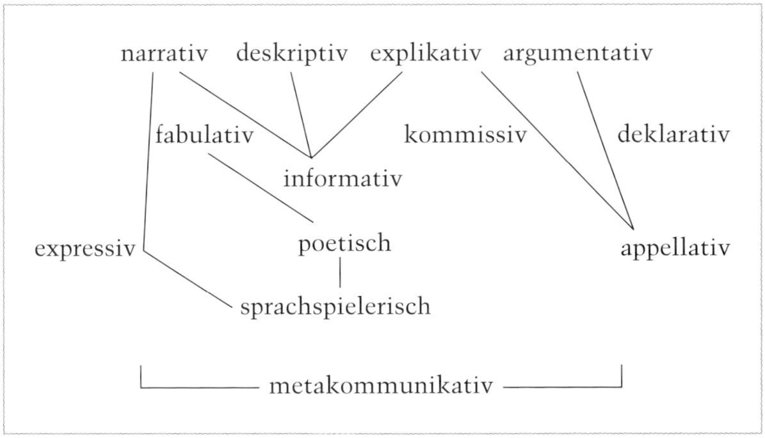

Sprachfunktionen

Eine solche Sprachfunktionsgliederung ermöglicht eine Textsortengliederung, wobei die meisten Funktionen den Sachtexten zuzuordnen sind.

Ordnen Sie verschiedene Textsorten, z.B. Nachricht, Protokoll, Tagebuch, Wahlaufruf, Reklametext, Hypertext, den Funktionen zu und diskutieren Sie mögliche Schwierigkeiten.

In Wahrheit kann gewissermaßen jeder Text verschiedene funktionale Aspekte enthalten:

Ein politisch kommentierender Text, der letztlich auf einen Appell hinauslaufen mag, wird versuchen zu argumentieren, kritisch Zusammenhänge erklären, gar von Vorfällen auf Parteiversammlungen erzählen, dabei eigene Erfahrungen expressiv vortragen.
Ein Gedicht von Ernst Jandl wie das berühmte: *lichtung/ manche meinen/lechts und rinks/kann man nicht/velwechsern/ werch ein illtum* spielt zuerst mit den Phonemen/Graphemen r und l. Es signalisiert auf der semantischen Ebene einen Bezug zu den Richtungen, bekanntlich eine Frage des eigenen Standpunkts, weist zum dritten auf die politischen Gruppierungen „rechts und links" hin – und überlässt dem Leser eine Zuordnung.
Andere Texte können den Leser auch absichtlich in die Irre führen: Novellen kommen als „historisch verbürgt daher" und sind doch freie Fiktionen (wie bei Theodor Storm).
Aber auch ein Sachtext wird nicht nur aufgrund seiner Teiltexte verschieden zugeordnet, sondern kann kritisch gelesen werden, beim Leser andere als erwünschte Reaktionen hervorrufen. Ein Gerichtsurteil kann als Verstoß gegen das Grundgesetz gelesen werden, eine Glosse als persönliche Beleidigung,

Zur Textanalyse und ihren Detailschritten vgl. Baustein 9.

d) Texte in semiotischer Sicht

Diese umfassendste Sicht integriert jede Äußerung in die unendliche Bemühung der Menschen, sich miteinander zu verständigen. Da dies „nur" mit Hilfe von Zeichen möglich ist, sind auch sprachliche Zeichen nur ein Element menschlichen Verhaltens, das dem Ziel dient, Wahrnehmungen zu organisieren und Sinn auszuhandeln.

Texte als Zeichen

Diese Einsicht gewinnt dann Relevanz, wenn man bedenkt, dass Texte immer auch mit anderen Zeichen verbunden sind: Mündliche Texte sind untrennbar verbunden mit Raumverhalten und Körpersprache; Sprecher benutzen Gesten, Dinge, Symbole. So sind Formen der Textrealisation im Sprechen, Vortragen, Rezitieren, szenischen Spielen nicht nur einfache Sprechübungen, sondern sie machen Texte in dem umfassenden Sinne als Superzeichen sichtbar.

Ebenso können schriftfixierte Texte weitere Zeichen aus dem audiovisuellen Wahrnehmungsfeld als Hilfestellungen heranziehen. So spielen auch beim eigenen Schreiben, am sichtbarsten für Kinder, Schreibmaterial, Schmuckform und Schrift eine große Rolle. Sollen das Gestalten von abgeschriebenen oder eigenen Texten in Gedicht- oder Erzählbüchern, im Internet oder auf Tafeln die Semiotik der Texte verdeutlichen, so gehört beim Verfassen von Briefen oder Bewerbungen die zu Unrecht sogenannte „äußere Form" substantiell zum Text hinzu. Graphiken und Illustrationen können ein unverzichtbares Element eines Textes ausmachen, so beim Bilderbuch, in der Werbung, im Film.

2. Sachtexte – literarische Texte

Sie haben zu Beginn dieses Bausteins lesen können, dass die Textwissenschaften sich vielfach hauptsächlich für die sogenannten zweckrationalen Texte interessieren, die man je nach der Perspektive der Betrachtung auch informatorische Texte, Sach- oder Gebrauchstexte nennt.

Vgl. Baustein 10.

In Baustein 10 finden Sie die Aussage, dass literarische Texte gewissermaßen einen „Mehrwert" haben, den man als ästhetischen bezeichnen könnte. Wie lassen sich diese Texte fassen?

Gehen wir noch einmal den Weg durch die vier Ebenen wie unter Punkt 1. in diesem Baustein.

a) Literarische Texte als Sprachgewebe

Solche Texte gewinnen ihre Eigenständigkeit, ihre „Dignität" (Würde) tatsächlich in erster Linie nicht aus ihrer Fremdbezüglichkeit, weder auf den Autor noch aus dem Wirklichkeitsbezug noch aus dem Adressatenbezug, sondern aus einer sprachlichen Selbstbezüglichkeit. Mit anderen Worten, man muss immer versuchen, die besondere sprachliche Struktur als das Grundlegende literarischer Texte zu erkennen.

Dies lässt sich auf der Ebene gattungsunterscheidender Merkmale leisten, also zur unterscheidenden Kennzeichnung von Epik, Lyrik und Dramatik, aber auch innerhalb der drei Gattungen.

Textgattungen und Textsorten

Lyrik	**Epik**	**Dramatik**
Epigramm	*Kurzformen:*	*Bühnenformen:*
Ekloge	Legende	Puppenspiel
Elegie	Sage	Mysterienspiel
Ode	Märchen	Fastnachtsspiel
Hymne	Schwank	Einakter
Kanzone	Fabel	Schauspiel/Drama
Stanze	Parabel	Komödie/Lustspiel
Sonett	Rätsel	Tragödie/Trauerspiel
Lyrisches Gedicht	Witz	…
Lied	Anekdote	
Song	Brief	*Formen moderner*
Chanson	Satire	*Medien:*
Moritat	Kurzgeschichte	Hörspiel
Konkretes Gedicht		Feature
Romanze		Fernsehspiel
Ballade	*Großformen:*	Film
Erzählgedicht	Epos	
…	Erzählung	
	Novelle	
	Roman	

Tragen Sie „Kennzeichen" literarischer Texte der drei Gattungen zusammen und erproben Sie diese an Beispielen.

b) Literarische Texte in Kommunikation

Texte sind nicht eindeutig auf der informatorischen oder der literarischen Seite anzusiedeln. Wie ein Text von der literarischen Seite auf die Sachtextseite kippen kann, wird sehr schön von Abraham (2005, 37) gezeigt. Ein Mann liest auf einem Dachboden gespannt eine scheinbar fiktionale Geschichte von Untreue – und bemerkt schließlich, dass es sich um das Tagebuch seiner Frau handelt.

Es bleibt also Aufgabe des Lesers, den Mehrwert eines literarischen Textes zu erkunden – jenseits aller Möglichkeiten, dass er auch Informationen liefern, Appelle aussprechen, auf Sprache aufmerksam machen kann oder individuelle Lebensbeichte eines Verfassers ist.

Hilfreich dazu ist – gerade im Hinblick auf die Schule –, sich anhand eines Modells verschiedener Aspekte zu versichern:

Vgl. dazu Baustein 10.

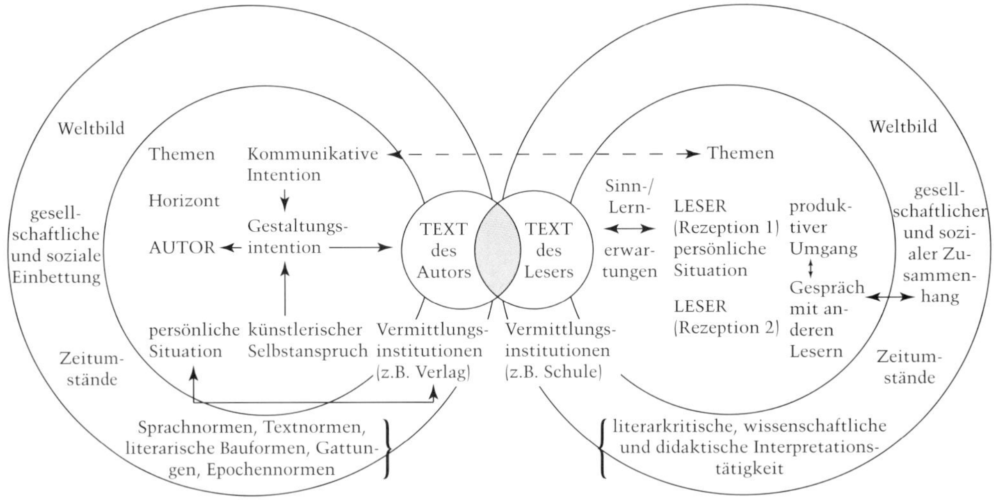

Der doppelte Kommunikationsprozess: Autor – Text/Text – Leser.

c) Literarische Texte in sprachfunktionaler Hinsicht

Folgt man der obigen Darstellung über die Sprachfunktionen, so kann man von der These ausgehen, literarische Texte sind frei von funktionalen Verzweckungen, haben folglich eine eigene Funktion, die vielfach eine „poetische" genannt wird, wie sie auch oben S. 193 eingetragen ist, oder literarische Texte können wegen ihrer prinzipiellen Vieldeutigkeit oder Polyvalenz eigenen Leseweisen der Leser unterworfen werden.

Leseweisen als Mittel der Unterscheidung von Texten

Sinnvoll erscheint jedoch eine Zuordnung zu Funktionen nur, wenn man Texte im Dialog mit den Erwartungen ihrer Leser betrachtet. Im Umgang mit literar-ästhetischen Texten lassen sich unterscheiden:

- eine **identifizierende** Leseweise, in der es „um eine Vergewisserung von Lebensweisen und -möglichkeiten" geht (Härter 1991, 45),
- eine **spielende** Leseweise, die die „Teilnahme an einem Vorgang meint, der in Distanz zum unmittelbaren Realitätsernst stattfindet" (Härter 1991, 49),
- eine **interpretierende** Leseweise, die als „Bilden von Sinn" (Härter 1991, 57) zu verstehen ist, die Nündel die **personale** Leseweise nennt.

Davon abzuheben sind Leseweisen, die eher Sachtexten zukommen – oder literarischen Texten, die als Sachtexte gelesen werden. Dazu wurden verschiedentlich Vorschläge (Nündel/Schlotthaus 1978, 72f., Härter 1991, 30ff.) gemacht, um den Textumgang über die jeweilige Verwendung zu differenzieren:

- eine **instrumentelle** oder dekodierende Leseweise zum Zweck der Information,
- eine **regulative** Leseweise, wenn Texte – nicht nur Gesetzestexte – als soziale Anweisungen gelesen werden,

- eine **heuristische** Leseweise, um etwas über eine undurchschaubare Wirklichkeit zu erfahren, wozu Sach- oder Fachtexte sich häufig anbieten,
- eine **handlungsbezogene** Leseweise, wie sie in Anleitungen vorliegt, um mit Texten das eigene Handeln abzustützen,
- eine **prädikative** Leseweise, um Werturteile zu erfahren, wie sie in Reflexionstexten stecken,
- eine **wertende** Leseweise zum Zwecke der Wahrheitsfindung.

d) Literatur als Sinnbildungsmedium
In der klassischen Hermeneutik, aber auch im Alltag des Lesens wird immer wieder unterstellt, dass jede Lektüre an ihr Ziel gelangt, wenn man den Sinn entschlüsselt hat, mag der Prozess solcher Interpretation auch sehr lang sein.
Wenn die moderne Literaturwissenschaft von Sinnverweigerung der Texte spricht, zumindest aber den Prozess der Lektüre als einen unendlichen Prozess zwischen Sinnfindung und Sinnauflösung definiert, so lässt sich dies mit modernen Theorien wie denen des Dekonstruktivismus und der Sprachskepsis erklären.

Lesen als Sinnsuche

Ziel literarischen Unterrichts kann es nicht sein, jungen Lesern jegliche Sinnsuche zu verweigern, darf es aber auch nicht sein, Sinnfixierungen so zwingend vorzuschreiben, dass damit ein Text gleichsam plakativ „abgeheftet" ist.
Da Schule nicht die gleichen Texte immer wieder erneut in den Unterricht holen kann, wenn sie nicht ermüdenden Leerlauf erzeugen will, so ist es die Aufgabe des Literaturunterrichts, die Sinnsuche und Wirklichkeitskonstitution an Textreihen und intertextuellen Bezügen durch die Zeiten und Kulturen zu zeigen.

Zusammenfassung

Texte sind landläufig schriftlich niedergelegte, in sich zusammenhängende sprachliche Gebilde.
Betrachtet man sie als Teil von Kommunikationen, so tragen der Autor, die Situation ihres Entstehens und die Situation ihrer jeweiligen Lektüre, die gemeinten und die tatsächlichen Leser, vorausgehende und ggf. auf ihn reagierende weitere Texte zur Bestimmung des Begriffs Text bei.
Der Blick auf die Kommunikationssituation legt es nahe, auch face-to-face übermittelte sprachliche Einheiten als Texte zu bezeichnen.
Texte zu differenzieren und unterzugliedern, wird entweder versucht, indem man Aufbauprinzipien beschreibt oder sie nach Sprachfunktionen unterscheidet. Die traditionelle Einteilung in Sachtexte (pragmatische oder informatorische Texte) und poetische (literarische oder fiktionale) Texte ist auf diese beiden Unterscheidungsprinzipien zurückzuführen. Sie sind durchaus hilfreich. Freilich haben sie auch Schwachstellen.
Geht man den konstruktiven Tätigkeiten des Lesers nach, der an Texten unterschiedliche Leseweisen erlernen kann und sich so mit Hilfe von Texten orientiert, sich auf andere bezieht und mit Gesprächspartnern Bedeutungen aushandelt, so kann es weniger um Textsortierungen gehen als vielmehr darum zu erkennen, was einzelne Texte leisten und wie weit sie dem Leser ein erweitertes Verständnis der Welt und eigener Sinnbildung ermöglichen.

Weiterführende Literatur

Abraham, Ulf (2005): Umgehen mit Texten. In: Abraham, Ulf u.a. Praxis des Deutschunterrichts. Donauwörth: Auer, S. 35–47.

Abraham, Ulf/Kepser, Matthis (2005): Literaturdidaktik Deutsch. Eine Einführung. Berlin: Schmidt.

Brinker, Klaus (1992): Linguistische Textanalyse. Eine Einführung in Grundbegriffe und Methoden, 3.Auflage.

Gutzen, Dieter/Oellers, Norbert/Petersen, Jürgen H. (1989): Einführung in die neuere deutsche Literaturwissenschaft. Berlin: Schmidt, 6.Auflage.

Härter, Andreas (1991): Textpassagen. Lesen – Leseunterricht – Lesebuch. Frankfurt: Diesterweg.

(O.B.)

Baustein 19

Kinder- und Jugendliteratur

Erinnern Sie sich an Ihre eigene Kinder- und Jugendzeit. Waren Sie eine „Leseratte"? Von welchen Büchern (oder von welchen Leseorten) konnten Sie nicht lassen? Und: Konnten Sie diese Leselust ins Erwachsenenalter retten?
Die Kinder- und Jugendzeit ist *die* Zeit literarischer Sozialisation. Wer hier nicht zum Lesen kommt, der wird später kaum noch ein Leseenthusiast. Aber bietet die sogenannte Kinder- und Jugendliteratur heute noch das, was Heranwachsenden inneres Bedürfnis ist?

Was Sie erwartet:

- *Die Gattungsbezeichnung „Kinder- und Jugendliteratur" – in ihr stecken einige paradox scheinende Implikationen, die es hier aufzuspüren gilt.*
- *Kinder- und Jugendliteratur – bedürfnisorientierte Literatur? Wie und wodurch die Kinder- und Jugendliteratur zu ihrer „Wirkung" kommt.*
- *Wenn das Kind nicht zum Buch kommt, muss dann das Buch zum Kind kommen? Verführung zum Lesen braucht verlockende Arrangements und didaktisch fundierte Auswahlkriterien. Tipps aus der Praxis und für die Praxis finden Sie am Ende des Bausteins.*

1. Was ist „Kinder- und Jugendliteratur" (KJL)?

Kindheit und Lektüre – ein Wechselverhältnis

Vielfach wurde und wird die Kinder- und Jugendliteratur im Literaturbetrieb als eigene Gattung aufgelistet, eine Gattung mit einer Besonderheit allerdings: Ist sie doch die einzige, die den potentiellen Rezipientenkreis im Begriff führt. Wir wollen daher zunächst dem Verhältnis der KJL zum Phänomen „Kindheit und Jugend" nachgehen.

Eine Alltagsdefinition: Die Kinder- und Jugendliteratur ist zielgruppenorientierte Literatur. Von Erwachsenen verfasst, wendet sie sich im Original oder in spezifischen Bearbeitungen an Kinder und Jugendliche und wird meist von speziellen Verlagen oder Verlagsabteilungen veröffentlicht.

Erst seit wenigen hundert Jahren existiert überhaupt ein Bewusstsein einer spezifischen Kinder- und Jugendphase, die klar vom Erwachsenenalter abzutrennen sei. Nach Postman machte gerade die Verbreitung der Buch- und Schriftkultur seit Gutenberg dieses Bewusstsein der Abgrenzung möglich. Kinder konnten an der Welt des Buches nicht unmittelbar teilhaben. Daher musste eine „andere Welt" entworfen werden, „[…] die sie bewohnen konnten. Diese andere Welt nannte man Kindheit" (Postman 1987/1992, 31). Als die allgemeine Schulpflicht eingeführt wurde und damit auch die Teilhabe der Kinder an der Schriftkultur, war die Idee der Kindheit bereits in allen gesellschaftlichen Schichten konkretisiert. Das Buch erobert sich eine neue Zielgruppe und prägt damit Kindheit und Jugend in entscheidendem Maße mit: Dadurch, dass tatsächliche oder angenommene kindliche Bedürfnisse aufgenommen werden, aber auch dadurch, dass versucht wird, über das Buch erziehend Einfluss zu nehmen und Idealbilder von Kindheit zu verbreiten. Vorstellungen von Kindheit, Vorstellungen von Erziehung und Vorstellungen von den Funktionen einer Kinder- und Jugendliteratur beeinflussen sich somit gegenseitig und stellen sich in verschiedenen sozialen Gruppen und zu verschiedenen Zeiten unterschiedlich dar.

Durch KJL nehmen Erwachsene Einfluss auf junge Leser.

Zwei Gemeinsamkeiten all dieser unterschiedlichen Vorstellungen bleiben jedoch hervorzuheben:

a) Das Medium Buch demontiert nicht – im Gegensatz zum Fernsehen – die Grenze zwischen Kindheit und Erwachsenenwelt. Denn Lesestoffe werden bis heute von Erwachsenen ausgewählt und somit zensiert. Die Schule mit ihrem lange tradierten Kanon an für den Unterricht geeigneter KJL ist eine besonders beharrliche Exekutive dieser Zensur.
b) KJL hat eine bestimmte Funktion und verfolgt Ziele im Erziehungsprozess – sie ist damit funktionale und intentionale Literatur.

Die Forschung hat das Wort

Forschungsarbeiten machten und machen dieses Einflussnehmen zum Dauerthema über die Jahrhunderte hinweg. Darf das ästhetische Feld überhaupt funktional und/oder intentional sein? Die Definition sagt: Nein. Gehört aber dann die KJL überhaupt zur allgemeinen Literatur, genügt sie einem künstlerisch-literarischen Anspruch? Wolgast z.B. lehnte dies in seiner Schrift „Das Elend unserer Jugendliteratur" (1896) radikal ab. Müssen also für die KJL besondere Kriterien eingeführt werden? Geht es um eine „Literatur für Anfänger"?

Die Rezeptionsforschung, die Literaturpädagogik und die Literaturdidaktik dritteln sich im Wesentlichen das Feld des Forschungsbereiches KJL – mit zunächst zum Teil recht konträren Ausrichtungen, die heute langsam zusammenfinden: Vor allem die Plädoyers für eine verstärkte ästhetischen Bildung in den 90er Jahren lassen die KJL endlich in den Status der „Literatur" aufrücken. Auch die Literaturwissenschaft, die sich seit den 70er Jahren fragmentarisch mit der KJL beschäftigt, sie aber aufgrund ihrer Funktionalität und Intentionalität als eigene „Gattung" oder als „Parallelliteratur" kategorisieren wollte, die erst zur eigentlichen Literatur hinführe und vor allem inhaltlich rezipiert werde, steht heute hinter dieser Verortung. An zwei aktuellen Forschungsrichtungen sei dies exemplarisch verdeutlicht, der Systemtheorie und der Kommunikationstheorie:

Anerkennung der KJL als „Literatur"

Systemtheorie

Das literarische System besteht für die Systemtheorie aus einer Vielzahl von Subsystemen, die hierarchisch angeordnet sind. Ausschlaggebend für den Stellenwert eines Subsystems ist seine Nähe zum Zentrum des Systems; je näher es an der Peripherie angesiedelt ist, desto geringer sein kulturelles Ansehen. Dabei kann ein Text durchaus mehreren Subsystemen angehören. Entscheidend ist dabei, dass nicht Textmerkmale ausschlaggebend für die Zugehörigkeit zu einem System und für die Hierarchie innerhalb des Systems sind, sondern die kulturellen Handlungen, die das jeweilige Subsystem erst konstituieren. Durch präferierte bzw. unterlassene Handlungen treten Selektionsprozesse in Kraft, die zum Beispiel für das Subsystem KJL von Verlagen, Lehrern, Eltern und auch von den Kindern und Jugendlichen, nicht aber von sogenannten Textmerkmalen bestimmt werden. Somit stellt sich für die Systemtheorie „die Kinder- und Jugendliteratur ausschließlich als zielgruppenbezogene *Verwendung* (Hervorh. von mir, G.S.) eines bereits vorhandenen literarischen Angebots dar" (Ewers 2000, 23). Eine erste Bewegung in Richtung Zentrum des Systems „Literatur" ergab sich für die KJL, als 1956 in der BRD der einzige Staatspreis für Literatur eingeführt wurde – der Deutsche Jugendbuchpreis.

Deutscher Jugendbuchpreis

Forschen Sie nach Handlungen im literarischen Feld, die in den letzten Jahren die KJL innerhalb des Systems Literatur von der Peripherie weg in eine zentralere Position rücken ließen, und fertigen Sie dazu eine Übersicht. Denken Sie dabei an Handlungssysteme wie Verlage, Spielzeugindustrie, Bibliotheken, Schulen, Theater …

Für Erwachsene verboten? Die Verflechtung von Kommunikationsmodellen

Aus der Perspektive der Kommunikationstheorie lässt sich feststellen, dass die KJL eine doppelte Adressierung aufweist: eine (offizielle) an kindliche, eine (inoffizielle) an erwachsene Leser (Shavit 1986, 66). Damit werden alle naiven kinderliterarischen Kommunikationsmodelle außer Kraft gesetzt, die auf einer sogenannten „Empfängerseite" nur den kindlichen bzw. jugendlichen Leser ansiedeln und nicht immer auch den mitlesenden Erwachsenen. Der Erwachsene kann aber hinsichtlich der KJL unterschiedliche Leserrollen übernehmen:

Die Rollen des erwachsenen Lesers

a) Die Rolle des „Mitlesers" und Vermittlers. Er liest in dem zu einer distanzierten Lesehaltung führenden Bewusstsein, nicht der eigentliche Adressat zu sein, und bringt doch viel von seiner eigenen Wirklichkeitssicht in den Vermittlungsprozess ein.
b) Der Erwachsene kann aber auch als Leser auftreten, der sich hinsichtlich seiner Rolle nicht vom kindlichen Leser unterscheidet. Zwar geht er mit sprachlichen Formen wie zum Beispiel ironischer Brechung o.Ä. anders um als der jugendliche Leser, doch lässt er sich wie das Kind vom Text führen und faszinieren, ohne dabei in eine Metakommunikation mit dem Text einzutreten. (Dieses Phänomen war jüngst vor allem bei der Harry-Potter-Lektüre zu beobachten.)

Es existiert kein Inbegriff der KJL.

Weitere Forschungsansätze extrahieren jeweils Eigenarten der KJL bzw. ihrer Rezeption, ohne auf der Basis ihrer Ergebnisse einen Gattungsbegriff etablieren zu wollen, etwa die psychoanalytischen Ansätze (Steinlein 1987, Spinner 1993 a) oder die Leserforschung zum Leseverhalten der Geschlechter oder zum Umfeld literarischer Sozialisation (Sahr 1993, Groeben/ Vorderer 1988, Viehoff 1988).

2. Kinder- und Jugendliteratur – bedürfnisorientierte Literatur?

Vielfach hat man versucht, die Kinder- und Jungendliteratur nach bestimmten Kriterien zu ordnen. Diese Ordnungssysteme mögen sinnvoll sein für Literaturwissenschaftler, für den Didaktiker sind sie das kaum – lässt sich doch eine „Wirkung" der KJL auf den Rezipienten aufgrund bestimmter Textmerkmale niemals als kausalistisches Funktionsgefüge verstehen (vgl. dazu Sahr 1992). Hier wird daher nicht ein neuerlicher Versuch der immer defizitären Systematisierung unternommen, sondern wir stellen einige bedenkenswerte Eigenarten und Lektüremöglichkeiten aus dem Subsystem KJL als Orientierung für Sie zusammen.

Schlagen Sie auch bei den allgemeinen Analysekriterien literarischer Texte in Baustein 18 nach.

Von Wirklichkeitsflucht, Alltagsdarstellung und Fantastik der KJL

Vor allem die Mädchenliteratur bis etwa 1950 romantisierte und literarisierte den Alltag auf recht triviale Weise. Alltagsuntaugliche Heldinnen wurden zum Gegenstand literarischer Fantasien junger Leserinnen. Mit kritischen und alltagsnahen Texten stellte sich die KJL der 70er Jahre jener mit „Nesthäkchen" und „Pucki" verbreiteten *literarischen Wirklichkeitsflucht*. Texte entstanden, die die Emanzipation der Kinder im Alltag herausfordern wollten, die Normen und Werte hinterfragten und eine Kinderkultur, die sich zum Teil radikal von jener der Erwachsenen absetzte, etablierten. Die Breitenwirkung dieser Texte blieb dennoch eher gering, zumal Kinder bei der eigenständigen Lektüre zum Teil überfordert wurden. Zumeist sind gerade diese *themen- und problemorientierten* Bücher auf geeignete Vermittler angewiesen. Heute sind es nicht unbedingt die besonders alltagsnahen Texte, die Kinder und Jugendliche faszinieren. *Fantastische Literatur* mit mythischer Grundierung prägt die Szene vor allem seit den 80er Jahren. Hier werden die Wunschträume eines Kollektivs – Mythen als „dreams that a society dreams" (Dickinson 1981) – von einzelnen Personen realisiert. Dabei geht es nicht um eine Wirklichkeitsflucht, sondern um ein für die Identitätsentwicklung wichtiges „Mitvollziehen der Abenteuer in der Imagination" (Spinner 1980, 95). In seinen Analysen fantastischer Abenteuer in der KJL hat dies Spinner (2000) immer wieder betont.

Raum, Figuren, Handlung – Betrachtungsperspektiven auf die KJL

Das **Szenario** und damit verbunden die Atmosphäre spielt in der KJL oft eine entscheidendere Rolle als die Handlung selbst. Es sind vor allem die von den gesellschaftlichen Vollzügen abgesonderten Plätze, die das „Gesetzlose" repräsentieren und damit eine besondere

Faszination auf Kinder und Jugendliche ausüben. Hier können sich die Leser selbst im Aufbau von Ordnungssystemen üben, die Spannungen zwischen eigenem Willen und gesellschaftlicher Norm, zwischen einem Rückzug in kindliche Egozentrik und der sozial verantworteten Gestaltung der Wirklichkeit ausloten – ein Bedürfnis, das angesichts erheblicher Vorstrukturierungen und Verplanung der Alltagswelt bei Kindern und Jugendlichen stark ausgeprägt ist (vgl. Abraham 1999a). In mythischer Eindringlichkeit wird vor allem der „secret garden" erlebt (Carpenter 1985). Das Muster von „Robinsons Insel" lässt sich in vielen erfolgreichen Kinder- und Jugendbüchern nachweisen. Auch der Wald und die Höhle sind wichtige Schauplätze der KJL (Tabbert 1991). **Figuren** der KJL sind Identifikationsangebote. Entscheidend für den Erfolg eines Textes sind die Persönlichkeitsmerkmale der Hauptperson oder der Peergroup. Sie sollen denen der jungen Leser ähnlich sein, darüber hinaus aber auch Entwicklungs- und Abgrenzungschancen bieten. Gleichheit und Differenz können in einer Figur vereint (vgl. etwa Tom Sawyer) oder auf verschiedene Figuren verteilt sein (Thomas und Annika auf der einen, Pippi Langstrumpf auf der anderen Seite). Die für den erwachsenen Leser oft überzogen idealisiert wirkende heldenhafte Stärke der Hauptpersonen erweist sich insofern als alltagsnah, als Kinder täglich ihre für vieles noch nicht zureichenden körperlichen Fähigkeiten als defizitär erfahren. Literatur übernimmt hier die Aufgabe, körperliche Schwierigkeiten des Heranwachsens durch geistige Stärke zu kompensieren und diese geistige Überlegenheit in der literarischen Handlung zu konkretisieren. Die **Handlungsführung** weist meist zum einen eine *Grundspannung* auf, die die ganze Erzählung durchzieht (z.B.: Kann sich Harry Potter auf Hogwarts durchsetzen?), und zum Zweiten eine *Episodenspannung*, die nur von einer Phase der Gesamthandlung ausgeht (z.B.: Kann Harry den Bergtroll erlegen oder wird er von ihm überwältigt?). Diese Zielgerichtetheit ist ein entscheidendes lesemotivationserhaltendes Element der KJL, das an emotionaler Tiefe gewinnt, wenn es mit psychischen Prozessen der Hauptfigur oder mit mythischen Implikationen verknüpft wird.

Aus den Kategorien Raum, Figuren und Handlung lässt sich ein traditionelles Ordnungsmuster für die KJL gewinnen: Raumroman (z.B. Schulgeschichten), Figurenroman (z.B. Detektivgeschichten), Geschehnisroman (z.B. Abenteuergeschichten). Erfolgreiche Kinder- und Jugendbücher erweisen sich allerdings meist als Mischform.

Autor-Leser-Beziehung

Positionelle Unterschiede zwischen Kind und Erwachsenem sind in der aktuellen KJL weit weniger erkennbar als in den Produktionen bis in die 70er Jahre hinein. Lypp (1975) bezeichnet die explizite Intentionalität von KJL als „asymmetrische Kommunikation", ein „Von-oben-herab" des belehrenden Erzählens. Kinder entziehen sich aber in der Rezeption durchaus problemlos dieser Intention. Sie genießen die dargestellten Normabweichungen, ohne sich um die abschließende Moral zu kümmern.

Erzählweisen und Sprachlichkeit der Texte

Die moderne KJL hat den Anschluss an aktuelle literarische Entwicklungen gefunden. Psychologische Tiefenwirkung durch Symbolik und die Darstellung von Innenperspektiven im inneren Monolog und der erlebten Rede, zahlreiche intertextuelle Bezüge und Verfremdungstechniken stellen hohe Ansprüche an die Imaginationsfähigkeit der jungen Leser. Damit ist die KJL keine *Vorbereitung auf die „echte“* Literatur, sondern weist eigene ästhetische Qualität auf. Trotz berechtigter Zweifel, ob Kinder ästhetische Erscheinungen wie Sprachlichkeit, Ton, Erzählperspektive u.a. spontan zur Kenntnis nehmen, wird die Lesemotivation und das Rezeptionsverhalten sicher von solchen Faktoren beeinflusst. So werden Ich-Erzählungen unreflektiert in der Freizeitlektüre oft für weniger attraktiv gehalten als eine durchgehaltene Außenperspektive des Erzählers (Eggert/Garbe 1995). Der Literaturunterricht der Grundschule kann viel dazu beitragen, die komplexen Strukturen zeitgenössischer KJL für Schüler zu einem reichhaltigen Leseerlebnis werden zu lassen.

Sensibilisierung für die Sprache

Sensibilität für die Sprachlichkeit der Texte zu entwickeln und zu fördern ist wesentliche Aufgabe des Unterrichts. Den in die Literarizität *einführenden* Charakter bewahrt sich die KJL durch den Kompromiss zwischen „Oralität (woher die kindlichen Adepten kommen) und Literalität [...] (wohin sie sollen)“ (Dahrendorf 1995, 39). Eine der mündlichen Erzählkultur nahe, die Sinne ansprechende Sprache in kurzen syntaktischen Einheiten fördert schon bei sehr jungen Lesern die literarische Vorstellungsbildung. Geräusch- und Stimmenimitationen sind wesentliche Bestandteile von Kinderliteratur. Die sprachliche Darstellung von Gestik und Mimik, sowie den Textpassagen zugeordnete Illustrationen dienen der Vereinfachung der literarischen Kommunikation.

Vergleichen Sie im Hinblick auf die vorstehenden Kriterien einen Roman für Erwachsene und einen für Kinder zum Beispiel von Autoren wie Peter Härtling, Günther Herburger oder Christine Nöstlinger.

Humor und Komik

Humor meint in der KJL ein vorübergehendes Außerkraftsetzen von Normen, die jedoch nicht grundsätzlich angezweifelt werden (Helmers 1971). Lypp (1986) erklärt die Wirkung des Komischen aus einer Kontextverschiebung: Ein Hund, eingefärbt mit Blaubeermarmelade, das ist für Kinder komisch. Mit ihrem Lachen zeigen sie, dass sie schon wissen, wie das, was als „falsch“ erscheint, richtig sein müsste.

Die entwicklungsfördernde Funktion der Komik

Das Komische ist damit eine entwicklungsfördernde Bestätigung. Humor kann stärker emotional oder stärker rational geprägt sein. Er bezieht sich auf Figuren, Situationen und Sprache. Wenn alle drei Erscheinungsformen zusammenkommen, wie etwa in Christa Zeuchs „Kosch Kosch“, scheint das eine gute Voraussetzung für kinderliterarischen Erfolg darzustellen.

Tabuverstöße

Eine Kinder- und Jugendkultur konstituiert sich u.a. durch das permanente Absetzen von der rational-logischen Kultur der Erwachsenen. Tabuverstöße sind daher wesentliches Element der KJL. In zensurbeherrschten Staaten war und ist oft der Weg über Tabuverstöße in der Jugendliteratur ein wichtiger Initiator des Widerstandes.

Interkulturelle Perspektiven

Kinderbücher aus anderen Kulturen oder auch aus früherer Zeit unterliegen der Notwendigkeit einer Bearbeitung. Strittig ist jeweils, wie weit die Anpassung an die Verhältnisse der Zielgruppe gehen sollte und wie viel Fremdes „angeeignet" werden kann. Oft werden aus Kinderbuchklassikern auch nur markante Figuren und Handlungsstränge übernommen, während die Grundausrichtung stark modifiziert wird. Ästhetische Konventionen lassen hin und wieder die Übertragung von Bilderfolgen aus anderen kulturellen Kontexten schwierig erscheinen, doch darf die Rezeptionsbereitschaft gerade bei Kindern hier nicht unterschätzt werden.

Vgl. Baustein 10.

Vergleichen Sie exemplarisch Collodis „Pinocchio" mit der Fassung von Christine Nöstlinger (1988). Stellen Sie das Bild von Kindheit beider Autoren gegenüber.

3. Wenn das Kind nicht zum Buch kommt, muss dann das Buch zum Kind kommen?

„Die gegenwärtige Situation läßt sich auf die paradox klingende Faustregel bringen: Immer mehr Kinder- und Jugendbücher werden geschrieben, verlegt und verkauft, immer weniger aber tatsächlich gelesen!" (Sahr 1992, 8). Einig sind sich wohl alle Didaktiker und Pädagogen: Kinder und Jugendliche sollen auch in der technisierten Gesellschaft gerne und mit persönlichem Gewinn lesen. Einig ist man sich auch darüber, dass die Schule heute vielfach kompensatorisch die Aufgaben der Familien zu übernehmen hat. Doch wie wird aus – häufig auch in der Familie vorgelebtem – Lesefrust Leselust?
Zahlreiche Modelle versuchen zu erklären, weshalb Kinder und Jugendliche bestimmte Bücher (nicht) gerne lesen oder in bestimmten Phasen ihrer Entwicklung zum Wenig- oder Nichtleser werden. Charlotte Bühler extrahierte in den 20er Jahren des 20. Jahrhunderts aus angeblichen Lektürepräferenzen vier Phasen, die sie chronologisch anordnete: (1) Das Struwwelpeter-Alter, (2) das Märchen-Alter, (3) das Robinson-Alter und (4) das Helden-Alter. Ist auch diese angebliche Entwicklungslogik heute eindeutig widerlegt, so gilt es dennoch zumindest einige allgemeine Faktoren zu berücksichtigen, um Kinder und Jugendliche zum Lesen zu motivieren (vgl. im Detail Sahr 1992):

Nicht nur das Lesen lehren, sondern ans Lesen gewöhnen

Wagen Sie sich mit Ihren Schülern an ganze Bücher!

Hart ist so manche Kritik aus der Didaktik am Unterricht im Erstlesen, an vielen Fibeln und an Lesebüchern: Sie würden zwar erreichen, dass die Kinder das Lesen lernten, versäumten es aber, sie ans Lesen zu gewöhnen (vgl. Sahr 1992, 11). Viel entscheidender als Entwicklungsmodellen im Detail zu folgen, ist es nach Sahr, sich vor allem an „ganze Bücher" zu wagen. Jedoch vertrüge kein anderer Unterrichtsgegenstand „eine oberflächliche und aus dem Ärmel geschüttelte ‚Behandlung' so wenig wie das Kinder- und Jugendbuch" (Sahr 1992, 12).

Altersstufen der Rezipienten

Nichtsdestotrotz gilt es aber, einen Zugang zur KJL erst *aufzubauen.* Die schrittweise Ausbildung einer kindlichen Literarizitätserfahrung braucht die Entwicklung eines Fiktionalitätsbewusstseins, das auch eng gekoppelt ist mit der Fähigkeit, sich in andere Figuren einzufühlen, fremden Handlungsmotiven nachzuspüren. Diese an die literarische Sprache gebundene Vorstellungsbildung stellt sich bei Kindern weder spontan noch umfassend ein. Sie kann und muss geübt werden. Kinderreime sensibilisieren durch Rhythmus und Bildhaftigkeit die Sinneswahrnehmung. Das heißt aber nicht, dass das Feld der Kinderlyrik vorbereitend für die erzählende Literatur erschlossen werden könnte und sollte. Denn mit Kinderreimen machen Kinder zwar erste literarische Erfahrungen, nicht aber automatisch Literarizitätserfahrungen.

Vgl. Baustein 7.

Psychische Faktoren

Verschiedene Faktoren erleichtern den Lektüreprozess, wirken anregend auf die Psyche der jungen Leser, fördern die Identitätsentwicklung:

Sensomotorische Faktoren: Bewegung steht im Vordergrund, und zwar nicht nur im „Plot" der Erzählung, sondern auch im Satzrhythmus oder im Bildwechsel von Bilderbüchern. Ein Bewusstwerden dieser Bewegung führt die jungen Leser auch zu einer Sensibilität der Wahrnehmung im Alltagsleben.

Affektive Faktoren: Mit der äußerlich sichtbaren Bewegung ist immer auch die innerlich spürbare Bewegung, die Emotion, der Affekt verbunden. Ästhetische Wahrnehmung impliziert – sozusagen als Innenseite – die Gefühlsebene, die durch die sprachlichen Modelle der Literatur für Kinder und Jugendliche leichter sprachlich bearbeitbar wird.

Häufig suchen Kinder und Jugendliche unbewusst nach Büchern, die ihren eigenen aktuellen Entwicklungsaufgaben und Lebensthemen entsprechen. Im Schutz und hinter der Maske der Handlungsträger tragen die Leser eigene Konflikte und Ängste zu grundlegend anthropologischen Themen wie dem Verhältnis von Individualität und normierter Sozialität, erste Liebe oder Distanz zur älteren Generation aus. Einfühlsame Vorarbeit der Lehrenden kann helfen, ein entsprechendes Lektüreangebot zur *Identitätsentwicklung* bereitzuhalten.

Vgl. Baustein 10, S. 114.

Ethisch-moralische Faktoren: Zwar setzt man heute nicht mehr auf den explizit erhobenen Zeigefinger, doch hat jedes literarische Erlebnis seine „Nachwirkung" auf das Erleben des Alltags, und sei es nur für kurze Zeit. Kinder bevorzugen hier stimmige Wirklichkeitsdeutungen, die zwar ihr eigenes System von „richtig" und „falsch" durchaus erschüttern dürfen und Freiräume zur Reflexion eröffnen sollen, nicht aber in einer nicht mehr überbrückbaren Differenz zu bisherigen Wertvorstellungen stehen sollten. Jugendliche suchen oft nach phantastischer Literatur, die ihnen ein imaginatives Gegenbild

zur eigenen Lebenswelt bietet. In der distanzierenden Abwägung beider Welten entwickeln sie eigene Wertvorstellungen, die auch im Alltag tragend werden können und erheblich zu einem differenzierten *Fremdverstehen* fernab von den simplen Freund-Feind-Schemata vieler Computerspiele beitragen. Dabei muss die Ambivalenz der Lektüreerfahrung erhalten bleiben. Ein Suchen nach eindeutigen Lösungen verhindert die echte Auseinandersetzung der Leser mit dem Potential der Texte und der eigenen Fähigkeit, zwischen unmittelbarer Bedürfnisbefriedigung und gesellschaftlichem Anspruch abzuwägen.
Kognitive Faktoren: Sachbücher für Kinder werden heute mehr und mehr auf einen Erlebnischarakter, etwa den des selbstständigen Experimentierens hinorientiert. Umgekehrt sprechen aber auch literarische Texte stark die Aktivität des logischen und stringenten Denkens an: Detektivromane und ästhetisch interessante Texte zum Mitraten und Mitkonstruieren bieten auch für schwächere Leser effektive Leseanreize und können die Tür zur literarischen Welt für Wenigleser ein Stück weit aufstoßen.

Auswahlfragen (für Lehrer) – Hilfestellungen für die Praxis

Wer zum Lesen motivieren möchte, muss um die Ursachen wissen, warum etwa ein Drittel der Bevölkerung niemals ein Buch in die Hand nimmt und ein weiteres Drittel zu den latenten oder seltenen Lesern gehört. Im Forschungsbereich „Leserforschung" wird dies eruiert (Franz 1993; Sahr 1993). Informationen darüber sind unverzichtbar, um Fehlschläge literarischer Sozialisation zu vermeiden und eine „Lesekultur" im Klassenzimmer zu entwickeln. Einige Ideen zu dieser „Lesekultur im Klassenzimmer" seien als Anregung hier zusammengestellt:

Ideen zu einer „Lesekultur im Klassenzimmer"

- Verstehen Sie das literarische Lesen als fächerintegratives Projekt. Musik, Kunst, szenisches Spiel und literarischer Ausdruck gehören zum Bereich der *Sensibilisierung sinnlicher Wahrnehmung und damit der Empfindungsfähigkeit*. Stellen Sie die vielfältigen Beschäftigungen mit literarischen Texten immer wieder unter dieses umfassende Ziel.
- Bieten Sie Lesegelegenheiten in der Schule: Leseecken mit handlungsorientierten Rezeptionsangeboten, Spiele zu kinderliterarischen Texten. Hüten Sie sich aber vor einer übermäßigen Methodisierung des Lesens! Lektüre, die der Identitätsentwicklung dienlich sein soll, braucht auch in der Schule die Privatheit der freien Wahl von Zeit, Ort, Text, Lesetempo, Textumgang. Eine Verpflichtung, ständig über das Leseerlebnis Rechenschaft ablegen zu müssen, blockiert die in der Lektüre initiierten Selbstfindungsprozesse.
- Eine attraktive und moderne Schülerbibliothek lässt sich oft in Zusammenarbeit mit ortsansässigen Buchgeschäften sowie Stadtteilbibliotheken organisieren. Auch temporäre Buchausstellungen sind so ohne finanziellen Aufwand möglich.
- Initiieren Sie literarische Gespräche und Lesezirkel in der Schülerbücherei.
- Führen Sie Lesenächte durch.

- „Das Buch zur Serie": Nützen Sie die Vermarktungsstrategie „Medienverbund" mit CD-ROMs, Hörkassetten, Videos und Fernsehsendungen und beleuchten Sie Beispiele der unterschiedlichen Umsetzung, die jeweils spezifischen ästhetischen Gesetzmäßigkeiten und deren Wirkung gemeinsam mit den Schülern kritisch und konstruktiv.
- Stellen Sie mit den Schülern selbst Bücher her. Richten Sie literarische Werkstätten ein und nützen Sie die Öffentlichkeit als Motivation.
- Lesen in der Schule ist gemeinsames Lesen! Lassen Sie sich neben dem Studium literaturdidaktischer Modelle auch von Konzepten der Interaktions- und der Theaterpädagogik zu gemeinsamem Handeln mit Kinder- und Jugendliteratur inspirieren!
- Eltern Buchempfehlungen anzubieten hat nichts mit Werbung zu tun!

Zusammenfassung

Ein erster Baustein für ein „lesendes Klassenzimmer" wurde gelegt. Sie haben erfahren,

- *dass die KJL gar nicht so eindeutig an bestimmten Merkmalen zu erkennen ist, wie es der Begriff nahelegt;*
- *dass die Forschung zwar einige konstitutive sprachliche und inhaltliche Merkmale der KJL benennen kann, dass aber eine Einteilung der KJL in bestimmte Kategorien oder gar eine Zuordnung von Rezipientenalter und Lektürepräferenzen ob der Vielfalt an Rezeptionsweisen und kulturellen Handlungen im System „Literatur" immer defizitär erscheinen muss;*
- *dass die Welt der KJL bezogen auf den Alltag der Leser nicht eine sekundäre oder Gegen-Wirklichkeit darstellt, sondern ganz konkrete (wenn auch nicht exakt erforschbare) Wirkungen auf Wahrnehmungs- und Empfindungsfähigkeit der Rezipienten ausübt;*
- *dass das Ziel, Kinder und Jugendliche zu dauerhaftem literarischen Lesen zu motivieren, zu den spannendsten und lohnendsten Zielen des Unterrichts überhaupt gehört.*

Weiterführende Literatur

Ewers, Hans-Heino (2000): Literatur für Kinder und Jugendliche. Eine Einführung in grundlegende Aspekte des Handlungs- und Symbolsystems Kinder- und Jugendliteratur. München: Fink.

Lange, Günter (Hrsg.) (2005): Taschenbuch der Kinder- und Jugendliteratur. 2 Bd. Baltmannsweiler: Schneider Hohengehren, 4. Auflage.

Rosebrock, Cornelia (Hrsg.) (1995): Lesen im Medienzeitalter. Biographische und historische Aspekte literarischer Sozialisation. Weinheim und München: Juventa.

Spinner, Kaspar H. (2000): Vielfältig wie nie zuvor. Stichworte zur aktuellen Kinder- und Jugendliteratur und ihrer Didaktik. In: Praxis Deutsch, 27/162, S. 16–20.

(G.S.)

Kapitel 3
Unterricht als Feld gemeinsamer und stellvertretender Entscheidungen

Im Einleitungskapitel war vom „didaktischen Dreieck" die Rede, das wir in der Fassung von Ruth Cohn (vgl. S. 16) verwendet haben. Mit dem Schüler, der sowohl im „Ich" wie im „Wir" steckt, haben wir uns in Kapitel 1 befasst, dem „Es", dem Stoff (den Themen) war Kapitel 2 gewidmet. Nun richtet sich unser Blick auf den Lehrer, der ebenfalls in dem „Ich" wie in dem „Wir" steckt und da eine besonders verantwortliche Rolle spielt, sowie auf weitere Bedingungsfaktoren, die Unterricht als Veranstaltung institutionalisierter Lernprozesse möglich machen.

Um in einer pluralistischen Gesellschaft wie der unseren Kontinuität bei einer möglichst breiten Berücksichtigung von Interessen im Unterricht zu gewährleisten, ist die Professionalisierung der Lehrer erforderlich. Das rasante Anwachsen des Wissens einerseits sowie die zunehmenden Lern- und Verhaltensprobleme der Schüler andererseits sind weitere Argumente für die Professionalität. Damit und mit den Bedingungen und Möglichkeiten des Handelns der Lehrenden im Unterricht befasst sich **Baustein 20**.

Unterricht in unserer Gesellschaft erfordert außerdem die Institutionalisierung mit den Vorteilen festgelegter Verantwortlichkeiten und den demokratisch geregelten Möglichkeiten der Einflussnahme, der Transparenz und Kontrolle. Das bedeutet konkret die Diskussion und Vereinbarung von Zielen des Unterrichts oder wenigstens die Einigung über Verfahren zur Gewinnung von Zielen. Mit diesen Problemen und mit weiter gehenden Fragen, etwa der Klassifizierung von Zielen, ihrer Verbindlichkeit, ihrer Komplexität setzen wir uns in **Baustein 21** auseinander.

Fragen der staatlichen Regulierung des Unterrichts durch Lehrpläne, etwa die Verteilung von Zielen und Stoffen auf einzelne Schuljahre und Schulstufen oder der Anteil von verbindlichen Lehrinhalten und Freiräumen sind Themen des **Bausteins 22**.

Im Rahmen der Institutionalisierung des Unterrichts ist auch die Gliederung des Deutschunterrichts in einzelne Bereiche zu sehen. Dieser Frage ist unter Berücksichtigung der Sachstruktur des Faches Deutsch, der Geschichte des Deutschunterrichts und des Verhältnisses der Unterrichtsfächer zueinander nachzugehen, wie in **Baustein 23** ausgeführt.

Betreffen die bisher genannten Gesichtspunkte eher die Rahmenbedingungen des Deutschunterrichts, die zum größten Teil als Vorgaben von Lehrern und Schülern zu registrieren und zu akzeptieren sind, so ist bei den anschließenden Fragen zur Unterrichtsdurchführung und zum Unterrichtsverlauf ein hohes Maß an Mitbestimmung der Beteiligten gegeben. Freilich stehen auch hier Erkenntnisse der Lehr-Lernforschung zur Verfügung, die es zu beachten gilt, etwa zum Vergleich systematischen Instruierens im Lehrgang und freieren Arbeitens in offenen Unterrichtsformen. Dies ist Thema des **Bausteins 24**.

Schließlich gilt es, die vielen möglichen und wünschenswerten Handlungsformen (Lehr- und Lernaktivitäten) im Unterricht zu betrachten. Damit haben wir die Ebene beschritten, die im Allgemeinverständnis häufig als engerer Bereich der Unterrichtsmethoden betrach-

tet wird – bei Vernachlässigung der Bandbreite unterschiedlicher Komplexität der Methoden. Ein wichtiger Gesichtspunkt im Rahmen dieser „methodischen" Überlegungen ist der Einsatz von Unterrichtsmedien – alter, wie Tafel oder Schulbuch, und neuer, wie PC oder Internet. Die Anordnung dieser Ausführungen in **Baustein 25** (fast) am Ende des Kapitels soll auch auf die sinnvolle Reihenfolge von Überlegungen und Entscheidungen im Rahmen einer Unterrichtsplanung aufmerksam machen: Fragen nach den Handlungsformen und ihrer Leistungsfähigkeit sind erst zu entscheiden, wenn vieles andere geklärt ist: Fragen nach den Zielen, den Lehrplanvorgaben, den Teilbereichen, den methodischen Großformen.
Nicht, „weil es in unserer Kultur zu einer Erwartung von Kindheit an gehört, benotet und beurteilt zu werden" (Reich 1997, 276), sondern weil Leistungsfeststellung konstitutiver Bestandteil planmäßigen Unterrichts ist, beschließt dieses problembelastete Thema, das gerade im Deutschunterricht zu vielen Aversionen Anlass gibt, als **Baustein 26** das Kapitel über den Unterricht.

Baustein 20

Die Rolle des Deutschlehrers und sein Fähigkeitsprofil (Professionalität)

„Als ich zwölf war […] wurde ich runter ins erste Schuljahr gerufen. […] Meine Schwester stand, in Tränen aufgelöst, ich hatte das Gefühl, daß die ganze Gestalt tropfte, vor der alten, schwarzen Lehrerin, die einen großen Stock in der Hand hielt. An einem Ständer hing eine Rolltafel mit den Buchstaben, klein und groß, in Schreibschrift. Es war sofort klar: Das Häufchen Elend kriegte vor Entsetzen, so allein dem alten Drachen gegenüber, den Mund nicht auf. Sie hatte alles vergessen. Ich sollte wohl Zeuge dieses Versagens sein. Richtig, es wurde gleich demonstriert. Die Lehrerin zeigte auf ein großes L mit dem Stock, meine Schwester sah gar nicht hin, sie kuckte mich an mit den vergrößerten, hellblauen Augen hinter der dicken Brille. Sie weinte immer noch, aber sie sah zu mir her, als würde nun alles gut […] Ich kannte den Blick, aber er war mir noch nie so deutlich gewesen. Was also tun? Nicht lange gefackelt! Alles auf eine Karte gesetzt! ‚Zu Hause konnte sie alles, das weiß ich genau. Sie hat hier nur Angst vor Ihrem Stock, bei uns gibt es keinen. Sie müssen ihn wegtun!' sagte ich laut. Ich fand das richtig, doch unverschämt. Ich wartete ab, was passieren würde. Die Lehrerin klappte den Mund einmal auf, stellte den Stock weg, ich gab meiner Schwester einen Schubs und: sie las mühlos, sie las die Buchstaben wie am Schnürchen. Das grenzte beinahe an Zauberei." – „Damals habe ich mir gemerkt, wieviel Kraft man anderen geben kann, wenn man sich zu Selbstvertrauen zwingt."
(Brigitte Kronauer, Frau Mühlenbeck im Gehäus. Roman (1980), Kap. II,1)
Die Ich-Erzählerin ist selbst eine junge Lehrerin und reflektiert ihren Beruf, ihre eigene Rolle.

Wie sehen Sie selbst die Rolle des Deutschlehrers? Notieren sie Ihre Vorstellungen, nehmen Sie die beiden Rollen der alten und der jungen Lehrerin in Kronauers Text hinzu und diskutieren Sie diese mit denen anderer. Erinnern Sie sich auch an die Diskussion, die Sie in BAUSTEIN 1 geführt haben. Ziehen Sie erst anschließend die folgenden Ausführungen heran.

Worum geht es in diesem Baustein? Es soll gezeigt werden,

- *welche Rollen im Laufe der Entwicklung des Schulwesens dem (Deutsch-)Lehrer zugewiesen wurden,*
- *unter welchen Bedingungen das Handeln des Deutschlehrers zu sehen ist,*
- *welches „Fähigkeitsprofil" aus der Sicht eines sprachlichen und literarischen Bildungsauftrags für das 21. Jahrhundert skizziert werden kann,*
- *welches Ausbildungsprofil dazu nötig ist,*
- *was Professionalität der Deutschlehrerbildung bedeuten muss,*
- *welche praktischen Auswirkungen dies für das Studium zum Beruf des Deutschlehrers hat.*

1. (Deutsch-)Lehrer und Rollenzuschreibungen

Den *Deutschlehrer* isoliert zu betrachten ist schwierig. In dem Begriff steckt vom Wortsinn her „Lehrer des Deutschen", in dieser Einführung vorrangig „Lehrer des Deutschen als Muttersprache", aber auch „Lehrer des Deutschen als Zweitsprache". Im Begriff *Lehrer* wurde aber mindestens seit Herbarts Pädagogik (1776–1841) auch der *Erzieher* gesehen, so wie vorher schon im privat angestellten Hofmeister. Belehren und Erziehen sind demnach sicher die beiden wichtigsten Aufgaben.

Vgl. Baustein 6.

Der *Lehrer* als Erzieher konnte aber ganz verschiedene Rollen zugeschrieben bekommen: Er wurde (und wird) z.B. verstanden als Führer, als Richter, als Berater, als Kinderfreund, als Gärtner, als Sozialbetreuer, als Therapeut. Auch noch andere Zuschreibungen waren und sind zu finden. Eine vielfältige Tätigkeit, die ihr Ziel im Umgang mit jungen Menschen hat.

Der *Deutsch*lehrer wurde und wird als Wächter der deutschen Sprache, vor allem der Hoch- und Schriftsprache, als Hüter der literarischen Kultur, als Vermittler nationaler Gesinnung, als Organisator sprachgeleiteten Denkens, als Gelehrter gesehen. Auch dies eine vielfältige Aufgabe, die ihr Ziel in der Bemühung um Sprache und Literatur hat.

Lehrer als Vermittler

Zwei unterschiedliche Aufgaben also. Versucht man beide zusammen zu sehen, so könnte man *Vermittler* vorschlagen. Aber auch dieser Begriff kann ja verschiedene Zielrichtungen einer Vermittlung meinen, Vermittler zwischen:

- den Generationen (Schleiermacher),
- Kind und Kultur (Eduard Spranger),
- sozialen Schichten (Dewey)
- Tradition und Veränderung (v. Hentig)

> *Ergänzen Sie ggf. Ihre Überlegungen zur 1. Frage dieses Bausteins!*

Nur auf den ersten Blick könnte es scheinen, als würde die Wahl der Rollen jedem Einzelnen freistehen. Historisch gesehen erweisen sich Rollenzuweisungen als jeweils zugehörig zu bestimmten gesellschaftlichen Bedingungen, zu den jeweils gültigen Normen und Erwartungen. Sodann hängen solche Rollenbilder mit der jeweiligen Lehrerbildung, ihren Inhalten und ihren Institutionen (in Instituten, Pädagogischen Hochschulen, an Universitäten) – und nicht zuletzt mit der Struktur des (Schul-)Bildungswesens zusammen.

Lehrer als Philologe

Dem Gymnasium wurde lange der *gelehrte Schulmann* oder *Philologe* zugeordnet, der im Wesentlichen eine germanistisch-fachliche Ausbildung erhielt, die sich zwar selbst im Laufe der Zeit änderte, sich aber so gut wie gar nicht an den Schülern orientierte, sondern am Diskurs der Germanistik als kulturtragender Wissenschaft, ihren weithin kanonischen Inhalten.

Der bildende Charakter der Inhalte wurde vorausgesetzt und machte – wie man glaubte und bisweilen noch glaubt – keine zusätzliche didaktische oder pädagogische Durchformung und Gewichtung mehr nötig.

Prüfen Sie selbst, welche Bedeutung ein Wissen wie das in den Bausteinen 16–19 grundgelegte für den Deutschlehrer hat.

Lehrer als Spracherzieher

Der Volksschule wurde lange eher der *Erzieher* zugeordnet, der einmal mehr der milde Kinderfreund, einmal eher der strenge (Volks-) Spracherzieher sein sollte. Dessen Gegenstände waren die Norm der Hochsprache sowie eine im 19. Jahrhundert so definierte Volksliteratur. Daneben galten als Gegenstände seines Unterrichts eher das Alltagswissen und die berufliche Ausbildung, weithin auch noch geschlechtszuweisend unterschiedlich. So konzentrierte sich die Ausbildung mehr auf Pädagogik und eine psychologisch fundierte Allgemeine Unterrichtslehre zur gesellschaftlich gewünschten Vereinheitlichung von Schule und Unterricht.
Damit aber fehlten allen Lehrern, in unterschiedlicher Ausprägung, wesentliche, aus heutiger Sicht unverzichtbare Fähigkeiten innerhalb ihres Ausbildungsprofils.

Diskutieren Sie gemeinsam, um welche Fähigkeiten des Deutschlehrers es geht, die in den traditionellen Kennzeichnungen nicht erkannt wurden. Überlegen Sie auch, warum man sie nicht erkannte. Beziehen Sie dazu Ihr Wissen über Sprache aus anderen Bausteinen mit ein (Baustein 1, 13, 16, 17).

2. Erwartungen an Deutschlehrer

(Deutsch-)Lehrer zu sein bedeutet auch, die Bedingungen seines beruflichen Handelns zu erkennen. In einem ersten Zugriff seien zwei Bedingungen herausgehoben:

a) Vom Lehrer – vom Deutschlehrer – wird heute eine hohe **Rollenflexibilität** erwartet. Rollenflexibilität bedeutet, verschiedene Rollen in unterschiedlichen Handlungssituationen zu übernehmen, z.B. auch außerhalb des Unterrichts. So gibt es Handlungs- und Erziehungssituationen im Umgang mit Schülern in Pausen und Sprechstunde, im Schullandheim und in freien Arbeitsgemeinschaften, im Umgang mit Eltern und Gästen der Schule.
b) Vom Deutschlehrer wird eine wissenschaftliche Ausbildung in einer Reihe von Fächern (vgl. die Liste der Bezugswissenschaften in Kapitel 4) und eine hohe sprachliche Bildung erwartet: **Wissen und seine Anwendung** sind die Bedingung. Man spricht allgemein von *Professionalität* des Lehrberufs. Dies meint jedoch etwas anderes als ein professioneller Germanist oder ein diplomierter (theoretischer) Pädagoge oder Schulpsychologe zu sein. Es bedeutet vielmehr „wissenschaftlich fundiertes Arbeiten an den Problemen und Gegenständen, die in der späteren Praxis relevant sind" (Thesen zur Deutschlehrer(innen)ausbildung 1998, 10) – und diese Aufgaben sind sehr vielfältig.

c) Vom Lehrer werden schließlich „handlungsleitende Wertmaßstäbe" erwartet, ein spezifisches **Berufsethos** (Terhart 2000, S. 55).

Entscheidend ist eine hohe sprachlich-kommunikative Kompetenz des Lehrers. Im Zentrum unserer Frage stehen jedoch die Situationen, die mit Unterricht als dem vorrangigen Ort intentionaler Lehr- und Lernprozesse zu tun haben. Dabei *„professionell"*, d.h. wissenschaftlich fundiert Fähigkeiten zu erwerben, ist die Voraussetzung für erfolgreiches Lehren. Es lassen sich Fähigkeiten unterscheiden,

Fünf Fähigkeiten des professionellen Lehrers

- die mit dem „Gegenstand" des Unterrichts – Sprache und Texten in verschiedenen medialen Kontexten – zu tun haben,
- die mit der Entwicklung und den Schwierigkeiten der Sprachlerner zu tun haben, zu denen diagnostische Fähigkeiten über Stand und Schwierigkeiten der einzelnen Schüler gehören,
- die mit der Lehr-, Lern- und Unterrichtsforschung zu tun haben, also den Kenntnissen über Ansätze zur Optimierung und Evaluierung von Lernprozessen,
- die mit der *Sprache im Unterricht* zu tun haben, die traditionell zu wenig in der Unterrichtsforschung berücksichtigt ist, und die mit der *Sprache des Lehrers* zu tun haben, die nicht zu den Gegenständen des Unterrichts zählt,
- die mit der Schule als gesellschaftlicher Einrichtung zu tun haben, die auf Kooperation aller Beteiligten in Kollegialität und kritischer Weiterentwicklung angewiesen ist.

Versuchen Sie, diesen fünf Fähigkeiten spezifische Aufgaben zuzuschreiben und auszuformulieren. Informieren Sie sich auch in anderen Bausteinen.

Aus den fünf Fähigkeiten wird sicher deutlich: Der Deutschlehrer muss versuchen, keine einseitige Rolle im Sinne einer der Bedingungen zu spielen. Vielmehr muss er Handlungskompetenzen in allen Bereichen erwerben und miteinander verknüpfen, z.B.: Ein Lehrer, der Rechtschreibunterricht organisiert, kann sich nicht allein auf die innere Systematik der Orthographie verlassen, sondern muss sowohl diagnostisch erheben, welche Schemata die Schüler bislang für ein Problem des Rechtschreibens entwickelt haben, als auch Kenntnisse über verschiedene Lernzugänge, Medien, Erfolgskontrollen usw. bei der Unterrichtsorganisation berücksichtigen. Darüber hinaus geht es auch darum, den Schülern eine angemessene Recht-

Entwickeln Sie aus den hier genannten Aspekten Leitlinien für das Handeln des Lehrers im Rechtschreibunterricht.

Ein Lehrer sollte Kenntnisse haben über die Wirkung von Sprache im Unterricht. Machen Sie sich kundig über erforschte Aspekte der „Lehrersprache" (Lehrerfrage, Lehrersprache und ihrer Wirkung, „Gewalt durch Sprache" im Unterricht, vgl. Spanhel 1973, Mieth 1994).

schreibeinstellung zu vermitteln, also Anknüpfungen an Schreiben und Lesen von Texten, an kulturelle Standards bewusst zu machen. Zur konkreteren Klärung der Situation des Lehrers ist eine Reihe weiterer Fragen zu berücksichtigen:

Frage 1: Ist der Deutschlehrer zugleich Lehrer weiterer Fächer und welcher?

War der „alte" Deutschlehrer vielleicht eher Pädagoge, wenn es um moralisch gelesene Texte, eher Vermittler grundlegender Fertigkeiten, wenn es um Schreiben und Rechtschreiben, Philologe, wenn es um Vermittlung literarhistorischer Kenntnisse ging, so war er zugleich eben auch Klassenlehrer und unterrichtete als Volksschullehrer eine Reihe weiterer Fächer, die er zu einem „Epochen-Unterricht" oder zu einem fächerübergreifenden Unterricht verband. Oder er war als Gymnasiallehrer zugleich Lehrer des Lateinischen oder einer modernen Fremdsprache, suchte im Grammatik- oder im Literaturunterricht thematische Verbindungen und lehrte ansonsten „fachspezifisch".

„In einer veränderten Welt" – wie man unsere Epoche vielfach bezeichnet – ist der Lehrer herausgefordert, auch in „neue signifikante Problemhorizonte" (vgl. Steenblock 1999, 214) einzuführen. Der Fachunterricht Deutsch wird auf zusätzliche und neue, dem Fächerkanon nicht zuzuordnende Aufgaben verpflichtet, wie zum Beispiel Umweltbewusstsein. Vor allem aber leistet er die für alle Fächer grundlegende Befähigung zu Sprache und Schrift, bemüht sich außerdem um übergeordnete, „integrative" Themen wie Medienerziehung, Sprachbewusstsein im Kontext der Sprachlichkeit und der (Fremd-)Sprachen, Kulturbewusstsein im Kontext von Pluralität und Multikulturalität. Damit sind weniger neue Wissensbereiche gemeint, als vielmehr die Aufgabe, sogenannte „Bruchstellen im Traditionsprozess von Kultur" zu thematisieren, d.h. gerade die (Aus-) Bildung in der Muttersprache mit einer kritischen und reflexiven Haltung für gesellschaftliche Veränderungen zu verbinden.

Vgl. Baustein 11.

Vgl. Baustein 13.

Vgl. Baustein 6.

Was könnte „Sollbruchstellen" bedeuten? Denken Sie an die Bedeutung des Rechtschreibens, den Umgang mit Texten der literarischen Überlieferung, die Vermittlung von Sprachkenntnissen, Leseerziehung im Medienzeitalter. Ziehen Sie auch die thematisch zugehörigen Bausteine in Ihre Überlegungen ein.

Aufgaben des Deutschlehrers

Es wird sicher deutlich, dass die Aufgaben des Deutschlehrers vielfältig sind:

- Vermittlung von Fachwissen und fachbezogener Begrifflichkeit
- Aufbau einer Lese- und Schreibkompetenz, die grundlegend für alle Fächer ist
- Hilfen zum selbstständigen, selbstorganisierten Lernen
- soziale Kompetenzen im Sinne des Aushandelns von Gemeinschaftlichkeit und akzeptabler Deutung von „Welt"
- Unterstützung fachübergreifenden, problemorientierten Lernens
- Aufbau motivationaler Orientierungen und Einstellungen

Zu Formen integrativen Arbeitens vgl. Baustein 23.

Mit der Forderung *integrativen, projektorientierten oder Projektunterrichts* allein ist es freilich angesichts der Gefahr zufälligen Aktionismus' nicht getan.

Frage 2: In welcher Schulart, welchem Schultyp unterrichtet der Lehrer Deutsch?

Hinter die seit der Aufklärung formulierte Forderung der bestmöglichen Ausbildung für alle Kinder und Jugendlichen darf kein Unterricht zurückfallen. Was dies im Einzelnen bedeutet, ist freilich umstritten, weil offensichtlich die Bedingungen der Schüler – ihre Voraussetzungen und Fähigkeiten – in der jeweils gegebenen Situation verschieden sind. Ob diese Verschiedenheiten nun eher anlage-, umwelt- oder sozialbedingt sind, hat immer wieder zu heftigen bildungspolitischen Auseinandersetzungen und unterschiedlichen Schulorganisationskonzepten geführt. Dahinter stehen immer auch unterschiedliche Vorstellungen von Gesellschaft und den Aufgaben ihrer nachwachsenden Generation.

Einheits- und Gesamtschulen setzen auf die Gleichheit der Menschen und die Gleichheit der Bildung. Sie gehen auch von einer großen Erziehungs"macht" der Institution Schule aus.

Gegliederte Schulsysteme (Haupt-, Regel-, Real-, Berufsschulen, Gymnasien, Fach- und Berufsoberschulen) gehen von der Schichtung oder den Klassen einer Gesellschaft aus, berücksichtigen deren gesellschaftlich vorher definierten unterschiedlichen Bedürfnisse und Ausbildungsprofile, berufen sich zudem auf unterschiedliche individuelle Merkmale der Schüler und konzentrieren sich auf Schüler gleichartiger Interessen und Erwartungen.

Diesen verschiedenen Konzepten wurden und werden auch je verschieden ausgebildete (Deutsch-)Lehrer zugeordnet.

Die angesichts veränderter Familiensituationen heute geforderten Ganztagsschulen stellen an die Lehrer weitere Kompetenzanforderungen.

Stellen Sie solche Anforderungen zusammen, denken Sie an Formen der Übung, Betreuung, Beratung.

Frage 3: Welchen Stellenwert hat das Fach Deutsch im Kanon der Unterrichtsfächer?

Deutsch als Zentralfach

Im ausgehenden 19. Jahrhundert löste der Deutschunterricht in allen Schularten die Dominanz anderer Fächer ab und wurde Zentralfach. Aber weder die damalige nationalpolitische Ausrichtung noch eine Überhäufung des Faches mit allgemeinen Erziehungsaufgaben kann die Lösung sein. Die Aufgaben des Faches Deutsch sind heute unwidersprochen als zentrale und auch andere Fächer betreffende Bedingungen für alle Schüler zu beschreiben. Ungeklärt ist häufig, wer für entsprechende Lehr-/Lernorganisationen zuständig ist. Die meisten Aufgaben des Deutschunterrichts reichen weit in andere Fächer hinein, werden dort aber vielfach vorausgesetzt, gelegentlich auch kontraproduktiv zu lehren versucht.

Dies hat Auswirkungen auf das Fähigkeitsprofil des Deutschlehrers:

Aufgaben des Deutschunterrichts	Verbindung zu anderen Fächern
– Förderung der Sprechfertigkeit und Kommunikationsfähigkeit, also Sprechen und Hören, besonders Zuhören	Alle Formen des Sprechens sind grundlegend in allen Lernsituationen aller Fächer
– Förderung der kulturellen Schriftlichkeit: Lesen	Lesekompetenz grundlegend in allen Fächern, allerdings nur in geringerem Maße für literarische Texte
– Lesen ästhetisch-literarischer Texte	(nur in geringem Maße im Fremdsprachunterricht)
– Förderung der kulturellen Schriftlichkeit: Schreiben, einschließlich der Schreibnormen	Texte normgerecht schreiben gehört in unterschiedlichem Maße und für verschiedenartige Textsorten (Sachtexte, Fachtexte) zu den Aufgaben aller Fächer
– Förderung des Sprachbewusstseins	bedeutsam für alle Fremdsprachen
– Förderung des sprachlichen Repertoires	Fachbegriffe verschiedener Fächer und Wissenschaften, Fachsprachen
– Förderung der Fähigkeit, die eigene, personbildende und identitätsstiftende Sprachlichkeit, ihre Leistung zur Konstruktion der Wirklichkeit zu reflektieren	Grundlage der Auseinandersetzung mit allen Bildungsangeboten

Diskutieren Sie darüber, wie sich damit das Profil des Deutschlehrers in der jeweiligen Schulart unter den alterstypischen und individuellen wie sozialen Bedingungen beschreiben und verorten lässt.

Frage 4: Welche bildungs- und kulturpolitische Stellung hat das Fach Deutsch in der Öffentlichkeit?

Jedem Deutschlehrer sollte klar sein, dass es in der Gesellschaft noch immer zwei Aspekte gibt, auf die Deutschunterricht gerne verengt wird:

- Vermittlung der Normen der Sprache, also Rechtschreibung und eine pragmatisch-korrekte Schriftlichkeit
- Vermittlung bestimmter literarischer Kanonliteratur.

Nur Professionalität kann verhindern, dass der Deutschlehrer ausschließlich auf diese Ziele festgelegt und sein Unterricht daran gemessen wird. Zwar sind viele Ziele des Deutschunterrichts übergreifende Fähigkeitsziele. Aber gerade dies hat zur Folge, dass sie immer schon vorausgesetzt werden.

Die vorrangige Aufgabe des Deutschlehrers und der Bezugswissenschaften, die seiner Ausbildung „zuarbeiten“, ist es, die Bedeutung der Sprachlichkeit für Individuum und Gesellschaft, für Kultur und

Wissenschaft professionell zu begründen und zu verwirklichen. Man kann zusammenfassen: Der Deutschlehrer muss in der Lage sein, Sprachförderung in dem doppelten Sinne der **Förderung der Sprache** und der **Förderung zur Sprache** zu leisten und mit sichtbarem Lernfortschritt unterrichtlich zu organisieren.

3. Das Fähigkeitsprofil des Deutschlehrers heute im Kontext verschiedener Diskussionen

Angesichts der allgemeinen Wissensexplosion flüchtet man sich in der Bildungspolitik heute gerne in die Benennung sogenannter „Schlüsselqualifikationen", die Lehren und Lernen grundlegen sollen, die sodann nicht nur für Schüler, sondern in ähnlichem Maße für die Lehrer und ihre Ausbildung zu gelten hätten.

Eine Benennung von Schlüsselqualifikationen genügt nicht.

Es sollte aber nicht übersehen werden (vgl. Oelkers 1999), dass dem Begriff der Schlüsselqualifikationen ein Lernmodell der Anpassung an gesellschaftliche Bedingungen und Erwartungen und ein eher mechanistisches Lernmodell zugrunde liegt. Darüber hinaus sind viele der benannten Qualifikationsmerkmale bloße Leerformeln, solange sie nicht im Kontext der Inhalte und Ziele des Faches benannt werden.

So kann man darauf verzichten, den Begriff überhaupt zu verwenden. Es genügt, im Anschluss an die Curriculum-Diskussion der 70er Jahre von Richtzielen zu sprechen, an denen sich die einzelnen Fächer abarbeiten können, auch wenn es falsch wäre, deduktiv solche Richtziele so lange „klein" zu arbeiten, bis eine vollständige Reihe von „Feinzielen" die Erfüllung der Richtzielforderung garantiert.

Die Diskussion hat jedoch zu der Einsicht geführt, dass weder Deduktion noch der umgekehrte Weg, die Addition von Einzelzielen, notwendig zu einem Ganzen führen (vgl. Beisbart 1995).

Personales Bildungsprofil

In der folgenden Tabelle wird nun versucht, daraus Folgerungen zu ziehen. Dafür werden für den Deutschlehrer ein personales Bildungsprofil (Bildung), aufgeschlüsselt in Kompetenzen, und damit korrespondierende professionelle Ausbildungsbedingungen benannt, die jedoch den Bedingungen der Inhalte unterworfen werden müssen, was beispielhaft in der dritten Spalte geschehen soll (vgl. Nave-Herz 1977, Spinner 1998, Beisbart 1996):

Profildimensionen für den (Deutsch-)Lehrer Kompetenzen	Ausbildungsbedingungen Allgemeine Handlungsfähigkeiten	Beispielhafte Bezüge zu Inhalten des (Deutsch-)Unterrichts
Rollenflexibilität	Rollenerfahrungen und Rollenreflexion erproben – Kindern und Eltern gegenüber Perspektivenwechsel erfahren	Rolle des Organisators, Planers, Moderators, Coachs, Informators, Mitspielers, Mitlerners, des Bewerters von Ergebnissen im Kontext von Sache und allgemeinen Zielen angemessen „spielen"

Profildimensionen für den (Deutsch-)Lehrer Kompetenzen	**Ausbildungsbedingungen Allgemeine Handlungsfähigkeiten**	**Beispielhafte Bezüge zu Inhalten des (Deutsch-)Unterrichts**
Personale Bildung • Bildung bewusster Reflexivität • Engagement	Kommunikatives Handlungswissen erwerben Fähigkeiten der Zuwendung, des Zuhörens und Fragens erproben	Formen der Lehrersprache, Kenntnisse über Lehrerfragen, Dialogstrategien und Argumentationstopoi einsetzen können zur bewussten Gestaltung von sozialer und kultureller Wirklichkeit in Unterricht und darüber hinaus
• Interesse an Kindern/Jugendlichen/jungen Erwachsenen	Soziale Fähigkeiten im Hinblick auf noch nicht Erwachsene ausbilden	gründliche Sachkenntnis über Sprache und Texte, jeweilige Bezüge zu den Schülern abschätzen
• Interesse an bildungsnotwendigen Inhalten	Wissen als materiale und formale „Bildung" erwerben, als kategoriale Bildung formen	
Produktive Fähigkeiten • kreativ-ästhetische Fähigkeiten	(Praktisches und reflexives) Wissen um das ästhetische Wahrnehmen und Handeln anderer und Beteiligung daran, Kenntnisse über die ästhetischen Qualitäten und Leistungen der Sprache	Formen des Wahrnehmens für Vorstellungen, Nachdenken, Bewerten erproben Eigenes produktives (Mit-) Schreiben und Gestalten (spielen usw.) einsetzen
• kreativ-planerische Fähigkeiten	Wissen über didaktische Konzepte und Unterrichtsplanung, Organisations- und Anwendungsfähigkeiten als Routinen ausbilden und variabel verändern	Unterrichtsqualität: Zeitplanung, Motivation, Strukturierung, „Unterstützung und Klarheit" (vgl. Weinert/Helmke 1996) im Kontext der Sachgegebenheiten variabel durchführen
Metakognitive Fähigkeiten Fähigkeit der Selbstreflexion	Ausgeprägtes Reflexionsbewusstsein einüben, um Wechselwirkungen zwischen Handlungsmustern zu erkennen und anzuwenden	Wissen um den Zusammenhang von Sprache, Fühlen und Denken/Reflexion in konkreten Handlungszusammenhängen (Lesen, Schreiben, Sprechen) einsetzen
Interpretativ-diagnostische Fähigkeiten	Verständnis und Distanz zu Schülern: (entwicklungs-)psychologisches Wissen erwerben	Kenntnisse über Sprach-, Sprech-, Schreib- und Lese-Entwicklung, über kommunikative, reflexive und interpretatorische Fähigkeiten und erkennbare Defizite anwenden
	Fähigkeit, sprachliche Schüler-Äußerungen (mündlich und schriftlich) hinsichtlich ihrer Qualität zu analysieren und Folgerungen zu ziehen	Aussagen im Horizont der einzelnen Schüler interpretieren, Fehler als „Fenster" zu individuellen Denk- und Erfahrungsmustern interpretieren
		Schülerleistungen im Kontext von Anforderungsprofilen und eigenem Unterricht bewerten

Profildimensionen für den (Deutsch-)Lehrer Kompetenzen	Ausbildungsbedingungen Allgemeine Handlungsfähigkeiten	Beispielhafte Bezüge zu Inhalten des (Deutsch-)Unterrichts
Kulturelle Bildung Ausprägung kulturellen Bewusstseins und Einsicht in die Zusammenhänge aktueller Fragen	Einblick in die kulturellen Zusammenhänge von Sprache, Literatur, Medien und ihren historischen und sozialen Bedingungen erwerben	Kulturelles Wissen der Schüler mit den Gegenständen aktueller Kulturprodukte quer zu den Fächern, z.B. Medien, Baukunst, Musik, Literaturgeschichte, Sprachgeschichte verknüpfen
historische Bildung als Einblick in die Historizität aller Kultur	Einsichten in die Interdisziplinarität der Fächer und in deren jeweilige „Sprachlichkeit" gewinnen Wissen um historische Wandlungen und deren Bedingungen in Schule und (Deutsch-)unterricht erwerben	Sprachliche Konstruiertheit von Erfahrung und „Welt" an Beispielen zeigen didaktische und methodische „Moden" in ihrer Geschichtlichkeit erkennen und für die eigene Planung von Unterricht nutzen

Versuchen Sie nun, dieses Fähigkeitsprofil an noch konkreteren Beispielen, etwa aus einem Klassenlehrplan, durchzuspielen. Es geht dabei für Sie als Lehramtsstudierende darum, handlungsorientiertes Sich-Bilden und praxisorientiertes Erwerben von Kenntnissen und Fähigkeiten miteinander zu verbinden. Einige Beispiele in den folgenden Kästen sollen Ihnen helfen.

Interpretativ-diagnostische Fähigkeiten

Die Bedeutung dieser Fähigkeiten lässt sich an verschiedenen Problemfeldern zeigen:

- *Die Entwicklung des Fehlerbegriffs*
- *Die allgemeindidaktische Forderung nach Differenzierung*
- *Die Überlegungen zur Evaluation und zur Messung von Schülerleistungen*

Darin steckt der Anspruch, als Lehrer/-in nicht nur der Vermittler „fürs Grobe" zu sein, der bei individuellen Einschränkungen Einzelner sofort einen wirklichen Fachmann braucht:
Je mehr die Lehrer selbst Kompetenzen erwerben über Diagnose und Therapie bei Lernstörungen, Entwicklungsretardierungen oder -beschleunigungen, Sonderbegabungen, Einseitigkeiten der Wahrnehmung und des Interesses aufgrund von sozialen Bedingungen, desto mehr sind sie auch in der Lage, gezielt den eigenen Unterricht darauf einzurichten.

Produktive Fähigkeiten

An diesem Kennzeichen von Bildung zeigt sich, welche Bedeutung „Kreativität" für die Praxis hat:

- *Sich als Lehrer im Lehr-/Lernprozess auch als Lernender zu verstehen, der an den didaktisch und methodisch notwendigen Handlungsprozessen (vgl. handlungsorientier-*

ter Unterricht) selbst beteiligt ist, d.h. an Spielen, an Schreibaufgaben, in produktiven Prozessen auch anderer Fächer und außerhalb des Unterrichts (Projekten) selbst mitwirkt. Dies setzt voraus, dass er solche Fähigkeiten auch in der Ausbildungsphase erwirbt:
in der Beteiligung an work-shops
in der Mitarbeit an kreativen Schreibkursen
in der Beteiligung an studentischem Theater
in projektorientierten Arbeitsgruppen
in Praktika

- *zugleich als Lehrer ein Lernklima zu schaffen, das die Atmosphäre von Räumen ebenso umfasst wie die gesamte Planung von Lernsituationen, einschließlich der verantwortlichen Gestaltung von Lernmitteln und -medien.*
  Dies bedeutet eine wissenschaftliche didaktische Durchdringung und produktive Nutzung von Kenntnissen über die Aspekte fruchtbarer Unterrichtsplanung.

Versuchen Sie abschließend, in Zusammenarbeit mit Ihren Mentoren und im Gespräch mit Ihren Mitstudierenden das Lehrangebot in den Fächern Didaktik der deutschen Sprache und Literatur, Germanistik, Psychologie und Schulpädagogik sowie Ihre Praktika im Hinblick auf dieses Deutschlehrerprofil zu analysieren.

Professionalität des Deutschlehrers – zugleich eine Zusammenfassung

Professionalität des Deutschlehrers bedeutet, Fachmann oder Fachfrau zu sein, Lernende in ihrer Sprachfähigkeit systematisch zu fördern. Fachmann bedeutet in diesem Kontext, auf der Grundlage der Kenntnis der Strukturen von Sprache und Literatur, den Normen, Bedingungen und Möglichkeiten ihrer Benutzung, die Lernenden auf ihrem konstruktiven Weg der Erarbeitung einer vielfältigen Sprachfähigkeit und Sprachfertigkeit zu begleiten, sie anzuregen, die enge Beziehung zwischen Ich, Wir und „Es" (Ruth Cohn) als von und durch Sprache befördert sowohl zu erkennen als auch zu intensivieren und zu differenzieren. Der Weg aus einer Sprache der Nähe zu einer umfassenden Sprache, die sowohl die von den Wissenschaften erforschten Bereiche als auch die Erfahrungen mit sprachlichen Phantasiewelten umfasst, ist überlegt und systematisch unterrichtlich zu organisieren. Die Forderung, auch Deutschunterricht brauche Kriterien, die Lernzuwachs sichtbar machen, ist nicht einzulösen ohne die zusätzliche Fähigkeit der Deutschlehrer zur Selbstreflexion über das eigene sprachliche Verhalten.

Weiterführende Literatur

Beisbart, Ortwin (1996): Ganzheitliches Lehren und Lernen als Aufgabe von Schule und Unterricht. (Selbst-)Konstruktion und vernetztes Denken im Deutschunterricht. In: Abraham/Beisbart/Holoubek (Hrsg.): LUSD, Heft 9, S. 11–34.

Bromme, Rainer (1992): Der Lehrer als Experte. Bern: Hueber.

Nave-Herz, Rosemarie (1977): Die Rolle des Lehrers. Eine Einführung in die Lehrersoziologie und in die Diskussion um den Rollenbegriff. Neuwied: Luchterhand.

Spinner, Kaspar H. (1998): Was eine wissenschaftliche Ausbildung von Deutschlehrer(inne)n leisten soll. In: Didaktik Deutsch, Sonderheft, S. 39–52.

Terhart, Ewald (Hrsg.): Perspektiven der Lehrerbildung in Deutschland. Weinheim: Beltz 2000.

(O.B.)

Baustein 21

Brauchen wir Ziele?

Kluge Sprüche zum Thema *Ziel:*

Der Langsamste, der sein Ziel nicht aus den Augen verliert, geht noch immer geschwinder als jener, der ohne Ziel umherirrt.
Wer nicht weiß, wohin er will, braucht sich nicht zu wundern, wenn er ganz woanders ankommt (R. F. Mager).
Wenn nur der Kutscher klar sieht, dann wird auch mit blinden Pferden das Ziel erreicht (Nestroy).
Kennen Sie weitere kluge (oder dumme?) Sprüche zum Thema?
Glaubt man der „Weisheit auf der Gassen" (J. M. Sailer), kann die Antwort auf die Frage der Überschrift nur ein eindeutiges Ja sein.
Ein anderer Spruch vermag allerdings die Harmonie zu stören: Manchmal ist der Weg das Ziel.
Im Bereich der Didaktik gibt es seit einiger Zeit Unsicherheiten, Probleme mit Zielen, es fehlt der Konsens. Eine differenzierte Auseinandersetzung mit der Zielproblematik soll in diesem Baustein geleistet werden.

Folgenden Fragen wird nachgegangen:
- *Welchen Stellenwert haben Ziele in der Didaktik, bei der Unterrichtsplanung, im Unterricht selbst?*
- *Wer stellt Ziele auf? Um wessen Ziele geht es?*
- *Wie kommen wir zu Zielen? Welche Arten von Zielen sind unterscheidbar? Welche Gliederungskonzepte (Klassifizierungsvorschläge) für Ziele gibt es und was bringen die Modelle für die Praxis?*

1. Stellenwert von Zielen

Ziele gehören sicher zu den „Grundbegriffen des Lehrens und Lernens" (Steindorf 1981). Wenn wir die veröffentlichte Literatur durchsehen, scheint dies vor allem für die 70er und beginnenden 80er Jahre zu gelten. Hier ist ein Boom der Fachbeiträge zum Thema Lernziele festzustellen, während heute das Thema Ziele nur mehr vereinzelt in der didaktischen Literatur auftaucht.

Vgl. Baustein 22: Ziele statt Inhalte.

Im Zuge der Curriculumdiskussion der 70er Jahre rückte das Interesse an Zielen in den Vordergrund, curriculare Unterrichtseinheiten boten Möglichkeiten an, wie die Zielerreichung zu überprüfen sei, dafür galt es, Lehrziele zu präzisieren, Messinstrumente (bevorzugt Tests) zu entwickeln, die auf überprüfbare, sog. operationalisierte Ziele angewiesen sind. Effektiver Unterricht sollte lernzielorientiert sein, sich an kleinschrittig vorgegebenen Zielen ausrichten. Die Idee des zielerreichenden Lernens (mastery learning), wonach jeder alles lernen könne, begeisterte Ende der 60er, Anfang der 70er Jahre Psychologen und Pädagogen. Diese Art des Unterrichts war wissenschaftsorientiert, auf abprüfbares Wissen konzentriert, leistungsbetont, lehrergesteuert.

Operationalisiert sind Ziele, wenn sie ein beobachtbares Endverhalten, Handlungsweisen (operations) der Lerner angeben, wobei der Grad der erwarteten Zielerreichung und die erlaubten Hilfsmittel anzugeben sind.

Tendenzen der heutigen Didaktik, nämlich die Erweiterung des kognitiven Lernens um emotionale und soziale Dimensionen, die Orientierung am Schüler, seinen Interessen, Lernbedingungen, Möglichkeiten der Mitbestimmung und Planung, vor allem aber die neue Sicht auf Lernen als eigenverantwortliches Konstruieren von Wissen lassen Ziele in einer anderen Wertigkeit erscheinen.

Vgl. Baustein 29: Informationstheoretische Didaktik.

Emotionale und soziale Zielsetzungen sind schlechter präzisierbar, schwerer überprüfbar als kognitive Ziele.
Schülerorientierung gebietet Zurückhaltung bei den vom Lehrer konzipierten Zielen. Der Kompromiss, Schüler in die Zielentscheidungen mit einzubinden, erfährt bald seine Grenzen, dort nämlich, wo gesellschaftliche Erwartungen, Lehrplanvorgaben keine Mitbestimmung mehr zulassen.
Schließlich scheint die Außenlenkung durch die Vorgabe von Zielen mit der Erwartung oder gar der Nötigung der Zielerreichung unverträglich mit der Vorstellung, Lernabläufe seien selbstbestimmt, in individuellem Tempo, ohne Sanktionen zu gewährleisten.
Trotzdem muss der Eindruck der Beliebigkeit von Unterricht und Lernen vermieden werden.
Eine Quadratur des Kreises?
Versuchen wir zunächst, einige Grundfragen zu klären.

2. Verräterische Terminologie

Lernziel – Lehrziel – Handlungsziel

„Die Bezeichnung ‚Lernziele' ist eine relativ willkürliche Übersetzung des in Amerika seit langem üblichen Begriffs ‚objectives'. Soweit sie von Lehrplan-Kommissionen und Lehrern aufgestellt werden, sollten sie besser ‚Lehrziele' heißen. ‚Lernziele' sind sie eigentlich erst dann, wenn Schüler sie sich zu eigen gemacht haben" (Glöckel 1975, 306). Auch Klauer (1972) plädiert nachhaltig für den Begriff *Lehrziel.* Meyer bringt mit dem Vorschlag *Handlungsziele* eine neue Variante in die Diskussion. „Ein *Handlungsziel* beschreibt die Absichten, Motive und Gründe, derentwegen sich der oder die Schüler am Unterricht beteiligen oder die Beteiligung verweigern … Ein *Lehrziel* beschreibt die Bildungsabsichten des Lehrers im Unterricht" (Meyer 1987, 90). Man könnte sich Frey anschließen, der sagt: „Zur Einführung in die Lernzielfrage wird hier kein Unterschied zwischen ‚Lehrzielen', ‚Bildungszielen', ‚Intentionen' und ‚Unterrichtsabsichten' vorgenommen. Alle Ausdrücke bezeichnen das, was man im Unterricht erreichen möchte" (Frey 1975, 404), jedoch kommt dabei die Schülerperspektive deutlich zu kurz.

„Die Objekte/Sachverhalte, die der Lehrer aufgrund spezifischer Zielvorstellungen bezüglich erwünschter Lernvorgänge auswählt und dann in einer raum- und zeitgebundenen Lernsituation an den Lernenden heranführt, kann man als *Lernaufgaben* bezeichnen" (Seel 1981, 7f.).

Den Schwerpunkt von den Zielen zu den **Lernaufgaben** zu verlagern kann zwar nicht über die Notwendigkeit von Zielen hinwegtäuschen, der Blick wird hier aber stärker auf den Prozess als auf das Endprodukt gelegt, zum anderen wird – wie das Modell des Lernens nach Seel zeigt –, die Rolle von Lehrer und Schüler auch aus heutiger Sicht vertretbar dargestellt:

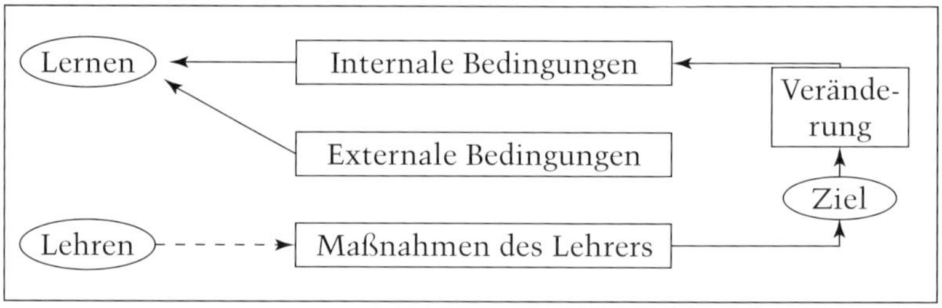

Paradigma schulischen Lernens (nach Seel 1981, 8).

Versteht man unter „internalen Bedingungen" nicht nur die Lernvoraussetzungen, das Vorwissen der Schüler, sondern auch die Freiheit des Schülers, anders als vom Lehrer erwartet zu (re-)agieren, kommt dieses Modell dem des situierten Lernens recht nahe. Auch ist Seel zuzustimmen, wenn er sagt: „Eine der wichtigsten Maßnahmen des Lehrers zur Beeinflussung der externalen Bedingungen besteht in der Auswahl und Präsentation von *Lernaufgaben*; andere wichtige Maßnahmen sind im Bereich der sozialen und medialen Unterrichtsorganisation anzusiedeln" (Seel 1981, 8). Hier wird der enge Bezug von Maßnahmen und Zielen deutlich, worauf auch Meyer verweist: „Methoden sind in sich zielgerichtet" (Meyer 1987, 91). Ein Planspiel z.B. als Methode hat eine eigene Zielgerichtetheit, ebenso die Diskussion oder der Einsatz eines Videorekorders. Solche Maßnahmen des Lehrers sind wegen ihrer Eigendynamik nicht mit beliebigen Zielsetzungen kompatibel.

Vgl. Baustein 28.

Vgl. zu den Methoden Baustein 25.

Vgl. die in Baustein 29 vorgestellte Interdependenz im Modell der lerntheoretischen Didaktik.

3. Vom Bildungsziel zum Stundenziel

Mit der Unterscheidung in Lehrer- und Schülerperspektive bei Zielen rücken auch die Unterschiede des Komplexitätsgrades, des Abstraktionsniveaus und der Zielebenen ins Blickfeld.

Vgl. Baustein 22.

Ziele gibt es in Lehrplänen, im Rahmen der Unterrichtsplanung des Lehrers sowie im Unterricht selbst, etwa durch den eben erwähnten Einsatz zielgerichteter Methoden. Es gibt formulierte und „heimliche", unausgesprochene Ziele, etwa Kooperation und Hilfsbereitschaft als offizielle, Eigennutz und Hartherzigkeit als inoffizielle Zielsetzungen bei Lernkontrollen. Übergeordnete, abstrakte Ziele stehen ganz konkreten gegenüber, Fernziele den Nahzielen.

Zur Kennzeichnung des unterschiedlichen Komplexitätsgrades, in der Regel verbunden mit Unterschieden im Abstraktionsniveau, werden die Bezeichnungen Richtziele, Grobziele und Feinziele verwendet. Steindorf (1981) schlägt vor, dem Richtziel noch das Leitziel überzuordnen. Hierunter kann man komplexe Erziehungs- oder Bildungsziele verstehen, z.B. „der aufrechte Gang des Schülers" (Meyer 1987, 97).

Leitziel, Richtziel, Grobziel, Feinziel

Daneben sind weitere Bezeichnungen üblich, wie die Auflistung von Becker (1984) zeigt: „Verfassungsziele, Ziele der Schulart, der Schule, des Faches, des Lerngebiets, der Unterrichtseinheit, der Unterrichtsstunde, Grob-, Fein- und Handlungsziele" (Becker 1984, 64).
In Lehrplänen und Curricula finden wir Ziele auf allen genannten Ebenen mit Ausnahme der Fein- und Handlungsziele sowie der Ziele der Unterrichtsstunde. Die Grenze zwischen den umfassenden, abstrakt formulierten Richtzielen und den konkreteren Grobzielen dürfte zwischen den fachspezifischen und lernbereichsbezogenen Zielangaben zu ziehen sein, wobei eine eindeutige Trennung weder möglich noch nötig ist. *Beherrschung der Kulturtechniken Schreiben und Lesen* oder *Erwerb der Schriftsprachkompetenz, Befähigung zum Umgang mit Texten* sind zum einen den gesamten Deutschunterricht umfassende Richtziele, zum anderen könnte man hier eine Differenzierung zumindest nach den Bereichen Sprachunterricht und Literaturunterricht herauslesen. Erst die weiteren Konkretisierungen der genannten Ziele erweisen sich als eindeutig lernbereichsbezogen, z.B. gehören zur Schriftsprachkompetenz: *Beherrschung der orthographischen Normen, Überblick über die wichtigsten Phonem-Graphem-Korrespondenz-Regeln, Umgehen-Können mit dem Wörterbuch, Kenntnis der alphabetischen Einordnung der Umlaute.* Wenngleich der Komplexitätsgrad der hier aufgelisteten Ziele immer geringer wird – das letztgenannte könnte ein Stundenziel in der Grundschule darstellen –, verbleiben alle Ziele noch auf der Grobzielebene. Erst die weitere Differenzierung in Teilziele, die Angabe noch konkreterer Teilschritte, die das Unterrichtsziel erreichbar machen sollen, führt uns auf die Feinzielebene. So wären hier etwa zu nennen: *Erfahren, dass die Umlaute ä, ö, ü, in a und e, o und e, u und e zerlegt werden können; Kenntnis der unterschiedlichen Praxis der Einordnung im Wörterbuch und im Telefonbuch; Fertigkeit, Namen im Telefonbuch aufzufinden, die einen Umlaut an zweiter oder dritter Stelle enthalten.*

Fachspezifische und lernbereichsbezogene Ziele

Vgl. auch die Ausführungen zu den Lernbereichen und dem integrativen Deutschunterricht in Baustein 23.

Differenzierung in Teilziele

Versuchen Sie zum übergeordneten Ziel Kompetenz im Umgang mit Texten eine ähnliche Reihe möglicher Grobziele geringer werdender Komplexität und zunehmender Konkretheit zu finden und darüber hinaus einige Feinziele zu einem als Stundenziel geeigneten Grobziel zu formulieren.

Die Formulierung von Grobzielen zu den im Lehrplan enthaltenen Zielvorgaben ist nun Arbeit des Lehrers bei der Unterrichtsplanung. Damit soll nicht präjudiziert werden, der Lehrer müsse dies allein tun. Auf die mögliche Einbeziehung der Schüler wird noch einzugehen sein. Allerdings sei schon hier gesagt, dass Schüler kaum (oder sehr begrenzt, etwa in der Kollegstufe) beim Entwurf von Zielen auf der obersten Abstraktionsebene beteiligt werden können.

4. Orientierung an Lernzielklassifikationen

Hilfestellung beim Entwurf von Zielen im Rahmen der Unterrichtsplanung vermögen viele Gliederungs- und Klassifikationsvorschläge zu bieten.
Für die Unterscheidung möglicher Ziele in verschiedene Zielklassen oder Zieldimensionen bietet sich zunächst folgende schon klassische Einteilung an:

kognitive Ziele	**affektiv-emotionale Ziele**	**psychomotorische Ziele**
z.B. Merkmale der Kurzgeschichte kennen	z.B. Gefühle der Tony in den Buddenbrooks als innerer Monolog artikulieren	z.B. einen Text in den Computer eintippen

Aus der affektiven Dimension werden die sozialen Ziele häufig als eigenständig ausgegliedert (z.B. sich auf einen Gruppensprecher einigen).
Eine ähnliche Gliederung legte Westphalen (1978) vor. Er unterschied:

Wissen (Informationen)	**Können** (Operationen)	**Erkennen** (Probleme)	**Werten** (Einstellungen)

Diese Klassifizierung führte verschiedentlich zu Variationen, etwa:

Wissen	**Können und Anwenden**	**Produktives Anwenden und Gestalten**	**Wertorientierung**

(so in einem Lehrplan für das Gymnasium in Bayern 1992).

Schulz (1981) schlägt die Unterscheidung dreier Bereiche vor:

Sacherfahrung	**Gefühlserfahrung**	**Sozialerfahrung**

In diesen Bereichen seien die drei zentralen Lernziele Kompetenz, Autonomie und Solidarität zu erwerben.

Arbeiten Sie im Vergleich der Lernzielgliederungen Übereinstimmungen und Abweichungen heraus und erstellen Sie ein zusammenfassendes Modell.

Innerhalb der einzelnen Lernzielbereiche gibt es zum Teil weitere Systematisierungsvorschläge, etwa die älteste Taxonomie von Bloom (1956), eine hierachisch geordnete Aufreihung einzelner Lernvorgänge für den kognitiven Bereich:

Wissen, Verstehen, Anwenden, Analyse, Synthese, Bewerten.

Ähnlich gliedert Gagné (1965) den kognitiven Bereich in acht Lernarten, die aufeinander aufbauen: Signallernen, Reiz-Reaktions-Lernen, nonverbale Assoziationen, verbale Assoziationen, Diskriminieren, Begriffslernen, Problemlösen.

Aus jüngerer Zeit ist ein Vorschlag von Oser und Patry (1990) erwähnenswert, den die Autoren Basismodelle oder Choreographien unterrichtlichen Lernens nennen. Es werden zwölf Basismodelle oder Zieltypen des Lernens unterschieden, wofür jeweils festgelegte Schrittfolgen von vier bis sieben Lernschritten zur Erreichung des Ziel angegeben werden. Die zwölf Basismodelle lauten (hier nach Brouër 2001, 155): Lernen durch Eigenerfahrung/Entwicklung als Ziel der Erziehung (moralische Entwicklung)/Problemlösen/Wissensaufbau, Konzeptbildung/Betrachtendes Lernen (Meditation)/Lernen von Strategien/Routinebildung/Motilitätsmodell (kreatives Tun)/Lernen dynamischer Beziehungen/Wert- und Identitätsaufbau/Hypertextlernen/Verhandeln lernen.

Basismodelle unterrichtlichen Lernens

Eine Abstufung nach der Schwierigkeit, vor allem aber nach dem Grad der Selbstständigkeit stellt der Vorschlag im „Strukturplan für das Bildungswesen“ von 1970 dar:

Reproduktion	**Reorganisation**	**Transfer**	**Problemlösendes Denken**

Solche Klassifizierungen haben einmal die Funktion, bei der Unterrichtsplanung der **Einseitigkeit** vorzubeugen, vor allem ist – auch im Deutschunterricht – die Bevorzugung des kognitiven Bereichs zu befürchten. Wissen scheint sich einfach vermitteln und vor allem leicht überprüfen zu lassen. Dass es im Deutschunterricht auch um Emotionalität, Wertung, Sozialerfahrungen gehen sollte, darauf machen die Lernzielgliederungen nachhaltig aufmerksam. Allerdings ist nach wie vor zu sehen, dass manche Unterrichtsanliegen, vor allem im kognitiven Bereich, in der Form des Lehrgangs angeboten werden sollten, wofür eine an Lernzielen orientierte Systematik nötig ist.

Funktionen der Lernzielmodelle

Vgl. zum Lehrgang Baustein 24.

Zum anderen kann **Über- oder Unterforderung** vermieden werden, wenn der Gesichtspunkt der Stufung von Lernleistungen beachtet wird. So macht ein Blick auf die Taxonomie von Bloom deutlich, dass z.B. für die Anfertigung einer Gliederung zu einer Erörterung als Syntheseleistung einige andere Lernschritte vorausgegangen sein sollten. Auch für **Differenzierungsmaßnahmen** ist die Orientierung an solchen Taxonomien hilfreich.

Zum Dritten können die Lernzielmodelle eine wichtige Hilfe bei der **Leistungsfeststellung** bieten. Die Reproduktion von Lernwissen, etwa das Auswendiglernen von biographischen Daten eines Autors, ist eben eine weniger anspruchsvolle Leistung als etwa das Zusammenfassen eines Diskussionsbeitrags als Reorganisation. Diese Leistung wiederum sollte durch den Transfer auf der nächsten Niveaustufe ergänzt werden, etwa die Analyse eines Textes nach vorgegebenen Merkmalen, während die Textinterpretation nach selbstgewählten Aspekten zur höchsten Stufe des Problemlösens zu zählen ist. Bei Leistungskontrollen sollten Aufgaben aus allen Bereichen

Vgl. Baustein 26 zur Leistungsfeststellung.

Berücksichtigung finden, die auch entsprechend unterschiedlich zu werten wären.
Natürlich können die Modelle auch Hilfen für die **Strukturierung des Unterrichts** sein. Die Teilschritte des Basismodells Wissensaufbau von Oser/Patry (nach Brouër 2001, 156):

Orientierung am Lernprozess

(1) Bewusstmachung der bisher erworbenen Wissensstruktur,
(2) Durcharbeiten eines Prototyps, in dem die Elemente des neuen Wissens vollständig enthalten sind,
(3) Erarbeitung der neuen Wissenselemente,
(4) Anwendung der neuen Wissenselemente,
(5) Transfer der neuen Wissenselemente auf ein ähnliches Wissensgebiet

ließen z.B. den Unterricht gut vom Lernprozess her strukturieren. Dadurch würde, wie Brouër (2001) zeigen konnte, auch die Wahrnehmung der eigenen Lernprozesse für die Schüler besser möglich als beim herkömmlichen Unterricht, der vom Unterrichtsthema her strukturiert ist.

5. Der pädagogisch verantwortbare Umgang mit Zielen

Im ersten Abschnitt haben wir die Frage nach der Vereinbarkeit von Zielvorgaben und eigenverantwortetem Lernen gestellt. Eine Antwort sei nun versucht.
Ziele im Rahmen von Curricula, als Formulierung gesellschaftlicher Erwartungen und zu garantierender Bildungsansprüche sind nach wie vor sinnvoll und unabdingbar. Über solche Vorgaben dürfen Schüler nicht hinweggetäuscht werden. Schüler ernstzunehmen heißt, ihnen von der Grundschule an klaren Wein einzuschenken, dass Schule der Ort ist, wo gelernt werden soll (darf). Welche vorgegebenen Ziele dafür den Rahmen abstecken, sollte mit den Schülern besprochen werden, je nach Altersstufe für unterschiedlich lange Zeiträume: als Ausblick auf ein neues Schuljahr mit Schülern ab der Sekundarstufe, als Wochenplanung mit Schülern der Primarstufe. Vereinbarungen, „Lernverträge" könnten mit einzelnen Schülern darüber geschlossen werden, was zu tun ist.

Gemeinsame Verständigung über Ziele

Hier kann auch ein Beitrag für das wichtige Ziel geleistet werden, das Lernen zu lernen, denn dazu gehören wesentlich die Organisation der Zeit, die Einteilung größerer Vorhaben in überblickbare Einheiten, der ständige Vergleich von Erreichtem und Geplantem. Hieraus könnte **metakognitive Kompetenz** erwachsen, die Fähigkeit, die eigene Leistung richtig einzuschätzen, Erfolg und Misserfolg als handlungsleitende Momente zu erleben (wobei nichts so erfolgreich ist wie der Erfolg), geeignete Strategien für die Bewältigung von Aufgaben auszuwählen. Steigerung des Selbstwertgefühls und längerfristiger Leistungsmotivation ist zu erhoffen, wenn vorgegebene Aufgaben gemeistert wurden.

Das Lernen lernen als wichtiges Ziel

Im Rahmen der vorgegebenen Grobziele sind dann die **Unterrichtsziele** zu entwerfen. Es wäre fatal, wollte sich der Lehrer im Vertrauen auf das eigenständige Lernen der Schüler entsprechend einem

konstruktivistischen Lernbegriff dazu verleiten lassen, auf Ziele im Rahmen der Unterrichtsplanung oder gar auf die gesamte Unterrichtsplanung zu verzichten.
Vielmehr könnte von einer „doppelten unterrichtlichen Themenkonstitution" (Faust-Siehl 1987) ausgegangen werden, indem der Lehrer neben der von ihm im Rahmen der Unterrichtsvorbereitung in der Sachanalyse ermittelten thematischen Struktur, die sich in Teillernzielen widerspiegelt, eine Themensicht zulässt, die im konkreten Unterrichtsprozess in der Kommunikation mit den Lernenden entsteht. Zu wünschen wäre natürlich, dass die sogenannten Handlungsziele der Schüler, von denen Meyer (1987) ausgeht, in Deckung zu bringen wären mit den Lehrzielen des Lehrers. Nach Gudjons (2001) gelingt dies am besten im Handlungsprodukt.

„Im gemeinsam beschlossenen *Produkt* liegt gleichsam der Schnittpunkt von Lehrzielen und Handlungszielen" (Gudjons 2001, 145).

Lehrziele – Handlungsziele – Handlungsprodukt (Gudjons 2001, 146).

Dass für die gemeinsame Arbeit an Handlungsprodukten der Projektunterricht die geeignetste Unterrichtsform darstellt, ist unbestritten. Dass daneben aber auch lehrgangsorientiertes Arbeiten nötig ist und besonders für lernschwächere Schüler Vorteile bringt, wurde des Öfteren erwähnt. Dass zielorientierter, auf systematischen Wissenserwerb abgestellter, lehrergesteuerter Unterricht nicht im Gegensatz zu Schülerorientierung stehen muss und außerdem mit situiertem Lernen kombinierbar ist, kann in der Praxis immer wieder belegt werden.

Vgl. Baustein 24.

Eine letzte Überlegung soll den Zielen im Blick auf die Leistungsfeststellung gewidmet sein. Wenn Leistungen überprüft werden sollen, gleichgültig, ob es sich um Maßnahmen des Lehrers oder die subjektive Bilanzierung des Lernfortschritts handelt, ist dies nur möglich im Bezug auf Ziele.

Vgl. zur Leistungsfeststellung Baustein 26.

Je genauer vorher festgelegt wird, was erreicht und was später gemessen werden soll, umso unproblematischer und gerechter kann eine Beurteilung erfolgen. Dafür könnten auch die Merkmale der Operationalisierung von Lernzielen (s.o. Abschnitt 1) herangezogen werden. Generell ist zu sagen: Ohne Ziele keine gerechte Leistungsbeurteilung. Fast müßig zu betonen, dass auch für diesen Teil unterrichtlicher Arbeit die Schülerorientierung zu beachten ist, in der Form weitgehender Transparenz und in der Form der Mitbeteiligung der Schüler, wofür die Möglichkeiten in der Praxis noch viel zu wenig genutzt werden.

In diesem Baustein haben Sie erfahren,

- *dass der Stellenwert der Ziele in den 70er Jahren am höchsten war, heute anders, aber nicht weniger wichtig gesehen wird,*
- *dass bei der Wahl der Begriffe auf Lehrziele, Lernziele, Handlungsziele zu achten ist,*
- *dass Ziele unterschiedlicher Abstraktion und Komplexität zu unterscheiden sind,*
- *dass zahlreiche Lernzielgliederungen Hilfestellung bei der Unterrichtsplanung anbieten,*
- *dass Ziele in Lehrplänen und Unterrichtsziele mit Schülern gemeinsam abgesprochen werden sollen,*
- *dass Zielorientierung in Lehrgängen sowie bei der Leistungsfeststellung unabdingbar ist.*

Weiterführende Literatur

Brouër, Birgit (2001): Förderung der Wahrnehmung von Lernprozessen durch die Anwendung der Basismodelle des Lernens bei der Gestaltung von Unterricht. In: Unterrichtswissenschaft 29/2, S. 153–170.

Gudjons, Herbert (2001): Handlungsorientiert lehren und lernen. Schüleraktivierung, Selbsttätigkeit, Projektarbeit. Bad Heilbrunn: Klinkhardt, 6., überarb. u. erw. Auflage.

Steindorf, Gerhard (1981): Grundbegriffe des Lehrens und Lernens. Bad Heilbrunn: Klinkhardt.

(D.M.)

Baustein 22

Lehrpläne – zwischen Vorgaben und Freiräumen

Bertolt Brecht lässt in den „Flüchtlingsgesprächen" Ziffel aus dessen Memoiren über seine Schulerfahrungen vorlesen: „Wir lernten noch in der Schule solche Dinge wie Standesunterschiede, das gehörte zu den Lehrfächern. Die Kinder der besseren Leute wurden besser behandelt als die der Leute, welche arbeiteten. Sollte dieses Lehrfach aus den Schulplänen der heutigen Schulen entfernt worden sein, würden die jungen Menschen diesen Unterschied in der Behandlung, der so unendlich wichtig ist, also erst im Leben kennenlernen" (B. Brecht: Gesammelte Werke 14, Prosa 4. Frankfurt: Suhrkamp 1967, S. 1404).
Auch wenn wir annehmen dürfen, dass der Bericht über das „Lehrfach Standesunterschiede" nicht wörtlich gemeint ist, ist nicht zu leugnen, dass auch in unseren Schulen neben den offiziellen Lehrinhalten ein „heimlicher Lehrplan" existiert. Denken Sie einmal darüber nach, was Kinder „inoffiziell" in der Schule lernen.
Brecht gibt in den Flüchtlingsgesprächen weitere Beispiele. So erzählt Ziffels Gesprächspartner Kalle von einer „guten Lektion" am ersten Schultag. Die Schüler sollten sich einen Platz in den Bänken suchen. Da ein Platz zu wenig war, blieb ein Schüler im Gang stehen. „Der Lehrer hat ihn stehend erwischt und ihm eine Maulschelle gelangt. Das war für uns alle eine sehr gute Lehre, daß man nicht Pech haben darf" (Brecht 1967, S. 1405).

Bei der Frage, was Schüler in der Schule lernen (sollen), wollen wir uns dem offiziellen Lehrplan zuwenden und zu klären versuchen, wer denn darüber entscheidet, was gelernt werden soll, wie solche Regelungen aussehen, was neben den Lehrinhalten noch vorgeschrieben wird, welche Rolle Lehrer und Schüler dabei spielen und natürlich, ob oder in welchem Maße Vorschriften überhaupt nötig sind.

1. Brauchen wir Lehrpläne?

Solange die heranwachsende Generation alles das, was sie im Leben braucht, in der Familie, der Wohngemeinschaft, der Nachbarschaftsgruppe problemlos erwerben kann, sind weder Schulen noch Lehrpläne nötig. Der Vater, der in einer primitiven Gesellschaft seinen Sohn zum Fischen mit aufs Meer nahm, sobald er ihn dafür alt genug wähnte, verließ sich darauf, dass der Sohn mit zunehmender Kraft, Ausdauer und Geschicklichkeit die gewünschte Qualifikation vor Ort erwarb. In der Entwicklung der Menschheit war jedoch bald der Punkt erreicht, wo das Wissen zu umfangreich wurde, um es von Eltern zuverlässig auf die Kinder weitergeben zu können, wo die Fähigkeiten zu vielfältig wurden, als dass alle alles lernen konnten. Systematische Unterweisung (durch Spezialisten) außerhalb der Fa-

milie, getrennt von der Anwendungssituation – gleichsam auf Vorrat – wurde nötig, und damit der Zwang zur (Bildungs-)Planung.
Dolch (1959), der die Bildungsgeschichte 2½ Jahrtausende zurückverfolgt, nennt als frühe Beispiele schriftlich fixierter Planungen die bildhafte Darstellung des Zitherunterrichts auf einer griechischen Schale aus dem 5. Jh. v. Chr., die Festlegung der Lehrinhalte der römischen Tugenden, wie sie etwa Cato (234–149 v. Chr.) für seinen Sohn aufgeschrieben hat oder die Regeln für die Handhabung von Schwert und Schild oder das Hetzen von Hunden bei den Germanen. Diese ersten Planungskonzepte hatten ihren Schwerpunkt im Bereich der Methoden, der Zerlegung einer komplexen Handlung in Teilschritte und der zeitlichen Anordnung auf ein Ziel hin. Nach dem Modell der drei Ebenen der Didaktik von Adl-Amini (1986) gehören diese Überlegungen zur untersten Ebene der Didaktik, der Handlungstheorie. Fragen nach den Inhalten, also Fragen auf der nächsthöheren Ebene, stellten sich nicht. Dass der germanische Jüngling Brettspiel und Vortrag von Heldenliedern zu erlernen hatte, dass im Mittelalter Musik und Rhetorik zu den sieben artes liberales gehörten, stand fest, das musste nicht in Plänen geregelt werden. Erst recht blieb die übergeordnete Ebene der Zieltheorie mit den Fragen nach dem Bildungsideal außerhalb der Diskussion.

„Jeder Lehrplan ist das Resultat der Bemühung, die geeigneten Inhalte für die globale Zielvorstellung zu identifizieren“ (Adl-Amini 1986, 33).

Welche Teilbereiche der Deutschunterricht haben sollte, wird in Baustein 23 abgehandelt.

Für heutige moderne Lehrpläne sieht Adl-Amini (1986) Lehrplanarbeit auf der mittleren Ebene der Didaktik, der Ebene der Prozesstheorie, angesiedelt. Hauptaufgabe des Lehrplans ist also, für gesellschaftliche Zielvorstellungen repräsentative Inhalte bereitzustellen. D.h. zunächst, in Lehrplänen ist zu regeln, welche Fächer und welche Teilbereiche innerhalb der Fächer Inhalte schulischer Bildung sein sollen. Dass hier keine leicht zu entscheidenden Fragen anstehen, sehen wir etwa im Blick auf die gymnasiale Oberstufe, die seit ihrer grundlegenden Reform Anfang der 70er Jahre nicht mehr aus der Diskussion um die Rolle des Deutschunterrichts kommt: Deutsch als Pflichtfach, als Grund- oder Leistungskurs, gar Abitur ohne das Fach Deutsch? Auch um andere Fächer wird gestritten: Muss Latein bleiben? Sollen Informationstechnologie, neue Medien und Wirtschaft als neue Fächer verbindlich in die Lehrpläne? Dabei geht es auch um die Anteile an der Unterrichtszeit, die nicht beliebig zu verlängern ist: Wie viel Wochenstunden stehen den einzelnen Fächern zu?

„Der Lehrplan ist die geordnete Zusammenfassung von Lerninhalten, die während eines vom Plan angegebenen Zeitraumes über Unterricht, Schulung oder Ausbildung vom Lernenden angeeignet und verarbeitet werden sollen“ (Fend 1980,71).

Ebenso ist in Lehrplänen zu regeln, welche Inhalte innerhalb der Fächer verbindlich sein sollen. Wie wichtig ist das Rechtschreiben, die Grammatik, welcher Anteil steht der Literatur zu? Welche Werke, welche Autoren gehören zu einem „Kanon“, sollen also verbindlich gelesen werden? Mit solchen Fragen der Auswahl ist natürlich auch die Frage der Anordnung verbunden. Gibt es sachlogische Überlegungen für die Reihenfolge einzelner Inhalte? Literatur entsprechend ihre Entstehungszeit? Erst die Gegenwartsliteratur, dann die älteren Werke?

Vgl. Baustein 10.

Vgl. Baustein 5.

Oder sind didaktische Prinzipien maßgebend – etwa vom Leichten zum Schweren? (Die zusätzlichen Probleme, die man mit solchen „Prinzipien“ heraufbeschwört, seien hier vernachlässigt.) Ist schriftliches Erzählen leichter als das Verfassen eines Berichts und deswegen früher anzusetzen?

Dass Auswahl und Anordnung geregelt werden müssen, dürfte unzweifelhaft sein, schon im Hinblick auf die Kontinuität von Unterricht, innerhalb eines Schuljahres zum einen, zwischen aufeinander folgenden Schuljahren zum anderen, auch im Hinblick auf die Vergleichbarkeit der Anforderungen, in verschiedenen Schulen, in verschiedenen Orten. Allerdings ist es kein Geheimnis, dass in bayerischen Schulen die Anforderungen höher sind als etwa in nordrhein-westfälischen. Damit sind wir bei einem nächsten Kapitel.

2. Wer entscheidet, was im Lehrplan steht?

Die Regelung von Bildungsangelegenheiten kann seit den Anfängen unter dem Aspekt des Machtanspruchs gesehen werden. Zunächst hatten die Kirchen das Bildungsmonopol. Als erste verbindliche Planungsgrundlagen für Unterricht können die evangelischen Schulordnungen des 16. Jh.s gelten. Bald schon meldete der Staat seinen Anspruch an. Im Augsburger Religionsfrieden 1555 erhielten die Landesherren das Recht zur Bestimmung der Konfession, woraus das Recht zur Bestimmung der Schulangelegenheiten hergeleitet werden konnte (vgl. Hopmann 1988). Im „Allgemeinen Landrecht" 1794 wurden Preußens Schulen zu Veranstaltungen des Staates deklariert. Der Beginn der staatlichen systematischen Lehrplanarbeit im modernen Sinne wird in den Schulregulativen für die Elementarschule in Bayern 1804 und dem Normalplan für das Gymnasium in Preußen 1816 gesehen. De facto blieben Schulen allerdings lange Kirchenangelegenheiten. Kirchenmänner entwarfen und kontrollierten im staatlichen Auftrag die staatlichen Unterrichtsvorgaben, die lokale Schulaufsicht lag beim Ortsgeistlichen. Die Mitglieder des 1802 gegründeten Generalschuldirektoriums in Bayern waren fast ausnahmslos katholische Geistliche. Die kirchliche Schulaufsicht wurde in Bayern erst durch die Weimarer Republik abgesetzt.

„Träger des Lehrplans und regulierender Faktor ist, seit es Lehrpläne im modernen Sinne gibt und bis zur Gegenwart hin, der Staat" (Weniger 1952, 33).

Die Entwicklung des ersten preußischen Rahmenplans kann als Modell für bis heute übliche Lehrplanarbeit gesehen werden: 1808 wurde eine Sektion im preußischen Innenministerium gegründet (das erste Kultusministerium folgte erst 1817), eine zugeordnete „wissenschaftliche Deputation" aus vom Ministerium berufenen Gelehrten verschiedener Fächer und einem Schulpraktiker formulierte einen Lehrplanentwurf, der 1816 vorgelegt, nach Überarbeitung durch die Verwaltung 1817 in Kraft gesetzt, von den Schulpraktikern als Eingriff in ihre Rechte kritisiert, in Anhörungen und (später) in gesellschaftlichen und standespolitischen Interessengruppen heiß diskutiert wurde. Bei geringen Abweichungen in Entwicklungszeit und Besetzung der Kommissionen (der Anteil von Wissenschaftlern und Praktikern verschob sich zugunsten letzterer) gleicht das Verfahren heutiger Praxis (vgl. Hopmann (Hrsg.) 1988).

Wie ein Lehrplan entsteht.

Die Legitimation der Planungshoheit bleibt umstritten. Die Bundesländer verteidigten 1955 trotz Vereinheitlichung des Schulwesens ihre Kulturhoheit als Ländersache gegen zentralistische Tendenzen (ein Bundeskultusministerium wird allenthalben abgelehnt). Trotzdem sind Tendenzen zur Globalisierung unaufhaltsam, in Brüssel wird an der Vereinheitlichung von Lehrplänen aus europäischer Sicht

Tendenzen zur Globalisierung

PISA = Programme for International Student Assessment, mit einem Schwerpunkt auf der Erhebung der Lesefähigkeit, während TIMMS mathematische Fähigkeiten erhob.

gearbeitet, das Max-Planck-Institut für Bildungsforschung arbeitet im Auftrag der OECD an einer internationalen Ausrichtung der Lehrpläne. Die weltweiten Vergleiche von Schulleistungen (TIMMS und PISA) führen unvermeidlich zu Fragen nach der Vergleichbarkeit der Lehrangebote. So dürfte der (wirtschaftliche) Wettbewerb schon bald zum Auslöser der Vereinheitlichung von Lehrplänen werden, über die Köpfe von Länderkultusministerien hinweg. Für die Grundschule forderte die Bildungskommission Nordrhein-Westfalen vor dem Hintergrund der zunehmenden Eigenprofilierung der Schule 1995 die Entwicklung eines (länderübergreifenden) Kerncurriculums, über dessen Sinnhaftigkeit und inhaltliche Füllung seither diskutiert wird (vgl. Aktuell Grundschulverband, Frankfurt, Heft 74/2001).

Diskutieren Sie Vor- und Nachteile von regional begrenzten und weltweit gültigen Lehrplänen.

3. Was soll im Lehrplan stehen? (Von Inhalten zu Zielen)

Inhaltsorientierung macht häufige Revisionen nötig.

Es wurde ausgeführt, dass Lehrpläne die für die jeweiligen Bildungsvorstellungen repräsentativen Inhalte enthalten sollten. Da die Repräsentativität von Inhalten in unserer schnelllebigen Zeit in immer kürzeren Abständen verblasse, seien Lehrplanrevisionen in immer kürzeren Intervallen nötig (Adl-Amini 1986, 34), damit Lehrpläne nicht ständig gestrig blieben, kein „cultural lag“, eine Kulturverzögerung zwischen Schule und Wirklichkeit entstünde.
Ein weiteres Problem der Inhaltsorientierung ergibt sich dadurch, dass sich immer mehr Inhalte in Lehrplänen ansammeln. Der Ruf nach Entrümpelung der Lehrpläne ist unausbleiblich.
Der Bildungsforscher S.B. Robinsohn schlug 1967 eine Umorientierung des Lehrplans vor, für den er den Begriff „Curriculum“ verwandte. „Bildungsreform als Revision des Curriculum“ lautet der Titel seiner programmatischen Schrift. Hier entwickelt er folgende Gedanken:

- Ziel der Schule müsse sein, „den einzelnen zur Bewältigung von Lebenssituationen auszustatten“,
- diese Ausstattung erfolge „durch den Erwerb von Qualifikationen und Dispositionen“,
- die Qualifikationen sollen „durch die verschiedenen Elemente des Curriculum vermittelt werden“ (Robinsohn 1975, 79f.).

Ziele statt Inhalte

Damit tritt die Wichtigkeit der Inhalte hinter die Qualifikationen zurück. Dementsprechend sollte der Schwerpunkt im Lehrplan auf den Zielen liegen, die im Vergleich zu den Inhalten eine längere Aktualität versprechen. Die Inhalte werden austauschbar, sie erhalten die Funktion der Illustration und Konkretisierung der Ziele. Ein Beispiel mag das verdeutlichen: Gehört es zu den Aufgaben der Schule, die Schüler zu befähigen, am aktuellen literarischen Leben teilzunehmen, ließe die Vorgabe von Autorennamen als verbindliche In-

halte einen Lehrplan sehr bald als veraltet erscheinen. Autoren von morgen hätten keine Chance der Berücksichtigung, abgesehen von der Schwierigkeit für die Bildungsplaner, sich auf wenige Namen festlegen zu müssen. Die Zielformulierung: *Kennen lernen von Autoren der Gegenwartsliteratur* gewährleistet dagegen Aktualität und die Freiheit des Lehrers für eigene Entscheidungen.
Um die Praktiker mit dieser neuen zielorientierten Arbeitsweise nicht zu überfordern, wurden unter dem Begriff Curriculum Planungsbeispiele angeboten, die als kompakte Bausteine exemplarisch die Erarbeitung von Zielen mitsamt den geeigneten Methoden und Unterrichtsmaterialien bis zu Maßnahmen der Überprüfung der Ziele (Evaluation) enthielten.

„Das Curriculum ist die Darstellung des Unterrichts über einen bestimmten Zeitraum als konsistentes System mit mehreren Bereichen zum Zwecke der Planung, der optimalen Realisierung und Erfolgskontrolle des Unterrichts“ (K. Frey 1972, 15).

Das Schema eines solchen curricularen Lehrplans bot folgendes Bild:

Lernziel	Lerninhalt	Unterrichtsverfahren	Evaluation

Auch wenn die Angaben nicht dieser Anordnung entsprechen müssten, habe sich doch ein breiter Konsens darüber ergeben, dass mindestens zu diesen vier Bereichen Aussagen in Lehrplänen nötig seien, meint Westphalen (1985). Er erweitert die Bereiche und nennt sie „Dimensionen zur Beschreibung von unterrichtsrelevanten Entscheidungsbereichen und -sachverhalten“ (Westphalen 1985, 19). Seine fünf didaktischen Dimensionen lauten:

1. Normative Dimensionen (Normen, gesellschaftliche Erwartungen)
2. Funktionale Dimensionen (Ziele, Qualifikationen)
3. Inhaltliche Dimensionen (Inhalte und zu erlernende Methoden)
4. Organisatorische Dimensionen (Unterrichtsformen, Lehr- und Lernverfahren)
5. Kontrolldimension (Verfahren und Kriterien für die Bewertung des Lernerfolgs).

Die Erweiterung vor allem um die normative Dimension steht nicht im Widerspruch zu den bisherigen Aussagen über Inhalte und Ziele als Lehrplananliegen. Im Vorspann von Bildungsplänen standen schon immer Aussagen über Leitgedanken zur Aufgabe von Schule und Unterricht, die wegen der geringen Praxisrelevanz für den Unterricht und der mangelnden Überprüfbarkeit den Schulalltag nur wenig tangierten. In den bayerischen Lehrplänen etwa steht seit eh und je ein Auszug aus der Verfassung des Freistaates Bayern.

Art. 131 Verfassung des Freistaates Bayern: (1) Die Schulen sollen nicht nur Wissen und Können vermitteln, sondern auch Herz und Charakter bilden. (2) Oberste Bildungsziele sind Ehrfurcht vor Gott, Achtung vor religiöser Überzeugung und vor der Würde des Menschen, ...

Die wichtigste Dimension der Lehrpläne dürfte – ganz im Sinne von Robinsohn – auch für die Zukunft die funktionale sein. Welche Qualifikationen oder gebräuchlicher: Schlüsselqualifikationen Schüler erwerben sollten, ist jedoch nach wie vor unklar, denn für welche künftigen Lebenssituationen Schüler ausgestattet werden müssen, lässt sich heute nicht einfacher ermitteln als zur Zeit Robinsohns. Unter konstruktivistischer Sicht wird die Forderung lauter, Schüler zur eigenständigen Wissenskonstruktion, zum selbstständigen Problemlösen zu befähigen: Wissenskonstruktion ist aber an Wahrnehmungen gebunden. Wahrnehmungsfelder sind „die Welt“, die Medien und die Menschen. Die Wissenskonstruktion ist in jedem Fall – nicht nur im Fach Deutsch – an Sprache gebunden. Entwicklung von Schriftsprachkompetenz und Kommunikationskompetenz gehören jedenfalls zu den zentralen Aufgaben des Deutschunterrichts. Die Medien in Form von Sprachtexten und in multimedialer Gestalt erfordern die Kompetenz im Umgang mit Texten aller Art, in der Terminologie von PISA: Reading Literacy (vgl. Artelt u.a. 2000).

Schriftsprachkompetenz, Kommunikationskompetenz, Reading Literacy.

4. Die Rolle von Lehrern und Schülern im Lehrplan

Freiheiten als Belastung

Mit der Verschiebung des Schwerpunkts von den Inhalten zu den Zielen erhielt der Lehrer größere Verantwortung und größere Freiheit im Umgang mit dem Lehrplan, denn in seiner Kompetenz lag die Auswahl oder sogar die freie Wahl der Inhalte. Solche Freiheiten wurden teilweise auch als Belastung empfunden. So führten als fakultative Angebote gedachte Beispielauflistungen in curricularen Lehrplänen mancherorts zur Stoffüberfrachtung, wenn Lehrer aus Angst vor der Entscheidung alle Inhalte abzudecken versuchten. Willkommener Anlass für Kultusverwaltungen, in der nächsten Lehrplangeneration Wahlfreiheiten zurückzunehmen und Inhalte ebenfalls wieder vorzuschreiben. So geschehen in bayerischen Lehrplänen, wo Lernziele und ursprünglich fakultative Lerninhalte in einer gemeinsamen, nun verbindlichen Spalte zusammengefasst und einer unverbindlichen Spalte mit Unterrichtsempfehlungen gegenübergestellt wurden. Als Ausgleich für diese verstärkte Gängelung wird vermehrt in Lehrplänen darauf hingewiesen, dass die Lehrplanvorgaben nicht die gesamte Unterrichtszeit eines Schuljahres abdecken wollen, dass der Lehrer vielmehr einen Teil der Zeit in eigener Verantwortung nutzen solle. Im bereits erwähnten bayerischen Grundschullehrplan aus dem Jahr 2000 heißt es: „Der Lehrplan ist auf 26 Wochen ausgelegt. Bei insgesamt 37 Schulwochen steht damit ein Freiraum zur Verfügung, der nicht von vorne herein inhaltlich verplant werden darf." Immerhin bleiben hier 30 % der Zeit zur freien Gestaltung.

Analysieren Sie den in Ihrem Bundesland zur Zeit gültigen Lehrplan der von Ihnen angestrebten Schulstufe im Hinblick auf Freiräume und Verbindlichkeit. Beachten Sie neben den offiziellen Angaben hierzu auch versteckte Formen der Gängelung, etwa Literaturkanon, Wortlistenvorgaben, Lineaturvorschriften usw.

Pädagogischer Freiraum

Dieser pädagogische Freiraum ist wahrscheinlich die beste Möglichkeit, mehr Schülerorientierung in den Unterricht zu transportieren, denn nach einer Befragung, „Wie Lehrer mit dem Lehrplan umgehen" (Kunert 1983), gehören Deutschlehrer/innen bevorzugt zu der Gruppe derer, die den Lehrplan recht rigide erfüllen. „Fakten- und Produktorientierung" nennt Kunert diese Perspektive. Lehrer/innen der musischen Fächer seien dagegen eher der anderen Gruppe zuzu-

ordnen, wo Lehrpläne schüler- und prozessorientiert an die jeweilige Klassensituation adaptiert würden.
Die Frage, die eine andere Veröffentlichung als Titel gewählt hat, „Lehrplan ohne Schüler?" (Aselmeier u.a. 1990), dürfte demnach ein wichtiger Anstoß sein, über Möglichkeiten nachzudenken, wie Lehrpläne noch stärker auf die Betroffenen selbst eingehen können.
Das Konzept der sogenannten Offenen Curricula könnte einen Weg darstellen. Bönsch (nach Kron 1993, 312) nennt u.a. folgende Merkmale der Öffnung eines Curriculums:

Offene Curricula

- Wahl zwischen Alternativen,
- Möglichkeit, Ziele selbst zu vereinbaren,
- Überschreiten der festgefügten Fächer und Lernbereiche,
- Einbringen eigener Interessen, eigener Entscheidungen für konkrete Lernarbeit,
- Anpassung der Lernplanung an einzelne Lerngruppen,
- Abstimmung des Unterrichts „auf die sozialen Bedingungen des schulischen Umfeldes und regionaler Besonderheiten" (Kron 1993, 312).

Grundwortschatzlisten in Lehrplänen für die Grundschule oder Literaturvorschlagslisten in Plänen für die Sekundarstufe stellen angesichts solcher Vorschläge zur Öffnung von Lehrplänen deutliche Rückschritte dar. Hier wird die Gängelung verstärkt.

Zusammenfassung

In diesem Baustein haben Sie erfahren,
- *dass seit den Anfängen systematischer Unterweisung Pläne üblich sind,*
- *dass die Entwicklung von der ursprünglichen Regelung einzelner Lehrmaßnahmen zur Regelung im Bereich der Inhalte ging, wobei Auswahl und Anordnung im Mittelpunkt standen,*
- *dass seit Anfang des 19. Jh.s von einer systematischen Lehrplanarbeit im Auftrag und in Verantwortung des Staates gesprochen werden kann,*
- *dass der Trend von der Planung für einzelne Bildungsinstitutionen zur Regionalisierung und weiter – vor allem unter dem Zwang weltweiter Leistungsvergleiche – zur weiträumigen Vereinheitlichung der Lehrpläne führt,*
- *dass in den letzten 30 Jahren des 20. Jh.s Umstrukturierungen der Lehrpläne erfolgten, hin zur curricularen Ausrichtung, mit der Verschiebung von Inhalts- zu Zielvorgaben,*
- *dass die Schnelllebigkeit unserer Zeit in Zukunft Inhaltsvorgaben kaum mehr sinnvoll erscheinen lässt, so dass Schlüsselqualifikationen im Mittelpunkt der Lehrpläne stehen werden,*
- *dass eine allmähliche Öffnung der Lehrpläne für Freiräume von Lehrern und Schülern zu registrieren ist, die zu nutzen sich Lehrer nicht scheuen sollten.*

Weiterführende Literatur

Gaebe, Barbara (1985): Lehrplan im Wandel. Frankfurt u.a.: Lang.

Kunert, Kristian (1983): Wie Lehrer mit dem Lehrplan umgehen. Weinheim-Basel: Beltz.

Westphalen, Klaus (1985): Lehrplan – Richtlinien – Curriculum. Stuttgart: Klett.

(D.M.)

Baustein 23

Gliederung des Deutschunterrichts: Lernbereiche und integrative Unterrichtsformen

Denken Sie bitte an den Deutschunterricht Ihrer eigenen Schulzeit. Woran erinnern Sie sich? An Literaturstunden? Vielleicht mussten Sie als Schülerin in Ermangelung geeigneter männlicher Leser den Sir Mortimer in Schillers Maria Stuart übernehmen. Vielleicht gab es im Rahmen des Deutschunterrichts auch Theateraufführungen, die sich besonders dem Gedächtnis einprägten. Oder denken Sie eher an die Besprechung von Aufsätzen, in denen Sie sich wiederum mit Charakteren aus Dramen oder Romanen auseinandersetzen mussten oder die der Gedichtinterpretation gewidmet waren? Wer sich an die frühen Jahre seiner Schulzeit erinnern kann, sieht sich vielleicht noch Diktate schreiben oder Zeilen im Schönschreibheft füllen. Nur mit geringer Wahrscheinlichkeit werden beim Blick zurück Bilder von Grammatikstunden auftauchen. Vergleichen Sie Ihre Erfahrungen mit denen Ihrer Kommilitonen.
Als Schüler/in war es für Sie kaum ein Problem, was alles zum Deutschunterricht gehörte, ob die Schwerpunkte richtig gesetzt waren, ob die Bevorzugung des Literaturunterrichts gegenüber dem Sprachunterricht der persönlichen Vorliebe Ihres Deutschlehrers entsprach, ob wichtige Aufgaben vernachlässigt wurden. Anders stellt sich die Situation für Sie als künftige Lehrer oder Lehrerinnen dar. Die Bandbreite der möglichen und nötigen Aufgaben gilt es zu überblicken, um dann bewusst über Auswahl, Anteil und Koordination der Teilbereiche zu entscheiden.

In diesem Baustein soll dargelegt werden, welche Lernfelder, Teilaufgaben oder Lernbereiche das Fach Deutsch hat oder haben sollte. Dabei soll der Blick einmal auf Theorien des Deutschunterrichts gerichtet sein, zum anderen auf die Praxis, wie sie sich in Lehrplänen widerspiegelt. Sodann geht es um integrative Formen des Unterrichts, von der Verbindung von Aufgaben zu komplexeren Bereichen bis zur Integration über das Fach hinaus, dem ganzheitlichen Unterricht.

1. Die kategoriale Gliederung des Deutschunterrichts

„Sprechen, Schreiben, Lesen und Verstehen. Das ist die von der modernen Sprachpsychologie bestätigte Fächerung des Gesamtgeschehens ‚Muttersprache'" (Helmers 1967, 2. A., 30).

Als einer der ersten Vertreter einer wissenschaftlichen Fachdidaktik Deutsch legte Helmers 1966 einen Vorschlag zur Gliederung des Deutschunterrichts vor. In seinem Buch „Didaktik der deutschen Sprache" fragt er nach den „fundamentalen Kategorien der muttersprachlichen Bildung", in späteren Auflagen „Kategorien der sprachlichen Kommunikation" oder einfach „Kategorien des Sprachgebrauchs" geheißen, und er nennt *Sprechen, Lesen, Schreiben* und *Verstehen.* Zusätzlich unterscheidet er zwischen dem obligatorischen Repertoire der Grammatiknormen, der Rechtschreibregeln, der richtigen Artikulation einerseits und der gestalterischen Ebene des freien und kreativen Umgangs mit dem Repertoire andererseits. Eine solche Unterscheidung sei bereits in der antiken Rhetorik mit den Begriffen recte und bene getroffen worden. So ergibt sich eine Matrix von acht Feldern – bei Verzicht auf die Unterteilung der Kategorie Lesen –, die sieben Aufgaben oder Lernbereiche des Deutschunterrichts.

	Repertoire (recte)	**Gestaltung (bene)**
Sprechen	Grammatisch richtiges Sprechen: *Sprachtraining*	Lautreines und gestaltetes Sprechen: *Sprecherziehung*
Lesen	Technik des lauten und des stillen Lesens: *Leselehre*	
Schreiben	Orthographisch richtiges Schreiben: *Rechtschreibunterricht*	Schriftliches Gestalten von Sprache: *Gestaltungslehre*
Verstehen	Verstehen des Repertoires: *Sprachbetrachtung*	Verstehen der gestalteten Sprache: *Literaturunterricht*

Schematische Darstellung der sieben Lernbereiche des Deutschunterrichts (Helmers 1966).

Kritik an Helmers' Lernbereichsschema

So verdienstvoll eine systematische Ableitung von Teilaufgaben des Deutschunterrichts ist, so sind doch einige kritische Anmerkungen nötig (vgl. die Kritik bei Diegritz/König 1973, Beyer/Kreuder 1975, Krejci 1975). Zunächst fällt das **Ungleichgewicht** zwischen gesprochener und geschriebener Sprache auf. Da die Kategorie Verstehen eindeutig auf die Schriftsprache gerichtet ist, bleibt Sprechen einzige Kategorie der mündlichen Sprache.

Vgl. die Überlegungen zu sprachlichen Normen in Baustein 14.

Sodann wird eine starke **Normorientierung** deutlich, wenn die Hälfte der Lernbereiche der Auseinandersetzung mit dem sprachlichen Repertoire gewidmet ist, diese Hälfte zugleich als Voraussetzung für die andere Hälfte gesehen wird.

Weiter ist die **Trennung zwischen Lesen und Verstehen** zu kritisieren. Wenngleich zu Recht beim Lesen nicht (mehr) zwischen recte und bene unterschieden wird (wie in den ersten Auflagen: „recte“: Erstleselehrgang, „bene“: weiterführender Leseunterricht), um das Erlernen der Lesetechnik nicht von deren Ausübung zu trennen – Praxis einer hoffentlich längst vergangenen Zeit –, bleibt die Loslösung des Verstehens vom Lesen bedenklich. Lesen ohne Verstehen sollte in keiner Phase des Unterrichts, auch nicht zu Beginn eines Leselehrganges in Betracht gezogen werden. Auch die Trennung in Leselehre, mit dem Schwerpunkt auf der Lesetechnik, bevorzugt für untere Jahrgänge, und Literaturunterricht für höhere Jahrgänge, mit dem Schwerpunkt auf dem Verstehen, sollte der Vergangenheit angehören. Hinzu kommt, dass Helmers in der Tat den Literaturunterricht recht exklusiv als Ort literarästhetischer Bildung versteht, zu der neben Dichtung noch Unterhaltungsliteratur und „Werbelitera-

Vgl. Baustein 9.

Zur Unterteilung in literarische und pragmatische Texte lesen Sie bitte in Baustein 18 nach.

tur" beitrügen, während pragmatische Literatur ausgeschlossen bleibt.
Auch die Konzeption anderer Lernbereiche erscheint aus heutiger Sicht nicht unbedenklich. So ist nach Helmers der **Rechtschreibunterricht** Voraussetzung der Gestaltungslehre, was in der alten Schule dazu führte, erst die rechtschriftlichen Normen einzuüben und dann Aufsätze schreiben zu lassen, während wir heute das Schreiben von Anfang an propagieren, der Weg zur Orthographie nicht von der Textproduktion zu trennen ist.

Vgl. Baustein 15.

Gestaltungslehre als Bezeichnung für den Lernbereich, der das Schreiben von Texten regelt, bedeutet unter heutiger Sicht sowohl eine Ausgrenzung all der Formen des Schreibens, die nicht „gestaltete" Sprache zum Ziel haben, als auch eine einseitige Orientierung an Textsorten.
Der Lernbereich **Sprecherziehung** erscheint vielleicht systembedingt in der Spalte Gestaltung nicht ganz treffend zugeordnet, denn lautreines Sprechen ist doch eher in Verbindung mit der Repertoire-Spalte zu sehen, diese Position ist aber durch das Sprachtraining als Übung grammatisch und nicht artikulatorisch richtigen Sprechens besetzt. Was wir heute an Aufgaben im Umgang mit der gesprochenen Sprache für wichtig halten, von der Beherrschung vielfältiger Formen der Kommunikation über das Diskutieren bis zum Halten von Referaten, sprengt den Rahmen des von Helmers verwendeten Begriffs Sprecherziehung.

Vgl. Baustein 2.

Wenngleich Helmers sich dafür ausspricht, die von ihm aufgezeigten Aufgaben des Deutschunterrichts sollten integriert werden und nur zeitweilig sollte ein Lernbereich die Führung übernehmen, kann das Lernbereichsschema doch als Grundlage für die noch immer weit verbreitete isolierte Behandlung der Lernbereiche gesehen werden.

Versuchen Sie positive Aspekte des von Helmers vorgelegten Modells der Lernbereiche für den Deutschunterricht herauszuarbeiten. Denken Sie an den heute vernachlässigten Bereich „Sprachtraining", an die Aufgabenzuweisung des Bereichs „Sprachbetrachtung", an die durch die gemeinsame Spalte angedeutete Beziehung zwischen den Bereichen „Gestaltungslehre" und „Literaturunterricht".

2. Die kommunikative Ausrichtung des Deutschunterrichts

In der Phase der Kommunikationsorientierung gliederte man die Kategorien des Umgangs mit Sprache ähnlich wie Helmers, tauschte allerdings das Verstehen durch das Hören aus (vgl. Schlotthaus 1971). Damit erfolgte eine Revision der Ungleichverteilung von mündlichem und schriftlichem Sprachgebrauch und zugleich eine Aufwertung der gesprochenen Sprache. Zudem wurde ein Gleichge-

Aufwertung der gesprochenen Sprache

wicht zwischen aktivem und rezeptivem Sprachgebrauch hergestellt.

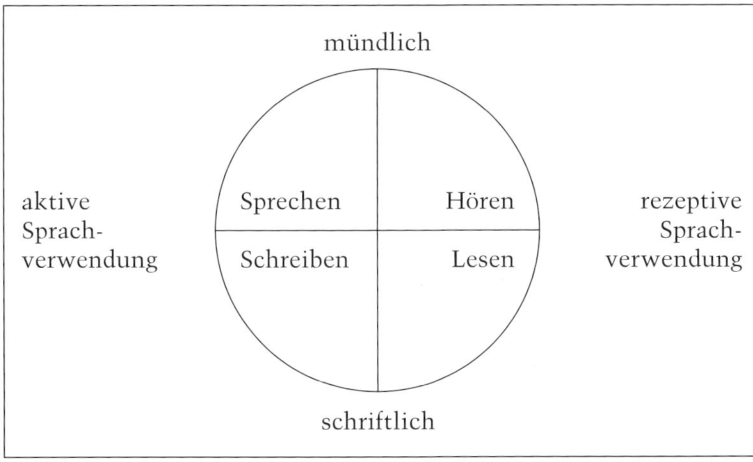

Teilaspekte der Sprachverwendung nach Schlotthaus (1971, 16)

Eine zweite grundlegende Abweichung vom Konzept Helmers' betrifft die Isolation der Lernbereiche. An die Stelle der vom Lehrer und (alten) Stoffplan vorgegebenen Aufgabenbereiche sollten von den Interessen der Schüler bestimmte Lernsituationen treten, in denen die vier Teilaspekte der Sprachverwendung eine spezifische Rolle spielen. An welche Situationen hier gedacht werden könnte, zeigt exemplarisch ein Lehrplan für die Sekundarstufe I (Klasse 7–10) in Bremen aus den 80er Jahren. Hier werden z.B. angeboten: „Wir gestalten etwas Gemeinsames/Wir haben Schwierigkeiten, andere zu verstehen/Wir untersuchen Angebote zur Freizeitgestaltung". Für die Bearbeitung der Situationen werden im Lehrplan zusätzlich Schwerpunkte genannt, etwa zum Thema Freizeitgestaltung: Fernsehserien, Hörspiele, kulturelle Angebote aus dem regionalen Bereich, Lesungen, Workshops. Die Unterordnung der Aufgaben einzelner Lernbereiche unter einen thematischen Aspekt wird im Projektunterricht zum durchgängigen Prinzip.

Situationen statt Lernbereiche

Vgl. zum Projektunterricht Baustein 24.

Eine weniger weit gehende Ablehnung der Lernbereiche fasst die Trennung in Repertoire und Gestaltung zusammen, wie es von Helmers bereits für das Lesen vorgeschlagen war, so dass an unterscheidbaren Bereichen des kommunikativen Deutschunterrichts *mündliche Kommunikation, schriftliche Kommunikation, Umgang mit Texten* (lesend wie hörend) bleiben, ergänzt durch einen Teilbereich *Reflexion über Sprache*. Hier scheint der Aspekt des Verstehens von Helmers wieder auf, allerdings nicht auf das sprachliche Repertoire, häufig auf die Sprachebenen Wort und Satz beschränkt, sondern ausgeweitet auf alle Arten von Texten.

Vgl. zum Thema Kommunikation Baustein 2.

Natürlich erfahren die Lernbereiche unter kommunikativer Perspektive auch inhaltliche Veränderungen. Im Bereich **Mündliche Kommunikation** tritt an die Stelle der monologischen Ausrichtung der Sprecherziehung die dialogische Orientierung. Für Geissner (1982) bildet das Miteinander-Sprechen das gemeinsame Band für alle Sprech- und Redeformen, nicht nur für das Gespräch. Auch die

Kommunikationsorientierung in den Lernbereichen

Rede sei Teil der Kommunikation mit einem Hörer, der seinerseits das „Hörverstehen" oder das aktive Zuhören beherrschen sollte. Mihm (1980) betont die Leistung des Bereiches Mündliche Kommunikation als Beitrag zur Erziehung zum mündigen Bürger. Dazu seien die Fähigkeiten zur Information, zum Sozialkontakt und zur Argumentation nötig. Nach Hebel u.a. (1976) könnten in sozialen Rollenspielen Handlungs- und Verhaltensmuster erprobt und eingeübt werden.

Der Bereich **Schriftliche Kommunikation** ist bestimmt durch konkrete Schreibanlässe, reale Adressaten und „Texte für Leser" (Boettcher u.a. 1978), Momente, die in einer „kommunikativen Wende" die Vormachtstellung der nur schulrelevanten Aufsatzgattungen ablösen sollten. Solche Texte sollten nicht für den Lehrer geschrieben, folglich auch nicht von ihm beurteilt werden. Kriterium für den Erfolg war vielmehr die außerschulische Rückmeldung, z.B. die Erlaubnis des Bürgermeisters auf die in Gruppenarbeit entstandene Anfrage, ob die Schulhofmauern farbig gestaltet werden dürften. Neben Briefen waren es vielfältige Schreibformen, vom Zettel für die Pinnwand bis zur Wandzeitung, die anstelle der klassischen Erzählungen, Berichte und Erörterungen im Deutschunterricht erprobt wurden.

Vgl. zur Beurteilung von Texten Baustein 26.

Der Bereich **Umgang mit Texten** erfährt eine Erweiterung auf alle Arten von Texten, pragmatische und ästhetische Kommunikation werden als Ziele gesetzt (vgl. Abraham u.a. 2000). Die Orientierung der Textarbeit an Kommunikationsmodellen ist allenthalben zu registrieren:

Schmidt (1971) bezeichnet den Umgang mit Literatur als „kommunikatives Handlungsspiel", er spricht von einem doppelten Kommunikationsprozess (zwischen Autor und Text einerseits, zwischen Text und Leser andererseits).

Der Bereich **Reflexion über Sprache** bildet einen Schwerpunkt kommunikativer Orientierung. Die „Erkenntnis von Verständigungsschwierigkeiten zum Zweck ihrer Beseitigung" (Nündel 1976) sollte vornehmste Aufgabe eines „anderen Grammatikunterrichts" (Boettcher/Sitta 1981) sein, der Situationen gestörter Kommunikation aufgreift, analysiert, reflektiert und so die Verständigungsfähigkeit und -bereitschaft der Schüler erhöht, aber auch über die Geltungsansprüche sprachlicher Normen nachdenken und diskutieren lässt.

Vgl. Baustein 14.

3. Teilbereiche des Deutschunterrichts in Lehrplänen

Nach dem Blick auf die Theorien nun zur Praxis, wie sie in den Lehrplänen repräsentiert ist. Der älteste deutsche Lehrplan für Pflichtschulen, der „Lehrplan für die Volksschule in Baiern" aus dem Jahre 1804, nennt für den Bereich „Sprache" die Teile *Sprechen, Lesen, Schreiben, Sprachlehre*, „in der mittleren und oberen Schüler-Classe durch *Rechtschreiblehre* ergänzt" (Bock 1917). Wenngleich mit „Schreiben" noch nicht das eigenständige Produzieren von Texten gemeint war, sondern der Erwerb und die Einübung handschriftlicher Fertigkeiten, manchmal auch als „Schönschreiben" bezeichnet, während das Schreiben von Aufsätzen erst ungefähr hundert Jahre später üblich wurde, ist eine Ähnlichkeit mit den Vorschlägen Helmers' unverkennbar.

Lernbereichsgliederung mit Tradition

Diese Lernbereichsgliederung bestimmte fast zwei Jahrhunderte lang den Deutschunterricht, zum Teil auch über den Beginn der Kommunikations-Diskussion hinaus. So weist der bis über das Jahr 2000 hinaus gültige Lehrplan für die Grundschule in Bayern für das Fach Deutsch folgende Teile aus: *Lesen, Schreiben, Rechtschreiben, Sprachbetrachtung* (für Sprachlehre), *Mündlicher Sprachgebrauch, Schriftlicher Sprachgebrauch.* Dieses Schema findet sich in erstaunlicher Übereinstimmung mit scheinbar nur unwesentlichen terminologischen Abweichungen in allen deutschen Lehrplänen der verschiedenen Schularten wieder. Als Beispiel für die Bandbreite möglicher Termini für die Bezeichnung eines Lernbereichs, die nicht zwingend mit einer Vielfalt unterschiedlicher Konzeptuierungen verbunden sein muss, sei auf den Bereich Schreiben verwiesen: *Aufsatzerziehung, Sprachpflege, schriftliches Gestalten, schriftliche Darstellung, schriftlicher Ausdruck, schriftlicher Sprachgebrauch, Texte verfassen* sind in Lehrplänen verwendete Benennungen für den gleichen Lernbereich. Sieht man in der jeweiligen Bezeichnung nicht nur stilistische Abwechslung, sondern eher programmatische Bedeutung, dann weichen die Konzeptionen doch erheblich voneinander ab. Hier wird eingeschränkte Reichweite signalisiert (*Aufsatz*), dort die Betonung einer Sprachfunktion (*Darstellung, Ausdruck*), verbunden mit der Vernachlässigung anderer Funktionen (*Appell*), ideologische Färbung (*Sprachpflege*, aber auch *Gestaltung*) steht neben wertfreien, möglichst umfassenden Bezeichnungen (*Sprachgebrauch, Texte verfassen*). Allerdings darf die Beurteilung sich nicht allein auf die Benennung konzentrieren, denn „kein Begriff schützt vor Missverständnissen" (Fritzsche 1998).

Terminologische Vielfalt bei der Benennung des Bereichs Schreiben

> *Stellen Sie aus Lehrplänen und didaktischer Literatur unterschiedliche Bezeichnungen für einen anderen Lernbereich zusammen und interpretieren Sie die Begriffe.*

Kommunikationsorientierte Lehrpläne reduzieren die Anzahl der Lernbereiche.

Ein Wandel in der Tradition der Gliederung des Deutschunterrichts ist in den **kommunikationsorientierten Lehrplänen** ersichtlich, die mit den Hessischen Rahmenrichtlinien (1969) ihren Ausgang nahmen. Hier wird in der Regel eine Reduktion auf drei Blöcke vorgenommen, auf *Sprachproduktion, Sprachrezeption und Sprachreflexion.* Die Sprachproduktion wird häufig programmatisch als *mündliche* und *schriftliche Kommunikation* bezeichnet, für die Sprachrezeption finden sich in Lehrplänen Bezeichnungen, die eine Erweiterung des Begriffs Literatur signalisieren, etwa *Umgang mit Texten, Literatur und andere Texte, Literatur und Gebrauchstexte, Literatur und Sachtexte.* Eine Erweiterung im Blick auf die Art der Literaturvermittlung wird etwa im Plan für die Realschule in Bayern von 1993 angesprochen, wenn der entsprechende Bereich *„Sachtexte, Literatur, Medien"* überschrieben wird. *„Mit Texten und Medien umgehen"* lautet die Bezeichnung im Folgeplan 2001. Die größte Vielfalt an Bezeichnungen erfährt der dritte Bereich: *Reflexion über*

Sprache, Sprache betrachten und untersuchen, Kommunikationsanalyse, Sprachsystem und Sprachgebrauch, Sprache als Zeichen- und Regelsystem sind nur einige der hier gewählten Benennungen.

Aufgabenfeld Arbeitstechniken

In einigen Lehrplänen wird ein weiteres Aufgabenfeld angesprochen, das zwar nicht immer als eigenständiger Lernbereich ausgewiesen wird, sondern oft bei Textproduktion und/oder Umgang mit Texten zugeordnet wird: der Bereich **Arbeitstechniken**, auch als Übermittlungs- und Arbeitstechnik (Sekundarstufe Rheinland-Pfalz) oder Entlastungstechnik (Orientierungsstufe Bremen) bezeichnet. Hier werden wesentliche Möglichkeiten aufgelistet, die das selbstständige Arbeiten erleichtern können, vom Umgang mit dem Wörterbuch in der Grundschule bis zu Techniken wissenschaftlicher Arbeit in der Kollegstufe. Als Beitrag zur Schlüsselqualifikation das Lernen zu lernen sollte dem Bereich Arbeitstechniken eine bevorzugte Rolle im Deutschunterricht zukommen.

4. Integration von Lernbereichen

Wechselnde Konstellationen des mündlichen und schriftlichen Sprachgebrauchs

Mit der veränderten Grenzziehung zwischen den Lernbereichen des Deutschunterrichts ist die Integration einzelner früher isoliert auftretender Lernfelder verbunden. Am unbeständigsten zeigt sich das Verhältnis zwischen **mündlichem und schriftlichem Sprachgebrauch.** Lange Zeit war die gesprochene Sprache lediglich in ihrer gestörten oder normabweichenden Form als Anlass zur Sprecherziehung von Interesse. Die Arbeit an der mündlichen Sprache war allerdings kaum eigenständiges Anliegen eines Lernbereichs, vielmehr galt Sprecherziehung als Unterrichtsprinzip, immer und überall sollte Schülersprache verbessert werden. Darüber hinaus stand der mündliche in engem Zusammenhang mit dem schriftlichen Sprachgebrauch, er übernahm eine Wasserträgerfunktion, Aufsätze wurden mündlich vorformuliert, bevor sie schriftlich fixiert wurden.

Erst durch die „kommunikative Wende" wurde das Sprechen erheblich aufgewertet, die mündliche Kommunikation rückte in den Mittelpunkt, in Rollenspielen wurde nicht nur sprachliche Ausdrucksfähigkeit trainiert, vielmehr ging es um die Erprobung sprachlichen Handelns. Das Sprachbuch „Sprache und Sprechen" aus den 70er Jahren zeigte im Titel programmatisch die eigenständige Bedeutung des Sprechens.

Vgl. Bausteine 2 und 3.

Nach einer Zeit des Nebeneinanders von Sprechen und Schreiben wurde in vielen Lehrplänen das gemeinsame Moment der Sprachproduktion wieder betont, eine Zusammenfassung zu einem gemeinsamen Lernbereich war die Folge (etwa *Sprechen und Schreiben* in den Sekundarstufenplänen der 90er Jahre in Bayern). Die jüngste Entwicklung zeigt in Bayern jedoch eine erneute Trennung der Bereiche. Die Lehrpläne des Jahres 2000 bzw. 2001 für die Grundschule und die Realschule nennen „Sprechen und Gespräche führen" und „Für sich und andere schreiben" als getrennte Lernbereiche.

Ähnlich bewegt ist die Geschichte des Bereiches **Rechtschreiben**. Kennzeichen der alten Schule war unter anderem die hohe Wertigkeit des Rechtschreibens. Eigenständige Rechtschreibstunden waren nicht nur gang und gäbe, Rechtschreiben galt verbreitet als heimliches Hauptfach. Daran rüttelte die Kommunikationsdiskussion nicht ohne Erfolg. Es wurde nun von der dienenden Funktion des Rechtschreibens gesprochen, Orthographie sollte das Lesen und Verstehen von Texten erleichtern, aber nicht als Selbstzweck den Deutschunterricht bestimmen. In Konsequenz verschwand der Lernbereich Rechtschreiben aus manchen Lehrplänen, er wurde entweder der Textproduktion oder der Sprachreflexion zugeordnet. Beide Lösungen sind sinnvoll: Beim Verfassen von Texten ergibt sich auch für Schüler die Einsicht in die Notwendigkeit der Beherrschung rechtschriftlicher Regelungen, die Konzentration auf individuelle Fehlerschwerpunkte bietet sich dabei an. In der Verbindung mit der Sprachreflexion wird der Schwerpunkt beim Rechtschreiben stärker auf die kognitive Durchdringung der Besonderheiten der Sprache gelegt, was der Beherrschung der Orthographie ebenfalls zugute kommt.

Veränderte Rolle des Lernbereichs Rechtschreiben

Über die durch die Benennung der Lernbereiche initiierte Integration getrennter Aufgabenbereiche hinaus sollte der Deutschunterricht jede Gelegenheit wahrnehmen, bereichsübergreifend oder integrativ zu arbeiten. So lässt sich der **Umgang mit Texten** sinnvoll mit den Anliegen der Textproduktion verbinden, was beim kreativen Schreiben oder dem handlungs- und produktionsorientierten Literaturunterricht erfolgreich praktiziert wird, wenn Texte als Schreibanlass genommen werden oder die Eigenproduktion das Verständnis vorliegender Texte steigert.

Integrativer Deutschunterricht kann alle Bereiche verknüpfen.

Vgl. die Aussagen zur Kreativität in Baustein 8.

Die Anliegen des Bereiches **Reflexion über Sprache** lassen sich harmonisch mit der Analyse von Texten verknüpfen, wobei fremde wie eigene Texte zugrunde gelegt werden können, also der Literaturunterricht wie der Textproduktionsunterricht als Integrationspartner in Frage kommen. Allerdings sollte sich damit der Lernbereich Sprachreflexion nicht erschöpfen, „Einsicht in die Sprachen, ihren Zusammenhang, und ihren Einfluss auf den menschlichen Geist überhaupt" (Wilhelm von Humboldt 1968 IV, 251) darf als eigenständiges Anliegen nicht der pragmatischen Verwertbarkeit sprachlichen Wissens für die eigene Textproduktion geopfert werden.

5. Integration über das Fach hinaus

War bisher die Rede von der Kombination einzelner Lernbereiche, entweder additiv (erst mündliches Formulieren, dann schriftliches Fixieren eines Aufsatzes) oder integrativ (Klären eines Grammatik-Problems, um den eigenen Text zu verbessern), soll hier noch auf weitergehende Verbindungen hingewiesen werden.

Die einzelnen Aufgabenbereiche des Deutschunterrichts können sich auch einem gemeinsamen thematischen Gesichtspunkt unterordnen. Hier wird Auswahl, Anordnung und Art des Zusammenwirkens der Lernfelder durch die Arbeit an einem Thema bestimmt. Die konsequenteste Form der thematischen Orientierung geschieht im Projektunterricht.

Zum Projektgedanken vgl. Baustein 24.

Dabei werden häufig die Grenzen des Faches überschritten, es kommt zur fächerübergreifenden Integration. Ivo (1999) sieht die ge-

nerelle Notwendigkeit für das Handeln über das Fach hinaus aus drei Umständen heraus: Jedes Fach verweise auf weitere „Fachwerke", die ein funktionales Ganzes bilden (Didaktischer Umstand), Schule als Schonraum mache den ständigen Bezug zum außerschulischen – ungefächerten – Leben nötig (Institutioneller Umstand), alles Lehren und Erziehen müsse über sich hinausweisen, weil mit jedem menschlichen Leben ein völliger Neuanfang gesetzt sei (Existentieller Umstand).
Fächerübergreifendes Lernen kommt auch dem Lerner entgegen. Die eher der Lebenswirklichkeit der Schüler entsprechende Orientierung an Themen, Problemen, Bedürfnissen geht in der Regel nicht konform mit der Systematik von Schulfächern. Daher wird von Pädagogen, Psychologen und Didaktikern ganzheitliches Lernen gefordert, was nicht nur „Lernen mit Kopf, Herz und Hand" (Pestalozzi) bedeutet, sondern vernetztes Denken, selbstständiges Stiften von Zusammenhängen, kreatives Erproben, gemeinsames Handeln (vgl. Beisbart 1996). Unter konstruktivistischer Sicht wird hier vom situierten Lenen gesprochen, das sich in der Regel integrativ, lernbereichs- und fächerübergreifend vollzieht.

Vgl. Baustein 28.

Die aufgezeigten unterschiedlichen Konzeptionen des integrativen Unterrichts lassen sich im Schema wie folgt darstellen:

Strukturorientierung	**Thematische Orientierung**	**Lernorientierung**
Verknüpfung der Lernbereiche	Fächerübergreifend, Projekt	Situiertes Lernen

Zusammenfassung

In diesem Baustein haben Sie erfahren,

- *dass Helmers die kategoriale Gliederung des Deutschunterrichts entwickelte, indem er die Kategorien des Sprachgebrauchs Sprechen, Lesen, Schreiben und Verstehen mit den Ebenen Repertoire und Gestaltung koppelte,*
- *dass die Lernbereichsgliederung von Helmers in etlichen Punkten kritisiert wird (z.B. Überbetonung der Schriftsprache, hohe Normorientierung, Trennung von Lesen und Literaturunterricht),*
- *dass die kommunikative Ausrichtung des Deutschunterrichts das Gleichgewicht von aktivem und rezeptivem Sprachgebrauch forderte und zu den Bereichen mündliche und schriftliche Kommunikation, Umgang mit Texten und Reflexion über Sprache führte,*
- *dass in Lehrplänen eine traditionelle Gliederung des Deutschunterrichts entsprechend dem Schema von Helmers sehr lange Bestand hatte,*
- *dass kommunikative Lehrpläne den Deutschunterricht auf die Bereiche Sprachproduktion, Sprachrezeption und Sprachreflexion konzentrierten,*
- *dass die Koordination zwischen mündlichem und schriftlichem Sprachgebrauch, die Verbindung des Rechtschreibens mit Textproduktion oder Sprachreflexion sowie die Querverbindungen zwischen Sprachrezeption und Sprachproduktion und zwischen Sprachreflexion und Textanalyse wünschenswerte Formen integrativen Deutschunterrichts sind,*
- *dass die Integration über das Fach hinaus sowie ganzheitliches, situiertes Lernen wichtige didaktische Forderungen darstellen.*

Weiterführende Literatur

Baurmann, Jürgen/Hacker, Hartmut (1989): Integrativer Deutschunterricht: Lernen in fachübergreifenden Zusammenhängen. In: PD 16/93, S. 15–19.

Beisbart, Ortwin (1996): Ganzheitliches Lehren und Lernen als Aufgabe von Schule und Unterricht. (Selbst-)Konstruktion und vernetztes Denken im Deutschunterricht. In: LUSD, H.9, S. 11–34.

Beyer, Klaus/Kreuder, Hans-Dieter (1975): Lernziel: Kommunikation. Stuttgart: Kohlhammer.

Helmers, Hermann (1966): Didaktik der deutschen Sprache Stuttgart: Klett, (1984, 11. Aufl.).

(D.M.)

Baustein 24

Lehrgänge und offene Unterrichtsformen – zwischen Instruieren und Gestalten von Lernumgebungen

Schüler-Mutter A: „Ist Ihre Tochter auch bei Frau M.? Da muss es ja chaotisch zugehen! Die dürfen wohl im Unterricht machen, was sie wollen!" – Schüler-Mutter B: „Finden Sie das auch so schlimm? Bei Frau M. geht es ja wirklich drunter und drüber, während die einen schreiben, lesen die anderen. Wie sollen die Kinder denn da etwas lernen!" – Schüler-Vater C: „Solche Probleme gibt es bei Herrn N. nicht. Hier ist Zug dahinter, da wird systematisch gearbeitet. Ich habe eher Angst, dass Herr N. die Kinder überfordert."
Solche Gespräche sind bei Elternsprechtagen – vor der Klassenzimmertüre – keine Seltenheit. Können Sie die geäußerten Probleme nachvollziehen? Versuchen Sie, entsprechend Ihrem augenblicklichen Kenntnisstand Stellung zu beziehen und – in einem offenen Austausch von Argumenten – ein mögliches Gespräch mit den Lehrkräften im Rollenspiel zu entwerfen.

In diesem Baustein sollen Sie sich mit Vor- und Nachteilen von Systematik und Freiräumen, Vorgaben und Eigenaktivität, Lehrer- und Schülerorientierung im Deutschunterricht befassen. Wie viel Systematik muss sein? Muss Systematik sein? Was bringt sie? Welche offenen Unterrichtsformen bieten sich für den Deutschunterricht an? Dabei soll geklärt werden, für welche Bereiche, Inhalte, Ziele welche Vorgehensweisen zu empfehlen sind.

1. Lehrgangsorientiertes Arbeiten

„Ein Lehrgang kann als eine Organisationsform angesehen werden, in der das Lehren und Lernen dem Typus eines rationalen Systems entspricht" (Kron 1993, 272).

Vgl. Baustein 29.

Rationalität, Systematik, Überprüfbarkeit sind – durchaus positive oder wenigstens wertneutrale – Begriffe, die als Merkmale von Lehrgängen gelten können. Es handelt sich hier um die Zerlegung eines komplexen Lernvorhabens in kleine (kleinste) Einzelschritte sowie die überlegte (begründete) Anordnung der Teilschritte innerhalb eines Zeitrahmens. Unter den didaktischen Modellvorstellungen hatte solches Denken bei der Informations- oder Prozessdidaktik Hochkonjunktur. Programmierte Unterweisung, Arbeit im Sprachlabor, Lernprogramme (etwa wie man einen Lebenslauf, ein Bewerbungsschreiben verfasst) sind solche Versuche, Lernprozesse zu optimieren. Lehrgänge können unterschiedliche Komplexität und Dauer aufweisen: Die Einführung in den Umgang mit einem Schreibprogramm am PC kann in zwei Stunden erledigt sein, ein Leselehrgang für die Schulanfänger kann sich über ein Schuljahr erstrecken.

Analysieren Sie ein Schulbuch Ihrer Wahl für das Fach Deutsch im Hinblick darauf, ob und wie stark eine Lehrgangsorientierung zu erkennen ist.

Lehrgänge setzen die Akzeptanz der Ziele und Inhalte durch die Lernenden voraus. Eine Mitbeteiligung der Lerner bei der vorausgehenden Auswahl und Zielbestimmung ist jedoch durchaus denkbar.
Der **Lehrer** behält im lehrgangsorientierten Arbeiten jedoch die bestimmende Rolle. Seine „Alphaposition" sollte von den Beteiligten akzeptiert werden. Falls es sich nicht um schriftlich festgelegte Lehrgänge (etwa programmiertes Material) handelt, sind Referieren, Dozieren, Instruieren in dieser Unterrichtsform verstärkt eingesetzte Methoden. Diese Lehrerzentrierung, verbunden mit weitgehender Fremdbestimmung und Unterordnung der Schüler, sowie die Besorgnis unkritischer Wissensanhäufung haben dazu geführt, dass Lehrgänge in Verdacht geraten sind, unpädagogische Instrumente einer alten Lernschule zu sein. Im folgenden Abschnitt soll eine mögliche Begründung der Organisationsform Lehrgang versucht werden.

Rolle des Lehrers

Vgl. Baustein 20.

2. Lehrgänge und das Konzept des Vorwissens

In der kognitiven Psychologie der 80er Jahre wird die Rolle des domänenspezifischen Vorwissens für das Lernen betont (vgl. dazu Renkl 1996b). Das Fach Deutsch kann durchaus als Domäne, d.h. als funktionale Einheit mit spezifischen deklarativen und prozeduralen Wissensbeständen gesehen werden. Das prozedurale Domänenwissen ist im Fach Deutsch besonders groß. Experten wissen, wie man mit Texten umgeht, welche Hilfen zum Verständnis heranzuziehen sind, wie man schreibt, wie Texte aufzubauen sind, wie ihre Wirksamkeit zu erhöhen ist, um nur einige Aspekte prozeduralen Wissens zu nennen.

Deklaratives Wissen ist Faktenwissen, prozedurales Wissen ist Wissen, wie man etwas macht.

Zahlreiche Studien belegen, dass Vorwissen der stärkste Prädiktor (Vorhersagefaktor) der Lernleistung ist. Lernen scheint nach dem Matthäus-Effekt *(„Wer da hat, dem wird gegeben")* zu funktionieren. Wer viel weiß, lernt mehr und leichter als einer, der wenig weiß. Das lässt sich mit Informationsverarbeitungstheorien erklären: Hohes Vorwissen ermöglicht gezielte Auswahl neuer Informationen, sinnvolle Ordnung, Bildung von größeren Informationseinheiten (chunks), Anbindung an bestehende Schemata. Gutes Vorwissen der Schüler hat außerdem Rückwirkung auf den Unterricht, der reibungsloser, anspruchsvoller und letztendlich effektiver wird.
In Lehrgängen kann nun versucht werden, auf das Vorwissen der Lerner einzugehen. Ein Lehrgang sollte auf das Vorwissen abgestimmt sein, nötiges Vorwissen kann aktiviert, falls es wider Erwarten nicht mehr vorhanden ist, nachgeholt werden, die Lernsteuerung kann sich am jeweiligen Vorwissen orientieren. In der ATI-Forschung (Cronbach/Snow 1977, Recker/Pirolli 1995) wurde herausgefunden, dass Schüler mit geringem Vorwissen (und ungünstigen affektiven

ATI = Aptitude-Treatment-Interaktionen, die eine unterschiedliche Effektivität von Unterrichtsmethoden in Abhängigkeit von unterschiedlichen Schülermerkmalen belegen.

Lernvoraussetzungen) bessere Leistungen bei lehrerzentriertem Unterricht erreichen, ein weiteres Argument für einen Lehrgang, der auf das Vorwissen abgestimmt werden sollte. Allerdings sollte die Anpassung nicht zu weit gehen. „Eine Überadaptation an das Vorwissensniveau der Schüler im Sinne der Verringerung von verständnisfordernden Lernaufgaben bei Schülern mit geringem Vorwissen sollte vermieden werden" (Renkl 1996b, 187).
Die ATI-Forschung belegte jedoch auch, dass Schüler mit hohem Vorwissen bessere Ergebnisse bei offenen Unterrichtsformen erbringen.

3. Offener Unterricht

Für die Öffnung des Unterrichts lassen sich zahlreiche Anstöße registrieren:

Vgl. Baustein 29 zu den Didaktikmodellen.

- Die Kommunikationsdidaktik wertete die Rolle des Schülers auf, als Partner des Lehrers sollte er an der Planung und Durchführung des Unterrichts beteiligt werden.

Vgl. Baustein 28.

- Die Vorstellung von Lernen änderte sich unter dem Einfluss des Konstruktivismus' zur eigenverantwortlichen Wissenskonstruktion.
- Ganzheitliches Lernen widerstrebt „allen Versuchen der Hierarchisierung" (Beisbart 1996, 6).
- Handlungsorientiertes Lernen verlangt Individualisierung und Spielräume für die Beteiligten am Lernprozess.

Vgl. Baustein 8.

- Kreativität als Schlüsselbegriff auch im Bereich der Bildung führt zu vielfältigen neuen Lernformen.
- Entdeckendes Lernen ist mit unterschiedlichen Lernwegen und nicht von außen bestimmbarem Lerntempo verbunden.

Vgl. Baustein 22 zur Theorie der Lehrpläne.

- Offene Curricula gewähren Freiräume, die eigenverantwortlich gefüllt werden sollen.
- Die Erziehung zur Demokratie ist nur bei größtmöglicher Mitbestimmung auch in der Schule zu erreichen.
- Die Einbeziehung der Lebenswelt in die Schule führt zur räumlichen Öffnung („Tag der offenen Schultür"), auch zur zeitweiligen Verlagerung des Lernens an außerschulische Lernorte.

Zu diesen Impulsen treten im Bereich der **Grundschule** weitere Momente hinzu:

- Der ans Lebensalter gebundene Schuleintritt führt Schulanfänger mit erheblich abweichenden Lernvoraussetzungen besonders im sprachlichen Bereich zusammen, gleiches Angebot für alle ist pädagogisch kaum verantwortbar.
- Zur hohen Entwicklungsheterogenität der Schüler im sprachlichen Bereich gesellen sich Unterschiede sozialer, nationaler, kultureller, religiöser Herkunft.
- Bestrebungen zur Integration behinderter Kinder in die Regelschule erfordern Flexibilität und Differenzierung.
- „Empfehlungen zum Schulanfang" der Kultusministerkonferenz (z.B. v. 24.10.97) führen zur Auflösung des Klassenverbandes in der Eingangsstufe (Modellversuche z.B. in Baden-Württemberg ab Schuljahr 1997/98 mit Flexibilisierung des Einschulungszeitpunk-

tes, individueller Verweildauer in der Eingangsstufe, gezielter Förderung lernschwacher und hochbegabter Kinder).

„Ist offener Unterricht definierbar?", fragt P. Hanke (1997, 36), ähnlich H. Heid (1996): „Was ist offen im offenen Unterricht?"

Bei der Frage nach der Definition offenen Unterrichts weist Hanke (1997) auf eine kontrovers geführte Diskussion sowie auf ein fehlendes Theorieverständnis hin. Auch die Forschung zu dieser Unterrichtsform stehe erst am Anfang (vgl. Brügelmann/Fölling-Albers/Richter 1998, Hanke 2001). Als entscheidendes Kriterium des offenen Unterrichts nennt Brügelmann „das Kriterium der Selbständigkeit beim und der Mitverantwortung für das eigene Lernen" (Brügelmann 1998, 8), wodurch für Heid Unterricht allerdings nicht offen, „sondern in präzisierbarer Weise anders organisiert" würde (Heid 1996, 164). Brügelmann unterscheidet drei Ebenen der Öffnung (Brügelmann 1997; 1998):

- *methodisch-organisatorisch,* wenn in der Form der inneren Differenzierung auf Unterschiede in Lernvoraussetzungen, Lernstilen, Arbeitstempo der Schüler eingegangen wird, allerdings bei starker Lenkung durch den Lehrer,
- *didaktisch-inhaltlich,* wenn die Schüler in einem höheren Grad an Selbstständigkeit Aufgaben in Freiarbeit selbst auswählen, im „freien Schreiben" (wie bei Freinet) Themen selbst bestimmen, in der Wochenplanarbeit Übungsformen im Rechtschreiben eigenständig festlegen,
- *pädagogisch-politisch,* wenn nicht nur Methoden und Inhalte variiert werden dürfen, sondern Schüler über Ziele mitbestimmen und entscheiden dürfen, wie es etwa in der Projektarbeit der Fall ist.

Vgl. Baustein 5.

Der Grad der Öffnung und der Anteil der Selbstständigkeit der Lerner soll in den drei Dimensionen kontinuierlich zunehmen.
Entsprechend ändert sich auch die **Lehrerrolle**. Obliegt es in der ersten Ebene dem Lehrer, die Lernvoraussetzungen zu ermitteln, unterschiedliche Aufgaben auszuwählen, Ergebnisse zu kontrollieren, wird der Lehrer auf den weiteren Ebenen zum Gestalter des Lernumfeldes, das genügend Lernanregungen enthalten soll, zum Beobachter und Begleiter der eigenständigen Lernprozesse der Schüler, zum Herausforderer, indem Zweifel geweckt, Alternativen gezeigt, Probleme verdeutlicht werden, schließlich zum Partner bei der gemeinsamen Entscheidung über Ziele und Organisation der Arbeit, wobei auch Formen der Konfliktlösung, der Meinungsbildung, der Auseinandersetzung mit gesellschaftlichen Anforderungen einzuüben und zu institutionalisieren sind. Freilich werden „Zuständigkeit, Aufgabe und Verantwortung des Lehrers" nie ganz aufgehoben werden können (Heid 1996, 162).

Vgl. Baustein 20.

Der Verdacht, offener Unterricht könne in Chaos enden, sollte entkräftet sein. Systematik zeige sich laut Brügelmann (1997) nicht in der Gestaltung eines Lehrgangs, sondern eines Lernraums, was vom Lehrer eben nicht nur fachliche, sondern vor allem didaktische und pädagogische Kompetenz erfordert.

„Öffnung des Unterrichts bedeutet nicht Verzicht auf Systematik" (Brügelmann 1997, 57).

4. Formen offenen Unterrichts

Unterschiedliche Konzepte des offenen Unterrichts wurden entwickelt. Einige seien hier vorgestellt.

In stundenplanmäßig abgesicherten Zeiträumen können Schüler selbstständig und eigenverantwortlich arbeiten.

• **Freiarbeit** wird zum einen als übergeordneter Begriff für viele verschiedene Formen freien Arbeitens verstanden, wobei der Bezug zu reformpädagogischen Gedanken (von Freinet, Montessori, Gaudig, Petersen) die gemeinsame Basis darstellen dürfte (vgl. Baurmann/Feilke 1997). Zum anderen bezeichnet Freiarbeit im engeren Sinne die stundenplanmäßig abgesicherten Phasen, in denen in Ergänzung des traditionellen Unterrichts methodische oder inhaltliche Alternativen zur Bearbeitung unterrichtlicher Anliegen gewählt werden dürfen, eine Randstunde, wenn der Deutschlehrer zugleich Klassenlehrer ist (in Grund- und Hauptschulen) oder zwei Stunden während jeder zweiten oder dritten Woche im Rahmen des vom Fachlehrer erteilten Unterrichts, wofür die Lehrpläne genügend Freiraum ausweisen. So können Texte erstellt oder überarbeitet werden, Rechtschreibübungen mit der eigenen Fehlerkartei oder mit Zusatzmaterialien durchgeführt werden, angefangene Arbeiten vollendet oder verbessert werden, Bücher aus der Klassenbücherei gelesen, Computer-Programme bearbeitet werden. Dabei ist Einzel-, Partner- oder Kleingruppenarbeit denkbar.
Über die Erarbeitung eines Jugendbuches in Freiarbeitsphasen während sechs bis acht Unterrichtsstunden in einer 8. Gymnasialklasse berichtet Henzgen (1997).

Freiarbeitsformen können durch zeitliche Orientierung bestimmt sein.

• Durch zeitliche Merkmale charakterisierte Freiarbeitsformen sind etwa Wochenplanarbeit, Fachtag, Vorhabenstag oder Projekttag. Die Arbeit mit dem **Wochenplan** erlaubt dem Schüler, Reihenfolge und evtl. Auswahl vorher festgelegter Aufgaben selbst zu bestimmen, was als Vorform freien Arbeitens gelten kann. Der **Fachtag** oder **Projekttag**, in unregelmäßigen Abständen für die ganze Schule festgelegt, führt zu (oft klassenübergreifender) Arbeit an einem bestimmten Thema. So berichten Röbbelen/Traulsen (1997) über einen Fachtag zum Thema Romantik, woran sich in einem Leistungskurs die Freiarbeit zu E.T.A. Hoffmanns Klein Zaches anschloss. Andere Themen, die einen starken Anteil der das Fach Deutsch betreffender Aktivitäten erwarten lassen, sind etwa Holocaust, Computer, Harry-Potter-Tag (oder Nacht).

Freiarbeitsformen können durch räumliche Orientierung bestimmt sein.

• Die räumliche Organisation ist das bestimmende Merkmal für die Freiarbeitsformen Lernzirkel, Lernlandschaft, Lernwerkstatt. Im **Lernzirkel** (oder dem **Stationentraining**) wird analog zum Wochenplan ein Angebot an Arbeitsformen und Aufgaben gemacht, die Schüler bestimmen die Reihenfolge der Bearbeitung, evtl. auch die Sozialform. Funktion ist in der Regel die Übung, das Trainieren von Fertigkeiten, z.B. aus den Bereichen Rechtschreiben oder Grammatik. Von **Lernlandschaften** wird gesprochen, wenn Fachräume vergleichbar mit dem Physiksaal oder dem Biologielabor auch für das Fach Deutsch zur Verfügung stehen, die durch Angebote an fachspezifischen Arbeitsmitteln, Handbüchern, Zeitschriften usw. zum selbstständigen Lernen einladen. Baurmann/Feilke, die auf Beispiele aus USA und Russland verweisen, meinen: „Sage keiner, dass solche ‚Fachzentren' an deutschen Schulen nicht zu organisieren seien!" (Baurmann/Feilke 1997, 23). **Lernwerkstätten** sind durchaus stärker verbreitet, allerdings seltener den Schulen angegliedert als Universitäten oder anderen Lehreraus-(und -fort)bildungsstätten. Sie werden fast ausschließlich von Grundschullehrern und Grundschulklassen genutzt, die hier etwa eigene Texte mit einer Freinet-Druckerei drucken können oder eine Zeit mit Lernspielen verbringen.

• Als **außerschulische Lernorte** können z.B. Museen, Gedenkstätten, Verlagshäuser, Bibliotheken, Druckereien fungieren. Besonderheiten dieser Arbeit sind die Verbindung der Schule mit der Lebenswelt, der Ersatz des Lehrers durch andere Experten, aber vor allem die in der Regel von den Schülern selbst in die Hand zu nehmende Organisation im Vorfeld. Das fächerübergreifende Prinzip löst hier lehrgangsorientierte Arbeit ab (vgl. Abraham u.a. 2000, 69–73).

Die „Entschulung der Schule" (v. Hentig) gelingt am besten an außerschulischen Lernorten.

• **Projektarbeit** oder projektorientierter Deutschunterricht sind die Formen, die am weitesten vom Lehrgangsprinzip abrücken und die größtmögliche Selbstbestimmung der Schüler ermöglichen. Die Systematik des Faches wird hier durch die Sachstruktur eines Themas ersetzt. Schreiben, Lesen, Sprechen werden nicht als Selbstzweck, als Anlass zur Übung angeboten, sie kommen in der authentischen Anwendungssituation vor. Die Sachzwänge sind nicht vom Lehrer zu vertreten, sie werden vom Lerner selbst entdeckt. Hier sollte der Schüler erleben, dass er nicht für die Schule, sondern für das Leben lernt. Das Projekt erscheint als eine rundum positive Lernform, die leider nur begrenzt einsetzbar ist, weil der Zeitaufwand zu groß ist, als dass alles, was gelernt werden muss, innerhalb der zur Verfügung stehenden Schulzeit in dieser Form zu lernen wäre (s. Abraham u.a. 2000, 60–65). Dass Projekte nicht nur in Grund- und Hauptschulen mit dem Klassenlehrerprinzip, sondern auch im Gymnasium mit dem Fachlehrerprinzip durchführbar sind, belegt Spieckermann (2001) mit dem Projekt „Ein Fest wie zu Goethes Zeiten". Schüler der 12. Jahrgangsstufe zweier Gymnasien unternahmen eine Zeitreise an den Weimarer Hof um 1800 und feierten unter Beteiligung der Bevölkerung in einem Schlösschen ein Fest bei Goethes Leibspeisen, einem von einer Schülerin mit Balletterfahrung einstudierten Menuett, in selbst genähten oder entliehenen historischen Gewändern. Bei einer anschließenden Studienfahrt nach Weimar mehr über Goethe zu wissen als die Stadtführerin bereitete den Schülern und Schülerinnen ein besonderes Vergnügen.

„Als eine dem Lehrgang entgegengesetzte Organisationsform des Lehrens und Lernens kann das Projekt bezeichnet werden" (Kron 1993, 274).

• Zwei weitere Formen freien Arbeitens sollen hier noch erwähnt werden, weil sie wichtige fachspezifische Anliegen betreffen: das freie Schreiben und das fibelfreie Lesenlernen. Das **freie Schreiben** wurde zu Beginn des 20. Jh.s als reformpädagogische Antwort auf den auf Reproduktion beschränkten Aufsatzunterricht („gebundener Aufsatz") ins Spiel gebracht, von Freinet, der die Freiheiten des Schreibortes, der Schreibzeit, des Materials, der äußeren und der sprachlichen Form propagierte, zur Methode ausgearbeitet, in der Folgezeit von vielen Didaktikern erprobt und gelobt (z.B. Sennlaub

Freies Schreiben

1988). Es ist heute – allerdings ohne die frühere Anbindung an „Erlebnisse" – im Kontext des kreativen Schreibens fester Bestandteil des Deutschunterrichts, als eine wichtige Form unter anderen.

Fibelfreies Lesenlernen

Das fibelfreie Lesenlernen oder umfassender der **Spracherfahrungsansatz** beim Schriftspracherwerb (vgl. Brügelmann 1983) gilt in der Didaktik als eine bewährte Form lehrgangsfreien Lesen- und Schreibenlernens. Kinder dürfen bei ihren vorschulischen Spracherfahrungen ansetzen und (meist mit Hilfe von Anlauttabellen, vgl. Reichen 1982) schreiben, was sie wollen, ohne Rücksicht auf genormte Orthographie, und erlernen dabei das Lesen, ohne Hilfe eines Leselehrganges, der die Schwierigkeiten beim Lesenlernen vom angeblich Leichten zum Schweren geordnet anbietet.

Versuchen Sie, die in diesem Abschnitt genannten Formen offenen Unterrichts den drei in Abschnitt 3 aufgeführten Ebenen der Öffnung nach Brügelmann zuzuordnen.

5. Abschließende Wertung der Ansätze

Lehrgang und offener Unterricht sollten nicht zu Kampfparolen in der Didaktik gemacht werden. Allerdings fällt ein Missverhältnis zwischen Verbreitung und Kritik offener Unterrichtsformen auf. Hanke (2001) führt in einem Forschungsüberblick über den Bereich der Grundschule, der ja am stärksten für die Öffnung geeignet scheint, wofür auch die meisten Vorschläge vorliegen, zusammenfassend aus, dass entsprechende Ansätze „entgegen verbreiteter Annahmen erst ansatzweise – primär auf einer organisatorisch-methodischen Ebene – etabliert" seien. Sie fährt fort: „Vor diesem Hintergrund erscheinen die im Kontext der Qualitätsdebatten geäußerten Vorbehalte insbesondere gegenüber Formen geöffneten Unterrichts als besonders zweifelhaft" (Hanke 2001, 55). Freilich ist es schwer, die Überlegenheit offener Formen empirisch zu belegen, denn vorliegende Befunde scheinen Vorteile im kognitiven Bereich beim lehrgangsorientierten Unterricht zu bestätigen, während Vorteile im nichtkognitiven Bereich, wahrscheinlich eher eine Domäne des offenen Unterrichts, schwerer messbar sind. Hinzu kommt, dass die Lehrerpersönlichkeit neben der Unterrichtsmethodik eine wichtige Rolle spielt. Engagement und soziale Aufgeschlossenheit des Lehrers/der Lehrerin beeinflussen den Erfolg des offenen wie des lehrgangsorientierten Unterrichts erheblich (vgl. auch Weinert/Helmke 1996).

Offene Unterrichtsformen sind in der Praxis erst ansatzweise verbreitet.

Geht man davon aus, dass Wissen besser (schneller) im Lehrgang zu erwerben ist, während der Persönlichkeitsbereich (z.B. Selbstständigkeit) besser durch offene Unterrichtsformen gefördert werden kann, so ist dieses Ergebnis auch in Beziehung zu setzen zu den übergeordneten Zielen des Deutschunterrichts. Bildungsforscher fordern von der Schule heute verstärkt Schlüsselqualifikationen wie Selbstständigkeit und die Fähigkeit, das Lernen zu lernen (vgl. Weinert 1998 a), während sich die „zukünftigen Anforderungen an Wissen,

Vgl. Baustein 22 zu Bildungszielen in Lehrplänen.

Fertigkeiten und motivationale Orientierungen ... in einer modernen Welt mit hohen Änderungsraten nicht befriedigend vorhersagen" lassen (Baumert 1998, 214).
Für den Deutschunterricht wird es darauf ankommen, beiden Unterrichtsformen einen angemessenen Platz einzuräumen.

Zusammenfassung

In diesem Baustein haben Sie erfahren,

- *was man unter lehrgangsorientiertem Unterricht versteht und welche Rolle der Lehrer dabei spielt,*
- *dass Lehrgänge gut zur Wissensvermittlung geeignet sind,*
- *dass Wissenserwerb vom bereits vorhandenen Vorwissen abhängt und dass Lehrgänge gut auf Vorwissen eingehen können,*
- *dass es eine Vielzahl von Impulsen für die Öffnung des Unterrichts gibt,*
- *dass Selbstständigkeit und Mitverantwortung wichtigste Kriterien offenen Unterrichts sind,*
- *dass Öffnung des Unterrichts auf drei Ebenen stattfinden kann und dass es dabei auf die Rolle des Lehrers ankommt,*
- *dass es vielfältige Formen offenen Unterrichts gibt – von der Freiarbeit über die Arbeit in Lernzirkeln bis zum Lernen an außerschulischen Lernorten,*
- *dass die Forschung zur Öffnung des Unterrichts noch in den Anfängen steckt,*
- *dass beiden Unterrichtsformen ein Anteil am Deutschunterricht zusteht.*

Weiterführende Literatur

Baurmann, Jürgen/Feilke, Helmuth (1997): Freies Arbeiten. Basisartikel in PD 24/141.

Brügelmann, Hans (1998): Öffnung des Unterrichts. Befunde und Probleme der empirischen Forschung. In: Brügelmann, Hans/Fölling-Albers, Maria/Richter, Sigrun (Hrsg.): Jahrbuch Grundschule. Fragen der Praxis – Befunde der Forschung. Seelze/Velber: Friedrich, S. 8–42.

Renkl, Alexander (1996): Vorwissen und Schulleistung. In: Möller, Jens/Koeller, Olaf (Hrsg.): Emotionen, Kognitionen und Schulleistung. Weinheim: Beltz, S. 175–190.

(D.M.)

Baustein 25

Handlungsformen – personal und medial

Nach landläufiger Meinung spielt sich Unterricht so ab: Der Lehrer steht dozierend oder erklärend vor der Klasse – wir denken etwa an den Filmklassiker „Die Feuerzangenbowle", wo der unvergessene Heinz Rühmann die „Schöler" belehrt: „Was is ne Dampfmaschin? Da stelle ma uns mal ganz dumm ...", während auf der anderen Seite die Schüler entweder darauf sinnen, den Lehrer zu stören, Unfug zu machen oder angepasst bis uninteressiert den Unterricht über sich ergehen lassen. „Wenn alles schläft und einer spricht, dann nennt man das dann Unterricht."

Dieses Bild vom Lehrer als dem ständig sprechenden Hauptdarsteller und den schweigenden Schüler-Statisten wird nicht nur in Filmen kolportiert, erschreckenderweise scheinen wissenschaftliche Erhebungen über das Unterrichtsgeschehen diesen Eindruck zu bestätigen. Neben der älteren Untersuchung von Tausch/Tausch (1970), die 60 % der im Unterricht gesprochenen Wörter dem Lehrer zuordneten, den Anteil des einzelnen Schülers an der Sprachmenge mit 1–2% ermittelten, kommt eine neuere Erhebung (Hage u.a. 1985) über 181 Unterrichtsstunden in Hauptschulen, Gymnasien und Gesamtschulen zu ähnlichen Ergebnissen: „Direktiver Frontalunterricht" dominierte in allen Schulformen und Fächern, Gruppenunterricht erfolgte in 7,43 % der gemessenen Zeit, was zur „These von der methodischen Monostruktur des Unterrichts" (Hage u.a. 1985, 46) führte.

Muss Unterricht so sein?

Abweichungen von einem solchen Unterricht erscheinen so außergewöhnlich, dass sie einer Notiz oder eines längeren Berichts in der örtlichen Tagespresse für würdig befunden werden: Schule A lädt einen Jugendbuchautor ein. Klasse B veranstaltet eine Lesenacht. Lehrerin C feiert mit ihrer Klasse Advent im Seniorenheim.

Kontrollieren Sie den jeweiligen Lokalteil von Tageszeitungen auf Berichte aus Schulen. Welche Aktivitäten gehören Ihrer Meinung nach zu schulischen Selbstverständlichkeiten, die nicht in der Zeitung stehen müssten?

In diesem Baustein wollen wir den Fragen nachgehen, wie die Eintönigkeit des Unterrichts aufgelockert werden könnte, was an Aktivitäten auf Lehrer- und Schülerseite möglich und nötig ist, vor allem, welche gemeinsamen Handlungsformen sich anbieten. Auch nach der Rolle der Unterrichtsmedien soll gefragt werden. Orientieren wollen wir uns dabei an der Überlegung, wie Unterricht sein müsste, wenn wir das Bild vom eigenaktiven Lernen des Schülers ernstnehmen.

1. Zur Terminologie

Von Handlungsformen zu sprechen soll nicht Ausdruck eines Modetrends sein, der sich dem in der pädagogischen Diskussion allmählich inflationären Begriff „Handlung" verpflichtet fühlt. Vielmehr wollen wir damit

- die Interaktion zwischen allen Beteiligten am Unterricht als wichtiges Element hervorheben,
- das zweckgerichtete, geplante Tun betonen, das die Arbeit vom zufälligen Agieren abhebt,
- und einen Zusammenhang zur Lebenswelt herstellen, die laut Habermas durch die „Universalstrukturen" Interaktion, Arbeit und Sprache beschrieben werden kann (vgl. Krüger/Lersch 1982).

Meyer (1987), der den Handlungsbegriff ebenfalls in den Mittelpunkt seiner Didaktik stellt, spricht von methodischem Handeln. Wir glauben allerdings auf das Attribut „methodisch" verzichten zu können, weil Handlung immer schon als rational organisiert, zielorientiert, eben als methodisch gelten sollte.

„Ich schlage vor, die skizzierten, unterschiedlichen Tätigkeitsformen des Lehrers und der Schüler als *Grundstrukturen* methodischen Handelns zu bezeichnen" (Meyer 1987, 101).

Häufig wird von Methoden des Unterrichts oder von „Lehr-Lern-Methoden" (Terhart 2000) gesprochen. Methoden umfassen jedoch mehr als hier abgehandelt werden soll, etwa auch die Überlegungen zur zeitlichen Anordnung von Unterrichtsphasen, die Verlaufsformen oder mit einem auf Herbart zurückgehenden Begriff Artikulationsformen des Unterrichts genannt werden. Die Trennung in Lehr- und Lernformen ist spätestens dort aufzugeben, wo die Gemeinsamkeit und prinzipielle Gleichberechtigung der Akteure im Mittelpunkt steht, etwa beim Gespräch oder der Diskussion.

So sollen hier unter Handlungsformen methodisch organisierte Aktivitäten auf Seiten der Schüler wie der Lehrer verstanden werden, die dem Lernen dienen und die auf einer mittleren Komplexitätsebene anzusiedeln sind, also oberhalb der elementaren Ebene des Fragen-Stellens, Impulse-Gebens, Sich-Meldens – Meyer (2002) spricht auch von Inszenierungstechniken –, aber unterhalb der Ebene der Großformen, die in Baustein 24 vorgestellt wurden, etwa Lehrgang oder offene Unterrichtsformen wie Projekt oder Freiarbeit. Im Blick auf einen konstruktivistischen Lernansatz werden vor allem problemorientierte, kooperative und selbstreferentielle Formen des Lernens im Vordergrund stehen müssen. Daneben spielen auch physiologisch basierte Formen eine Rolle sowie Maßnahmen, die der Gestaltung der Lernumgebung dienen oder nach Siebert (2000, 27) das „didaktische Design" betreffen. Nicht zu vergessen ist die Rolle der Unterrichtsmedien zum einen im Rahmen des didaktischen Designs, zum anderen als Mittel der Konstruktion von Wirklichkeit in der Hand des Lerners.

Methodisch organisierte Aktivitäten, die dem Lernen dienen

Vgl. Baustein 24.

2. Gestaltung einer Lernkultur

Sollen Lernende in einem konstruktiven Prozess eigenaktiv Wissen erwerben, Vorstellungen bilden, dann bietet sich für den Lehrer die Aufgabe an, diese Prozesse anzuregen, und in Gang zu halten. Eine wichtige Möglichkeit hierzu ist die Gestaltung einer lernanregenden Umgebung, wofür recht moderne Begriffe in der Diskussion sind „konstruktive Lernökologie“, „Setting der Bildungsarbeit“, „didaktisches Design“ (Siebert 2000, 27) oder der eher konservative Begriff der „Lernkultur“, die Kösel (1993) in vier typischen Formen beschreibt: die technologisch-instrumentell-funktional orientierte, die kommunikativ orientierte, die ökologisch orientierte und die Selbstverwirklichungs-Lernkultur (Kösel 1993, 350). Lediglich der erstgenannte Typ kann unter konstruktivistischer Sicht wenig beitragen.

Gestaltung des Lernraums

Die Lernumgebung kann zum einen vordergründig als Raum, in dem gelernt wird, verstanden werden. Anregende Gestaltung heißt hier, das Klassenzimmer, den Gang, das Treppenhaus, die Schule so einzurichten, dass sich Schüler (und Lehrer) wohlfühlen, dass sie gerne hier lernen. Dazu gehören die Blumen auf dem Pult, die Bilder an der Wand, das Mobiliar, das Fächer für persönliche Dinge enthält – auch wenn das nicht „hausmeistergerecht“ ist – die Strukturierung des Lernraums in Kommunikations-, Arbeits- und Ruhebereiche, wo in der „Hauspause“ in Büchern und Zeitschriften geblättert werden kann, wo Lernspiele, Arbeitsmittel, elektronische Medien zum selbstständigen Lernen herausfordern, dazu gehören Zettelwand, Plakat- und Ausstellungsflächen für Schülerprodukte, Sitzecken und Leseecken im Schulhaus.

Versuchen Sie das Bild einer „Wunschschule“ zu vervollständigen. Falls Sie das für eine unrealistische Utopie halten, sammeln Sie Gedanken für ein Projekt zum Thema „Wir gestalten unser Klassenzimmer (unsere Schule) lernerfreundlich“.

Vgl. Baustein, 28, Abschnitt 4.

Gestaltung der Lernumgebung sollte aber auch heißen, sich um die Verwirklichung der Prinzipien des situierten Lernens zu bemühen, nämlich Problemorientierung, Authentizität, multiple Perspektiven, soziale Interaktion, Artikulation und Reflexion. In den folgenden Abschnitten soll einiges davon aufgegriffen werden.

3. Problemorientierte Handlungsformen

Ein Problem als Ausgangspunkt des Lernens kommt der außerschulischen Lebenspraxis sehr nahe. Kindliches Neugierverhalten oder Forscherdrang, von der Sache ausgehende (intrinsische) Motivation werden vorausgesetzt. Vor allem aber muss das Interesse des Schülers am Lerngegenstand als selbstbestimmte Motivation gegeben sein (vgl. Krapp 1999; Hartinger/Fölling-Albers: 2002). Die wichtige Bedeutung des Interesses auch für den Lernerfolg scheint genügend belegt (vgl. Schiefele u.a. 1993). Als „entdeckendes Lernen“ ist diese Form des Lernens in der Didaktik ebenfalls längst bekannt. Allerdings kann dabei die Gängelung des Lerners recht stark sein, wenn etwa im sokratischen oder mäeutischen Gespräch versucht wird, den Lerner auf Erkenntnisse kommen zu lassen, die dem Lehrer längst bekannt sind. Beim „forschenden Lernen“, wie es Bönsch (1991, 197ff.) nennt, ist die Gängelung des Lerners geringer.

Entdeckendes Lernen

Vgl. auch die Methoden des Cognitive-Apprenticeship-Ansatzes (Kohler 1998, Baustein 28, Abs. 3).

Wie problemorientiertes Lernen im Deutschunterricht aussehen könnte, zeigt Spinner (1997) an einigen Beispielen auf. Werden im Grammatikunterricht Schüler mit der Frage konfrontiert, wie viele Sätze in einer Werbeanzeige enthalten seien (Werbeanzeigen weisen häufig unterschiedliche syntaktische Muster auf), entdecken sie nicht nur verschiedene Kriterien für die Bestimmung, was als Satz gelten kann (Satzschlusszeichen, Prädikat), sie erfahren auch die grundsätzliche Offenheit der Sprache für variable Sichtweisen. Eisenberg/Menzel (1995) schlagen die Idee der Grammatik-Werkstatt vor, in der die Schüler vergleichbar dem Sprachwissenschaftler Regelhaftigkeiten der Sprache selbst entdecken sollen, ein Regelsystem selbst entwerfen.

Problemorientiertes Lernen im Deutschunterricht

Auch der Rechtschreibunterricht bietet genügend Anlässe für problemorientiertes Lernen. Schüler sollten immer wieder in die Situation gebracht werden, ihre Schreibungen begründen zu müssen. Hier erleben sie, dass sie eine Strategie, eine Regel selbst (re)konstruieren, wobei es ihnen nicht anders geht als Erwachsenen, die ebenfalls Schwierigkeit haben, Regeln, an die sie sich halten, zu formulieren. Auch die Vorlage eines ungewohnten Schriftsystems, einer Geheimschrift, die nach anderen Regeln aufgebaut ist als unser Schriftsystem, kann eine Herausforderung darstellen, beim Dekodieren die Abweichungen von unseren orthographischen Regeln zu entdecken, wie ein Unterrichtsversuch mit einer „Gespensterschrift" in einer Realschulklasse belegen konnte (Marenbach 2000).

Vielfältig sind nach Spinner (1997) die Möglichkeiten entdeckenden Lernens im Literaturunterricht. Das beginnt mit der Entfaltung eigener Vorstellungen zu einem vorgegebenen Text, die in der Schilderung des Schauplatzes, im Ausfüllen von Sprechblasen, im Gestalten von Pantomimen ihren Niederschlag finden können, und reicht bis zum Erfinden eines inneren Monologs zu vermuteten Gedanken einer Figur. Dass Texte nur eine Form unter vielen anderen Formen darstellen, die zur Problemlösung herausfordern können, muss wohl nicht eigens betont werden. Dass Schüler mit zunehmender Praxis des Umgangs mit Problemen sensibler für Probleme werden, ist zu hoffen.

Vgl. auch Baustein 8 zur Kreativität.

„Was wir brauchen, sind nicht nur Verfahren zum Lösen von Problemen, sondern Verfahren oder wenigstens Ratschläge zum Finden von Problemen" (Vollmer 1993, 44).

4. Kooperative Handlungsformen

Auch bei Betonung der Autonomie des Lernens darf der soziale Aspekt nicht außer Acht gelassen werden. Beim Lernen mit anderen können sich multiple Perspektiven einstellen, die für eine Dekontextualisierung eines Problems wichtig sind, es ergibt sich außerdem die Notwendigkeit, „im sozialen Austausch" (Mandl u.a.1995) über Probleme zu sprechen und so die unterstützende Funktion der Artikulation für das Denken und die Reflexion, das Bewusstmachen von Erkenntnissen auszunutzen. Darüber hinaus kommt eine wichtige Sichtweise auf Wissen ins Spiel, das in der Schule gemeinhin „als individueller Besitz verstanden wird, während es in allen anderen Lebenszusammenhängen, insbesondere in der Arbeitswelt, selbstverständlich ist, Wissen im Austausch mit anderen zu erwerben bzw. es mit anderen zu teilen" (Gräsel 1998, 75).

Rechtfertigung gemeinsamen Lernens

Damit dürfte die Rechtfertigung der Gruppenarbeit und der Partnerarbeit als Sozialformen schulischen Lernens geleistet sein, auch gegen die häufig geäußerten Kritikpunkte des hohen Zeitaufwandes, der Disziplinprobleme, der geringen Effektivität bzw. der Schwierigkeit, Lernergebnisse festzustellen. Freilich muss der Lehrer vom Sinn des kooperativen Lernens selbst überzeugt sein. Von seinem Verhalten ist das Gelingen der Gruppenarbeit weitgehend abhängig, was in einem umfänglichen Forschungsprojekt belegt wurde (Dann u.a. 1999). Das Eingreifen der Lehrkraft in die Gruppenarbeit führt häufig zu „'Mini-Frontalunterricht', in welchem sie (die Lehrkraft) selbst dominiert, und sie unterbricht in vielen Fällen nachhaltig die laufende Intragruppenkommunikation oder zerstört sie sogar, mit der Folge, dass nach der Intervention die Schüler in Nebenengagement abdriften" (Diegritz 2000, 26).

Rolle des Lehrers bei der Gruppenarbeit

Textproduktion am Computer

Eine wichtige neue Form kooperativen Lernens ergibt sich bei der Textproduktion am Computer. War die Texterstellung früher nur als Individualleistung vorstellbar, haben Beobachtungen von Schülern, die zu zweit oder zu dritt an einem Bildschirm arbeiten, ergeben, dass das gemeinsame Gespräch während der Textproduktion zur Verringerung von Fehlern und zu bewussterem Umgang mit Sprache führen kann (Blatt u.a. 1992). Solche Effekte werden auch von der Arbeit in Schreibkonferenzen berichtet, die sich für die Überarbeitung von Texten bewährt haben (Spitta 1992). Ein „Autorenkind" stellt hier seinen ersten Textentwurf am besten selbst bestimmten Mitautoren in einer Kleingruppe vor, die Gruppe sucht gemeinsam Verbesserungsmöglichkeiten, bevor der Text einer größeren Gruppe oder dem Lehrer vorgelegt wird. Diese Handlungsform der Schreibkonferenz könnte auch den im folgenden Abschnitt zu besprechenden Formen der Lerntechniken zugerechnet werden, da es hier um grundlegende Strategien des Lernens geht.

5. Das Lernen lernen

Die Fähigkeit, sich selbst Wissen anzueignen, ist nicht nur unter der veränderten Sicht auf das Lernen in die didaktische Diskussion gekommen, die häufig beklagte Beschleunigung der Veralterung unseres Wissens ist seit langem ein starker Impuls, das Interesse nicht so stark auf die Inhalte, sondern eher auf die formale oder „kategoriale Bildung" (Klafki) zu lenken. Auch die Überwindung des verschulten Lernens, der bewusste Gegensatz zum als ineffektiv erachteten Schul-Lernen, ist als Anstoß für die Selbstorganisation des Lernens zu sehen, dies besonders im Bereich der Erwachsenenbildung, wo die Entschulungsdebatte aus der Dritten Welt (vgl. Freire 1971) Impulse setzte, die Trennung von Lernen und Leben rückgängig zu machen und den Lernenden zu helfen vor Ort, in der Praxis zu lernen.

„Offenbar richtet der Begriff ‚Arbeitstechnik' die Aufmerksamkeit eher auf das ‚Handwerkliche' eines Verfahrens, der Begriff ‚Methode' eher auf das ‚Geistige'; der eine ist in seinem Umfang eher begrenzt und spezifisch, der andere eher weit und komplex" (Menzel 2000, 9).

Der Deutschunterricht scheint nun ein gut geeigneter Ort zu sein, wo Lern- und Arbeitstechniken oder Lernmethoden erworben werden können. In jüngeren Lehrplänen aller Schularten haben sie ihren festen Platz in den Hinweisen zum Fach Deutsch. In der Tat sind solche Techniken im Umgang mit Texten genauso wichtig wie beim Schreiben oder Sprechen. Ein Arbeitsheft mit „Tipps und Anregungen für Schülerinnen und Schüler zum Selberlernen (Meyer u.a. 1997b) ist gegliedert in:

- Planen und Einteilen (mit Hinweisen zum Finden und Formulieren von Referatsthemen, einem Arbeitsplan für die Referatserstellung),
- Informationen und Material beschaffen (mit Suchstrategien für Bibliotheken),
- Mit Texten und Materialien umgehen (mit Hinweisen zum Zusammenfassen von Sachtexten, zum Textvergleich, zur Filmanalyse),
- Schreiben und Darstellen (Clustering und Mindmapping, Exposé, schriftliche Hausarbeit, Thesenpapier, Buchrezension),
- Erarbeiten und Präsentieren (Referat, Gruppenarbeit).

Lesen Sie in Baustein 8 über Mindmapping nach und entwerfen Sie eine Mind Map zum Thema dieses Abschnittes: Das Lernen lernen.

Weitere Stichworte könnten die Liste ergänzen: Lerntagebuch, Lernbericht, Nachschlagetechniken, Sprech- und Vortragstechnik oder einige der in Baustein 24 als Beispiele offenen Unterrichts genannten Formen (Wochenplanarbeit, Lernzirkel).

Vgl. Baustein 24.

Auf eine Arbeitstechnik soll noch eingegangen werden, weil sie immer drängender zum wichtigen Handwerkszeug in unserer Informationsgesellschaft wird: das Recherchieren (im Internet wie in anderen Medien, etwa Bibliothek, Archiv). Borrmann/Gerdzen (2001), die unter Recherchieren „mehr als die Eingabe eines Suchbegriffs in die Kommandozeile einer Suchmaschine" verstehen (S. 7), unterscheiden fünf Phasen: Die Orientierungsphase, die Planungsphase, die Phase des Suchens, die Phase der Rückkoppelung und Optimierung der Suche und die Phase der Präsentation und Reflexion (S. 8). Sie machen deutlich, dass beim Umgang mit dem Internet nicht nur eine Reihe von Fehlerquellen und Fallen gekannt werden müssen (Umlaute, Leerzeichen, zusammengesetzte Wörter usw.), um nicht deprimiert „Ich finde nichts" festzustellen, sondern dass auch Techniken für die Einschätzung der Seriosität einer Quelle erworben werden können und müssen, um dieses Medium effektiv und autonom zu nutzen.

Umgang mit dem Internet

Zum Lernen des Lernens gehört ganz wesentlich die Reflexion über die eigenen Lernprozesse. Der Lerner soll sich selbst bewusst machen, auf welchem Weg, nach welcher Strategie er sein Wissen, seine Fähigkeiten erworben hat. Nur so ist zu hoffen, dass er auch selbstständig aus den möglichen Arbeitstechniken auswählen, über sie autonom verfügen kann.

Freilich ist auf ein Dilemma hinzuweisen: Lerntechniken sind in der Regel durchrationalisierte Systeme, die erst dann Gewinn versprechen, wenn sie unverändert übernommen werden. Will man den 5-Satz als Methode der Argumentation, die Textbearbeitungsmethoden zum Verstehen von Texten, das Mindmapping zum Strukturieren eines Problems nutzen, ist man auf ihre Vermittlung durch In-

Lerntechniken und autonomes Lernen, ein Widerspruch?

struktion angewiesen. Eigenes Konstruieren ist hier kaum möglich. Ein Widerspruch zum Grundsatz autonomen Lernens? Wohl eher ein Beleg dafür, dass beides vereinbar sein muss: Lernen durch Instruktion und Anleitung zum einen, durch eigenständige Wissenskonstruktion zum anderen. Allerdings darf daraus kein Freibrief für die alte Erzieherparole abgeleitet werden: Lerne, was ich dir sage, du wirst später sehen, wofür es gut ist. Die Notwendigkeit oder Nützlichkeit von Lerntechniken sollte problemorientiert in authentischen Situationen aufgezeigt werden. Kein Lerner ist zur Übernahme gezwungen, der eigenständige Lernprozess kann auch niemandem abgenommen werden.

6. Physiologisch basierte Handlungsformen

Die Rolle des Körpers beim Lernen betrifft nicht nur die aufklärerische Forderung, es müsse mit allen Sinnen gelernt werden, oder „mit Kopf, Herz und Hand" nach Pestalozzi. Vielmehr wurden in jüngerer Zeit körperbetonte Konzepte entwickelt, die sehr unterschiedliche Reaktionen, zwischen Faszination und Warnung vor indoktrinären Heilslehren ausgelöst haben. Terhart (1997) nennt als Programme aus der „didaktischen Wunderwelt" Suggestopädie oder Superlearning, das Neurolinguistische Programmieren (NLP) und die Edukinestetik oder Kinesiologie (auch BrainGym). Daneben gibt es eine Reihe unbestreitbar für die Schule geeigneter Handlungsformen.

Programme aus der didaktischen Wunderwelt

Superlearning

Der bulgarische Arzt Lozanov geht davon aus, dass das Gehirn im entspannten, meditativen Zustand (hervorgerufen u.a. etwa durch Anhören klassischer Musik) besonders aufnahmefähig ist, was vor allem beim Erlernen von Sprachen zum Tragen käme. Hinzu kommt eine enge Verbindung von Lehrer und Schüler, der sich bewusst in die Rolle des abhängigen Kindes begeben sollte, um die Vorteile des unbeschwerten kindlichen Lernens auszunutzen. Eine Übernahme dieser individualisierten Lernform in den Klassenunterricht dürfte kaum möglich sein.

Musik beruhigt das Gehirn

Neurolinguistisches Programmieren (NLP)

Die amerikanischen Psychotherapeuten Bandler und Grinder gehen zum einen von der sprachlich vermittelten Wahrnehmung der Umwelt als Grundlage für das Verhalten aus – ganz im Sinne des Konstruktivismus' –, zum anderen von der Selbst- und Fremdbeeinflussung, also der Umprogrammierung der programmierten Wahrnehmungsmuster. Für diese Suggestion wird in Trainingskursen etwa für Verkäufer oder Manager das Erlernen einer Reihe von Techniken angeboten, deren Einsatz im Unterricht schon im Hinblick auf die mögliche Manipulation von Mitmenschen äußerst fragwürdig ist.

„Des Lehrers Wundertüte" (Lloyd 1991)

Edukinestetik

Diese Lernform zieht den Körper am stärksten in den Lernprozess ein. Die Trennung der unterschiedlichen Funktionen der beiden Gehirnhälften soll überwunden werden, unterstützt durch Yoga-ähnliche Bewegungsübungen. Ursprünglich an gehirngeschädigten Kindern erprobt, haben solche Übungen, die sicher nicht schaden, zum Teil unsere Grundschulen erreicht und können hier auf jeden Fall einen sinnvollen Beitrag zur Auflockerung und damit auch zur geistigen Beweglichkeit leisten.

„Überkreuzbewegungen": rechte Hand zum linken Knie

Clustern
Ähnlich wie bei der Edukinestetik bildet die Gehirnphysiologie die Grundlage dieser Technik, deren Einsatz im Deutschunterricht im Bereich des kreativen Schreibens Verbreitung gefunden hat. Die amerikanische College-Lehrerin G. Rico konnte mit Erfolg Schreibhemmungen ihrer Schüler abbauen, indem sie unter Ausschaltung der durch die linke Gehirnhälfte gesteuerten Systematik die spontane Niederschrift von Assoziationen zu einem in der Mitte des Blattes stehenden Begriff anfertigen ließ. Dieses schriftliche Brainstorming ist nicht nur als Einstieg in die Textproduktion geeignet, es hilft auch zur Klärung komplexer Sachverhalte (vgl. Mindmapping).

Vgl. Baustein 8.

Stille-Übungen
Auf Maria Montessori und die Reformpädagogik gehen Anregungen zurück, die Stille entdecken zu lassen (vgl. Faust-Siehl u.a. 1990), nicht als Disziplinierungstechnik in der Hektik heutigen Schulbetriebs gedacht, sondern als Sensibilisierung für „innere Räume", „die eigenen individuellen Innenwelten", Gedanken, Erlebnisse, Gefühle. Übungen wie das Lauschen auf Geräusche mit geschlossenen Augen, das Hören und Lokalisieren von Klängen, das Achten auf Zeichen, das Betrachten von Bildern, das Sich-Bewegen im Raum sind zu ergänzen durch die Gestaltung des Klassenzimmers zu einem Raum, der durch die Anordnung des Mobiliars, durch gegliederte Bereiche auch zum stillen Arbeiten einlädt.

„Stille kann zu innerer Veränderung führen, indem sie hilft, neue Seh- und Wahrnehmungsmöglichkeiten zu entwickeln" (Faust-Siehl u.a. 1990, 7).

Phantasiereisen
Eine nicht nur auf den Grundschulunterricht zu beschränkende Ausgangssituation für phantasievolle und eigenständige Textproduktion kann die Phantasiereise darstellen, die zum Kontext der Stille-Übungen gehört. So wurde – unterstützt durch Videoaufnahmen aus der Weltraumfahrt und entsprechende Musik – mit einer Realschulklasse eine Phantasiereise zu einem anderen Planeten inszeniert, wobei der Lehrer als Pilot das Geschehen kommentierte. Nach der „Heimkehr" schrieben die Schüler ihre fiktiven Erlebnisse auf dem anderen Planeten auf.

7. Der Umgang mit Unterrichtsmedien

Auf die Rolle der Neuen Medien etwa beim Thema Lerntechniken wurde bereits hingewiesen. Generell kommt den Medien ein hoher Stellenwert im Rahmen der Handlungsformen im Unterricht zu.

Vgl. zum Medienverständnis Baustein 11.

Mindesten drei Funktionen der Unterrichtsmedien sind zu sehen:

- Medien können problemorientiertes Lernen anregen,
- sie können Hilfen zur Strukturierung und Vernetzung von Wissen bieten,
- sie können die Konstruktion von Wirklichkeit ermöglichen.

Verschaffen Sie sich einen Überblick darüber, wie der Komplex der Unterrichtsmedien unterteilt und kategorisiert werden kann, etwa anhand von Abraham u.a. (2000, 80), und überlegen Sie Beispiele für die Übernahme der verschiedenen Funktionen durch einzelne Medien.

Zur Gestaltung einer problemorientierten Lernumgebung sind Medien fast unerlässlich, Bönsch (1991, 201) spricht von einem „Ensemble von Lernanreizen und -anregungen", das von Medien der verschiedensten Art zu bilden ist: Bücher, Lexika, Arbeitshefte, neben den Printmedien dann Arbeitsgeräte wie Schreibmaschine, Vervielfältigungsapparat, Computer, weiter Lernspiele oder zu Erkundungen anregende Gegenstände, etwa Aquarien, Terrarien o.Ä.

Medien regen zum Lernen an.

Medien unterstützen die Strukturierung von Wissen.

Die Aufgabe, bei der Strukturierung von Wissen zu helfen, kann von vielen Medien übernommen werden: Die traditionelle **Tafel** spielt hier eine herausragende Rolle, wenn etwa der Handlungsverlauf einer Erzählung mit Haupt- und Nebensträngen, die Struktur der Fabel, die Beziehungen zwischen den Protagonisten in einer Geschichte oder auch nur das Reimschema eines Gedichtes an der Tafel übersichtlich dargestellt ist, eventuell mit Zeichnungen veranschaulicht, kann man davon ausgehen, dass solcherart dargestellte Vernetzungen sich für das Verständnis und die Speicherung von Zusammenhängen positiv auswirken, vor allem, wenn ein „Tafelbild" allmählich entsteht und längere Zeit den Schülern vor Augen bleibt. Ähnliche Wirkungen kann der **Overheadprojektor** haben, wo zusätzliche Beziehungen durch Aufbautransparente oder verschiebbare Folien sichtbar gemacht werden können (z.B. Ersatzprobe oder Umstellprobe für grammatische Zusammenhänge). Auch übersichtlich gegliederte **Arbeitsblätter** unterstützen das Strukturieren.

Gerade die **Visualisierung** dient der Durchdringung von Wissen – die Steigerung der Behaltensleistung durch Abbildungen ist schon seit langem gesicherte Erkenntnis (vgl. Engelkamp 1990). Graphiken, Diagramme, Hypertext gehören ebenfalls in die Gruppe der Medien, die das Lernen unterstützen. Natürlich dürfen hier nicht die vielen Hilfsmittel vergessen werden, die im Kontext von Lerntechniken angeboten werden: von der Lernkartei über Checklisten zu Arbeitsordnern.

Medien lassen Wirklichkeit gestalten.

Die vornehmste Aufgabe von Unterrichtsmedien ist es, dem Schüler zu helfen Neues zu schaffen, kreativ tätig zu sein.

Der Fotoapparat, der Kassettenrekorder, die Videokamera ermöglichen dem Schüler, Wirklichkeit zu verändern, etwas Eigenständiges zu produzieren. Mein Lebenslauf, meine Wünsche in einer Collage darzustellen, unsere eigene Interpretation einer Erzählung in ein Hörspiel zu fassen, eine selbsterfundene Geschichte für einen Videofilm in Szene zu setzen, eine aktuelle Nachrichtensendung (audio- oder videobasiert) mit den für uns wichtigen Informationen zu gestalten, sind Möglichkeiten, Medien in den Dienst schöpferischer Prozesse zu stellen. So könnte auch ein Beitrag zur Medienkompetenz geleistet werden, denn das Verständnis von Möglichkeiten und Grenzen der Medien wird zusammen mit der wachsenden Verfü-

Vgl Baustein 8.

Vgl. Baustein 11.

gungsgewalt über die Medien gewonnen, zugleich wird die Konstruktivität der Wirklichkeit bewusst.
Natürlich gibt es auch Unterrichtsmedien, die alle drei genannten Funktionen übernehmen können. Zum einen ist hier an das traditionelle Schulbuch zu denken, zum anderen an die neuen elektronischen Medien.

Multifunktionaler Einsatz von Medien

Schulbücher sind zwar in der Regel sachstrukturell orientiert und fordern damit die Anpassung und Unterordnung des Lerners an ein vorgegebenes Schema. Sie können aber auch Lernanregungen bieten, Probleme als Lernanker vorstellen, besonders, wenn sie situationsorientiert konzipiert sind, was bei manchen Sprachbüchern gelungen ist. Auch die Hilfestellung für das Ordnen und Vernetzen von Wissenselementen ist durch das Schulbuch möglich, wofür wiederum Sprachbücher Beispiele geben, wenn sie etwa Lernhilfen für das Erstellen von Referaten, Tipps für das Zusammenfassen von Texten anbieten. Zur eigenständigen Produktion können Schulbücher anregen, die die Werkstatt-Idee ernstnehmen. So finden wir etwa in Lesebüchern eine Gedicht-Werkstatt oder eine Geschichten-Werkstatt, wo Schülern das Handwerkzeug und die Motivation für produktiven Umgang mit Sprache angeboten wird.

Analysieren Sie Schulbücher der von Ihnen gewählten Schulstufe im Hinblick auf die Möglichkeiten, als Lernanregung, Strukturierungshilfe und Produktionsanstoß zu wirken.

Der **Computer** ist ein weiteres Beispiel multifunktionaler Medienverwendbarkeit im Unterricht. Auch wenn die anfängliche Euphorie, der PC im Klassenzimmer wäre ein sicherer Motivationsautomat, einer sachlicheren Einstellung gewichen ist, bringt er für die Grundschulen doch noch etwas von der Attraktivität außerschulischer Spielangebote ins Klassenzimmer, während er für Sekundarstufenschüler durch den Internetanschluss oder das reichhaltige Softwareangebot ein hohes Explorationspotential besitzt. Die Hilfen zur Strukturierung von Wissen durch den Computer sind vielfältig. Ob durch den Umgang mit dem Rechtschreibprogramm ein Einblick in das System der Orthographie befördert wird, ob der Umgang mit (interaktiven) Lernprogrammen die Verknüpfung von neuem Wissen mit dem Vorwissen ermöglicht oder ob Hypertextsysteme dem Lerner einen individuellen Zugriff auf vernetztes Wissen anbieten (vgl. Issing/Klimsa 1995), das Angebot an vorstrukturiertem Wissen durch elektronische Medien ist fast unerschöpflich. Auch die Impulse zum kreativen Umgang mit Sprache sind unübersehbar. Hier sei nur an die Möglichkeiten der Gestaltung von Texten nach den Phasen der Eingabe und Bearbeitung erinnert oder an die Produktion von Computerlyrik mit dem Einsatz der entsprechenden Software.

Der Computer besitzt ein hohes Explorationspotential.

Verschaffen Sie sich einen Überblick über das aktuelle Angebot an Software für den Deutschunterricht mit der Fokussierung auf kreative Prozesse.

Zusammenfassung

In diesem Baustein haben Sie erfahren,

- *dass Handlungsformen dem Lernen dienende Aktivitäten auf einer mittleren Komplexitätsebene sind,*
- *dass die Gestaltung der Lernumgebung wichtige Voraussetzung für eigenständiges Lernen ist,*
- *dass problemorientierte Handlungsformen das Lernen herausfordern,*
- *dass Lernen im sozialen Kontext erfolgen soll,*
- *dass im Blick auf die Zukunft das Wissen, wie man lernt, wichtiger ist als das Wissen von Inhalten,*
- *dass Lernen den ganzen Menschen ansprechen muss,*
- *dass der Umgang mit Unterrichtsmedien einen wesentlichen Faktor beim Lernen darstellt.*

Weiterführende Literatur

Issing, Ludwig J./Klimsa, Paul (Hrsg.) (1995): Informationen und Lernen mit Multimedia. Weinheim: Beltz.

Meyer, Meinert A./Rampillon, Ute/Otto, Gunter/Terhart, Ewald (Hrsg.) (1997): Lernmethoden, Lehrmethoden. Wege zur Selbstständigkeit. Friedrich Jahresheft XV. Seelze: Friedrich.

Terhart, Ewald (2000): Lehr-Lern-Methoden. Eine Einführung in Probleme der methodischen Organisation von Lehren und Lernen. Weinheim und München: Juventa, 3. A.

(D.M.)

Baustein 26

Lernergebnisse feststellen: Sinn und Grenzen von Evaluation und Leistungsbeurteilung

Angestoßen durch die Curriculum-Diskussion zu Beginn der 70er Jahre wird heute rundum evaluiert: Schülerleistungen werden weltweit verglichen durch TIMMS (Third International Mathematics and Science Study) oder PISA (Programme for International Student Assessment), Leistungen der Dozenten in der Universität werden durch die Studierenden bewertet, Universitäten werden in Rankingskalen eingeordnet. Die EU initiiert ein Projekt zur Selbstevaluation von Schule und Unterricht. Qualitätsmanagement gehört zu den wichtigsten Diskussionsthemen in der Bildungspolitik. Geplant ist die Regulierung der Besoldung von Lehrern in öffentlichen Schulen wie in Universitäten nach Leistungskriterien. Leistung gehört zu den modernen Schlüsselworten in und außerhalb der Schule, Evaluation heißt das Bemühen, die Leistung oder die Qualität zu ermitteln, aber auch zu verbessern.

Aus einem Wörterbuch (DUDEN-Wörterbuch von 1976): Evaluation: 1. (bildungsspr.) sach- und fachgerechte Bewertung, Bestimmung des Wertes. 2. (Päd.) Beurteilung insbes. von Lehrplänen oder Unterrichtsprogrammen.

In diesem Baustein geht es um die Fragen,

- *was Leistung ist,*
- *wie Schulleistung erfasst werden kann,*
- *was beim Beurteilen von Leistungen zu beachten ist,*
- *welche Probleme mit der Benotung von Leistungen verbunden sind,*
- *wie Textbeurteilung objektiviert werden könnte.*

1. Was ist Leistung?

Wir sprechen und lesen von Höchstleistungen im Sport, von wirtschaftspolitischen Leistungen der Regierung, von unzureichenden Leistungen mancher zum Rücktritt gezwungenen Minister. Leistung erscheint in unterschiedlichen Bedeutungen, zum Teil zwar von fragwürdigem Nutzen (Leistungen im Guiness-Buch der Rekorde), zum Teil mit Unterhaltungswert, insgesamt aber positiv besetzt.

Erschließen Sie die Bandbreite des Leistungsbegriffs, indem Sie Wortfeld, Wortfamilie und Redensarten zu diesem Begriff zusammenstellen.

Aspekte der Schulleistung

Daneben steht die **Schulleistung**, genauso vielfältig, als Konstrukt bezeichnet,

- abhängig von vielen Bedingungen: Psychologen sprechen von den Faktoren **Objektivierbarkeit** bzw. Aufgabencharakter, **Schwierigkeit** (was zu einfach ist, wird nicht als Leistung erkannt, die Möglichkeit des Misslingens ist gegeben) sowie Abhängigkeit von einem akzeptierten **Bewertungsmaßstab** (vgl. Heller 1984, Heckhausen 1974), vielleicht sollte auch der **Zeitaspekt** eine Rolle spielen (Arbeit in der Zeit),
- unterscheidbar nach dem statischen (**Produkt**) und dem dynamischen Aspekt (**Prozess**) – bei Mathematikaufgaben finden wir es schon längst selbstverständlich, dass nicht nur das Ergebnis, sondern der Rechenweg berücksichtigt wird,
- determiniert von der außerschulischen **Umwelt** (Familie, Peergroup, Medien), der **Schule** selbst (repräsentiert durch Lehrer, Schulatmosphäre und Institution) sowie von kognitiven, körperlichen, sozialen, vor allem motivationalen **Lernvoraussetzungen** der Schülerpersönlichkeit,
- legitimiert zum einen durch den pädagogischen Blick auf Leistung als Mittel zur **Selbstverwirklichung**, zum anderen, mit Berufung auf unsere Leistungsgesellschaft, als Zwang zur **Auslese** verstanden, wobei die **Förderung** auf der Strecke bleibt. Anfangs des 20. Jahrhunderts war die Ablösung der Standesprivilegien durch ein für alle gültiges Leistungsprinzip in der Tat ein Beitrag zur Demokratisierung, es entstehen jedoch neue Ungerechtigkeiten, wenn es in der Schule nicht gelingt, die außerschulische Praxis der Berücksichtigung auch anderer Kriterien (soziale Bedürftigkeit, Reihenfolge nach dem Altersprinzip) zu übernehmen und somit auch die Förderung der Leistungsschwächeren zu gewährleisten,

Das Leistungsprinzip – ursprünglich ein Beitrag zur Demokratisierung der Gesellschaft – darf keine neuen Ungerechtigkeiten schaffen.

- kritisiert wegen der Konzentration auf die **kognitiven** Leistungen, bei Vernachlässigung der **emotionalen** und **sozialen** Komponenten – welche Komponenten die Sprachkompetenz ausmachen, ist noch weitgehend ungeklärt –, bei fehlender Berücksichtigung auch der **außerschulischen** Leistungen, die von Schülern zur Lebensbewältigung erbracht werden müssen (vgl. Behnken u.a. 1999, Tillmann/Vollstädt 1999),
- in laienhaftem Verständnis häufig in Verbindung gesehen mit **Noten** – erinnert sei an die Rede des Bundespräsidenten Herzog im November 1997: „Wer die Noten aus den Schulen verbannt, schafft Kuschelecken, aber keine Bildungseinrichtungen, die auf das nächste Jahrtausend vorbereiten", obwohl in deutschen Schulen zumindest in Anfangsklassen, in vielen außerdeutschen Bildungseinrichtungen bis weit ins Sekundarstufenalter oder in pädagogischen Sondereinrichtungen wie Waldorfschulen generell bewiesen wird, dass Leistung ohne Noten sehr wohl möglich ist.

2. Wie kann Schulleistung erfasst werden?

Vorab ist festzuhalten, dass Leistungserhebungen zu den selbstverständlichen Aufgaben des Unterrichts gehören, gleichgültig, ob sie als Überprüfung des Lernerfolgs am Ende von Unterrichtsphasen, als

Kontrolle der Erreichung vereinbarter Ziele oder als regelmäßige Lernstandsmessungen durchgeführt werden. Verschiedene **Formen** der Leistungserhebung stehen dafür zur Verfügung:

Formen der Leistungserhebung

- **Standardisierte Testverfahren**, in Form von Schultests (z.B. „Deutscher Schultest", „Stufentest"), ermöglichen den Vergleich mit den Leistungen exemplarisch ausgewählter Altersgruppen in verschiedenen Bereichen des Deutschunterrichts. So kann die Rechtschreibleistung, die Lesefähigkeit oder die Beherrschung des Wortschatzes gemessen werden. Zu empfehlen ist der Testeinsatz zu Beginn oder am Ende eines Schuljahres, etwa bei der Übernahme oder Abgabe einer Klasse. Als Nachteile sind zu sehen, dass die Erhebungen sich nicht auf den vorausgehenden Unterricht beziehen, dass eine belastende Testsituation in Kauf zu nehmen ist, dass die Überforderung aller Schüler zum Wesen des Tests gehört. Allerdings sollte die unerklärliche „Testaversion des deutschen Intellektuellen" (Ingenkamp 1989) kein Grund für die Ablehnung dieses recht objektiven Instruments des Leistungsvergleichs sein.
- **Lernzieltests,** auch kriteriumorientierte Verfahren genannt, überprüfen die Erreichung der im Unterricht gesteckten Ziele, sie werden vom Lehrer selbst entworfen (Schulaufgaben, Extemporalia, Arbeitsblätter) oder aus Lehrerhandbüchern oder Arbeitsmaterialien übernommen.
- **Informelle Verfahren** wie mündliche oder schriftliche Überprüfungen von Kenntnissen versprechen die geringste Zuverlässigkeit, das gilt für das Unterrichtsgespräch am Ende der Stunde ebenso wie für den Aufsatz, worauf später noch einzugehen ist. Eine wichtige Rolle spielen Schülerbeobachtungen, die sich vor allem an Lernprozessen orientieren (Verhalten bei Diskussionen, Strategien bei Textüberarbeitungen).

Alle Formen der Leistungserhebung sollten bestimmten **Forderungen**, auch Testgütekriterien genannt, genügen:

Testgütekriterien

- **Objektivität** gewährleistet, dass die Ergebnisse unabhängig vom jeweiligen Tester bleiben,
- **Reliabilität** verlangt, dass bei einer Testwiederholung (ohne zwischenzeitliche Lernphase und natürlich nicht mit dem identischen Material) sich ein gleiches Testergebnis einstellt,
- **Validität** ist gegeben, wenn ein Test genau das misst, was er zu messen verspricht – eine Forderung, die nur schwer einlösbar ist (Vielleicht werden doch eher die schlechten Nerven als das mangelnde Wissen des Prüflings gemessen?), der man sich aber ehrlich stellen sollte. Was wird etwa bei einem Gedichtvortrag gemessen? Die Gedächtnisleistung, die Präsentation vor der Klasse, die „richtige" Betonung etc.?

Messen, Beurteilen, Bewerten sind Teilschritte der Leistungserhebung.

Neben Formen und Forderungen sollten die **Teilschritte** der Leistungserhebung besondere Beachtung erfahren. Beck empfiehlt, „streng zu trennen zwischen ‚Messen', ‚Beurteilen' und ‚Bewerten' (oder Zensieren beziehungsweise Benoten)" (Beck 1979, 59). Dieser Empfehlung sollte unbedingt nachgekommen werden, nicht nur der sinnvollen Sprachregelung wegen, sondern in Erwartung einer pädagogisch vertretbaren Vorgehensweise.

Leistungen sollten erst gemessen, dann beurteilt und schließlich (eventuell) bewertet werden (Punkte, Ziffernnoten).

Bislang haben wir über den ersten Schritt, das **Messen** von Leistungen gesprochen. Davon ist das **Beurteilen** als zweiter Schritt abzuheben. Urteile ohne vorausgegangene Messung sind „Vor"urteile, sie sind im außerschulischen Bereich unerwünscht (Richterurteil ohne Ermittlungen der Polizei, Arzt-Diagnose ohne Beachtung von Messwerten), sie sollten in der Schule ebenfalls nichts zu suchen haben, auch wenn die Trennung von Messen und Beurteilen der Leistungen manchmal schwer fällt. Nicht viel einfacher ist die Abgrenzung des **Bewertens** oder Benotens als dritter Schritt. Wie schnell steht eine Ziffernnote auf einem Aufsatz, ohne Klarheit darüber, welche Leistung denn mit dem Aufsatz gemessen wurde und wie sie zu beurteilen sei. Wichtig ist der Hinweis, dass die beiden ersten Schritte unabdingbar sind, der dritte jedoch unterbleiben darf. So sagt Beck im Blick auf den Aufsatzunterricht, dass „nicht jede Textherstellung dem Benotungszwang zu unterliegen braucht" (Beck 1979, 60).

3. Was ist bei der Leistungsbeurteilung zu beachten?

Die Beurteilung von Schülerleistungen kann sich grundsätzlich nach drei **Bezugsnormen** richten:

- Die **soziale**, intersubjektive oder gruppenbezogene Norm ermöglicht einen Vergleich der Leistungen des Einzelnen mit denen der anderen Gruppenmitglieder, auch mit externen Vergleichsgruppen. Jedes Gruppenmitglied bekommt seine Position in der Rangreihe der Klasse oder der Gesamtpopulation. Dem positiv zu bewertenden Blick über den Zaun der eigenen Klasse stehen einige Negativa gegenüber: die Relativierung der Inhalte – für die Beurteilung der Leistung ist nur das Verhältnis zu den anderen ausschlaggebend, nicht das tatsächliche Können –; der Zwang zur Gaußschen „Normalverteilung", mit dem Automatismus, dass es in jeder Gruppe einige (wenige) Gute, viele Mittelmäßige und einige Schlechte geben muss, unabhängig von ihrer absoluten Leistung; das unpädagogische Konkurrenzdenken – der Einzelne ist umso besser, je schlechter die anderen sind. Die Orientierung an der sozialen Norm führt eher zur Selektion als zur Förderung.

„Die Normalverteilung ist eine Verteilung der großen Zahlen. ... Die Normalverteilung ist eine Zufallsverteilung. ... Eine schulische Leistungsbeurteilung, welche mit der Normalverteilungsannahme arbeitet, ist also in mehrfacher Hinsicht problematisch, so daß man dringend von ihr abraten muß" (Sacher 1994, 84ff.).

- Die **sachliche**, kriteriums- oder lernzielorientierte Norm lässt einen Vergleich der gemessenen mit der verlangten Leistung zu. Es sind Aussagen möglich, ob bzw. inwieweit das im vorausgegangenen Unterricht gesetzte Ziel erreicht wurde. Positiv ist der Verzicht auf die Konkurrenzsituation, jeder Schüler hat die Chance, gute Leistungen zu erzielen, es kommt auf die Sache, nicht auf den Vergleich mit den anderen Gruppenmitgliedern an. Allerdings greift dieses Verfahren nur, wenn vorab konkrete Ziele formuliert wurden und die angestrebte Leistung wirklich messbar ist.
- Die **individuelle,** ipsative oder intrasubjektive Norm vergleicht die gemessene Leistung mit der Ausgangsleistung, ermittelt wird der Lernfortschritt (bzw. -rückschritt). Dieses Verfahren ist das pädagogischste, denn hier geht es nur um die individuelle Leistung, um den Lernprozess stärker als um das Produkt, motivierender Lernerfolg ist auch bei schwachen Schülern möglich. Eine fördernde Be-

urteilung ist am besten mit Bezug auf die individuelle Norm zu erreichen. Allerdings wird die Unverträglichkeit der verschiedenen Bezugssysteme deutlich. Was bei der individuellen Verbalbeurteilung unter dem Aufsatz akzeptiert wird, dass nämlich auch kleine Erfolge gelobt werden, wird dann von den Mitschülern als ungerecht empfunden, wenn es zur Grundlage der Benotung gemacht wird. Hier kollidieren die unterschiedlichen Auffassungen von Gerechtigkeit: Jedem das Seine oder jedem das Gleiche.

Spezifische Probleme bei der Aufsatzbeurteilung

Hinzuweisen ist auf weitere grundsätzliche Beurteilungsprobleme, die besonders bei Aufsatzbeurteilungen ins Gewicht fallen und in der Öffentlichkeit wiederholt zu Klagen über die „ungerechte Aufsatzzensur" (Schröter 1971) führten.
Leistungsbeurteilung durch Menschen (nicht nur durch Lehrer) scheint eine **geringe Objektivität** aufzuweisen. So liegen empirische Befunde vor

- über erheblich abweichende Urteile verschiedener Beurteiler über gleiche Arbeiten,
- über abweichende Urteile des gleichen Beurteilers zu verschiedenen Zeiten,
- über die Beeinflussung durch Vorinformationen bezüglich der Leistungsfähigkeit oder des Sozialstatus des zu Beurteilenden,
- über den Einfluss von Rechtschreibung, Handschrift, Länge eines Aufsatzes usw.

Psychologen kennen viele mögliche Erklärungen: etwa den Halo-Effekt, wenn man sich von hervorstechenden Merkmalen beeinflussen lässt, die Orientierung an Sozialstereotypien, die Projektion eigener Eigenschaften in das Gegenüber oder die Wirkung sozialer Nähe oder Ferne zwischen Beurteiler und Beurteiltem (vgl. Ziegenspeck 1999). Einige aus diesen Befunden resultierende Objektivierungsvorschläge sollen weiter unten aufgegriffen werden. Viel ist bereits geholfen, wenn der Beurteiler um solche Einflussfaktoren weiß und sie beim Beurteilungsvorgang im Auge behält.

4. Welche Probleme sind mit der Leistungsbewertung verbunden?

Der dritte Teilschritt nach Messen und Beurteilen ist der folgenschwerste für die Schüler. Die Einordnung der beurteilten Schülerleistung in ein Wertsystem erfolgt in der Regel mit Hilfe der Notenskala. Die geringe Aussagekraft dieses Systems steht im krassen Gegensatz zu seiner Bedeutung in der Praxis. Im Vergleich der verschiedenen **Skalentypen** rangiert das Notensystem weit unten. Besser zwar als eine Nominalskala, die nur Merkmalsunterschiede angibt (z.B. die Typologie des Körperbaus), gehören die Noten zu den Ordinal- oder Rangskalen, die eine Ordnung von Merkmalen zulassen, z.B. die Dienstränge bei Beamten (Studiendirektor ist höher als Oberstudienrat, dieser höher als Studienrat). Höherwertige Skalen sind die Intervallskalen mit gleichen Abständen zwischen den Werten (z.B. Celsius-Thermometer) und Rational- oder Verhältnisskalen mit definiertem Nullpunkt (Längenmaße, Gewicht).

Noten haben nur geringe Aussagekraft.

Der Skalentyp bestimmt die möglichen mathematischen Operationen. Die Berechnung des arithmetischen Mittelwerts etwa ist erst ab der Intervallskala möglich. Die Ermittlung von Durchschnittsnoten mit Stellen hinter dem Komma bleibt somit mathematischer Unfug, der auch durch die weite Verbreitung in der Praxis nicht zu rechtfertigen ist. Hier wird lediglich eine Scheinobjektivität geschaffen, die die Problematik nicht aus der Welt schafft, dass Zehntelnoten über die Versetzung in eine höhere Klasse, über den Studienplatz oder die Anstellung entscheiden. Die Qualität des Notensystems steigt mit zunehmender Differenzierung etwas an, so lässt die zehnstufige Skala in den Niederlanden oder in Spanien eine etwas gerechtere Einordnung zu als unser sechsstufiges Notensystem.

„Die Ungenauigkeit von Messwerten lässt sich durch mathematische Prozeduren nicht verbessern" (Sacher 1984, S. 9).

Bezogen auf die vorgestellten Bezugsnormen passt die Benotung allein zur gruppenbezogenen Norm. Sie tendiert zur Gaußschen Normalverteilung, sie gibt die Position des Einzelnen in der Gruppe wieder, der Inhalt, womit die Note erworben wurde, interessiert kaum mehr. Hierin liegt ein weiteres pädagogisches Problem gerade der schlechten Noten. Benotung im Anschluss an die kriteriumsbezogene Beurteilung bereitet einige Schwierigkeiten. Welche Note soll der Schüler erhalten, der das gesteckte Ziel erreicht hat? Ist das Bestreben des Lehrers, allen alles verständlich zu machen, bei der Vielzahl der dann zu erwartenden guten Noten überhaupt vertretbar? Oder müsste sich der Lehrer gar heimlich über jeden Versager freuen, der das Durchschnittsergebnis der Klassenarbeit etwas „normalisiert"? Gänzlich unangebracht erscheint die Benotung in Verbindung mit der individuellen Beurteilung. Die gleiche Fehlerzahl könnte zu unterschiedlicher Benotung führen, je nachdem, ob es sich um eine Verbesserung oder eine Verschlechterung der Ausgangsleistung handelt. Konsequenz kann nur sein: Zurückdrängen der Benotung so weit wie möglich.

Vereinbarkeit von Ziffernnoten und Bezugsnormen

In der Tat zeigt ein Blick auf die Geschichte der Noten, dass sie nicht aus pädagogischen Überlegungen in die Schulen gekommen sind (vgl. Hohenzollern/Liedtke 1991). Das gilt im 19. Jahrhundert für den Wunsch, die moralische Unbedenklichkeit künftiger Staatsdiener durch Noten im Abgangszeugnis des Gymnasiums bestätigen zu lassen, genauso wie für die Neugier der preußischen Militärbehörden bezüglich der früheren Schulleistungen der Rekruten. Heute sind es vor allem verwaltungstechnische Belange, die Schulen dazu verpflichten, ihre Abgänger vorsortiert an abnehmende Institutionen weiterzugeben. So wäre viel Zeit nötig, vor der Vergabe von Studienplätzen ausführliche Gutachten zu lesen, die über die Leistungen der Bewerber Auskunft geben. Einfacher ist da schon folgendes Verfahren: hundert Studienplätze für die hundert Notenbesten, je nach Angebot vielleicht bis zum Notenschnitt von 1,8, ein andermal bis 2,1.

Noten sind ein Klotz am Bein des Pädagogen.

Zusammenfassend: Innerschulisch sind Noten ein Klotz am Bein des Pädagogen. So lange sie vom Staat verlangt werden – in den meisten deutschen Bundesländern ab 3. Schuljahr, in einigen noch nicht einmal im 4. –, sollten sie in pädagogischer Verantwortung, nicht häufiger als nötig und womöglich zusammen mit den Betroffenen ermittelt werden. Interessant auch – wie PISA belegen konnte –, dass in Ländern, die noch länger auf Noten verzichten, die Schülerleistungen im Vergleich deutlich besser waren als die der deutschen

Schüler. Auch konnte belegt werden, dass externe Anreize wie Noten die Anstrengungsbereitschaft nicht stärker aktivieren als die verbale Rückmeldung über die eigene Leistungsfähigkeit (Dt. PISA-Konsortium 2001).

5. Welche Vorschläge gibt es zur Objektivierung der Beurteilung von Sprachleistungen?

Der von der Öffentlichkeit am stärksten wahrgenommene Bereich der schulischen Evaluation ist die **Aufsatzbeurteilung.** Entsprechend zahlreich sind die Vorschläge, wie hier eine Erhöhung der Objektivität erreicht werden könnte.

Differenzierte Aufschlüsselung von Lernzielen

Die eine Bemühung gilt der möglichst differenzierten Aufschlüsselung, was gelernt und anschließend beurteilt werden könnte. **Lernzielorientiert** ließen sich etwa variable Satzanfänge oder Möglichkeiten der Textkohärenz üben, im abschließenden Kontrollaufsatz überprüfen.

Entwerfen Sie Aufgaben zur Überprüfung des Lernziels „Textkohärenz herstellen können".

Diesem Verfahren wird entgegengehalten, der Aufsatz als Gesamtsprachleistung dürfe nicht nur unter solchen Teilaspekten beurteilt werden, der Schreiber zeige hier eine Vielzahl von Fähigkeiten, auch solche, die noch nicht Thema des Unterrichts waren, die aber alle beurteilt werden müssten. (Der Verdacht liegt nahe, diese Denkweise sei durch den Zwang zur Benotung bestimmt, denn den Aufsatz, der nur bei den geübten Satzanfängen fehlerfrei ist, kann man sich schwerlich mit einer guten Note vorstellen.)

Auflistung von Beurteilungskriterien

Die Bemühung, nicht nur einzelnen Lernzielen, sondern dem gesamten Aufsatz gerecht zu werden, führt zur Auflistung von **Beurteilungskriterien** in Kriterienkatalogen unterschiedlicher Ausführlichkeit (vgl. Beck 1979). Bei Beschränkung auf eine überschaubare und damit leicht handhabbare Anzahl werden in der Regel genannt: Inhalt, Ausdruck (Stil), Aufbau (Struktur), sprachliche Richtigkeit (Grammatik, Rechtschreiben). Vernünftige Ergänzungsvorschläge wie Aufgabenentsprechung, Adressatenbezug zeigen die Problematik sinnvoller Begrenzung von Kriteriensystemen. Gerade kreativen Texten können die genannten Kriterien kaum gerecht werden. Abraham/Launer (1999) ziehen eine Verbindung zum Kunstunterricht und plädieren dafür, stärker die Funktionen solcher Texte als ihre Merkmale der Beurteilung zugrunde zu legen.

Besonders umstritten ist das Kriterium der Regelrichtigkeit. So ist das Argument nachvollziehbar, ein schlechter Rechtschreiber dürfe nicht zweimal für seine Schwäche bestraft werden, einmal durch die in Diktaten ermittelte Rechtschreibnote, zum anderen durch die Teilnote für Regelrichtigkeit im Aufsatz. Die Benotung ist auch hier das eigentliche Problem.

Vgl. zu altersbedingten Sprachleistungen Baustein 5 und Baustein 12.

Vorschläge zur unterschiedlichen **Gewichtung** der Kriterien je nach Alter der Schreiber oder nach Art des Aufsatzes (Phantasiegeschichte anders als Protokoll, vgl. Weber 1973) versprechen eine gerechtere Beurteilung, sie bedeuten aber für die Praxis einen erhöhten Zeitaufwand. Sinnvoll wäre es, für jede konkrete Schreibaufgabe geeignete Kriterien neu zu überlegen und auszuhandeln.

Einbeziehung der Schüler

Die **Orientierung am Schüler** führt zu einer weiteren Gruppe von Objektivierungsvorschlägen. Sie reichen von wiederholten Beurteilungsdurchgängen mit der Möglichkeit für Schüler, durch Reaktion auf die erste Lehrerkorrektur Notenverbesserungen zu erzielen (vgl. Beck 1979), bis zur selbstständigen Beurteilung und Bewertung von Aufsätzen durch die Schüler, worüber Sennlaub sagt, dies sei nicht ungerechter als die einsame Entscheidung des Lehrers (Sennlaub 1988). In Schreibkonferenzen konnten gute Erfahrungen mit Schülerbeurteilungen in Kleingruppen gemacht werden (Spitta 1997). Hier können die Schüler die Entwicklung von der Fremdbeurteilung zur Selbstbeurteilung erleben, eines der wichtigsten Ziele im Themenfeld der Evaluation. Dabei sollte auch eine harmonische Verbindung der „drei Modi der Aufsatzrezeption", die Baurmann (1996, 154) unterscheidet, gelingen: das Weiterführen von Texten, das fördernde Beurteilen und das bewertend-prüfende Beurteilen.

„Fremdbeurteilungen sollten nicht von Selbstbeurteilungen losgelöst geschehen" (Baurmann 1996).

Die wichtigste Form der Schülerorientierung dürfte in der Konzentration auf die **Verbalbeurteilung** liegen. Sie verbindet die Vorteile der individuellen Bezugsnorm mit der Möglichkeit, auf Lernzielerreichung ebenso zu achten wie Beurteilungskriterien aufzugreifen. Auch die Orientierung am Schreibprozess gelingt, wenn der Lehrer – wie Fahnenstich (1999) vorschlägt –, die Teilprozesse der Textproduktion, vor allem die überarbeitenden Tätigkeiten, nach Beobachtungsleitfragen würdigt. Hier kann die Verbalbeurteilung des Einzeltextes in einen Lernentwicklungsbericht über einen längeren Zeitraum übergehen, der schließlich das Halbjahres- oder Jahreszeugnis ersetzen könnte. Vordergründige Bedenken, Verbalbeurteilungen seien nur aufwendige Verbalisierungen der Ziffernnoten (Bezeichnungen *„ausreichend"*, *„gut"* usw.) oder sie seien gar wie Arbeitgeberzeugnisse in einem Geheimkode zu formulieren (*„immer zur vollsten Zufriedenheit"*), zeigen eher das Missverständnis der Beurteiler als das Bemühen, auf den einzelnen Schüler persönlich einzugehen, ihn zu loben für seine Fortschritte und aufzuzeigen, welche weiteren Lernschritte anstehen.

Verbalbeurteilungen werden Sprachleistungen am besten gerecht.

Maßnahmen in Bezug auf das **System** sind noch zu ergänzen: Das Kappen der Notenskala um die letzten beiden Noten könnte laut Merkelbach (1982) die motivierende Funktion der guten Noten erhalten und die demotivierende Wirkung der schlechten einschränken. In der Tat wird in manchen Nebenfächern so vorgegangen. Allerdings könnte dann das Fach Deutsch – wie heute die Nebenfächer – keinen Beitrag zur Selektion von Schülern durch Noten leisten.

Zusammenfassung

Zu dem komplexen und kontrovers diskutierten Problemfeld der Leistungs-Evaluation haben Sie erfahren, dass Leistung ein schillernder, aber durchaus positiver Begriff ist, der als Schulleistung weder auf die kognitive Komponente beschränkt, noch auf die Verbindung mit Noten festgelegt werden sollte. Sie haben verschiedene Formen der Leistungsermittlung kennen gelernt, von normierten Tests bis zu informellen Verfahren, die aber bestimmten Gütekriterien entsprechen sollten. Großer Wert wurde auf Trennung und Reihenfolge der Teilschritte Messen, Beurteilen und Benoten gelegt, der Unterscheidung der Bezugsnormen in soziale (die gar nicht so sozial ist), sachliche und individuelle Norm galt besonderes Interesse. Es wurden die mit dem Zwang zur Benotung verbundenen Probleme aufgezeigt, empfohlen wurde ein Zurückdrängen der Ziffernnoten aus dem Arbeitsalltag der Schule. Die Ermittlung der Zeugnisnoten sollte transparent (Welche Teilleistungen werden berücksichtigt?) und unter Einbeziehung der Schüler erfolgen (z.B. freiwillige Vorlage einiger Aufsätze zur Benotung). Als wichtigstes unter den zahlreichen Verfahren zur Objektivierung der Beurteilung wurde die Verbalbeurteilung herausgestellt, die unter dem Aufsatz genauso wenig fehlen darf wie im Jahreszeugnis.

Weiterführende Literatur

Becker, Gerold/v.Ilsemann, Cornelia/Schratz, Michael (Hrsg.) (2001): Qualität entwickeln: evaluieren. Friedrich Jahresheft XIX. Seelze: Friedrich.

Behnken, Imbke/Fölling-Albers, Maria/Tillmann, Klaus-Jürgen/Wischer, Beate (1999): Leistung. Jahresheft Schüler. Seelze: Friedrich.

Bewerten und Benoten im offenen Unterricht (1999): Themenheft Praxis Deutsch, 26/155.

Deutsches PISA-Konsortium (Hrsg.) (2001): PISA 2000. Basiskompetenzen von Schülerinnen und Schülern im internationalen Vergleich. Opladen: Leske+Budrich.

Sacher, Werner (2001): Leistungen entwickeln, überprüfen und beurteilen. Grundlagen, Hilfen und Denkanstöße für alle Schularten. Bad Heilbrunn: Klinkhardt. (3. Auflage von: Sacher, Werner (1994): Prüfen, Beurteilen, Benoten).

Ziegenspeck, Jörg W.(1999): Handbuch Zensur und Zeugnis in der Schule. Bad Heilbrunn: Klinkhardt.

(D.M.)

Kapitel 4 Deutschunterricht im Kontext von Gesellschaft und Wissenschaft

Deutschdidaktik als Wissenschaft vom Lehren und Lernen im Handlungsfeld Deutschunterricht ist im gesamtgesellschaftlichen Kontext zu sehen. Dabei geht es um Zusammenhänge und Abhängigkeiten, um Einflussfaktoren und Instanzen, um Komponenten und Konzeptionen. Die Überlegungen in diesem vierten Kapitel gelten also den (wissenschafts) theoretischen Grundlagen.

Mit ihrem Unterrichtsbezug ist Deutschdidaktik eingebunden in das Gesamtkonzept der Bildungsinstitutionen, die vom vorschulischen Bereich über die vielfältigen Formen schulischer Bildung bis zur Palette der Möglichkeiten im Bereich der Erwachsenenbildung reichen, „Lernen durch die Hintertür" inklusive. (Jonathan Swift schrieb 1704: „Denn den Palast des Lernens durch das Hauptportal betreten kostet Zeit und Umstände; weshalb sich Leute mit großer Eile und wenig Förmlichkeit damit begnügen, durch die Hintertür hineinzugelangen" nach Wedemeyer 1984, 66).

Mit ihrem Inhalt Sprachlichkeit des Menschen, die zu vermitteln, zu fördern, zu reflektieren zu ihren vornehmsten Aufgaben gehört, ist die Deutschdidaktik eingebunden in das Bildungsgeschehen in unserer Gesellschaft. Mit den Fragen nach Bildung, Bildungsauffassungen, Bildungsprozessen befasst sich **Baustein 27**.

Lernprozesse im Deutschunterricht können nicht initiiert, organisiert, reflektiert werden ohne Blick auf Erkenntnisse über Lernvoraussetzungen, Lernbedingungen, Formen des Lernens, die in Psychologie und empirischer Pädagogik gewonnen wurden und stets weiter erforscht werden. Daher gilt **Baustein 28** den Beiträgen der Lehr-Lernforschung.

Die Fachdidaktik Deutsch ist zunächst natürlich Didaktikwissenschaft. Das hat sie mit vielen anderen Fachdidaktiken gemeinsam (Mathematik-, Biologie-, Geographiedidaktik usw.). Diese gemeinsame Thematik vom Lehren und Lernen im Bereich von Unterrichtsfächern ist im Rahmen der Erziehungswissenschaften als eigenständige Institution Allgemeine Didaktik oder Schulpädagogik schon längst etabliert.

Den Auffassungen, Theorien und Modellen dieser Allgemeinen Didaktik geht **Baustein 29** nach.

Mit ihrer Herkunft als erziehungswissenschaftliche Disziplin und ihrer Orientierung am Gegenstand Sprache und Literatur steht die Fachdidaktik Deutsch im Spannungsfeld zwischen Erziehungswissenschaft und Fachwissenschaft Germanistik. Der Gefahr der Gewichtsverlagerung, der einseitigen Abhängigkeit gilt es zu begegnen. Dieses Spannungsverhältnis kann auch als Chance gesehen werden: Neue Aufgaben sind bei einer sinnvollen Integration von Germanistik und Fachdidaktik zu entdecken und zu lösen. Nicht zuletzt ist das Verhältnis von Germanistik und Fachdidaktik Deutsch auch bei der Organisation des Studiums zu regeln. Im Rahmen der Ausbildung zum Deutschlehrer wurden Modelle entwickelt und erprobt, die Anteile und Anordnung germanistischer und fachdidaktischer Inhalte recht unterschiedlich konzeptualisieren. Mit diesen Fragen setzt sich **Baustein 30** als letzter Baustein dieses Kapitels und des gesamten Buches auseinander.

Baustein 27

Sprachliche und literarische Bildung in der Mediengesellschaft

Der Begriff Bildung lässt sich über ein großes Feld zwischen klassischen Idealen und pragmatischer Berufsorientierung spannen. Denken kann man an Homer und die Antike, an Goethes *Wilhelm Meister* und Schillers *Don Carlos*, an das humanistische Gymnasium, an Besinnungsaufsätze und die Erziehung zum sittlichen Menschen; oder aber an Bill Gates und das Computerzeitalter, an Sachtexte und Fachliteratur, an die Berufsschule oder den EDV-Kurs, an Programmieren in HTML und die Ausbildung zum Webdesigner.

Um folgende Fragen geht es in diesem Baustein:

- *Was ist und gehört zu „Bildung"?*
- *Was haben Sprache und Literatur damit zu tun?*
- *Was bedeutet Bildung unter den Gegebenheiten der Mediengesellschaft?*

1. Stichpunkte zu Geschichte und Problematik des Bildungsbegriffes

Unter Bildung stellte man sich zu unterschiedlichen Zeiten Unterschiedliches vor: Sah man im Mittelalter darin die göttliche Formung des Menschen, so wurde um die Wende zum 19. Jahrhundert der Bildungsbegriff säkularisiert, v.a. von Herder, Goethe und W.v. Humboldt. Nicht mehr die Religion, sondern die Pädagogik besetzte ihn und bezeichnete damit die seelisch-sittliche Selbstformung des Menschen (vgl. Steenblock 1999, 159). Für Humboldt besteht Bildung nicht in einer Anhäufung *von,* sondern in der Tätigkeit *mit* Sprache und Kultur, besonders des Griechentums. Bildung ist kein Auswickelungsprozess von Anlagen, sondern individuelle Formung durch Wissenschaft, Kunst, Gemeinschaft und Tradition. Es geht nicht um materiale Lerngegenstände, die erworben und besessen werden können, sondern um formale Fähigkeiten wie Selbstbestimmung und Humanität. Bildung ist nicht Gegenstand oder Zustand, sondern Prozess.

Klassischer Bildungsbegriff: Seelisch-sittliche Selbstformung des Menschen

Wilhelm von Humboldt (1767–1835) war Philosoph und Sprachforscher und reformierte als Kultusbeamter das preußische Bildungswesen.

Materiale vs. formale Bildung

Mehr als dieser klassische Bildungsbegriff selbst ist seine Umsetzung vielfach kritisiert worden: als elitär, konservativ, unpolitisch. In der Praxis fungierte Bildung oft lediglich als Statussymbol und Sozialbarriere. Das humanistische Gymnasium und die Universität waren die Orte, an denen sich die Eliten der Gesellschaft selbst reproduzierten. Weite Teile der Bevölkerung partizipierten am Bildungsprozess gar nicht, weil sie andere Sorgen hatten und im auf-

Heinrich Manns Roman *Der Untertan* (1918) zeigt die Indienstnahme von Bildungsinstitutionen für die Fortschreibung sozialer Ungleichheiten.

Deutsche Ironie: In unmittelbarer Nachbarschaft der Klassiker-Stadt Weimar wurde das KZ Buchenwald errichtet. Kulturbeflissene Bürger sorgten sich zwar um den Ruf der Stadt, nicht aber um die Häftlinge.

kommenden Industriezeitalter zudem erst einmal eine Ausbildung benötigten, allen voran die Techniken von Lesen und Schreiben. Vor allem aber kreidete man dem weltfernen humanistischen Bildungskonzept an, die Katastrophe des Nationalsozialismus nicht nur nicht verhindert, sondern sogar mit heraufbeschworen zu haben.

In den 1960er Jahren ging der Bildungsbegriff zwischen formalem Bildungsideal und materialen Stoffmengen im Sog einer breiten gesellschaftlichen Reformbewegung fast unter. Hochtechnisierte Industriegesellschaften konnten nicht mehr von einer Kaste humanistisch Gebildeter geführt werden – zumal im wirtschaftlichen, militärischen und ideologischen „Kalten Krieg" mit dem Ostblock. Der erfolgreiche Start des sowjetischen Satelliten „Sputnik" löste 1962 in der westlichen Welt den nach ihm benannten Schock aus. Man drohte ins Hintertreffen zu geraten, weil das Bildungssystem antiquiert war: Zu wenige lernten obendrein das Falsche. Der „Bildungsnotstand", ja die „Bildungskatastrophe" stieß eine gewaltige Bildungsreform an. Deren Hauptziel war es, breitere gesellschaftliche Gruppen zu erfassen und Lerninhalte wie Lernwege zu modernisieren. Saul B. Robinsohns Schrift *Bildungsreform als Revision des Curriculums* (1967) begründete den curricularen Ansatz: Die Lerner sollten gezielt Kompetenzen für die Bewältigung von Lebenssituationen aufbauen. Was nutzte einem die Kenntnis der Lyrik Goethes, wenn man nicht wusste, aus welchen Teilen eine Zeitung besteht? Was das Abfassen von Besinnungsaufsätzen, wenn man keinen Bericht schreiben konnte? Was nutzte alles sprachlich-literarische Wissen ohne die Fähigkeit, kommunikativ zu handeln?

Curriculare Bildung: Kompetenzen für die Bewältigung von Lebenssituationen (vgl. Baustein 22, Abs. 3).

Sprachlich-literarisches Wissen vs. kommunikative Handlungsfähigkeit

Reine Stoffpläne wurden abgelöst von curricularen Lehrplänen, die Lernziele begründeten und erst von diesen aus oftmals gänzlich neue Lerngegenstände formulierten. Wichtig war schließlich die wissenschaftliche Absicherung des Unterrichts, und zwar einmal in der „Didaktisierung" der Lerngegenstände, zum anderen in der Systematisierung der Lehr-Lernprozesse durch Methoden, Medien und Lernzielkontrollen. Die Gesamtschule und das Kollegstufen-System sind typische Projekte der Reform. Sie erbrachte eine nachhaltige Demokratisierung, Modernisierung und Verwissenschaftlichung des Schulwesens.

Reformbewegung: Demokratisierung, Modernisierung und Verwissenschaftlichung

Der Begriff Bildung galt als antiquiert und diffus und wurde zurückgedrängt von *Qualifikationen* und *Kompetenzen.* Er stand überdies im Verdacht, eine affirmative Sicht gesellschaftlicher Widersprüche und Defizite zu befördern. Neue Erziehungsziele wie Emanzipation, Kritikfähigkeit, Sprachhandlungsfähigkeit, Kreativität ließen sich mit ihm kaum vereinbaren.

Neue Erziehungsziele: Emanzipation, Kritikfähigkeit, Sprachhandlungsfähigkeit, Kreativität

Zwar hat das curriculare Machbarkeitskonzept Risse bekommen. Aber heute von Bildung zu reden scheint problematischer zu sein denn je: Als theoretisches Konzept erfordert Bildung sowohl das Vorhandensein eines bildungsfähigen Subjekts als auch einen Minimalkonsens über Wissenschaft, Kunst, Gemeinschaft und Tradition, auf die es sich bezieht. Nun hat im Zeichen der Postmoderne ein gewaltiger Theorieangriff auf das Historische, Moralische, Humanistische, Rationale stattgefunden (vgl. Wegmann 1993, 13) und die Vermittlung von Subjekt und Welt durch Bildung radikal in Frage gestellt. In der soziologischen Systemtheorie Niklas Luhmanns oder in

Hauptvertreter der Postmoderne: Barthes, Derrida, Lacan, Foucault, Lévi-Strauss, Lyotard

der Medientheorie Friedrich Kittlers gar spielen Subjekte überhaupt keine Rolle mehr. Vereinfacht: Politik als gesellschaftliches System läuft weiter, auch wenn ein Minister zurücktritt; desgleichen ein Chatraum, auch wenn sich ein Chatter ausloggt. Der Einzelmensch – für Bildungstheorien eine zentrale Größe – ist hier keine relevante Kategorie mehr.

Der postmoderne Mensch lebt „unterschiedliche und traditionell nicht zu vereinbarende Praxen menschlicher Möglichkeiten" (Ladenthin 1991, 63); gesellschaftliche Institutionen wie Ehe, Familie, Beruf, Kirchen, Parteien haben dramatisch an Bindungskraft eingebüßt. Die von dem Soziologen Gerhard Schulze beschriebene *Erlebnisgesellschaft* (vgl. Moser 1995, 72ff.) ermöglicht eine Pluralisierung und Individualisierung von Lebensentwürfen, die jedoch auf dem brüchigen Eis ungesicherter Wertgeltungen immer weniger planbar sind. Zweifelhaft ist daher auch, ob Kindheit und Jugend noch im Zeichen traditioneller Identitätstheorien interpretiert werden können.

Postmoderne Identität

Ausdifferenzierte und zudem voll medialisierte Gesellschaften bieten vielfältigste und gegensätzlichste Handlungs- und Erfahrungsmöglichkeiten, aber auch -notwendigkeiten. Moderne Identitätstheorien gehen daher nicht mehr von der einen, stabilen, „gebildeten" Identität aus, sondern von multiplen, fluiden, zusammengelesenen *patchwork identities* (Elkind).

Zum Identitätsbegriff vgl. Moser 1995, 88ff. und Baustein 10.

Überlegen Sie, welche Identitäten Sie in unterschiedlichen Lebensvollzügen kombinieren müssen oder können.

Der (biologisch-psychologische) Konstruktivismus geht zwar von Individuen aus, weist aber wiederum den Anspruch einer objektiven Realität zurück: Es gibt keine Realität, sondern nur Erfahrungswirklichkeiten von Beobachtern; es gibt keine Welt, sondern nur Umwelten von psychischen Systemen. Von Bildung als tätigem Hineinwachsen des Menschen in eine zwar veränderbare, zunächst aber doch vorliegende und vorgegebene Welt lässt sich dann aber nicht sinnvoll sprechen.

Eine gute Einführung in den Konstruktivismus geben Förster/Glasersfeld/Hejl/Schmidt/Watzlawick 1997.

Ein höchst unterhaltsames Lesebuch über „Wahn-Täuschung-Verstehen" (Untertitel) ist Paul Watzlawicks *Wie wirklich ist die Wirklichkeit?* (1995).

Wenn der einzelne Mensch also ein theoretisch zu vernachlässigendes Etwas, gar ein bloßes Anhängsel technologisch-kommerzieller Prozesse ist (vgl. Steenblock 1999, 267), wenn er sich ungesichert durch Werte und Institutionen aus der Unüberschaubarkeit beliebiger Optionen eine abgeschottete Erfahrungswirklichkeit hinkonstruiert – muss dann der Bildungsbegriff nicht aufgegeben werden? Wir meinen nein.

2. Reformulierung des Bildungsbegriffes

Blicken wir auf die grundlegende Annahme des Konstruktivismus: Realität ist immer von einem Beobachter konstruierte Wirklichkeit. Dies bedeutet freilich nicht, dass der Mensch solipsistisch und asozial in seiner Wahrnehmungswelt abgeriegelt ist. Er konstruiert sich seine Welt zwar, tut dies aber nicht beliebig, sondern in Abhängig-

Realität = Wirklichkeit eines Beobachters

Man kann erwarten, dass Verkehrsteilnehmer das Rot an der Kreuzung als Halteaufforderung verstehen; oder dass man auf die Frage nach dem Bahnhof, kein „Gib's auf!" (wie bei Kafka) bekommt, sondern Auskunft über den Weg dahin, wo Züge ein- und abfahren. Ein Außerirdischer würde Blechkästen und fahrende Eisenschläuche vorfinden, aber keine Ampeln und Züge.

Sprache und Kommunikation sind die Medien der Wirklichkeitserzeugung.

keit von seinem Wahrnehmungs- und Denkvermögen und in der Auseinandersetzung mit seiner Umwelt. Weil dem so ist, sind wir in unserem Kulturkreis relativ einig darüber, was ein Reclamheft ist, wo wir in einem Satz Kommas setzen und dass es einen Dichter namens Goethe gab. Wirklichkeit ist die soziale Vereinbarung eines Alltagsrealismus, der es uns überhaupt erst erlaubt, kognitiv und sozial zu funktionieren. Heranwachsen ist kein Vorfinden einer objekthaften Welt, sondern ein Hineinwachsen in Konventionen, Routinen, Habitus und die durch sie *erzeugten* Objekte. Handlungskoordination (vgl. Feilke 1994) und Wirklichkeitserzeugung aber geschehen durch Sprache und Kommunikation.
Wir haben für die Gewinnung eines Bildungsbegriffes damit den ersten Schritt getan. Im zweiten übernehmen wir eine Definition und bauen sie aus. Bildung sei, so Volker Steenblock, die „Identitätsfindung des Subjekts und seine ‚Arbeit an sich selbst' in der Auseinandersetzung mit dem ‚materialen' Feld der Bestände menschlicher Kulturbildung, die uns tragen und die wir weitertragen und verändern können, indem diese Gehalte zugleich unsere Reflexions- und Handlungsniveaus prägen" (1999, 15).

Wir knüpfen vier Punkte daran an:

(1) Bildung hat keinen (normativen) Endpunkt – etwa in einem abschließenden Identitätsfund. Bildung ist kein Zustand, sondern ein Prozess, ist also „Arbeit", „Auseinandersetzung", „Tragen", „Verändern".

Identitätsfindung des Subjekts und seine ‚Arbeit an sich selbst' in der Auseinandersetzung mit dem ‚materialen' Feld der Bestände menschlicher Kulturbildung

(2) Bildung besteht nicht in der Einverleibung von Bildungsgütern. Das Feld menschlicher Kulturbestände gilt als ‚material'. Diese Anführungszeichen übersetzen wir mit: *kommunikativ erzeugt und sozial vereinbart.* Dennoch muss die Rede von den „Bestände[n] menschlicher Kulturbildung" nicht aufgegeben werden. Wolfgang Klafkis Konzept kategorialer Bildung löst den Widerspruch zwischen formalen Fähigkeiten und materialen Gegenständen auf und lässt sich somit auch für einen konstruktivistischen Bildungsbegriff einsetzen. Kategoriale Bildung bedeutet das „Erschlossensein einer dinglichen und geistigen Wirklichkeit für einen Menschen", d.h. das „Erschlossensein dieses Menschen für diese seine Wirklichkeit" (zit. nach Steenblock 1999, 212).

Klafkis Konzept kategorialer Bildung: „... in dem Doppelsinn, daß sich dem Menschen eine Wirklichkeit ‚kategorial' erschlossen hat und daß damit eben er selbst – dank der selbstvollzogenen ‚kategorialen' Einsichten, Erfahrungen, Erlebnisse – für diese Wirklichkeit erschlossen worden ist" (zit. nach Steenblock 1999, 212).

(3) Bildung muss dem Wandel der so verstandenen „Gehalte" Rechnung tragen. Sie muss anschlussfähig bleiben an die rasanten Entwicklungen von Wissenschaft und Technik, an Probleme und Herausforderungen wie Ökologie, Überbevölkerung, Interkulturalität, neue Medien.

(4) Vor allem aber: Da Sprache und Kommunikation Mittel der Wirklichkeitserzeugung sind, muss Bildung immer auch als sprachliche Bildung gesehen werden. Gemeint ist damit nicht der feinsinnige Rückzug ins Refugium schöner Sprache und guter Literatur. Bildung ist vielmehr die Befähigung zur sozialen, ästhetischen und ökonomischen Teilhabe an der Beobachtung und Konstruktion von Kultur durch Sprache. Kultur ist dabei zu verstehen als ein „System kollektiven Wissens bzw. kollektiv geteilter Sinnkonstruktionen, mit de-

ren Hilfe Menschen ihre Wirklichkeit deuten" (Schmidt 1994, 599). Auch in konstruktivistischer Sicht lässt sich also von Bildung sprechen. Sie ist weit konkreter und fassbarer als die seelisch-sittliche Charakterbildung des klassischen Ideals, andererseits sehr viel grundlegender als pragmatisch motivierte Aus- und Weiterbildung in Beruf und Freizeit. Es ist die Bildung von Sprach- und Kommunikationsfähigkeiten, von sprachlich fundierten Vorstellungen, von Sprachbewusstsein, wie sie in vielen Bausteinen dieses Buches beschrieben sind. Dies vollzieht sich natürlich nicht im luftleeren Raum, sondern an und mit Themen und Erfahrungsgegenständen, z.B. Sprachmodellen, Sprachvarietäten, Sachtexten, literarischen Texten.

Bildung als (Befähigung zur) Teilhabe an der Beobachtung und Konstruktion von Kultur durch Sprache

Vgl. Sie die Bausteine in Kapitel 2.

Bereits Humboldt hatte betont, dass Anschauung, Denken und Handeln auf Sprache fußen (vgl. Ladenthin 1991, 264ff.). Bildung ist sprachlich, weil der Mensch „in der Sprache" ist, weil das, „was beschrieben, vorgestellt und miteinander in Zusammenhang gebracht werden kann" (Maturana/Varela 1987, 227ff.) immer in Sprache vorgefunden bzw. konstruiert wird. Sprache allein garantiert Bildungsprozesse noch nicht, aber ohne Sprache kann es sie nicht geben. Im folgenden Abschnitt soll aufgezeigt werden, wie so verstandene sprachliche und literarische Bildung durch die Gegebenheiten der Mediengesellschaft beeinflusst wird.

Bildung ist sprachlich.

Zum Begriff Mediengesellschaft vgl. Baustein 11.

3. Sprachliche und literarische Bildung in der Mediengesellschaft

- **Einflüsse der Mediengesellschaft**

Oft provozieren die Medien bildungspessimistische Klagen. Sie führten zu sprachlicher, intellektueller, sozialer, emotionaler Abstumpfung, zum – so populäre Thesen und Buch(unter)titel von Neil Postman – *Verschwinden der Kindheit* (1987) und zum *Ende der Erziehung* (1997). Solche Kritik ist meist überzogen. Mediennutzung bewirkt nicht einlinig Gewalt und Dummheit. Auch verdrängen neue Medien alte nicht, sondern weisen ihnen lediglich neue Plätze zu (vgl. Kittler 1993, 178). Es gibt kein Versinken der literalen Kultur, sondern lediglich „neue Verteilungen der Funktionen auf ‚alte' und ‚neue' Medien in der gesellschaftlichen Kommunikation" (Glück 1987, 193).

Für differenzierte Befunde der Wirkungsforschung vgl. Moser 1995, Merten 1994, Hurrelmann 1994, Krebs 1994.

Überlegen Sie sich Beispiele solcher Neuverteilungen von Systemplätzen und Funktionen an alte Medien durch das Aufkommen neuer.

Medienkultur lässt sich sogar positiv sehen, weil die Bildungsmöglichkeiten des Menschen ungeahnte Dimensionen erreichen. Nun kann aber „ein einmal erreichtes Niveau gesellschaftlicher Literalität [auch] wieder verlorengehen" (Glück 1987, 167), wenn es nicht gepflegt wird.

Was die neuen Medien verursachen, ist ein Funktionsverlust von Schule als Lernort. „Der Qualifizierungsbedarf wird außerhalb des Bildungssystems definiert" (Tully 1994, 71) und insbesondere die Aneignung von Handhabungsfertigkeiten geschieht zusehends informell und individualisiert.

Neue Dimensionen: Buchhandlungen mutieren zu Medienhäusern mit gewaltigen Sortimenten; Austausch mit Partnern in aller Welt ist schnell, bequem und preiswert zu haben; per Satellit lassen sich Kulturprogramme wie Arte, 3sat oder Bayern Alpha rund um die Uhr empfangen; das Internet lädt ein zum Lesen und auch Schreiben von Literatur.

Stellen Sie sich in einem Gedankenexperiment eine schriftlose Gesellschaft vor!

Die neuen Medien sind Teil einer veränderten Welt, in der „Literatur ihre zentrale Stellung für die kulturelle Paradigmatik verloren hat" (Iser 1993, 10). Sprachliche und literarische Bildung wird verändert, weil Sprache und Literatur durch Medien nachhaltig beeinflusst werden. Einige für den Deutschunterricht besonders relevante Einflüsse machen dies deutlich:

(1) Kinder kennen fiktive Stoffe bereits medial adaptiert, etwa Märchen in der Comicversion (z.B. die Zeichentrickserie *Simsala Grimm*) oder *Ronja Räubertochter* als interaktives (Computer)-Bilderbuch, bevor sie den originalen Buchtexten in der Schule begegnen.

(2) Kinder und Jugendliche sind in ihren Rezeptionsgewohnheiten geprägt von der potenzierten Audiovisualität neuerer Medienangebote. Sie erwarten Rasanz, Spannung, Action und haben daher eher Probleme in der mühevolleren ästhetischen Kommunikation mit „langsamen" und auch „leisen" Schrifttexten (vgl. Wermke 1997).

(3) Medien(angebote) stiften Mythen aber auch Alltagskonzepte. Das haben sie immer getan; die neuen freilich tun es neu. Schon die Suche nach dem Heiligen Gral verdankt(e) ihre kulturelle Präsenz weniger der Schule als Marion Z. Bradley und Monty Python. Serien wie *Gute Zeiten, schlechte Zeiten* oder *Lindenstraße*, Figuren wie Al Bundy und Lara Croft, Computerspiele wie *Space Invaders* oder *Doom*, Musikvideos mit Madonna oder Britney Spears, Talks mit Fliege oder Arabella – das alles ist Kult(ur) weit mehr als die Irrfahrten des Odysseus oder die Dreistigkeiten Eulenspiegels. Sie variieren und formieren kulturelle „Denkbilder" (Müller-Michaels 1997, 121) des Gelingens und des Scheiterns, der Angst und der Freude, des Normalen und des Abnormalen, des Bösen und des Guten.

Vgl. Baustein 11.

(4) Neue Kommunikations- und Medienformate wie E-Mail, Hypertext, Hyperfiction, Videoclips, Newsclips, Talkshows, Reality Shows durchdringen den Alltag. Texte sollen auf einen Monitor passen, Statements vor der Kamera dürfen 30 Sekunden nicht überschreiten, Computerspezialisten schützen ihr Herrschaftsgebiet mit Nebelwänden aus Fachjargon. Es entstehen neue Textsorten und Sprachvarietäten, neue Sprachverwendungssituationen und Sprachdomänen.

Bildung hatten wir definiert als die Befähigung zur Teilhabe an der Beobachtung und Konstruktion von Kultur durch Sprache. Aufgrund der genannten Einflüsse ist sprachliche und literarische Bildung in der Mediengesellschaft keineswegs überflüssig, sondern unabdingbar und sicher nicht allein außerhalb der Schule zu leisten. Im Folgenden seien Konsequenzen für Bildungsprozesse aufgezeigt.

- **Folgen für die sprachliche Bildung**

Konsequenzen

Sprachliche Bildung besteht nicht im Erwerb sprachwissenschaftlicher Kenntnisse, sondern vor allem in den „Diskussionen über die Möglichkeiten und Unmöglichkeiten der Sprache in Kommunikation und Wahrheitsfindung bis hin zu Fragen einer ‚Sprachpolitik' bzw. der ‚Sprachkultur' überhaupt, in der wir uns unseres Selbst- und Weltverhältnisses gemeinsam vergewissern" (Steenblock 1999, 242f.). Für die sprachliche Bildung unter multimedialen Gegebenheiten bedeutet dies, auch neue Kommunikations- und Medienformate zu bearbeiten. Ein multimedialer Hypertext ist anders zu lesen als ein Sachbuch, eine E-Mail anders zu schreiben als ein Brief. Hierfür braucht es Anleitung. Keine Anleitung brauchen etwa Chatten oder Talkshow-Sehen. Was es aber braucht, ist Bewusstsein und Achtsamkeit für das, was sich da sprachlich vollzieht: eine Beobachtungs- und Produktionsfähigkeit unter ästhetischen, sozialen, ethischen, ökonomischen Blickwinkeln. Die sprachlich integrierte Bearbeitung solcher Formate geschieht also nicht mit dem Ziel ihrer pädagogischen Austreibung, sondern mit dem der sinnvollen Nutzung und Gestaltung zwischen lustvoller Hingabe und kritischer Distanz.

Vgl. Baustein 14.

Neue Kommunikations- und Medienformate bearbeiten

- **Folgen für die literarische Bildung**

Literarische Bildung lässt sich streng nicht von sprachlicher trennen. Einmal ist offen, was die Literarizität eines Textes z.B. im Unterschied zu einem „Sachtext" ausmacht. Zweitens sind auch literarische Texte sprachliche Gebilde, deren Rezeption sprachliche Fähigkeiten erfordert. Trotzdem wollen wir von literarischer Bildung sprechen und definieren sie mit Ulf Abraham kategorial: Der Bildungsgehalt liegt darin, dass Literatur Vorschläge macht „zur Sprachwerdung der Welt und unserer Wahrnehmung dieser Welt (die natürlich uns selbst und unsere Mitmenschen einschließt)" (1998b, 261).

Vgl. hierzu Baustein 18 und die Bausteine in Kapitel 1.2.

Literaturvermittlung: nicht kultursichernde Kenntnisnahme, sondern produktiver Umgang

Literatur in Gebrauch nehmen

Diese Bildungsidee schließt aus, lediglich die Kenntnis kanonisierter Dichtung anzuhäufen. Es geht nicht um rezeptive Kenntnisnahme von, sondern um aktiven Umgang mit Literatur; nicht um Kultur(ver)sicherung, sondern um produktive Irritation (vgl. Abraham 1998b, 252f.). Literatur ist in Gebrauch zu nehmen (vgl. Abraham 1998b, 260f.). Dies umgreift einmal die Aushandlung eigener Deutungen mit denen anderer Leser(innen), seien es nun Rezeptionsdokumente oder Äußerungen anwesender Mitschüler; es umgreift zweitens, Literatur nicht zu Wirklichkeitsabbildern zu reduzieren, sondern sie als sprachlich-ästhetische Gebilde wahrzunehmen, die immer in Zusammenhängen stehen (vgl. Maiwald 1999, 122). Gebrauch ist Arbeit gegen und mit anderen Leser(innen): an der Sprachlichkeit von Texten, an ihrer Geschichtlichkeit, an ihrer Situiertheit in Kontexten wie Autobiographie, Geistesgeschichte, Literatursystem, auch Arbeit am literarischen Kanon (vgl. Eggert 1997, 29; Abraham 1998a, 237ff.).

Näheres hierzu vgl. Baustein 10.

Die sogenannten neuen Medien verändern diese Arbeit. Natürlich ist ein Ende des methodisch kontrollierten Rückbezuges auf einen ersten, ursprünglichen (Schrift-)Text nicht abzusehen (vgl. Steenblock 1999, 69). Aber literarische Bildung ist „gebunden ... an den aktuellen Gesamtzustand im Spektrum der Medienlandschaft" (Eggert 1992, 21). Neue Medien verändern das Textangebot und die Basis für die Rezeption herkömmlicher Literatur. Für den Deutschunterricht bedeutet dies:

Neue Medien verändern den Deutschunterricht.

(1) Die Einbeziehung medialer Adaptionen fiktiver Stoffe muss über Literaturverfilmungen hinausgehen. Die Ausschließlichkeit literarischer (Bücher-)Bildung muss erweitert werden auf multimediale Texte, auf Wahrnehmungsbildung (*visual literacy*, semiotische Kompetenz). Neue Medien(angebote) bieten neue Formen und Foren von Literarizität und Literaturgebrauch (Hyperfiction, Cyberpunk). Auch stiften sie Mythen und „Denk-Bilder" neu. Das solchermaßen erweiterte „Feld der Bestände menschlicher Kulturbildung" (Steenblock 1999, 15) darf nicht brach liegen bleiben, wenn sprachliche und literarische Bildung nicht museal werden sollen.

(2) Deutschunterricht muss mit veränderten Rezeptionsvoraussetzungen von Kindern und Jugendlichen, insbesondere ihren Problemen mit Schrifttexten, v.a. mit „hochliterarischen" rechnen. Die Auffassungs- und Verstehensprobleme junger Leser(innen) sind teils ganz elementarer Art. Die Gewinnung für das Lesen generell und die Ausweitung der Lesepraxis auch auf komplexere Literatur bedarf daher anhaltender didaktischer Überlegungen zu Textwahl und Textumgang. Literarische Bildungsprozesse, wie wir sie verstehen, vollziehen sich nicht naturwüchsig, auch nicht durch reine Spaßorientierung oder komplette „Entschulung" (vgl. Pennac 1994) des Umganges mit Literatur. Nachgedacht werden muss weiter über eine verstärkte Einbeziehung von Kinder- und Jugend- sowie Unterhaltungsliteratur, über vergleichendes Lesen bzw. Wahrnehmen, gesprächs- und produktionsorientierte Verfahren der Interpretation (vgl. Abraham 1998a; Maiwald 1999; Spinner [Hg.] 1999; Wermke 1997).

4. Aufbrüche

„Werke drohen zu verschwinden, weil sie nur noch angekostet oder nur noch verschlungen werden ... in Geschwätzigkeit und Vergeßlichkeit der Vielen. ... Allzu extensive Lektüre raubt Werken ihre Würde, unwandelbare Autoritäten zu sein und unvergeßliche Autoren zu haben" (Kittler 1995, 180). Kittlers Worte gelten nicht unserer Medien- sondern der Buchkultur um 1800!

In dem Roman *Schöne neue Welt* klagt eine Figur: „Wir haben die hohe Kunst geopfert. Dafür haben wir Fühlfilme und Duftorgel" (Huxley 1995, 218). Aldous Huxley wusste nichts von den Erfahrungsmöglichkeiten, die uns die heute neuen Medien bieten. Dennoch berührt das Zitat einen zentralen Punkt. Unsere Entsprechungen von „Fühlfilmen und Duftorgel" sind kein Verfall, sondern Erweiterung kultureller Erfahrungsräume. Die pädagogische Diskussion um Lesewut und Lesesucht am Ende des 18. Jahrhunderts (vgl. Glück 1987, 178ff.; Beisbart/Maiwald 2001) zeigt, dass der Gebrauch neuer Medien stets kulturkritisch beäugt wird. Aber weder war das Buch um 1800, noch das Telefon um 1900, noch der Fernseher um 1950, noch das Handy um 1990 zu stoppen. Und dies verursachte (zumindest dauerhaft) weder sozialen und politischen Niedergang noch ökonomische und kulturelle Brache. Auch Computer und Internet werden dies nicht tun – wenn es gelingt, Sprache und Literatur in der multifunktionalen Fülle ihrer medialen Transformationen achtsam zu bearbeiten und vielgestaltig in Gebrauch zu nehmen.

Zusammenfassung

Überlegungen zu sprachlicher und literarischer Bildung in der Mediengesellschaft nahmen ihren Ausgang beim klassischen Bildungsbegriff. Historische Schlaglichter erhellten seine Bedeutungen und seine Problematik. Eine konstruktivistische Bildungsauffassung sieht sprachliche und literarische Bildung als Teilhabe an der Beobachtung und Konstruktion von Kultur durch Sprache. Aufgezeigt wurde, wie die Bedingungen der Mediengesellschaft in Sprache und Literatur wirksam werden und welche Konsequenzen dies für sprachliche und literarische Bildungsprozesse hat. Bei achtsamer und vielgestaltiger Bearbeitung stellen neue Medien- und Kommunikationsformate eine positive Erweiterung kultureller Erfahrungsräume dar.

Weiterführende Literatur

Abraham, Ulf (1998): Kohlhaas und der Kanon, oder: Was hat Kleist in der Schule verloren? In: Kleist-Jahrbuch 1998. Stuttgart/Weimar: Metzler, S. 244–263.

Förster, Heinz/Glasersfeld, Ernst v./Hejl, Peter M./Schmidt, Siegfried J./Watzlawick, Paul (1997): Einführung in den Konstruktivismus. München: Piper 1985. (2. A.).

Moser, Heinz (1995): Einführung in die Medienpädagogik. Aufwachsen in der Mediengesellschaft. Opladen: Leske + Budrich.

Spinner, Kaspar H. (Hrsg.) (1999): Neue Wege im Literaturunterricht. Hannover: Schroedel.

Steenblock, Volker (1999): Theorie der kulturellen Bildung. Zur Philosophie und Didaktik der Geisteswissenschaften. München: Wilhelm Fink Verlag.

(K.M.)

Baustein 28

Der Beitrag der Lehr-Lern-Forschung zum Verständnis sprachlichen Lernens

Diese „Umspringfigur" (Wentzell/Holland, nach Gross 1994) dient als Beleg für die Beeinflussbarkeit unserer Wahrnehmung. Im Kontext der Thematik „Pokale" dürfte Einigkeit über die Bedeutung der Figur herrschen. Im Rahmen der Themen „Gesichter" oder „Geschwister" könnte das Bild plötzlich umspringen und zwei sich zugewandte Köpfe im Profil zeigen. Vielleicht müssen Sie eine Hälfte der Figur abdecken, damit es klappt.

Bei diesem Vorgang wird noch etwas augenfällig: Als Betrachter können Sie selbst bestimmen, was Sie sehen wollen. Sie konstruieren die Bedeutung des Wahrgenommenen selbst. Dieser Gedanke steht im Mittelpunkt der folgenden Seiten.

Ob Sie solche Zusammenhänge so spannend finden, dass Sie mehr darüber erfahren wollen, ist ebenfalls Ihre ganz persönliche Entscheidung.

In diesem Baustein wollen wir zeigen, welche Vorstellungen von Lernen heute von den Wissenschaften Psychologie und (Empirische) Pädagogik entwickelt werden. Dabei sollen verschiedene Arten von Wissen und verschiedene Formen des Wissenserwerbs unterschieden werden. Besonders hervorgehoben wird das situierte Lernen, wofür wesentliche Merkmale vorgestellt werden. Konsequenzen für den Deutschunterricht, aber auch für die Lehrerausbildung sollen aufgezeigt werden.

1. Perspektiven des Lernens im 20. Jahrhundert

Paradigma ist das griechische Wort für Beispiel, Muster. Im Wissenschaftsbetrieb wird es für die Übereinkunft der Experten verwendet, ein bestimmtes Leitbild wenigstens eine gewisse Zeit lang zu akzeptieren.

Im vergangenen Jahrhundert hat sich die Vorstellung, die man sich vom Lernen macht, mehr als einmal geändert. Ein solcher Paradigmenwechsel vollzog sich etwa in der Mitte des 20. Jahrhunderts, als der **Behaviorismus** mit seiner Vorstellung, Lernen sei ein Reagieren auf Belohnung und Strafe, sei also von außen, von der Umwelt gesteuert, durch eine andere Sichtweise abgelöst wurde: Lernen wurde nun eher als Informationsverarbeitungsprozess gesehen, als **Wissenserwerb**, für den der Lerner mitverantwortlich sei, den der Lehrer aber ganz wesentlich lenken müsse, indem er ausgeklügelte, in kleinste Schritte zerlegte Lehrgänge oder Curricula für die **Wissensvermittlung** bereithält.

Etwa im letzten Viertel des Jahrhunderts, verstärkt in den 90er Jahren, erfolgte ein weiterer Paradigmenwechsel: Der Konstruktivismus lässt Lernen als **Wissenskonstruktion** erscheinen. Der Lerner übernimmt nicht fertiges Wissen von anderen und speichert es ab, wie die Container-Metapher das darstellt, sondern er baut es selbst

auf, konstruiert es in Verbindung von intraindividuellen Bedingungen, eigenem Vorwissen, mentalen Strukturen und der externen Situation, den Lernangeboten, stets neu. Damit muss sich auch die Rolle des Lehrers ändern. Er steht nicht mehr im Mittelpunkt des Unterrichts als Übermittler von Wissen, vielmehr sollte er Lernangebote machen, das Umfeld bestellen, Hilfen geben, organisieren, moderieren, das selbstständige Lernen der Schüler aufmerksam begleiten, unterschiedliche Sichtweisen der Lerner und unterschiedliche Ergebnisse akzeptieren (vgl. Gerstenmaier/Mandl 1995).
Mag man nun diese konstruktivistische Sicht auf Wirklichkeit als überspitzt ablehnen oder als Modeerscheinung belächeln („Modephilosophie des Konstruktivismus" titelte 1995 eine deutsche Tageszeitung), für die Lehr-Lernforschung bietet sie – auch in der gemäßigten Form – eine Basis für wichtige Erkenntnisse in Bezug auf den Wissenserwerb, verbunden mit erheblichen Konsequenzen für den Unterricht.

Konstruktivisten, häufig unterschieden in radikale und gemäßigte, sehen die Welt und die Realität als Konstruktion und Interpretation in den Köpfen der Menschen, sie leugnen mehr oder minder eine Existenz einer objektiven Wirklichkeit. Diese entstünde erst in der Kommunikation zwischen den Individuen. Als namhafte Wegbereiter solcher Gedanken gelten u.a. Paul Watzlawick, Heinz von Foerster, Ernst von Glasersfeld und der Neurobiologe Humberto Maturana (vgl. Fischer 1995, dort auch die Kritik am Radikalen Konstruktivismus von Groeben und Nüse).

2. Träges Wissen – ein Schlüsselbegriff beim Lernen

Viele Belege lassen sich für den Sachverhalt finden, dass Wissen in der Praxis nicht angewendet wird, dass es unbeweglich, träge dort bleibt, wo es erworben wurde (in der Schule, der Universität). Vom Raucher, der sein Wissen über die Gesundheitsschädlichkeit des Rauchens nicht zum Anlass nimmt, mit dem Rauchen aufzuhören, bis zum Schüler, der *Krantz* mit *tz* schreibt, obwohl er weiß, das *tz* nur nach kurzen Vokalen steht, reicht die Bandbreite der Fälle nicht angewendeten Wissens. Besonders im Bereich des Deutschunterrichts wird das Problem der Nichtbeachtung von Regeln, der Differenz von Sprachwissen und Sprachhandeln beklagt. Der Begriff Praxisschock bezeichnet bei Berufsanfängern die Schwierigkeit, in der Ausbildung erworbenes Wissen in die Praxis umzusetzen. Anstatt am erlernten Theoriewissen orientieren sich Lehrer/innen eher an den Erfahrungen aus der eigenen Schulzeit (vgl. Bromme 1992, Terhart 1993).

Vgl. Baustein 13.

„Teachers teach as they were taught" (Jones, nach Lankes u.a. 2000, 417).

Auch der umgekehrte Fall ist bekannt, dass Verhalten zwar offensichtlich regelgeleitet abläuft, das zugrunde liegende Wissen aber nicht formuliert werden kann: Viele Germanistik-Studenten lernen die Regelhaftigkeiten, nach denen sich ihr korrekter Sprachgebrauch richtet, erst im Laufe des Studiums kennen, von brasilianischen Straßenkindern wird berichtet, dass sie zwar beim Verkauf von Süßigkeiten problemlos mit Geld umgehen könnten, in der Schule aber mit vergleichbaren Aufgaben Schwierigkeiten hätten.
Das gestörte Verhältnis von Wissen und Anwenden wird häufig mit Beispielen aus der Mathematik belegt. So berichtet Renkl (1996a, 84), dass die Aufgabe, wie viel Busse mit je 50 Plätzen für 130 Schüler nötig seien, nur von etwa einem Drittel der 13-jährigen Probanden richtig mit drei angegeben wurde, während die Mehrheit lebensfremde „mathematische" Lösungen wie 2 3/5 oder 2 Rest 30 angab. Dieses Phänomen nennen Mandl u.a. (1993) Kompartmentalisierung. Lernwissen und Alltagswissen werden offensichtlich in ver-

schiedenen „Schubladen" aufgehoben, ein Transfer mache Schwierigkeiten. Wenn wir hier von Alltagswissen sprechen, müssen wir uns der Problematik dieses Begriffes bewusst sein: Dieses das Verhalten unbewusst steuernde Wissen, auch implizites Wissen genannt, ist natürlich nur bedingt von der Anwendung des Theoriewissens zu unterscheiden, nämlich nur im Falle der fehlenden Übereinstimmung von Lernwissen und Verhalten, es lässt sich auch nicht mitteilen, also nicht theoretisch lernen, ohne eben selbst zum Theoriewissen zu werden.

Neben dem Begriffspaar Lernwissen – Alltagswissen werden zur Bezeichnung der beiden Seiten die Begriffe deklaratives Wissen (Faktenwissen/Sachwissen, Konzeptwissen) einerseits und prozedurales Wissen (Handlungswissen) andererseits oder explizites und implizites Wissen verwendet, zwischen denen offensichtlich nur schwer Verbindungen herzustellen sind.

Das gestörte Verhältnis vom Wissen und Anwenden: Erklärungsversuche

Für die fehlende Koordination werden unterschiedliche Erklärungsversuche diskutiert. Renkl (1996a) nennt:

- **Metaprozesserklärungen**
So könnten die Anwendungsprobleme des Lernwissens dadurch bedingt sein, dass eine metakognitive Kontrolle für den richtigen Einsatz und den richtigen Zeitpunkt von deklarativem Wissen und Handlungswissen fehle, eine dritte Wissensart müsse also hinzukommen, ein konditionales Wissen um die Anwendungsbedingungen: Wann, warum und wie ist z.B. mein Regelwissen bei der Überarbeitung eines Textes umzusetzen?
Motivationale Faktoren könnten ein weiterer Grund für Anwendungsprobleme sein, etwa Angst oder mangelndes Interesse. Hier ist die Aufmerksamkeit des Lehrers besonders gefordert. Der fehlende Wille, Wissen umzusetzen, ist ebenfalls eine Metaprozesserklärung, die wahrscheinlich für das Beispiel vom Raucher heranzuziehen wäre.

- **Strukturdefiziterklärungen**
Hier geht man davon aus, das Wissen selbst sei für eine Anwendung zu defizitär. Das ist etwa der Fall, wenn Verständnisschwierigkeiten vorliegen. Die Rechtschreibregel, tz stehe nur nach kurzem Vokal, kann nur dann sinnvoll angewendet werden, wenn auch Klarheit darüber besteht, dass z.B. *eu* nicht zu den kurzen Vokalen gehört.
Auch der bereits genannte Fall der Kompartmentalisierung von Wissen ist hier zu nennen. Überholtes Wissen wird offenbar in einer eigenen Schublade aufbewahrt, auch wenn neues Wissen zum gleichen Gebiet hinzukommt. Das heißt, die Trägheit des Lernwissens behindert auch den individuellen Prozess der Wissensaneignung, Lernwissen lässt sich schwer für die Aneignung weiteren Wissens aktivieren. Das erklärt auch das oben erwähnte Lehrerverhalten, auf überholtes, defizitäres Wissen zurückzugreifen.

- **Situiertheitserklärungen**
Eine neue Dimension erhält die Diskussion um das träge Wissen, wenn nicht weiter versucht wird, Gelerntes doch irgendwie anwendbar zu machen, sondern – und das ist die eigentlich konstruktivistische Sicht – Lernwissen anders definiert wird, nicht als fertige

Substanz, die es in neue Situationen zu übertragen, anzuwenden gilt, sondern als sich in jeder Situation neu konstituierendes Wissen. Auch in der Anwendungssituation muss also Wissen unter Einbeziehung von Erfahrungen, Vorwissen, Lernanregungen, situativen Bedingungen neu konstruiert werden. Ein Transfer fertigen Wissens im traditionellen Sinn ist damit unnötig, Wissen ist eine relationale Größe, immer bezogen auf die jeweilige Situation. Die Lernsituation rückt also in den Mittelpunkt des Interesses.

3. Situiertes Lernen

Wie nach konstruktivistischen Überlegungen Lernsituationen zu gestalten sind, damit eine Anwendung des Gelernten gelingt, also träges Wissen nicht entsteht, das wurde auf verschiedenen Wegen erprobt. Am häufigsten werden in der Literatur die folgenden drei Ansätze erwähnt, die hier kurz referiert werden sollen:

Ansätze situierten Lernens

- **Anchored Instruction**
Die Cognition and Technology Group at Vanderbilt (1990) bot Sekundarstufenschülern in Form des videobasierten Lernens Geschichten z.B. von den Abenteuern des Wildhüters Jasper Woodbury als narrativen Anker für Problemlösungen in Kleingruppen. Als authentische Problemsituation wurde etwa die Aufgabe gestellt, einen Plan für die Rettung eines verletzten Adlers zu entwerfen. Die kürzeste Strecke zum Tierarzt war nur durch den Einsatz mathematischer Verfahren zu ermitteln. Das heißt, die Schüler erarbeiteten sich selbst im Rahmen eines komplexen Problems aus dem Alltag (des Wildhüters) Einsicht in mathematische Zusammenhänge. Teilnehmer dieser Experimente hatten gegenüber Kontrollgruppen höhere Kompetenz beim Lösen von Textaufgaben, beim Planen von Lösungen und waren dem Fach Mathematik gegenüber positiver eingestellt.
Dass im vorliegenden Buch die meisten Bausteine mit einem „Anker" beginnen, einer Problemsituation, die zur eigenständigen Auseinandersetzung mit dem Thema führen soll, ist in Anlehnung an den Anchores Instruction-Ansatz zu sehen.

- **Cognitive Apprenticeship**
Collins, Brown und Newman (1989) (nach Kohler 1998) ziehen den Vergleich mit der traditionellen Handwerkslehre, wo die Lehrlinge von der anfänglichen Beobachterrolle aus allmählich eigenaktiv werden, beobachtete Handlungen nachahmen, unter Anleitung des Meisters und mit der Möglichkeit, von seinem Expertenwissen zu profitieren, immer selbstständiger an einer gemeinsamen Aufgabe, die von Anfang an sichtbar ist, mitarbeiten.
Hierbei kommt eine Reihe wichtiger Methoden zum Einsatz: modeling, coaching, scaffolding, fading. Vor allem das modeling als Verbalisierung der kognitiven und metakognitiven Prozesse beim Lösen einer Problemsituation durch den Experten ist bei der Übertragung der Handwerkslehre auf andere schulische Situationen nötig. Denn Prozesse, die bei der geistigen Arbeit ablaufen, können eben nicht genauso beobachtet werden wie die Vorarbeit des Handwerksmeisters.

Vgl. Baustein 25.

Kohler (1998) berichtet von etlichen erfolgreichen Projekten, die mit dem Cognitive Apprenticeship-Ansatz gearbeitet haben, vor allem der Einsatz in Kleingruppen sowie die Arbeit mit computergestützten Lernsystemen erscheinen erfolgversprechend.

Suchen Sie geeignete deutsche Begriffe für die genannten Methoden *coaching, scaffolding, fading* und erklären Sie das jeweilige Lehrerverhalten entsprechend der Vorgabe im Text zum *modeling* (vgl. Kohler 1998, S. 44 f.).

- **Cognitive Flexibility**

Der Cognitive Flexibility-Ansatz von Spiro und Jehng (1990) gilt als besonders geeignete Möglichkeit, in sog. schlecht strukturierten (ill-structured) Domänen, zu denen auch Sprach- und Literaturwissenschaften zählen, kognitive Flexibilität zu fördern. Dabei wird gegen die Übersimplifizierung, die zur Verfestigung naiver Alltagserfahrungen führen könne, die Orientierung am Expertenwissen gesetzt. In der Expertiseforschung, die als eigenständiger Bereich neben den Ansätzen situierten Lernens gelten kann, wird versucht, durch den Einsatz multipler Kontexte Vernetzungen und Strukturierung in komplexen Domänen zu schaffen. Dementsprechend wird multimediales Lernen favorisiert.

Expertiseforschung analysiert (vor allem kognitive) Merkmale kompetenten Handelns von Experten im Vergleich mit Novizen (vgl. Gruber 1994, 1999).

Die Entscheidung, das vorliegende Buch in einzelne Bausteine zu gliedern, zwischen denen ständig über Querverweise Vernetzungen aufgezeigt werden, um eine Strukturierung in der komplexen Domäne Didaktik zu ermöglichen, ist von Gedanken des Cognitive Flexibility-Ansatzes beeinflusst.

4. Prinzipien für die Gestaltung von Lernumgebungen

Im Vergleich der oben vorgestellten und weiterer konstruktivistischer Ansätze lassen sich Prinzipien herausstellen, die bei der Gestaltung von Lernumgebungen als erfolgversprechend angesehen werden (vgl. Mandl/Gruber/Renkl 1995, Gerstenmaier/Mandl 1995).

- **Problemorientierung**

Ein komplexes Problem sollte am Anfang von Lehr-Lern-Prozessen stehen, damit Lerner sich herausgefordert fühlen, ein Thema aufzugreifen, eine Lösung eigenständig zu versuchen. Allerdings sollte gewährleistet bleiben, dass sich Schüler nicht von der Komplexität einschüchtern lassen, sich überfordert fühlen und sich entmutigt abwenden.

- **Authentizität**

Das Ausgangsproblem sollte möglichst realistisch sein, es sollte einen Anwendungskontext für das zu erarbeitende Wissen darstellen. Das Lernen in außerschulischen Räumen, inmitten der Lebenswelt, entspricht dieser Forderung recht gut. Der Grad der Authentizität kann freilich variieren. Nach Müller (1996) müssen neben authentischen auch quasi-authentische und instruktionstechnologisch simulierte Situationen Beachtung finden.

Zur Öffnung des Unterrichts vgl. Baustein 24.

- **Multiple Kontexte/Perspektiven**
Unterschiedliche Sichtweisen oder unterschiedliche Kontexte sollen dafür sorgen, dass keine Fixierung auf eine einzige Sicht, einen einzigen Kontext stattfindet. So könnte die Notwendigkeit, ein Problem von verschiedenen Seiten zu betrachten, von Anfang an die Flexibilität, die Fähigkeit zur Übertragung von Lernwissen begünstigen. Auch ermöglicht die Mehrperspektivität eine bessere Differenzierung, die Berücksichtigung des unterschiedlichen Vorwissens der Lerner.

- **Soziale Interaktion**
Das „Lernen im sozialen Austausch" (Mandl u.a. 1995) wird von den meisten Autoren für besonders wichtig erachtet. Nicht nur, dass durch die Lerngruppe die nötige Perspektivenvielfalt eingebracht wird, es ergibt sich hier die Notwendigkeit des sprachlichen Austauschs, der Artikulation, was erheblich zur Bewusstwerdung beiträgt. Darüber hinaus ist die Partizipation am Wissen des Experten nur im sozialen Austausch möglich. Ein weiteres Argument liefert Gräsel (1998): Wissen würde außerhalb der Schule kaum als individueller Besitz, sondern immer als gemeinsames Wissen, als mit anderen zu teilendes Wissen aufgefasst.

- **Artikulation und Reflexion**
Wer bei schwierigen Denkprozessen plötzlich laut zu denken beginnt, hat die Rolle des Sprechens für das Denken eindringlich erfahren. Problemlöseprozesse werden durch Artikulation strukturiert, bewusst und somit verfügbar gemacht. Erst wenn man ein Problem sprachlich fassen kann, ist es erfasst. Nur so gelingt auch eine Übertragung auf andere Kontexte. Diese Dekontextualisierung ist auch kaum ohne Reflexion vorstellbar.

Ohne Sprache geht es nicht.

5. Diskussion um situiertes Lernen

Nach Hartinger (2002) lassen sich in der Diskussion um situiertes Lernen drei Positionen bzw. Argumentationsstränge feststellen:

Drei Positionen in der Diskussion um situiertes Lernen

Die erste Position sei durch die Kritik an der Ausschließlichkeit neuer Lernkonzepte gekennzeichnet. So warnt Weinert (1998a) davor, die Weiterentwicklung bewährter Lernkonzepte zu vernachlässigen. Eine Verbindung der neuen Theorien mit herkömmlichen ist freilich möglich, etwa mit Kerschensteiners Idee der Arbeitsschule oder Wagenscheins genetischem Lernen.
Die zweite Position kritisiere das situierte Lernen grundlegend. So wurde in der Anderson-Greeno-Debatte (vgl. Anderson u.a. 1997) die Kontextgebundenheit des Wissens angezweifelt, intellektuelle Fähigkeiten wurden in ihrem Stellenwert für einen durchaus möglichen Wissenstransfer betont.
Die dritte Position sei durch die Diskussion einzelner Lernbedingungen bestimmt. So ist etwa das Problem der Authentizität aufzugreifen: Hier könne es sich nur um ein relatives Konzept handeln, volle Authentizität der Ausgangssituation mit der Anwendungssituation würde einen Transfer des Gelernten nicht nur erschweren, sondern überflüssig machen.

Auch der Lernanker, der beim problemorientierten Ausgangspunkt empfohlen wird, kann kritisch gesehen werden. Wurde im Cognitive Flexibility-Ansatz bereits die Übersimplifizierung abgelehnt, könnte es darüber hinaus sein, dass manche Lerner sich generell nur ungern mit einer induktiven Problemlösestrategie einlassen. Vor allem Fortgeschrittene könnten hier eher gebremst als gefördert werden. Das in der ATI-Forschung (vgl. Cronbach/Snow 1977) angesprochene Problem, dass die Methoden zu den Lernern passen müssen oder anders ausgedrückt, dass nicht alle Methoden bei allen Lernern zu gleichen Ergebnissen führen, ist hier sehr ernst zu nehmen. Manche Lerner benötigen klar strukturierte Aufgaben, andere fühlen sich von komplexen Ausgangssituationen stärker herausgefordert.

Ein anderer, recht pragmatischer Aspekt ist der benötigte Zeitaufwand für die vorgestellte Art des situierten Lernens. Will man den angestrebten Erfolg nicht dadurch gefährden, dass Lerner in der Ausgangssituation ungebührlich unter Zeitdruck gesetzt werden, ist mit dem größeren Zeitaufwand eine Beschränkung der Themen, eine stärkere Konzentration auf exemplarische Problemlösesituationen verbunden. Didaktisch ist es jedoch sicher zu rechtfertigen, wenn Weniges intensiv gelernt wird und nicht Vieles oberflächlich.

Zusammenfassend kann gesagt werden, dass zum Thema situiertes Lernen noch Forschungsbedarf besteht, dass vor allem längerfristige Forschungen differenziertere Ergebnisse dieses Lernkonzepts erwarten lassen.

6. Konsequenzen für den Deutschunterricht

Konstruktivistische Forschungsansätze lassen hoffen, dass in der Ausbildung von Deutschlehrern nötiges Wissen so vermittelt werden kann, dass der Transfer auf den Schulunterricht gelingt, dass etwa Einblick in das Wesen der deutschen Sprache in einer Form geschieht, die eine Sichtweise des Schulkindes, seine Schwierigkeiten, die unvermeidlichen, aber nötigen „Fehler" mit einschließt.

Vgl. Baustein 15.

Für den Unterricht im Fach Deutsch, in dem es weniger auf reproduzierbares Faktenwissen als auf Anwendungsorientierung ankommt, scheinen viele Prinzipien konstruktivistischer Modelle bei der Gestaltung von Lernumgebungen gut realisierbar. Die lebensweltlichen Probleme als Ausgangspunkt für sprachliches Lernen müssen gar nicht erst erfunden werden, Sprache bietet in den ursprünglichen Verwendungssituationen genügend Authentizität.

Vgl. Baustein 3.

Eigenaktivität als ein zentrales Moment situierten Lernens wird im Anfangsstadium des Schriftspracherwerbs bereits vielfach praktiziert, eine Fortführung auch in höheren Klassen ist anzustreben. Im Literaturunterricht erfreut sich das Prinzip der Handlungs- und Produktionsorientierung bereits guter Verbreitung. Für den Sprachunterricht ist der Werkstattcharakter der Grammatik ein brauchbares Modell.

Vgl. Baustein 5.

Das Lernen in der Gruppe wird mit gutem Erfolg etwa bei der Textproduktion, vor allem bei der Textüberarbeitung (z.B. in Schreibkonferenzen) angewendet.

Auch Schulbücher (Lese- und Sprachbücher) liegen vor, die nach Prinzipien konstruktivistischen Lernens gestaltet sind. Sie sollten bevorzugt ausgewählt werden. Auf die Gestaltung von Lerntexten lassen sich Merkmale problemorientierter Lernumgebungen ebenfalls übertragen, wie Kohler (1998) überzeugend gezeigt hat.
Der Sprachunterricht eignet sich also in vorzüglicher Weise für eine Unterrichtsgestaltung gemäß den neuen Ansätzen der Lehr-Lern-Forschung. Die Lehrerinnen und Lehrer sollten ihren Beitrag zur Verwirklichung leisten.

In diesem Baustein haben Sie erfahren, dass

- *die neueren Beiträge der Lehr-Lern-Forschung die konstruktivistische Sicht favorisieren, die von Lernen als Wissenskonstruktion ausgeht,*
- *dass in der Schule/Universität erworbenes (Sach-)Wissen sich häufig als träge erweist und sich der Umwandlung in Handlungswissen und somit der Anwendung entzieht,*
- *dass für die Trägheit des Wissens Metaprozesserklärungen, Strukturdefiziterklärungen und vor allem Situierungserklärungen herangezogen werden,*
- *dass in verschiedenen Forschungsansätzen folgende Prinzipien situierten Lernens herausgearbeitet wurden: Problemorientierung, Authentizität, multiple Kontexte/Perspektiven, soziale Interaktion, Artikulation und Reflexion,*
- *dass trotz mancher Kritik das Modell des situierten Lernens eine vielversprechende Orientierung für den Deutschunterrichts darstellt.*

Weiterführende Literatur

Ensberg, Claus/Diegritz, Theodor/Hübner, Marlies/Schuster, Karl (Hrsg.) (2000): Deutschunterricht: Zugang zu den Lernenden finden. Braunschweig: Westermann.

Gerstenmaier, Jochen/Mandl, Heinz (1995): Wissenserwerb unter konstruktivistischer Perspektive. In Zeitschrift für Pädagogik 41, S. 867–888.

Kohler, Britta (1998): Problemorientierte Gestaltung von Lernumgebungen. Weinheim: Beltz.

Müller, Klaus (Hrsg.) (1996): Konstruktivismus. Lehrer – Lernen – Ästhetische Prozesse. Neuwied u.a.: Luchterhand.

(D.M.)

Baustein 29

Konzeptionen der Allgemeinen Didaktik und der Fachdidaktik Deutsch

Seit Jahren läuft im Fernsehen eine Sendung namens „Herzblatt“: Mit Hilfe von drei Fragen darf aus drei unsichtbaren Kandidaten/Kandidatinnen hinter einer Wand ein Partner/eine Partnerin für ein Wochenende ausgewählt werden. Dies ist der Hintergrund für die folgende fiktive Szene.

Vor der Wand: Eine Studentin, die Lehrerin werden möchte.
Hinter der Wand: Drei Vertreter der Gattung Didaktik.

Die Studentin beginnt mit ihren Fragen: Ich möchte Lehrerin werden, bin aber unsicher, ob dies der richtige Beruf für mich ist. Kandidat 1, wie bestärkst du mich in meinem Entschluss?
Kandidat 1: Die größte Erfüllung im Leben bedeutet es doch, wenn man jungen Menschen hilft, wertvolle Persönlichkeiten zu werden.
Kandidat 2: Wenn man Schülern die vielen Kenntnisse, die man heute benötigt, vermitteln kann, sollte man schon überzeugt sein, einen wichtigen Beruf auszuüben.
Kandidat 3: Wer täglich seinen Teil beiträgt, dass Heranwachsende miteinander auskommen, miteinander und voneinander lernen, der hat einen schweren, aber schönen Beruf.
Zweite Frage der Studentin: Was siehst du als das Wichtigste, das ich in meinem Studium lernen muss?
K 2: Die Techniken der Vermittlung von Wissen, vor dem Hintergrund der Kenntnisse, wie Schüler in verschiedenen Altersstufen lernen und verstehen.
K 3: Verständnis der Wichtigkeit gegenseitiger Verständigung und Kenntnis der Bedingungen für Lernprozesse.
K 1: Die Durchdringung der Sprache und Literatur, um die Bildungsgehalte, die in Sprache und Literatur enthaltenen Werte kompetent er- und vermitteln zu können.
Letzte Frage der Studentin: Ihr kennt euch besser als ich, wie würdet ihr eure Mitbewerber beschreiben?
K 3: Kandidat 1 ist für mich ein Schwafler, der viel von Bildung und Kultur quatscht, aber die Realität aus den Augen verliert.
K 1: Kandidat 2 erscheint mir als Unterrichtstechniker, der vor lauter Begeisterung darüber, wie die Schüler lernen, vergisst nach dem Was und Warum zu fragen.
K 2: Kandidat 3 ist ein Kommunikations- und Interaktionsfreak, für den eine gemeinsame action wichtiger ist als das Ergebnis.

Und nun die zusammenfassende Stimme aus dem Hintergrund: Wer soll dein Herzblatt sein? Kandidat 1, der Kulturfan, der dir zeigt, wie du wertvolle Persönlichkeiten formst und welche Bildungsgehalte in Sprache und Literatur stecken? Oder Kandidat 2, der Lernstratege, der alles über das Lernen weiß und der dir zeigt, wie man Wissen vermittelt? Oder Kandidat 3, der Kommunikationsfreak, der dir zeigt, wie du in der Gruppe klarkommst, dem die gegenseitige Verständigung wichtiger ist als das Lernergebnis? Liebe Studentin, nun musst du dich entscheiden.

Für uns ist es Zeit, die Szene zu verlassen, nicht nur, weil wir fürchten, dass unsere Studentin keinen Mut aufbringt, alle drei Kandidaten zu verschmähen und auf einen vierten zu warten, der die im vorliegenden Buch konzipierte konstruktivistische Didaktik vertritt, sondern weil wir uns in einer genaueren Auseinandersetzung mit den angesprochenen Vorstellungen von Didaktik befassen wollen.

In diesem Baustein wollen wir klären, welche Auffassungen von Didaktik sich in der Vergangenheit entwickelt haben, welche Schwerpunkte, Leitbegriffe, aber auch welche Schwachstellen bei den verschiedenen Theorien und Modellen zu diskutieren sind. Außerdem sollen die Konsequenzen für die Sicht auf die Fachdidaktik Deutsch aufgezeigt werden. Welche Rolle der Deutschdidaktik als wissenschaftlicher Instanz zukommt, gilt es herauszuarbeiten.

1. Modelle der Didaktik

In der Realität besteht für die Studierenden keine Wahlmöglichkeit zwischen den verschiedenen Didaktikmodellen. Die Studienordnungen der Lehramtsstudiengänge enthalten in der Regel Didaktik als verbindliche Teildisziplin der Pädagogik, manchmal als Allgemeine Didaktik, manchmal als Schulpädagogik ausgewiesen, immer jedoch in einer vorab festgelegten Konzeption, die – so wollen wir annehmen – dem jüngsten Stand der Diskussion entspricht. Erst im Rückblick auf die Entwicklung der Didaktik werden gravierende Veränderungen deutlich, die uns von unterschiedlichen Modellen sprechen lassen. Dieser historische Blick scheint jedoch nötig, um vermittelte Sichtweisen und Fragestellungen in ihrer Entwicklung, ihren historischen Zusammenhängen, als Fortschreibung didaktischer Bemühungen um die beste Art des Lernens zu sehen. Dabei kann Entwicklung als Verbesserung, Ausdifferenzierung, Veränderung der Perspektive oder Integration verschiedener Ansätze erscheinen.

Die frühe Kenntnis unterschiedlicher didaktischer Konzepte kann aber für Studierende auch nötig sein, um Irritationen zu vermeiden, die sich bei der Konfrontation mit der Praxis ergeben könnten, wenn dort in der Tat die einzelnen historischen Stationen didaktischen Denkens in einem Nebeneinander, vielleicht sogar als konkurrierende Modelle auftreten.

Das griechische Wort (*met)hodos* bezeichnet den Weg, der dem Ziel untergeordnet ist. Fragen nach dem Wie sind erst zu klären, wenn das Was (der Inhalt) und das Warum feststehen. Methodische Fragen des Unterrichts stehen nur dann im Mittelpunkt, wenn die Inhalte selbstverständlich sind.

- **Bildungs- oder Inhaltsdidaktik**

Als sich in den 60er Jahren die Didaktik als Wissenschaft etablieren konnte – zu denken ist hier etwa an das Jahr 1962, als Wolfgang Klafki auf dem Pädagogischen Hochschultag in Trier den Primat der Didaktik vor der Methodik forderte –, waren es Vertreter der geisteswissenschaftlichen Pädagogik, die Didaktik als Theorie des Bildungsprozesses (Klafki), als „Bildungslehre" (Erich Weniger), als Theorie der Bildungsinhalte, des Lehrplans der „Bildungskategorien" (Derbolav) entwarfen.

Didaktik unter dem Leitbegriff Bildung

Aufgabe der Didaktik ist es in dieser Sichtweise, die Bildung des Einzelnen zu einer wertvollen Persönlichkeit dadurch zu ermöglichen, dass sie Bildungsinhalte, die elementare Bildungsgehalte repräsentieren, exemplarisch auswählt und in Lehrplänen anordnet, um fundamentale Bildungsprozesse auszulösen. „Die didaktischen Prinzipien des Elementaren, Fundamentalen und Exemplarischen" stehen im Mittelpunkt eines Konzepts, das Klafki (1968) „kategoriale Bildung" nennt. Mit diesem Begriff soll eine Verbindung geschaffen werden zwischen der materialen Seite der Bildungsinhalte und der formalen Seite der Fertigkeiten, die ganzheitlich zusammengehören. Den Praxisbezug dieses geisteswissenschaftlich entwickelten Bildungskonzepts versucht Klafki in der sogenannten Didaktischen Analyse herzustellen, einem Modell zur Planung von Unterricht. Die Fragen, die bei diesem Vorschlag zur Unterrichtsvorbereitung beantwortet werden sollen, betreffen in einem ersten Teil die vier Dimensionen des didaktischen Feldes, in einem zweiten sollen sie den Bildungsgehalt des jeweiligen Unterrichtsinhalts ermitteln helfen.

Kategoriale Bildung

1. Allgemeiner Teil:	1. Geschichtlichkeit?
	2. Individuelles Selbstverständnis?
	3. Allgemeine Sinngebung?
	4. Struktur der Inhalte?
2. Besonderer Teil:	1. Exemplarische Bedeutung der Bildungsinhalte?
	2. Gegenwartsbedeutung?
	3. Zukunftsbedeutung?
	4. Bildungsziele?
	5. Günstige Lehr- und Lernbedingungen?

Schema der didaktischen Analyse von Klafki (nach Kron 1993, 128)

Bei der Klärung der Struktur der Inhalte findet die Fachwissenschaft, in unserem Fall also Sprach- und Literaturwissenschaften, ihren festen Platz im Konzept. Sie gilt als Prüfinstanz für die sachliche Richtigkeit der Inhalte.

- **Informations- oder Prozessdidaktik**

Ein Abrücken von der geisteswissenschaftlichen Sicht hin zu naturwissenschaftlichen Denkweisen brachte neue Vorstellungen von Didaktik ins Blickfeld. Zu nennen ist hier etwa das kybernetische Modell der Didaktik von Felix v. Cube. Die in der Technik funktionierenden Regelkreise werden als Denkmodell für die Steuerung von Unterrichts- und Lernprozessen genommen. Aufgabe der Didaktik ist es somit, das reibungslose Funktionieren der Unterrichtsprozesse zu ermöglichen, wobei die Information als das Senden und Empfangen von Zeichen eine elementare Rolle spielt.

Das griechische Wort Kybernetes bedeutet Steuermann, die Kybernetik ist die Steuerungstechnik, deren Funktionieren mit dem Regelkreis-Modell veranschaulicht werden kann.

Didaktik ist die „Wissenschaft, die Verfahren der Lernplanung, Lernorganisation und Lernkontrolle sowie deren Effekt untersucht" (Möller 1971, 183).

Didaktik unter dem Leitbegriff Information

Eine angemessene Umsetzung dieser Gedanken in die Praxis kann in der Entwicklung von Lernprogrammen gesehen werden. Bei der programmierten Unterweisung werden die Inhalte in kleinste Lehrschritte zerlegt, ständige Kontrollen des Lernstandes ermöglichen ein passgenaues Angebot, das vorgegebene Ziel wird auf optimalem Weg angesteuert. Auch der Arbeit im Sprachlabor, mit der Abschirmung des Lerners gegen Störungen von außen, lag die vorgestellte Didaktik-Auffassung zugrunde. Aktualität gewinnen diese informationstheoretischen Prinzipien heute wieder bei der Entwicklung der Lernsoftware für den PC.

In folgender Skizze sind die Zusammenhänge veranschaulicht.

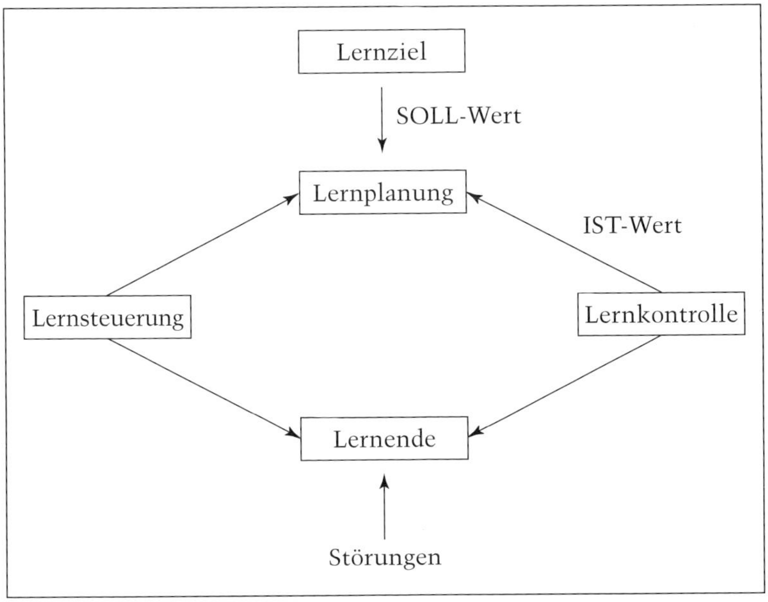

Regelkreismodell der Informationsdidaktik

• **Lerntheoretische Didaktik**

Die stärkste Praxisorientierung erfuhr die Didaktik im Konzept des Berliners Paul Heimann. Er versteht Didaktik im ursprünglichen Wortsinne als Theorie des Lernens und Lehrens im Unterricht (vgl. Heimann u.a. 1965, 1977). Dem Entstehungsort entsprechend wird dieses Modell auch Berliner Schule der Didaktik genannt. Aufgabe dieser lerntheoretischen Didaktik ist die „vieldimensionale Reflexion" des Unterrichts als „ein Vorgang von größter Faktorenkomplexität" (Heimann u.a. 1977, 8). In einer Stukturanalyse werden zunächst zwei Felder unterschieden: ein Entscheidungs- und ein Bedingungsfeld. Im Entscheidungsfeld werden vom Lehrer Entscheidungen getroffen, bezogen auf vier Elemente:

Zur etymologischen Klärung des Wortes Didaktik: Das griechische Verb didaskein bedeutet (be)lehren, unterrichten, in der Passivform: belehrt werden, lernen. Mit dem gleichen Stamm werden die Wörter für den Ort der Lehre (didaskaleion = Schule), den Inhalt (didaskalia = Lehre) und die Lehrpersonen (didaskalos = Lehrer) gebildet.

Didaktik unter dem Leitbegriff Lernen

a) Ziele/Intentionen
b) Themen/Inhalte
c) Unterrichtsmethoden
d) Medien/Mittel der Verständigung

Im Bedingungsfeld gilt es, die Bedingungen von Schülern (und Lehrern) zu ermitteln, die auf die Entscheidungen Einfluss haben könnten, bezogen auf

a) anthropologisch-psychologische Voraussetzungen (etwa altersgemäße, anlagebedingte, erfahrungsbezogene Situation)
b) soziokulturelle Voraussetzungen (kulturelle, gesellschaftliche Gegebenheiten).

Interdependenz

Im Entscheidungsfeld wird von der Interdependenz, der gegenseitigen Abhängigkeit der vier Elemente ausgegangen.

Suchen Sie Beispiele aus der Praxis, wie die Entscheidung zu einem der vier Faktoren im Entscheidungsfeld die Entscheidungsmöglichkeiten bei den anderen Faktoren beeinflusst/beeinträchtigt, etwa die Entscheidung für einen Film (Medien) oder die Gruppenarbeit (Methode). Denken Sie auch an Ziele, etwa Gesprächskompetenz, Hilfsbereitschaft, ...

Hiermit wird auch eine Aufwertung von Methoden und Medien vor allem gegenüber den Inhalten erreicht.

Die Zusammenhänge der Entscheidungs- und Bedingungsmomente seien hier schematisch dargestellt:

Modell der lerntheoretischen Didaktik

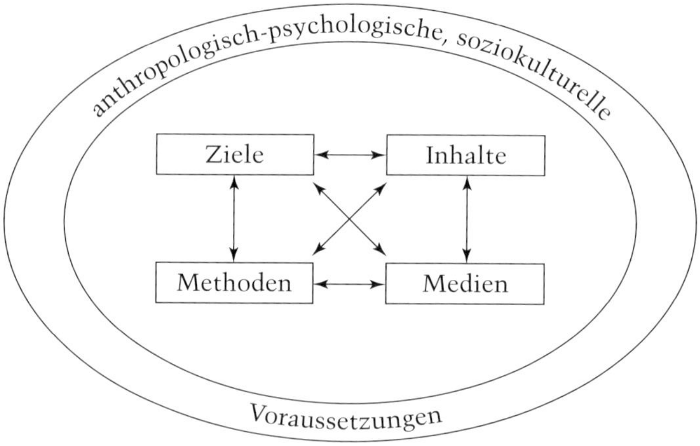

• **Kommunikations- oder schülerorientierte Didaktik**

Vgl. Baustein 2.

Didaktik unter dem Leitbegriff Kommunikation

In den 70er Jahren konnte der Begriff Kommunikation auch in der bildungstheoretischen Diskussion Fuß fassen. „Kommunikative Didaktik" (Popp 1976), „kritisch-kommunikative Didaktik" (Winkel 1986) lauteten entsprechende Modellvorstellungen. Aufgabe der Didaktik ist nun, Unterricht als „Prozess kommunikativen Handelns" (Biermann 1985) zu analysieren, wobei

- zum einen die Beziehungen der am Unterricht beteiligten Partner,
- zum anderen die gesellschaftlichen Bedingungszusammenhänge von Unterricht und Schule in den Mittelpunkt rücken.

Der mit ins Gespräch gebrachte Faktor Kritik ist nicht nur als gesellschaftskritischer Blick auf Abhängigkeiten und Störfaktoren zu

verstehen, in Form der Selbstreflexion ist die Metakommunikation zum wichtigen Moment im Unterrichtsgeschehen zu machen.
Die Aufwertung des Schülers als gleichberechtigter Kommunikationspartner des Lehrers führt zur Forderung nach weitgehender Schüler-Mitbeteiligung, von der Planung (im Projekt selbstverständlich) über unterrichtliche Handlungsformen (etwa bei Gruppenarbeit) bis zur Evaluation (Schüler korrigieren selbst). Dieser Kerngedanke schülerorientierter Didaktik sollte in der Praxis nicht mit dem Hinweis auf das Informationsgefälle zwischen Schüler und Lehrer ausgehöhlt werden, vielmehr sei auch im Blick auf die Planung eine „symmetrische Interaktion" anzustreben (Schulz 1980).

Vgl. Baustein 25.

Vgl. Baustein 26.

Welche Möglichkeiten sehen Sie, Schüler bei der Unterrichtsplanung zu beteiligen? Denken Sie an verschiedene Planungszeiträume (von der Stunden- zur Jahresplanung). Beziehen Sie auch die Anregungen der Bausteine 24 und 25 ein.

Für die Analyse der Beziehungen zwischen den Unterrichtspartnern empfiehlt Schulz (1981) das Konzept der themenzentrierten Interaktion von Cohn (vgl. Einleitungskapitel), um eine „dynamische Balance zwischen Ich und Wir-Ansprüchen" (Schulz 1981, 15) zu gewährleisten.

Balance der Aufgaben unterrichtlicher Interaktion

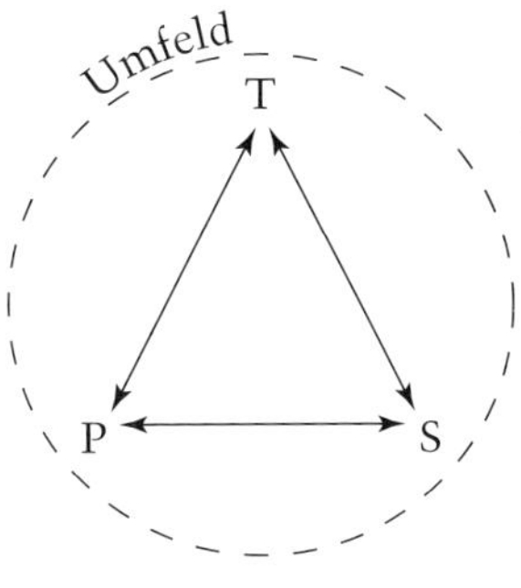

T = Thematischer Aspekt: Absichten der Teilnehmer, sich mit Themen auseinanderzusetzen
S = Soziierungsaspekt: Absichten, mit den Gruppenmitgliedern zugunsten der Themenbehandlung und der Ich-Stärkung Beziehungen aufzunehmen
P = Personaler Aspekt: Absichten der Ich-Entfaltung in thematischen und sozialen Bezügen

Die gesellschaftlichen Bedingungszusammenhänge („Umfeld") werden den Schülern in vielfältigen Bezügen deutlich, etwa im Blick auf

- inhaltliche Vorgaben des Lehrplans,
- organisatorische Bedingungen des Unterrichts (Zeit, Dauer, Klassengliederung, Ausstattung),
- rechtliche Bestimmungen (Schulpflicht, Zeugnisse, Elternrecht, Übertritt, Recht auf Bildung),
- hierarchische Gliederung (Schulleitung, Schulaufsicht, Staat),
- gesellschaftliche Erwartungen (Qualifikation, Selektion, Förderung).

Kritisch-kommunikative Didaktik

Die kritisch-kommunikative Didaktik will diese Bedingungen allerdings nicht nur registrieren, sondern sie versucht, sie „permanent zu verbessern, ... in Sollens-Werte zu überführen" (Winkel 1986, 79). Einen schematischen Überblick über die im kommunikativen Unterricht wesentlichen Aspekte gibt Winkel (1986, 87):

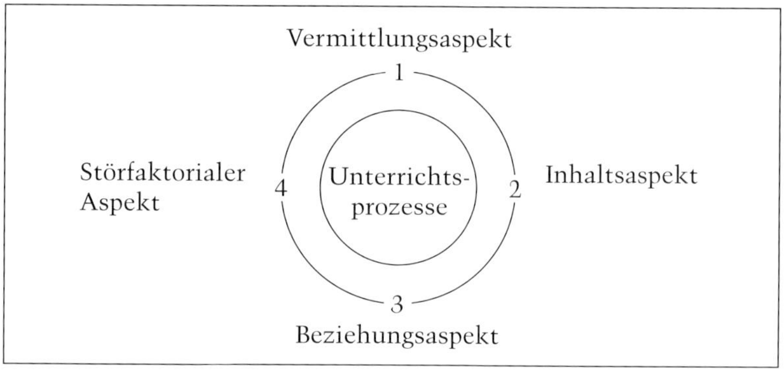

Unterricht im Spiegel kritisch-kommunikativer Didaktik – Die vierfache Aspektierung des Unterrichts

2. Kritik der Didaktikmodelle

Wurden die verschiedenen Didaktikmodelle bis hierher fast wertneutral vorgestellt, so soll nun auf Schwachstellen hingewiesen werden, die Anlass zu Kritik boten. Kritik, die auch zur Entwicklung der jeweiligen Folgemodelle beitrug.
So wurde die **Bildungsdidaktik** einmal wegen ihrer geisteswissenschaftlichen Orientierung mit der Bevorzugung hermeneutischer, der Ablehnung empirischer Methoden kritisiert – der Vorwurf, Erziehungswirklichkeit eher in den Schriften großer Pädagogen als in der Realität des Klassenzimmers zu suchen, wurde geäußert (Blankertz 1969). Zum anderen blieb der Leitbegriff Bildung nicht frei vom Verdacht der Ideologisierung, was für viele Hochwertbegriffe mit Leerformelcharakter gilt. Die Akzeptanz des handfesteren Begriffes Information könnte unter dieser Perspektive durchaus verständlich werden.

Begriff Bildung

Die Scheu, den Begriff Bildung zu verwenden, scheint allerdings heute nicht mehr gegeben. Nach einer Zeit der Nivellierung vieler Werte ist der Ruf nach Neuorientierung, die Rückbesinnung auf das Erzieherische nicht nur wieder hoffähig geworden, sondern nötiger denn je. Es ist sogar sinnvoll, für eine „Reformulierung des Bildungsbegriffes" zu plädieren.

Vgl. Baustein 27.

Diskutieren Sie dazu die weiterführenden Gedanken in Baustein 27.

Eine unpathetische Sicht auf Bildung zeigt folgendes Zitat aus einem Themenheft „Bildung" einer pädagogischen Zeitschrift: „Die alltägliche pädagogische Praxis über den Tag hinaus zu reflektieren, sich Rechenschaft abzulegen über die eigene Arbeit. Diese Perspektive heißt Bildung" (Bildung 1988). Zu ergänzen ist diese Sicht um die Rolle der Sprache. Bildung ist immer auch sprachliche Bildung, wie in Baustein 27 dargelegt.

Ausklammerung der Ziele

Die am schwersten wiegenden Bedenken gegenüber der **Informationsdidaktik** liegen in der Ausklammerung der Ziele aus der Verantwortung der Didaktik. Dass der Lehrer zum fremdgesteuerten Erfüllungsgehilfen wird, ohne sein Handeln begründen zu müssen, ist nicht hinnehmbar.

Abwertung der Rolle des Schülers

Ein weiterer Kritikpunkt ist in der technizistischen Einstellung dem Lerner gegenüber zu sehen. Er ist ein Faktor im Regelkreis, der „funktionieren" muss, Individualität, Kreativität, unerwartete Verhaltensweisen gelten als Störung, Mitbestimmung ist nicht geplant. Die heute wieder ins Gespräch kommende Ermittlung von isolierten Wissenselementen in Leistungstests ohne Berücksichtigung der didaktischen Grundlagen passt in dieses Bild. Die durch den Einsatz neuer Medien bedingte Aufwertung der Technik im Rahmen des Unterrichts bringt heute zum Teil die überwunden geglaubten Probleme mit der Informationsdidaktik zurück. Lernsoftware wird vielfach nach dem Prinzip der Optimierung von Informationsübermittlung entwickelt, ohne Legitimation und Diskussion der Ziele, manchmal ohne Rücksicht auf fachspezifische Erkenntnisse der Didaktik, häufig ohne Gedanken an die Individualität des Lerners – ausgenommen seien hier interaktive Programme. Zudem verführen CD- ROMs zur Präsentation großer Stoffmengen.

Fokussierung auf den Lerner

In der **lerntheoretischen Didaktik** wurden mit der Hereinnahme der Zieldimension in das Entscheidungsfeld und mit der Analyse der Voraussetzungen des Schülers bei der Bedingungsprüfung zwei Schwachstellen der Informationsdidaktik geheilt. Allerdings geht die Berücksichtigung des Lerners nicht weit genug. Erst in der **Kommunikationsdidaktik** gelingt der Schritt „von der Lehrerdidaktik zur Lernerdidaktik" (Flechsig 1978), ein Weg, der in der Folgezeit konsequent weiter verfolgt wurde und der u. E. zu einer neuen Konzeption von Didaktik geführt hat, die es verdient, mit einem eigenständigen Begriff benannt zu werden.

3. Ausblick: Konstruktivistische Didaktik

Reich (1997, 266) spricht von einer „systemisch-konstruktivistischen Didaktik".

Wir schlagen in Anlehnung an Reich (1997) zur Bezeichnung der aktuellen Entwicklung der Theorie des Lehrens und Lernens den Terminus **konstruktivistische Didaktik** vor.

Der Horizont dieses jüngsten Didaktik-Modells wird markiert von den Leitbegriffen **Öffnung des Unterrichts, Handlungsorientierung** und **situiertes Lernen**.

- **Offener Unterricht** (vgl. Ramseger 1977, Bönsch 1991) kann als Sammelbegriff für unterschiedliche Orientierungen stehen:

– für die bei der kommunikativen Didaktik aufgezeigten Formen der Öffnung von Planungs- und Entscheidungsprozessen für die Lerner,

- für die Öffnung der Curricula im Blick auf Schüler, Situation, Fortschritt der Wissenschaft,
- für die Öffnung der Schule hin zur Lebenswelt, dokumentiert etwa in der Akzeptanz außerschulischer Lernorte oder einer erweiterten Medienkompetenz,
- für die Öffnung des Korsetts der Lernorganisation durch Freiarbeit, Wochenplanarbeit, bis zu Freiräumen in Lehrplänen,
- für die Öffnung von Fachgrenzen zu integrativem, fächerübergreifendem, projektorientiertem Unterricht,
- für die Öffnung leistungs- und altershomogener Gruppen zu neuen sozialintegrativ orientierten Lerngruppen,
- für die Öffnung didaktischen Denkens aus eingefahrenen Bahnen von Konzepten, Analysemodellen, Beziehungssystemen.

• **Handlungsorientierung**
lässt sich ähnlich als Eckpfeiler einer Neubestimmung von Unterricht interpretieren.

Vgl. Baustein 2.

- Sprechen als soziales Handeln gilt als Teil der kommunikativen Kompetenz, die vor allem im Deutschunterricht angezielt wird,
- Handlungskompetenz kann als Schlüsselbegriff für schulische Bildung insgesamt gelten,
- im Geiste des dialektischen Materialismus ist Handeln Mittel zur Änderung gesellschaftlicher Verhältnisse, Aufhebung der Unterdrückung und damit Selbstentfaltung, Emanzipation,
- Handeln ist symbolisch-geistige Ausdrucksform menschlicher Lebenstätigkeit,
- zum Handeln gehört deshalb auch Körperlichkeit (Lernen durch Tun, Werken, Spiel),
- handelnder Umgang mit Literatur ist eine Form des Verstehens von Texten,
- Handeln ist schließlich Anwenden des Wissens, somit Ziel jeden Lernens.

• **Situiertes Lernen**
Mit dem letztgenannten Aspekt, der Anwendung des Wissens, ist die Verbindung zum situierten Lernen hergestellt. Von den verschiedenen Erklärungsversuchen für „die ‚unerklärliche‘ Kluft zwischen Wissen und Handeln" (Renkl 1994) sind die Situiertheitserklärungen am plausibelsten. Wissen lasse sich nicht als fertige Substanz von einer Lern- in eine Anwendungssituation übertragen, es müsse vielmehr stets neu konstruiert oder rekonstruiert werden. Das gelänge am besten, wenn in der Lernsituation mögliche Aspekte der Anwendung vorweggenommen würden. Die Bedingungen der Lernsituation sollten demnach in den Fokus didaktischen Denkens rücken. Über die Merkmale, die Lernsituationen aufweisen sollten, um Lernen als eigenaktiven Konstruktionsprozess zu ermöglichen (von der Authentizität bis zur sozialen Interaktion), informiert ausführlich Baustein 28.

Vgl. Baustein 28 zur Lehr-Lern-Forschung.

Dass in dieser konstruktivistischen Sicht auch liebgewonnene Prinzipien wie Mitbestimmung oder Schülerorientierung neu gedacht werden müssen, sei hier wenigstens erwähnt.

„Schülerorientierung bleibt in einem System mit Lehrern eine bloße Leerformel" (Reich 1997, 266).

In der Praxis der Schule haben sich die aufgezeigten Modellvorstellungen der Didaktik mit unterschiedlichem Erfolg durchgesetzt. Es

ist nicht davon auszugehen, dass die Weiterentwicklungen überall konsequent nachvollzogen wurden. So finden wir neben Mischformen – für die Unterrichtspraxis ist in der Tat zu empfehlen, mit unterschiedlichen Konzepten zu arbeiten – auch Standpunkte, die in überholten Vorstellungen verankert sind.
Kron (1993) berichtet von einer Befragung unter Lehrenden von der Grundschule bis zu Einrichtungen der Erwachsenenbildung und der Lehrerfortbildung. Auf die Frage „Was heißt für Sie ‚Didaktik'?" reichten die Antworten vom Eingeständnis der Unkenntnis („... und weiß es heute auch noch nicht") über Ablehnung („... etwas fürchterlich Theoretisches") bis zu differenzierten Angaben über didaktische Aufgabenstellungen wie die Organisation von Lernprozessen, Lehrplanentwicklung oder Leistungsbeurteilung. Übereinstimmung bestand in der Anerkennung der Didaktik als Wissenschaft. Die Ergebnisse der Befragung belegen die Wichtigkeit der Lehrerbildung. Lehrer sollten sich von „ihrer" Wissenschaft, der Didaktik, nicht abkoppeln lassen.

Vgl. die Gedanken zur Professionalität des Lehrers in Baustein 20.

4. Die Rolle der Fachdidaktik Deutsch

Didaktik kann in verschiedenen Spezifizierungen gesehen werden, als Stufendidaktik, bezogen auf einzelne Schulstufen – der Grundschuldidaktik dürfte dabei wegen der besonderen Situation der Adressaten die stärkste Eigenständigkeit zukommen – oder als Fachdidaktik bezogen auf die einzelnen Fachdisziplinen.

Verhältnis zur Sprach- und Literaturwissenschaft

Zu den für die allgemeine Didaktik wichtigen Aspekten kommt für die Fachdidaktik als neuer Faktor das **Verhältnis zur Fachwissenschaft** hinzu. Dieses Verhältnis kann hierarchisch oder kooperativ gesehen werden. Folgende Positionen sind verbreitet:

Reduktion auf Methodenlehre

- Sprach- und Literaturwissenschaft übernehmen, überkommener Wissenschaftstradition entsprechend, die Führungsrolle, der Fachdidaktik als Neuling im Wissenschaftskonzert bleibt die Umsetzung, die „Didaktisierung" der Fachinhalte, weil die beschränkteren Verstehensmöglichkeiten der Schüler Vereinfachungen erforderten. Fachdidaktik wird hier auf Methodenlehre reduziert.

Aufwertung zur bestimmenden Größe

- Didaktik bestimmt das Vorgehen im Rahmen der Wissenschaften. Auswahl, Anordnung, Präsentation von Inhalten der Sprach- und Literaturwissenschaft werden didaktisch reguliert. Auch Studenten hätten ein Recht auf didaktische Aufbereitung, selbst dem reinen Forschungsbetrieb kämen didaktische Überlegungen zugute. Didaktik wird in der Hierarchie hier die bestimmende Größe. Blieben solche Gedanken – als programmatischer Protest gegen die „Fachidiotie" der Wissenschaften von Vertreten der 68er-Generation geäußert – lange ohne nachhaltigen Erfolg, so erfahren sie heute bei den allenthalben unternommenen Bemühungen um Modularisierung von Studiengängen durchaus breitere Akzeptanz.

Gleichberechtigung

- Sprach- und Literaturwissenschaft und Fachdidaktik sollen gleichberechtigt zusammenarbeiten. Ihre Inhalte und Ziele sind nur teilweise identisch, daneben finden jeweils eigenständige Aufgabenstellungen Platz.

> *Machen Sie sich Gedanken über den Zusammenhang schulischer Inhalte des Deutschunterrichts mit Inhalten der Sprach- und Literaturwissenschaft, ordnen Sie in zwei Gruppen: Inhalte mit Wissenschaftsbezug, Inhalte ohne (deutlich erkennbaren) Wissenschaftsbezug oder mit Bezug zu anderen Wissenschaften neben der Germanistik.*

Neue Aufgaben

Eine solche Kooperation hat in den letzten Jahrzehnten für beide Disziplinen neue Aufgaben mit sich gebracht. So ist die Kinder- und Jugendliteratur sicher ein für die Literaturwissenschaft unter didaktischer Anleitung interessanter neuer Inhalt, der Dialekt rückt als Sprachvarietät aus der Schulpraxis ins Blickfeld der Sprachwissenschaft, Schreibforschung ist inzwischen ein wichtiges Modul in verschiedenen Studiengängen. Andere aus der Praxis stammende Themen warten noch auf ihre Entdeckung durch die Fachwissenschaft, etwa die Beurteilung von Schülertexten.

Vgl. Bausteine 4 und 5.

Dass die Fachdidaktik Deutsch durch den Kontakt zur Sprach- und Literaturwissenschaft zur Lösung ganz spezifischer, in anderen Didaktiken nicht vorfindlicher Aufgaben animiert wird, ist eigentlich selbstverständlich. Zu denken ist hier etwa an die Probleme der Annäherung der Lerner an die Schriftsprache, an sprachliche Normen, den Umgang mit sprachlichen Fehlern.

Vgl. Bausteine 14 und 15.

Ist Fachdidaktik verzichtbar?

Eine weitere denkbare und leider nicht ganz ausgestorbene Sichtweise geht von der Verzichtbarkeit auf Fachdidaktik aus. Neben einer hier zu vernachlässigenden Haltung der Ignoranz könnte ein nicht ganz gerechtfertigter Optimismus dafür verantwortlich sein, die Annahme nämlich, ein guter Fachwissenschaftler sei eo ipso auch ein guter Lehrer, unter Berufung auf Goethes Faust: „Es trägt Verstand und rechter Sinn /mit wenig Kunst sich selber vor."

Vgl. Baustein 30.

Die Notwendigkeit und Berechtigung einer eigenständigen Fachdidaktik ist schon durch ein wissenschaftstheoretisches Argument zu belegen: Auswahl und Prioritätensetzung – notwendig im Blick auf die in der Schule nur begrenzt zur Verfügung stehende Zeit – kann nicht innerhalb einer Wissenschaft geregelt werden, dazu ist eine Außeninstanz, nämlich die Fachdidaktik nötig.

Anders argumentiert Ivo: Fachdidaktik sei als wissenschaftliche Instanz nötig, um „die Störungen in den Korrespondenzverhältnissen zwischen wissenschaftlichen Disziplinen und Schulfächern wenn schon nicht beseitigen so doch wenigstens verringern" zu können (Ivo 1999, 105). Von daher kämen der Fachdidaktik folgende – allerdings unterschiedlich wichtige – Rollen zu:

- Entsorger: Gemäß der Entrümpelungsmetapher wird von Wissensexplosion, Veralterung des Wissens gesprochen, Fachdidaktik müsse aus der Fachwissenschaft aussortieren, was für schulische Zwecke unbrauchbar sei.
- Schiedsrichter: Zwischen widersprüchlichen Theorien in der Fachwissenschaft, „wissenschaftlichen Moden" gelte es zu entscheiden.
- Designer: Den fachlichen Gehalten könne Fachdidaktik „ein pädagogisches Outfit" verleihen.

- Importeur: Neue Themen werden durch die Fachdidaktik in die wissenschaftlichen Disziplinen eingeführt.

Ivo geht davon aus, die Fachdidaktik habe zu Recht die ersten drei Rollen abgelehnt, nur die vierte Rolle, die des Importeurs, sei allgemein akzeptiert.
Dass in der Tat immer neue Aufgaben auf die Fachdidaktik und über sie auf die Germanistik zukommen, lässt sich auch dadurch belegen, dass durch die Lehr-Lern-Forschung neue Einsichten in Theoriebildungen, Denkstrukturen von Schülern offengelegt werden, die von einer konstruktivistischen Fachdidaktik zu übernehmen und zu klären sind, wodurch sich eine neue Schülerorientierung ergibt (vgl. Velthaus 1992).

Zusammenfassung

In diesem Baustein haben Sie erfahren,

- *dass sich seit den 60er Jahren unterschiedliche Modellvorstellungen von Didaktik entwickelt haben, die Bildungs- oder Inhaltsdidaktik mit dem Schwerpunkt auf der Analyse der Bildungsinhalte, die Informations- oder Prozessdidaktik, die eine Optimierung von Informationsprozessen anstrebt, die lerntheoretische Didaktik, die Entscheidungs- und Bedingungsmomente des Unterrichts unterscheidet, die kommunikations- oder schülerorientierte Didaktik, die den Schüler zum gleichberechtigten Partner des Lehrers macht,*
- *dass an Kritikpunkten vor allem der Leerformelcharakter des Bildungsbegriffs, die Aussparung der Ziele sowie die Missachtung der Schülerindividualität bei der Prozessdidaktik, die zögerliche Berücksichtigung der Schüler bei der lerntheoretischen Didaktik zu nennen sind,*
- *dass Öffnung des Unterrichts, Handlungsorientierung und situiertes Lernen Schlüsselbegriffe in aktuellen Didaktikvorstellungen sind, wofür sich der Begriff konstruktivistische Didaktik anbietet,*
- *dass das Verhältnis der Fachdidaktik Deutsch zur Sprach- und Literaturwissenschaft kooperativ sein sollte,*
- *dass die Fachdidaktik neben der wichtigen Aufgabe der Auswahl von Fachinhalten die Funktion hat, Lern- und Denkprozesse bei Schülern zu analysieren.*

Weiterführende Literatur

Ivo, Hubert (1999): Deutschdidaktik. Die Sprachlichkeit des Menschen als Bildungsaufgabe in der Zeit. Baltmannsweiler: Schneider.

Kiper, Hanna/Meyer, Hilbert/Topsch, Wilhelm (2002): Einführung in die Schulpädagogik. Berlin: Cornelsen Scriptor.

Kron, Friedrich W. (1993): Grundwissen Didaktik. München/Basel: Reinhardt.

Reich, Kersten (1997): Systemisch-konstruktivistische Pädagogik: Einführung in Grundlagen einer interaktionistisch-konstruktivistischen Pädagogik. Neuwied u.a.: Luchterhand, 2. Auflage.

(D.M.)

Baustein 30

Germanistik als Bezugswissenschaft der Fachdidaktik Deutsch

(Sprach- und Literatur-, Kultur- und Medienwissenschaften)

Der eine fragt: „**Was** soll ich lehren?
Es geht doch drum, das Wissen zu vermehren."
Der Zweite drauf: „**Wie** soll ich's tun? ist vielmehr wichtig,
denn nur wer Wege kennt, setzt seine Schritte richtig."
Da schüttelt gleich der Dritte seinen Kopf:
„Ich muss die **Theorien hinter beidem** kennen,
muss diese von den Sachen und Methoden trennen,
sonst bleibe ich ein armer Tropf."
„Das bloße Trennen hilft mir noch sehr wenig –
ich muss die **Grenzen solcher Theorien** zeigen,
darf deren blinde Flecken nicht verschweigen":
Schon fühlt der Vierte sich als König.
„Was nützt dies denn allein, ich bin verstrickt,
dass mir die **Sprache** ist **zugleich** – verzwickt –
Werkzeug und Untersuchungsgegenstand,
die ganze Welt und ihre Ordnungen zu kontrollieren –
dazu **mich selbst**, ein ausgesprochen unbekanntes Land."
„Ich fürchte", sagt der Fünfte, „ich muss resignieren,
zumal wenn ich das alles recht bedenke,
den Blick noch auf **vergangne Zeiten** lenke."
„Das ist ja nicht zu fassen", spricht der Weise,
und beginnt nochmal von vorn, beharrlich leise.

Diskutieren Sie die in diesen Versen steckenden Aussagen, Widersprüche und Probleme. Beziehen Sie Ihre Überlegungen auf die Wissenschaftsdisziplin Germanistik. Machen Sie sich – auch mit Hilfe von Lexika – kundig über die Begriffe Wissenschaftstheorie und Metakommunikation.

Was Sie in diesem Baustein erwartet:

- *Wie sich Germanistik versteht.*
- *Wie sie gegliedert ist.*
- *Welche Methoden sie ausgebildet hat.*
- *In welchem Verhältnis sie als Bezugswissenschaft zur Deutschdidaktik steht.*
- *Wie sie in den Studienplan für das Studium zum Deutschlehrer eingepasst sein kann.*

1. Wie sich Germanistik versteht

Diese Frage ist nicht leicht zu beantworten, wenn man die nun schon 200 Jahre alte Geschichte des Universitätsfaches – natürlich mit einer weit längeren Vorgeschichte der Beschäftigung mit Sprache(n) und Literatur(en) – betrachtet, in der sie sich ihrer Gegenstände – *deutsche Sprache und deutsche Literatur* – im Lichte unterschiedlicher Interessen versichert hat, z.B. historischer, kultureller, nationaler, sprachpflegerischer, bildungsorientierter.

Im Fokus unterschiedlicher Interessen

Solche Interessen bestimmen sowohl die Auswahl der Gegenstände, die Ausbildung der Forschungsmethoden als auch das Selbstbild „des Germanisten", der mit der Rolle als Gelehrter, Gebildeter, Philologe (Sprach- und Literaturliebhaber), Sprachkundiger, Volkserzieher, Lehrer auftreten konnte – als Lehrer aber auch Kollegen traf, die sich dennoch nicht als „Germanisten" sahen.

Erheben Sie in Ihrer Arbeitsgruppe Bilder vom Germanisten und diskutieren Sie darüber. Welche Gewichtungen haben Sie erkennen können?
Welche Nähe zwischen Germanistik und Aufgaben der Didaktik der deutschen Sprache und Literatur sehen Sie jeweils?

2. Wie die Germanistik gegliedert ist

Die Germanistik als Wissenschaftsdisziplin ist heute an den Universitäten in mehrere Disziplinen unterteilt.

- **Deutsche Sprachwissenschaft oder germanistische Linguistik**
Sie befasst sich sowohl mit der Geschichte der Sprache als auch mit ihrer Struktur – auf allen Ebenen, bis hin zur Textlinguistik und ihrer Funktion in Kommunikation.

Zu den Sprachebenen vgl. Baustein 16.

- **Germanistische Mediävistik oder Altgermanistik**
Sie befasst sich traditionell mit den früheren Sprachstufen des Deutschen und den aus diesen Zeiten überlieferten Texten. Sie verbindet somit die Sprachgeschichte (vgl. die erste Disziplin) mit Literaturgeschichte (vgl. die dritte Disziplin).
Dieser Fachteil beansprucht aber heute zunehmend, ausgehend vom europäischen Mittelalter und seiner Literatur, ein weites Feld von Kulturtradition(en) und Kulturdifferenzen zu erforschen, Germanistik als Kulturwissenschaft zu etablieren (vgl. Beisbart 2006).

- **Neuere deutsche Literaturwissenschaft (NDL)**
Sie befasst sich mit der Literatur der „Neuzeit" bis zur unmittelbaren Gegenwart, dem sog. „Literarischen Leben", wobei der Beginn – zwischen Reformationszeit und Barock – zum Teil noch der Mediävistik zugewiesen wird.
NDL hat zwei Hauptschwerpunkte: Literaturgeschichte und Literaturtheorie, wobei letztere – in den antiken Traditionssäulen Rhetorik und Poetik – schon eine lange eigene Geschichte hat. Beide Schwerpunkte hängen miteinander zusammen, z.B. wenn Gattun-

gen unterschieden und deren eigene Geschichte erforscht wird, etwa die Geschichte des Dramas; wenn bestimmte Gattungen oder bestimmte Texte und ihre Autoren als hervorragende Beispiele ihrer Epoche gesehen werden; wenn sich daraus die Diskussion um einen Kanon wichtiger Texte entwickelt.

- **Kinder- und Jugendliteraturforschung**

Vgl. Sie dazu Baustein 19.

Im ausgehenden 20. Jahrhundert hat sich dieses literaturwissenschaftliche Forschungs- und Lehrgebiet verselbstständigt. Dieser lange vernachlässigte oder allein von der Pädagogik (als Literaturpädagogik) bearbeitete Gegenstandsbereich der spezifischen Literatur für junge Leser wird nun ebenso wie die neuere deutsche Literatur literarhistorisch und -systematisch erforscht (vgl. Ewers 2000). Nun zeigt sich aber – je mehr man lernt, in vernetzten Zusammenhängen zu denken, zu forschen und zu lehren –, dass auch die vier Teilbereiche der Germanistik mit anderen Bezugswissenschaften zusammenarbeiten müssen. Besonders zu nennen sind die Komparatistik, d.h. die Vergleichende Literaturwissenschaft und die Medientheorie, die anmahnt, dass nicht nur gedruckte oder verschriftete mündliche Texte zu den Gegenständen der Forschung zählen können. Darüber hinaus ist auch für ein fundiertes Studium eine Reihe weiterer Disziplinen sehr wichtig, zu nennen sind vor allem die Philosophie(geschichte), die Religionsgeschichte, die Geschichtswissenschaft und die Soziologie. Auch eine Reihe eigener neuer Wissenschaftsdisziplinen hat sich aus der Zusammenarbeit entwickelt: zu nennen sind vor allem Sprachsoziologie, Klinische Linguistik, Kindersprachforschung, Lese(r)psychologie, Literaturpsychologie, Literatursoziologie, Kulturwissenschaft – sowie eben die Fachdidaktik, deren andere Bezugswissenschaften, vor allem die Erziehungswissenschaften, auf die Germanistik zurückwirken.

Vgl. dazu Abs. 4. unten.

3. Welche Methoden die Germanistik ausgebildet hat

Man kann die Entwicklung der Germanistik durchaus so erzählen, wie dies das kleine Gedicht am Anfang dieses Bausteins versucht hat:
Es beginnt mit dem Sammeln von Sprachdokumenten und Texten. Dazu gehören natürlich auch alle Bemühungen der Herausgabe von authentischen und lesbaren Ausgaben, was schließlich zu einer eigenen Editionswissenschaft führte, von deren Ergebnissen alle profitieren, die mit Texten umgehen.
Es schließen sich Reflexionen über Methoden zur Sichtung und Vermittlung an, wobei die Hermeneutik – wörtlich „Auslegungskunst" und von Juristen und Theologen schon seit der Antike ausgebildet und verfeinert – gewissermaßen die grundlegende Methode genannt werden kann, sofern sie es vermeidet, in jedem Text *einen* und nur einen „letzten Sinn" zu suchen.

Vgl. S. 119.

Methoden oder Methodenschulen, im Laufe der letzten zwei Jahrhunderte in Konkurrenz zuerst nacheinander, später nebeneinander entstanden, stellen Versuche dar, den Umgang mit den Texten für weitere Deutungen offen zu halten. Darüber hinaus schärfen sie den Blick für Metakritik, d.h. für die Selbstreflexion der Interpreten über ihren vielleicht einseitigen Fragestandpunkt oder -horizont.

Sie können sich über die wichtigsten sprachwissenschaftlichen Methoden informieren bei Helbig 1971, über die wichtigsten literaturwissenschaftlichen Methoden in Gutzen u.a. 1989 6.A., Bogdal 1990.

Sinnvoll ist es, zwei Gesichtspunkte im Blick zu behalten:

In der Erkenntnis eines konkurrierenden Methodenpluralismus, der einen epochentypischen Methodenmonismus überwand, ist es heute üblich, von unterschiedlichen Zugängen zu sprechen; dabei sind die Einsichten des Konstruktivismus über die Perspektivität der Wahrnehmung schon für die Texte selbst von Bedeutung: nicht alle aus allen Zeiten bieten allen Methoden dieselben Anhaltspunkte; und die Forderungen der Dekonstruktion zielen darauf ab, jedem Text möglichst wenig Gewalt anzutun, ihn nicht für eine bestimmte Deutung zuzurichten.
Zugleich wird so erkennbar, dass jede Methode ihre Perspektive bzw. ihren Ausgangspunkt offenlegen muss, der am besten von einer versuchten Systematik des Gegenstandes aus erkannt werden kann. Für die Sprachwissenschaft heißt dies:

Vgl. Baustein 16.

Kommunikation

Sprachlerner/ Individuum — SPRACHE — Gesellschaft/ Lerngemeinschaft

Geschichte

Die **Sprache als Zeichensystem** kann strukturalistisch systematisch untersucht werden, in geschichtlicher Perspektive in ihrem **historischen Prozess** (Diachronie) unter der Perspektive des Sprachwandels (z.B. der Lautgestalt, der Bedeutungen, der Syntax, der rechtschriftlichen Normen usw.), des Weiteren unter der Perspektive der synchronen Bedingungen verschiedener **kommunikativer und funktionaler Voraussetzungen und Erwartungen**, zudem hinsichtlich der **individuellen Bedingungen der Sprachwahrnehmung und Sprachproduktion** und schließlich in der Perspektive der **sozialen und regionalen Bedingungen** des Sprachgebrauchs.
Wieweit in einem solchen System bereits die Perspektiven des Sprachlernens, für das Individuum (ganz links im Schema) und die Lerngemeinschaft (ganz rechts im Schema), also auch der Sprachdidaktik und weiterer „angewandter sprachwissenschaftlichen Disziplinen" (z.B. des Übersetzens, der Linguistischen Datenverarbeitung) enthalten sind, ist in der Diskussion um die Sprachdidaktik zu klären.

Vgl. dazu Abschnitt 4.

Für die Literaturwissenschaft sollte sich eine Systematik des Gegenstands erreichen lassen im Blick auf die literaturtheoretische Frage: Was ist Literatur? Wenn man die verschiedenen Definitionen und kommunikativ-sprachfunktionalen Erkenntnisse darüber zu vereinigen sucht, lässt sich – in Anlehnung an Erkenntnisse von M.H. Abrams (1978) – das folgenden Schema „System der Literaturbegriffe" entwickeln:

System der Literaturbegriffe

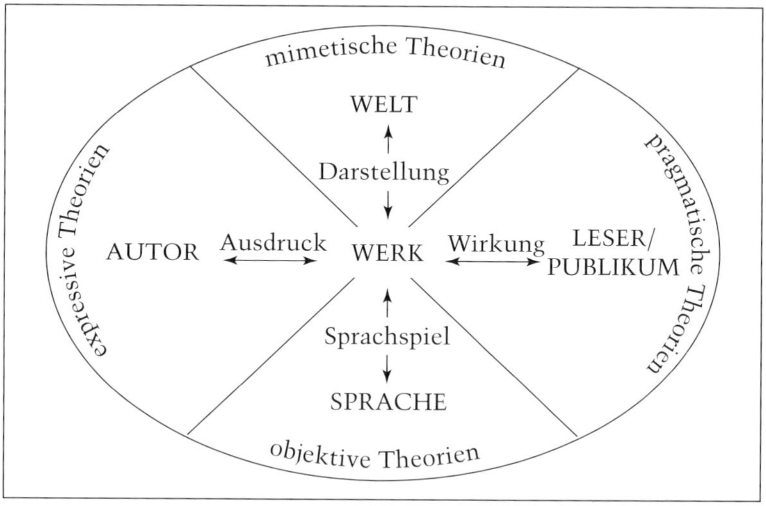

Mimetische Theorien – seit Plato und Aristoteles – stellen die Beziehung zwischen Werk und Welt oder „Wirklichkeit" in den Vordergrund, beschäftigen sich mit dem Verhältnis von Realität und Dichtung, zwischen Abbild und Erfindung, beziehen dann aber auch Kriterien der Gattungswahl und -kennzeichen mit ein.

Die „zweite Welt" der Texte

Vgl. Baustein 18, S. 195.

So sehr der naive Leser gerne klare Antworten auf die Frage: real oder erfunden? hätte und sich mit den Formeln „realistisch" oder „phantastisch" behilft, so sehr führt die zunehmende Einsicht in die „zweite Welt", die jeder Text erst herstellt oder formt, dazu, diese Frage als zweitrangig, ja als unbrauchbar anzusehen.

Diskutieren Sie, welche Bedeutung für den Leser die Frage „realistisch oder phantastisch?" im Umgang mit einem Zaubermärchen, dem Roman, einem Buch wie „Harry Potter", einem Roman von Stephen King hat.

Die Bedingungen des Lesers

Pragmatische oder rezeptive Theorien stellen die Beziehung Werk und Leser in den Vordergrund, die Wirkungen also, die Literatur ausüben kann. Von der Formel prodesse, delectare et movere (nützen, erfreuen und bewegen) wird zum einen nach den Werten gefragt, die die Literatur vermitteln kann (Moral, Trost, Spannung ...), zum anderen wird die Frage nach den Regeln zur Erzeugung von Wirkung gestellt. Besonders in der rhetorischen Tradition wurden dazu inhaltlich-mimetische, sprachlich-stilistische und deklamatorisch-darstellerische Regelaussagen gemacht. Doch in dem Maße, in dem erkennbar wird, dass Wirkungen weder eindeutig machbar noch vorhersagbar sind, kommen die Bedingungen des Lesers in den Blick: Sozialgeschichtliche und rezeptionsästhetische Methoden fragen nach den Einflüssen der sozialen Rollen, des Geschlechts, der Vorbedingungen seiner Vorstellungsfähigkeit und seines Wissens. Die zunehmende Macht des Lesers, aber auch seine Ohnmacht einer

„allgemeingültigen Deutung von Texten" gegenüber drücken sich in Begriffen wie Dialogizität und Dekonstruktion von Texten aus, die metakommunikativ die Einseitigkeit eines einzigen Zugangs oder eines eindeutigen Sinns erkennbar machen wollen.

Der Autor im Mittelpunkt

Expressive Theorien befassen sich mit der Beziehung zwischen Autor und Werk, sie stellen die Frage nach der Echtheit des Gefühls, der Originalität des Dichters in den Vordergrund, wie dies im ausgehenden 18. Jahrhundert (Geniekult, Romantik) zu beobachten ist und als „Authentizität" von vielen Lesern in der Lyrik bis heute erwartet wird. Wissenschaftliche Methoden sind die Biographik, die Deutung eines Werkes aus der Biographie, aus Lebenszeugnissen, Briefen und prägenden Ereignissen, in neuerer Zeit vor allem um psychoanalytische Fragestellungen ergänzt.

Literatur ist Sprache.

Objektive Theorien befassen sich mit der Beziehung zwischen Werk und Sprache, bezeichnen als literarisches Kunstwerk, was sich durch eine sich selbst konstituierende Ganzheit auszeichnet. Die Anfänge dieser Ansicht eines „l'art pour l'art" liegen zur Zeit der Wende vom 18. zum 19. Jahrhundert; wirksam wurde sie in größerem Umfang gegen Ende des 19. Jahrhunderts. In dieser Sicht gehört zur Literatur, was in besonderer künstlerisch-ästhetischer Sprachgestalt auftritt – bis hin zu den Texten, die die Sprache zum Gegenstand ihres (immer mehrdeutigen) Spiels machen, wie dies im experimentellen Roman oder der Konkreten Poesie der Fall ist.

Die Leistungen all dieser Methoden sind wichtig, weil sie sowohl die Texte einseitigem Zugriff entziehen können als auch die Leser als selbstverantwortliche Mitspieler im Verstehensprozess stärken. Dennoch scheint die Zeit reif zu sein, darauf zu verweisen, dass zunächst auf die Texte selbst zuzugehen ist, d.h. wirklich zu lesen, „was dasteht". So erweisen sich Sprachlichkeit oder genauer Literarizität als grundlegend für Verstehen und Interpretieren.

Literarizität bedeutet die Gestalt der Wahrnehmungs- und Deutungsangebote eines Textes.

Das meint alles andere als einen leeren Formalismus, der „Gattungsmerkmale" oder „Grundbedeutungen" feststellt, wohl aber die genaue Wahrnehmung der textuellen Gegebenheiten und ihrer innertextuellen Bezüge, wie sie die sogenannten textheoretischen Ansätze, die werkimmanente Analyse und der Strukturalismus leisten. Damit sind produktive Auseinandersetzungen des Lesers nicht ausgeschlossen, es ist gefordert, alle Deutungen am ganzen Text zu überprüfen.

Versuchte man nach einer solchen Forderung eine Systematik des Zugangs zu Texten, so könnte man auch von einer allmählichen Erweiterung des Blicks vom **Text**exemplar zum **Autor**, zu den **Leser**interessen, zu weiteren **Textexemplaren** aus verschiedenen Epochen, ihren Bezügen und Wirkungen, und schließlich zu den geistes- und sozialgeschichtlichen **Zusammenhängen** sprechen. Dies gilt dann grundsätzlich für jeden Text, vom Kindergedicht bis zum Drama, von der Zeitungsnotiz bis zum großen Essay.

Zur Literaturdidaktik vgl. Baustein 10 und den folgenden Abs. 4.

Auch in einem solchen Modell kommen die jungen Leser als Lesenlernende höchstens als Randgruppe vor. Deren Berücksichtigung ist – wie auch weitere Anwendungen der Vermittlung des Lesens – in der Diskussion um die Literaturdidaktik zu klären.

4. In welchem Verhältnis die Germanistik als Bezugswissenschaft zur Deutschdidaktik steht

Aus den oben schon angedeuteten Gründen, dass nämlich die Perspektive des Lernenden – gleich welchen Alters – im germanistischen System entweder gar nicht vorkommt oder ein sekundärer Aspekt einer allgemeinen Rezeptionsperspektive ist, muss die Fachdidaktik Deutsch zeigen, dass ihr Anspruch, ein eigenständiger Teil der Germanistik – und zugleich auch ein eigenständiges Fach gegenüber den Erziehungswissenschaften – zu sein, nicht nur eigener Eitelkeit zuzuschreiben, sondern gesellschaftlich notwendig ist (vgl. Abraham/Kepser 2005, 43ff.).

Deutschdidaktik in der Universität

Dass die Frage auch organisatorisch in der Ausbildung der Lehrer nicht eindeutig geklärt ist, zeigt sich an unterschiedlichen Formen: Es gibt das Fach Didaktik der deutschen Sprache und Literatur innerhalb der Germanistik, aber als selbstständige Lehreinheit (Bayern), es wird betrieben in der Kombination „Literaturwissenschaft und ihre Didaktik", „Sprachwissenschaft und ihre Didaktik" innerhalb der Germanistik (z.B. Nordrhein-Westfalen, Schleswig-Holstein), es gibt diese fachwissenschaftlich-fachdidaktische Kombination an den Pädagogischen Hochschulen (Baden-Württemberg), die eine größere Nähe zu den Erziehungswissenschaften haben. Auch finden sich alle Fachdidaktiken in einem didaktischen Zentrum vereint, das mit den Erziehungswissenschaften zusammenarbeitet (Niedersachsen), und schließlich sind zumindest germanistisch-fachdidaktische Teilgebiete auch ganz in der Pädagogik verankert, so der Schriftspracherwerb bei der Grundschulpädagogik (Bayern).
Wer sich didaktischen und schulischen Aufgaben zuwendet, wird es plausibel finden, dass sich die Didaktik der deutschen Sprache und Literatur als gleichberechtigtes und eigenständiges Fach entwickelt und etabliert hat. Gründe sind in folgenden Tatsachen zu finden,

- dass eine Reihe von Aufgaben des Deutschunterrichts nicht oder nur unzureichend von der Germanistik erforscht oder gelehrt wurde und wird
- dass sich die Germanistik zunehmend auf schulisch weniger relevante Forschungsgebiete zurückgezogen hat
- dass die Studierenden zu wenig Wegweisung bekommen haben, wie die Wissensbestände von Sprache und Literatur in Lehr- und Lerngegenstände „verwandelt" werden können
- dass sich die Germanistik zunehmend aus dem Bildungsdiskurs zurückgezogen hat, der freilich im Laufe der Geschichte oft ideologisch belastet war (Nationalkultur). So blieben Aussagen über den Stellenwert von Sprache und Literatur für bildungstheoretische Ziele und kulturelle und soziale Aufgaben aus
- dass Auswahl und Gewichtung von sprach- und literaturwissenschaftlichen Inhalten für den Unterricht nicht von der Germanistik geleistet werden können. Dazu ist eine „Außendistanz" nötig.

Unbestritten bleibt, dass die Germanistik neben den Erziehungswissenschaften die wichtigste Bezugswissenschaft des Schulfaches

Deutsch ist. Sie erforscht und vermittelt unverzichtbare fachliche Grundlagen für viele Teilbereiche des Deutschunterrichts.
Genauso aber muss sie sich den Anfragen und Kooperationswünschen der Didaktik Deutsch öffnen, die keine Superwissenschaft sein kann, sondern eine Wissenschaft im Spannungsfeld zwischen den Bezugswissenschaften Germanistik und Erziehungswissenschaft und im Spannungsfeld von Theorie und Praxis.
So sei hier versucht, die Forschungsfelder der Germanistik in einer größeren Differenzierung vorzuführen und Bezüge zu den Aufgaben in Didaktik und Unterricht herzustellen.

Vgl. Baustein 29.

Fachgermanistik	**Deutschdidaktische Aufgabenfelder**	**Brücken zu anderen Bezugswissenschaften**
Deutsche Sprachwissenschaft/Linguistik Semiotik Systemlinguistik Pragmalinguistik Soziolinguistik Dialektologie Textlinguistik Lexikographie Schriftlichkeitsforschung Stilistik Rhetorik Diskurslinguistik Historische Grammatik	Lesen und Schreiben Sprachreflexion und Rechtschreiben Sprachreflexion Reflexion über Varietäten Lesen und Schreiben Schriftspracherwerb Mündliche Kommunikation	Kognitionswissenschaft Soziologie Entwicklungspsychologie Psycholinguistik Kommunikationswissenschaft
Mediävistik sprachhistorische Ausprägung literar- und kulturhistorische Ausprägung Genderforschung	Sprachgeschichte und Sprachkunde Reflexion von Sprachverwendung Literaturunterricht als Literaturbegegnung und Literaturkenntnis, Kulturreflexion durch Begegnung mit Alterität (Fremdem), Literaturgeschichte	Geschichtswissenschaft Geistesgeschichte: Philosophie-, Religions-, Kunstwissenschaften Kulturtheorie
Neuere Deutsche Literaturwissenschaft Literaturgeschichte Literaturtheorie Leserforschung Rezeptionsforschung Genderforschung Kinder- und Jugendliteraturforschung Filmgeschichte Medienwissenschaft, Theaterwissenschaft, -geschichte Kulturwissenschaft	Literaturunterricht Umgang mit Literatur: Interpretation, Literarische Analyse Interkulturelle Erziehung Mediendidaktik Spieldidaktik/Dramatisches Gestalten/Schulspiel Museumspädagogik/-didaktik	Leseforschung Leserpsychologie Verstehensentwicklung Ästhetik- und Moralentwicklung Medienwissenschaft -geschichte Museumsforschung

Der Student der Germanistik, der lernt, mit den oben unter Absatz 3 genannten verschiedenen Theorien und Zugängen auf Sprache und Literatur umzugehen, muss nun zwei weitere Schritte tun: der eine ist die Erweiterung um den didaktischen Blick, die didaktische Fragestellung, z.B. Wer soll sich wie und warum mit einem bestimmten Text oder Autor befassen? Dieser Schritt verändert die Zugänge, weil zudem Überlegungen und Methoden aus anderen Bezugswissenschaften, z.B. Lern- und Entwicklungspsychologie nötig sind. Hilfreich ist für den Anfänger die Aufgabe, textorientierte und schülerorientierte Methoden einander gegenüberzustellen – und zu versuchen, daraus eine sinnvolle Kombination zu machen.

Vgl. Baustein 10.

Vgl. Baustein 13.

Aufgabe 1: Können Sie die Werkstatt-Methode des Grammatikunterrichts als konstruktivistische oder Sprach- und Schülerperspektive verbindende Methode erkennen? Prüfen Sie dies an Beispielen (Eisenberg/Menzel 1995).

Aufgabe 2: Machen Sie sich über die oben unter Absatz 3 genannten literaturwissenschaftlichen Methoden kundig, ziehen Sie die in Baustein 10 benannten literaturdidaktischen Methoden heran und prüfen Sie sie jeweils auf ihre Zugehörigkeit zum Textpol bzw. zum Schülerpol. Sehen Sie in den Methoden „konstruktivistische Elemente“, die entdeckendes Arbeiten für Schüler ermöglichen?

Aufgabe 3: Die Schüler sollen die Konstruktion von Familie an verschiedenen literarischen Texten erarbeiten, z.B. an „Das fremde Kind“ von E.T.A.Hoffmann, einem Jugendroman von Christine Nöstlinger u.a. Suchen Sie Methoden, wie dies geplant werden könnte und diskutieren Sie deren Leistung.

Lösen Sie sich von eingefahrenen Interpretationsbahnen.

Der zweite, für den Studenten nötige Schritt aber ist gewissermaßen ein dekonstruktiver, die Auflösung von Verflechtungen und Zuordnungen. Er zeigt den Schülern, dass jeder Text weitere und andere Wahrnehmungen und Deutungen anbietet. Diese lassen sich schon erkennen, wenn man die Schüler nach ihrer „Lieblingsstelle“ in einem Text fragt, erst recht, wenn man Interpretationen vergleicht, auf andere Perspektiven achtet.

Betrachten Sie „Das fremde Kind“ unter dem Aspekt des „Kinderbildes“ in der Romantik, Nöstlingers Romane unter der Perspektive „Moralische Wertfindung in der Pubertät“ und vergleichen Sie diesen Zugang mit dem der vorausgehenden Aufgabe.

5. Wie die Germanistik und die Fachdidaktik Deutsch in den Studienplan zum Deutschlehrer eingepasst werden können

Es ist unabdingbar, dass jeder künftige Deutschlehrer im Sinne des Anfangsgedichts in die Germanistik eingeführt wird. Aber es ist unbestritten, dass für die verschiedenen Lehrämter unterschiedliche Gewichtungen dieser Einführung sinnvoll sind.

Was künftige Lehrer wissen sollen

Die künftigen Lehrer für die Grundschule sollten vor allem eine gute linguistische Ausbildung, eine intensive Einführung in die Schreibdidaktik auf der Grundlage von Kenntnissen der Schreibforschung und dazu Literaturwissenschaft als Wissenschaft der Kinder- und Jugendliteratur – erweitert um Texte auch der Erwachsenenliteratur – erfahren. Die Literatur muss zunächst philologisch sauber erschlossen werden, um sie dann mit literaturdidaktischen und -pädagogischen Reflexionen zu konfrontieren. Für Lehrer älterer Schüler, vor allem der Realschulen und Gymnasien, aber auch beruflicher Schulen, wird über ein linguistisches Grundstudium hinaus ein solches in Mediävistik und literaturtheoretisches und -historisches Überblickswissen vorgeschlagen, das Grundwissen weiterer Bezugswissenschaften umfasst (vor allem europäische Geistes- und Religionsgeschichte, Mediengeschichte), die auf der Basis systematischer Begrifflichkeit arbeiten und Arbeitsweisen der Sprach- und Texterschließung benutzen.

Von solchen Grundlagen aus sollten sich für alle Studierenden weitere deutschdidaktische Studien und praktische Erprobungen anschließen, die insgesamt von größerem Gewicht sein müssen als dies die Studienpläne bisher vorsehen. Pädagogik und allgemeine Didaktik können nicht das Wissen des Faches und die Entwicklung spezifischer Inhalte und Methoden ersetzen.

In diesem Baustein haben Sie erfahren,

dass die Germanistik sich als die Wissenschaft von deutscher Sprache und Literatur versteht, allerdings vielperspektivisch mit ihren Gegenständen umgeht und in eine große Zahl von Teildiszipilinen ausgefächert ist. Mit einer Vielzahl von Methoden versucht die Germanistik, ihre Gegenstände zu erforschen. Doch ist es hilfreich, grundlegende Methoden von weiterführenden zu unterscheiden. Zu bedenken ist freilich, dass Lerner, vor allem Kinder und Jugendliche als spezifische Gruppe(n), im System der germanistischen Methoden zu wenig berücksichtigt sind. Aus diesem Defizit lässt sich das Verhältnis zwischen Germanistik und Deutschdidaktik darstellen. Ein Blick auf Grundzüge für einen Studienplan schließt nicht nur diesen Baustein, sondern auch das ganze Buch ab (vgl. S. 317ff.).

Weiterführende Literatur

Zur germanistischen Sprachwissenschaft:

Gardt, Andreas (1999): Geschichte der Sprachwissenschaft in Deutschland vom Mittelalter bis ins 20. Jahrhundert. Berlin: de Gruyter.

Glück, Helmut (Hrsg.) (2000): Metzler-Lexikon Sprache. Stuttgart: Metzler (2. überarb. u. erw. A.).

Helbig, Gerhard (1973): Geschichte der neueren Sprachwissenschaft. Unter dem besonderen Aspekt der Grammatik-Theorie. München: Hueber (2.A.).

Zur germanistischen Literaturwissenschaft:

Arnold, Heinz Ludwig (Hrsg.) (1996): Grundzüge der Literaturwissenschaft. München: dtv.

Bogdal, Klaus-Michael (1990): Neue Literaturtheorien. Eine Einführung. Opladen: Westdt. Verlag (2.A. 1997).

Schweikle, Günther und Irmgard (Hrsg.) (1990): Metzler Literaturlexikon. Stichwörter zur Weltliteratur. Stuttgart: Metzler, 2.A.

(O.B.)

5 Synopse

5.1 Versuch einer überschauenden Orientierung

Bei der Zusammenfassung der Gedanken, die in den vorstehenden Kapiteln zum Thema Deutschdidaktik angeboten wurden, wollen wir im Bild bleiben, das mit dem Titel „Bausteine der Deutschdidaktik" angesprochen wurde.
Es sind viele Bausteine nötig, um ein Haus zu bauen. Die genaue Anzahl ist unwesentlich. Wir haben 30 ausgewählt, die wir als Basiselemente für nötig halten. Eine Erweiterung, ein späterer Ausbau ist möglich und wünschenswert.
Wichtiger als die Anzahl der Bausteine ist ihr Verbund. Erst gemeinsam ergeben Bausteine ein Haus. Dazu sind vielfältige Querverbindungen, Verzahnungen wichtig. Trotzdem behält jeder Stein seine Funktion für das Ganze. Bricht man einen heraus, ist das gesamte Gebäude betroffen.
Ein Haus zu bauen erfordert ein Konzept, einen Plan, der vorab festzulegen ist und als Orientierungsrahmen den Bau begleitet, der aber durchaus Spielräume bei der Ausgestaltung vorsehen kann. Ohne das Bild der Baustelle überstrapazieren zu wollen, kann man sagen: Unerfahrene „Häuslebauer" werden besser rigide nach einem genauen Plan vorgehen, mit zunehmendem Expertentum sind Abweichungen, eigenständige Entscheidungen denkbar, ohne Gefahr, das Gesamtkonzept aus den Augen zu verlieren.
Wir haben als Orientierungsrahmen für das didaktische Haus das didaktische Dreieck von Ruth Cohn vorgeschlagen, was im Einleitungskapitel ausgeführt und begründet wird.
Den Vorwurf, „mit der Mode" zu gehen, uns zu stark von konstruktivistischen Ideen, die seit den 90er Jahren die Diskussion um das Lernen bestimmen, leiten zu lassen, nehmen wir gerne in Kauf. Im Rückblick sieht man auch Häusern gemeinhin an, in welcher Zeit sie entstanden sind. Was als Modeerscheinung oder Zeitgeist bezeichnet werden kann, ist in der Regel Ergebnis des Versuchs, neuere Erkenntnisse zu berücksichtigen. Das gilt für die Architektur und ihren Umgang mit Baumaterialien ebenso wie für die Wissenschaft vom Lehren und Lernen. Das schließt nicht aus, dass spätere Generationen künftigen Forschungsergebnissen entsprechend zu veränderten Konzepten kommen können. Aus Angst, einem ständigen Wechsel ausgesetzt zu sein, alles beim Alten zu belassen, ist sicher die schlechteste Lösung.
Die Reihenfolge, mit welchen Bausteinen zu beginnen ist, ist dann weitgehend beliebig, wenn das Konzept des Buches durchschaut ist. Dass eine ausführliche Auseinandersetzung mit dem **Schüler** als dem Betroffenen von Unterricht stattfinden muss, gehört ebenso zum Konzept wie der Blick auf den **Lehrer**. Weitere Grundbedingungen sind die Analyse der zum Fach Deutsch gehörenden **Inhalte**, die Reflexion der Faktoren, die den **Unterricht** ausmachen, sowie die Überlegungen, in welchen **gesellschaftlichen** und **wissenschaftlichen Abhängigkeiten** der Deutschunterricht und die Wissenschaft vom Deutschunterricht stehen.

Ob nun die letztgenannten Gesichtspunkte am Anfang stehen, ob also in systematischem Zugriff Fragen nach der Definition von Didaktik, nach dem Beziehungsgefüge der Wissenschaften, nach dem historischen Verständnis, wie sie im vierten Kapitel gestellt und beantwortet werden, den Ausgangspunkt für die Beschäftigung mit Deutschdidaktik darstellen, die Theorie gleichsam das Fundament des Hauses bildet oder ob der Leser lieber induktiv beginnen möchte, mit Überlegungen zum Schüler, der selbst Sprache redend und schreibend gebraucht (Kap. 1.1), der mit fertigen Sprachprodukten umgehen soll (Kap. 1.2), der über Sprache nachzudenken lernt (Kap. 1.3) – wie es die Abfolge der Kapitel im Buch vorgibt, während die Theorie (Kap. 4) gleichsam als Überbau, als Dach die Erstellung des Hauses krönt, das möge jeder selbst entscheiden.
Dass weitere Alternativen beim Zugriff auf das Konzept möglich und sinnvoll sind, muss nicht weiter ausgeführt werden. So kann ein Student, der sein germanistisches Grundstudium bereits absolviert hat, über den für ihn bekannten Stoff des Kapitels 2 zu didaktischen Fragen vorstoßen, ein praktizierender Lehrer beginnt vielleicht mit den Bausteinen zum Thema Unterricht in Kapitel 3.

5.2 Das Didaktische Haus

Kap. 4
Deutschunterricht im Kontext von Gesellschaft und Wissenschaft

Nachbar- und Bezugswissenschaften:

- Grundbegriff Bildung *Baustein 27*
- Lernpsychologie *Baustein 28*
- Allgemeine Didaktik *Baustein 29*
- Germanistik *Baustein 30*

Kap. 2
Sprache und Texte als Themen des Deutschunterrichts

- Sprache als Struktur *Baustein 16*
- Sprachvielfalt, Sprachwandel *Baustein 17*
- Sachtexte, literarische Texte *Baustein 18*
- Kinder- und Jugendliteratur *Baustein 19*

Kap. 3
Unterricht als Feld gemeinsamer und stellvertretender Entscheidungen

- Der Deutschlehrer *Baustein 20*

Unterrichtsfaktoren:

- Ziele *Baustein 21*
- Lehrpläne *Baustein 22*
- Gliederung des Deutschunterrichts *Baustein 23*
- Großformen *Baustein 24*
- Handlungsformen *Baustein 25*
- Evaluation *Baustein 26*

Kap. 1
Schüler – personale und soziale Kompetenzen

- Kap. 1.1 Reden und schreiben lernen *Bausteine 1–6*
- Kap. 1.2 Mit Sprach- und Bildtexten umgehen lernen *Bausteine 7–11*
- Kap. 1.3 Über Sprache nachdenken lernen *Bausteine 12–15*

(O.B., D.M.)

Literatur

Abraham, Ulf (1994): Lesarten – Schreibarten. Formen der Wiedergabe und Besprechung literarischer Texte. Stuttgart: Klett.
Abraham, Ulf (1996): StilGestalten. Geschichte und Systematik der Rede vom Stil in der Deutschdidaktik. Tübingen: Niemeyer.
Abraham, Ulf (1998a): Übergänge. Literatur, Sozialisation und literarisches Lernen. Opladen: Westdeutscher Verlag.
Abraham, Ulf (1998b): Kohlhaas und der Kanon, oder: Was hat Kleist in der Schule verloren? In: Kleist-Jahrbuch 1998. Stuttgart/Weimar: Metzler, S. 244–263.
Abraham, Ulf (1998 c): Was tun mit Steinen? Gibt es eigentlich ein „Kreatives Schreiben" im Deutschunterricht? In: ide, 22/4, S. 19–36.
Abraham, Ulf (1999a): Vorstellungs-Bildung im Deutschunterricht. In: Praxis Deutsch, 26/154, S. 14–22.
Abraham, Ulf (1999b): Vorstellungsbildung und Literaturunterricht. In: Spinner, Kaspar H. (Hrsg.), S. 10–20.
Abraham, Ulf (2005): Lesen – Umgehen mit Texten. In: Abraham u.a., S. 35–47.
Abraham, Ulf/Beisbart, Ortwin (1995): Sachkompetenz und Sprachkompetenz. Verstehen durch Umschreiben und Umschreiben durch Verstehen ‚fachexterner' pragmatischer Texte im Deutschunterricht. In: RAAbits Deutsch/Sprache März, Reihe 2, S. 1–14.
Abraham, Ulf/Beisbart, Ortwin/Frederking, Volker/Maiwald, Klaus (Hrsg.) (2004): Einführung in literarische, sprachliche und ästhetische Bildung im medialen Wandel. Studienangebot der Virtuellen Hochschule Bayern.
Abraham, Ulf/Kepser, Matthis (2005): Literaturdidaktik Deutsch. Eine Einführung. Berlin: Schmidt.
Abraham, Ulf/Kupfer-Schreiner, Claudia/Maiwald, Klaus (Hrsg.) (2005): Schreibförderung und Schreiberziehung. Eine Einführung für Schule und Hochschule. Donauwörth: Auer.
Abraham, Ulf/Launer, Christoph (1999): Beantwortung und Bewertung kreativer schriftlicher Leistungen. In: Praxis Deutsch, 26/155, S. 43–46.
Abraham, Ulf/Beisbart, Ortwin/Koß, Gerhard/Marenbach, Dieter (2005): Praxis des Deutschunterrichts. Arbeitsfelder, Tätigkeiten, Methoden. Donauwörth: Auer, 4.A. (1.A. 1998).
Abrams, Meyer H. (1978): Spiegel und Lampe. Romantische Theorie und die Tradition der Kritik. München: Fink.
Adamzik, Kirsten (2001): Sprache. Wege zum Verstehen. Tübingen: Francke (UTB).
Adl-Amini, Bijan (1986): Ebenen didaktischer Theoriebildung. In: Haller, Hans-Dieter/Meyer, Hilbert (Hrsg.): Ziele und Inhalte der Erziehung und des Unterrichts. Enzyklopädie Erziehungswissenschaft Band 3. Stuttgart: Klett-Cotta (2.A. 1995).
Aebli, Hans (1980/1981): Denken: Das Ordnen des Tuns. 2 Bde. Bd. I: Kognitive Aspekte der Handlungstheorie. Bd. II: Denkprozesse. Stuttgart: Klett-Cotta.
Ammon, Ulrich (1989): Bundesrepublik Deutschland (BRD). In: Ammon, Ulrich/Mattheier, Klaus/Nelde, Peter H. (Hrsg.): Dialekt und Schule in den europäischen Ländern. Sociolinguistica. Internationales Jahrbuch für Europäische Soziolinguistik 3. Tübingen: Niemeyer, S. 10–20.
Ammon, Ulrich/Dittmar, Norbert/Mattheier, Klaus J. (Hrsg.) (1987): Sociolinguistics – An International Handbook of the Science of Language and Society (Soziolinguistik – Ein internationales Handbuch zur Wissenschaft von Sprache und Gesellschaft). First Volume. Berlin/New York: de Gruyter.
Anderegg, Johannes (1985): Sprache und Verwandlung. Zur literarischen Ästhetik. Göttingen: Vandenhoek & Rupprecht.
Anderson, J.R./Reder, L.M./Simon, H.A. (1997): Situative versus cognitive perspectives: Form versus substance. In: Educational Researcher, 26/1, S. 18–21.

Apeltauer, Ernst (1987): Gesteuerter Zweitspracherwerb. Voraussetzungen und Konsequenzen für den Unterricht. München: Hueber.

Apeltauer, Ernst (2001): Grundlagen des Erst- und Fremdspracherwerbs. Eine Einführung. Berlin u.a.: Langenscheidt, 5. A.

Arnold, Gottfried E. (1970): Die Sprache und ihre Störungen. Wien/New York: Springer.

Arnold, Heinz Ludwig (Hrsg.) (1996): Grundzüge der Literaturwissenschaft. München: dtv.

Artelt, Cordula/Stanat, Petra/Schneider, Wolfgang/Schiefele, Ulrich (2000): Lesekompetenz, Testkonzeption und Ergebnisse. In: Deutsches PISA-Konsortium (Hrsg.), S. 69–137.

Aselmeier, Ulrich/Kron, Friedrich W./Vogel, Günter (Hrsg.) (1990): Lehrplan ohne Schüler? Beiträge zu einer neuen Lernkultur. Bd. 2. Rheinfelden-Berlin: Schäuble.

Augst, Gerhard (1977): Sprachnorm und Sprachwandel. Wiesbaden: Athenaion.

Augst, Gerhard/Dehn, Mechthild (1998): Rechtschreibung und Rechtschreibunterricht. Können – Lehren – Lernen. Stuttgart: Klett.

Augst, Gerhard/Faigel, Peter (1986): Von der Reihung zur Gestaltung. Untersuchungen zur Ontogenese der schriftsprachlichen Fähigkeiten von 13–23 Jahren. Frankfurt: Lang (Theorie und Vermittlung der Sprache Bd. 5).

Austin, John L. (1972): Zur Theorie der Sprechakte. Stuttgart: Reclam.

Baacke, Dieter (1993): Kommunikation und Kompetenz. Grundlegung einer Didaktik der Kommunikation und ihrer Medien. München: Juventa.

Baacke, Dieter (1996): Medienkompetenz – Begrifflichkeit und sozialer Wandel. In: Rein (Hrsg.), S. 112–124.

Baldauf, Christa (1997): Metapher und Kognition. Grundlagen einer neuen Theorie der Alltagsmetapher. Frankfurt: Lang (Beiträge zur Sprachwissenschaft 24).

Balhorn, Heiko (1989): Seh-Test, Wortbilder auf dem Prüfstand. In: Balhorn, Heiko/Brügelmann, Hans (Hrsg.): Jeder spricht anders. Normen und Vielfalt in Sprache und Schrift. Konstanz: Faude, S. 194 und 227f.

Balhorn, Heiko/Niemann, Heide (Hrsg.) (1997): Sprachen werden Schrift. Mündlichkeit, Schriftlichkeit, Mehrsprachigkeit. Lengwil: Libelle.

Bambach, Heidi (1989): Erfundene Geschichten erzählen es richtig. Konstanz: Faude (2.A. 1993, Lengwil: Libelle).

Barbour, Stephen/Stevenson, Patrick (1998): Variation im Deutschen. Soziolinguistische Perspektiven. Übersetzt aus dem Englischen von Konstanze Gebel. Berlin – New York: de Gruyter.

Barth, Susanne (1998): Medien im Deutschunterricht. In: Praxis Deutsch, 26/153, S. 11–19.

Bartsch, Renate (1985): Sprachnormen. Theorie und Praxis. Tübingen: Niemeyer.

Baumert, Jürgen (1998): Einführung in die Thematik: Fachbezogenes-fächerübergreifendes Lernen/Erweiterte Lern- und Denkstrategien. In: Wissen und Werte für die Welt von morgen. Dokumentation zum Bildungskongress des Bayerischen Staatsministeriums für Unterricht, Kultus, Wissenschaft und Kunst. München: Ludwig-Maximilian-Universität, S. 213–225.

Baumgärtner, Alfred Clemens/Dahrendorf, Malte (Hrsg.) (1970): Wozu Literatur in der Schule? Beiträge zum literarischen Unterricht. Braunschweig: Westermann (WTB 76) (3.A. 1972).

Baumgärtner, Alfred Clemens/Dahrendorf, Malte (Hrsg.) (1977): Zurück zum Literaturunterricht? Literaturdidaktische Kontroversen. Braunschweig: Westermann (2.A. 1979).

Baurmann, Jürgen (1996): Geschriebenes beurteilen. In: Baurmann, Jürgen/Ludwig, Otto (Hrsg.): Schreiben: Konzepte und schulische Praxis. Sonderheft der Zeitschrift Praxis Deutsch. Seelze: Friedrich, S. 154 f.

Baurmann, Jürgen/Ludwig, Otto (1985): Texte überarbeiten. Zur Theorie und Praxis von Revisionen. In: Boueke, Dieter/Hopster, Norbert (Hrsg.): Schreiben – Schreiben lernen. FS für Rolf Sanner. Tübingen: Narr, S. 254–276.

Baurmann, Jürgen/Hacker, Hartmut (1989): Integrativer Deutschunterricht: Lernen in fachübergreifenden Zusammenhängen. In: Praxis Deutsch, 16/93, S. 15–19.
Baurmann, Jürgen/Feilke, Helmuth (1997): Freies Arbeiten. In: Praxis Deutsch, 24/141, S. 18–27.
Bausinger, Hermann (1980): Formen der „Volkspoesie". Berlin: Schmidt, 2.A. (Grundlagen der Germanistik Bd. 6).
Beck, Oswald (1979): Theorie und Praxis der Aufsatzbeurteilung. Bochum: Kamp.
Becker, Georg E. (1984): Planung von Unterricht. Handlungsorientierte Didaktik. Teil I. Weinheim: Beltz.
Becker, Gerold/v. Ilsemann, Cornelia/Schratz, Michael (Hrsg.) (2001): Qualität entwickeln: evaluieren. Friedrich Jahresheft XIX. Seelze: Friedrich.
Becker-Mrozeck, Michael (1996): Erwerb komplexer Schreibfertigkeiten. In: Feilke/Portmann (Hrsg.), S. 54–73.
Becker-Mrozeck, Michael (1997): Schreibentwicklung und Textproduktion. Der Erwerb der Schreibfertigkeit am Beispiel der Bedienungsanleitung. Opladen: Westdeutscher Verlag.
Becker-Mrozeck, Michael (2003): Mündlichkeit – Schriftlichkeit – Neue Medien. In: Bredel, Ursula u.a. (Hrsg.), Bd. 1, S. 69–89.
Behnken, Imbke/Fölling-Albers, Maria/Tillmann, Klaus-Jürgen/Wischer, Beate (1999): Leistung. Jahresheft Schüler. Seelze: Friedrich.
Beisbart, Ortwin (1989): Ganzheitliche Bildung und muttersprachlicher Unterricht in der Geschichte der höheren Schule. Untersuchungen zu Fundierung und Praxis von Deutschunterricht zwischen 1750 und 1850. Frankfurt: Lang (Regensburger Beiträge zur deutschen Sprach- und Literaturwissenschaft, Bd. 419).
Beisbart, Ortwin (1996): Ganzheitliches Lehren und Lernen als Aufgabe von Schule und Unterricht. (Selbst-)Konstruktion und vernetztes Denken im Deutschunterricht. In: LUSD, H. 9, S. 11–34.
Beisbart, Ortwin (1999): „Noch die Fremde/wie Pauken, fern" (Johannes Bobrowski). Fremdverstehen als literaturdidaktische Aufgabe. In: Lasatowicz, Maria Katarzyna/Joachimsthaler, Jürgen (Hrsg.): Assimilation – Abgrenzung – Austausch. Interkulturalität in Sprache und Literatur. Frankfurt: Lang (Oppelner Beiträge zur Germanistik Bd. 1), S. 11–126.
Beisbart, Ortwin (1999): Einige Überlegungen zum Thema Sprachbewusstseinsförderung und Sprachunterricht. In: Klotz/Peyer, S. 73–83.
Beisbart, Ortwin (2002): Das Verhältnis zwischen Ästhetik und Moral und der Umgang mit literarischen Texten in der Schule. Überlegungen an Beispielen. In: Karg, Ina (Hrsg.): Göttinger fachdidaktische Beiträge, 3, S. 27–52.
Beisbart, Ortwin (2004): Modul 8: Hypermediale Texturen II. Informationstexte. In: Abraham, Ulf u.a., Information 4.
Beisbart, Ortwin (2005): Didaktische Potenziale der Textlinguistik der 70er und 80er Jahre im Kontext aktueller sprachdidaktischer Diskurse. In: Scherner, Maximilian/Ziegler, Arne (Hrsg.), S. 95–113.
Beisbart, Ortwin (2005): Miteinander reden – Mündlicher Sprachgebrauch. In: Abraham u.a., S. 14–23.
Beisbart, Ortwin (2006): Artikel Bezugswissenschaften; Artikel Kulturwisschenschaft. In: Kliewer, Heinz-Jürgen/Pohl, Inge (Hrsg.).
Beisbart, Ortwin/Eisenbeiß, Ulrich/Koß, Gerhard/Marenbach, Dieter (Hrsg.) (1993): Leseförderung und Leseerziehung. Theorie und Praxis des Umgangs mit Büchern für junge Leser. Donauwörth: Auer.
Beisbart, Ortwin/Mieth, Annemarie (Hrsg.) (1999): Deutschlehrer-*Bild*ung im Wandel. Konzepte und Strukturen von der Mitte des 19. Jahrhunderts bis zur Gegenwart. Frankfurt: Lang (Beiträge zur Geschichte des Deutschunterrichts, 41).

Beisbart, Ortwin/Maiwald, Klaus (2001): Von der Lesewut zur Wut über das verlorene Lesen. Historische und aktuelle Aspekte der Nutzung des Mediums Buch. In: Maiwald, Klaus/ Rosner, Peter (Hrsg.): Lust am Lesen. Bielefeld: Aisthesis, S. 99–129.
Belgrad, Jürgen (Hrsg.) (1998): Textnahes Lesen. Annäherung an Literatur im Unterricht. Baltmannsweiler: Schneider Hohengehren.
Belgrad, Jürgen/Melenk, Hartmut (Hrsg.) (1996): Literarisches Verstehen – Literarisches Schreiben. Positionen und Modelle der Literaturdidaktik. Baltmannsweiler: Schneider Hohengehren.
Bereiter, Carl (1980): Development in Writing. In: Gregg, L./Steinberg, E. (Hrsg.): Cognitive Processes in Writing. Hillsdale: Erlbaum, S. 73–43.
Bernstein, Basil (1970): Der Unfug mit der kompensatorischen Erziehung. In: betrifft erziehung, H. 3, S. 15–19.
Bernstein, Basil (1981): Studien zur sprachlichen Sozialisation. Düsseldorf: Schwann.
Bernstein, Basil (1987): Social Class, Codes and Communication. In: Ammon/Dittmar/ Mattheier (Hrsg.), S. 563–579.
Bettelheim, Bruno/Zelan, Karen (1982): Kinder brauchen Bücher. Lesen lernen durch Faszination. Stuttgart: DVA.
Bewerten und Benoten im offenen Unterricht (1999): Themenheft von Praxis Deutsch, 26/155.
Beyer, Klaus/Kreuder, Hans-Dieter (1975): Lernziel: Kommunikation. Stuttgart: Kohlhammer.
Bickerton, Derek (1990): Language and species. Chicago und London: The University of Chicago Press.
Biermann, Rudolf (Hrsg.) (1985): Interaktion, Unterricht, Schule. Darmstadt: Wiss. Buchges.
Bildung. Die Menschen stärken, die Sachen klären (1988): Friedrich Jahresheft VI. Seelze: Friedrich.
Bindel, Rolf (1987): Stottern als dialogische Fehlentwicklung. Göttingen: Hogrefe.
Blankertz, Herwig (1969): Theorien und Modelle der Didaktik. München: Juventa.
Blatt, Inge/Hartmann, Wilfried/Kittlitz, Helmut (1992): Der Computer als Schreibwerkzeug im Deutschunterricht. Bericht aus einem Unterrichtsversuch in der Sekundarstufe I. In: Diskussion Deutsch, 23/128, S. 574–592.
Bloom, Benjamin S. (Hrsg.) (1956): Taxonomy of educational objectives. The classification of educational goals. I. Cognitive Domain. New York: McKay.
Bock, Alfons (Hrsg.) (1917): Lehrplan für die Volksschule in Baiern 1804–1811. München: Schnell.
Boettcher, Wolfgang (1994): Grammatikunterricht in Schule und Lehrerausbildung. In: DU, 46/5, S. 8–31.
Boettcher, Wolfgang (1995): Zur gegenwärtigen Praxis des Grammatikunterrichts: eine kritische Bestandsaufnahme. In: Mitteilungen des Germanistenverbandes, 42, S. 2–7.
Boettcher, Wolfgang/Firges, Jean/Sitta, Horst/Tymister, Hans Josef (1978): Schulaufsätze – Texte für Leser. Düsseldorf: Schwann, 5.A.
Boettcher, Wolfgang/Sitta, Horst (1981): Der andere Grammatikunterricht. München u.a.: Urban & Schwarzenberg, 2.A.
Bogdal, Klaus-Michael (1990): Neue Literaturtheorien. Eine Einführung. Opladen: Westdeutscher Verlag (2.A. 1997).
Bogdal, Klaus-Michael (1995): Fremdheiten – Eigenheiten. In: Praxis Deutsch, 22/134, S. 20–27.
Bogdal, Klaus-Michael/Korte, Hermann (Hrsg.) (2002): Grundzüge der Literaturdidaktik. München: dtv.
Bonfadelli, Heinz (1994): Die Wissenskluft-Perspektive. Massenmedien und gesellschaftliche Information. Konstanz: UVK-Ölschläger.

Bönsch, Manfred (1991): Variable Lernwege. Ein Lehrbuch der Unterrichtsmethoden. Paderborn u.a.: Schöningh.
Borrmann, Andreas/Gerdzen, Rainer (2001): Recherchieren – aber richtig, In: Praxis Deutsch, 28/167, S. 6–15.
Böttcher, Ingrid (1999): Kreatives Schreiben. Grundlagen und Methoden. Berlin: Cornelsen Scriptor.
Boueke, Dietrich (Hrsg.) (1984): Reflexion über Sprache. In: Hopster, Norbert (Hrsg.): Handbuch „Deutsch" für Schule und Hochschule. Sekundarstufe I. Paderborn u.a.: Schöningh, S. 334–372.
Boueke, Dietrich/Schülein, Frieder/Büscher, Hartmut/Terhorst, Evamaria/Wolf, Dagmar (1995): Wie Kinder erzählen. Untersuchungen zur Erzähltheorie und zur Entwicklung narrativer Fähigkeiten. München: Fink.
Braine, Martin (1963): The ontogeny of English phrase structure: the first phase. In: Language, 39, S. 1–14.
Bräuer, Gerd (1998): Schreibend lernen. Grundlagen einer theoretischen und praktischen Schreibpädagogik. Innsbruck: Studienverlag (ide-extra Bd. 6).
Bräuer, Gerd (2000): Schreiben als reflexive Praxis. Tagebuch, Arbeitsjournal, Portfolio. Freiburg/Breisgau: Fillibach.
Bredel, Ursula/Günther, Hartmut/Klotz, Peter/Ossner, Jakob/Sieber-Ott, Gesa (Hrsg.) (2003): Didaktik der deutschen Sprache – ein Handbuch. Paderborn: Schöningh, 2 Bde. (UTB 8325/6).
Bremerich-Vos, Albert (1985): Warnung vor Watzlawick. In: Studium Linguistik, H. 16, S. 62–77.
Bremerich-Vos, Albert (1999): Kommunikation – Zur Karriere eines (nicht nur) didaktischen Hochwertworts. In: ide, 23/3, S. 22–35.
Brinker, Klaus (1992): Linguistische Textanalyse. Eine Einführung in Grundbegriffe und Methoden. Berlin: Schmidt, 3.A.
Brinkmann, Erika (1999): Alle Kinder sind Legastheniker. In: Lernchancen, 2/11, S. 2–5.
Bromme, Rainer (1992): Der Lehrer als Experte. Zur Psychologie des professionellen Wissens. Bern u.a.: Huber.
Bronsema, Gerhard (1979): Lehrerbildung im Wandel. Das Beispiel Deutschlehrerstudium. Probleme, Tendenzen, Konzeptionen seit Ende der sechziger Jahre. Baltmannsweiler: Schneider.
Brouër, Birgit (2001): Förderung der Wahrnehmung von Lernprozessen durch die Anwendung der Basismodelle des Lernens bei der Gestaltung von Unterricht. In: Unterrichtswissenschaft, 29/2, S. 153–170.
Brügelmann, Hans (1983): Kinder auf dem Weg zur Schrift. Konstanz: Faude.
Brügelmann, Hans (1984): Die Schrift entdecken. Konstanz: Faude.
Brügelmann, Hans (1997): Die Öffnung des Unterrichts muß radikaler gedacht, aber auch klarer strukturiert werden. In: Balhorn/Niemann (Hrsg.), S. 43–60.
Brügelmann, Hans (1998): Öffnung des Unterrichts. Befunde und Probleme der empirischen Forschung. In: Brügelmann/Fölling-Albers/Richter (Hrsg.), S. 8–42.
Brügelmann, Hans (Hrsg.) (1986): ABC und Schriftsprache: Rätsel für Kinder, Lehrer und Forscher. Konstanz: Faude.
Brügelmann, Hans (2000): Keine Drei-Klassen-Gesellschaft bei Lernschwierigkeiten. In: Projekt OASE „Offene Arbeits- und Sozialformen entwickeln", Bericht Nr. 56. FB 2 der Universität-Gesamthochschule Siegen, S. 1–21.
Brügelmann, Hans/Brinkmann, Erika (1994): Stufen des Schriftspracherwerbs und Ansätze zu seiner Förderung. In: Brügelmann/Richter (Hrsg.), S. 44–52.
Brügelmann, Hans/Richter Sigrun (Hrsg.) (1994): Wie wir recht schreiben lernen. Lengwil: Libelle.

Brügelmann, Hans/Fölling-Albers, Maria/Richter, Sigrun (Hrsg.) (1998): Jahrbuch Grundschule. Fragen der Praxis – Befunde der Forschung. Seelze: Friedrich.

Bruner, Jerome S. (1977): Wie das Kind lernt, sich sprachlich zu verständigen. In: Zeitschrift für Pädagogik 23, S. 829–845.

Bühler, Karl (1982): Sprachtheorie. Die Darstellungsfunktion der Sprache. Stuttgart: Fischer (UTB 1159), (1.A. 1934).

Bussmann, Hadumod (2002): Lexikon der Sprachwissenschaft. Stuttgart: Kröner, 3. aktual. u. erw. A.

Butzkamm, Wolfgang (1993): Psycholinguistik des Fremdsprachenunterricht. Natürliche Künstlichkeit: Von der Muttersprache zur Fremdsprache. Tübingen: Francke (UniTabu 1505), 2. verb. u. erw. A.

Carpenter, Humphrey (1985/1991): Secret Gardens. A Study of the Golden Age of Children's Literature. O.O.

Charlton, Michael (1997): Medienrezeption und Lebensbewältigung. In: DU 49/3, S. 10–17.

Cherubim, Dieter (Hrsg.) (1980): Fehlerlinguistik. Beiträge zum Problem der sprachlichen Abweichung. Tübingen: Niemeyer.

Chomsky, Noam (1983): Aspekte der Syntax-Theorie. Frankfurt: Suhrkamp (1.A. 1969).

Ciompi, Luc (1997): Die emotionale Grundlage des Denkens. Göttingen: Vandenhoeck & Ruprecht.

Clarc, Eve (1973): What's in a word? On the child's acquisition of semantics in his first language. In: Moore, Timothy (Hrsg.): Cognitive development and the acquisition of language. New York: Academic Press.

Clement, Daniele (1996): Linguistisches Grundwissen. Eine Einführung für zukünftige Deutschlehrer. Opladen: Westdeutscher Verlag.

Cognition and Technology Group at Vanderbilt (1990): Anchored instruction and its relationship to situated cognition. In: Educational Researcher, 19/3, S. 2–10.

Cohn, Ruth (1997): Von der Psychoanalyse zur Themenzentrierten Interaktion. Stuttgart: Klett.

Computer im Deutschunterricht (1992): Themenheft von Diskussion Deutsch, 23/128.

Christmann, Ursula/Groeben, Norbert (1999): Psychologie des Lesens. In: Franzmann, Bodo/Hasemann, Klaus/Löffler, Dietrich/Schön, Erich (Hrsg.): Handbuch des Lesens. Baltmannsweiler: Schneider 1999, S. 145–223.

Cronbach, Lee J./Snow, Richard E. (1977): Aptitudes and instructional methods: A handbook for research on interactions. New York: Wiley.

Crystal, David (1995): Die Cambridge Enzyklopädie der Sprache. Übers. u. Bearb. der dt. Ausg. v. Röhrich, Stefan. Frankfurt a.M./New York: Campus.

Cube, Felix v. (1965): Kybernetische Grundlagen des Lernens und Lehrens. Stuttgart: Klett.

Cummins, James (1982): Die Schwellenniveau- und die Interdependenz-Hypothese: Erklärungen zum Erfolg zweisprachiger Erziehung. In: Swift, James (Hrsg.): Bilinguale und multikulturelle Erziehung. Würzburg: Königshausen und Neumann, S. 34–43.

Dahrendorf, Malte (1995): Lesesozialisation und Kinder- und Jugendliteratur. In: Rosebrock (Hrsg.) (1995), S. 31–44.

Damasio, Antonio (1995): Descartes' Irrtum. Fühlen, Denken und das menschliche Gehirn. München: u.a.: List.

Dann, Hanns-Dietrich/Diegritz, Theodor/Rosenbusch, Heinz, S. (Hrsg.) (1999): Gruppenunterricht im Schulalltag: Realität und Chancen. Erlanger Forschungen, Reihe A Geisteswissenschaften Bd. 90.

de Bono, Edward (1996): Serious Creativity. Die Entwicklung neuer Ideen durch die Kraft lateralen Denkens. Stuttgart: Schäffer-Poeschel.

Deutsches PISA-Konsortium (Hrsg.) (2001): PISA 2000. Basiskompetenzen von Schülerinnen und Schülern im internationalen Vergleich. Opladen: Leske + Budrich.

Dewe, Bernd/Sander, Uwe (1996): Medienkompetenz und Erwachsenenbildung. In: Rein (Hrsg.), S. 125–142.
Dewey, John (1986): Erziehung durch und für Erfahrung. Stuttgart: Klett-Cotta.
Dickinson, Peter (1981): The Day of the tennis rabbit. In: The Quarterly Journal of the Library of Congress, S. 203–221.
Diegritz, Theodor (2000): Gruppenarbeit im Deutschunterricht der Orientierungsstufe. Zur Rolle der Lehrkraft bei Abstürzen der Aufgabenorientierung der Schüler und Schülerinnen. In: Ensberg u.a.(Hrsg.), S. 16–27.
Diegritz, Theodor (Hrsg.) (1980): Diskussion Grammatikunterricht. Reflexion über Sprache und Kommunikation im Deutschunterricht. München: Fink.
Diegritz, Theodor/Fürst, Carl (1999): Empirische Sprechhandlungsforschung. Ansätze zur Analyse und Typisierung authentischer Äußerungen. Erlangen: Universitätsbund (Erlanger Forschungen A, Bd. 88).
Diegritz, Theodor/König, Ernst (1973): Deutsch-Didaktik und Wissenschaftstheorie. In: Linguistik und Didaktik, 4, S. 59–76.
van Dijk, Teun, A./Kintsch, Walter (1983): Strategies of Discourse Comprehension. New York: Academic Press.
Dittmar, Norbert (1996): Soziolinguistik. Studienbibliographien Sprachwissenschaft Bd. 16. Heidelberg: Groos.
Dolch, Josef (1959): Lehrplan des Abendlandes. Ratingen: Henn.
Domasio, Antonio R. (2000): Ich fühle, also bin ich. Die Entschlüsselung des Bewusstseins. München: List.
Donaldson, Margaret (1982): Wie Kinder denken. Bern: Huber.
Downing, John A./Valtin, Renate (1984): Language awareness and learning to read. New York: Springer.
Dreitzel, Hans Peter (1987): Rollentheorie. In: Ammon/Dittmar/Mattheier (Hrsg.), S. 114–119.
Duden Grammatik der deutschen Gegenwartssprache (1995), hrsg. v. Drosdowski, Günther. 5., völlig neu bearb. u. erw. Auflage Mannheim: Dudenverlag.
Dulay, Heidi/Burt, Marina K. (1974): Natural sequences in child second language acquisition. In: Language Learning, 24, S. 37–53.
Eggert, Hartmut (1992): Was kann literarische Bildung heute heißen? In: Mitteilungen des deutschen Germanistenverbandes, 4, S. 16–25.
Eggert, Hartmut (1997): Literarische Bildung oder Leselust? Aufgaben des Literaturunterrichts in der literarischen Sozialisation. In: Lesezeichen 1 (Mitteilungen des Lesezentrums an der Pädagogischen Hochschule Heidelberg), S. 15–40.
Eggert, Hartmut/Garbe, Christine (1995): Literarische Sozialisation. Stuttgart: Metzler.
Eichler, Wolfgang (1992): Schreibenlernen. Schreiben – Rechtschreiben – Texte-Verfassen. Bochum: Kamp.
Eichler, Wolfgang (1998): Grammatikunterricht. In: Lange, Günter/Neumann, Karl/Ziesenis, Werner (Hrsg.): Taschenbuch des Deutschunterrichts, Bd. 1.Baltmannsweiler: Schneider, S. 226–257.
Eisenberg, Peter (1998/1999): Grundriß der deutschen Grammatik. Bd. 1 (1998): Das Wort; Bd. 2 (1999): Der Satz. Stuttgart: Metzler.
Eisenberg, Peter/Menzel, Wolfgang (1995): Grammatik-Werkstatt. In: Praxis Deutsch, 22/129, S. 14–23.
Engelkamp, Johannes (1990): Das menschliche Gedächtnis. Das Erinnern von Sprache, Bildern und Handlungen. Göttingen: Hogrefe.
Ensberg, Claus/Diegritz, Theodor/Hübner, Marlies/Schuster, Karl (Hrsg.) (2000): Deutschunterricht: Zugang zu den Lernenden finden. Braunschweig: Westermann.
Ernst, Heiko (1996): Psychotrends. Das Ich im 21. Jahrhundert. München: Piper.

Eroms, Hans-Werner (1999): Sprachebenen – von der vorbewußten zur bewußten Kompetenz. In: Klotz/Peyer (Hrsg), S. 135–153.
Ervin-Tripp, Susan (1974): Is second language learning like the first? In: TESOL-Quarterly, Washington, 8, S. 111–127.
Essinger, Helmut/Uçar, Ali (Hrsg.) (1984): Erziehung in der multikulturellen Gesellschaft. Versuche und Modelle zur Theorie und Praxis Interkultureller Erziehung. Baltmannsweiler: Schneider.
Ewers, Hans-Heino (2000): Literatur für Kinder und Jugendliche. Eine Einführung in grundlegende Aspekte des Handlungs- und Symbolsystems Kinder- und Jugendliteratur. München: Fink.
Ezawa, Kennosuke (1985): Sprachsystem und Sprechnorm. Tübingen: Niemeyer.
Fahnenstich, Gudrun (1999): Individuelle Textproduktion und Bewertung – ein Widerspruch? In: Praxis Deutsch, 26/155, S. 20–24.
Fauser, Peter/Madelung, Eva (Hrsg.) (1996): Vorstellungen bilden. Beiträge zum imaginativen Lernen. Velber: Friedrich.
Faust-Siehl, Gabriele (1987): Themenkonstitution als Problem von Didaktik und Unterrichtsforschung. Weinheim: Dt. Studien-Verlag.
Faust-Siehl, Gabriele/Bauer, Eva-Maria/Baur, Werner/Wallaschek, Uta (1990): Mit Kindern Stille entdecken. Frankfurt: Diesterweg.
Feilke, Helmuth (1988): Ordnung und Unordnung in argumentativen Texten. In: DU, 40/3, S. 65–81.
Feilke, Helmuth (1994): Common sense-Kompetenz. Überlegungen zu einer Theorie des „sympathischen" und des „natürlichen" Meinens und Verstehens. Frankfurt: Suhrkamp.
Feilke, Helmuth (1996): Die Entwicklung der Schreibfähigkeiten. In: Günther/Ludwig, 2. Halbband, S. 1178–1191.
Feilke, Helmuth/Portmann, Paul R. (Hrsg.) (1996): Schreiben im Umbruch. Schreibforschung und schulisches Schreiben. Stuttgart: Klett.
Felix, Sascha (1982): Psycholinguistische Aspekte des Zweitspracherwerbs. Tübingen: Narr.
Fend, Helmut (1980): Theorie der Schule. München: Urban & Schwarzenberg.
Fiehler, Reinhard (1999): Kann man Kommunikation lehren? Zur Veränderbarkeit von Kommunikationsverhalten durch Kommunikationstraining. In: Brünner, Gisela/Fiehler, Reinhard/Kindt, Walther (Hrsg.): Angewandte Diskursforschung, Bd. 1. Opladen: Westdeutscher Verlag, S. 18–35.
Fischer, Hans Rudi (Hrsg.) (1995): Die Wirklichkeit des Konstruktivismus. Heidelberg: Carl-Auer.
Flechsig, Karl-Heinz (1978): Von der Lehrerdidaktik zur Lernerdidaktik. In: Born, Wolfgang/Otto, Gunter (Hrsg.): Didaktische Trends. München: Urban & Schwarzenberg, S. 117–149.
Flusser, Vilem (1987): Die Schrift. Hat Schreiben Zukunft? Göttingen: Immatrix-Publications.
Förster, Heinz von/Glasersfeld, Ernst von/Hejl, Peter M./Schmidt, Siegfried/Watzlawick, Paul (1997): Einführung in den Konstruktivismus. München: Piper, 3.A.
Frank, Horst Joachim (1973): Geschichte des Deutschunterrichts von den Anfängen bis 1945. München: Hanser (als dtv WR 4271 1976 in 2 Bänden).
Franz, Kurt/Franzmann, Bodo/Payrhuber, Franz-Josef/Schön, Erich (1999): Muß-Lektüre vs. Lust-Lektüre? Der Einfluß von Schullektüre und Leseempfehlungen von Lehrern auf Freizeitlektüre und private Medienpraxis von Jugendlichen. In: Groeben (Hrsg.), S. 78–88.
Franz, Kurt (1993): Was Kinder wirklich lesen. In: Beisbart/Eisenbeiß/Koß/Marenbach (Hrsg.), S. 81–87.
Frederking, Volker (1998): Identitätsfindung und Fremdverstehen durch Literatur. In: Lehrergilde, Rundbrief freier pädagogischer Arbeitskreis 46, S. 17–33.

Frederking, Volker (Hrsg.) (1998): Verbessern heißt Verändern. Neue Wege, Inhalte und Ziele der Ausbildung von Deutschlehrer(inne)n in Studium und Referendariat. Baltmannsweiler: Schneider.
Freire, Paolo (1971): Pädagogik der Unterdrückten. Reinbek: Rowohlt.
Frey, Karl (1972): Theorien des Curriculums. Weinheim/Berlin/Basel: Beltz (1971 1.A.).
Frey, Karl (1975): Curriculum-Handbuch. Bd. II. München u.a.: Piper.
Fries, Carl C. (1945): Teaching and Learning English as a Foreign Language. Michigan: Ann Arbor.
Fritz, Jürgen/Fehr, Wolfgang (Hrsg.) (1997): Handbuch Medien: Computerspiele. Bonn: Bundeszentrale für politische Bildung.
Fritzsche, Joachim (1980): Aufsatzdidaktik. Kritische und systematische Untersuchungen zu den Funktionen schriftlicher Texte von Schülern. Stuttgart: Kohlhammer.
Fritzsche, Joachim (1994): Zur Didaktik und Methodik des Deutschunterrichts. 3 Bde. Bd. 1: Grundlagen. Bd. 2: Schriftliches Arbeiten. Bd. 3: Umgang mit Literatur. Stuttgart: Klett.
Fritzsche, Joachim (1998): Schriftlicher Sprachgebrauch. In: Lange, Günter/Neumann, Karl/Ziesenis, Werner (Hrsg.): Taschenbuch des Deutschunterrichts. Bd. 1, S. 201–225.
Gaber, Holle-Katrin/Eberwein, Hans (1986): Ein Kind lernt schreiben. Stuttgart: Metzler.
Gaebe, Barbara (1985): Lehrplan im Wandel. Frankfurt u.a.: Lang.
Gagné, Robert M. (1965): The Conditions of Learning. New York: Holt u.a.
Gaiser, Konrad (1950): Wieviel Grammatik braucht der Mensch? Wiederabgedruckt in: Rötzer, H.G. (Hrsg.) (1973): Zur Didaktik der deutschen Grammatik. Darmstadt: Wiss. Buchges., S. 1–15.
Gardner, R. Allen/Gardner, Beatrix T. (1977): Comparative psychology and language acquisition. Vortrag auf der XVth International Ethological Conference in Bielefeld.
Gardner, R. Allen/Gardner, Beatrix T. (1998): The structure of learning: from sign stimuli to sign language. Mahwah, NJ: Erlbaum.
Gardt, Andreas (1999): Geschichte der Sprachwissenschaft in Deutschland vom Mittelalter bis zum 20. Jahrhundert. Berlin: de Gruyter.
Gaschke, Susanne (2002): „Hexen, Hobbits und Piraten". Die besten Bücher für Kinder. Stuttgart: dtv.
Gattermeier, Klaus (2003): Literaturunterricht und Lesesozialisation. Eine empirische Untersuchung zum Leseverhalten von Schülern und zum lesesozialisatorischen Wirkungsgrad ihrer Deutschlehrer. Dissertation Universität Regensburg.
Geißner, Hellmut (1981): Sprechwissenschaft. Theorie der mündlichen Kommunikation. Frankfurt: Scriptor.
Geißner, Hellmut (1982): Sprecherziehung. Didaktik und Methodik der mündlichen Kommunikation. Königstein: Scriptor.
Gerstenmaier, Jochen/Mandl, Heinz (1995): Wissenserwerb unter konstruktivistischer Perspektive. In: Zeitschrift für Pädagogik, 41/6, S. 867–888.
Gibson, Eleanor J./Levin, Harry (1980): Die Psychologie des Lesens. Stuttgart: Klett.
Giehrl, Hans E. (1977): Der junge Leser. Donauwörth: Auer, 3.A.
Gipper, Helmut (1979): Vom Aufbau des sprachlichen Weltbildes im Prozeß der Spracherlernung in den ersten drei Lebensjahren. In: Wirkendes Wort, 29/3, S. 165–180.
Glöckel, Hans (1975): 44 Thesen über Sinn und Grenzen von ‚Lernzielen'. In: Die Deutsche Schule, S. 306–314.
Glück, Helmut (1987): Schrift und Schriftlichkeit. Eine sprach- und kulturwissenschaftliche Studie. Stuttgart: Metzler.
Glück, Helmut (Hrsg.) (2000): Metzler-Lexikon der Sprache. Stuttgart: Metzler, 2.A.
Gogolin, Ingrid (1992): Interkulturelles sprachliches Lernen. Überlegungen zu einer Neuorientierung der allgemeinen sprachlichen Bildung. In: Deutsch lernen 2, S. 183–197.

Goodman, Kenneth S. (1976): Analyse von unerwarteten Reaktionen beim oralen Lesen: Angewandte Psycholinguistik. In: Hofer, Adolf (Hrsg.): Lesenlernen: Theorie und Unterricht. Düsseldorf: Schwann, S. 298–320.

Gräsel, Cornelia (1998): Neue Medien – neues Lernen? Überlegungen aus der Sicht der Lehr-Lernforschung. In: Mitzlaff, Hartmut/Speck-Hamdan, Angelika (Hrsg.): Grundschule und neue Medien. Frankfurt: Arbeitskreis Grundschule, S. 67–84.

Grimm, Hannelore (1995): Sprachentwicklung – allgemeintheoretisch und differentiell betrachtet. In: Oerter, Rolf/Montada, Leo (Hrsg.): Entwicklungspsychologie. Ein Lehrbuch. Weinheim: Beltz, 3.A., S. 705–757.

Groeben, Norbert (1982): Leserpsychologie. Textverständnis – Textverständlichkeit. Münster: Aschendorff.

Groeben, Norbert (Hrsg.) (1999): Lesesozialisation in der Mediengesellschaft. Ein Schwerpunktprogramm. Tübingen: Niemeyer (10. Sonderheft von IASL).

Groeben, Norbert/Christmann, Ursula (1995): Lesen und Schreiben von Informationstexten. Textverständlichkeit als kulturelle Kompetenz. In: Rosebrock, Cornelia (Hrsg.), S. 165–194.

Groeben, Norbert/Vorderer, Peter (1988): Leserpsychologie: Lesemotivation – Lektürewirkung. Münster: Aschendorff.

Gross, Sabine (1994): Lese-Zeichen. Kognition, Medium und Materialität im Leseprozeß. Darmstadt: Wiss. Buchges.

Gruber, Hans (1994): Expertise. Modelle und empirische Untersuchungen. Opladen: Westdeutscher Verlag.

Gruber, Hans (1999): Erfahrung als Grundlage kompetenten Handelns. Bern: Huber.

Grzesik, Jürgen (1990): Textverstehen lernen und lehren. Geistige Operationen im Prozeß des Textverstehens und Typische Methoden für die Schulung zum kompetenten Leser. Stuttgart: Klett.

Grzesik, Jürgen (1992): Begriffe lernen und lehren. Stuttgart: Klett-Cotta, 2.A.

Gudjons, Herbert (2001): Handlungsorientiert lehren und lernen. Schüleraktivierung, Selbsttätigkeit, Projektarbeit. Bad Heilbrunn: Klinkhardt, 6., überarb. u. erw. A.

Günther, Hartmut (1988): Schriftliche Sprache. Strukturen geschriebener Sprache und ihre Verarbeitung beim Lesen. Tübingen: Niemeyer.

Günther, Hartmut/Ludwig, Otto (Hrsg.) (1994/1996): Schrift und Schriftlichkeit. Ein interdisziplinäres Handbuch internationaler Forschung. Berlin: de Gruyter (HSK 10.1 und 10.2).

Gutzen, Dieter/Oellers, Norbert/Petersen, Jürgen N., unter Mitarbeit von E. Strohmaier (1989): Einführung in die neuere deutsche Literaturwissenschaft. Berlin: Schmidt, 6.A. (1.A. 1976).

Haas, Gerhard (1997): Handlungs- und produktionsorientierter Literaturunterricht. Theorie und Praxis eines „anderen" Literaturunterrichts für die Primar- und Sekundarstufe. Seelze: Kallmeyer.

Haase, Martin/Huber, Michael/Krumeich, Alexander/Rehm, Georg (1997): Internetkommunikation und Sprachwandel. In: Weingarten (Hrsg.), S. 51–85.

Habermas, Jürgen/Luhmann, Niklas (1971): Theorie der Gesellschaft oder Sozialtechnologie – Was leistet die Sozialforschung? Frankfurt: Suhrkamp (1974, 3.A.)

Hage, Klaus u.a. (1985): Das Methoden-Repertoire von Lehrern. Eine Untersuchung zum Schulalltag der Sekundarstufe I. Opladen: Leske+Budrich.

Hamm, Ingrid (1996): Medienkompetenz als neue politische Zielkoordinate. In: Rein (Hrsg.), S. 51–59.

Hanke, Petra (1997): Offener Anfangsunterricht nur ein Schlagwort? Versuch einer Merkmalsbeschreibung. In: Balhorn/Niemann (Hrsg.), S. 35–42.

Hanke, Petra (2001): Forschungen zur inneren Reform der Grundschule am Beispiel der Öffnung des Unterrichts. In: Rossbach, Hans-Günther/Nölle, Karin/Czerwenka, Kurt (Hrsg.): Jahrbuch Grundschulforschung. Band 4: Forschungen zu Lehr- und Lernkonzepten für die Grundschule. Opladen: Leske+Budrich, S. 46–62.

Härter, Andreas (1991): Textpassagen. Lesen. Leseunterricht. Lesebuch. Frankfurt: Diesterweg.
Hartinger, Andreas (2002): Situiertes Lernen in der deutschdidaktischen Ausbildung. In: Hug, Michael/Richter, Sigrun (Hrsg.): Ergebnisse aus soziologischer und psychologischer Forschung: Impulse für den Deutschunterricht. Baltmannsweiler: Schneider, S. 176–192.
Hartinger, Andreas/Fölling-Albers, Maria (2002): Schüler motivieren und interessieren. Ergebnisse aus der Forschung, Anregungen für die Praxis. Bad Heilbrunn: Klinikhardt.
Hartinger, Andreas/Fölling-Albers, Maria/Lankes, Eva-Maria/Marenbach, Dieter/Molfenter, Judith (2001): Lernen in authentischen Situationen versus Lernen mit Texten. Zum Aufbau anwendbaren Wissens in der Schriftsprachdidaktik. In: Unterrichtswissenschaft, Zeitschrift für Lernforschung, 29/2, S. 108–130.
Hasler, Herbert (1991): Lehren und Lernen der geschriebenen Sprache. Darmstadt: Wiss. Buchges.
Hattendorf, Erna (2000): Potentiale von Schreibkonferenzen. Texte verfassen und überarbeiten. In: DU (Berlin) 53, H. 1, S. 15–20.
Hausendorf, Heiko/Quasthoff, Uta M. (1996): Sprachentwicklung und Interaktion. Eine linguistische Studie zum Erwerb von Diskursfähigkeiten. Opladen: Westdeutscher Verlag.
Hawkins, Eric (1984): Awareness of language. An introduction. Cambridge: CUP.
Hebel, Franz/Hofmann, Annemarie/Ladnar, Ulrike/Rigol, Rosemarie (1976): Sprache in Situationen. Szenen, Kommentare, Unterrichtsvorschläge für den muttersprachlichen Unterricht. München u.a.: Urban & Schwarzenberg.
Heckhausen, Heinz (1974): Leistung und Chancengleichheit. Göttingen: Hogrefe.
Hegele, Irmintraut/Pommerin, Gabriele (1983): Gemeinsam Deutsch lernen. Interkulturelle Spracharbeit mit ausländischen und deutschen Schülern. Heidelberg: Quelle & Meyer.
Heid, Helmut (1996): Was ist offen im offenen Unterricht? In: Leschinsky, Achim (Hrsg.): Die Institutionalisierung von Lehren und Lernen. Beiträge zu einer Theorie der Schule. Weinheim und Basel: Beltz, S. 159–172.
Heiland, Helmut (Hrsg.) (1968): Didaktik. Bad Heilbrunn: Klinkhardt.
Heimann, Paul/Otto, Gunther/Schulz, Wolfgang (1977): Unterricht. Analyse und Planung. Hannover: Schroedel, 9.A. (1.A. 1965).
Helbig, Gerhard (1971): Geschichte der neueren Sprachwissenschaft. Unter dem besonderen Aspekt der Grammatiktheorie. München: Hueber.
Heller, Kurt A. (Hrsg.) (1984): Leistungsdiagnostik in der Schule. Bern u.a.: Huber, 4.A.
Helmers, Hermann (1966): Didaktik der deutschen Sprache und Literatur. Stuttgart: Klett (10.A. 1972, 11., bearb. A. 1984).
Helmers, Hermann (1971): Sprache und Humor des Kindes. Stuttgart: Klett, 2.A.
Henzgen, Werner (1997): Neue Lernformen – selbst verantwortet. In: Praxis Deutsch, 24/141, S. 47–50.
Hertlein, Margit (1997): Mind Mapping – Die kreative Arbeitstechnik. Reinbek: Rowohlt Taschenbuch Verlag.
Heuß, Gertraud E. (1993): Erstlesen und Erstschreiben. Donauwörth: Auer.
Hildebrand, Rudolf (1867): Vom deutschen Sprachunterricht in der Schule und von deutscher Erziehung und Bildung überhaupt. Leipzig (Bad Heilbrunn: Klinkhardt 1959, 26.A.).
Hochholzer, Rupert (2002): Dialektgebrauch im Deutschunterricht. Anmerkungen zu geschlechtstypischen Differenzen bei Deutschlehrerinnen und Deutschlehrern. In: Der Deutschunterricht, 54/3, S. 84–89.
Hochholzer, Rupert (2004): Konfliktfeld Dialekt. Das Verhältnis von Deutschlehrern und Deutschlehrerinnen zu Sprache und deren regionalen Varietäten. Regensburg: edition vulpes.
Hoffmann, Lutz (Hrsg.) (1996): Sprachwissenschaft. Ein Reader. Berlin, New York: de Gruyter.

Hoffmann, Paul (1992): „Regionalismus" und „Weltsprache der Poesie" in der deutschen Gegenwartslyrik. In: Fietz, Lothar/Hoffmann, Paul/Ludwig, Hans-Werner (Hrsg.): Regionalität, Nationalität und Internationalität in der zeitgenössischen Lyrik. Tübingen: Attempto Verlag, S. 94–113.

Hohenzollern, Johann Georg Prinz von/Liedtke, Max (Hrsg.) (1991): Schülerbeurteilungen und Schulzeugnisse, Bad Heilbrunn: Klinkhardt.

Holly, Werner (1997): Zur Einführung: Was sind und wie gehen wir mit den Medien um? In: DU, 49, 3, S. 3–4.

Holoubek, Helmut (1995): Schreiben nach Musik. In: LUSD, H. 7, S. 66–97.

Hopmann, Stefan (Hrsg.) (1988): Zugänge zur Geschichte staatlicher Lehrplanarbeit. Kiel: IPN.

Hopmann, Stefan (1988): Lehrplanarbeit als Verwaltungshandeln. Kiel: IPN.

Hörmann, Hans (1970): Psychologie der Sprache. Berlin/Heidelberg/New York: Springer.

Hornung, Antonie (1993): Einen Vorgang beschreiben. Wie automatisches Schreiben Aufsätze verändert. In: PD 20, H.119, S. 48–51.

Hradil, Stefan (1999): Soziale Ungleichheit in Deutschland. Opladen: Leske + Budrich, 7.A.

Humboldt, Wilhelm von (1968): Gesammelte Schriften, hrsg. von der Königlich Preußischen Akademie der Wissenschaften, 17 Bände, Berlin 1903–1936, Reprint.

Hummelsberger, Siegfried (Hrsg.) (2001): Didaktik des Deutschen als Zweitsprache und interkulturelle Erziehung in Theorie, Praxis und Lehrerbildung. Baltmannsweiler: Schneider Hohengehren.

Hurrelmann, Bettina (1994): Kinder und Medien. In: Merten/Schmidt/Weischenberg (Hrsg.), S. 377–408.

Hussong, Martin/Schütt, Artur/Stuflesser, Brigitte (1981): Textanalyse optisch. Textanalyse im Deutschunterricht mit gezeichneten Modellen. Düsseldorf: Schwann, 4.A.

Huxley, Aldous (1995). Schöne neue Welt (1932). Frankfurt: Fischer Taschenbuch.

Ingarden, Roman (1968): Vom Erkennen des literarischen Kunstwerks. Tübingen: Niemeyer.

Ingenkamp, Karlheinz (1989): Diagnostik in der Schule. Weinheim/Basel: Beltz.

Iser, Wolfgang (1993): Das Fiktive und das Imaginäre. Perspektiven literarischer Anthropologie. Frankfurt: Suhrkamp (stw 1101).

Iser, Wolfgang (1994): Der Akt des Lesens. Theorie ästhetischer Wirkung. München: Fink, 4. A. (1.A. 1976).

Issing, Ludwig J./Klimsa, Paul (Hrsg.) (1995): Informationen und Lernen mit Multimedia. Weinheim: Beltz.

Ivo, Hubert (1988): „Grammatik tut not!" – Warum? In: Diskussion Deutsch, 19/103, S. 484–506.

Ivo, Hubert (1999): Deutschdidaktik. Die Sprachlichkeit des Menschen als Bildungsaufgabe in der Zeit. Baltmannsweiler: Schneider.

Ivo, Hubert/Neuland, Eva (1991): Grammatisches Wissen. Skizze einer empirischen Untersuchung über Art, Umfang, Verteilung grammatischen Wissens in der BRD. In: Diskussion Deutsch, 22, S. 437–493.

Jäger, Siegfried (1974): Zum Problem der sprachlichen Norm. In: Winterling, Fritz (Hrsg.): Sprachnorm und Gesellschaft. Frankfurt u.a.: Diesterweg, S. 13–16.

Jakobson, Roman (1971): Kindersprache. Aphasie und allgemeine Lautgesetze. Frankfurt: Suhrkamp (8. A. 1992).

Janich, Nina (1999): Werbesprache. Ein Arbeitsbuch. Tübingen: Narr.

Jolles, Evelyn (1999): Literatur auf dem Laufsteg. Vom Text zu seiner Aneignung. Literaturvermittlung als Choreographie von Textverstehensprozessen im Unterricht. 2 Bde. Baltmannsweiler: Schneider.

Kainz, Friedrich (1956): Psychologie der Sprache. Bd. 1. Stuttgart: Enke.

Kaiser, Herbert (1981): Sachlichkeit, Verantwortung, Kreativität. Unpragmatische Überlegungen zur Rezeptionspragmatik und Literaturdidaktik. In: Köpf, Gerhard (Hrsg.): Rezeptionspragmatik. Beiträge zur Praxis des Lesens. München: Fink, S. 58–78 (UTB, 1026).
Kegel, Gerd (1987): Sprache und Sprechen des Kindes. Opladen: Westdeutscher Verlag, (3.neubearb. u. erw. A.). (WV-Studium, 59).
Kepser, Matthis (1999): Massenmedium Computer. Ein Handbuch für Theorie und Praxis des Deutschunterrichts. Bad Krozingen: D-Punkt.
Kiper, Hanna/Meyer, Hilbert/Topsch, Wilhelm (2002): Einführung in die Schulpädagogik. Berlin: Cornelsen Scriptor.
Kittler, Friedrich A. (1993): Geschichte der Kommunikationsmedien. In: Huber, Jörg/Müller, Alois Martin (Hrsg.): Raum und Verfahren. Interventionen. Basel: Roter Stern, S. 169–188.
Kittler, Friedrich A. (1995): Aufschreibesysteme 1800, 1900. München: Wilhelm Fink Verlag, 3. vollst. überarb. Neuauflage.
Klafki, Wolfgang (1968): Die didaktischen Prinzipien des Elementaren, Fundamentalen und Exemplarischen. In: Heiland (Hrsg.), S. 64–83.
Klafki, Wolfgang (1975): Studien zur Bildungstheorie und Didaktik. Weinheim: Beltz (1.A. 1963)
Klauer, Karl Josef/Fricke, Reiner/Herbig, Manfred/Rupprecht, Helmut/Schott, Franz (1972): Lehrzielorientierte Tests. Düsseldorf: Schwann.
Klein, Wolfgang (1987): Zweitspracherwerb. Eine Einführung. Frankfurt: Athenäum, 2.A.
Kleinschmidt, Günther (1971): Theorie und Praxis des Lesens in der Grund- und Hauptschule. Frankfurt: Diesterweg, 2.A.
Kliewer, Heinz-Jürgen/Pohl, Inge (Hrsg.) (2006): Lexikon Deutschdidaktik. 2 Bde. Baltmannsweiler: Schneider Hohengehren.
Klippert, Heinz (1995): Kommunikationstraining. Übungsbausteine für den Unterricht. Weinheim: Beltz (3.A. 1996).
Klotz, Peter (1995): Kasseler Gespräch zu Grammatik und Pragmatik für die Schule. In: DU, 47/5, S. 82–92.
Klotz, Peter (1996): Grammatische Wege zur Textgestaltungskompetenz. Theorie und Empirie. Tübingen: Niemeyer.
Klotz, Peter/Peyer, Ann (Hrsg.) (1999): Wege und Irrwege sprachlich-grammatischer Sozialisation. Bestandsaufnahme – Reflexionen – Impulse. Baltmannsweiler: Schneider.
Klotz, Peter/Sieber, Peter (Hrsg.) (1993): Vielerlei Deutsch. Umgang mit Sprachvarietäten in der Schule. Deutsch im Gespräch. Stuttgart: Klett.
Knapp-Potthoff, Annelie/Knapp, Karlfried (1982): Fremdsprachenlernen und -lehren. Eine Einführung in die Didaktik der Fremdsprachen vom Standpunkt der Zweitsprachererwerbsforschung. Stuttgart: Kohlhammer.
Koch,Peter/Oesterreicher,Wulf (1994): Schriftlichkeit und Sprache. In: Günther/Ludwig (Hrsg.), S. 587–604.
Kochan, Detlef C. (1974): Sprache als soziales Handeln. In: Kochan, Detlef, C./Wallrabenstein, Wulf (Hrsg.): Ansichten eines kommunikationsbezogenen Deutschunterrichts. Kronberg: Scriptor, S. 52–61.
Kohlberg, Lawrence (1974): Zur kognitiven Entwicklung des Kindes. Frankfurt: Suhrkamp.
Kohler, Britta (1998). Problemorientierte Gestaltung von Lernumgebungen. Weinheim: Beltz.
Köller, Wilhelm (1997): Funktionaler Grammatikunterricht. Tempus, Genus, Modus: Wozu wurde das erfunden? Baltmannsweiler: Schneider.
König, Werner (Hrsg.) (1996): dtv-Atlas zur deutschen Sprache. Tafeln und Texte. München: dtv (3025).
Köppert, Christine (1997): Entfalten und Entdecken. Zur Verbindung von Imagination und Explikation im Literaturunterricht. Augsburg: Vögel.

Köppert, Christine/Spinner, Kaspar H. (1998): Imagination im Literaturunterricht. In: Neue Sammlung, 38/2, S. 155–170.
Kösel, Edmund (1993): Die Modellierung von Lernwelten. Ein Handbuch zur Subjektiven Didaktik. Elztal-Dallau: Laub.
Krapp, Andreas (1999): Intrinsische Lernmotivation und Interesse. Forschungsansätze und konzeptionelle Überlegungen. In: Zeitschrift für Pädagogik, 45/3, S. 387–406.
Kreatives Schreiben (1998): Themenheft der Informationen zur Deutschdidaktik (ide), 22/4.
Krebs, Dagmar (1994): Gewalt und Pornographie im Fernsehen – Verführung oder Therapie? In: Merten, Klaus/Schmidt, Siegfried J./Weischenberg (Hrsg.), S. 352–376.
Kreft, Jürgen (1982): Grundprobleme der Literaturdidaktik. Eine Fachdidaktik im Konzept sozialer und individueller Entwicklung und Geschichte. Heidelberg: Quelle und Meyer (UTB 714), 2.A.
Krejci, Michael (1975): Fachdidaktik als Wissenschaft. In: Blätter für den Deutschlehrer, 19/3, S. 83–92.
Krejci, Michael (1996): Erfahrungsorientierter, ganzheitlicher Literaturunterricht. In: Abraham, Ulf/Beisbart, Ortwin/Holoubek, Helmut (Hrsg.): „Ganzheitlicher Deutschunterricht" – Utopie oder realisierbares Programm? LUSD, H. 9, S. 57–68.
Krippendorf, Klaus (1994): Der verschwundene Bote. Metaphern und Modelle der Kommunikation. In: Merten/Schmidt/Weischenberg (Hrsg.), S. 79–113.
Kron, Friedrich W. (1993): Grundwissen Didaktik. München/Basel: Reinhardt.
Krüger, Heinz-Hermann/Lersch, Rainer (1982): Lernen und Erfahrung. Perspektiven einer Theorie schulischen Handelns. Klinkhardt: Bad Heilbrunn.
Kunert, Kristian (1983): Wie Lehrer mit dem Lehrplan umgehen. Weinheim/Basel: Beltz.
Kupfer-Schreiner, Claudia (1994): Sprachdidaktik und Sprachentwicklung im Rahmen interkultureller Erziehung. Das Nürnberger Modell. Ein Beitrag gegen Rassismus und Ausländerfeindlichkeit. Weinheim: Deutscher Studien Verlag.
Ladenthin, Volker (1991): Moderne Literatur und Bildung. Zur Bestimmung des spezifischen Bildungsbeitrags moderner Literatur. Hildesheim, Zürich, New York: Georg Olms Verlag (Hildesheimer Beiträge zu den Erziehungs- und Sozialwissenschaften: Studien – Texte – Entwürfe, 34).
Lado, Robert (1957): Linguistics Across Culture. Applied Linguistics for Language Teachers. Michigan: Ann Arbor.
Lakoff, George/Johnson, Mark (2000): Leben in Metaphern. Konstruktion und Gebrauch von Sprachbildern. Heidelberg: Carl-Auer-Systeme (amerik. 1980).
Lange, Günter (Hrsg.) (2000): Taschenbuch der Kinder- und Jugendliteratur. 2 Bde. Baltmannsweiler: Schneider.
Langenmayr, Arnold (1997): Sprachpsychologie. Göttingen u.a.: Hogrefe.
Lankes, Eva-Maria/Hartinger, Andreas/Marenbach, Dieter/Molfenter, Judith/Fölling-Albers, Maria (2000): Situierter Aufbau von Wissen bei Studierenden. In: Zeitschrift für Pädagogik, 46/3, S. 417–437.
Lehmann, Jakob (1974): Wo steht der Deutschunterricht heute? Kommunikation als mögliches Prinzip. In : Pädagogische Welt, 28/9, S. 515–526.
Lehmann, Jakob (1981): Schriftliche Kommunikation. In: Lehmann, Jakob/Stocker, Karl (Hrsg.): Fachdidaktisches Studium in der Lehrerbildung. München: Oldenbourg. Bd. 2, S. 32–43.
Lenneberg, Eric H. (1972): Biologische Grundlagen der Sprache. Frankfurt: Suhrkamp.
Lewis, Morris Michael (1970): Sprache, Denken und Persönlichkeit im Kindesalter. Düsseldorf: Schwann.
Linder, Maria (1951): Über Legasthenie (spezielle Leseschwäche). In: Zeitschrift für Kinderpsychiatrie, 18/4.
Linke, Angelika (1989): Sprachgebrauch und Sprachgeschichte. In: Praxis Deutsch, 16/96, S. 9–18.

Linke, Angelika/Nussbaumer, Markus/Portmann, Paul (1996): Studienbuch Linguistik. Niemeyer: Tübingen, 3. A.

Linke, Angelika/Voigt, Gerhard (1991): Sprachen in der Sprache. Soziolinguistik heute: Varietäten und Register. In: Praxis Deutsch, 18/110, S. 12–20.

Lloyd, Linda (1991): Des Lehrers Wundertüte. NLP macht Schule. Freiburg: Verlag für Angew. Kinesiologie.

Loch, Werner (1970): Sprache. In: Speck, Josef und Wehle, Gerhard (Hrsg.): Handbuch pädagogischer Grundbegriffe, Band II. München: Kösel, S. 481–528.

Löffelholz, Martin/Altmeppen, Klaus-Dieter (1994): Kommunikation in der Informationsgesellschaft. In: Merten, Klaus/Schmidt, Siegfried J./Weischenberg, Siegfried (Hrsg.), S. 570–592.

Löffler, Heinrich (1994): Germanistische Soziolinguistik. Grundlagen der Germanistik 28. Berlin: Schmidt, 2. überarb. Aufl.

Luchtenberg, Sigrid (1995): Interkulturelle Sprachliche Bildung: Zur Bedeutung von Zwei- und Mehrsprachigkeit für Schule und Unterricht. Münster/New York: Waxmann.

Ludwig, Otto (1980): Funktionen geschriebener Sprache und ihr Zusammenhang mit Funktionen der gesprochenen und inneren Sprache. In: ZGL 8, S. 74–92.

Ludwig, Otto (1988): Der Schulaufsatz. Seine Geschichte in Deutschland. Berlin: de Gruyter.

Luhmann, Niklas (1996): Die Realität der Massenmedien. Opladen: Westdeutscher Verlag, 2.A.

Lundberg, I./Frost, J./Petersen, O. (1988): Effects of an extensive program for Stimulating phonological awareness in children. In: Reading Research Quarterly, 23, S. 263–284.

Lypp, Maria (1975): Asymmetrische Kommunikation als Problem der modernen Kinderliteratur. In: Literatur für viele. Zeitschrift für Literaturwissenschaft und Linguistik. Beiheft 1.

Lypp, Maria (1986): Lachen beim Lesen. Zum Komischen in der Kinderliteratur. In: Wirkendes Wort, 36, S. 439–455.

Macheiner, Judith (1991): Das grammatische Varieté oder die Kunst und das Vergnügen, deutsche Sätze zu bilden. Frankfurt: Eichborn.

MacNamara, John (1972): Cognitive basis of language learning in infants. In: Psychological Review, 79/1, S. 1–13.

Mader, Wilhelm (1994): Emotionalität und Individualität im Alter. In: Kade, Sylvia (Hrsg.): Individualisierung und Älterwerden. Bad Heilbrunn: Klinkhardt, S. 95ff.

Maiwald, Klaus (1999): Literarisierung als Aneignung von Alterität. Theorie und Praxis einer literaturdidaktischen Konzeption zur Leseförderung im Sekundarbereich. Frankfurt: Peter Lang (Kinder- und Jugendkultur, -literatur und -medien. Theorie – Geschichte – Didaktik, 2).

Maiwald, Klaus (2001): Literatur lesen lernen. Begründung und Dokumentation eines literaturdidaktischen Experiments. Baltmannsweiler: Schneider.

Maiwald, Klaus (2005): Wahrnehmung – Sprache – Beobachtung: Eine Deutschdidaktik bilddominanter Medienangebote. München: KoPäd Verlag.

Malson, Lucien/Itard, Jean/Mannoni, Octave (1999): Die wilden Kinder. Frankfurt: Suhrkamp, 12. A.

Mandl, Heinz/Gruber, Hans/Renkl, Alexander (1995): Situiertes Lernen in multimedialen Lernumgebungen. In Issing/Klimsa (Hrsg.), S. 167–178.

Mandl, Heinz/Gruber, Hans/Renkl, Alexander (1993): Misconceptions and knowledge compartmentalization. In: Strube, Gerhard/Wender, F. (Hrsg.): The cognitive psychology of knowledge. Amsterdam: North-Holland, S. 161–176.

Marcos, Haydee (1991): Reformulating requests at 18 months: Gestures, vocalizations and words. In: First Language, 11, S. 361–375.

Marenbach, Dieter (1980): Sprachspiele und Sprachreflexion. In: Schober, Otto (Hrsg.): Sprachbetrachtung und Kommunikationsanalyse. Königstein/Ts.: Scriptor, S. 65–80.

Marenbach, Dieter (2000): Ein Brief vom Unigespenst. Situiertes Lernen im Rechtschreibunterricht. In: Ensberg u.a., S. 47–57.
Marx, Harald (1985): Aufmerksamkeitsverhalten und Leseschwierigkeiten. Weinheim: edition psychologie VCH.
Maturana, Humberto (1994): Was ist erkennen? München: Piper.
Maturana, Humberto/Varela, Francisco (1987): Der Baum der Erkenntnis. Die biologischen Wurzeln des menschlichen Erkennens. Bern/München u.a.: Scherz.
Menzel, Wolfgang (1977): Kreativität und Sprache. In: Praxis Deutsch, Sonderheft (Kreativität), S. 3–4.
Menzel, Wolfgang (1984): Grammatikunterricht. In: Baurmann, Jürgen/Hoppe, Otfried (Hrsg.): Handbuch für Deutschlehrer. Stuttgart: Kohlhammer, S. 339–361.
Menzel, Wolfgang (1985): Rechtschreibunterricht. Praxis und Theorie. Aus Fehlern lernen. Beiheft zu PD H.69.
Menzel, Wolfgang (1995): Konzepte der Schulgrammatik. In: Mitteilungen des Germanistenverbandes, 42. Jg., S. 16–20.
Menzel, Wolfgang (2000): Methodenlernen im Deutschunterricht. In: Praxis Deutsch, 27/164, S. 6–13.
Merkelbach, Valentin (1982): Studienbuch: Aufsatzunterricht. Paderborn u.a.: Schöningh.
Merten, Klaus (1994): Wirkungen von Kommunikation. In: Merten, Klaus/Schmidt, Siegfried J./Weischenberg, Siegfried (Hrsg.), S. 291–328.
Merten, Klaus/Schmidt, Siegfried J./Weischenberg, Siegfried (Hrsg.) (1994): Die Wirklichkeit der Medien. Eine Einführung in die Kommunikationswissenschaft. Opladen: Westdeutscher Verlag.
Merz-Grötsch, Jasmin (2000): Schreibforschung und Schreibdidaktik. Ein Überblick (Schreiben als System, Bd. 1). Freiburg: Fillibach.
Metzler Lexikon Sprache (2000), hrsg. v. Glück, Helmut. Berlin: Directmedia (Digitale Bibliothek Band 34). Elektronische Ausgabe der 2., überarb. u. erw. Aufl.
Meyer, Hilbert (1987): Unterrichtsmethoden, I: Theorieband. II: Praxisband. Frankfurt: Scriptor.
Meyer, Hilbert (2002): Unterrichtsmethoden. In: Kiper/Meyer/Topsch, S. 109–121.
Meyer, Meinert A./Rampillon, Ute/Otto, Gunter/Terhart, Ewald (Hrsg.) (1997a): Lernmethoden, Lehrmethoden. Wege zur Selbstständigkeit. Friedrich Jahresheft XV. Seelze: Friedrich.
Meyer, Meinert A./Rampillon, Ute/Otto, Gunter/Terhart, Ewald (Hrsg.) (1997b): Lernbox. Tipps und Anregungen für Schülerinnen und Schüler zum Selberlernen. Beiheft zum Friedrich Jahresheft XV. Seelze: Friedrich.
Mieth, Annemarie (1994): Gewalt durch Sprache. Literatur und Sprache im Deutschunterricht der Reformpädagogik. Eine problemgeschichtliche Untersuchung. Frankfurt: Lang.
Mihm, Arend (1980): Mündliche Kommunikation im Deutschunterricht. In: Sowinski, Bernhard (Hrsg.): Fachdidaktik Deutsch. Köln: Böhlau, 2.A., S. 83–102.
Möller, Bernhard (1971): Analytische Unterrichtsmodelle. München: Reinhardt, 2. A.
Morris, Robin K. (1992): Sentence Context Effects on Lexical Access. In: Rayner, Keith (Ed.): Eye Movements and Visual Cognition. Scene Perception and Reading. New York u.a.: Springer, S. 317–332.
Moser, Heinz (1995): Einführung in die Medienpädagogik. Aufwachsen in der Mediengesellschaft. Opladen: Leske + Budrich.
Müller, Christoph (2003): Schulgrammatik und schulgrammatische Terminologie. In: Bredel, Ursula u.a. (Hrsg.), S. 464–475.
Müller, Karin (1990): „Schreibe, wie du sprichst!" eine Maxime im Spannungsfeld von Mündlichkeit und Schriftlichkeit. Eine historische und systematische Untersuchung. Frankfurt: Lang (Theorie und Vermittlung der Sprache Bd. 12).
Müller, Klaus (Hrsg.) (1996): Konstruktivismus. Lehrer – Lernen – Ästhetische Prozesse. Neuwied u.a.: Luchterhand.

Müller-Michaels, Harro (1993): Was bleibt? Begründung eines Kanons der Denkbilder. In: DU (Berlin), 46/1, S. 2–10.
Müller-Michaels, Harro (1997): Kanon – Denkbilder für das Gespräch zwischen Generationen und Kulturen. In: Ivo, Hubert/Wardetzky, Kristin (Hrsg.): aber spätere tage sind als zeugen am weisesten. Zur literarisch-ästhetischen Bildung im politischen Wandel. Festschrift für Wilfried Bütow. Berlin: Volk und Wissen, S. 117–123.
Nave-Herz, Rosemarie (1977): Die Rolle des Lehrers. Eine Einführung in die Lehrersoziologie und in die Diskussion um den Rollenbegriff. Neuwied: Luchterhand.
Nehr, Monika (1988): In zwei Sprachen Lesen und Schreiben lernen – geht denn das? Weinheim: Beltz.
Neubaur, Caroline (1987): Übergänge. Spiel und Realität in der Psychoanalyse Donald W. Winnicotts. Frankfurt: Athenäum.
Neuland, Eva (1995): Mündliche Kommunikation: Gesprächsforschung – Gesprächsförderung. Entwicklungen, Tendenzen und Perspektiven. In: DU, 47/1, S. 3–15.
Neuland, Eva (1993): Sprachbewußtsein und Sprachvarietät. Zur Entwicklung und Förderung eines Sprachdifferenzbewusstseins. In: Klotz/Sieber (Hrsg.), S 173–191.
Neuland, Eva (1999): Jugendsprache. (Studienbibliographien Sprachwissenschaft 29). Heidelberg: Groos.
Niebaum, Hermann/Macha, Jürgen (1999): Einführung in die Dialektologie des Deutschen. (Germanistische Arbeitshefte 37) Tübingen: Niemeyer.
Nöllke, Matthias (1998): Kreativitätstechniken. Planegg: STS-Verlag.
Nündel, Ernst (1976): Zur Grundlegung einer Didaktik des sprachlichen Handelns. Kronberg/Ts.: Scriptor.
Nündel, Ernst/Schlotthaus, Werner (1978): Angenommen: Agamemnon. Wie Lehrer mit Texten umgehen. München: Urban & Schwarzenberg.
Nussbaumer, Markus (1991): Was Texte sind und wie sie sein sollen. Ansätze zu einer sprachwissenschaftlichen Begründung eines Kriterienrasters zur Beurteilung von schriftlichen Schülertexten. Tübingen: Niemeyer.
Nutz, Maximilian (1999): Literaturgeschichte? – Differenzerfahrungen und kulturelles Gedächtnis. In: Spinner (Hrsg.), S. 21–32.
Oelkers, Jürgen (1996): Reformpädagogik. Eine kritische Dogmengeschichte. Weinheim: Juventa, 3.vollst-bearb.u.erw.A.
Oelkers, Jürgen (1999): Die neue Erziehung. Beiträge zur Internationalität der Reformpädagogik. Bern: Lang.
Ong, Walter J. (1987): Oralität und Literalität. Die Technologisierung des Wortes. Opladen: Westdeutscher Verlag.
Oomen-Welke, Ingelore (Hrsg.) (1998): Brückenschlag. Von anderen lernen – miteinander handeln. Stuttgart u.a.: Klett.
Ortner, Hanspeter (1993): Die Entwicklung der Schreibfähigkeit. In: ide, 17/3, S. 94–125.
Ortner, Hanspeter (1998): Das kreative Schreiben – halbierte Kreativität und halbierte Schriftlichkeit? In: ide 22/4, S. 37–52.
Oser, Fritz/Patry, Jean-Luc (1990): Choreographien unterrichtlichen Lernens. Basismodelle des Unterrichts. Pädagogisches Institut der Universität Freiburg (Schweiz). Berichte zur Erziehungswissenschaft Nr. 89.
Ossner, Jakob (1996): Gibt es Entwicklungsstufen beim Aufsatzschreiben? In: Feilke/Portmann (Hrsg.), S. 74–85.
Paefgen, Elisabeth K. (1999): Einführung in die Literaturdidaktik. Stuttgart: Metzler (SM 317).
Payrhuber, Franz-Josef (2000): Schreiben lernen. Aufsatzunterricht in der Grundschule. Baltmannsweiler: Schneider.
Pennac, Daniel (1994): Wie ein Roman. Köln: Kiepenheuer & Witsch (franz. 1992).

Petrat, Gerhardt (1979): Schulunterricht. Seine Sozialgeschichte in Deutschland 1750–1850. München: Ehrenwirth.
Piaget, Jean (1971): Sprechen und Denken des Kindes. Düsseldorf: Schwann (2.A. 1975).
Piper, Irene/Rosebrock, Cornelia/Wirthwein, Heike/Volz, Steffen (2004): Lesesozialisation in schriftfernen Lebenswelten. Lektüre und Mediengebrauch von HauptschülerInnen. Weinheim/München: Juventa.
Pommerin, Gabriele (1995): Kreatives Schreiben im Rahmen interkultureller Erziehung. In: LUSD, H. 7, S. 7–65.
Pommerin, Gabriele u.a. (1996): Kreatives Schreiben. Weinheim und Basel: Beltz.
Popp, Walter (1976): Kommunikative Didaktik. Soziale Dimensionen des didaktischen Feldes. Weinheim/Basel: Beltz 1976.
Postman, Neil (1987/1992): Das Verschwinden der Kindheit. Frankfurt: Fischer.
Postman, Neil (1997): Keine Götter mehr. Das Ende der Erziehung. München: dtv, 2.A.
Pregel, Dietrich (1970): Zum Sprachstil des Grundschulkindes. Düsseldorf: Schwann.
Ramseger, Jörg (1977): Offener Unterricht in der Erprobung. Erfahrungen mit einem didaktischen Modell. München: Juventa.
Recker, Margaret M./Pirolli, Peter (1995): Modelling individual differences in students' learning strategies. In: The Journal of the Learning Sciences, 4/1, S. 1–38.
Rehbein, Jochen (1987): Diskurs und Verstehen. Zur Rolle der Muttersprache bei der Textverarbeitung in der Zweitsprache. In: Apeltauer, S. 113–172.
Reich, Kersten (1997): Systemisch-konstruktivistische Pädagogik: Einführung in Grundlagen einer interaktionistisch-konstruktivistischen Pädagogik. Neuwied u.a.: Luchterhand, 2.A.
Reichen, Jürgen (1982): Lesen durch Schreiben. Lehrerkommentar. Zürich: Sabena-Verlag.
Rein, Antje v. (1996): Medienkompetenz – Schlüsselbegriff für die Informationsgesellschaft. In: Rein (Hrsg.), S. 11–23.
Rein, Antje v. (Hrsg.) (1996): Medienkompetenz als Schlüsselbegriff. Bad Heilbrunn: Klinkhardt.
Rein, Kurt (1983): Einführung in die Kontrastive Linguistik. Darmstadt: Wiss. Buchges.
Reitmajer, Valentin (1979): Der Einfluß des Dialekts auf die standardsprachlichen Leistungen von bayerischen Schülern in Vorschule, Grundschule und Gymnasium. Marburg: Elwert.
Renkl, Alexander (1994): Träges Wissen. Die „unerklärliche" Kluft zwischen Wissen und Handeln. Forschungsbericht Nr. 41, LMU München, Inst. F. Päd. Psych. und Emp. Päd.
Renkl, Alexander (1996a): Träges Wissen: Wenn Erlerntes nicht genutzt wird. In: Psychologische Rundschau, 47, S. 78–92.
Renkl, Alexander (1996b): Vorwissen und Schulleistung. In: Möller, Jens/Koeller, Olaf (Hrsg.): Emotionen, Kognitionen und Schulleistung. Weinheim: Beltz, S. 175–190.
Reuschling, Gisela (2000): Schreibkonferenzen in der Sekundarstufe I. In: DU (Berlin), 53/1, S. 5–14.
Richter, Sigrun (1992): Die Rechtschreibentwicklung im Anfangsunterricht und Möglichkeiten der Vorhersage ihrer Störungen. Hamburg: Kovac.
Richter, Sigrun (1998): Interessenbezogenes Rechtschreiblernen. Braunschweig: Westermann.
Röbbelen, Ingrid/Traulsen, Christine (1997): Ein Thema, das man leben muss. Freiarbeit mit E.T.A. Hoffmanns „Klein Zaches genannt Zinnober". In: Praxis Deutsch, 24/141, S. 60–65.
Robinsohn, Saul B. (1975): Bildungsreform als Revision des Curriculum. Neuwied: Luchterhand, 5.A. (1.A. 1967).
Rolf, Eckard (1993): Die Funktionen der Gebrauchstextsorten. Berlin: de Gruyter.
Röhrich, Lutz (1992): Das große Lexikon der sprichwörtlichen Redensarten. 3 Bde. Freiburg: Herder 1992.
Rosebrock, Cornelia (Hrsg.) (1995): Lesen im Medienzeitalter. Biographische und historische Aspekte literarischer Sozialisation. Weinheim und München: Juventa.

Rosenbusch, Heinz/Schober, Otto (Hrsg.) (1995): Körpersprache in der schulischen Erziehung. Baltmannsweiler: Schneider. 2.A.
Rumelhardt, David E./McClelland, Ivy L. (1981): Interactive processing trough spreading activation. In: Lesgold, Alan M./Perfetti, Charles A. (Eds.): Interactive processes in reading. Hillsdale, NJ.: Erlbaum, S. 37–60.
Rupp, Gerhard (1987): Kulturelles Handeln mit Texten. Paderborn: Schöningh.
Sacher, Werner (1984): Praxis der Notengebung. Hilfen für den Schulalltag. Bad Heilbrunn: Klinkhardt.
Sacher, Werner (1994): Prüfen, Beurteilen, Benoten. Bad Heilbrunn: Klinkhardt.
Sacher, Werner (2001): Leistungen entwickeln, überprüfen und beurteilen. Grundlagen, Hilfen und Denkanstöße für alle Schularten. Bad Heilbrunn: Klinkhardt (3.A. von Sacher 1994).
Sahr, Michael (1992): Um der Kinder und Literatur willen! Texte zur Kinder- und Jugendliteratur. Kallmünz: Lassleben.
Sahr, Michael (1993): Zur Wirkung literarischer Texte. In: Beisbart/Eisenbeiß/Koß/Marenbach (Hrsg.), S. 19–28.
Sauer, Jochen/Gattringer, Heinz (1985): Soziale, familiale, kognitive und emotionale Determinanten der Schulleistung. In: Kölner Zeitschrift für Soziologie und Sozialpsychologie, 37, S. 288–309.
Scheerer-Neumann, Gerheid (1986): Wortspezifisch: Ja – Wortbild: Nein. Teil I: Rechtschreiben. In: Brügelmann (Hrsg.), S. 171–185.
Scheerer-Neumann, Gerheid (1987): Wortspezifisch: Ja – Wortbild: Nein. Teil 2: Lesen. In: Balhorn, Heiko/Brügelmann, Hans (Hrsg.): Welten der Schrift in der Erfahrung der Kinder. Konstanz: Faude, S. 219–242.
Scheerer-Neumann, Gerheid (1990): Sa: Sa:tä:l Sattel: Leseprotokolle unter der Lupe. In: Brügelmann, Hans/Balhorn, Heiko (Hrsg.): Das Gehirn, sein Alfabet und andere Geschichten. Konstanz: Faude, S. 258–266.
Scheidt, Jürgen v. (1995): Kreatives Schreiben. Wege zu sich selbst und anderen. Weinheim, Basel: Beltz.
Scheller, Ingo (1889): Wir machen unsere Inszenierungen selber. 2 Bde. Univ. Oldenburg: Zentrum für pädagogische Berufspraxis.
Scherner, Maximilian (1984): Sprache als Text. Ansätze zu einer sprachwissenschaftlich begründeten Theorie des Textverstehens. Forschungsgeschichte – Problemstellung – Beschreibung. Tübingen: Niemeyer.
Scherner, Maximilian (2003): Grammatik und Textualität. In: Bredel, Ursula u.a. (Hrsg.), Bd. 1, S. 476–486.
Scherner, Maximilian/Ziegler, Arne (Hrsg.) (2005): Angewandte Textlinguistik. Perspektiven für den Deutsch- und Fremdsprachenunterricht. Tübingen: Narr.
Schiefele, Ulrich/Krapp, Andreas/Schreyer, Inge (1993): Metaanalyse des Zusammenhangs von Interesse und schulischer Leistung. In: Zeitschrift für Entwicklungspsychologie und Pädagogische Psychologie, 25/2, S. 120–148.
Schiefele, Hans/Stocker, Karl (1990): Literatur-Interesse. Ansatz einer Literaturdidaktik. Weinheim: Beltz.
Schlotthaus, Werner (1971): Lehrziel Kommunikation. In: betrifft: erziehung, 4, S. 15–20.
Schmidt, Siegfried J. (1971): Das Kommunikative Handlungsspiel als Kategorie der Wirklichkeitskonstitution. In: Schweisthal, Klaus G. (Hrsg.): Grammatik, Kybernetik, Kommunikation. Festschrift für A. Hoppe. Bonn: Dümmler, S. 75–84.
Schmidt, Siegfried J. (1994): Konstruktivismus in der Medienforschung: Konzepte, Kritiken, Konsequenzen. In: Merten, Klaus/Schmidt, Siegfried J./Weischenberg, Siegfried (Hrsg.), S. 592–623.
Schneider, Wolfgang (2001): Training der phonologischen Bewusstheit. In: Klauer, Karl J. (Hrsg.): Handbuch kognitives Training. Göttingen: Hogrefe, 2.A., S. 215–227.

Schnotz, Wolfgang (1994): Aufbau von Wissensstrukturen. Untersuchungen von Kohärenzbildung beim Wissenserwerb mit Texten. Weinheim: Psychologie Verlags Union.
Schnotz, Wolfgang (1998): Imagination beim Sprach- und Bildverstehen. In: Neue Sammlung, 28/2, S. 141–154.
Schober, Otto (1977a): Studienbuch Literaturdidaktik. Neuere Konzeptionen für den schulischen Zugang mit Texten. Analysen und Materialien. Kronberg: Scriptor.
Schober, Otto (Hrsg.) (1977b): Funktionen der Sprache. Stuttgart: Reclam (1. A. 1974).
Schober, Otto (1989): Körpersprache. Schlüssel zum Verhalten. Bedeutung und Nutzen der Körpersprache im Alltag. München: Heyne.
Schön, Erich (1993): Selbstaussagen zur Funktion literarischen Lesens im Lebenszusammenhang von Kindern und Jugendlichen. In: Janota, Johannes (Hrsg.): Vorträge des Augsburger Germanistentages 1991, Bd. 1. Tübingen: Niemeyer, S. 260–271.
Schön, Erich (1998): Kein Ende von Buch und Lesen. Entwicklungstendenzen des Leseverhaltens in Deutschland – eine Langzeitbetrachtung. In: Stiftung Lesen (Hrsg.): Lesen im Umbruch – Forschungsperspektiven im Zeitalter von Multimedia. Baden-Baden: Nomos, S. 39–77.
Schröter, Gottfried (1971): Die ungerechte Aufsatzzensur. Bochum: Kamp.
Schulz von Thun, Friedrich (1981): Miteinander reden. Band 1: Störungen und Klärungen. Reinbek: Rowohlt.
Schulz Wolfgang (1980): Ein Hamburger Modell der Unterrichtsplanung – seine Funktion in der Alltagspraxis. In: Adl-Amini, Bijan/Künzli, Rudolf (Hrsg.): Didaktische Modelle und Unterrichtsplanung. München: Juventa, S. 49–87.
Schulz, Wolfgang (1981): Unterrichtsplanung. München u.a.: Urban & Schwarzenberg, 3.A.
Schumann, John H. (1978): The Pidginization Prozess. A Model for Second Language Acquisition. Rowley, Mass.: Newbury House.
Schuster, Karl (1997): Das personal-kreative Schreiben im Deutschunterricht. Baltmannsweiler: Schneider, 2. A.
Schuster, Karl (1998): Mündlicher Sprachgebrauch im Deutschunterricht. Denken-Sprechen-Handeln. Theorie und Praxis. Baltmannsweiler: Schneider.
Schwanitz, Dietrich (2000): Bildung. Alles, was man wissen muß. Frankfurt: Eichborn, 25. A.
Schweikle, Günther und Irmgard (1990): Metzler Literaturlexikon. Stichwörter zur Weltliteratur. Stuttgart: Metzler, 2.überarb.A.
Schwendenwein, Werner (1993): Theorie des Unterrichtens und Prüfens. Wien: WUV-Univ.-Verlag, 5.gänzl. neu gestalt. A.
Searle, John R. (1971): Sprechakte. Ein sprachphilosophischer Essay. Frankfurt: Suhrkamp.
Seel, Norbert M. (1981): Lernaufgaben und Lernprozesse. Stuttgart u.a.: Kohlhammer.
Seeman, Miroslav (1969): Sprachstörungen bei Kindern. Berlin: Volk und Gesundheit, 3.A.
Seidel, Brigitte (1983): Schüler spielen mit Sprache. Sprachunterricht vom 1. bis zum 10. Schuljahr. Stuttgart: Kohlhammer.
Sennlaub Gerhard (1988): Spaß beim Schreiben oder Aufsatzunterricht? Stuttgart: Kohlhammer, 4.A.
Shannon, Claude E./Weaver, Warren (1949): The mathematical theory of communication. Urbana/Ill.: Univ. Press.
Shavit, Zohar (1986): Poetics of Children's Literature. Athens u.a.: Univ. of. Georgia Pr.
Siebert, Horst (2000): Der Kopf im Sand – Lernen als Konstruktion von Lebenswelten. In: Bolscho, Dietmar/de Haan, Gerhard (Hrsg.): Konstruktivismus und Umweltbildung. Opladen: Leske + Budrich, S. 15–31.
Sommerfeldt, Karl-Ernst/Starke, Günter (1998): Einführung in die Grammatik der deutschen Gegenwartssprache. Tübingen: Niemeyer, 3., neu bearb. A.
Spanhel, Dieter (1973): Sprache des Lehrers. Düsseldorf: Schwann, 3.A.

Spieckermann, Helga (2001): Ein Fest wie zu Goethes Zeiten. In: Praxis Deutsch, 28/167, S. 54–56.
Spinner, Elisabeth und Kaspar H. (1984): Kinder- und Jugendliteratur. In: Baurmann, Jürgen/Hoppe, Otfried (Hrsg.): Handbuch für Deutschlehrer. Stuttgart: Kohlhammer S. 362–377.
Spinner, Kaspar H. (Hrsg.) (1980): Identität und Deutschunterricht. Göttingen: Vandenhoek & Ruprecht (VR 1405).
Spinner, Kaspar H. (1987): Entwicklungspsychologische Interpretation der Unterrichtsprotokolle. In: Willenberg, Heiner (Hrsg.): Zur Psychologie des Literaturunterrichts. Schülerfähigkeiten – Unterrichtsmethoden – Beispiele. Frankfurt: Diesterweg, S. 32–41.
Spinner, Kaspar H. (1993a): Entwicklung des literarischen Verstehens. In: Beisbart/Eisenbeiß/Koß/Marenbach (Hrsg.), S. 55–64.
Spinner, Kaspar H. (1993b): Kreatives Schreiben. In: Praxis Deutsch, 20/119, S. 17–23.
Spinner, Kaspar H. (1994): Neue und alte Bilder von Lernenden. Deutschdidaktik im Zeichen der kognitiven Wende. In: Beiträge zur Lehrerbildung, 12/2, S. 146–158.
Spinner, Kaspar H. (1997): Die Welt im Medium der Sprache. Eigenaktives Lernen im Deutschunterricht. In: Meyer/Rampillon/Otto/Terhart (Hrsg.) (1997a), S. 54–56.
Spinner, Kaspar H. (1998): Was eine wissenschaftliche Ausbildung von Deutschlehrer(inne)n leisten soll. In: Didaktik Deutsch, Sonderheft, S. 39–52.
Spinner, Kaspar H. (Hrsg.) (1999): Neue Wege im Literaturunterricht. Informationen, Hintergründe, Arbeitsanregungen. Hannover: Schroedel.
Spinner, Kaspar H. (2000): Vielfältig wie nie zuvor. Stichworte zur aktuellen Kinder- und Jugendliteratur und ihrer Didaktik. In: Praxis Deutsch, 27/162, S. 16–20.
Spinner, Kaspar H. (2001): Kreativer Deutschunterricht. Identität. Imagination. Kognition. Seelze: Kallmeyer.
Spiro, Rand J./Jehng, J.C. (1990): Cognitive flexibility and hypertext. In: Nix, Don/Spiro, Rand J. (Eds.): Cognition, education and multimedia. Exploring ideas in high technology. Hillsdale, NJ: Erlbaum, S. 57–75.
Spitta, Gudrun (1997): Schreibkonferenzen in Klasse 3 und 4. Ein Weg vom spontanen Schreiben zum bewussten Verfassen von Texten. Frankfurt: Cornelsen/Scriptor, 4. A.
Spitta, Gudrun (Hrsg.) (1998): Freies Schreiben – eigene Wege gehen. Lengwil: Libelle.
Spracherziehung (1973): Themenheft („Sprachnormen") der Zeitschrift betrifft: erziehung, 6/10.
Staatsinstitut für Schulqualität und Bildungsforschung (Hrsg.) (2006): Dialekte in Bayern. Handreichung für den Unterricht. München.
Steenblock, Volker (1999): Theorie der kulturellen Bildung. Zur Philosophie und Didaktik der Geisteswissenschaften. München: Wilhelm Fink Verlag.
Steindorf, Gerhard (1981): Grundbegriffe des Lehrens und Lernens. Bad Heilbrunn: Klinkhardt.
Steinig, Wolfgang/Huneke, Hans-Werner (2002): Sprachdidaktik Deutsch. Eine Einführung. Berlin: Schmidt.
Steinlein, Rüdiger (1987): Die domestizierte Phantasie. Studien zur Kinderliteratur, Kinderlektüre und Literaturpädagogik des 18. und frühen 19. Jahrhunderts. Heidelberg: Winter.
Stern, Clara und Willliam (1987): Die Kindersprache – Eine psychologische und sprachtheoretische Untersuchung. Nachdruck der 4.A. Leipzig 1928. Darmstadt: Wiss. Buchges.
Stiftung Lesen (Hrsg.) (2001): Leseverhalten in Deutschland im neuen Jahrtausend: Eine Studie der Stiftung Lesen (Bd. 3). Hamburg: Spiegel.
Stubbs, Michael (1997): „Eine Sprache idiomatisch sprechen": Computer, Korpora, Kommunikative Kompetenz und Kultur. In: Mattheier, Klaus J. (Hrsg.): Norm und Variation. Frankfurt u.a.: Lang (Angewandte Linguistik Band 32), S. 151–167.
Szagun, Gisela (1991): Sprachentwicklung beim Kind. Eine Einführung. München: Psychologie Verlags Union, 4., erw. A.

Tabbert, Reinbert (1991): Nationale Mythen in drei klassischen Bilderbüchern. In: Kinderbuchanalysen 2. Wirkung – kultureller Kontext – Unterricht. Frankfurt: Dipa-Verlag, S. 117–129.

Tausch, Reinhard/Tausch, Anne-Marie (1970): Erziehungspsychologie. Göttingen: Hogrefe, 5.A.

Terhart, Ewald (1993): Pädagogisches Wissen. Überlegungen zu seiner Vielfalt, Funktion und sprachlichen Form am Beispiel des Lehrerwissens. In: Oelkers, Jürgen/Tenorth, Heinz-Elmar (Hrsg.): Pädagogisches Wissen. Weinheim: Beltz, S. 129–141.

Terhart, Ewald (1997): Superlearning – Megateaching: Kurznachrichten aus der didaktischen Wunderwelt. In: Meyer/Rampillon/Otto/Terhart (Hrsg.) (1997a), S. 40–44.

Terhart, Ewald (2000): Lehr-Lern-Methoden. Eine Einführung in Probleme der methodischen Organisation von Lehren und Lernen. Weinheim und München: Juventa, 3.A.

Terhart, Ewald (Hrsg.) (2000): Perspektiven der Lehrerbildung in Deutschland. Weinheim: Beltz.

Thesen zur Deutschlehrer(innen)ausbildung (Siegener Thesenpapier) (1998): In: Didaktik Deutsch, Sonderheft, S. 8–12.

Thinnes, Norbert (1989): Dialektologie und Unterricht. Didaktisch-methodische Bemerkungen zur Beschäftigung mit Dialekten an der Universität und am Gymnasium. In: Dialektgeographie und Dialektologie, S. 397- 414.

Tillmann, Klaus-Jürgen/Vollstädt, Witlof (1999): Funktionen der Leistungsbewertung: eine Bestandsaufnahme. In: Pädagogik 51/2, S. 42–46.

Tully, Claus J. (1994): Lernen in der Informationsgesellschaft. Informelle Bildung durch Computer und Medien. Opladen: Westdeutscher Verlag.

Ulrich, Winfried (1999): Sprachspiele. Texte und Kommentare. Lese- und Arbeitsbuch für den Deutschunterricht. Aachen: Hahner.

Ulrich, Winfried (2001): Didaktik der deutschen Sprache. Ein Arbeits- und Studienbuch in drei Bänden. Texte – Materialien – Reflexionen. Stuttgart: Klett.

van Ments, Morry (1992): Diskussion(en) – aktiv. München: Ehrenwirth.

Velthaus, Gerhard (1992): Die anthropologischen Ansätze einer neuen Lernkultur. Engagement, Phantasie und Bildung. Rheinfelden u.a.: Schäuble.

Vester, Frederic (1978): Denken, Lernen, Vergessen. München: dtv.

Viehoff, Reinhold (1988): Literarisches Verstehen. Neuere Ansätze und Ergebnisse empirischer Forschung. In: Internationales Archiv für Sozialgeschichte der Literatur. Bd. 13, S. 1–39.

Vogt, Jochen (1999): Einladung zur Literaturwissenschaft. München: Fink (UniTabu 2072), (2. durchges. A. 2001 mit einem Hypertext-Vertiefungsprogramm im Internet).

Vollmer, Gerhard (1993): Warum haben wir keine Frage-Kultur? Wissenschaft lebt von Problemen. In: Universitas, 48/1, S. 39–49.

Wagner, Roland W. (1999): Grundlagen der mündlichen Kommunikation. Regensburg: bvs, 8.A.

Waldmann, Günther (1999): Produktiver Umgang mit Literatur im Unterricht. Baltmannsweiler: Schneider, 2.A.

Wandruszka, Mario (1981): Die Mehrsprachigkeit des Menschen. München: Hanser.

Watzlawick, Paul/Beavin, Janet H./Jackson, Don D. (1969): Menschliche Kommunikation. Formen, Störungen, Paradoxien. Bern: Huber, (9.A. 1996).

Watzlawick, Paul (1995): Wie wirklich ist die Wirklichkeit? Wahn, Täuschung, Verstehen. München: Piper.

Weber, Albrecht (1973): Dialektik der Aufsatzbeurteilung. Donauwörth: Auer.

Wedemeyer, Charles A. (1984): Lernen durch die Hintertür. Neue Lernformen in der Lebensspanne. Weinheim/Basel: Beltz.

Wegmann, Nikolaus (1993): Literarische Bildung in den Zeiten der Theorie. In: DU, 45/4, S. 12–25.

Weinert, Franz E. (1998a): Neue Unterrichtskonzepte zwischen gesellschaftlichen Notwendigkeiten, pädagogischen Visionen und psychologischen Möglichkeiten. In: Wissen und Werte für die Welt von morgen. Dokumentation zum Bildungskongress des Bayerischen Staatsministeriums für Unterricht, Kultus, Wissenschaft und Kunst. München, S. 101–125.
Weinert, Franz E. (Hrsg.) (1998b): Entwicklung im Kindesalter. Weinheim: Psychologie-Verlagsunion.
Weinert, Franz E./Helmke, Andreas (1996): Der gute Lehrer: Person, Funktion oder Fiktion? In: Leschinsky, Achim (Hrsg.): Die Institutionalisierung von Lehren und Lernen. Beiträge zu einer Theorie der Schule. 34. Beiheft der Zeitschrift für Pädagogik. Weinheim/Basel: Beltz, S. 223–233.
Weingarten, Rüdiger (Hrsg.) (1997): Sprachwandel durch Computer. Opladen: Westdeutscher Verlag.
Weinrich, Harald (1993): Textgrammatik der deutschen Sprache. Mannheim: Bibliographisches Institut.
Welsch, Wolfgang (1990): Ästhetisches Denken. Stuttgart: Reclam (RUB 8681).
Weniger, Erich (1952): Didaktik als Bildungslehre. Teil 1: Die Theorie der Bildungsinhalte und des Lehrplans. Weinheim: Beltz.
Wermke, Jutta (1995): Hören – Horchen – Lauschen. In: Spinner, Kaspar H. (Hrsg.): Emotionale und imaginative Lernprozesse im Deutschunterricht. Frankfurt: Lang, S. 193–215 (Beiträge zur Geschichte des Deutschunterrichts, Bd. 20).
Wermke, Jutta (1997): Integrierte Medienerziehung im Fachunterricht. Schwerpunkt: Deutsch. München: KoPäd Verlag.
Westphalen, Klaus (1978): Praxisnahe Curriculum-Entwicklung. Donauwörth: Auer, 6.A.
Westphalen, Klaus (1985): Lehrplan – Richtlinien – Curriculum. Stuttgart: Klett.
Wild, Reiner (Hrsg.) (1990): Geschichte der deutschen Kinder- und Jugendliteratur. Metzler: Stuttgart.
Willenberg, Heiner (1999): Lesen und Lernen. Eine Einführung in die Neuropsychologie des Textverstehens. Heidelberg: Spektrum.
Winkel, Rainer (1986): Die kritisch-kommunikative Didaktik. In: Gudjons, Herbert/Klafki, Wolfgang (Hrsg.): Didaktische Theorien. Hamburg: Bergmann + Helbig, 3.A., S. 79–93. (10.A. 1999).
Winnicott, Donald W. (1979): Vom Spiel zur Kreativität. Stuttgart: Klett-Cotta.
Wittgenstein, Ludwig (2001): Philosophische Untersuchungen. Kritisch-genetische Edition. Hrsg. von Schulte, Joachim. Frankfurt: Suhrkamp.
Wode, Henning (1974): Natürlicher Zweitspracherwerb: Probleme, Aufgaben, Perspektiven. In: Linguistische Berichte 32, S. 206–215.
Wode, Henning (1993): Psycholinguistik. Eine Einführung in die Lehr- und Lernbarkeit von Sprachen. Ismaning: Max Hueber.
Wunderlich, Dieter (1970): Die Rolle der Pragmatik in der Linguistik. In: DU, 22/4, S. 1–41.
Zehetner, Ludwig (1997): Bairisches Deutsch. Lexikon der deutschen Sprache in Altbayern. München: Hugendubel.
Ziegenspeck, Jörg W. (1999): Handbuch Zensur und Zeugnis in der Schule. Bad Heilbrunn: Klinkhardt.

Stichwortverzeichnis